KB140026

不
咸
山

불
함
산

不咸山

불함산

인류의 시조를 모신 성전(聖殿)

심상인 지음

머리말

　우리는 대개 6~7세 이후부터 자신이 겪었던 어린 시절의 경험은 기억하지만 그 이전에 일어난 일들은 기억하지 못한다. 그래서 부모 형제나 조부모 또는 이웃 사람들로부터 자신의 유아기 시절의 이야기를 듣고 어릴 때 입던 옷이나 장난감, 더 나아가 사진 같은 것들을 보고 보다 생생하게 이야기를 구체화한다. 이렇게 이해하는 유아 시절은 내가 경험한 것을 직접 뇌에 기억으로 저장하지 않았기 때문에 나의 경험이 아니고 남이 들려주는 정보를 갈무리하여 자기 것으로 만드는 것이다.

　이러한 개인의 경험과 같이 역사도 마찬가지이다. 역사란 무엇인가? 인류가 장구한 세월 동안 지혜가 발전해가면서 집단이 겪었던 사실들의 기록이다. 그러나 문자가 발명되기 전까지는 이야기로 자자손손 전해주었다. 따라서 언제부터라고 하는 절대적인 시간 기준이 있을 수가 없으니 '옛날에… 옛날 옛적에…'로 시작되며, 기억력에 한계가 있으니 복잡한 사건들을 단순화하고 기억하기 쉽고 흥미롭게 이야기 형식으로 전할 수밖에 없었을 것이다. 그리고 인지가 발달하면서 모든 사물의 시작이나 근본에 대한 인간의 상상과 추측이 더해져서 신화가 되었다고 보인다. 이러한 연유로 모든 민족의 역사의 시작은 신화의 형태를 띠고 있다. 그리고 세월이 흘러 문자가 발명되면서 구전되어 내려오던 역사, 즉 신화가 앞자리를 차지하고 구체적인 기록이 가능한 사건들은 명실상부한 역사로 기록되어 왔다.

그러나 지금도 이 지구상에는 수천의 종족은 문자가 없으며, 종족의 역사를 신화형태로만 간직하고 있다. 이를 볼 때 수천 년 전부터 문명을 일구고 국가나 제국을 건설하고 문자를 발명하여 역사를 기록해온 민족도 처음에는 지금의 미개 종족과 같은 상태였을 것이라는 것을 우리는 쉽게 짐작할 수가 있다.

그러나 문명화된 민족이나 제국도 나라가 망하여 역사를 기록하고 관리하는 통치자들이나 이를 보조하는 전문 행정가 집단을 유지하던 시스템이 붕괴되면 일반 백성들에게는 역사가 없어지고 실제 역사도 이전의 신화와 같은 형태로 후손들에게 전승된다. 불행히도 우리나라가 그러한 과거를 가지고 있다. 우리의 정사라고 하는『삼국사기』나『삼국유사』에서 우리의 역사는 한인—한웅—단군의 3대에 걸친 신화로 시작하고, 중국 사람이 한반도로 와서 기자조선을 세우고 이어서 위만조선, 한사군으로 이어지는 이민족의 역사가 우리의 상고 역사라고 기록하고 있다. 그러나 중원대륙에는 이미 지금부터 3천여 년 전부터 방대한 신화와 역사자료가 집적되어 지금까지 내려오고 있는데, 그중에는 동이(東夷)나 조선(朝鮮)에 대한 자료가 풍부하게 포함되어 있다. 우리의 상고사에서 신화로 다룬 역사가 중국 역사에 있다? 왜 흥미가 가지 않으며 궁금하지가 않을까? 한 나라의 역사학자로서 이러한 생각이 들지 않으면 직무유기를 한다고나 할까, 아니면 정상적인 사고를 하지 못하는 집단으로 보아야 할까? 우리의 조상에 대한 기록이 이 세상 어디에 있고, 누가 기록하였고, 지금 누가 가지고 있다고 하더라도 그 기록은 우리의 역사가 아닌가? 더욱이 중원대륙의 문화로 대표되는 황하문명보다 적어도 1천 년이나 앞선 홍산문화의 유적이 내몽골 동북부 지역에서 발굴되고, 『한단고기』를 보고도 과거의 정보만 붙들고, 일제가 난도질한 역사를 고집하고 있는 역사학자를 우리는 어떻게 처리해야 할까?

『한단고기』에서는 우리 민족의 신화는 물론 정사서에서 신화라고 하는 한인─한웅─단군이 사실은 7000년의 역사라고 말하고 있다. 그리고 그 강역은 양자강 이북의 동북아 대륙 전체라고 한다. 중국의 기록과도 일치한다. 그리고 그동안 재야사학자들의 각고의 노력으로 우리의 역사가 동북아 대륙 전체를 아우른다는 것을 이미 알고 있다. 그러나 진작 가장 중요한 근원적이고 핵심적인 사항들은 아직도 풀리지 않은 상태로 남아 있다. 역사에 관해서 보통 사람인 필자가 우리 선조의 믿음이 녹아들어가 있는 신앙과 우주관, 그리고 동북아 지역 전체에 걸친 활동영역에 대해서 큰 맥은 찾았다고 자부하고 싶다.

그리고 이 책을 쓸 수가 있었던 것은 임승국 씨의 『한단고기』와 김성호 씨의 『비류백제와 일본의 국가기원』이 있어서 가능하였다. 두 분의 폭넓은 지식과 혜안과 열정에 감사를 드린다. 마지막으로 5년이라는 세월을 어려운 한자와 많은 자료와 씨름하면서 고통스러운 나날을 참고 견디며 책을 완성할 수 있는 데는 아내 이희숙과 아들딸, 직장 동료, 그리고 역사를 연구하여 인터넷에 공개한 여러분이 있었기에 가능하였다.

2015년 1월
소산 심상인

❏ Contents

Chapter 09. 일본의 뿌리 찾기

Chapter 10. 홍산문화(紅山文化)와
우리의 고대 역사와의 관계

Chapter 11. 새로운 역사 패러다임의 정립

01

우리 민족의 고대신앙

1) 신화가 아닌 역사

(1) 단군은 신화인가, 역사인가

동서를 막론하고 뿌리가 깊은 문명국가는 신비한 개국신화를 가지고 있다. 각 민족이 건국시조를 인간세계에서는 이해할 수 없는 신비와 경이에 찬 존재로 미화시키는 것은 공통적인 역사기술방식이다.

우리나라의 역사서인『삼국유사(三國遺事)』<고조선>조에서는 고기(古記)를 인용하여 북부여 이전에 있었던 조선의 건국을 이렇게 기술하고 있다. '하늘에 살고 있는 신인(神人) 한인(桓因)이 아들 한웅(桓雄)이 자주 천하에 뜻을 두고 인간 세상을 탐내므로, 아들의 뜻을 알고 삼위태백(三危太白)을 내려다보니 인간 세상을 이룩할 만하므로 천부인(天符印) 세 개를 주어 가서 다스리게 하였다. 한웅은 이에 3천 명의 무리를 거느리고 태백산(太白山) 꼭대기 신단수(神檀樹) 밑으로 내려왔다. 이곳이 곧 신시(神市)요, 이분을 한웅천왕이라 한다. 풍백(風伯), 우사(雨師), 운사(雲師)를 거느리고 주곡(主穀), 주명(主命), 주병(主病), 주형(主刑), 주선악(主善惡) 등 인간 세사의 360여

가지 일을 주로 하여 세상을 다스리며 교화하였다. 이때 곰과 범이 한 굴에 살면서 항상 사람이 되기를 원하므로 신웅(神雄)이 약쑥 한 줌과 마늘 20개를 주며, 이것을 먹고 100일만 햇빛을 보지 않으면 사람의 모습을 얻으리라 하였다. 三七일(21일) 만에 곰은 여자가 되었고 범은 참지 못하여 사람이 되지 못하였다. 웅녀(熊女)는 여자가 되었으나 혼인할 사람이 없어 항상 단수(檀樹) 밑에서 수태하기를 빌고 원했다. 그래서 한웅이 거짓으로 변하여 결혼하여 아들을 낳으니 이가 곧 단군왕검(檀君王儉)이다. 당요(唐堯)가 즉위한 지 50년 경인(庚寅)으로, 평양성(平壤城: 지금의 서경)에 도읍하고 비로소 조선이라 했다. 다시 백악산(白岳山) 아사달(阿斯達)로 도읍을 옮겼으니 아사달은 또한 궁홀산(弓忽山-弓은 方으로도 썼다)이라고도 하며, 금미달(今彌達)이라고도 한다. 1천5백 년 동안 다스리다가 주호(무)왕[周虎(武)王]이 즉위한 기묘년에 기자(箕子)를 조선에 봉하므로 단군은 장당경(藏唐京)으로 옮겼다가 뒤에 다시 아사달에 숨어 산신이 되었으니 수가 1,908세였다 한다.'

신화이다. 한인─한웅─단군으로 이어지는 3대에 걸친 가족의 이야기이다. 하늘에서 지상으로 내려와서 곰이 변해서 사람이 된 여인과 결혼해서 아들을 낳고 그 아들은 1천9백8년이나 살았다는 이야기다. 한마디로 천조강림(天祖降臨)신화이다.

그런데 신화만이 아니라는 말을 하고 있다. 내용을 다시 정리하면 '단군은 경인(庚寅)년에 평양성에 도읍하여 나라 이름을 조선이라 하고, 다시 백악산(白岳山) 아사달(阿斯達)로 도읍을 옮기고, 기묘년에 주무왕이 기자(箕子)를 조선에 봉하므로 단군은 장당경(藏唐京)으로 수도를 옮겼다'고 하는 것이 그것이다. 이는 한 나라의 건국과 천

15

도한 사실까지 말하고 있다. 그것도 다른 나라인 중국의 주나라 무왕과도 관련짓고 있다. 온전한 신화가 아니고 역사가 포함되어 있다는 것은 우리에게 의문을 던지고 한 번 풀어보라는 암시를 주는 것은 아닐까?

더욱이 일연이 '고기에 이르기를……'로 시작하였다는 것은 아무 근거자료도 없이 창작하거나, 구전으로만 내려오는 것을 기록하지 않았다는 것을 알 수가 있다.

(2) 신화 속에 갇혀 있는 우리 민족의 고대 역사를 『한단고기(桓檀古記)』에서 찾을 수 있다

『한단고기(桓檀古記)』라는 책이 일반에게 널리 공개되고 읽힌 시기는 1980년대 중반이다. 이때를 전환점으로 하여 단군신화는 신화라는 허물을 벗을 수가 있다. 물론 그 이전의 한웅시대도 마찬가지이다. 그러면 우선 그렇게도 중요한 『한단고기』는 어떻게 이 세상에 모습을 드러내었는지를 알아보자.

『한단고기』는 평안북도 선천군에 살던 계연수(桂延壽: ?~1920)라는 분이 이전의 역사서 5권을 묶어서 1911년(신시개천 5808)에 묘향산 단굴암(檀窟庵)에서 정성스럽게 필사[선사(繕寫)]하여 홍범도(洪範圖)와 오동진(吳東振) 장군 등 지인들에게만 나누어주었으며, 나무판에 조각칼로 글자를 새겨[기궐(劌劂)] 보관하고 1980년이 되면 공개해달라고 하였다고 한다. 따라서 『한단고기』가 실제로 이 세상에 모습을 드러낸 1979년과 번역본이 책으로 인쇄되어 대중에게 널리 읽힐 수 있게 된 1986년을 기점으로 우리의 상고사를 연구하는 데 그 이전과 이후는 하나의 분수령과 같은 전환점이 되고 있다. 한단고기에 있는 기록과 저자들을 정리하면 아래 표와 같다.

<『한단고기』의 구성과 저자>

제목	시기	저자	비고
삼성기 (三聖記 上篇)	신라	안함로(安含老: 579~640)	본명 김안홍(金安洪), 고승, 흥륜사 10승 중 한 명
삼성기 (三聖記 下篇)	고려	원동중(元董仲: 고려 말로 추정)	태천의 진사 백관묵(白寬黙) 소장
단군세기 (檀君世紀)	고려	이암(李嵒: 1297~1364)	문정공, 호는 행촌(杏村), 저서는 백관묵이 소장
북부여기 (北夫餘記)	고려	범장(范樟: ?~1397?)	호는 휴애거사(休崖居士), 삭주 진사 이형식(李亨栻) 소장
태백일사 (太白逸史)	조선	이맥(李陌: 1455~1528)	호는 일십당(一十堂), 이기[李沂, 호; 해학(海鶴)]가 소장

기존의 역사서인 일연의 『삼국유사』나 이승휴의 『제왕운기(帝王韻紀)』 등에서는 불과 한두 페이지밖에 되지 않는 짧은 분량에 상식을 가지고는 해석이 어려운 말들로 가득 차 있는 우리 민족의 고대 건국신화가 이 한 권의 책이 나옴에 따라 풀리기 시작하였다. 바로 우리 한민족뿐만 아니라 9족, 12국가를 아우르는 한족(韓族)의 족보가 세상에 모습을 나타냈다고 하겠다.

이는 마치 나폴레옹이 이집트 원정에서 발견한 '로제타석'을 해독함으로써 이집트의 역사를 명쾌하게 알 수 있었던 것과 같다. 『한단고기』는 한국인이 아시아 북방의 광활한 지역에 터 잡고 살아온 가장 오래된 옛이야기들을 들려주고 있어 수천 년 동안 망각 속에 잠들어 있던 우리의 과거를 깨우고 있다. 임승국이 주해한 『한단고기』는 1986년 5월에 정신세계사에서 발간하였으며, 뒤를 이어 많은 주석서와 해설서들이 출판되고 있다. 이 책에서는 임승국의 주해를 인용한다.

(3) 단군 이전의 신화시대

① 일신(一神)이 형체를 변하여 만물이 생기게 하였다

『한단고기』의 여러 기록에 만물의 기원에 관하여 설명하고 있다. <삼성기전(三聖紀全) 상>에서 나오는 글이다. '한 신(一神)이 사백력(斯白力) 하늘에 있으면서 스스로 변하는 신(獨化之神)이 되어 밝은 빛을 온 우주에 비추었다. 이에 권능으로 형체를 변하여(權化) 만물을 생기게 하여 오래 사는 것을 보고 항상 즐거워하였다. 지극한 기를 타고 다니니 묘함이 자연과 어울렸고, 형체가 없이도 보며, 하는 것이 없어도 만들며, 말하지 않고도 행하였다……'

다음은 <태백일사 삼신오제본기>이다. '태초에 상하사방(6방)은 암흑으로 덮여 보이지 않더니 오랜 세월이 지나 오로지 밝은 빛이 있었다. 이로 말미암아 천상세계에 삼신(三神), 곧 한 분의 상제(上帝: 하나님)가 있게 되었다. 주체는 곧 일신(一神)이니 각 신이 따로 있는 것이 아니라 작용에 따라 삼신(三神)이 된다. 삼신은 만물을 끌어내고 전 세계를 통치하는 한없는 지혜가 있으며. 그 형체를 나타내지 않고 가장 높은 하늘에 앉아 있다. 그곳은 한없이 넓고 항상 크게 광명을 비치고, 크게 신묘함을 나타내며 지극히 길한 복을 내린다. 기(氣)를 불어넣어 만물을 감싸고 열(熱)을 뿜어 만물의 종자를 기르고, 신비하게 세상일을 다스린다……. 말하자면 삼신(三神)이란 천일(天一), 지일(地一), 태일(太一)이다. 천일은 조화(造化)를 주관하고, 지일은 교화(敎化)를 주관하고, 태일은 치화(治化)를 주관하는 것이다.'

여기서 '태일(太一)'이라는 것은 사람의 신을 뜻한다. '태(太)' 자는 사람을 대신하여 쓰이는 글자이다. 중국에서 가장 오래된 사전인 『설문해자』에 '태(太) 자는 사람의 형상을 본뜬 글자이다(太字象人形)'라고 하였다.

위의 신화를 지금의 과학지식으로 해석해보자. 천문학이나 물리학에서 빅뱅(Big Bang) 또는 대폭발 이론(大爆發 理論)이라고 하는 우주기원론은 이 우주가 처음에 매우 높은 에너지를 가진 작은 점에 불과한 물질과 공간이 약 137억 년 전에 거대한 폭발을 통해 우주가 되었다고 보는 이론이다. 1927년에 벨기에의 물리학자이자 로마 가톨릭 사제였던 조르주 르메트르가 이러한 추측을 하여 하나의 가설을 내놓고, 알렉산드르 프리드먼이 빅뱅의 주요 방정식을 내놓아 공식화되었다. 그리고 1929년에 미국의 천문학자인 에드윈 허블이 실제로 우주가 팽창하고 있다는 것을 은하의 관측을 통하여 증명하였다.

그런데 우리의 신화에서는 이 빅뱅이론을 그대로 말하고 있다. 일신(一神)이 홀로 스스로 변하여(獨化) 온 우주를 비추고, 권능으로 스스로 변하여(權化) 만물을 생기게 하였다. 빛과 만물도 일신의 변화된 다른 모습이라고 말하고 있는 것이다. 또한 일신(一神)이 작용에 따라 삼신(三神), 즉 천신(天神), 지신(地神) 그리고 인신(人神)이 되므로 삼신이 각각 독립된 개념이 아니라는 것이다. 다른 말로 표현하자면 바로 삼위일체(三位一體)이다. 그리고 이를 쉽게 표현한 형태가 삼태극(三太極)이다. 하나이면서 셋이다. 일신에서 삼신이 되는

<삼태극>

순서는 현대물리학에서 말하는 빅뱅이론과도 일치한다. 빅뱅 이후 빛이 있은 후에 우주가 극히 미세한 소립자가 플라즈마 상태가 되었다. 바로 천신(天神)이다. 다음에는 이 플라즈마가 모여 물질이 생겨서 태양이 되고 태양이 핵융합을 계속하여 수명이 다하면 폭발하여 지금 우리가 땅이라고 말하는 물질이 만들어졌다. 바로 지신(地神)이다. 그 후에 생명이 태어났으며 생명이 있는 모든 것의 위에 인간이 있다. 따라서 사람이 삶이 있는 생명체를 대표한다. 이가 곧 인신(人神)이다.

우리가 일상생활에서 삼신(三神)할미가 아이를 점지해주고 아이가 세상에 나올 때에는 빨리 나가라고 엉덩이를 철썩 때려서 푸른 멍이 들었다고 옛날에 할머니들한테서 들었다. 이때의 삼신은 삼신(三神)이 아니고 '삶신'이다. '삶'을 주관하는 신을 이른다. 삶은 살(肉: 육)로도 변하고 나이를 가리키는 살, 산다(生)는 말로도 되었다. 세상살이, 머슴살이, 징역살이, 하루살이 등의 말이 그것이며, 나이를 이르는 살은 중국으로 들어가서는 歲(sui)가 되고, 이를 우리가 다시 수입하여 '세'가 되고 일본으로 건너가서는 사이(さい)가 되었다. 이것이 우리 민족의 신앙관이며 종교관이자 우주관이다. 인류가 만든 종교관 중에서는 가장 먼저이며 현대물리학이나 천문학과도 부합된다. 따라서 동서양을 막론하고 모든 종교의 시원이다.

우리의 신화를 좀 더 풀어보자. 장소는 시베리아의 하늘을 말하고 있다. 우리의 원 조상이 시베리아에 살았다는 의미이다.

그리고 앞의 단군신화에서 삼위태백(三危太白)과 태백산(太白山)이 나오는데 정확한 말은 삼위산(三位산)의 다른 표현이며 와전된 표현이다. 삼위는 삼신(三神), 즉 천신(天神), 지신(地神), 삶신(삶神)을 말한다. 삼신산(三神山)의 다른 표현이다. 그리고 이 삼신의 구체적인 형상(形象)이 '산'이다. 한자를 빌려 '山'이라고 적었다. 그리고 '태백'은 당시의 다른 갈래의 민족언어로 뫼(山)라는 뜻이다. 그러니까 삼위산(三位山)이 곧 삼위태백(三位太白)이라는 말이며 지금 강원도에 있는 태백산은 같은 뜻이 중첩된 말이다. 지금의 멕시코의 수도인 멕시코시티는 유럽인이 들어오기 전에 아스테카문명의 중심지였다. 아스텍인들의 말로 뫼(山)를 '태백'이라고 한다는 기록이 있다고 한다.

② 인류의 조상 나반(那般)과 아만(阿曼)

<삼성기전 하>에 나오는 글이다. '인류의 조상을 나반(那般)이라고 하며, 아만(阿曼)과 처음 만난 곳은 아이사타(阿耳斯它) 또는 사타려아(斯它麗阿)라 한다. 꿈에 천신(天神: 하느님)의 가르침을 얻어 스스로 혼례를 치렀다. 구한(九桓)의 족속은 모두 그 자손이다.'

그리고 <태백일사 삼신오제본기>에서도 약간 다른 내용으로 이를 말하고 있으며, 이에 더하여 '나반이 죽어서 삼신이 되므로 삼신은 영원한 생명의 근본이다. 사람과 만물이 다 같이 삼신으로부터 나왔기 때문에 삼신을 한 뿌리의 조상으로 삼는다'라고 적고 있다

이 신화에서 나반은 '납(申)'을 이야기하고 아만은 '암(雌)'을 말하고 있다. 나반은 남성이며 아만은 '여성 나반'에서 '나반'을 생략한 형태라고 할 수가 있다. 즉, 영어에서 Man에 대칭되는 Woman이라

고 하는 것과 같은 원리이다. Woman은 womb(자궁)이 있는 사람이
다. 바로 '암사람'이다. 아마도 Man이라는 단어 자체가 'ㅁ—안'처럼
우리말인지도 모른다.

<인류의 조상>

구분	조상	풀이
남	나반(那般)	납(ㅂ)+안
여	아만(阿曼)	암납, ㅂ)+안

따라서 뒤에 붙는 '안'은 사람을 뜻한다. 아니 '인(人)'의 옛날 우
리말이다. 중국인들은 '人(인) 자를 rén(런)'으로 읽는다. 우리의 발
음과는 판이하게 다르다. 우리는 스스로를 자학(自虐)하면서 이 글자
가 우리 글자인 것을 모르고 있을 뿐이다. 영어로 한국인을 korean
(코리언, 코리안)이라고 한다, 바로 이 '안(-an)'은 사람을 나타낸다는
것을 우리는 알고 있지 않은가? 유럽인들은 인도—아리안 족이라고
한다. 그 Aryan(아리안)은 '알(卵)이—안', 즉 알 사람이다. 지금 고고
학계에서는 이 Aryan이 7천 년 전에 이미 중앙아시아에 나타났다고
말하고 있다. 따라서 지금 우리가 논하고 있는 나반(那般)과 아만(阿
曼) 이야기는 적어도 1만 년에서 수만, 수십만 년 전의 인류역사를
말하고 있는 것이다.

그리고 인도의 4계급 중에서 가장 높은 승려계급인 Brahman(브라
만)은 '붉암안', 즉 뿌리 암 사람이다. '붉'이 무엇인지는 나중에 설
명하도록 하자. 그리고 둘째의 무사계급 Kshatriya(크샤트리아)는 '사
투리아', 즉 사투리 사람이다. 경상도・전라도 사투리는 표준어가 아
닌 지방언어를 이르는 말인데 사실은 한 종족을 이르는 말이다. 이

처럼 우리의 알(卵)신앙, 흔히 난생설화(卵生說話)라고 하는 신앙을 하는 집단이 남쪽으로 해서 인도로 흘러가고 다시 유럽인들의 모체가 되었다. 인도에서 부처의 가르침을 처음으로 기록한 고대 언어인 산스크리트어는 전라도 사투리와 같은 언어들이 너무나 많다고 강상원 박사[1]는 말하고 있다.

아마도 우리의 조상이 진화를 하면서 자의식이 생기고 말을 하기 시작할 때 자기들을 '납'이라고 불렀던 것 같다. 납이 우리의 조상이다. 원숭이가 아니고 말 그대로 그저 '납'이다. 지금 우리가 원숭이라고 하는 말은 한자 '猿'에 털북숭이(털투성이)라고 할 때의 '숭이'를 붙여서 만든 합성 언어가 아닐까? 흙투성이, 기름투성이 등도 같은 어원이라고 본다. 호랑이의 순수한 우리말은 '범'이다. 호랑이는 '虎狼이'이다.

원숭이를 뜻하는 '잔나비'라는 말도 있다. 여기서도 납(나비)이라는 말이 나온다. '잔가지'라는 말처럼 '작은 납'을 말한다. 큰 원숭이를 잔나비라고 하지 않는다. 따라서 '납'과 '암'을 후대에 한자로 기록하면서 '나반과 아만'으로 표현했으리라고 본다.

申(거듭 신/아홉 째 지지 신): 중국; shēn(션)
　　　　　　　　　　　일본; (음독) シン(신), (훈독) もうす(모우스)
(뜻풀이): 1. 거듭, 되풀이하여, 거듭하다.
　　　　　2. 아홉째 지지: 원숭이, 서남서 방위, 오후 3~5시
　　　　　3. 늘이다, 연장(延長)시키다.
　　　　　4. 펴다, 베풀다.
　　　　　5. 알리다, 진술(陳述)하다, 말하다, 훈계(訓戒)하다, 타이르다.

---

1) 강상원(姜相源) 박사(博士): 1938년 천안에서 출생, 한국외국어대 졸업, 주한 미국대사관 근무 (1969~1971), 콜롬비아대학 교수, 전 중앙승가대학/한국불교대학/동국대학교 강사 역임. 현 경주박물관대학 초청강사. 산스크리트어(범어梵語)를 연구하여 한국어가 동서문명의 뿌리라고 함.

우리가 지금 구석기시대에 살고 있다고 가정하고 한 번 추론을 해 보자. 하늘은 둥근 원이고 땅은 각이 진 네모라고 표현하면, 네모 안에 가로와 세로로 획을 십자로 그은 것은, 땅에서 이리저리 사방으로 돌아다니거나 개간을 하여 논밭을 만들고 터전을 마련하는 등으로 구획을 짓고 길을 내는 것을 말하고, 세로획이 양쪽으로 뾰족하게 튀어나온 것은 동물 중에서 유일하게 땅을 딛고 곧추서서 하늘을 관통하는 사람을 표현한 글자가 아닐까? 글자는 평면인 2차원에 쓰이니까 3차원의 생각을 그렇게 표현하였으리라고 본다. 그리고 사람은 모가 난 완전하지 못한 상태에서, 모가 없이 둥글고 원만하며 밝고 환한 상태, 즉 하늘을 지향하는 존재이다. 땅을 딛고 하늘을 향하는 존재, 즉 만물의 영장을 나타내기 위하여 만든 글자이며 우리 민족만이 이러한 해석이 가능한 우리의 글자이다.

영국의 생물학자 찰스 다윈(Charles R. Darwin)이 1859년에 '종의 기원'을 발표하여 생물진화의 이론을 제시하였다. 이후 지금까지 한 세기 반이 흐르는 동안 우리 인류는 자신의 정체에 대하여 많은 연구를 하였으며, 1856년 독일의 뒤셀도르프에서 네안데르탈인의 화석이 발견된 이래 시대를 달리하는 무수한 인류의 화석이 발견되었다. 이제는 더 이상 우리 인류와 원숭이가 공동의 조상에서 유래하였다는 사실에 대해서 이의를 제기하는 사람은 없게 되었다. 바로 우리의 조상이 납(申)이라는 것을 현대생물학에서 증명해준 것이다.

<인류의 진화>

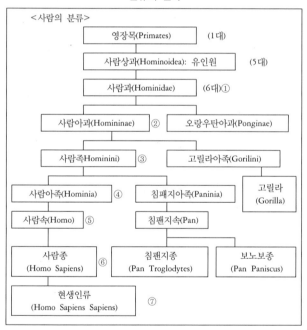

표에서 보는 것처럼 사람(인간)이라는 말은 지구상에 15∼10만 년 전에 탄생한 현생인류(Homo Sapiens Sapiens)만을 의미하기도 하지

만, 크게는 직계 조상으로서 200만 년 전에 나타난 사람속(Homo)을 의미한다. 그러나 분류상으로 '사람'이라는 말이 들어가는 것은 '사람 상과(유인원)'이지만 실질적인 사람은 '사람과(Hominidae)'이다. 사람 과는 꼬리가 없는 유인원을 말한다. 여기에 속하는 오랑우탄부터는 꼬리가 없다.

왜 꼬리 없는 원숭이가 사람인가? 우리 인간과 같이 자아를 인식 할 수 있는 동물은 우랑우탄과 침팬지뿐이라고 한다. 뉴욕 주립대 고든 갈럽 교수가 수많은 동물들을 실험하여 얻은 결론이라 한다. 실험방법은 대형 거울이 있는 방에 어린아이를 데리고 들어가서 거 울과 마주치게 하였다. 그러면서 한쪽 볼에 빨간색의 원형 테이프를 붙여주자 거울에 비치는 자기의 모습을 보고는 얼굴에 붙어 있는 테 이프를 인식하고 손으로 떼는 때가 있었다. 대개 생후 18개월에서 22개월 사이의 연령대라고 한다. 거울에 비친 아기가 자기라는 것을 인식한 것이다. 그는 말하였다. '죽음에 대한 인식은 자아인식에 대 한 대가이다.' 어린아이와 같은 실험에서 오랑우탄과 침팬지도 자아 를 인식할 줄 안다고 하였다.

사람과로부터 5대째가 사람속(Homo)이다. 사람속은 이미 구석기 시대의 문명으로 접어든 상태의 인간을 말한다. 420만 년 전부터 200만 년 전에 이르는 긴 시간 동안 번성한 오스트랄로피테쿠스를 거쳐 40만 년 전에서 25만 년 전에 다양한 종으로 진화하여 현재까 지 알려진 바로는 네안데르탈인, 데니소바인, 하이델베르크인, 호모 에렉투스, 호모하빌리스, 호모플로레시엔시스 등 15종류가 있다. 이 들은 서로 경쟁하여 공존하며 살다가 마지막으로 네안데르탈인이 2 만 8천 년 전, 호모플로레시엔시스가 1만 7천 년 전에 멸종하여 현생인류는 진화의 계통나무에서 유일하게 남은 생존자가 되었다. 그러나 DNA분석에 따르면 현생인류도 9~6만 년 전 사이의 어느 시기에 화산폭발과 극심한 기후변동으로 자손을 남길 수 있는 성인 모집단의 개체수가 최대 1만 명~최소 600명으로 줄어들어 거의 절멸 상태 일보 직전까지 갔던 적이 있다고 한다.

이러한 인류 진화의 계통에서 나반(那般)과 아만(阿曼)은 언제 출현하였을까? 미토콘드리아 DNA와 세포핵 DNA를 분석해 현생인류의 뿌리를 추적한 결과, 미토콘드리아 아만(阿曼)은 22~14만 년 전 어느 시간, Y염색체의 나반(那般)은 20~6만 년 전 사이의 시기에 각각 시작된 것으로 확인됐다고 한다. 분명히 여자가 먼저 시작된 것이다. 지금의 남자들이 여자만 필요한 젖꼭지를 달고 있는 것도 그 증거이다.

또한 '나반이 죽어서 삼신이 되므로 삼신은 영원한 생명의 근본이다'고 하였다. 삼신은 각각 따로 3신이 있는 것이 아니고 일신의 변화된 모습을 말한다고 하였다. 결론적으로 삼신인 동시에 일신은 우리의 조상이라는 것이다. 나를 기준으로 시대를 거슬러서 한없이 올라가면 삶신(생명체)은 일신(一神)으로 연결된다. 하나님은 우리의 조상이다.

납(申)이 왜 사람인지를 한 발 더 나아가보자. 示(보일 시) 자는 제사 지내기 위해서 차려놓은 제단의 모습을 본뜬 글자라고 한다. 그 자체로서 제사를 지낸다는 의미를 이미 내포하고 있다. 그러면 神(귀신 신) 자는 인간의 제사를 받는 그 무엇을 뜻하고 있다. 무엇인지를 이제 독자도 쉽게 이해하리라고 본다. 바로 '납에게 제사를 지내는 글자'이다. 신은 다름이 아니고 먼 우리의 조상인 납이 죽어서 된 것임을 한자는 말하고 있는 것이다. 설마 지금의 원숭이에게 제사를 지냈다고 생각하는 사람은 없을 것이다.

그리고 '돌아갔다'고 한다. 원래 신이었으니까 다시 그 자리로 회귀했다는 것이다. 우리도 죽으면 후손들로부터 제사를 받으며, 신주나 지방에는 마지막에 '……神位(신위)'라고 쓰고 있다. 그리고 아래의 표에서 보듯이 신은 여러 의미로 분화되어 쓰이고 있다.

神(귀신 신): 중국; shén
　　　　　일본; (음독) シン・ジン(신・진), (훈독) かみ・かん・こう・み(까미・간・고우・미)

[보일 시(示) 부]: 제물(祭物)을 차려놓은 '제단(祭壇)' 모양을 본떠, 그 제물을 신(神)에게 '보임'을 나타낸 글자. 신, 제사, 신(神)의 화(禍)나 복(福)과 관련(關連)됨.

(뜻풀이)
① 귀신(鬼神)　　⑤ 덕이 높은 사람　　⑨ 신품(神品)
② 신령(神靈)　　⑥ 해박한 사람　　⑩ 영묘(靈妙)하다, 신기(神奇)하다.
③ 정신(精神),　　⑦ 초상(肖像), 표정(表情)　⑪ 화(化)하다.
　　혼(魂)　　　⑧ 불가사의(不可思議)　⑫ 삼가다, 소중히 여기다, 영험
④ 마음　　　　　한 것　　　　　있다.

위의 표에 있는 신(神) 자의 뜻풀이를 보면 흥미로운 면이 있다. 몇 가지 유형으로 분류를 하면 아래와 같다.

(해박한, 덕이 높은) 사람→초상→표정→마음, 정신→불가사의 한 것, 영묘하다, 신기하다→신령→귀신

이렇게 정리를 해보면 처음에는 사람을 뜻하다가 차츰 변하여 최종적으로는 지금 우리가 이해하고 있는 신(神)의 의미로 진화한 것을 알 수가 있다. 신(神)은 신(申)이며, 납이다. 납은 원숭이이다. 원

숭이는 사람이다. 따라서 신(神)은 우리의 조상이다.

그러나 세월이 흐름에 따라 인간의 지혜가 발전하여 미개인인 조상들은 납이라고 부르고, 대신에 그 명칭에는 삶의 최고 지위에 있는 존재, 곧 '사람'이 대체하였다고 본다. 사람은 '삶'이라는 말에서 분화된 말이다. 사람이 삶의 최고 지위에 있으니까 '삶'이라는 타이틀을 써도 무방하다. 재미있는 것은 일본에서는 한 단계 더 발전하여 우리의 언어에서 사람이라고 대칭되는 말이 さる(사루)이며 그 뜻은 원숭이이이다.

그리고 さる(사루)에서 더 나아가 ひと(人: 히또)라는 신조어가 탄생하였다. ひと에서 ひ(히)는 日(일)·靈(령), と(또)는 所(소)·物(물)을 뜻한다고 사전에서 풀이하고 있다. 직역한다면 '해나 영혼이 머무는 곳'이나 '해나 영물 그 자체'를 뜻한다. 현대적인 말로는 만물의 영장(靈長), 혹은 일본에서 유행하는 신인류(新人類)를 뜻한다. 의미를 따지자면 어마어마한 말이다. 현생인류의 조상인 사람종을 Homo Sapiens(wise man)라고 하는 것보다 한 수 위라고 하지 않을수가 없다. 따라서 1926년부터 1989년까지 64년간이나 재임했던 이전의 일왕 裕仁(유인)을 ひろひと(히로히토)라고 읽을 수 가 있다. 즉, 어진 것은 사람이기 때문이다.

삶신(生命神)이 우리 인류의 역사에 끼친 영향은 이루 말로써 표현을 할 수 없을 정도로 어마어마하다. 우리의 역사서는 사람신(人神)이나 삼신(三神)으로 되어 있고 옛날에 할머니들이 수백 세대를 내려오면서 손자손녀들에게 들려주는 이야기에서는 삼신(三神)할미가 된다. 수천 년 전이나 아니면 적어도 5천~만 년 전에 삶신(生命神)이 사람신(人神)으로 둔갑되어 모든 사람이 그렇게 인식하고 있을

<여와(女媧, nǔwā: 뉘와)>

때에, 전 세계로 전파되어 신(神)은 사람의 모습을 하게 되어 이제는 명실 공히 인신(人神)으로 정착하였다고 본다.

그리고 우리의 조상인 나반(那般)을 중국인들은 잘못 이해하고 있다. 바로 여와(女媧, nǔwā: 뉘와)신화이다. 여와(女媧)는 흙으로 인간을 창조한 여신으로서 사람의 머리에 뱀의 몸을 하고 있다. 또한 여와(女媧)는 복희와는 남매(男妹) 사이로 구전된다. 뱀 모양의 복희와 여와가 서로의 꼬리를 틀고 있는 모습이 전해져 내려오고 있다. 어떠한 과정을 거쳐서 '납(申)'이 여와(女媧)가 되었을까?

납(申)→나바→나와→너와→녀와→여와(女媧)의 과정을 거쳐 변하였다고 본다. '납'에서 'ㅂ'이 탈락되고 두 글자로 되는 현상은 지금의 일본계통의 언어가 변화되어 온 과정이다. 강(江)이나 내(川)를 의미하는 고어 '갑'이 지금의 일본말 '가와'가 된 것과 같다. 그리고 '나'가 '너'로 변한 것은 '알(卵)'에서 '얼(정신, 魂: 혼)'이라는 추상명사가 파생되어 나온 것과 같은 음운변화를 거쳐 새로운 추상명사를 만드는 원리가 공통적으로 적용되었다고 본다. '알'은 볼 수 있는 생명체의 근원인 반면에, '얼'은 눈으로는 볼 수 없는 내면의 근원이다. 우리의 얼굴은 '얼의 굴(구멍)'이다. '얼'은 어디에 있는가? 얼굴을 지나 그 뒤에 있는 뇌에 있다. 이러한 음운변화는 엉뚱하게도 남성을 의미하는 '납(나반)'을 여성으로 만드는 현상을 초래했다. 당초에는 어디까지나 우리말 '여와'를 글로 적기 위하여 한자의 음운을 빌려왔을 뿐인데 하필이면 여성을 의미하는 '여(女)' 자를 차용한 결과이다. 따라서 중국의 여와신화는 엉터리이며 짝퉁이다. '여와'는 여성이 아니고 어디까지나 남성이다. 여성은 아만(阿曼: 암안)이지 않는가? 따라서 한자 女媧(여와)는 아무런 뜻이 없으며, 지금 중국인들이 발음하는 'nǚwā(뉘와)' 역시 아무런 의미가 없다. 지금 중국에서 유명한 베스트셀러 작가인 이중톈(易中天) 샤먼(廈門)대 인문학원 교수는 여와(女媧)는 '뱀'이 아니라 '개구리'였다는 주장을 하고 있다. 정말로 웃기는 일이다. '女媧(여와)'에서 '媧(wā: 와)'라는 한자가 '개구리 蛙(wā: 와)'와 발음이 같으니까 그러한 추측성 주장을 하는 것 같은데, 근본을 모르니까 이러한 유치한 주장이 나오는 것이다. 필자의 주장에 신빙성이 없다고 믿지 못한다면 그 증거를 보자. 인터넷에 중국 한자의 발음을 정리한 사이트가 있다.[2] 러시아인이 연구한 결과로 보인다. 여기에 보면 '女(여)' 자의 발음이 시대별로 달랐다는 것을 알 수가 있다. 옆의 표에서처럼 한(漢)나라 시대에는 서쪽에 있는 수도 서

Character: 女
Modern (Beijing) reading: nǚ
Preclassic Old Chinese: nraʔ
Classic Old Chinese: nrá
Western Han Chinese: n̠á
Eastern Han Chinese: n̠á
Early Postclassic Chinese: n̠ó
Middle Postclassic Chinese: n̠ó
Late Postclassic Chinese: n̠ó
Middle Chinese: n̠ǒ

<여(女)의 시대별 발음>

2) http://starling.rinet.ru/cgi-bin/query.cgi?basename=\data\china\bigchina& root=config&morpho=0)(Search for data in Chinese character)

안, 즉 관중평원이나 동쪽에 있는 낙양, 즉 중원이 모두 'na(나)'라고 발음하였다.

이 여와(女媧)가 다시 인도를 흘러 들어갔다. 인도의 고대어인 산스크리트어에서 'Yahva(야바)'는 불사신(不死神)을 의미한다고 한다. 당연하다. 납(申: 女媧여와)은 인류의 조상이므로 그의 존재가 이 시대를 사는 우리들에게 이어져 왔고 앞으로도 우리의 후손들로 영원히 이어질 것이다. 위로는 과거의 조상과 아래로는 미래의 자손은 나라는 존재를 매개수단으로 하여 영원으로 이어지는 것이다. 이러한 흐름 속에서 나의 자식이 나를 기억해주고 재현해주면 나는 죽지 않고 영원히 살 수가 있다. 지금에야 알게 된 사실이지만 인류는 유전적으로 영생을 하는 것이다. 인류가 멸망하지 않는 이상 납(申: 女媧여와)은 죽지 않고 영생하고 있는 것이다. 불사신은 이를 두고 하는 말이다.

더 나아가 여와(女媧)와 Yahva(야바)는 중동으로 흘러 들어갔다. 유태교의 토라(율법)에서 신으로 나오는 야훼(또는 야웨: Yahweh)는 또한 영어로 Jehovah(여호와)로도 발음하고 있으나 원래의 정확한 발음은 잊히고 말았다고 한다. 강상원 박사에 의하면 영어를 중심으로 하는 인도-유럽언어의 뿌리가 고대 인도의 산스크리트어라고 한다. 우리의 조상이며 우리말인 납(나반)이 이렇게 신으로 변하고 중국은 물론 인도와 중동까지 흘러간 것이다. 왜 창조신인가? 인간, 즉 사람을 창조하였기 때문이다.

근원으로 돌아가면 신(神)은 우리의 조상(祖上)이다. 우리는 신의 후손이며, 그것도 천손민족(天孫民族)이다. 결론적으로 나는 신이다. 토라에서도 말하고 있다. 시편 82장 6편에 '내가 말하기를 너희는 신들이며 다 지존의 아들들이라 하였으니······(I said, "You are 'gods'; you are all sons of the Most High")'라고 말하는 이는 여호와가 아닌가? 여기서 말을 하는 주체인 'I(나)'는 납(申)이며, 'the Most High'는 바로 일신(一神)을 말하고 있다. 당초에 우리의 조상이자 인류의 조상이 종교로 발전하여 그것이 좋은 방향이든 바람직하지 않은 방향이든, 장구한 세월 동안 지구상의 모든 인류에게 크나큰 영향을 끼친 것이다.

그러나 토라에서 창조신은 따로 있다. 바로 Elohim(엘로힘)이다. Elohim은 남신으로 추측되는 Elah(복수형: elim)와 여신인 Eloah의 복수형이다. 말하자면 남녀혼합체신이다. 이들의 뿌리는 El이다. El은 무엇인가? 우리말에서 유래한 것이 분명하다고 본다. 탄생이나 창조의 근원인 '알(卵)'이 중동으로 흘러들어간 것이다. '알'을 중동과 서구에서 사용하는 알파벳으로 표시하면 'Al'이 된다. 발음이 '알'일까, 아니면 '엘'일까? 우리는 '알'로 발음해주겠지만 그들은 십중팔구 '엘(El)'로 발음할 것이다. 영어사전을 보면 'A'로 시작하는 7,000여 단어 전체 중에서 '아'로 발음하는 단어는 불교 용어인 'amida(한자 번역은 阿彌陀: 아미타)'와 같이 외래어 몇 개뿐이며 순수한 영어는 하나도 없다. 우리나라에서는 건국시조가 알에서 탄생하는 신화의 형태에 머물렀으나 서방

<야훼와 그의 아내 아세라
(위: 원문, 아래: 영어 번역과 설명(The Isrealite warshipped many gods.)>

으로 흘러가서는 창조신으로 둔갑을 하였다.

인터넷 위키 백과의 설명을 보자.

"El(엘)은 수메르에서 최고의 신이다. 우가리트 신화에서 엘은 모든 신의 아버지, 신 중의 신, 창조신으로서 남성의 모습으로 그려진다. 토라에서는 엘로힘과 같은 야훼의 다른 이름으로 등장하고, 아랍의 알라(ilāh)의 어원도 여기에서 비롯된다고 한다. 우가리트어나 아카드어로는 일(il['ilu])이라고 부른다. 이름의 유래는 '강하게 하다'라는 의미의 어근['wl]으로부터 유래한다고 추측한다."

우리는 여기서 El(엘)의 어원이 'wl'이라는 데서 우리말의 '얼'이 변한 말이라는 확신을 가질 수가 있다.

그리고 'Discovery HD WORLD' 채널에서 'East to West'라는 제목의 다큐멘터리[3]를 방영하였다. 옛날 가나안의 수도 텔 하조르(Tel Hazor)의 유적을 최근에 발굴한 내용이다. B.C. 900여 년경에 가나안 땅에 살던 유태인들도 El(엘)신, 즉 엘로힘(Elohim)을 믿었으며 그의 아내는 아세라(Asherah)였다. 그리고 아세라는 야훼(Yahweh)의 아내이기도 하였다. '야훼와 그의 아내 아세라'라고 쓰인 항아리조각이 발굴되었으며, 아세라가 어린아이를

<아세라 여신 모자상>

---

3) 2014년 1월 16일 10시.

안고 있는 조각상도 출토되었다. 이 조각상을 예루살렘 히브리대학교 Amihai Mazar 교수가 손에 들고 있는 사진과 확대사진이다. 성모자상(聖母子像)이다.

다음은 아만(阿曼)에서의 '암'이다. 지금도 그대로 이어 내려오고 있는 말은 '암컷, 암놈, 암캐, 암수 한 쌍, 암나사, 암내' 등이다.

암→암+것→암컷
암→암+개→암캐

그러나 어려서부터 우리에게 가장 친근한 엄마도 여기에 그 뿌리를 두고 있다.

암→암+이→암아→암마(자음동화)→엄마
암→암+이→아미→어미(모음조화)→어머니, 에미
※ 한(桓·韓)+어미→한어미→할어머니→할머니

그러면 어머니와 대칭되는 아버지는 어디에서 나온 말일까?
업(業)에서 나왔다.

업(業)→업+이→어비→아비→아버지, 애비, 애비
※ 한(桓·韓)+어비→한아비→할아버지

아버지는 한 집안의 가장이다. 가족이 살아가는 것을 전적으로 책임을 지는 사람이다. 지금은 그러한 가장의 의무를 한마디로 나타내는 말은 없다. 그러나 고대의 우리말에서는 '업'이라고 하였다. 이 '업을 책임지는 이'가 바로 '업이'인 것이다. <오륜가(五倫歌)>[4]에 이런 구절이 있다.

'아버님이 나를 낳으시고 어머님이 나를 기르시니 부모님이 아니셨으면 내 몸이 없었을 것이다. 이 덕을 갚으려 하니 하늘같이 끝이 없다.'

시조의 구절처럼 아버지가 단지 자식을 낳았다고 해서 제 구실을 다하였다고 할 수가 있겠는가? 집안 전체를 책임져야 하는 것이다. <삼신오제본기>에 '업(業)을 생산작업(生産作業)의 신(神)이라 한다. 그 때문에 업주가리(業主嘉利)라고도 한다(業爲生産作業之神 故亦稱業主嘉利).' 무슨 뜻인가, 쉬운 말로 '벌어서 먹여 살려'야 아버지라고 할 수가 있는 것이다. 따라서 한 집안의 가장인 아버지는 가족이 의지할 하늘과 같은 존재이며 바로 신과 같은 존재라는 뜻을 담고 있다.

그리고 다시 본론으로 돌아가서, 이 신화가 만들어진 지역은 어디일까? 우리 조상들은 살던 곳을 떠나 어디엔가 가서 터전을 잡으면 부족의 고유한 지표명을 가지고 다녔다고 보인다. 동네 이름은 새터이고, 앞에 있는 산은 앞산(안산)이 되는 식이다. 인류의 조상인 나반(那般)과 아만(阿曼)이 처음 만난 곳은 아이사타(阿耳斯它) 또는 사타려아(斯它麗阿)라고 하였다.

아이사타(阿耳斯它)는 무슨 말일까? '아시'와 '따(地)'의 합성어이며 다음과 같은 과정을 거쳐 생긴 말이다.

---

4) 조선 명종 때 주세붕(周世鵬, 1495~1554)이 지은 모두 6장으로 된 연시조이다.

아시+짜(地)→아이+(ㅅ)+따→아이+ㅅ+따→아이사타(阿耳斯它)

'아시'는 '처음'의 옛말이다. 『훈몽자회(訓蒙字會)』[5]에 용례가 나온다.

饙: 아시 삘 분, 훈몽자회(예산문고본)(1527)하: 6
(현재어: 찔 분=찌다, 익히다)

우리는 입던 옷이 때가 묻으면 세탁기에 넣어서 간단하게 빨래를 하거나, 고급스러운 옷은 세탁소에 맡기면 된다. 그러나 60년대까지만 해도 시골에서 빨래를 할 때, 때에 찌든 옷은 우선 빨랫비누로 대충 빤 다음 양잿물에 삶은 후에 다시 빨래를 하였다. 처음에 하는 빨래를 '아시빨래 또는 애벌빨래'라고 하였다. 뒤에는 당연히 두벌빨래가 된다. 그리고 논밭을 갈 때에 처음은 '아시갈이'라 하고, 논에 벼를 이앙한 후에 잡초를 제거하는 김매기를 보통 3~4회 하였는데 처음에는 '아시메기'라고 하였다. 또한 현재도 평안도 사투리로 초저녁을 '아지내'라고 한다. 그리고 우리가 지금도 쓰고 있는 말은 '애시 당초'라는 의미가 중첩된 말을 쓰고 있으며, 아이가 보기보다 어리면 '앳되다'는 표현을 쓴다. 그리고 말의 새끼는 '말아지', 즉 '망아지'이며 개의 새끼는 '강아지'이다.

그리고 '아시'는 아침이라는 말이기도 하다. 일본어에서는 아침을 뜻하는 'あさ(아사)'라는 말로 변해서 쓰이고 있다. 일본에서 유명한

5) 1527년에 최세진(崔世珍)이 어린아이들에게 한자를 가르치는 초학서로 지은 책이다.

신문에 あさひしんぶん(아사히신붕: 朝日新聞조일신문)이라는 조간 신문이 있다. 바로 아침(朝)을 あさ(아사)라고 하고 있다.

그리고 '짜'는 '땅'을 뜻한다. 『석봉천자문』6)에서 '地' 자를 '짜디'라고 하였다.

따라서 아이사타는 '첫 땅'을 이르니까 지금의 언어로는 분당이나 평촌과 같은 신도시이다. 몇십 년 전까지는 '신촌(新村)'이다. 덧붙이자면 '애터(앳터)'를 말하며 지금은 '새터'라는 말로 정착되어 쓰이고 있다. 고향을 가진 독자 여러분은 시골에 어떤 마을 이름들이 있는지 한 번 생각해보시기를 바란다. 이 땅에는 어디를 가더라도 '새터'라는 지명이 무수히 많다. 다음에 더 상세히 설명할 여지를 남겨놓자. 인류의 조상이 첫발을 디딘 곳은 당연히 새터이다. 이론의 여지가 없다. 그러면 또 다른 지명인 '사타려아(斯它麗阿)'는 무슨 뜻일까?

짜(地)→ᄉ다→사다→사달→사달   이→사다리→사타리→사타리아
→사타려아(斯它麗阿)

즉, 지금 한국 사람이 쓰는 '땅'의 뿌리 말인 짜(地)의 또 다른 변음으로 보인다. 이는 나무 위에서 살던 유인원에서 인류의 조상이 탄생하여 처음으로 땅을 디뎠다는 것을 강조하기 위하여 쓴 말이 아

___

6) 조선 선조 때의 명필 석봉(石峰) 한호(韓濩, 1543~1605)가 쓴 것으로, 원본은 고려대학교에 소장되어 있다.

닐까? '아이사타(阿耳斯它)나 사타려아(斯它麗阿)'라는 지명에서 지금을 사는 우리는 신화라고 하는 시대에 우리 조상들의 구성 민족은 물론 살던 땅이나 진출한 강역의 범위를 짐작할 수가 있다. 중앙아시아 지역에는 카자흐스탄, 우즈베키스탄, 키르기스스탄, 타지키스탄, 투르크메니스탄, 아프가니스탄, 파키스탄 등 국가명이 '一스탄(stan)'으로 끝나는 나라들이 많다. 땅을 의미한다. 천자문에서 '地(지)' 자가 왜 지금 우리가 발음하는 '따지'가 아니고 '싸디'로 발음하는 것은 현재의 우리말에서 버리고 없는 'ㅅ' 발음이 분명히 있었다는 증거이다. 한석봉 선생 사후 400여 년이 지나서 만든 한글맞춤법에 심각한 문제가 있는 것은 아닐까? 분명 영어의 'st'처럼 한 자음으로 기록할 수가 있는 훈민정음을 단순화시킴에 따라 세계의 여러 언어를 수용하는 데 심각한 문제를 안고 있는 것이다. 그리고 싸(地)는 도(土: 토)와 터(墟: 허)와도 같은 말이다.

그리고 아쉬운 것은 이러한 신화나 역사의 배경이 어디인지는 <삼성기전 하>가 가지고 있는 신화의 정보만으로는 알 수가 없지만 '한 신(一神: 하나님)이 사백력(斯白力) 하늘에 있으면서……'와 같은 일신(一神)은 시베리아를 배경으로 나오는데 여기서는 사타려아라고 하였으니까 시베리아를 벗어났다는 사실을 말해주고 있는 것이 아닐까? 그렇다면 유라시아 대초원(Steppe)[7)]에서 유목생활을 하다가 농경생활로 접어들면서 새 땅을 찾아 정착하였다는 사실을 말해주는 것 같다. 아마도 그 지역은 스텝의 접경지역이며, 빙하가 한참 위

---

7) 짧은 풀들이 자라는 초원평야지대를 의미한다. 연 강수량이 250~500mm로 나무가 자라기가 어렵고 사막이라고 하기엔 습한 기후를 일컫는다. 유라시아 대초원지대는 서쪽은 카스피 해에서 시작하여 우랄산맥에서 알타이산맥을 거쳐 몽골을 지나 대흥안령을 넘어 만주까지 이어진다. 여름에는 뜨겁고 겨울은 춥다.

세를 떨치면서 남쪽으로 확장해가면 계속 남하하여야 얼어 죽지 않고 살아남을 수가 있다. 그 지역이 만주지역이며 더 내려오면 한반도이며, 산동반도이다.

(4) 단군은 물론 한웅도 역사적인 인물이다

① 한인 · 한웅 · 단군의 건국과 관련된 사료의 요약

우리는 앞에서 일연의 『삼국유사』<고조선>조에 있는 기록이 한인—한웅—단군 삼대에 걸친 가족의 이야기를 하고 있는 신화였다고 하였다. 그러나 삼대의 마지막인 단군은 조선이라는 국가를 건국하였다는 역사적인 요소가 있고, 일연 스스로가 '고기'를 인용하여 쓴 자료라고 밝혔다고 하였다는 것을 알아보았다. '고기'는 무엇이었을까? 우리 민족의 과거를 담고 있는 『한단고기』가 아닐까? 『한단고기』에 있는 내용이다.

ⓒ 한인시대

어느 날인가, 한인[桓因, 안파견(安巴堅)이라고도 함]이 동남동녀 800명을 거느리고 흑수(黑水)와 백산(白山)의 땅에 내려왔는데, 한님은 감군(監郡)으로서 천계(天界)에 계시면서 돌을 쳐 불을 일으켜서 날 음식을 익혀 먹는 법을 처음으로 가르치셨다. 이를 한국(桓國)이라 하고 그를 가리켜 천제 한인(天帝桓因)이라고 불렀다. 한인은 일곱 대를 전했는데 그 연대는 알 수가 없다. <삼성기전 상>

옛날 한국이 있었나니 백성은 부유하였고 또 많았다. 처음 한인

(桓因)께서 천산(天山)에 올라 도를 얻어 오래오래 사셨으니 몸에는 병도 없었다. 하늘을 대신해서 널리 교화하니 사람들로 하여금 군대를 동원하여 싸울 일도 없게 하였으며, 누구나 열심히 일하여 굶주리고 추위에 떠는 일이 없게 하였다. 다음에 혁서(赫胥) 한인, 고시리(古是利) 한인, 주우양(朱于襄) 한인, 석제임(釋帝壬) 한인, 구을리(邱乙利) 한인에 전하고 지위리(智爲利) 한인에 이르렀다. 한인은 혹은 단인(檀仁)이라고도 한다. 파나류산(波奈留山) 밑이며, 천해(天海) 동쪽의 땅이다. 파나류의 나라라고도 하는데 그 땅이 넓어 남북이 5만 리(2만km)요, 동서가 2만여 리(8천km)니 통틀어 한국이요, 갈라서 말하면, 비리국·양운국·구막한국·구다천국·일군국·우루국·객현한국·구모액국·매구여국·사납아국·선비국·수밀이국이니 합하여 12국이다. 천해는 지금 북해라 한다. 7세를 전하여 3301년에 이르고 혹은 63182년이라고도 하는데 어느 것이 맞는 말인지 알 수가 없다. <삼성기전 하>

위의 기록을 보면 한인은 하늘에서 내려와 12국을 거느리는 한국을 세우고 그 수도는 천해의 동쪽 땅에 정하였으며, 그 영토는 남북 5만 리, 동서 2만 리이다. 그리고 7세까지 전하여 3301년 혹은 63182년을 이었다.

어떤가? 신화적인 요소를 가진 건국신화가 아닌가? 다만 논리적이지 못한 것은 7세대가 3301년이라고 하여 한 세대가 평균 472년이라는 것이다.

ⓛ 신시 배달국 환웅시대

한국의 말기에 신인(神人) 한인(桓因-제석천왕)의 아들 한웅(桓雄)
이 자주 천하에 뜻을 두고 인간세상을 탐내므로 안파견(한인桓因)이
금악, 삼위와 태백을 내려다보시며 '모두 가히 홍익인간(弘益人間)
할 곳이로다' 하시며 누구를 시킬 것인가 물으니 오가(마가·우가·
구가·저가·양가) 모두 대답하기를 '서자부의 한웅(桓雄)이 있어 용
맹함과 어진 지혜를 함께 갖추었으며 일찍이 홍익인간의 이념으로
세상을 바꿀 뜻이 있으니 그를 태백산에 보내어 이를 다스리게 함이
좋겠습니다' 하니 마침내 천부인(天符印) 세 가지를 내려주시고 이
에 말씀을 내려, '사람과 물건의 할 바가 이미 다 이루어졌도다. 그
대(君)가 하늘의 뜻을 열고 가르침을 세워 세상에 있으면서 잘 다스
려서 만세의 자손들에게 큰 모범이 될지어다'라고 하셨다.

이에 한웅이 3,000의 무리를 이끌고 태백산(太白山) 꼭대기 신단수
(神檀樹) 밑에 내려오시니 이곳을 신시(神市)라 하고 도읍을 세우시고
나라를 배달(倍達)이라 불렀다. 이분을 한웅천왕(桓雄天王)이라 한다.
천부의 징표를 지니시고 풍백(風伯), 우사(雨師), 운사(雲師)를 데리고
다섯 가지 일(곡식, 생명, 형벌, 질병, 생사)을 주관하며, 무릇 인간의
362여 가지 일을 모두 주관하여 세상을 교화하였으니 널리 인간 세
상에 유익함이 있었다. …… 웅씨의 여인을 거두어 아내로 삼으시고
혼인의 예법을 정하매, 짐승 가죽으로써 폐물을 삼았다. 농사를 짓고
목축을 하고 시장을 열어 교환하도록 하니, 온 세상이 조공을 바치며
새와 짐승도 덩달아 춤추었다. 뒷날 사람들은 그를 지상 최고의 신이
라고 받들어 세세토록 제사가 끊임이 없었다. 신시의 말기에 치우천
왕(14세 자오지한웅)이 있어 청구를 개척하여 넓혔으며, 18세를 전하

여 1565년을 누렸다. <삼성기전 상> <삼성기전 하>

그리고 아래와 같은 역대기를 기록하고 있다.

대수	재위기간	한웅 이름	즉위원년	대수	재위기간	한웅 이름	즉위원년
1	94	한웅(거발한)	B.C. 3898	11	92	거야발	B.C. 2971
2	86	거불리	3804	12	105	주무신	2879
3	99	우야고	3718	13	67	사와라	2774
4	107	모사라	3619	14	109	자오지(치우)	2707
5	93	태우의	3512	15	89	치액특	2598
6	98	다의발	3419	16	56	축다리	2509
7	81	거련	3321	17	72	혁다세	2453
8	73	안부련	3240	18	48	거불단(한웅)	2381
9	96	양운	3167			존속기간: 1565년	
10	100	갈고(독로한)	3071				

이를 평가한다면 한웅도 역시 하늘에서 내려와 배달국을 세우고 수도는 신시에 두었다. 그리고 18세 1,565년을 존속하였다. 더욱이 1대 한웅천황과 5대 태우의 천황, 10대 갈고 천황, 그리고 14대 치우 천황은 구체적인 기록이 나오며, 중국의 3황을 포함한 신화와 전설의 인물들과 그들의 선조가 나타난다. 특히 치우 천황에 대해서는 다양한 행적을 풍부하게 기록하고 있다. 그러니까 우리의 『한단고기』에서는 신화의 성격을 띠고 있지만 동시에 나라의 기본요건을 갖추고 있으며 그 속에서 중국의 전설상의 인물들이나 그들의 조상이 우리나라에서 기원하였다고 비교적 상세하게 기술하고 있다. 이미 역사시대에 접어들었다는 것을 알 수가 있다.

ⓒ 아사달 조선 단군시대

앞에서의 한인과 한웅의 기록과는 다르게 단군의 조선건국과 관련하여서는 『한단고기』의 여러 사서는 다양한 형태의 내용을 전하고 있는데 대체로 4가지 유형으로 분류할 수가 있다.

그것은 ① 한인—한웅과 같은 천강신화 형태, ②『삼국유사』에서와 같이 한웅—곰과 호랑이 신화, ③ 단웅과 웅녀의 아들, ④ 웅씨왕검의 비왕(보좌왕) 형태가 그것이다. 처음에는 신화라고만 할 수 있는 내용이지만 차츰 역사적인 사실에 가까운 이야기가 되어간다. 이를 표로 정리하면 아래와 같다.

<『한단고기』에 나오는 단군신화의 유형>

유형	천강신화	한웅-곰·호랑이	단웅-웅녀의 아들	웅씨 왕검의 비장
자료	<삼성기전 상>, <태백일사 삼신오제본기>	<삼성기전 하>, <태백일사 신시본기>	<단군세기>	<태백일사 삼한관경본기>

첫째, 한인—한웅과 같은 하늘에서 내려오는 신화 형태이다.

'뒤에 신인왕검(神人王儉)께서 불함산(不咸山)의 단목(檀木) 터에 내려오셨다. 그는 신의 덕과 성인의 어짊을 겸하여 갖추었으니 이에 능히 조칙을 받들어 하늘의 뜻을 이었으니 나라를 세운 뜻과 법은 높고 넓고 강하고 열렬하였다. 이에 구한(九桓)의 백성들이 마음 깊이 복종하여 그를 받들어 천제의 화신이라 하며 그를 제왕으로 모셨다. 그가 곧 단군왕검(檀君王儉)으로 신시로부터 전해지던 오랜 법을 되찾고 서울을 아사달(阿斯達)에 설치하여 나라를 열었으니 조선(朝鮮)이라고 불렀다.' <삼성기전 상>

둘째, 『삼국유사』에서와 같이 한웅―곰과 호랑이 신화형태이다. 여기에서는 한인에 관한 내용이 없다.

"때에 한 곰과 한 범이 이웃하여 살더니 일찍이 신단수(神檀樹)에서 빌었다. '원컨대 변하여 신계의 한 무리가 되어지이다' 하니, 한웅이 이를 듣고 말하기를, '가르쳐줄지어다'라고 하였다.

마침내 주술로써 몸을 바꾸고 정신을 바꾸었다. 먼저 신이 만들어 놓은 영혼을 고요하게 하는 것을 내놓았으니, 즉 쑥 한 다발과 마늘 스무 개라. 이에 경계하여 가로되 '너희들이 이를 먹고 햇빛을 백일 동안 보지 않으면 쉽사리 인간다움을 얻으리라' 하니, 곰과 호랑이 두 무리가 모두 이를 얻어먹고 삼칠(21)일 동안 기(忌)하였는데 곰은 기한을 잘 지켜서 타이름을 따르며 모습을 얻게 되었지만, 범은 게으르고 참을성이 없어서 금지하는 바를 제대로 시행하지 못하니 좋은 결과를 얻지 못하였다. 이는 이들의 두 성질이 서로 닮지 않았기 때문이다. 웅녀는 더불어 혼인할 곳이 없었으므로 단수(壇樹)의 무성한 숲 밑에서 잉태하기를 간곡히 원하였다. 그래서 임시로 변화하여 한(桓)이 되고 그와 더불어 혼인하니 잉태하여 아들을 낳고 호적에 실리게 되었다. …… 구한(九桓)은 모조리 삼한(三韓)에 통솔되고 나라 안의 천제의 아들은 단군왕검(檀君王儉)이라 불렀다." <삼성기전 하>

그리고 <태백일사 신시본기>에서는 '……그때는 종족의 이름이 서로 달랐으니, 풍속도 차츰 달라져서 원래 살던 백성을 호랑이라 하고 새로 살기 시작한 백성을 곰이라 했다'고 하여 곰과 호랑이가 짐승이 아니라 종족명임을 밝히고 있고, <태백일사 삼신오제본기>에서는 '웅족 가운데 단국이 있어 가장 강성했다'고 기술하고 있다.

셋째, 단웅과 웅녀의 아들로 태어나지만, 태어난 장소가 단수(檀

樹) 밑이라고 하고 있어 신화를 가미하였다.

'고기에 이르기를 왕검의 아버지는 단웅(檀雄)이고 어머니는 웅씨(熊氏)의 왕녀이며 신묘년(B.C. 2370) 5월 2일 인시에 단수(檀樹) 밑에서 태어났다. 신인의 덕이 있어 주변의 모든 사람이 겁내어 복종했다. 14세가 되던 갑진년(B.C. 2357) 웅씨의 왕은 그가 신성함을 듣고 그로써 비왕(裨王)으로 삼고 대읍(大邑)의 다스림을 대행하도록 하였다. 무진년(B.C. 2333) 제요도당(帝堯陶唐) 때에 단국(檀國)으로부터 아사달의 단목(檀木)의 터에 이르니 온 나라 사람들이 받들어 천제(天帝)의 아들로 모시게 되었다. 이에 구한(九桓)이 모두 뭉쳐서 하나로 되었고 신과 같은 교화가 멀리 미치게 되었다. 이를 단군왕검(檀君王儉)이라 하니 비왕(裨王)의 자리에 있기를 24년, 제위(帝位)에 있기를 93년이었으며 130세까지 사셨다.' <단군세기>

넷째, 웅씨 왕검의 비왕(보좌왕) 형태이다. 여기서는 신화의 형태에서 많이 벗어나 사실에 가까운 구체적인 내용을 담고 있다. 다만 단군의 출생과 출신배경은 빠져 있으며, 이를 '신인왕검(神人王儉)'이라는 말로 처리하였다.

"사와라 환웅 초기의 일이다. 웅녀 군(君)의 후손으로서 '여(黎)'라고 하는 이가 있었는데 처음으로 단허(檀墟)에 책봉 받아서 왕검(王儉)이 되매, 덕을 심어 백성을 사랑하고 영토를 차츰 크게 넓히니 여러 곳의 왕검들이 나아와 특산물을 바치며 이로써 귀화하는 자 천여 명을 헤아렸다. 뒤에 460년이 지나 '신인왕검(神人王儉)'이라 하는 이가 있었는데 크게 백성들의 신망을 얻어 비왕(裵王)이 되었다. 섭정하신 지 24년에 웅씨의 왕은 전쟁하다가 붕어하시니 왕검은 마침내 그 왕위를 대신하여 구한을 통일하고 단군왕검(檀君王儉)이라 하였다.

곧 나라의 인물들을 불러 약속을 세워 가로되, '앞으로는 백성의 뜻을 물어 공법을 만들고 이를 천부(天符)라 할지니, 그 천부란 만세의 강전(綱典)이며 지극히 존중하여 아무도 이를 어길 수 없는 것이다'라고 하였다. 마침내 삼한으로 나라를 나누어 통치하시니, 진한은 스스로 천왕께서 다스리시고 도읍을 아사달에 세우고 나라를 열어 조선(朝鮮)이라 하고, 이를 일세 단군이라 한다. 아사달(阿斯達)은 삼신(三神)을 제사 지내는 곳인데, 후인들은 왕검의 옛집이 아직 남아 있기 때문에 왕검성(王儉城)이라 했다." <태백일사 삼한관경본기>

② 역사 이전의 시대부터 역사시대까지의 민족사를 말한다

그러면 위의 『한단고기』와 『삼국유사』의 내용을 비교하여 보자. 『삼국유사』에서는 '하늘의 신인(神人) 한인(桓因)과 지상세계로 내려온 아들 한웅(桓雄), 그리고 한웅이 곰에서 인간으로 변한 웅녀와 결혼하여 단군왕검(檀君王儉)을 낳아 조선을 건국하는 과정'을 신화로 묘사하였다는 것을 알 수가 있다. 한인과 한웅은 어디까지나 조선을 개국한 단군왕검의 조상으로 나와 있다.

반면에 『한단고기』는 신화형태를 띠고 있지만 한국, 배달국, 조선이라는 3개의 국가가 건국되고 각 나라가 장구한 세월 동안 이어온 사실을 포함하고 있다. 그러나 한인이 세운 한국은 여전히 실체가 잡히지 않는다. 그리고 한웅의 배달국은 보다 더 구체성을 띠고, 시대가 지날수록 분명한 역사가 나타난다. 우리의 방대한 자료는 물론 중국의 고대 신화시대의 풍부한 이야기들이 배달국과 조선이 확실한 역사시대임을 증명해주고 있다. 또한 홍산문화의 발굴에 따른 유물과 이에 기초한 고고학적 증거가 한국—배달국—조선이 신화나 허구가 아닌 사실임을 간접적으로 입증하고 있다.

그러면 이렇게 압축된 상고의 기록들이 왜 신화가 아닌 사실의 기록인지를 언어와 당시의 생활상과 신앙, 그리고 인류의 문명의 발전과 연관하여 한 번 증명해보자.

③ 역사가 압축되어 신화가 되었다

우리의 정통사서라고 인정할 수 있는 일연의 『삼국유사』나 이승휴의 『제왕운기』, 그리고 지금까지도 위서라고 하는 『한단고기』를 비교 검토하기 위해 우선 『삼국유사』의 건국과정에서 나오는 사람과 지명, 그리고 사건의 핵심내용을 한 번 정리해보자.

<『삼국유사』에서의 조선의 건국>

건국시조	하늘에서 내려온 곳	도읍지	동물	사건의 핵심요소
단군왕검 (아버지: 한웅, 할아버지: 한인)	태백산(太白山) 꼭대기 신단수 (神檀樹) 밑	신시(神市) 평양성(平壤城) 백악산 아사달(阿斯達) 궁(방)홀산[弓(方)忽山] 금미달(今彌達)	곰·범	천부인, 무리 3천, 풍백·우사·운사, 주곡·주명·주병· 주형·주선악 등 360여 인간사

그리고 『한단고기』에서 한국, 배달국, 조선의 건국과 관련된 핵심요소들을 요약하면 아래와 같다.

<『한단고기』에서 한국, 배달국, 조선의 건국>

시기	국가	시조	하늘에서 내려온 곳	도읍지	사건의 핵심요소
B.C. 7197	한국	한인	흑수와 백산의 땅	천해 동쪽	남북 5만 리-동서 2만 리, 12국
B.C. 3898	배달국	한웅	백산과 흑수 사이	신시	천부인, 무리 3천, 풍백·우사·운사, 주곡·주명·주병·주형·주선악 등 362 인간사
B.C. 2333	조선	단군	불함산의 단목 터	아사달	곰·범, 곰족·범족, 웅씨단군의 비왕, 구한

위의 2개의 표를 비교해보자.

『삼국유사』를 기준으로 대비하자. 『삼국유사』에서는 마지막의 조선만 건국된 것으로 이야기하고 있는데 『한단고기』에서는 한국ー배달국ー조선의 3개 국가가 계속하여 건국되었다고 하며, 3대의 가족관계를 각 나라의 건국자가 한인, 한웅, 단군이라고 한다. 그리고 하늘에서 내려온 곳 '태백산'에서 '태' 자를 빼면 바로 '백산'이 되는데 이는 한인과 한웅이 내려온 곳과 겹친다. '신단수'는 '신' 자를 빼면 단군이 내려온 '단목'과 같다. 도읍지는 『삼국유사』에서 여러 곳을 나열하였는데 '신시'와 '아사달'은 『한단고기』의 배달국과 조선의 수도이다. 마지막으로 '천부인, 무리 3천, 풍백 우사 운사, 주곡·주명·주병·주형·주선악 등 360여 인간사'는 배달국을 건설한 한웅과 관련이 있다.

이를 볼 때에 우리는 『삼국유사』와 『한단고기』의 내용이 겹친다는 것을 알 수가 있다. 그렇다면 하나의 사실을 각각 다르게 기술한 것이 아닐까? 『삼국유사』의 3대에 걸친 조선건국을 신화로 만들었다는 것이 맞는다고 하면 『한단고기』의 3개의 국가건설은 거짓말이 된다. 이러한 추론이 바로 일제의 식민사학을 이어오는 기득권을 가진 사학자들의 주장과 부합된다. 고려 말의 몽고침략으로 민족적인 위기가 닥치자 일부 국수주의자들이 『삼국유사』의 단군신화를 과장하고 확대하여 중국보다 더 오래된 역사를 창작하였다는 것이다. 이와는 반대로 『한단고기』의 내용이 맞으며 실제로 우리의 역사가 중국보다 오래된 것은 물론이고 세계에서 가장 먼저 탄생한 문명이라는 주장이다. 이러한 상반된 주장 중에서 어느 것이 사실일까? 어느 쪽이든 그러한 주장을 하기 위해서는 충분한 연구와 검토를 거치는 과정이 필요하지 않을까?

그런 의미에서 한 가지씩 찬찬히 검토를 해보자.

① 우선 나라 이름의 뜻이다. 한인이 건국한 '한국(桓國)'은 '환하고, 밝고, 크다'는 뜻이다. 그리고 한웅이 건국한 '배달(倍達)'이라는 나라 이름은 아래와 같이 '밝은 땅'을 의미한다.

밝(은) 짜(地)→박달(朴達)=檀(단: '박달'나무)→백달(白達)→배달(倍達)

『규원사화』의 <단군기>에 '동어(동국어: 한국어)로 檀(단)을 朴達(박달)이라 말하고 혹은 白達(백달)이라 한다(東語謂檀曰朴達, 或曰白達)'고 하였다. 따라서 우리의 사서에 나오는 '檀(단)'이라는 한자는 우리말 '박달'을 표기하기 위하여 빌려서 쓴 글자라는 것을 알 수가 있다.

그리고 단군이 조선을 건국하기 이전의 행적에 '웅녀 군(君)의 후손으로서 여(黎)라고 하는 이가 있었는데 처음으로 단허(檀墟)에 책봉받아서 왕검(王儉)이 되매'라는 구절에서 '단허(檀墟)'는 '밝따(地) 터

(墟)'로서 땅이 두 번이나 들어가는 중첩어라는 것을 알 수가 있다. 흔히 우리가 우스갯소리로 하는 '역전(驛前) 앞'과 같은 표현이다.

단군이 건국한 '조선(朝鮮)'은 '조선'이다. 순수한 우리말이다. 앞의 '조' 자(字)를 강하고 짧게 발음하면 된다. 왜 그런지는 다음에 상세하게 논하도록 하자.

② 다음은 건국시조가 하늘에서 내려올 때에 '흑수와 백산 사이', '불함산'과 '신단수' 등의 '산'이나 '수'를 통하여 오셨다. '산'과 '수'에 대해서는 다음 장에서 알아보기로 하자.

③ 다음은 나라를 연 도읍지의 이름들을 알아보자.

『삼국유사』에서 단군이 서울로 정한 여러 지명 중에서 금미달(今彌達)이라는 지명은 『한단고기』에는 없는 지명인데, 아래와 같이 변화를 거쳐 생긴 말이다.

곰(ᄀᆞ미)＋ᄯᅡ→검 달→거미 달→검미달 →금미달(今彌達)

즉, '곰'은 순수한 우리말로서 지금의 한자어로는 신(神)을 의미한다. 우리나라에서는 죽은 언어에 가깝지만 일본어에서는 'かみ(가미)'가 보편적으로 쓰이는 살아 있는 언어이다.

따라서 '금미달(今彌達)'이라는 지명은 쉬운 말로 풀면 '신의 땅'이다. 여기에 사람이 모여서 살게 되면 도시가 된다. 바로 의역하여 한자말로 옮기면 '신시(神市)'가 된다. 바로 검미달이 신시인 것이다.

그리고 아사달(阿斯達)은 '첫 땅' 또는 '아침 땅'이라는 말이다.

아ᄉᆡ＋ᄯᅡ(地)→아시 다→아사다→아사달(阿斯達)

우리의 옛말에서 처음이나 아침을 뜻하는 말이 '아시'이라고 앞에서 말하였다. 그리고 '達(달)'이라는 한자는 '따(地)'라는 우리말을 한자의 음을 빌려 표시한 음차어(音借語)이다. 땅은 '따, 달(達), 들, 벌' 등으로 불린다. 햇빛이 잘 드는 땅은 양달이고 그렇지 못한 땅은 음달이다. 양지땀·음지땀이라는 마을 이름으로 사용되고 있다. 그리고 한편으로는 '터(허)'로 변하였다.

일본어에서는 '새롭다, 싱싱하다'는 말로 'あたらしい(新しい: 아다라시이)'라고 한다. 이 말의 어원도 '앗따(새땅) 같다'는 우리의 고대말이다. 그러나 일본인들은 이러한 사실을 전혀 모르고 있을 것이다.

평양성(平壤城)은 필자도 무엇을 의미하는 말인지를 알지 못한다. 다만 나라의 수도를 이르는 일반명사로서 가장 나중에 만든 말일 것이라고 짐작할 뿐이다. 그리고 장당경(藏唐京)은 지금 설명하기에는 복잡하니까 관련되는 많은 사실을 알고 난 후에 설명을 하도록 하겠다.

그러면 마지막으로 '궁(방)홀산'이 남는데 단군이 내려왔다는 '불함산'과 같은 어원에서 나온 말이며, 지금의 황해도에 있는 '구월산'의 옛말이다. 뒤에서 '산'과 같이 알아보도록 하자.

황해도 구월산에는 단군사당이 있었고, 조선 초기까지 제사를 모셨으며, 민족의 성산으로 받드는 산이다. 아마도 우리 민족의 마지막 성전(聖殿)이 있었던 곳이다. 그러나 이때에는 이미 우리의 전통신앙의 본질이 무엇이고 무슨 의미인지를 까마득히 잊은 후였다. 그렇게 말할 수가 있는 증거가 구월산에 대한 아래 표와 같은 설명이다.

구월산(九月山)은 황해남도 은률군과 안악군 경계에 있는 높이 954m, 우리나라 5대 명산 중의 하나이다. 궁홀산, 증산, 아사달산, 삼위산이라고도 한다. 산의 이름은 태음력의 9월에서 유래되었는데 특별하게 이달 중에 아름답게 보이기 때문이다.
단군신화와 관련된 전설이 전해지고, 환인·환웅·단군을 모시는 삼성사를 비롯하여 단군대·어천석 등이 있다.

황해도 구월산과는 별도로 또 다른 구월산이 있다는 것을 밝히기 위하여 순서를 바꾸어 미리 언급하고 넘어가자. 『한단고기』<번한세가 하>에서 40대 왕 해수(奚壽: B.C. 983~B.C. 967)가 '임인년에 아들 물한(勿韓)을 파견하여 구월산에 가서 삼성묘(三聖廟)에 제사 지내게 하였으니 묘는 상춘(常春)의 주가성자(朱家城子)에 있다(壬寅 遣子勿韓 往九月山 助祭三聖廟 廟在常春 朱家城子也)'고 하였다. 황해도 구월산은 반도에 재현한 제2의 구월산이다. 상춘의 주가성자에 있다는 구월산을 나중에 찾아보기로 하자.

지금까지 알아본 바와 같이 『삼국유사』에 나오는 핵심적인 용어들은 『한단고기』에도 나오는 같은 말들이다. 이제 우리는 단군이 건국한 조선이 신화인지 아니면 단군의 조선은 물론이고 한인의 한국과 한웅의 배달국도 역사적 사실인지에 대해서 명확한 결론을 내릴 수 있는 정보는 부족하지만 최소한 꾸며낸 이야기는 아닐 것이라는 짐작은 할 수가 있다. 그렇다면 하나의 가정이 가능하다. 우리의 상고시대의 역사가 있었는데 세월이 지나 민족이 점점 쇠퇴하여 나중에는 역사마저 기록으로 보전할 수 없을 만큼 망할 지경이 되자 과거의 영광스러운 역사는 일반 백성들의 구전에만 의존하여 전수되어 왔다. 부모 세대에서 자식들에게 이야기로 전달되는 역사는 결국 이해하기 쉽고 기억하기 쉬운 신화의 형태를 띠지 않았을까? 한마디로 신화에서 역사가 탄생하는 것이 아니라 반대로 역사가 신화가 되는 퇴행적인 형태를 띠지나 않았을까?

2) 고대의 신앙세계

(1) 일신(一神)과 삼위일체(三位一體)의 삼신(三神)을 숭배하였다

우리는 앞에서 우리의 옛 선조들이 믿은 일신과 삼신의 신화를 알아보았다. 이제『한단고기』에 바탕을 두고 좀 더 상세하게 알아보자. <삼성기전 하>에서 '치우천왕 때에 9한은 모두 삼신(三神)을 한 뿌리의 조상으로 알았으며 소도(蘇塗)를 관리하고 관경(管境)을 지키고 벌을 다스렸다. 무리와 함께 의논하여 뜻을 하나로 모아 화백(和白)을 이루었다(九桓皆以三神爲一源之祖 主蘇塗主管境主責禍 與衆議一歸爲和白)'고 하였으며, <단군세기>에 '무릇 삼신(三神)이 하나라는 이치는 대원일(大圓一)에 그 뜻이 있다(夫三神一體之道在大圓一之義)'고 하는 말이 있다.

또한 <신시본기>에 이르기를 '삼신(三神)을 지키고 사람의 목숨을 이치대로 하는 자를 삼시랑(三侍郎)이라 하는데 본래 삼신(三神)의 시종랑(侍從之郎)이다. …… 삼랑(三朗)은 본래 배달(倍達)의 신하요, 역시 삼신(三神)을 수호하는 직책을 세습한 것이다. …… 씨 뿌리고 재물을 주관하는 자를 업(業)이라하고, 교화하고 복종하게 함을 주관하는 자를 랑(郎)이라 하고, 무리를 모아 공을 이루는 것을 주관하는 자를 백(伯)이라 한다. …… 랑(郎)은 곧 삼신(三神)을 수호하는 관직이다'고 하였다.

삼신을 한 뿌리의 조상으로 알고 섬겼다는 것은 우리는 신의 후손이라는 말이다. 그리고 이러한 신앙의 장소인 소도를 관리하고 삼신을 모시는 사람을 삼시랑이나 시종랑, 또는 삼랑이라고 하고 있다. 자식에게 물려주는 세습적인 직책인 민족신앙의 성직자이다.

이런 민족 신앙이 세월이 흘러 삼국시대에 와서는 외래사상인 불교가 들어오자 몰락하게 된다. 이제는 귀족이나 백성을 가리지 않고 모든 사람이 외래사상에 빠져 삼신을 섬기는 삼시랑은 거들떠보지도 않게 되었다. 고귀한 승직자들이 하루아침에 실업자가 되고 수입이 끊겨 굶어죽게 되고 결국에는 거지신세가 되었다. 우리는 누군가가 한참 굶어서 허기가 진 상태에서 먹을 것을 보고 허겁지겁 먹는 모습을 보고는 '배에 거지 삼시랑이 들었나?' 한다. 전통신앙인 삼신신앙(三神信仰)의 종말을 뜻하는 함축적인 비유이다.

(2) 생명의 근원인 '산'을 숭배하고 조상을 숭배하였다

① 수많은 山(산)과 水(수), 樹(수), 守(수), 壽(수), 獸(수) 의 정체

우리나라는 산이 많은 나라이다. 그래서 산을 사랑해서인지 우리의 신화와 오랜 옛날의 사서에는 처음부터 산이 많이 나온다. 산이 많으니 당연히 나무도 많고 산에서 흘러내리는 물길도 많으니 물도 나오는 것이 모두 당연하다고 생각해왔다. 당연한 것은 당연한 것이니까.

그러면 우리의 고대사에 나오는 산과 물, 나무가 기록된 대로, 그리고 우리가 인식하고 있는 대로인지 한 번 살펴보자.

우선 시조의 탄생지를 한 번 알아보자. 한인과 한웅은 흑수(黑水)와 백산(白山)의 땅(사이)에 내려왔다. 한자 뜻을 그대로 받아들인다

면, 강과 산의 사이가 된다. 지역개념이 분명하다. 따라서 지금까지
많은 사람이 흑룡강과 백두산을 염두에 두고 우리 민족의 발생지역
을 만주 일대라고 굳게 믿어왔다. 과연 그럴까? 역사의 시원을 말하
고, 압축하고 압축하여 전해 내려오는 사실인데, 땅이 그렇게 중요
한 자리를 차지할까? 분명히 다른 무엇인가를 말할 것이다. 신화인
데 신화가 아닌 내용이 들어간다는 것은 이치에도 맞지 않는다. 그
렇다면 쉽게 짐작되는 것이 있다. 신앙과 종교에 관한 것이다. 『삼국
유사』에서 '태백산(太白山) 꼭대기 신단수(神壇樹) 밑'이라고 하는
것과 같이 묶어서 검토해보자.

우선, 한인―한웅―단군의 시대에서 가장 늦은 단군이 나라를 세
웠다는 시기가 B.C. 2333년이니까 지금으로부터 4천3백여 년 전이
다. 당시에 어떤 형태의 문자가 있었는지는 모르지만 우리에게 전해
져오는 것은 한자로 씌어 있다. 한자는 아무리 빨라도 3천2백 년을
거슬러 올라갈 수가 없다고 한다. 신라의 향가 몇 수가 한자로 적혀
전해져오고 있어 우리가 향찰 또는 이두라고 하는 방식으로 우리말
을 한자로 적는 방법이 알려져 있다. 그렇다면 우리의 『삼국유사』나
『한단고기』에 나오는 이해할 수 없는 많은 말들이 이두는 아닐까?
이러한 관점에서 바라본다면 다른 해석이 가능하다.

'山'은 山(산)이 아니고 男子(남자)를 뜻하는 옛말 '순'이다. 고전에
서 사전역할을 하는 말 풀이를 한 번 보자. 『훈몽자해』와 『천자문』에
서 장정, 즉 건장한 사내를 뜻하는 한자 '丁(정)'을 이르기를 '순 명'
이라고 하고 있다. 바로 사내를 '순'이라고 이른다. 지금의 '사내'의
고어이다.

순＋아이→산 아이→사나이

산 애→사내

순

장정(壯丁)의 옛말.

丁: 순 뎡[출처: 훈몽자회(예산문고본: 1527)]

丁: 순 뎡[출처: 천자문(광주천자문: 1575)]

'산'이 사내라는 사실을 필자가 처음으로 인지한 것은 구길수 씨가 인터넷으로 공개한 자료에서이다.[8]

사람은 모두 '산'과 '수'에서 태어난다. 더 구체적으로 말하자면 바로 남자의 상징(Symbol)을 말하고 있다. 모계사회에서 부계사회로 넘어가는 과정에서 신앙의 주체도 남성의 상징으로 바뀌었을 것이라고 짐작할 수가 있다. 동물사회에서도 짐승들은 새끼를 어떻게 만드는지를 알고, 많은 종의 수놈은 자기 새끼가 아니면 거두지를 않는 것이 상식이다. 아프리카의 초원에 사는 암사자 무리에서 우두머리 수놈이 바뀌어 새로운 우두머리가 된 수사자는 무리의 암컷이 키우고 있는 새끼는 모두 물어 죽인다. 암사자는 눈도 깜짝 않고 바라본다. 그리고 에티오피아에 사는 개코원숭이는 무리를 이끄는 수놈이 바뀌면 임신 중에 있는 모든 암컷은 배 속에서 자라는 새끼를 유산한다고 한다. 출산이라는 생리현상까지도 우두머리에 맞춰서 반응하도록 진화를 한 것이다. 하물며 사람이 그것을 모를 리가 있겠는가. 모계사회에서는 아이가 누구의 씨인지가 의미가 없었다. 그러나

---

8) 구길수는 http://cafe.daum.net/chunbuinnet(천부인과 천부경의 비밀) 카페지기였다. 2013.11.23. 별세하여 충남 당진군 선영에 안치되었다.

부계사회에서는 씨를 가렸다. 남성을 상징하는 것, 씨를 생산하는 것이 숭배의 대상으로 자리 잡아갔다.

우리는 앞에서 남자의 상징(Symbol)인 '쇼'을 한자 '山(산)'의 음을 빌려 사용하였다고 하였다. 지금 우리가 볼 때에 결과적으로 그렇다는 것이다. 사실은 '쇼'을 뜻하는 우리 고유의 글자가 있었는데 조선은 물론 중원에서 성장한 상(商)나라에서도 뫼를 뜻하는 '山(산)' 자를 만들어 사용하였다. 뜻은 다르지만 한 발음의 다른 글자가 존재하였다. 그러나 조선이 쇠약하여 중원대륙에서 지배권력을 상실하면서 문화적으로도 주류에서 아류로 전락하게 되었다. 따라서 우리 고유의 '쇼'을 뜻하는 글자는 소멸하였다. 한 번 증명해보자. 지금까지 우리는 한자의 기원은 소뼈나 거북의 등껍질 뼈에 새긴 갑골문이라고 알고 있다. 그러나 갑골문 이전에 청동기에 돋을새김을 한 금문(金文)이 먼저 있었다. 그럴 수가? 지금까지의 상식을 뒤엎는 필자의 말에 여러분은 반문할 것이다. 지금까지 그렇게 배웠고 그러한 정보만 받아왔기 때문이다. 인간은 새로운 정보가 있어도 과거의 생각을 수정하지 않으려고 완강히 버틴다. 특히 그것이 신념이나 종교와 관련하여서는 목숨을 버릴지언정 허위나 엉터리 정보에 바탕을 둔 과거의 기록이나 인식을 버리지 않는다. 중원의 서쪽에서 예리한 돌로 뼈에 금을 그어서 원시 글자를 새길 때 조선에서는 글자를 청동으로 주조하였다. 금문은 조선의 고유의 글이고 갑골문은 조선과 상나라에서도 동시에 만들었다. 표를 한 번 보자. 뫼를 뜻하는 '山(산)'은 굳이 설명을 하지 않아도 다 알 수가 있는 글자이다. 그러나 밑의 '쇼'은 설명이 필요하다. 이 글자는 조선의 고유글자이므로 금문이 있다. 그러나 갑골문은 없다. 중국인들이 자기들의 조상이라고 믿고

있는 상(商)나라에서는 이 글
자를 발명하지 않았다는 뜻
이다. 이 글자가 '山(산)' 자
와는 다르다는 것을 독자 여
러분이 보아서도 알 수가 있
다. 설명을 하자면 남자의 하
체를 형상화한 글자이다. 전
서(篆書)의 8번째 글자를 보
면 영락없는 남자의 하반신
이다. 이 글자에서 아래 허리

<산(山)과 ㅅ의 차이>		
산(山) (mountain)	금문(金文)	▲▲▲ ΛΛ
	갑골문	Ⱶ Ⱶ Ⱶ
	전서(篆書)	﹏ 山 山 山
ㅅ (남성의 symbol)	금문(金文)	Ⱶ Ⱶ Ⱶ
	갑골문	
	전서(篆書)	山 山 田 山 山 山 田 山

부분을 줄인 글자가 두 번째 글자이다. 이 글자를 변형한 것이 첫 번
째 글자이다. 세 번째에서 여섯 번째까지 4글자를 보면 가운데에 큰
'大(대)' 자가 들어가 있다. 지금이나 과거에도 큰 물건을
좋아하고 선망하기는 마찬가지였던가 보다. 그런데 마지
막 글자는 앞의 상형문자와는 전혀 다른 모습의 글자이
다. 뜻글자, 즉 남자를 뜻하는 표의문자(表意文字)이다.
우측 아래는 남자의 하체이다. 가랑이 사이에 물건이 뱀
처럼 그려져 있다. 그리고 그 위에는 두 여자가 무언가를
받으려고 하고 있다. 무엇을 받는가? 조개로 정액을 받는
것이다. 그리고 좌측은 사람 인(人)이다. 전체적으로 남자
를 뜻한다. 바로 'ㅅ', 즉 지금의 사내이다. 우리 글자이기
때문에 우리말 발음과 글자의 발음이 일치한다. 아직도
믿을 수가 없다면 다른 자료를 보자. 중국 최초의 사전인

『설문해자(說問解字)』[9]에 '山(산)'이라는 글자를 설명하기를 '베푸는

것이다(宣也). 능히 베풀어 기를 발산하는 것을 이르며 만물을 만든다(謂能宣散气 生萬物也).' 바로 '산(山)'이 만물을 만든다고 하고 있다. 사진에서 산(山)의 모양이 일반적인 산이 아니고 '순'에서 전서의 첫 번째와 두 번째 모양을 나타내고 있다. 『설문해자』의 저자는 '산(山)'과 '순'을 구분하지 못하고 있다. 처음에는 사진과 같이 '순'을 설명하다가 그 뒤로부터는 일반적인 산(山)을 말하고 있다. 참고로 宣(선, xuān: 수엔) 자는 그 뜻이 '베풀다(일을 차리어 벌이다, 도와주어서 혜택을 받게 하다), (은혜 따위를)끼치어 주다'가 첫 번째이고, 다음은 '널리 펴다·떨치다·발양(發揚)하다·밝히다'이다. 다음은 임금과 관련된다. 임금이 말하거나 하교(下敎)를 내리고, 조서(詔書)나 조칙(詔勅)이나 임금이 거처하는 곳, 즉 궁전(宮殿)을 뜻하기도 한다. 『설문해자(說問解字)』에서 宣(선) 자를 '천자(天子)의 생식기(生殖器)이다. 『天子宣室也』'라고 하고 있다. 선실(宣室)을 '궁궐'로 번역할 수도 있으나 그렇게 되면 '산(山)은 선(宣)이다'라는 말이 성립할 수가 없다. 어디까지나 산(山)과 선(宣)은 같은데 다만 선(宣)은 임금의 산(山)을 뜻한다고 보는 것이 타당하다.

순(山)은 조선(朝鮮)을 상징한다. 중국 산동성에는 신석기 말기~청동기 발생 시기까지 약 2000년(B.C. 4300~B.C. 2200) 동안 번성하였던 대문구문화가 있다. 1961년에 거현(莒縣) 능양하(陵陽河)에서 출토된 말기유적(B.C. 2800~B.C. 2000)에서 조선의 팽이형 토기에 새겨진 문양에 순(山)의 형태가 있다. 확대하면 다음과 같은 문양이다. 지금으로 치면 국기(國旗)와 같은 것이다. 지금 대한민국의 국기는

9) 허신(許愼) 주, 단옥재(段玉裁) 찬 『설문해자』, 서울: 삼성출판사, 1990년, p.427. 『설문해자』는 중국 후한 100년에 허신(許愼)이 편찬한 최초의 한자사전이다.

태극기(太極旗)이다. 4300여 년
전의 조선의 국기인 이 문양은
무엇을 뜻할까? 위의 둥근 원은
알(卵)을 뜻하고 아래의 형상은
바로 숫이다. 둘 다 생명의 근원
이다. 알은 난생(卵生)인 조류의
생명의 근원이며 더 나아가서 태
생(胎生)의 동물 암컷의 알이다.
바로 난자(卵子)를 뜻한다. 그리
고 숫은 정자(精子)를 만들고 방
출하는 장기이다. 여기서 우리는
조선의 사상과 신앙과 철학을 알
수가 있다. 우리의 상고사는 이
조선 문양에 압축되어 있다.

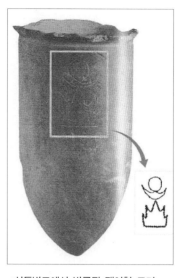

<산동반도에서 발굴된 팽이형 토기:
B.C. 4300~B.C. 2200년의 것으로 추정
(신용하 교수 제공:
http://www.donga.com/fbin/output?n
=200705260044)>

그렇다면 '산'이나 '수' 중에서
하나만 사용하면 되는데 왜 두 가
지를 혼용했을까? 이는 아마도 언
어가 다른 두 부족의 언어로 보인
다. 그 증거를 보기로 하자. 우리
가 지금 사용하는 한자의 男女(남
녀)는 중국말이다. 순수한 옛날의
우리말은 '암수'와 '겨산'이다.

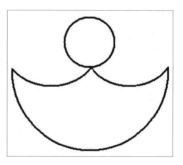

<조선을 상징하는 문양: 생명의 근원인
알(卵)과 숫을 형상화>

다음은 흑수(黑水)나 백산(白山)이 어디서 나온 말일까? 먼저 흑수
(黑水)는, 곰(熊)＋수(숫놈)→검(감)수→흑수(黑水)로 변하였다.

우리가 '검다'고 하는 말은 옛말에서 '감물'로 표현하였다. 검은 빛깔의 색이 감물이다. 곰을 숭배하는 부족의 토템신앙에서 출발하여 이제는 곰족이 되었으며, 남근숭배신앙에서 그 상징을 스스로 '곰수', 즉 흑수라고 하였던 것이다. 그리고 백산(白山)은, 밝+산→박산→백산(白山)이다.

<성별 언어와 대응 한자의 3국 발음 비교>

A 부족	한자	한자 발음			B 부족	한자	한자 발음		
		한국	일본	중국			한국	일본	중국
암	雌	자	シ(시)	cí	겨	女	여(녀)	じょ(죠)	nǚ
수	雄	웅	ユウ(고우)	xióng	산	男	남	ダン・ナン(단·난)	nán

밝은 것은 흰 것과도 통한다. 아마도 한자로 적으면서 적절한 의미전달이 어려워 고육지책으로 '백(白)' 자를 선택한 것으로 보인다.
그리고 단수(檀樹)나 신단수(神檀樹)의 근원은 아래와 같다.

밝(은) 짜(地)+수(雄)→밝 달(達) 수→박달 수(檀樹)→(신령한)檀樹→神檀樹

즉, 단수는 나무의 종류가 아니고 '밝은 땅의 사내'이다. 더 쉽게 풀이하면 우리 조상이 터 잡아 사는 땅을 '밝은 땅'이라고 하였으며, 거기에는 신앙(종교)시설이 있고 그 안에는 사내가 모셔져 있는 것이다. 사내는 살아 있는 사람도 아니고, 그렇다고 사람의 형상을 한 조각상도 아니다. 바로 사내의 상징인 '남근'을 의미한다.
밝은 것은 다른 말로 희고 환하다는 말로 표현할 수가 있다. 밝음이라는 추상적인 개념을 먼저 터득하고 이를 부족의 상징으로 삼은 부족이다. 이 종족도 남근숭배신앙에서 스스로를 '밝산', 즉 백산으로 하였다.

다음으로 우리가 갖는 의문은 역사가가 기록을 하면서 왜 우리가 알 수 있도록 번역을 하든지 구체적인 설명을 하지 않았을까 하는 것이다. 위의 표에서 보는 바와 같이 우리말의 '암수'나 '겨산'은 동아시아 3국에서 공통적으로 쓰는 한자인 자웅(雌雄)이나 여남(女男)과 같다. 선조들이 우리의 민족신앙에 관한 사실을 문자로 기록하면서 한자로 번역을 하였다면 '수'나 '슨'은 웅(雄)이나 남(男) 등으로 표기하였을 것이다. 그렇게 되면 순수한 우리말은 기록되지 않겠지만 그 뜻은 쉽게 전달할 수가 있었을 것이다. 그러한 예가 바로 '한웅(桓雄)'이다. 한웅(桓雄)은 반을 한자로 번역한 말이고 당시의 순수한 우리말은 '한수'였음이 분명하다. 후세에 한자가 보편화되어서 완전히 한자로 번역한 말이 '대웅(大雄)'이다.

그러면 모두 이렇게 번역하지 않고 '수'나 '산' 등을 한자의 뜻을 빌려 '水(수)'나 守(수), 수(壽), 수(獸) 그리고 '山(산)'으로 표기하였을까? 그것은 우리의 종교나 문화가 앞선 상태이기 때문에 당시에는 모든 세상이 그렇게 부르고 믿었으므로 부연설명이 필요 없는 당연한 것이기 때문에 남을 의식해서 그렇게 번역할 필요가 없었으리라고 본다. 그러다가 세월이 흘러서 오히려 문화가 후퇴하는 고난의 시기를 수없이 겪으면서 그 의미가 망각되어 갔다고 본다. 천년의 고도 신라에 가면 이름을 모르는 왕릉이 많다. 어느 양반 댁 산소도 아니고 왕의 무덤이고 그 후손들도 엄청나게 세가 불어나서 번연히 살아들 있는데, 왕인 조상의 무덤을 잊어먹다니 말이 안 되는 일이다. 그러나 나라나 사회나 일개 집안을 가릴 것 없이 오랜 세월 동안 사실과 기록을 제대로 유지 관리하고 후손에게 전해주기가 그만큼 어렵다는 것을 말해주고 있다.

그러면 '산과 수'가 어떤 것이기에 우리의 고대 건국시조가 무리 8백 명이나 3천 명을 대동하여 흑수와 백산 사이로 내려왔다는 것일까? 사내의 심벌을 신앙하는 종족 중에서 한 종족은 '순'이라 부르고 다른 한 종족은 '수'라고 하였다. 이 두 종족을 통합한 지도자가 출현하여 나라를 세웠다는 뜻이다. 편의상 A, B 두 종족으로 이름을 붙인다면 A종족이 믿는 신앙의 대상은 흑수(黑水), 즉 검수(儉水)이며 이는 지금말로는 신수(神水)이지만 원시언어는 '곰수', 즉 '곰의 수'를 믿는 곰족이다. 그리고 B종족은 백산(白山), 즉 '밝순(밝은 순)'을 믿는 한족이다. 이 두 부족집단이 합쳐져서 하나의 큰 집단이 되어 건국의 주체세력이 되었다는 것이다. 따라서 한인이나 한웅은 두 부족세력을 결합한 통합자이자 건국자인 것이다.

그러면 단군은 어떤가? 단군은 '단수(檀樹) 밑에서 태어났다'거나 '불함산(不咸山)의 단목(檀木) 터에서 내려오셨다'고 한다. 이 시기에는 두 종족이 통합되어 하나의 종족과 같이 융합되고 그 주된 신앙 대상은 '불함산'이다. 불함산이 무엇인지는 다음 장에서 다루기로 하자. 그리고 단목(檀木)은 단수(檀樹)의 오기이다. 단수는 '밝짜 수', 즉 밝짜 (밝은 땅) 사람, 즉 한족(桓族)이 믿는 신앙 대상이다. 말하자면 지방신(地方神)인 셈이다. 따라서 단군은 주신을 모시는 불함산 앞에 조금 낮은 곳에 모셔진 부족신인 단수 아래서 태어난 것이다. 두 신의 아들이다. 이는 불함산과 밝짜 수의 두 신앙의 권위가 인정한 지도자라는 뜻이다.

'수'가 나무가 아니고 남자의 심벌이라는 증거를 『한단고기』에서 찾아보자. <단군세기>에서 11세 단군 도해(道奚) 조에

"경인 원년(B.C. 1891) 단제께서는 오가에게 명하여 12명산에 가장 뛰어난 위치를 골라 국선(國仙)의 소도(蘇塗)를 설치하게 하셨다. 주위를 둘러 많은 檀樹(단수)를 심고, 가장 큰 나무(大樹)를 골라 雄像(웅상)으로 모시고 여기에 제사 지내며 '한웅상(桓雄常)'이라고 이름 했다."

"庚寅元年 帝命五加擇十二名山之最勝處 設國仙蘇塗 多環植檀樹 擇最大樹封爲桓雄像而祭之 名雄常."

지금까지 이렇게 해석을 해왔다. 그런데 여기서 이상한 점이 있다. 단수(檀樹)를 심고 한웅상(桓雄像)으로 봉하고 웅상(雄常)이라고 명했다는 것은 읽는 이로 하여금 헷갈리게 한다. 나무를 심었다면 지금과 같은 조경기술이 아닐진대 30년이나 100년이 된 큰 나무를 옮겨 심을 수도 없는데 심고 나서 바로 제일 큰 나무를 골랐다는 것도 논리에 맞지 않는다. 그리고 나무가 뭐 그렇게 중요하다고 하나의 큰 사건으로 후세에까지 전해야 할 이유가 없지 않을까? 지금의 우리로서는 이해하기가 대단히 어려운 문장이 아닐 수 없다.

정확한 뜻은 '11대 단제(단군) 도해가 밝싸수를 상징하는 남근석을 소도에 빙 둘러 꽂아 세우고 그중에서 가장 큰 것을 골라 한웅님 '수컷상'으로 받들고 "수컷님"이라고 이름을 붙였다'가 된다. '웅상(雄像)'은 순전히 한자 번역이고 '웅상(雄常)'은 우리말의 색체가 강한 말이다. 그 사람 '인상이 좋다'고 하거나 점쟁이한테 '점을 보러 간다'고도 하지만 '상쟁이한테 상 보러 간다'고도 한다. 그리고 '그 사람은 심상(心常)이 좋다'고 할 때의 '상'은 한자로 나타낼 수가 없

는 내면의 그 무엇까지를 포괄적으로 나타내는 말이다. 우리말로 얼굴은 원래 낯(面)이라 했고 '얼굴'은 '얼누다'에서 파생된 '얼개', '얼레', '얼키설키'의 '얼구다'에서 나온 말이다. 즉, 마음이 얽혀서 하나의 꼴(相)을 이루고 있을 때 이를 '얼굴'이라 한다. 최세진이 1527년에 쓴 한자 학습서 『훈몽자회』에 '相(상)은 얼구리라'고 하였다. 물론 '相(상)'이라는 한자의 뜻에 '모양, 형상(形象·形像)'의 의미도 있다. 따라서 '웅상(雄常)'은 '웅상(雄像)'과 같은 말이다.

33세 단군 감물(甘勿) 2년(B.C. 813)에 '영고탑 서문 밖 감물산(甘勿山) 밑에 삼성사를 세우고 친히 제사를 지냈다(戊子七年 寧古塔西門外 甘勿山之下 建三聖祠 親祭)'는 구절이 있다. 여기에서의 감물산도 산(山)이 아니다. 신의 상(像), 즉 신의 남자상(男子像)을 의미한다. 그 앞의 낮은 곳에 건국의 아버지인 한인·한웅·단군을 모시는 사당(祠堂)을 짓고 제사를 지낸 것이다. 따라서 순(산山)은 신이고 삼성(三聖)은 인간이며 민족의 위대한 영웅이다.

긤(가미: 神신)→검·감→가물→감물(甘勿)
긤(가미: 神신)＋순→검·감＋순→가물순→감물산(甘勿山)

따라서 위의 한문은 '영고탑 서문 밖에 있는 성전(聖殿)인 신순(神순) 아래에 민족의 영웅인 한인·한웅·단군을 모시는 삼성사(三聖祠)를 세우고 친히 제사를 지냈다'로 번역해야 한다.

<삼신오제본기>에 있는 예를 보자.

'옛날 삼한의 풍속에 10월 상순마다 나라에서 큰 대회를 열었는데, 둥근 단을 쌓고는 하늘에 제를 올리고, 네모난 언덕을 쌓아 땅에

제사 지내고, 나무로 산상(山像)을 만들어 선조에게 제사 지냈다. 웅상(雄常)은 모두 그 유법이다. 하늘에 제를 올릴 때에는 임금님이 몸소 제 지내니 그 예법이 매우 성대했음을 알 수 있다. 이날은 멀고 가까이 사는 모든 남녀가 저마다 생산한 것을 바치고 북치고 나팔 불며 온갖 놀이로 군중을 즐겁게 하고, 여러 작은 나라 사람들이 찾아와 특산물들을 바치니 진귀한 것들이 언덕과 산처럼 둥그렇게 쌓였다. 대저 백성들을 위하여 빌고 기도하는 것은 바로 나라가 번성하게 되기를 바라서이며, 소도에서 하늘에 제사 지내는 것은 나라를 교화하는 근원이 되었다. 이때부터 잘못을 꾸짖고, 재물이 있고 없음을 떠나서 이웃과 잘 지내고, 문명을 이루고 개화평등의 정치를 하여 온 세상에 제사의 예를 가식으로 하거나 숭상하지 않는 자가 없었다.'

하늘은 둥글고 땅은 네모진 형상(天圓地方)으로 보았다. 천신과 지신은 형상이 없으므로 원형과 방형(네모)의 단을 쌓아서 형상화한 것이다. 이를 사람의 형상이나 다른 어떤 모습으로 형상화한다면 그것은 우상이고 미신이라는 것이 우리 선조들의 세계관이었다. 우리의 이러한 전통신앙이 내려와서 중국 북경의 자금성에는 둥근 원구단이 있고 고종황제가 천자로서 당당하게 하늘에 제사 지내기 위하여 환구단(圜丘壇)을 쌓았던 것이다. 환구단은 지금 조선호텔의 후원이 되어 있으며 사적 제125호로 지정되어 있다.

<환구단의 옛 모습(1897년)>

　그리고 여기서는 산상(山像)이라고 표현하고 있다. 따라서 단수(檀樹)와 산상(山像), 웅상(雄像), 웅상(雄常)이 모두 동일한 실체이다. ‘산’과 ‘수’는 상당한 세월 동안 공존하여 내려오다가 나중에는 ‘산’만 남게 된다. 여기서는 남근목각(男根木刻)을 만들어 조상에게 제사를 지냈다는 것을 말하고 있다. 얼핏 생각하기를 웅상이 남자의 모습을 만든 상(像)이라고 생각하기 쉽지만 절대 인형(人形)이 아니다. 바로 남근신앙(男根信仰: Lingam)인 것이다. 여기에서 지금의 도덕이나 종교, 고등문화라는 색안경을 끼고 보지 않으면 실상이 보인다. <태백일사>는 조선조 연산군과 중종 때의 학자인 이맥(李陌)이 써서 전한 책이므로 그 당시까지도 많은 남근형태의 웅상이나 아니면 남성상이 남아 있어 민간신앙의 대상이 되고 있었을 가능성도 배제할 수 없다. 조선 중기 이후 유교이념이 이 땅에서 정치는 물론 사회의 모든 분야를 장악하면서 우리 고유의 습속과 신앙이 빠르게 말살되어 갔다는 증거이다.

또한 암컷(여자)과는 어원이 다른 '겨'는 여자의 생식기(女陰)가 남녀의 결합에서 남자의 '손'을 둘러싸는, '왕겨'의 '겨'와 같은 껍데기 역할을 하므로 '껍데기 집', 즉 '겨집'을 뜻한다.

겨(껍데기: 왕겨, 보릿겨)

겨+집→겨집[겨집 女: 훈몽자해(訓蒙字解), 女子(여자)는 겨지비라: 월인석보 1: 8)]→계집

겨+다리→겨다리→곁다리

겨+집→겁(겂)+집→거푸집

겨+대기(원형: '대다')→겁(겂)+대기→겁대기→껍데기

그리고 이와 유사한 뜻으로 처녀를 '가시내'라고 하는 것은 '손'의 가장자리를 뜻하는 '가'에서 나왔다.

가(예: 물가, 길가, 갓길)

가+(ㅅ)+아이→가+시+아이→가시애→가시내

※ 가시(처, 계집): 내 生生(생생)애 그딋 가시 드외아지라(월인석보: 11), 제 가시 期約(기약)호딕(월인석보 7: 7), 俗號姬妾 爲加氏(예종실록): 속된 말로 여자를 가시라고 부른다.

※ 가시아버지(丈人: 장인), 가시어머니(丈人: 장모): 지금도 북한에서 일상용어로 쓰고 있는 순수한 우리말이다.[10]

---

10) 구길수: 『천부경과 천부인의 비밀』(http://cafe.daum.net/chunbuinnet).

새삼스럽게 다시 한 번 '산'이 山이 아니라는 증거를 사료에서 찾아보자. <삼신오제본기>에 '아이가 태어난 것을 축하하여 삼신(三神)이라하고 벼 익은 것을 축하하여 업(業)이라 하였다. 산(山)을 군생통력의 장소라 하고 업을 생산작업의 신이라 한다(祝兒之生 日三神 祝禾之熟 日業 山爲羣生通力之所 業爲生産作業之神).'

사실	주관하는 신	부연 설명
아이의 탄생	삶신(三神)	'산'은 무리를 생기게 하는 신통력이 있는 것(물건: 장소)
벼의 성숙	업(業)	생산작업을 하는 신

이해를 돕기 위하여 표로 정리하였다. 아이의 탄생은 삶신이 주관을 하는데 삶신의 구체적인 모습이 바로 '산'이며, 그것은 무리(우리 인간들)를 생기게 하는 신통력이 있는 것이라고 하였다. 이 이상 더 무슨 설명이 필요한가? '산'은 바로 '남근(男根)'을 의미하며, 삶신(三神)인 것이다.

마찬가지로 '수'도 수(나무 樹)나 목(나무 木)이나 수(지킬 守)나 수(목숨 壽), 수(짐승 獸)가 아니라는 증거이다. <삼신오제본기>에 '그때에 큰 나무(大樹)를 모시어 한웅의 신상(神像)이라 하고 이에 경배한다. 신령스러운 나무(樹)를 속된 말로 웅상(雄常)이라고 한다고 하였으니 상(常)은 늘 있음을 뜻하는 것이다(時 大樹爲桓雄神像 以拜之 神樹俗謂之雄常 常謂常在也).' 이 무슨 황당무계한 말인가? 원래의 뜻은 '때에 큰 수(남근모형의 돌)를 모시어 한웅신상이라고 하여 경배하였다. 신수(神樹)는 속된 말로 웅상(雄常)이라고 하였으며, 상은 늘 있음을 뜻하는 것이다'이다.

우리 민족은 이미 1만여 년 전부터, 아니면 그 이전부터 한족과 곰족이 각각 '밝산'과 '곰수'를 신앙하고 이를 종족의 상징어로 나타내는 두 부족이 서로 협조하여 하나의 공동체 내지는 연합체를 구성하여 세력을 키우고 문명을 발전시켜 나갔다. 이러한 사실을 나타내는 함축적인 의미가 '흑수 백산'이다. 그러다가 B.C. 2333년에 자신을 스스로 '단군'이라고 하는 영웅이 나타났다. 불함산(不咸山)의 단수(檀樹)에서 탄생한 신인이다.

그렇다면 우리의 조상이 창피하게도 이렇게도 수준 낮은 신앙을 정말로 믿었을까? 설마 아니겠지 하는 심정을 가질 수가 있다.

2003년 미국의 스탠퍼드대와 러시아 과학아카데미연구원은 인간의 유전자다양성을 역추적한 결과 인류는 7만여 년 전에 전체 인구가 2천 명 수준으로 떨어져서 '멸종위기종' 상황에 처한 적이 있었으며, 그 결과 지금의 75억 인구가 사실상 동일한 DNA를 가지고 있다고 한다. 우리는 현재의 상황을 바탕으로 세상을 판단하는 경향이 많다. 지금처럼 과학이 발전하여 질병, 기아와 영양실조, 자연재해, 인간끼리의 대량살육(holocaust) 등을 극복한 시대를 살아가는 우리는 평균수명이 70세를 넘는 장수를 하고 있다. 불과 2천여 년 전의 로마시대에 평균수명이 24세였다고 한다. 하물며 사오천 년 전에는 사정이 어떠했으리라는 것은 쉽게 짐작이 간다. 아마도 평균수명이 15~20세 사이였으리라고 본다. 신석기시대이며 원시사회의 장구한 기간이다. 짐승과 같이 순간순간이 사느냐 죽느냐 하는 절박한 상황에서 삶을 이어가는 사회였다. 대다수는 2차 성징이 발달하는 사춘기 이전에 죽어갔으므로 후손을 남기고 죽는 사람이 소수였을 것이라는 것은 충분히 짐작할 수가 있다. 따라서 집단의 번식을 위한 생식(生殖)은 개인은 물론 집단과 문화를 존속시키는 데 있어서 절체절명의 문제이며 성스러운 것이다. '남근숭배'라는 것은 당시의 상황에서는 가장 현대적이고 시의적절한 바람직한 신앙이었다. 인간의 모든 종교는 인간이 처한 시대상황이 변하면 기능을 다하는 시한부의 수명을 가지고 있다. 그렇지 않다면 그것은 종교가 아니라 과학의 범주에 포함된다. 과학은 진리이며 영원하기 때문이다.

이러한 남성의 심벌을 믿는 '슨' 신앙의 구체적인 형상은 초창기에는 남근석(男根石)의 형태였으며, 지금까지 우리나라와 일본에 남아서 전해오고 있다. 그러나 다른 한편으로는 남성의 신체형상으로 변하였다. 다음에 이야기할 성전(大始殿: 대시전)의 한웅상이 그렇다. 또 다른 증거는 『삼국유사』<제3권 요동성 (아)육왕탑>조에서 나오는 이야기이다. 고구려 때에 요동성(遼東城) 옆에서 옛날의 유적을 발굴하였는데 '제천금인(祭天金人)'이 나왔다고 하였으며, 고구려를 멸망시킨 당나라의 장수 설인귀(薛仁貴)는 수(隋)나라 제2대 양제(煬帝: 569~618)가 요동성을 정벌했던 옛터에 '산상(山像)이 광활하고 쓸쓸하여 내왕이 끊긴 것을 보고 노인에게 물으니, 이것은 선대부터 있던 것이라 하여, (종이에) 그려 가지고 서울로 왔다'고 적고 있다. 이는 고구려가 멸망할 때까지 '산상'이 금인(金人)의 형태로 남아 있었다는 것을 알 수가 있다. 그리고 한(漢)나라의 제7대 황제 무제(武帝: B.C. 141~B.C. 87)는 장건(張騫)을 보내어 서역을 정벌하고 지금 우리가 말하고 있는 '실크로드', 즉 비단길을 열었다. 그리고 위청(衛靑)과 곽거병(霍去病) 등으로 하여금 흉노를 소탕케 하였다. 『사기(史記)』<흉노(匈奴)열전>과 『한서(漢書)』<표기(驃騎)열전><김일제(金日磾)열전>에는 흉노의 휴도왕(休屠王)을 정벌하여 죽이고 그가 사용하던 '제천금인(祭天金人)'을 거두었다는 이야기가 있다. 제천금인이란 '금으로 사람을 만들어 천주(하느님)에 제사 지내는 것(作金人 以爲祭天主)'이라고 한다. 이러한 역사적인 기록을 볼 때에 지금 우리가 가지고 있는 관념과는 다르게 흉노족도 조선(朝鮮)이라는 제국의 한 울타리에 소속되어 있었으며 당연히 우리의 선조와 같은 신앙을 하였다는 것을 증명하고 있다

② 산 중에서 으뜸은 불함산(不咸之山)이다

이 책을 쓰는 가장 큰 동기와 목적은 불함산의 정체를 세상에 널리 밝히기 위해서이다. '신인왕검(神人王儉)께서 불함산(不咸山)의 단목(檀木) 터에 내려오셨다'든지 3세 단군 가륵(嘉勒: B.C. 2282~B.C. 2138)이 '불함산에 올라가 민가에서 밥 짓는 연기가 조금 올라오는 것을 보고 세금을 감하여 차등을 두도록 명하였다'든지 10세 단군 노을(魯乙: B.C. 1950~B.C. 1892)조에 '불함에 누워 있던 돌이 저절로 일어났다'는 등의 기사가 나온다. 지금까지 많은 사람들은 물론이고 역사학자들도 단순히 산(山)으로 인식하고 있다. 대표적으로 최남선 선생은 <불함문화론>에서 동방 문화의 근원지를 단군신화의 무대인 백두산이라고 주장하였다. 이는 우리의 『한단고기』는 물론 한국과 중국의 역사서를 피상적으로 보아온 데 따른 결과이다.

그러나 불함산은 산이 아니다. 『한단고기』의 편저자들도 불함산은 산이 아니라는 사실을 알고 있었는지는 모르지만 보통 우리가 쓰는 말과는 다르게 적고 있다. '불함산(不咸山)'이라고 적지 않고, '불함지산(不咸之山), 산명 왈 불함(山名 曰 不咸), 불함(不咸)' 등으로

기록하고 있다. '슨'이라는 우리말을 한자를 빌려 이두식으로 표현하면서 '산(山)'과는 구별하기 위하여 '~의 산(之山)'이라는 고육책을 택하였다고 본다. 세월이 흐르면서 이러한 사실은 잊어버리고 언제부터인가 후세 사람들이 산(山)인 것으로 오해하게 되었으며, 지금껏 모두가 그렇게 알고 내려왔다.

그러면 불함산이 무엇일까? 세종대왕이 한글을 창제하고 할아버지(태조)와 아버지(태종)가 조선이라는 나라를 열었는데, 이런 업적의 밑바탕이 선대 네 분(목조·익조·탁조·환조)의 음덕이라며, 6대의 공적을 찬양하고 쿠데타에 의한 고려정권 찬탈을 정당화하기 위하여 용비어천가를 지었다. 여기에서 옛날에는 '뿌리'를 '불휘'라고 한 것을 알 수가 있다.

뿌리의 옛말을 거슬러 올라가 보자.

'뿌리(경음화)→부 리→불 휘→불 히→붉+이'가 된다.

불휘

'뿌리'의 옛말.
불휘 기픈 남군 ᄇᆞᄅᆞ매 아니 뮐씨 곶 됴코 여름 하ᄂᆞ니[출처: 용비어천가(1447)]
장불휘ᄂᆞ 種性을 가ᄌᆞᆯ비시고 줄기ᄂᆞ 發心을 가ᄌᆞᆯ비시고[출처: 월인석보(1459) 13: 47)]
남기 높고도 불휘를 바히면 여름을 다 빠먹ᄂᆞ니[출처: 월인천강지곡(1447) 상: 36)]

다른 말도 있다.

부랄→불 알→불 할→붉+알

따라서 '붉'은 근원적인 것을 말하는데 한자말로는 '精'이나 '精氣'

를 일컫는 순우리말이다.

그리고 '암산'은 이미 말한 바와 같이 암수(雌雄)에서의 '암'과 '산겨(男女)'에서의 '산(사내)'의 합성어이다. 두 종족이 완전히 합쳐서 이제 하나의 민족이 탄생한 것이다. 그것도 종교가 통합되어 재탄생한 것을 의미한다. 현대말로 풀어서 말한다면 '뿌리 암수'이다. 바로 <삼성기전 하>에서 이야기하는 인류의 조상 '나반(那般)과 아만(阿曼)'을 뜻한다. 최초의 남녀 인간이라는 의미이며, 그런 의미에서만은 유대민족의 신화에서 말하는 '아담과 이브'와 같다.

그리고 '붉암산'은 뿌리암수가 모셔진 신전을 의미하는 말로도 통용되었던 것 같다. 전국의 명산이나 사람이 많이 모여 사는 도성이나 고을의 중심지에는 소도가 있고 여기에는 종족에 따라 종족의 신앙의 대상인 '밝산(白山)', '곰수(黑水)' 등을 모시고, 수도나 특별한 지역에는 '불함산'을 모신 것으로 보인다. 그중에서도 조선의 수도인 아사달과 장단경의 소도에 있는 '불함산'은 최고의 신전이라고 추측된다. 따라서 당연히 여기서 종교행사는 물론 국가의 큰 행사가 치러졌다고 본다. 따라서 불함산은 로마의 바티칸이나 사우디아라비아의 메카에 있는 카바 신전과 같다.

불함산에 대한 우리 선조들의 인식을 알 수 있는 다른 기록을 보자. <삼한관경본기>에 '산 이름을 불함이라 하며, 지금은 또한 완달산이라고도 하는데 음이 비슷하다(…… 山名曰不咸 今亦曰完達 音近也).'

역사주체의 후손들마저 세월이 흘러 무슨 의미인지를 전혀 이해하지 못하고 한자라는 뜻글자를 빌려 기록한 것을 그 뜻인 '山'으로 이해하고 있다는 증거이다.

그러면 여기서 왜 그토록 오랜 세월에 걸쳐서 단군의 실체에 대해서, 자료에 대해서 신빙성이 없고 신화라고 하고, 심지어 허구라고 했을까? 필자는 크게 두 가지 요인이 그렇게 생각하도록 작용했다고 본다. 하나는 우리의 역사기록에서 한결같이 산에 오른다는 표현을 하고 있어서이다. 3세 단군 가륵이 '불함산에 올라가 민가에서 밥 짓는 연기가 조금 올라오는 것을 보고 세금을 감하여 차등을 두도록 명하였다'는 것이 대표적인 예이다. 영국이나 프랑스, 독일, 미국, 러시아, 중국, 일본 등을 보듯이 예나 지금이나 수도가 평야에 위치하고 있다. 나라가 대국이고 힘이 있으면 수도를 평야에 두고 모든 시설을 평지에 만들기 마련이다. 그러나 언덕이나 산이 있는 지역에 수도가 위치하면 사정이 달라진다. 민족의 성전을 어디에 지을 것이냐를 생각하면 답은 쉽게 나온다. 오르기에 너무 불편하지 않을 정도로 적당히 높고, 그러면서도 사방이 탁 트여서 위압적이고 당당히 도시 전체를 한눈에 내려다볼 수 있는 위치이다. 그리스 수도 아테네에 있는 파르테논신전은 시가지를 내려다보고 있는 아크로폴리스 언덕에 있다. 그리고 이스라엘의 예루살렘에는 높은 언덕에 신전을 만들었다. 일본이 대한제국을 합병시키고는 1925년에 경성(서울)을 내려다보는 남산에 그들의 신사를 세웠다. 남산이라고 해서 가장 높은 꼭대기가 아니고 지금의 안중근 의사 기념관이 자리하고 있는 위치이다. 그러니까 불함산에 오른다는 표현에는 아무런 무리나 모순이 없다.

그리고 두 번째는 당시의 시대상황을 정확하게 이해를 하지 못해서인 것 같다. 지금 우리가 쓰고 있는 통일된 언어를 가지고 지금의 우리 중심으로 사고를 하기 때문이라고 생각한다. 5~6천 년 이전의 오랜 옛날에는 여러 부족이 계속 통합되어 가던 시기이다. 당연히 여러 언어가 뒤섞이는 시기이며, 문명의 발달과 함께 언어 또한 복잡해지고 변화를 거듭해왔다. 따라서 당시의 말을 정확하게 적어놓았지만. 그 말이 우리말일 것이라는 의심조차 하지 않고 한자의 뜻으로만 이해하려고 한 것이다.

그러면 우리 조상들은 신전 내부를 장식하면서 붉암순을 어떤 모습으로 묘사하였을까?

물고기에서 파충류로, 파충류에서 온혈동물로, 그리고 삶의 최정상의 위치로 진화한 인간, 곧추서며 땅에서 나서 하늘을 향하는 유일한 존재, 그리고 인류의 시작이자 근원이며, 생명이 암수의 이성으로 분화하였지만 둘이 항상 같이 있어서 서로 협조하여야 하는 존재를 표시하여야 한다면 어떤 모습이 되어야 한다는 것은 독자들도 어렴풋이 상상이 갈 것이다. 지금까지 역사를 연구하는 사람이나 특별히 우리의 뿌리에 대해서 관심이 많은 분들은 무엇인지는 모르지만 막연히 느낌으로 낌새를 알아차리고 있었다. 다만 확실한 증거를 찾지 못했을 뿐이다. 한국과 배달국, 그리고 조선을 공동으로 이끌었던 민족의 후손인 한국과 일본에서는 깡그리 잊어버렸지만 중국에서는 가공 변조하여 간직하고 있었다. 바로 아래와 같은 그림이다.

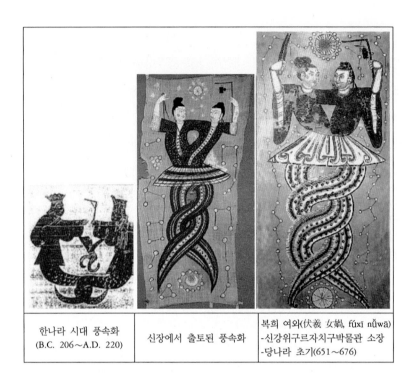

한나라 시대 풍속화 (B.C. 206~A.D. 220)	신장에서 출토된 풍속화	복희 여와(伏羲 女媧, fúxī nǚwā) -신강위구르자치구박물관 소장 -당나라 초기(651~676)

위의 세 그림은 2200여 년 전부터 1300여 년 전까지 시대를 달리
하여 만들어진 그림이다. 왼쪽의 그림은 풍속화라고 말하고 있으며,
그림의 배경은 바다나 호수이다. 그리고 남녀가 각각의 옷을 입고
있으며, 하체는 아직 뱀이나 용의 형상을 하고 서로 꽈배기를 틀고
있다. 남자가 손에 들고 있는 것은 측량을 위한 자로 생각되며 중간
에 자식으로 볼 수 있는 작은 아이가 부모의 소매를 양손으로 잡고
있다. 그리고 아이는 하체가 분화하여 두 개가 되었지만 뼈가 있는
척추동물의 하체가 아니고 아직도 연체동물처럼 흐느적거린다. 아마
도 이 그림이 붉암순의 원형에 보다 더 가깝다고 본다. 두세 번째 그
림은 우선 배경이 해와 달, 그리고 별자리로 가득 차 있으며, 하체는

아직도 뱀이나 용의 형상을 하고 있으며, 상체는 한 손과 허리가 붙어 있어 아직 완전분리가 되지 않은 모습이다. 그리고 손에는 남자는 도량형의 하나인 저울을, 여자는 옷감을 재단하는 기구인 가위를 들고 있어 남녀의 역할분담을 상징하고 있다. 중요한 것은 마지막 그림은 중국인들이 지금까지 전설상의 인물이라고 생각해왔던 복희(伏羲)와 누이 여와(女媧)를 자기네 신으로 만들고 붉암순을 패러디(Parody)하였다고 본다. 지금은 복희씨가 실제 인물이라고 방향을 선회하고 있다. 실존인물이면 당연히 신화가 될 수 없는 것이다. 그리고 여와(女媧)는 앞에서 우리의 조상인 '납(申)'을 한자로 표기한 말이라는 것을 알았다. 바로 우리의 납(申)과 붉암순을 차용하여 실존인물인 복희씨와 짜깁기를 하였다는 것이 드러나는 셈이다.

이 그림들에서 하체가 왜 뱀이나 용의 형상을 하고 있을까?

뱀은 파충류이다. 생명체가 물에서 탄생하여 진화를 거듭하여 물고기가 되고, 처음으로 뭍으로 올라온 동물이 파충류이다. 지금까지 멸종하지 않고 살아 있는 파충류는 악어나 도마뱀, 그리고 개구리나 뱀이 대표적인 동물이다. 위도가 높은 추운 지방에서는 악어나 큰 도마뱀은 볼 수가 없으니 뱀이 대표적인 동물이다. 포유류의 아래에 있으니까 발생의 단계로 본다면 중간단계에 있다.

뱀이 아니고 용이라면 어떤 추측이 가능할까?

용(龍)은 상상의 동물이다. 이무기는 여러 해 묵은 구렁이를 말하기도 하며, 용이 되기 전 상태의 동물로서 호수, 연못, 강 등 민물에 사는 모든 생물의 왕을 말하기도 한다. 차가운 물속에서 1000년을 장수하면 용으로 변하여 우뢰와 함께 폭풍우를 불러 하늘로 날아 올라간다고 믿었다. 용은 여의주를 입에 물고 비와 폭풍, 번개, 우박,

구름을 불러오는 강력한 힘을 가진 물의 신이다.

파충류인 뱀이나 물의 신인 용의 모습을 인간의 하체로 묘사한 것은 생물의 진화과정을 담고 있다. 밑에서부터 물고기에서 파충류로, 파충류에서 포유류로, 유인원으로, 사람으로 변하는 것을 형상화한 것이다. 다시 다른 각도에서 본다면 인간의 발생과정을 설명하고 있다. 정자와 난자가 수정한 후에 아가미를 가진 어류에서 점점 폐를 가진 동물로 변한 후에 인간의 모습을 갖추어간다. 그러나 초기의 태아는 어류나 파충류나 포유류가 모두 꼬부라진 형태를 하고 있다. 즉, 이런 두 가지 사실은 우리들의 조상이 생명의 진화를 이해하고

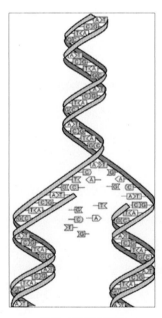

<DNA 이중나선구조>

있었다는 것을 무언으로 말하고 있다.

그리고 이 그림들은 DNA의 이중나선구조를 연상시킨다. 20세기 인류가 이룩해낸 가장 큰 과학성과는 DNA의 이중나선구조를 발견한 것이라고 한다, 25세의 풋내기 연구원인 제임스 왓슨[11]과 37세 늙다리 대학원생 프랜시스 크릭이 공동 연구하여 1953년 4월 25일 영국 『네이처지(Nature誌)』에 900단어 분량의 짧은 논문을 발표하였으며, 그 공로를 인정받아 1962년 노벨상을 수상하였다.

1개의 세포가 자기복제를 하여 똑

11) 1928년 미국 시카고 태생으로 분자생물학자이다. 1962년 크릭, 윌킨스와 함께 DNA의 분자구조해명과 유전정보 전달에 관한 연구업적으로 노벨상을 수상하였다.

같은 구조와 기능을 가진 2개의 세포가 만들어가는 과정이 그림과 같다. 더욱이 이러한 세포의 자기증식은 모두 반복적 복제에 의해 이루어지며 이를 통하여 종의 고유한 유전정보가 전달되는 것이다.

우리의 선조가 태아를 형상화한 곡옥(曲玉)을 장식품으로 사용한 것도 발생의 상징으로, 다산의 상징으로, 생명의 신비함을 경이의 마음으로 보았

<가야(고령) 금관에 달린 곡옥>

다는 것을 나타내는 것이며 인류문명의 시원문화의 소산이라는 것을 증명하고 있는 셈이다.

농경문화권에서 뱀과 용은 풍요와 부귀의 상징이다. 뱀은 단순한 동물이 아니라 재생과 불사, 풍요와 다산을 상징하는 신적 존재로 여겨졌으며, 일찍이 12지신(支神) 가운데 하나로 자리 잡았다. 용(龍)과 함께 뱀(巳) 숭배신앙은 한국이 원조이다. 실제로 뱀은 사람이 살아가는 데 이로운 동물이고, 생물의 진화와 생명체의 발생과정에서 거치는 형태를 상징적으로 표현한 것이 위의 그림들이며 바로 우리의 붉암산을 그렇게 표현한 것이라고 확신한다. 그렇지 않다고 한다면 도대체 이러한 그림을 그릴 모티브가 무엇인지를 설명해주어야 한다.

이제는 앞에서 미루어놓았던 방홀산이나 궁홀산을 풀어보자. 『삼국유사』에만 나오는 말이다.

'구월산←궁홀산←방홀산←불할산←붉암소→불함산(不咸山)'이

81

된다. 한자의 '宮(궁)'은 남자의 성을 의미한다. 중국의 최초 역사서인 『사기』를 지은 사마천을 宮刑(궁형)에 처하였다는 것은 이를 두고 한 말이라는 것을 독자는 익히 알고 있을 것이다. 따라서 '궁홀'이나 '방홀(방울)'이나 같은 의미와 형태로 통한다. 불알을 경상도 사투리로 '봉알'이라고 한다.

그러면 이제 '산'과 '수'에 대하여서는 마무리를 짓자. <삼신오제본기>에서 지금의 말로 태초나 원시, 맨 처음의 뜻으로 '대시(大始)'라는 말이 나온다. 그리고 '삼신산(三神山)'을 천하의 뿌리 산(根山)이라 한다. 삼신으로 이름 삼음은 대저 상세(上世) 이래로 삼신(三神)이이곳에 내려와 노니시고 삼계를 널리 감화하심을 모두 믿기 때문이다(三神山爲天下之根山 以三神名者 盖自上世以來 咸信三神降遊於此化宣)'고 하였다. 또한 11세 단군(도해) 재위 때인 B.C. 1891년에 웅장하고 화려한 대시전(大始殿)을 짓고 한웅천왕의 모습을 만들어 모셨다는 기사가 있다. 이를 종합해볼 때에 대시전(大始殿)에는 근본신으로 삼신(三神)을 모시고 다음으로 한웅천왕을 모신 것으로 보인다. 그리고 '불함산'은 별도의 신전인지는 분명치 않다.

그리고 전반적인 흐름과 줄거리로 볼 때에 한인—한웅—단군의 세 왕조를 거치면서 표에서 보는 것처럼 종교개혁이 이루어진 것으로 보인다.

<종교의 변천(개혁)>

시대	종교	내용
한인	토템(여신), 수·순	신(감)=곰. 남근숭배(男根崇拜: Lingam)
한웅	수·순	남근숭배(男根崇拜: Lingam)
단군	불함순, 당순	여남신(女男神: 생명신) [복수개념]

③ 소도는 종교시설이며 젊은이들의 심신훈련의 공간이다

소도는 언제부터 어디에 설치하였을까? 소도가 처음으로 등장하는 시기는 <삼성기전 하>에서 한웅천왕(B.C. 3898) 때에 '소도가 도처에 세워지고 산상과 웅상을 볼 수 있게 되었다(自是 蘇塗之立到處 可見山像雄常)'고 적고 있다. 지금으로부터 5900여 년 전부터 소도를 세우고 '산상'을 모셔왔음을 알 수가 있다.

소도는 어떤 곳에 위치하였을까? 환웅천왕 때에 도처에 세웠다고 하였다. 그리고 11세 단군(도해) 때의 기록에 '12명산의 가장 뛰어난 곳을 골라 국선(國仙) 소도를 설치하였으며……'라고 하였다. 한편 중국의 기록(이십오사 위서 동이전 한)에서는 '고을마다 소도가 있다(各有別邑 名之爲蘇塗)'고 하였다. 이러한 기록들을 볼 때에 소도는 고을마다 설치하고 전국의 명산에도 설치하였다는 것을 알 수가 있다.

소도(蘇塗)는 무슨 뜻일까? 소도가 5900여 년 전부터 있었는데 한자말일리는 없다. 단순히 '솟(은) 도(土)나 터(墟)'가 원래의 말이었다고 본다. 일본의 수도인 동경을 옛날에는 에도(江戶)라고 하였는데 애도(우리말로는 새터)를 한자의 음을 빌려 기록한 것이다. 우리말에도 도롱뇽(土龍龍)이나 도깨비(土業이)가 있다. 성전은 여러 사람이 자주 쉽게 찾아갈 수가 있고 보기도 좋고 위엄도 갖출 수가 있는 장소가 되어야 하지 않겠는가. 그러한 명당에 소도를 만들었다면 당연히 사람이 사는 마을보다는 좀 더 높은 언덕이 되어야 할 것이다.

그러면 소도에서는 무었을 하였을까? 신앙의 공간이므로 나라의 경조사나 중대한 일이 있을 때 하늘에 제사 지내고, 삼신에게 제사 지내는 곳이다. 13세 단군 흘달 시기인 B.C. 1763의 기사에 '미혼의 자제로 하여금 글 읽고 활 쏘는 것을 익히게 하며 이들을 국자랑(國子郎)이라 부르게 하였다. 국자랑이 나다닐 때에는 머리에 천지화를 꽂았기 때문에 천지화랑(天指花郎)이라 불렀다고 하였다'라는 구절을 볼 때에 신라의 화랑도가 연상되지 않는가? 젊은이들을 교육하고 심신을 훈련시키는 장소이기도 하다.

④ 경상도 사투리 아지매와 아저씨의 정체

우리가 일상적으로 쓰는 호칭에 아주머니와 아저씨가 있다. 평범한 말이다. 그러나 그 의미는 엄청난 말이다. 이 표준말은 순수한 경상도 사투리 '아지매'와 '아지시'에서 나왔다. 물론 경상도에서도 지금은 아지시라고 하지 않는다. 근원을 알아보자.

'아지'는 '처음'을 뜻하는 우리의 옛말인 '아시'라는 것을 이제 독자들도 다 알고 있다. 그리고 '매'는 여자를 말한다. 이는 한국과 일본이 공통적으로 쓰고 있는 말이다. 그렇다면 아지매는 '첫 여자'가 된다. '첫 여자'라는 것은 바로 '아만(阿曼)'이라는 말이다.

역시 경상도 사투리로 '오매'가 있다. 어머니를 뜻하지만 '암(雌자)'에서 나온 어머니와는 그 어원이 완전히 다르다. 일본어로 표현한다면 '오ー매(おおぬ: 大女대녀)'가 된다. 그리고 '할매'가 있다. 어원은 '한매', 즉 큰 여자로 보인다. 오매와 한매(할매)는 똑같이 큰 여자를 뜻하지만 오매는 지금의 일본어 계통의 언어이고 한매(할매)는 고유 한국어 '한(桓)'과 일본어 계통언어 '매'의 합성어이다.

70년대까지만 해도 시골에서는 두 집 건너 한 집 꼴로 맷돌이 있어 콩을 갈아 두부도 해 먹고 곡식을 갈아 죽을 쑤거나 전을 부쳐 먹기도 하였다. 맷돌은 고정되어 있는 아랫돌과 돌리는 윗돌이 있는데 이 둘을 통틀어 맷돌이라고 한다. 맷돌을 경북지방의 방언으로는 숫돌이라고 한다. 맷돌이나 숫돌 둘다 맞는 말이다. 맷돌은 윗돌을 강조한 것이고 숫돌은 아랫돌을 강조한 것이다.

<매통>

윗돌을 한 번 뒤집어서 생긴 구조를 보면 알 수가 있다. 윗돌은 암컷의 모양인 '凹' 자 형태이므로 매(女)돌이고 아랫돌은 수컷의 모양인 '凸' 자 형태이므로 수(雄)돌인 것이다. 그리고 '매통' 또는 '매'라는 벼의 겨(겉껍질)를 벗기는 농기구가 있다. 굵은 통나무를 잘라 만든 두 개의 마구리에 비스듬하게 맞물리도록 요철(凹凸)로 이를 파서 윗마구리 가운데에 구멍을 뚫어 벼를 넣고, 위짝 양쪽에 자루를 가로 박아서 그것을 손잡이로 사용하여 이리저리 돌려 벼의 겉껍질을 벗기는 데 쓴다.

이처럼 다양하게 쓰이던 '매'라는 말의 한자는 없을까? 분명히 있다. 바로 每(매) 자이다. 유방이 달린 사람을 뜻한다. 갑골문 보다는 금문이 더 정교하고 알기가 쉽다. 그러나 지금은 그 뜻이 바뀌어 '매양 매' 자로 불리지만 제작 당시에는 여자를 뜻하는 말이었다. 그리고 每(매) 자에서 발전한 글자가 海(해) 자이다. 지금 제주도의 해녀처럼 바다나 하천에서 고기를 잡고 전복·소라 등 조개류를 채취하는 등으로 가족이나 집단의 먹거리를 책임지는 강인하고 용감한 여자를 뜻하는 글자가 아닐까? 여성 지도자가 탄생하고 이를 받드는 시

<每(매)의 원시 한자>

금문	![금문]
갑골문	![갑골문]
뜻(현재)	① 매양, 늘 ② 마다 ③ 비록 ④ 탐(貪)내다 ⑤ (풀이)우거지다

대적인 배경이 있어서 일찍이 신라에서는 선덕여왕(善德女王: 632~647)을 비롯하여 3명의 여왕이 있었고 일본에서도 여왕인 신공(神功)대군(179~247)이 있었던 것으로 보인다. 따라서 우리말 '아내'는 '안해(安海)'가 원형이며 순수한 우리말 한자이다. 지금도 집안에 여자가 있으면 편안하고 안정된 가정이다. 따라서 지금은 安(안) 자의 뜻이 '편안하다'는 것이지만 당초에는 집안에 있는 여자를 뜻하였을 것으로 보이는 글자이다. '海(해) 자'는 여성 지도자나 여신을 뜻한다.

Character: 江
Modern (Beijing) reading: jiāng
Preclassic Old Chinese: krōŋ
Classic Old Chinese: krōŋ
Western Han Chinese: krōŋ
Eastern Han Chinese: krōŋ
Early Postclassic Chinese: kŏŋ
Middle Postclassic Chinese: kŏŋ
Late Postclassic Chinese: kŏŋ
Middle Chinese: kạuŋ

<'강(江)' 자의 시대별 발음>

베트남에 가면 메콩(Mê Kông) 강이 있다. 중국 칭하이성(青海省)에서 발원하여 윈난성(雲南省)과 미얀마, 타이, 라오스, 캄보디아, 베트남을 거쳐 바다로 흘러들어 가며 길이는 약 4,180km로서 세계에서 12번째로 긴 강이다. 메콩(Mê Kông)은 '어머니의 강'이라는 뜻이다. 바로 '메(Mê)'는 '어머니'이며 '콩(Kông)'은 강(江)이다. 베트남도 한자문명권이다. '강(江)'이라는 한자의 옛 중국 발음에 '콩(kōŋ)'이 있다.

그리고 아지매가 있으면 이와 대비되는 언어가 분명히 존재할 것이다. 바로 아주머니나 아지매와 대응되는 '아저씨'이다. '아시시'가 경음으로 바뀌어 지금의 '아저씨'로 정착되었다.

결론적으로 '아ᄉᆡ매와 아ᄉᆡ시'는 한 짝이다. 바로 나반(那般)과 아만(阿曼)이며 아담과 이브이다.

씨(氏)에 대하여 더 알아보자.

시: '씨(氏)'의 옛말

- 姓 셩 氏 시 <출처: 신증유합(1576) 하: 2>
- 黃蓋 손 시의 둣거온 덕을 어더 웃듬 쟝쉬 되얏더니<출처: 삼역총해(중간본)(1774) 6: 8>

부싯돌은 '불+시+돌'의 합성어이다. 불의 씨를 만드는 돌이다. 원래의 발음인 시(氏)는 순수한 우리말이며 모든 식물의 종자는 물론 사람의 종자도 포함되고 유무형의 근원도 포함되는 말이다. 당연히 한자도 우리 민족이 만들었다고 보아도 무리가 없을 듯하다. 씨(氏)를 중국은 'shi'라고 발음을 하여 우리의 옛날 발음을 고수하고 있다. 그러나 이 말이 종자(種子)라는 의미로는 쓰이지 않는다. 우리말이 종주국이라는 증거이다. 생물의 종(種)에서 유전자정보(DNA)가 풍부한 쪽이 원산지이다. 이를 믿지 않는 사람은 인류가 아프리카에 기원하고 있다는 것을 안 믿는 것과 같은 이치이다. 그리고 여기에서 파생된 언어가 있다. 여자가 '시집간다'는 것은 순수한 우리말이다, 남자의 집(시집: 씨집)에 가는 것이고 '시누이, 시동생'에서의 '시'도 여기에 속한다. 그리고 산업화 이후의 요즈음 세대들은 고향(故鄉)이 없지만 젊게는 50대 이상의 나이가 많은 사람들은 거의가 고향을 가지고 있다. 고향은 무엇인가? 아버지, 할아버지……, 대대로 씨족이 마을을 이루고 살았던 곳이다. 우리말이 무엇인가? 시골이다. 말 그대로 시골(氏골: 씨고을)이다. 한 가지 신기한 것은 영

87

어가 우리말과 연관성이 많다는 것이다. 사람의 씨인 정자(精子)를
영어에서는 Semen이라고 한다. 직역한다면 씨사람(들)이다.

⑤ 전통신앙의 핵심은 무엇인가?

지금까지 우리의 전통신앙과 관련된 모두를 설명하였다. 이제 우
리의 조상들이 믿었던 전통신앙에 대하여 종합하여 정리할 때가 되
었다고 본다.

일신(一神)이 있고 그 일신은 형체가 스스로 변하여 삼신(三神)이
된다. 삼신은 천신(天神), 지신(地神) 그리고 인신(人神)이다. 삼신은
따로 있는 것이 아니고 그 작용에 따라 모습을 달리한다고 하였다.
바로 삼위일체(三位一體)이다.

이 삼신을 남자의 형상을 만들어 신전에 안치하고 숭배하였다. 이
신전을 이르기를 삼신산(三神山)이나 삼위산(三位山)라고 하였다.
'산(山)'은 山(산)이 아니고 사내(丁)의 우리말 '순'을 뜻한다.

그리고 인류의 시조를 나반(那般)과 아만(阿曼)이라고 하였다. 우
리말로는 '납안과 암안'이다. 그 뜻은 남녀 한 쌍의 납(申)이다. 납은
꼬리가 없는 영장류, 즉 원숭이이다. 이는 현생인류(Homo Sapiens
Sapiens)의 수백만 년 전의 모습을 말하고 있다. 인류의 조상이다.

'神'이라는 한자는 '示(시)'와 '申(신)'의 합성어이다. 그 뜻은 '申(신)'
에게 제사하는 것이다. 따라서 나반(那般)과 아만(阿曼)은 신(神)다.

그리고 인류의 시조를 이르는 우리말 일반명사는 '붉암순(不咸
山)', 뿌리 암수이다. 그리고 다른 말로는 '아지매·아지시'이다.

그리고 만족의 영웅인 한인(桓因), 한웅(桓雄) 그리고 단군(檀君) 세

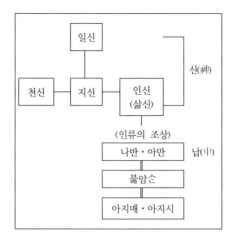

분을 성인으로 모셨으며 이 분들의 상징인 남근(男根)을 숭배하였다.

다시 말하면 '손'은 초기에는 남근의 형상이었지만 시대가 지나서 최종적으로는 남자의 형상으로 변해간 것으로 보인다.

이것이 우리 민족 고대신앙의 정수이다. 이해를 돕기 위하여 도표를 만들어 첨부한다.

⑥ 제사는 누구에게 지내는 것인가

우리 민족처럼 돌아가신 조상을 지극정성으로 모시는 민족은 없다. 제사 중에서 제일 중요한 제사는 돌아가신 날짜에 지내는 기제사(忌祭事)와 추석과 설날에 지내는 차례(茶禮)이다. 다음이 음력 10월 상달에 지내는 산제(山祭) 또는 시제(時祭)이다. 그리고 뼈대가 있는 집안에는 사당(祠堂)이 있어 집안에 대소사가 있으면 고하고, 출타할 일이 있으면 출발할 때와 귀가할 때에 조상에게 인사를 하였다. 그러나 이러한 것들은 옛 풍습이 지금까지 명맥을 이어오는 극히 일부에 지나지 않는다. 우리 선조들이 조상을 잘 모신 이유가 무엇인지는 우리의 신화가 말해주고 있고, 역사에 기록되어 있고, 한자의 글자가 이를 뒷받침하고 있다.

농경사회에서 풍년은 가족은 물론 종족과 부족의 번영을 보장하는 것과 같다. 겨우내 얼었던 땅이 녹고 만물이 다시 소생하는 봄부터 시작된 농번기(農繁期)는 파종과 모내기가 끝나는 5월에는 잠깐의 휴식기가 있다. 5월은 수리달이다. 으뜸 달의 또 다른 표현이다. 파종이 끝나면 하늘과 땅과 조상에게 풍년을 기원하는 제사를 하였다. 수리달에 대한 풍습은 거의 자취를 감추고 강원도의 강릉지방에서만 중요 무형문화재 제13호로 지정된 강릉단오제(江陵端午祭)에서 그 명맥을 이어오고 있다. 이때에는 마을굿을 하고, 풍년을 빌고 재앙을 쫓기 위하여 서낭신에게 굿을 올리며 각종 민속놀이도 한다.

10월은 가을걷이(秋收)가 끝나고 보리나 귀리, 밀, 마늘 등 겨울작물의 파종도 끝나 한가로운 휴식의 계절(農閑期: 농한기)이 시작되는 달이다. 그래서 10월은 일 년 중에 가장 풍성하고, 마음에도 여유가 있는 달이므로 으뜸 되는 달(상달: 上달)이라고 하였다. 어찌 감사하지 않을 수 있겠는가. 천지와 조상에게 햇곡식을 드리는 제사를 하고, 모두가 한데 어울려 밤낮을 가리지 않고 음주와 가무(飮酒歌舞)를 즐겼다. 이러한 행사가 고구려에서는 동맹(東盟), 부여에서는 영고(迎鼓), 예(濊)에서는 무천(舞天/儛天)이라는 이름으로 역사에 전해 내려오고 있다. 우리 조상이 대륙 중원과 만주에서 한반도로 터전을 옮기고 난 후인 삼국시대에도 이러한 전통은 이어 내려왔다. 그러나 세월이 무상하여 외래종교와 사상의 유입으로 이러한 전통은 점점 사라지고 지금은 양력으로 10월 달을 문화의 달이라 하여 각종 축제가 몰려 있다. 왜 사람이 많이 모여 즐기는 마당을 '축제·축전'이라고 표현할 수밖에 없는지는 이러한 역사가 증명하고 있다.

앞에서 이야기한 납이 우리 인류의 조상이라면 우리가 익히 알고 있는 조상(祖上)에서의 '祖(할애비 조)'라는 한자는 어떻게 되는 것일까? 이 한자는 생물학적·유전적으로 나를 있게 해준 이를 의미한다.

한자는 상형문자라고 하던가. '祖' 자의 오른쪽이 무엇을 상징하는지를 보면 쉽게 상상이 갈 것이다. 바로 순수한 우리말 '좃(糸)'이다. 이것을 매개로 인류는 번식하고 대대손손 이어간다. 따라서 '좃(糸): 且'에 제사를 드리는 글자가 '祖'이다. '좃(糸)'을 중국 사람은 '지바'라고 발음한다고 알고 있다. 아마도 80년대 중반으로 기억하는데 박창암 선생이 강연에서 그렇게 설명하였다. 지금 중국은 '祖(조)'는 'zǔ'로 '且(차)'는 'jū·qiě'로 발음한다. 'zǔ-jū'는 같은 발음이다. 어느 나라 발음이 실물과 가까운 발음인지를 비교해보면 '祖' 자의 원조가 누구인지를 쉽게 알 수가 있다.

그리고 중국 과학원 원장이던 郭沫若(궈모뤄: 곽말약)은 갑골문 해석의 개척자이다. 그는 상형문자인 조(祖)를 차(且)와 시(示)의 합성으로 보았다. 차(且)는 남성 성기의 모양을 본뜬 글자이고, 시(示)는 제단(祭壇)을 본뜬 글자로, 조(祖) 자는 차(且)를 시(示) 위에 받들어 우뚝하게 표현한 것이라고 말하고 있다. 『설문해자』를 보면 '차(且)' 자를 설명하면서 '이(二) 자는 지금 추가하였다(所吕二字今補). …… 옛날의 차(且) 자에는 2(二)횡이 없었다(古文且字無二橫者)'고 하여 이 글자가 남성의 심벌을 형상화한 글자라는 것을 알 수가 있다.[12]

씨족의 한 무리가 여성 중심의 모계사회에서 남성 중심의 강력한 가부장적 부계사회를 확립하면서, 자기 존재의 상징이자 초월적인 생명의 근원인 남근을 조상으로 받들어 숭배하는 신앙을 만든 것이다. 상형문자인 한자에서 조(祖) 자를 발명하였다는 것은 남성이 지

---

12) 허신(許愼) 주, 단옥재(段玉裁) 찬, 『설문해자』, 서울: 삼성출판사, 1990년, p.716.

배하는 가부장적 씨족사회가 확립되는 역사발전과정을 증거하는 문화적 자료이다.

중국의 사서와 갑골문을 비교할 수 있는 흥미로운 자료가 있다. 사마천의 『사기』에 나오는 상(商)나라 왕들 중에 5명은 이름에 '조(祖)' 자가 들어 있다. 그리고 20세기에 들어와 상(商)나라의 수도였던 은허(殷墟)에서 발굴된 갑골문을 연구한 결과, 『사기』에는 '祖(조)' 자로 기록되어 있는 왕들의 이름이 모두 '且(차)' 자로 기록되어 있는 것이다. 무슨 의미인가? 지금의 '祖(조)' 자가 3000여 년 전에는 '且(차)' 자로 통용되었다는 뜻이다. 중국의 고전 중의 고전인 『사기』와 20세기 최대의 고고학적 발굴이 만나 대단히 귀중한 정보를 우리에게 주고 있다. 바로 '祖'라는 글(契)은 우리 조상이 만든 한자이다. 그렇다면 한자의 모체가 되는 갑골문을 기록한 상(商)나라의 지배집단은 우리 민족이라는 결론이 나온다.

<상나라 왕들의 이름>

대수	사기	갑골문자	재위기간(추정)
13	祖乙(조을)	且乙(차을)	B.C. 1376~B.C. 1358
14	祖辛(조신)	且辛(차신)	B.C. 1357~B.C. 1342
16	祖丁(조정)	且丁(차정)	B.C. 1336~B.C. 1328
23	祖庚(조경)	且庚(차경)	B.C. 1191~B.C. 1148
24	祖甲(조갑)	且甲(차갑)	B.C. 1148~

우리는 앞에서 우리의 조상인 납(申)에게 示(보일 시)하는 글자가 神(신) 자라고 하였다. 신은 다름이 아니고 먼 우리의 조상인 납이 죽어서 된 존재라고 하였다. 그러면 여기서 또 조상을 뜻하는 조(祖)가 나타나서 같은 뜻의 한자가 두 개가 되는 셈이다. 이상하지 아니

한가? 분명히 이상하다. 지금까지 우리는 '수'와 '산'이 무엇을 뜻하는지를 설명하였다. 바로 신앙의 대상인 것이다. 신앙의 대상은 신이다. 그러니까 且(차)나 祖(조)가 인간을 만드는 신인 것이다. 결론적으로 신(神)과 조(祖)의 뜻이나 의미가 뒤바뀐 것이다. 마치 불교에서 중(衆)과 보살(菩薩)이 뒤바뀐 현상과 같다고나 할까. 원래 성불하기 위하여 수행에 힘쓰는 사람을 뜻하는 산스크리트어 'Bodhisattva'를 음역한 한자 '보리살타(菩提薩埵)'의 줄임말이 보살이다. 보살은 수행자이고 신도는 그저 무리인 중(衆)인 것이다.

제사는 누구에게 지내는가?

이미 앞에서 제사는 돌아가신 조상에게 드린다고 하였다. 그러면 모든 종교는 神에게 제사를 드리는데 차이가 무엇일까? 제사를 모실 때의 순서를 보면, 처음에 조상의 신위나 지방을 앞에 모신다. 제사를 시작하면서 우선 향을 피우는데 이는 천신(天神)이 강림하기를 청하는 의식이며, 다음으로 술을 조금 잔에 부어 땅바닥이나 그릇에 붓는다. 지신(地神)을 부르는 것이다. 천신과 지신과 조상신을 함께 지내는 것이 제사이다. 이 셋이 삼위일체인 일신(一神), 바로 하나님이 아닌가? 결국 제사는 우리의 조상에게 지내는 것이며, 동시에 신에게 지내는 것이다. 따라서 제사는 하나님에게 지낸다고 해도 틀린 말이 아니다.

인터넷사전을 보면 제사를 의미하는 示(보일 시) 부의 한자는 118자나 되며 93자가 제사와 조상, 길흉화복 등에 관한 글자이다. '示'자는 제사를 지내기 위해서 제상에 차려놓은 음식상을 형상화한 글자이며, 원래의 뜻은 얼마나 정성스럽게 차렸는지를 신(조상)께서 '한 번 봐 주십시오'라는 뜻이다. 그래서 '보인다'는 뜻이다.

－ 보일 시(示) 부의 한자: 신(9), 조상(1), 제사(50), 장례(3), 행복
(17), 기원(6), 재앙(5), 저주(2), 기타(25)

제사와 관련된 한자가 많은 것을 보면 계절이나 제사의 형태와 주체
에 따라서 구분해야 할 필요가 있어서이다. 예를 들면, 봄 제사(祠), 산
제사(祈), 나무를 태워서 하는 제사(柴), 재앙을 막는 제사(禜), 천자가
지내는 제사(禋禘), 천자가 아들을 낳기를 기원하는 제사(禖) 등이다.

제사와 관련하여 빠뜨릴 수 없는 글자가 하나 더 있다. 바로 '租
(조)' 자이다. 이 글자에서 우리의 선조들의 생각과 삶을 이해할 수
가 있다. '租' 자는 발음이 '祖(조)'와 같고 오른 쪽에는 같은 '且'가
있고 왼쪽에는 재물을 뜻하는 禾(화: 벼)자가 있다. 글자 자체가 '조
상을 위한 재물'이라는 뜻을 가지고 있다.

인터넷사전에서 '租(조)' 자를 찾아보면 '조세 조'와 '쌀 저' 로
나온다. 뜻은 한마디로 세금이다. 쌀이나 곡식을 뜻하는 것은 옛날에
화폐가 생기지 않았을 때에 곡물로 세금을 내었기 때문이다. 그런데
이상하게도 '구실'이라는 말이 나온다. 구실을 '온갖 세납을 통틀어
이르던 말'이라고 하고 있다.

무슨 말인지 의미를 모르고 쓰
고 있는 것 같다. 구실의 원래
말은 '굿일'이다. 굿일이 바로
제사(祭祀)이다. 굿일과 세금이
무슨 관련이 있을까? 통치자가
굿일을 하는 데 필요한 비용을
충당하기 위해서 백성들에게 거

租 조세 조, 쌀 저(zū, jū)	
① 조세(租稅), **구실(온갖 세납을 통틀어 이르던 말)**	
② 벼, 곁곡	
③ 임대료(賃貸料)	
④ 징수(徵收)하다.	
⑤ 세들다, 빌다.	
⑥ 쌓다, 저축(貯蓄)하다.	
⑦ (꾸러미로)싸다. (저)	
구실	① 자기가 마땅히 해야 할 맡은 바 책임 ② 예전에, 온갖 세납을 통틀어 이르던 말 **③ 관아의 임무**

두어들이는 재물이다. 바로 지금의 세금이라는 뜻이다.

사전에서 풀이한 '구실'의 뜻 중에서 세 번째 설명인 '관아의 임무'가 원래의 뜻이었다. 옛날 제정일치시대에 지배자인 족장이나 부족장이 해야 할 일 중에서 가장 중요한 일이 굿일(祭祀: 제사)이었다. 지금으로 치면 국가라고 하는 조직이 하는 일, 즉 '국가사무'이었다. 일본에서는 지금도 국가사무를 まつりごと(政, 祭り事: 마쯔리 고토)라고 하고 있다. 여기에서 파생되어 첫째번의 설명대로 '마땅히 해야 할 맡은바 책임'이라는 말이 성립된다. 집안에서는 남편이나 아내, 자식 등의 모든 구성원은 제 할 바가 있고 조직에서의 상사나 직원도 그렇고, 지방이나 중앙정부도 제 할 바가 있다. 바로 '구실'이다.

옛날에는 천재지변도 왕이 제 구실, 즉 마땅히 해야 할 일인 굿일을 잘 못하였기 때문으로 여기고 죽이거나 갈아치웠다. 반란으로 나라가 바뀌는 것이다. 지배자가 잘못하여 하늘과 땅이 노해서 벌을 내리는 것으로 이해하여, 통치자는 무수한 굿(제사)을 그렇게도 자주 지냈던 것이다.

(3) 우리의 전통신앙이 걸어온 길

① 한국에서 불교의 전래와 전통신앙의 흡수

불교가 들어와 전통종교를 흡수하였다. 지금까지 우리가 알고 있기로는 불교가 기존 전통신앙을 적극적으로 흡수하여 산신당을 만들어 불교영내에 끌어들였다고 알고 있는데, 그와는 반대로 불교사찰이 소도(蘇塗)를 차지하고 나서 기득권 세력의 반발을 무마하고 쉽게 융합하기 위하여 뒤쪽 위편에 '山神堂(산신당)'을 만들어주었다. 우리가 지금까지 알고 있는 산신(山神)을 모신 사당이 아니고 '산神堂'이며, 더 나아가 정확하게는 '슨을 모신 당', 즉 민중들이 부른 '당집'이다. 그리고 '山神靈'은 '슨神靈'을 이야기하지만 원래 우리 역사에서는 神(신)이라는 말은 하지 않았다. 우리 민족은 처음부터 산신이라는 개념은 없었다.

『삼국유사』의 <남부여 전백제 북부여>조에 보면, 이러한 과정이 여실히 드러난다.

첫째, '고을에 일산(日山), 오산(吳山), 부산(浮山) 등 삼산(三山)이 있는데, 나라가 융성할 때에는 각산에 신인이 그 위에 머물러 살고, 날아서 서로 왕래하였다. 조석으로 (참배하는 사람들이) 끊이질 않았다(郡中有三山, 曰日山 吳山 浮山, 國家全盛之時, 各有神人居 其上, 飛相往來, 朝夕不絶).'

둘째, '호암사(虎嵒寺)에 정사암(政事嵒)가 있으니, 국가에 재상을 선출하려 하면 후보자 3~4명의 이름을 적어서 봉하여 바위 위에 두었다가 잠깐 뒤에 꺼내보고 이름 위에 인이 찍힌 자로 정승을 삼기 때문에 정사암이라 한 것이다(虎嵒寺有政事嵒 國家將議宰相 則書當選者名 或三四 函封置嵒上 須有取看名 上有印跡者爲相 故名之).'

셋째, '사비성 언덕에 돌이 하나 있는데, 십여 명이 앉을 만하다. 백제왕이 왕흥사(王興寺)에 납시어 예불하려면 먼저 이 돌에 절을 하고 다음에 부처님께 절을 하였다. 그러면 그 돌이 저절로 더워져 이름을 온돌이라 하였다(泗沘(沘)崖又有一石 可坐十餘人 百濟王欲幸 王興寺禮佛 先於此石望拜佛 其石自煖 因名堗石).'

위의 사실 여부를 한 번 검토해보자. 큰 도시나 명승지에 있는 소도(蘇塗)는 천손족인 우리 선조가 조상인 하느님과 선대 인간조상을 모시는 당집(사당)이 있는 넓은 공간의 신앙과 문화시설이었다. 그러므로 장소는 그 지역에서 경관이 가장 빼어난 명당을 찾아서 터를 잡았을 것이 명백하다.

첫 번째 문장에서는 아직 불교가 들어오기 전의 상황을 이야기한 것이다. 아마 수도인 지금의 부여에 3개소의 소도가 있었는데 그 이름은 일산, 오산, 부산이다. 아마 부산은 부소산 어딘가에 위치하였을 것으로 짐작할 수가 있다. 소도에 모신 주신을 신인(神人)이라고 한 것이다.

그리고 둘째 문장에서는 국가에서 중대한 의사결정을 할 때에는 임금도 최종적인 결정을 하지 않고 소도의 승려에게 결정하도록 한 제도를 이야기하고 있다. 즉, 신탁을 구한 것이다. 왜냐하면 그는 하느님의 대리자이기 때문이다. 이러한 전통은 오랜 옛날부터 있어 왔다고 볼 수 있으며, 백제가 성왕 16년(538)에 사비성(泗沘城: 부여)으로 천도한 이후에도 존속하였다는 것을 증명하고 있다.

셋째 문장은, 불교가 들어와 왕을 위시한 지배계층의 신앙으로 자리 잡으면서 소도를 접수함에 따라 불교와 기존의 민중 신앙인 소도(산당)와의 갈등관계를 여실히 보여준다. '들어온 객이 주인을 몰아내는 격'으로 소도에 한웅(桓雄)을 모신 전각에 부처를 모셨다. 임금이 행차하여 소도의 '산(석물)'을 참배하지 않고 바로 부처님에게 직행하니 소도를 관장하던 삼시랑이나 민중이 좋아하고 가만히 있었겠는가? 할 수 없이 '산(석물)'에 먼저 참배한 다음에 절에 예불을 드린 것이다.

그리고 절에는 대웅전(大雄殿)이나 대웅보전(大雄寶殿)이란 현판을 단 건물이 많이 있다. 한자를 쓰는 다른 나라에는 없는 명칭이다. 이것은 우리의 '소도'와 '산'에 '한웅(桓雄)', 즉 대웅(大雄)을 모신 전각의 현판이 바로 대웅전(大雄殿)이었으며, 불교가 시설을 모두 접수하고서는 한웅상(桓雄像)을 버리고 그 자리에 부처상을 모신 결과라고 본다.

근거를 보자. <삼신오제본기>에서 '뒤에 나반(那般)을 대선천(大先天)이라 하고, 한인을 대중천(大中天)이라 하고, 한인·한웅·치우를 삼황(三皇)이라 하며, 한웅을 대웅천(大雄天)이라 하고 치우를 지위천(智偉天)이라 하였다. 이는 황제중경(皇帝中經)이 만들어진 유래이다'라고 하였으며, <신시본기>에서는 『고려팔관잡기(高麗八觀雜記)』의 기록을 인용하여 '불상이 처음 들어와 절을 세우고 대웅(大雄)이라 불렀다. 이는 승려들이 옛것을 빌려다가 그대로 쓴 것이지 본래의 불교의 말은 아니다. 또 말하되 승려들이나 유생(儒生)들이 다 낭가(郞家)에 예속되어 있었다는 것을 알 수 있다'고 하였다. 무슨 말인가? 외래사상인 불교나 유교가 기존의 정통사상인 삼신신앙(三神信仰), 즉 신교(神敎)의 조직인 낭가(郞家)에서 관할하였다는 뜻이다.

② 신라의 시조가 탄생한 산(山)은 전통신앙시설이다

일연의 『삼국유사』<신라시조 혁거세왕>조에 보면 신라의 6촌에 대하여 나온다. 6촌을 대표하는 이씨의 시조 알평, 정씨의 시조 소벌도리, 손씨의 시조 구례마, 최씨의 시조 지백호, 배씨의 시조 지타, 설씨의 시조 호진이 어떤 촌락에 기반을 두고 있는지를 말하고 있다. 그런데 모두가 산(山)의 이름을 말하고 있으며 '처음에 형산(兄

山)에서 내려왔다'는 표현을 하고 있다. 이는 단군왕검이 태백산(太白山)에서 내려왔듯이 전통신앙시설인 '슨', 즉 신(神)의 아들로 태어났다는 것을 말한다. 저자 일연도 부연하기를 '윗글을 살펴보면 6부(部)의 조상이 모두 하늘에서 내려온 듯하다'고 하고 있다. 아마도 무언가 낌새를 알고 있었을 것으로 보인다.

<신라 시조의 출생지>

6부	시조	성씨	출생지
급량부	알평	이씨	알천 양산촌 양산(楊山)(표암봉: 瓢嵓峰)
사량부	소벌도리	정씨	고허촌 돌산(突山)(형산: 兄山)
점량부(모량부)	구례마	손씨	대수촌 무산(茂山)(이산: 伊山)
본피부	지백호	최씨	진지촌 취산(觜山)(화산: 花山)
한기부	지타	배씨	가리촌 금산(金山)(명활산: 明活山)
습비부	호진	설씨	명활산(明活山)(금강산: 金剛山)

③ 구월산 삼성사가 우리의 전통신앙이 겪어온 역사를 대변하고 있다

고구려·백제·신라 삼국 중에서 고구려가 옛 조선의 중심지역에 위치해 있었다. 그리고 조선과 북부여 왕실의 후예가 고구려를 건국하였다. 따라서 우리의 고대 역사와 문화를 가장 충실히 계승한 국가가 고구려이다. 조선의 성지이자 마지막 수도였던 장당경(藏唐京: 상춘: 지금의 장춘)에 있던 구월손(九月山)의 삼성사(三聖祠)를 한반도에 재현하였다. 이것이 우리가 알고 있는 황해도 구월산 삼성사이며 삼성조(三聖祖)이신 한인·한웅·단군을 모신 곳이다. 삼성사는 본래 구월산의 최고봉 대증산(大甑山)에 있었는데, 통일신라시대에

<삼성사 전경>

패엽사(貝葉寺)를 창건하면서 절 아래의 작은 봉우리로 옮겼다가, 또다시 산기슭 소증산(小甑山)으로 옮겨 오늘까지 내려오고 있다. 고구려가 멸망한 후에도 삼성에 대한 제사는 계속하였으나 유교를 국가 통치이념으로 하는 조선이 건국되면서 삼성사는 훼손되고 전통이 단절된다. 삼성당 안에 모신 신위는 옛날에는 목상(木像)이었는데 태종 때 하륜(河崙)이 목상을 부숴버리고 널빤지 위에 신위를 새긴 위판(位板) 형태로 바꾸었다. 그리고 세종 때에는 단군신위를 평양에 있는 기자(箕子)사당으로 옮겨 합사하였다. 우리의 선조들은 이렇게 근본을 잊고 중국인이 되기를 열망하고 중국인 행세를 하였다. 지금의 세태도 그때와 비교해서 덜하지가 않다. 실제 어떤 일이 있었는지 역사기록을 통해 알아보자.

『세종실록』에서 1428년 기사이다. 우의정 유관이 삼성사에 관한 상소를 올렸다. '구월산에 신당(神堂)이 있는데 어느 때에 창건된 건지는 모르고 있습니다. 동쪽 벽에는 한인이, 북쪽 벽에는 한웅이, 서쪽 벽에는 단군이 모셔져 있는데 이곳 사람들은 이를 삼성당(三聖堂)이라고 부르고 있습니다. 날이 가물 때에 삼성신(三聖神)에게 기도하면 즉시 비를 내려준다고 합니다. 단군은 요임금과 같은 때에 제왕이 되시어 기자(箕子)보다는 천 년이 앞섰습니다. 그런데 어찌하여 단군왕검의 신위를 기자의 사당에 함께 모시고자 합니까?'

다음은 『단종실록』 1452년 기사이다. 이선재가 올린 상소이다.

'신(臣)이 들으니 황해도 백성들의 병이 차차 전염되어 평안도, 경기도로 번지는데 시체가 줄을 잇고 집들이 비로 쓴 것처럼 텅텅 비었다고 합니다. 황해도에 질병이 번지는 것은 단군신위를 평양으로 옮겨 모신 이후부터 괴이한 기운과 신이한 것이 돌아다니고 진을 이루며 이것에서 병이 생겼다고 세간에서 말합니다. 지난번(세종 때)에 평양으로 단군신위를 옮겨 모셨습니다. 그러면 남겨진 한인천제와 한웅천왕의 신위는 어느 땅에 모실까요? 신의 어리석은 생각으로는 삼성의 신위를 새로 모시어 존경하고 경배하고 조정의 관리를 파견하여 정성스레 고한다면 어찌 밝게 바로잡아 주지 않겠습니까?'

마지막으로 『성종실록』 1471년 기사이다. 성종이 황해도 관찰사 이예(李芮)에게 묻는 내용이다. '삼성당은 본래 구월산 상봉에 있었는데 패엽사가 생기면서 삼성당을 패엽사 앞 봉우리로 옮기고 또다시 산기슭으로 옮겼다는데 그것이 사실인가?' 다음 해(1472)에 이예가 성종에게 보고하기를 '신이 전번의 하유(下諭)로 인하여 문화현(文化縣)의 옛 노인 전 사직(司直) 최지(崔池) 전 전직(殿直) 최득강(崔得江)을 방문하고 삼성당(三聖堂)의 사적(事跡)을 얻어 그것을 조목으로 기록하여 아룁니다.

㉠ 속언(俗諺)에 전하기는 단군(檀君)이 처음 신(神)이 되어 구월산(九月山)에 들어갔다고 합니다. 사우(祠宇)는 패엽사(貝葉寺)의 서쪽 대증산(大甑山)의 불찰(佛刹)에 임하여 있었다가 그 뒤에 절 아래 작은 봉우리[小峯]로 옮겼고, 또다시 소증산(小甑山)으로 옮겼다 하는데, 곧 지금의 삼성당(三聖堂)입니다. 대증산(大甑山)과 패엽사(貝葉寺) 아래의 작은 봉우리에 지금은 당기(堂基)가 없고, 따라서 그때 치제(致祭)한 것과 또 삼성(三聖)도 아울러 제사 지냈는지 그것은 알 수가 없습니다.

㉡ 단군(檀君)과 아버지 한웅(桓雄), 할아버지 한인(桓因)을 일컬어 삼성(三聖)이라 하고 사우(祠宇)를 세워 제사를 지내다가, 제사를 폐

<1910년대 패엽사 전경>

한 뒤로부터 당우(堂宇)가 기울어져 무너졌었는데, 경태(景泰) 경오년에 이르러 현령(縣令) 신효원(申孝源)이 중창(重創)하고, 무인년에 현령(縣令) 매좌(梅佐)가 단청(丹靑)을 베풀었습니다.

ⓒ 삼성당(三聖堂)에 한인 천왕(桓因天王)은 남향(南向)하고, 한웅 천왕(桓雄天王)은 서향(西向)하고, 단군 천왕(檀君天王)은 동향(東向)하여 위패가 있습니다. 속설에 전하기를, 옛날에는 모두 목상(木像)이 있었는데, 태종조(太宗朝)에 하윤(河崙)이 제사(諸祠)의 목상(木像)을 혁파할 것을 건의하여 삼성(三聖)의 목상도 또한 예(例)에 따라 파하였다 하며, 의물(儀物)의 설치 여부는 알 수 없습니다.

ⓔ 삼성당(三聖堂)의 서쪽 협실(夾室)에는 구월산 대왕(九月山大王)이 가운데 있고, 왼쪽에 토지 정신(土地精神)이, 오른쪽에 사직 사자(四直使者)가 있는데, 그 위판(位板)은 모두 남향하여 있습니다.

ⓜ 예전에는 전사청(典祀廳)이 없었는데, 매좌(梅佐)가 삼성당(三聖堂) 아래에 초옥(草屋) 수 칸을 지어 치도(緇徒)로 하여금 거주하게 하고, 제사 때는 여기에서 재숙(齋宿)하고 제물(祭物)도 또한 여기에서 장만하였습니다.

ⓗ 삼성당의 서북쪽 3리(里)쯤에 두 절이 있고, 5리쯤에 한 절이 있고, 동북쪽 4리쯤에 한 절이 있습니다.

ⓢ 패엽사(貝葉寺)도 또한 삼성당 서쪽 6리쯤에 한 고개와 한 시내를 사이에 두고 있습니다.

ⓞ 삼성당의 제기(祭器)는 옛적에는 금·은(金銀)을 사용하였는데, 왜란(倭亂) 이후 사기(沙器)를 쓰다가 매좌(梅佐)가 비로소 유기(鍮器)를 만들었습니다.

ⓩ 묘우(廟宇)를 평양(平壤)으로 이전한 뒤로는 이 당(堂)의 제사를

폐지한 것이 벌써 60여 년이 되었다 하고, 혹은 태종조(太宗朝) 경진년·신사년 임오년 사이라고도 하니, 어떤 것이 옳은지 알 수 없으며, 향(香)을 내려 치제(致祭)한 의궤(儀軌)도 또한 상고할 수 없습니다.

㉜ 구월산(九月山) 상봉(上峯)에는 천왕당(天王堂)이 아니고 이름을 사왕봉(四王峯)이라 하며, 또한 예전에 향(香)을 내려 치제(致祭)하던 곳이 있었는데, 태종(太宗) 을미년 사이에 처음 혁파하였다 하나 그 당기(堂基)를 일찍이 본 사람이 없고, 이제 또한 얼음이 얼어 위험하여 사람이 올라갈 수도 없습니다.

㉠ <관서승람(關西勝覽)>에 문화현(文化縣) 고적(古跡)을 기재하기를, '구월산(九月山) 아래 성당리(聖堂里)에 소증산(小甑山)이 있는데 한인(桓因)·한웅(桓雄)·단군(檀君)의 삼성사(三聖祠)가 있고, 구월산(九月山) 마루[頂]에는 사왕사(四王寺)가 있는데, 옛적에 성수(星宿)에 초례(醮禮)하던 곳이다' 하였습니다.

㉤ 삼성당(三聖堂)을 평양으로 옮긴 뒤로부터 비록 국가에서는 치제(致祭)하지 않았으나, 기우(祈雨)·기청(祈晴)을 할 때는 현관(縣官)이 조복(朝服)을 갖추고 친히 제사 지내며, 제사에는 백병(白餠)·백반(白飯)·폐백(幣帛)·실과(實果)를 쓰고 이 밖에 다른 제사는 행할 수가 없는데, 고을의 풍속에는 영험(靈驗)이 있다고 일컬어 사람들이 감히 와서 제사하지 못합니다.

㉣ 기우용단(祈雨龍壇)은 삼성당(三聖堂) 아래 백여 보에 있으나, 설치한 날짜는 알지 못하고, 현(縣)에 소장된 송(宋)나라 경덕(景德) 3년 병오년 5월 의주(儀注)에는, '떡[餠]·밥[飯]·술[酒]과 흰 거위[白鵝]를 사용하여 제사를 행했다'고 기재되었으나, 지금은 흰 닭[白雞]을 대신 쓰고 돼지는 쓰지 않습니다.

ⓔ 삼성당(三聖堂) 아래 근처에는 인가가 조밀(稠密)하였는데, '제사를 파한 뒤로부터 악병(惡病)이 발생하기 시작하여 인가가 텅 비었습니다. 그러나 닭·돼지를 도살하여 신령이 싫어하였다는 말은 듣지 못하였습니다' 하니, 예조(禮曹)에서 이것을 근거하여 아뢰기를, '백성이 모두 삼성당(三聖堂)을 평양부(平壤府)에 옮기고 치제(致祭)하지 않자 그 뒤로부터 악병이 일어났다고 하니, 이는 비록 괴탄(怪誕) 무계(無稽)한 말이나, 그러나 옛 기록에, '단군(檀君)이 아사달산(阿斯達山)에 들어가 화하여 신이 되었다' 하였고, 지금 본도 문화현(文化縣) 구월산(九月山)에 그 묘당(廟堂)이 있으며, 또 전에는 향(香)을 내려 치제하였으니, '청컨대 백성의 원하는 바에 따라 평양의 단군묘(檀君廟)의 예(例)에 의하여 해마다 봄가을로 향(香)과 축문(祝文)을 내려 제사를 행하소서' 하니, 그대로 따랐다.

④ 이 땅에 지금까지 남아 있는 전통신앙의 흔적들

㉠ 절에는 산신각

전국의 어느 절이나를 막론하고 한결같이 뒤쪽의 높은 위치에 조그만 '산신각(山神閣)'이 있다. 안에는 백발에 흰 수염을 한 노인이 커다란 지팡이를 들고 호랑이와 같이 있는 그림이 있다. 이를 우리는 산신령이라고 믿고 있다. 부처에게 안방을 뺏기고 뒤편에 겨우 자리를 잡아 명맥을 유지하고는 있으며, 그 의미가 완전히 왜곡된 채로 지금까지 내려오고 있다. 우리의 산, 즉 삼신산, 불함산, 곰산, 밝산, 한인산, 한웅산, 단군산 등을 모시던 소도가 절로 바뀌면서 민중들의 반발을 무마하고 끌어들이기 위하여 수용한 것이다. 山神(산신)이 절대로 아니다.

ⓛ 고을이나 곳곳에는 당집

시골의 고을에는 소규모의 면적을 차지하는 당집이라는 시설이 있었다. 지역에 따라 산신당(山神堂)·용신당(龍神堂)·서낭당·부군당(府君堂)·본향당(本鄕堂)으로 불리며, 어떤 곳에는 당집이 있고, 어떤 곳은 돌담으로 이루어진 것이 있다. 흔히들 당골이라는 데가 이를 말하며, 주로 무당(巫堂)이 관리하였다. 무당은 무인(巫人), 무격(巫覡)이라고도 하며, 지방에 따라서 명칭이 다르다. 무당은 제의, 즉 종교의례인 굿을 주관하고 예언이나 길흉화복을 점치는 역할을 하였다.

<산신당: 충북 단양군 대강면 용부원리>

특히 여자 무당을 호남지방에서는 '당골'이나 '당골네'라고 하는데, 일찍이 최남선 선생께서는 천신을 의미하는 '텡그리(Tengri)'가 단군, 당굴, 당골로 변화되었다고 하였다. 그렇다면 경기지방에서 남자무당을 '박수무당'이라고 하는데 이 어원은 무엇일까? '박수'는 '밝수'가 원형이다. '백산'이나 '밝산'이 나중에는 '밝수'로 변했다고 본다. 단군조선이 시작되기 이전부터 오랜 세월 동안 있어 온 신앙의 상징이자 구체적인 종교시설의 이름으로 정착되고, 그곳을 주관하는 사제가 바로 '밝수무당'이다.

지역 구분	전통	무당의 명칭
한강이북, 강원 영서	강신무	서울·경기: 기자(祈子), 만신(萬神), 박수(남)
한강이남, 강원 영동	세습무	호남: 당골, 당골네(여) 영남: 무당, 무당각시 제주: 심방

　지금까지 한강 이남과 강원 영동지방에서는 무당이 세습하고, 한수이북과 강원 영서지방에서는 강신무의 전통을 이어왔다고 한다. 아마도 강신무의 전통을 이어온 한수 이북지역의 남자무당을 박수라고 하는 것은 그 지역은 밝산의 후예들이고, 호남지방을 중심한 남부지역과 일본은 곰(웅녀)족, 즉 곰수의 전통을 이어받은 것 같다. 이는 옛날의 제정일치시대까지 거슬러 올라가면 웅족의 웅녀가 제천의식 등의 신앙과 세속적인 권력도 함께 가지고 대대로 세습하였던 유습이 아닌가 한다.
　지금은 당집이 거의 사라지고 없다. 해안지방에서 풍어와 어부들의 안녕을 빌기 위해서 극소수가 남아 있어 풍어제(豊漁祭)를 지내고 있다. 옛날에는 어부들이 배를 타고 나가서 파도에 배가 뒤집혀 몰살하는 경우가 흔했다. 이러한 가혹한 현실에 위안을 주는 것이 당산이었다.

섬지방에서는 남근석을 만들어 여신당에 둠으로써 풍어를 기원하는 생산기원적 의미도 지닌다. 가령 동해안의 삼척 해랑당에는 남근석을 여러 개 깎아서 당목에 걸어두어 마을에 제를 지냄으로써 마을의 풍어를 기원하고 안전을 도모한다. 문헌상으로 가장 오래된 남근숭배는 경기지역을 중심으로 널리 유포되었던 부근당(府根堂)이다. 정조시대의 실학자인 이규경(1788~?)은 <오주연문장전산고(五州衍文長箋散稿)>에서 '접하는 네 벽마다 많은 나무로 만든 음경(陰莖)을 걸어놓으니 음탕하기 이를 데 없다'고 하여 당집에 남자성기를 상징하는 목각물을 걸어두었음을 알려준다. 그리고 지금도 강릉이나 서남해안에 있는 몇몇 당집에는 남근을 모시는 곳이 있다. 원형에 가장 가까운 사례이다.

그리고 박수무당과 어원이 같은 말에 '벅수'가 있다. 사전에서는 장승을 달리 이르는 말이라고 하는데 이는 남근이 사람의 형상으로 변해가는 과정을 말하고 있다. 또 다른 용어는 '백수'가 있다. 백수건달(白手乾達)이라고 하는데, 사전에서는 '돈 한 푼 없이 빈둥거리며 놀고먹는 건달'이라고 되어 있다. 힌두교와 불교 신화에 등장하는 정령 '간다르바'를 한자로 번역한 용어가 '건달바(乾闥婆)'이며 이를 줄인 말이 건달이다. 인도 전통음악에서는 실력이 좋은 가수를 뜻한다. 불교가 이 땅에 들어오고 민중들이 전통의 신앙을 버렸다. 할 일이 없어진 박수는 빈둥거릴 수밖에 없었고 이를 비웃어 생긴 신조어가 '백수(박수) 건달'이다. 단군을 모시는 박수가 이러한 대접을 받게 된 것이다. 지금의 무당은 물론 많은 종교가 아름답게 보이고 인간의 오감을 자극하여 감정을 순화시키기 위하여 음악을 사용한다. 당연히 박수는 기예에 능하였다.

ⓒ 마을에는 당산

그리고 마을마다에는 제일 간단한 '당산(堂山)'이 있었다. 주로 호남과 영남 지방에서 많이 쓰이는 명칭이며, 당집이 있는 경우에는 건물 안에 산신 이외에 입향조(入鄕祖)나 영웅신인 수호신의 그림이나 방울, 서낭대, 신기(神旗) 등을 걸어놓기도 한다고 사전에서는 풀이하고 있다. 그리고 당산과 가까운 산에는 서낭당이 있어서 둘이 하나의 조를 이룬다. 이와는 별도로 산을 넘는 고갯마루에는 어김없이 서낭당이 있었으며 단산과 같은 구조를 하고 있다. 사람들이 여기를 지날 때에는 반드시 조그마한 돌이라도 던지고 침을 뱉으며 안녕을 빌고 지나갔다.

당산은 고대에 단군왕검(檀君王儉)이 도입한 외래어이며, 순수한 우리말이다. 원래의 뜻은 단군의 상징, 즉 'Tengri산'을 모신 곳이다. 다시 말하자면 단군의 남근을 모신 장소이다. 구체적인 모습은, 마을 사람들이 바깥출입을 할 때에 항상 볼 수 있는 마을 어귀의 길옆에 자그마한 숲이 있어 크고 오래된 고목나무가 들어차 있다. 이곳에 제법 큰 돌로 둥그렇게 쌓아올려 사람의 키를 훨씬 넘는 높이가 되는 돌무더기가 있다. 위로 올라갈수록 점점 좁아지고, 맨 꼭대기에는 어디서 구해왔는지 모르는 둥그스름하고 길쭉한 자연석을 박아서 세워놓았다. 맨 위의 자연석이 바로 남근석을 의미한다. 당연히 밑의 돌무더기는 여음을 의미한다.

당산에 있는 나무나 물건들은 함부로 훼손하지 못한다. 만약에 그런 행동을 하면 천벌을 받기 때문이다. 당연히 여기에 있는 나무를 당산나무라고 하며, 손을 타지 않아서 그 모양새가 아주 자연스럽고 큰 고목으로 자란다. 따라서 당산은 조그만 공원이 되어 마을 출입을 하는 사람들의 휴식처가 되어준다.

　당산은 질병과 재앙이 동네에 들어오지 못하도록 막아주어 마을의 안녕을 지켜준다. 그리고 마을의 농사가 풍요롭게 잘되도록 해주고 특히 아이를 갖지 못하는 여인네들에게 아이를 점지해준다. 당산이나 당집에 찾아와서 아들 낳기를 바라는 치성을 드리는 것은 유교 사회와도 궁합이 맞았다. 이 땅의 많은 아낙네들이 당산을 찾아가서 정성으로 절하고 두 손을 비비며 아이를 점지해달라고 간절히 빌었다. 단군왕검 시대부터 4300년이 흘렀다. 30년을 한 세대로 치면

<마을입구의 당산: 경남 합천군 쌍백면 삼리>

143대가 바뀐 셈이다. 그중에서 적어도 한 대 이상은 어머니가 떡두꺼비 같은 아들을 낳게 해달라고 당산에 빌었을 것이다. 현재 이 땅에 살고 있는 우리는 모두가 당산에서 빌어서 낳은 후손이다.

　㉣ 묘지에 세우는 망두석

　다산의 상징은 또 있다. 전국 어디를 가릴 것 없이 가까운 산에라도 올라가면 누구 집안 것인지는 모르지만 양지바른 언덕배기에 조상의 묘를 잘 만들어놓은 것을 흔히 볼 수 있다. 묘지의 봉분 앞에는 큼지막한 상석이 놓여 있고, 조금 앞쪽에 양옆으로 거리를 두고 사내의 키 높이는 됨직한 돌기둥을 박아놓았다. 보기 좋으라고 그랬을까? 아니다. 조상님 음덕으로 많은 자식을 낳아 후손이 대대로 번창하게 해달라고 남근을 만들어 대지의 여신에 꽂아 놓은 것이다. 모양은 끝이 뭉툭한 것 같으면서도 아래로는 조금 잘록하게 다듬고 또 꽃잎처럼 벌어지면서 약간 도드라지게 무늬를 넣었다. 소박하면서도 상징으로서는 그만이다. 이를 몽두, 망두 또는 망두석(望頭石), 망주석(望柱石)이라고 하는데 순수한 우리말이라고 본다.

　몽두→몽두＋이→몽두이→몽둥이

　'몽두'는 바로 남자의 심벌을 지칭하는 말이다. 지금도 상스러운 말로 사용하고 있다. 즉, 사내아이를 많이 낳게 해달라는 소원을 조상신에게 비는 상징물이라고 본다.

ⓜ 집안에는 사당, 왕조(국가)는 종묘와 사직

사당(祠堂)은 조상의 신주(神主)를 모시고 제사를 지내는 건물을 말한다. 가묘(家廟)라고도 한다. 『주자가례』에 근거하지만 어디까지나 조상숭배의 한 형태이므로 고대의 우리나라의 전통이이라고 하겠다. 고려시대에는 불교가 성행하여 사당을 별도로 짓는 제도가 없었으나 성리학을 국가의 통치이념으로 삼은 조선시대에 들어와서는 국가에서 강제하였다. 양반(兩班)으로 불리는 사대부가 사당을 설치하지 않으면 문책을 당하기도 하였다. 그러나 쉽게 뿌리내리지를 못하고 조선이 건국된 지 200여 년이 지난 선조 이후부터는 사대부 양반층에 일반화되었고 양민(良民)들도 이에 따랐지만, 대부분의 양민은 집안이 가난하여 사당을 마련할 형편이 되지 못하였다. 그런 경우에는 대청의 모퉁이나 집안의 적당한 곳에 사당 벽장(祠堂壁欌)을 만들어서 조상의 신주를 모시기도 하였다. 소위 말하는 뼈대 있는 가문에서는 집을 지으려면 반드시 먼저 사당을 세워야 했다. 사당에는 삼년상을 마친 신주(神主: 위패)를 모신다. 사당 안에는 신주를 모실 감실(龕室)을 4개 설치하여 4대조를 봉안하는데, 제사는 가문의 벼슬높이에 따라서 4대 봉사, 3대 봉사, 2대 봉사를 한다. 그 이상의 윗 조상은 신주를 없애고 더 이상 제사를 지내지 않고 시제(時祭)를 올린다.

<종묘>

사당 중에서 특히 왕실의 사당을 종묘라고 한다. 왕조가 바뀌면 구왕조의 종묘는 헐어버리고 새 왕조의 종묘를 건설

한다. 그러니까 종묘는 항상 현재의 왕조 집안의 사당인 셈이다.

종묘제례는 종묘대제(宗廟大祭)라고도 하였다. 왕조 시대에서 왕실의 조상을 추모하는 제례가 국가의 중대행사로서, 모든 제례 가운데 가장 격식이 높은 의식이었다.

왕조에서 종묘와 쌍벽을 이루는 것이 사직단(社稷壇)이다. 종묘가 왕의 조상을 모시는 사당인 반면에 사직단(社稷壇)은 토지를 주관하는 신인 사(社)와 오곡(五穀)을 주관하는 신인 직(稷)에게 제사를 지내는 제단이다. 도성(都城)을 건설할 때 궁궐 왼쪽에는 종묘를, 오른쪽에는 사직단을 배치하였다.

(4) 남근숭배신앙의 의미와 전파

영어로 남근숭배를 Lingam이라고 하는데 이는 어원은 인도말이다. 남근이 Linga이며, 여기에 gam(감)이란 접미사가 붙어 만들어진 말이다. 이 접미사가 신을 의미하는 우리말인 감(검: 가미)에서 파생된 말로 보인다.

남근숭배나 성기숭배는 단순히 성기 자체를 숭배하는 것이 아니다. 그것이 상징하는 원초적인 생식원리를 숭배하고 다산을 기원하며, 상반되거나 이질적인 둘을 하나로 융합시켜 새로운 것을 창조하는 융합에너지, 다시 말하면 이질적인 두 종류의 문화를 원래의 혼돈상태로 되돌려 놓음으로써 창조적인 에너지가 홍수처럼 방출한다고 믿는 것이다.

선사시대의 동굴벽화에서 성기숭배의 기원은 유럽 후기 구석기문명(3만 5천~1만 년 전)인 오리나시안 문화(Aurignacian culture)까지 거슬러 올라간다. 우리가 익히 알고 있는 크로마뇽인이 만든 문화이다. 그때 이미 성기는 의례적인 의미를 가지고 있었다고 한다. 성기숭배는 여러 형태로 나타나지만 일반적으로 성기모양의 자연지형, 자연암석을 숭배하거나, 암벽 등에 성교장면을 조각하여 풍요의 상징으로 숭배하는 것, 뾰족한 형태나 길고 높이 솟아 있는 모양의 돌, 토기 등으로 남자의 성기모양을 만들어 숭배하는 것 등이 있다. 성기숭배의 목적은 개인적으로 자식을 낳기를 바라거나 자손의 발복에 두고 있으며, 공동체는 풍농, 풍어, 집단의 평화 등이 있다. 결국 남근숭배는 생산의 신, 운수의 신으로 믿고 받드는 원시 신앙의 한 형태이다.

그러면 남근숭배신앙이 우리 민족에게만 있었던 것일까?

인도의 힌두교에서는 남성의 링가는 창조적 에너지의 상징하며 또한 시바신을 상징하기도 한다고 한다. 그리고 네팔과 인도네시아, 베트남 등에도 널리 퍼져 있다고 하며, 중국 소수민족인 나시족들이 신봉하는 동파교 성지인 옥수채에는 사원의 한가운데에 남근형태의 거대한 돌탑을 만들어 숭배하고 있다. 대만에서는 원주민 구족(九族) 문화촌에 있는 남근석은 아직도 신앙의 대상으로 존재하고 있다고 한다.

<베트남 람동지방 캇티엔 성소의
링가-요니>

<인도 바라나시에서 여인이 링감에 꽃을
바치고 있다>

<인도 타밀나투지방의 마두라이 스리 미낙시
사원에 있는 시바 링감>

<대만 원주민 구족(九族)문화촌의 남근석>

지배자의 호칭에 숨어
있는 우리말의 비밀

1) 왕검(王儉)이라는 말의 비밀

우리의 고대사에 나오는 지배자의 호칭은 한인(桓因)과 한웅(桓雄), 그리고 단군왕검(檀君王儉)이다. 기존의 정사서인『삼국사기』와『삼국유사』는 물론『한단고기(桓檀古記)』에서도 이러한 명칭이 어떤 의미를 내포하고 있는지를 설명하는 보다 구체적인 근거가 없다. 아마도 당시를 살았던 사람들이나 후세에 이를 기록하고 간직한 사람들은 당연한 것이니까 굳이 부연하여 설명을 할 필요가 없었을 것이다. 그러나 세월이 지나면서 점점 잊혀가서 결국에는 수수께끼 같은 말이 되어버렸다. 지금부터 새로운 것을 발굴하는 자세로 하나하나 밝혀보자.

이미 언급을 한 적이 있는 기록으로서 단군이 조선을 건국하기 전의 행적에 '사와라 한웅 초에 밝따(밝은 땅)를 다스리는 군(君)의 지위에 있는 웅녀(熊女)가 있었는데 세월이 흘러 그의 후손 黎(여)가 제후의 지위인 왕검(王儉)으로 봉함을 받았다. …… 그로부터 460년이 흘러 신인 왕검(神人王儉)이란 자가 있었는데 백성의 신망을 얻어 비왕(裨王)으로 승진하여 24년이 되었을 때에 웅씨(熊氏) 왕이 전쟁에 나가 붕어함에 따라 왕위를 물려받고 9한을 통일하였다. 그를

단군왕검(檀君王儉)이라 한다(斯瓦羅桓雄之初 熊女君之後曰黎 始得
封於檀墟爲王儉 …… 後四百六十年 有神人王儉者 大得民望陞爲裨王
居攝二十四年 熊氏王崩於戰 王儉遂代其位 統九桓爲一 是爲檀君王儉
也)'는 기록이 나온다.

이러한 번역은 우리가 단(檀)은 '밝짜(밝은 땅)' 또는 '박달'이고
단허(檀墟)는 '밝은 땅 터'로서 중첩어라는 것도 알고 있어서이다.

때는 배달국 제13대 사와라 한웅이 다스리던 시기(B.C. 2774~
B.C. 2708)이므로 사실은 단군이 조선을 건국한 시기보다 400여 년
전의 일이다.

<조선의 직위체계>

조선	제후국(諸侯國)	지방
단군왕검	왕검	군(검)

여기서 우리는 조선이라는 나라의 조직체계를 알 수가 있다. 국가
의 하부 단위의 지방을 다스리는 사람이 군(君)이며 그 위의 상부 지
방조직은 왕검(王儉)이며, 조선의 제왕은 바로 단군왕검(檀君王儉)이
다. 우리는 단군왕검을 줄여서 단군(檀君)으로 호칭하고 있다.

왕검(王儉)이 무슨 뜻인지를 알게 해준 사람은 조선조 연산군과
중종 때의 학자인 이맥(李陌)이다. 그가 저술한 <태백일사 삼한관경
본기>에 '뒤에 웅녀 군(君)이 천왕의 신임을 얻어 세습하여 비서갑
의 왕검(王儉)이 되었다. 왕검(王儉)이란 속된 말로 대감(大監)이다(後
熊女君 爲天王所信 世襲爲斐西岬之王儉 王儉俗言 大監也……)'라는
구절이 있다.

우선 위의 기사에서 '왕검이란 속된 말로 대감이라 한다(王儉俗言大監也)'라는 구절에 중요한 단서가 있다. 이맥(李陌)이 <태백일사>를 저술할 당시에 쓰이고 있던 대감이라는 말이 바로 왕검의 변화된 말이라는 것이다. 이 대감(大監)이라는 호칭이 신라시대에는 장군을 보좌하던 무관(武官)의 이름으로, 고려 때에는 정1품 이상 관리에 대한 존칭으로 꾸준히 사용되어 왔으며, 조선시대에는 정2품 이상의 벼슬아치의 명칭 뒤에 붙여서 높여 부르던 말이 되었다. 그리고 우리 고유의 전통신앙에서 집이나 터, 나무, 돌 따위에 붙어 있는 신이나 그 밖의 여러 신을 높여 이르는 말로서, 성주대감, 직성대감, 터줏대감 등의 토속신을 이르는 말이 되었다.

그리고 <삼신오제본기>에서는 생산작업(生産作業)의 신(神)인 업주가리(業主嘉利)를 '집터에서 빌 때에는 토주대감(土主大監)이라 하고, 집에서 빌 때에는 성조대군(成造大君)이라 하니 이는 해마다 좋은 복을 이루어주는 신(神)이다(發願岱土曰土主大監 發願家宅曰成造大君 亦歲成嘉福之神也)'고 하였다. 우리는 여기서 대감(大監)이라는 말과 대군(大君)이라는 말이 같다는 것을 알 수가 있다.

즉, 왕검(王儉)=대감(大監)=대군(大君)의 등식이 성립된다고 말하는 것이다.

그리고 <신시본기>에서는 '단군(檀君)은 또한 천군(天君)이라 하니 제사(祭祀)를 주재하는 우두머리이다. 왕검(王儉)은 또한 바로 감군(監群)이며 관경(管境)의 우두머리이다'라고 하였다. 무슨 말인가? '단군'은 하늘에 제사하는 등 종교적인 우두머리 역할을 하는 천군(天君)이고, '왕검(王儉)'은 세속적인 정치권력을 행사하는 역할은 하는 '감군(監群)'이라는 뜻이다.

이제는 단군(檀君)＝천군(天君: 제사장) 이라는 등식이 성립하며, 왕검(王儉)＝대감(大監)＝대군(大君)＝감군(監群＝통치자)이라는 등식이 나온다. 이렇게 정리해보면 하나의 공통점을 찾을 수가 있다.

첫째, 뒤 자의 검(儉)과 감(監)과 군(君)이 같은 말이라는 것이며, 그 뜻은 역할을 의미한다. 옛날에 우두머리가 하는 역할이 무엇인가? 바로 다스리는 역할이다. 옛날로 올라가면 제정일치시대에 군장은 종교와 세습권력을 가졌다는 것을 우리는 알고 있다. 이 시대에 우리 민족은 곰을 토템신앙으로 숭배하였다는 것도 알고 있다. 단군신화가 곰 이야기로 시작되지 않는가? 그렇다면 이들 글자는 곰 토템과 연관이 있지나 않을까? 그래도 특별한 아이디어가 떠오르지 않는다. 이럴 때에는 일본말을 동원해야 풀린다. 왜냐하면 우리말과 가장 가까운 말이니까 분명이 해답이 있을 것이다.

일본말로 신(神)을 'かみ(가미)'라고 한다. 그리고 군(君)은 'きみ(기미)'라고 한다. 이 말들은 어디서 왔을까? 토템신앙의 숭배 대상인 곰에서 왔다. 일본말로 곰을 'くま(구마)'라고 한다. 우리말과 같은 어원이다. 당시에는 곰이 신이었으니까 곰에서 파생된 말이 'かみ(가미)와 きみ(기미)'인 것이다. 그렇다면 우리말도 한 번 검토해보자. 곰을 옛날의 표기를 이용하여 'ᄀᆞᆷ'이라고 하면 답이 쉽게 나온다. 이 말이 원형이라고 본다. 동물은 곰이 되고 신은 '감＝검'이 되고 세속적인 권력을 행사하는 사람은 '군(감＝검)'이 되는 것이다. 이러한 말의 분화를 표로 정리하였다.

<곰의 언어 분화와 발음>

원시시대	곰 · くま구마(동물)		
제정일치시대(1단계)	곰 · くま(동물)	검 · かみ(가미)=신(神)이자 지배자	
제정분리시대(2단계)	곰 · くま(동물)	검(儉) · かみ(가미)=신(神)	군 · きみ(기미)(君)=지배자

그렇다면 신을 뜻하는 순수한 우리말은 '검'이다. 한자 儉(검)은 음차라는 것을 알 수가 있다. '왕검(王儉)'에서 검은 제정일치시대에는 신(神)과 세속적인 지배자를 겸하는 사람이라는 것을 알 수가 있다.

'검(儉)'이 신(神)을 뜻하는 것은 아직 우리말에 그 흔적이 남아 있다. 전통적인 풍습으로 아이를 낳았을 때나 봄에 장(醬)을 담글 때, 잡병을 쫓고자 할 때, 당산이나 소도 등의 신성한 영역을 표시하고자 할 때에, 또는 부정한 것이 침범하거나 접근하는 것을 막기 위하여 사용하는 새끼줄이 있다. 이 새끼줄은 반드시 왼손으로 꼬아야 한다. 이 새끼줄을 '금줄(禁줄)'이라고 하는데, 부정한 것, 즉 잡귀나 질병을 방지하는 목적이니까 '禁(금)' 자인 줄로 오인하는데 이것이 바로 신(神)이라는 한자의 원래 우리말 발음 '검(儉)'을 의미한다. 검줄(儉줄)이 맞다. 바로 신줄(神줄)이다. 이 검줄이 쳐진 곳은 사람이 함부로 드나들지 못한다. 부정 탄다고 하는데 요즈음은 인지가 발전하여 사람이 많은 질병을 매개한다는 것을 우리 조상들은 까마득한 옛날부터 이미 알고 있었다는 증거이다. 지금은 경찰이 범죄현장을 보전하기 위하여 Police Line을 치고, 질병이 발생하면 방역 당국이 Sanitary Cordon(방역선)을 설치한다. 금줄을 방역선으로도 사용하였던 것이다.

다른 예로서는, 옛날에는 신분이 높은 양반 사대부의 집안에는 조상의 신주를 모시는 사당(祠堂)이 있었다. 지금도 역사에 이름을 남긴 훌륭한 사람들의 후손들은 뼈대가 있는 집안답게 아직도 사당을 유지 관리하고 있다. 사당에서 조상에게 제사를 지낼 때에는 사당 안팎을 깨끗이 하고 앞길에는 붉은 황토를 까는데 그 황토를 '검토(儉土)'라고 한다. 바로 신토(神土)인 것이다.

둘째, 왕검(王儉)=대감(大監)=대군(大君)의 등식이 어떻게 성립하느냐 하는 것이다. 이 말은 정말로 일본말이 아니면 이해할 수가 없다.

<'크다'는 일본말의 분화>

당초	おお(오-)=큰 것(大)	
분화	おお(오-)=큰 것(大)	おう(오우)=권력자(王・皇)

일본어에서 사물이 '크다'는 말은 'おお(오-)'이다. 그리고 왕(王)이나 황(皇)은 'おう(오우)'로 읽는다. 권력이 있는 사람을 중국에서도 대인(大人)이라고 하는 것은 키나 몸무게가 커서가 아니다.

이제 왜 왕검(王儉)이 대감(大監)과 같은 말인지를 알 수가 있다. 일본어로 읽으면 다같이 '오우검(おう儉)이나 오오감(おお監)이 되니까 같은 말이다. 이는 우리의 고대사회가 일본과 한국이 같은 민족은 아니더라도 형제나 4촌과 같이 가까운 종족에서 출발하였으며, 공동으로 배달국이나 조선을 경영하였다는 것을 알 수가 있다.

그리고 왕검(王儉)이나 대감(大監)을 현대적으로 해석하면 큰 신, 즉 대신(大神)이며 대족장(大族長), 즉 대군(大君)이다.

일본은 천황(天皇)을 'てんのう(텐노우)'라고 발음한다. 원래는 '텐오우'이지만 그렇게 발음한다. 그러나 처음부터 그렇게 부른 것이 아니고 제1대부터 39대 고분(弘文: 648~672)왕 까지는 '대군(大君, おおきみ: 오ー기미)'이라고 하였다. 그러다가 제40대 텐무(天武: 673~686)왕부터 천황(天皇)이라는 호칭을 사용하였다. 대군(大君)이 바로 왕검(王儉)이므로 왜(倭)는 조선(朝鮮)의 제후국(諸侯國)임을 천명한 것이다.

그러면 감군(監群)의 어원은 무엇일까? 왕검(王儉)이나 대감(大監)과 같은 말이다. 단지 제정일치시대에서 신앙과 정치가 분화되어 군장의 역할을 강조하여 무리를 보살펴 다잡는다는 뜻의 '감군(監群)'으로 변하였다고 본다.

그리고 세월이 흘러 '군(君)'이라는 호칭이 우리나라에서는 왕(王)의 적자를 대군(大君)이라 하고 서자를 군(君)이라 하는 등 지배자의 가족 내의 위계명칭에 쓰이게 되었다.

2) 단군(檀君)의 어원과 변화된 말들

앞에서 우리는 단군왕검(檀君王儉)에서 왕검(王儉)의 어원을 알았다. 그러면 단군(檀君)은 어원은 무엇일까? 『삼국유사』에서 단군이 내려온 태백산(太白山) 밑 신단수(神檀樹)에서의 '단(檀)'과 같은 의미를 가지고 있을까? 우선 중국의 사서를 한 번 보기로 하자.

북쪽의 유목민족인 흉노의 지배자를 나타내는 말이 중국 사서에 기록되어 있다. 『한서』<흉노전>에 "선우(單于)의 성(姓)은 련제(攣鞮)씨이다. 그 나라에서는 '탱리 고도 선우'라고 부르는데, 흉노어로 하늘을 '탱리', 아들을 '고도'라 부른다. '선우(單于: Chányú, Shanyu)'

는 '광대한 모양'을 나타낸다. 그 말은 하늘의 광대한 형상을 나타낸 것이므로 왕(王)을 선우라고 부른 것이다(單于姓攣鞮氏, 其國稱之曰「撐犁孤塗 單于」匈奴謂天爲「撐犁」謂子爲「孤塗」單于者 廣大之貌也 言其象天 單于然也)"라는 구절이 있다. 이는 흉노가 강성하던 진나라, 한나라 시대 이래로 중국인들이 자신들의 군주를 천자(天子), 즉 하늘의 아들이라고 불렀던 것과 같은 맥락에서 설명하고 있다. 그리고 지배자의 이름 뒤에 붙여서 '○○ 單于'라고 표현하고 있다.

다른 사료를 보면 여기서 말하는 선우는 이름이 호한야(呼韓邪)이다. 따라서 '탱리 고도(撐犁孤塗)'나 '선우(單于)'는 이름이 아닌 것으로 판명된다. 아마도 추측하건대, 선우(單于)는 단간(單干)의 오기가 아닌가 의심된다고 주장하는 사람이 있다. 맞는다고 본다. 그리고 이러한 명칭은 오환(烏桓)족과 선비(鮮卑)족이 왕의 명칭으로 단기적으로 사용한 적이 있었다고 한다.

그렇다면 흉노의 왕은 '탱리고도 단간 련제호한야'가 되는데 이를 풀어보면 '하느님의 아들 단군 련제호한야'가 된다.

그리고 몇몇 학자들은 '탱리'를 하늘을 뜻하는 투르크어의 Tengri(텡그리)에서 온 말이라 하며, 시베리아 바이칼 호 부근의 브리야트인들은 지금도 하늘을 '텡그리'라 한단다.

이러한 사항들을 고려하여 단군의 어원을 한 번 찾아보자.

첫째, 텡그리(Tengri)라는 가정이다. 그렇다면 우리의 전통신앙에 비추어 뜻은 무리가 없으나 단군(檀君)에서 뒤의 '군(君)' 자의 발음과는 사뭇 다르다는 문제가 있다.

두 번째는, 선우(單于)를 단간(單干)으로 보면, 단군도 '단간'이 된다. 일본어에서 神을 발음할 때에 かみ(가미)라고 발음하지만 축약해

125

서 かん(간)으로 읽는 경우도 있다. 예를 들면, 10월을 일컬어 신무월(神無月)이라 하고 かんなづき(간나쯔키)라고 발음하는데 원래 발음은 かみなづき・かみなしづき(가미나쯔키・가미나시쯔키)이다. 따라서 단군(檀君), 즉 '단간(單干)'은 Tengri 간(神), 즉 천신(天神)의 뜻이 된다. 신(神)과 군(君)이 한 뿌리에서 나온 말이니까 같다고 보아도 무방하다.

셋째는, Tengri 군(君)이다. 종교적인 기능을 하는 간(神신)보다는 세속적인 통치자로서의 역할을 하는 군(君)이 더 타당하다고 본다. 이는 원래 우리 선조들이 발음하는 것과 일치한다. 필자는 세 번째 가정을 택하고 싶다. Tengri를 '단'이라는 한 음으로 발음하는 것은 옛날에 마을마다 있었던 당산(堂山)이 바로 'Tengri 산'이라는 것과 같다.

그러나 이것은 어디까지나 말의 어원을 따져 들어가서 그 원래의 의미를 이야기하는 것이고 나중에 굳어진 언어에서는 발음 그대로 '단군왕검'일 뿐이다. 우리가 지금까지 그 의미를 모를 때와 같이 오랜 옛날에 우리 조상들을 다스리던 훌륭한 분, 즉 신인(神人)이 있어서 그를 '단군왕검'이라고 불렀고 그의 뒤를 이은 46명의 후계자는 물론 북부여까지도 6명이 '단군'이라는 말을 제왕을 이르는 고유명사로 사용하였던 것이다. 비근한 예는, 로마제국의 줄리어스 시저(Gaius Julius Caesar: B.C. 100~B.C. 44)는 로마제국의 공화정치를 끝내고 종신독재관(dictator perpetua)이 된 사람이다. 사망한 그해 2월에 즉위하여 3월 15일에 암살당하여 재위기간은 2개월이 채 되지 않는다. 한 사람이 제국을 통치하는 절대권력을 가지는 사실상의 황제(Imperator)가 된 것이다. 그의 이름이 오스트리아 제국과 독일제국에서 황제를 뜻하는 '카이저(Kaiser)', 러시아로 들어가서는 '차르(царь)'의 어원이 되었다. 단군왕검에서 단군이 그의 고유한 이름은 아니지만 그가 처음으로 사용한 용어가 제왕을 이르는 호칭이 된 것은 시저(Caesar)와 같은 것이다.

더 나아가서 Tengri(텡그리)와 우리의 '檀君(단군)'에서 중국의 '天(tiān: 티엔)' 자가 유래되었다고 본다. 왜냐하면 우리 역사에서 '단군왕검'이 이미 4,300년 전부터 사용해왔기 때문이기도 하지만 북방의 모태어가 텡그리이기 때문이다. 그러나 우리나라는 이 계통과는 다르게 어디까지나 '하늘'이다. 아마도 시대적인 흐름을 볼 때 Tengri(텡그리) 군→단그리 군→단근→단군(檀君)・단간(單于)・단칸・단한'의 순서를 밟았을 것으로 본다.

하늘, 곧 천상의 신령(神靈: 하느님)을 뜻하는 텡그리가 이렇게 갈래를 쳐서 동북방의 단군조선과 그 구성원이었던 흉노에게, 또다시 중국에 전파되어 사용되었지만 중요한 차이점이 하나 있다. 그것은 흉노는 하늘(탱리)과 하늘의 아들(고도)을 동시에 사용하였고 중국은 하늘의 아들(천자)을 사용하였다는 것은 서화족은 감히 '하늘'을 호칭으로 사용할 수 없어서 그보다 한 단계 격이 낮은 '천자(天子: 하늘님의 아들)'라는 호칭을 사용하게 되었다고 본다. 그러나 이 천자(天子)라는 말도 우리의 말이다. 후한시대의 채옹(蔡邕: 132~192)이 쓴 『독단(獨斷)』에 '천자라는 말은 원래 동이와 북방 종족이 쓰는 말이다. 하늘을 아버지처럼, 땅을 어머니처럼 여기기 때문에 천자라는 말을 쓴다(天子 夷狄之所稱 父天母地 故稱天子)'라는 구절이 있다. 그렇다면 천자(天子)는 천지자(天地子)의 줄임말이다. 이는 우리 민족이 일신(一神)과 삼신(三神)을 신앙하였다는 반증이기도 하다.

3) 우리의 대군(大君)이라는 말은 황(皇) 자보다 먼저 만들어진 말이다

　물이 높은 데서 낮은 데로 흐르듯이 문화는 앞선 사회에서 미개한 사회로 흐른다. 우리 선조들의 사상이나 문자가 중국보다 앞서는 사례를 한 번 보도록 하자. 중국 최초의 한자사전인 『설문해자(說問解字)』에 '皇(황)'이라는 글자에 대한 설명이다.

　皇(황)
　'크다. 스스로 왕(王)을 좇는 자는 스스로 시작된다. 처음 왕(王)이 된 자는 3황(三皇)이다. 대군(大君)이다. 천하에 처음 시작된 왕을 대군(大君)이라 한다. 고로 부르기를 황이라 한다. …… 황(皇)은 본래 대군(大君)인 연유로 무릇 가장 큰 계급을 황(皇)이라 이른다. …… (大也 从自王 自始也 始王者 三皇 大君也 始王天下 是大君也 故號之曰皇 因以爲凡大之稱 此說字形會意之恒 幷字意訓大之所由來也 皇本大君因之凡大皆曰皇 假借之法準此矣).'[13]

　'황(皇)' 자에 대한 설명을 하면서 '대군(大君)'이 왜 나오는가? 이는 황(皇)이라는 글자가 생기기 이전에 이미 대군(大君)이라는 말이 보편적으로 사용되고 있었다는 말이다. 필자가 아는 것이 부족해서인지는 모르지만 중국에는 이런 용어가 처음부터 없는 것으로 알고 있다. 우리는 앞에서 대군(大君)이 곧 왕검(王儉)이나 대감(大監)이라

---

13) 从 자는 從(좇을 종) 자의 간체자(簡體字)이다.

는 것을 알았다. 따라서 황제(皇帝)는 우리의 왕검(王儉)과 동격이다. 무슨 의미인가? 황제(皇帝)가 단군왕검(檀君王儉)보다 아래의 신분이라는 것이다. 중국의 사서에는 이렇게 우리의 역사와 문화가 곳곳에 스며 있다.

4) 신라와 가야 왕들의 호칭

『삼국유사』에서 신라의 초대 임금은 혁거세왕(赫居世王) 혹은 불구내왕(弗矩內王)이라 하였다. 불구내(弗矩內)가 무슨 말인가? 이두로 읽으면 '불군해', 즉 '붉은 해'이다.

'붉은 해→불근 해→불군 해→불구내'로 변한 말이며 경상도 사투리이다. 그리고 혁거세(赫居世)는 '붉은 쇠'이다. '붉은 쇠→불근 쇄→불거새→불거세→혁거세(赫居世)'이다. 赫(혁) 자는 '붉을 혁'이다. 사람들은 흔히들 돈을 '쎗(쎗)가루'라는 은어를 쓰기도 한다. 쇠가 바로 '세'나 '새'이다. 경상도 중에서도 경주지방 사람들이 특히 '쇠'발음을 잘 하지 못한다. 불구내는 종교적인 의미가 강하고 혁거세는 세속적인 무력집단인 제철집단의 수장을 강조한 말이다.

김알지는 거슬한(居瑟邯) 혹은 거서간(居西干)이라 하였으며, '클한(Khan) 또는 큰 한(Khan)'을 말한다. 그리고 2대의 차차웅(次次雄)은 '한웅(桓雄)에 버금가는 사내'이다. 그리고 3대 노례(弩禮)부터 16대 걸해(乞解)까지는 니사금(尼師今)이라 하였는데 이는 지금의 '임금'의 이름이다. '님금→닛금→니사금(尼師今)'의 변화를 거쳤다. 님금은 무슨 말일까? '님 검(儉)'이다. 님신(神)이라는 뜻이다. 이를 중명이라도 하듯이 인도의 고대 산스크리트어에서 왕(王)을 nimekam (님감)이라고 한다. 단군왕검에서의 마지막 글자인 '검'에 존경어를 앞에 붙인 것이다. 이미 왕검(王儉)이라는 말이 있는데 이보다 한 단계 낮은 계급인 검(儉)을 쓴 것은 신라를 창건한 세력이 낮은 계급의 사람들이라는 것을 말한다. 그리고 17대 나물(奈勿)부터 22대 지정(智訂)까지는 마립간(麻立干)이라 하였는데 '머리 한(韓: Khan)'이라는 뜻이다.

그리고 <가락국기(駕洛國記)>에서는 가야지역에 처음에 수로(首露)왕이 하늘에서 내려오기 전에 아도간(我刀干), 여도간(汝刀干), 피도간(彼刀干), 오도간(五刀干), 유수간(留水干), 유천간(留天干), 신천간(神天干), 오천간(五天干), 신귀간(神鬼干)이라 부르는 9간(九干)이 추장이 다스리고 있었다고 하였다. 여기에서 '간(干)'은 한(韓: Khan)을 말한다. 그리고 '도(刀)'는 터(土土, 허墟)를 이르는 순수한 우리말이다. '돗자리나 도롱용, 소도(蘇塗)' 등의 '도' 자와 같다. 특히 아도간(我刀干)은 지금말로 번역하자면 '새터의 왕'이다. 현재 일본의 수도인 동경의 옛 이름 애도(江戶)와 같은 말이다. '애도 한(韓)→애도간(Khan)→아도간(我刀干)'의 변화를 역으로 추적할 수가 있다.

5) 한인(桓因)과 한웅(桓雄)의 의미

한인(桓因)은 한국(桓國)을 여신 분이다. 그러나 우리가 쉽게 알수가 있는 행적이 없으므로 과연 나라가 있었을까 하는 의구심이 든다. 더구나 이름까지도 무슨 말뜻인지 제대로 알지 못하고 있다. '한님'이 아닐까 한다. 우리는 밝은 것을 '환하다'고 한다. 그러나 경상도 토박이, 특히 옛날 사람들은 '한하다'라고 한다. '환'이라는 발음이 익숙하지가 않다. 그러면 한자 '桓'의 발음과 뜻을 옛날에는 어떻게 기록하고 있을까? 『설문해자』에서는 발음이 '호관절(胡官切)'[14]이라고 하고 있다. 그러나 인터넷 자료에 따르면 다른 자전에서는 [桓: 胡端切 桓木 葉似柳 皮黃白色: '환'으로 발음한다. 모감주나무이다. 잎사귀는 버들잎과 유사하고 껍질은 황백색이다]라고 하고 있다. 그렇다면 '환'이나 '한'으로도 발음한다는 말이다. 그리고 중국에서 시대에 따라 wār, wān, ɣwân 등으로 발음하였으며 지금 북경어에서는 huán으로 발음하고 있다.[15] 필자는 '한국'이라는 발음을 택하고 싶다.

그리고 뒷글자인 '인(因)'은 앞장에서 이야기한 나반(那般)과 아만(阿曼)에서처럼 사람의 옛말인 '안'이 나중에 '인'으로 변화된 것으로 보인다. 중국 한자 人(ren: 런)을 사용하면 발음이 다르므로 우리 고유의 발음을 지키기 위하여 한자 '因(인)' 자를 차용하였다고 본다. 따라서 한자 '人' 자를 '인'으로 읽는 것은 당연하다 하겠다.

다음은 한웅(桓雄)이다. '밝다는 뜻의 한한 수'이다. 옛날 그 시대에는 '한수'라고 불렀지 않았을까 추측해본다. '수'는 '수컷', 즉 남자를 의미한다. 뒤에 한웅을 모시는 사당을 짓고 모신 상을 '대웅(大雄)'이라고 한 데서 확신을 가질 수가 있다.

---

14) 발음법이다. 세 글자 중에서 첫 글자는 초성을, 두 번째 글자는 중성과 종성을 나타내며 마지막의 절(切) 자는 '발음법'이라는 뜻이다. 호관절(胡官切)은 '환', 호단절(胡端切)은 '한'이다.

15) http://starling.rinet.ru/cgi-bin/query.cgi?basename=\data\china\bigchina&root=config&morpho=0) (Search for data in Chinese character) 참조.

6) 한(韓)과 칸(Khan)

단군왕검(檀君王儉)이 9한(桓)을 통일하여 B.C. 2333년에 조선을 건국하였다. 그리고 나라를 진조선(辰朝鮮), 변조선(番朝鮮), 막조선(莫朝鮮)으로 나누고 진조선(辰朝鮮)은 직접 통치하고 나머지 두 조선은 한(韓)을 임명하여 간접 통치하였다. 따라서 단군의 아래 계급의 왕의 호칭이 한(韓)이다. 그런데 이 말이 사방으로 퍼져나가 몽골에서는 칸(Khan), 터키에서는 khān(한), 여진족에서는 가한(可汗), 중국 기록에는 가한(可汗)이나 한(汗)으로 기록되고 심지어 슬라브족도 왕이라는 뜻으로 쓰는 칭호이다, 이로 볼 때에 당초 우리언어에서 '한(韓)'에 'K'발음이 있었는데 나중에 묵음화되어 탈락한 것으로 보인다. 중국어에서는 고대부터 현재 북경어까지 '韓(한)' 자의 발음을 보면, g(h)ār→g(h)ān→g(h)ān→gān(ɣân)→ɣân→hán 등으로 변하였다고 한다. 고대 언어에 분명히 '가한'도 있고 '간', '한' 발음도 있다.[16] 그리고 이를 증명하는 것은 지금의 몽골이나 동시베리아, 북만주 등의 지명에서 두음이 'K'로 시작되는 말이 많다는 것이 이를 증명하고 있다.

그리고 내몽골 자치구의 성도인 후허하오터(呼和浩特)시에서 남쪽으로 50여km 지점에 허린거얼(和林格爾)현이 있다. 선비족이 세운 북위(北魏: 386~534)의 첫 수도였다. 또한 홍산문화로 유명한 적봉시(赤峰市)에는 바린좌기(巴林左旗)와 바린우기(巴林右旗)라는 지명이 있다. 지명에서 화림(和林)이나 파림(巴林)은 바로 '환님'이나 '한

---

16) http://starling.rinet.ru/cgi-bin/query.cgi?basename=\data\china\bigchina&root=config&morpho=0]:
(Search for data in Chinese characters) 참조.

님'을 한자를 빌려 표현한 것으로 보인다.

7) 고구려 재상의 직명인 막리지(莫離支)와 백제의 재상 목라근자(木羅斤資)는 같은 말이다

우리는 고구려 말기의 군인이자 정치가로 유명한 연개소문(淵蓋蘇文: ?~666)을 잘 알고 있다. 재상(宰相), 즉 지금의 국무총리에 해당하는 대막리지(大莫離支)로 있었던 사람이다.

그리고 일본의 역사에 백제의 장수에 목라근자(木羅斤資)가 있다고 말하고 있다. 지금까지 학계에서도 장수의 이름이 목라근자(木羅斤資)라고 하고 모 방송국에서는 역사극을 만들 때에도 그렇게 부르고 있다. 그런데 일본의 사서에서는 다른 말을 하고 있다.

『일본서기』<신공 49년조>에는 227년에 백제와 합동작전을 펼쳐 가야계의 소국들인 7국(비자발·남가라·훼국·안라·다라·탁순·가라)을 평정한 기사가 나온다. 신공황후가 전쟁을 주도한 것처럼 꾸며져 있다. '목라근자(木羅斤資)와 사사노궤(沙沙奴跪)로 하여금 정병을 이끌고 출동하도록 명령했으며, 증원군으로 보낸 (왜장) 사백(沙白)과 개로(蓋盧)를 데리고 출정케 했다. 목라근자와 사사노궤 두 사람은 이름을 모른다. 다만 목라근자는 백제의 장수이다(卽命木羅斤資 沙沙奴跪 是二人 不知其姓人也 但 木羅斤資者 百濟將也 領精兵 與沙白 蓋盧共遣之)'고 하였다. 그런데 목라근자와 사사노궤는 성(이름)을 모른다고 하였다. 다만 목라근자는 백제의 장수라고 하였다. 따라서 이 두 사람은 이름이 아니라는 것을 말하고 있다.

그리고 400년에 광개토태왕이 남정한 기록이다. '왜가 신라에 침입하였다는 소식을 듣고, 서구(胥狗)와 해정(解涅) 등에게 병사 5만 명을 출정시켜 왜를 격퇴시켰다. 임나(任那), 안라가락(安羅加洛) 등이 모두 사신을 보내 내조하였다. 남방이 모두 평정되었다(聞倭入羅 遣胥狗解涅等 將五万往救退倭 任那安羅加洛等 皆遣使來朝 南方悉平).' 이 사건은 광개토태왕이 396년에 이잔(利殘)을 멸망시키고 난 지 4년 후에 있은 일이다.

이 사건과 관련된 기록이 일본의 역사에도 나온다. 『팔린통빙고』 <인덕조>에 '3년 후(기해 399년), 습진언(襲津彦)은 출정하여 신라를 벌하였다. 신라는 급히 고구려에 보고를 하여, 고구려는 즉시 대병을 출전시켜 신라를 구했다. 우리(왜) 군사가 계속하여 패배하니, 화(禍)가 임나(任那)까지 미쳤다. (임나)왕 사본한기(巳本旱岐)(혹은 伊尸品: 이시품)와 왕자 백구저(百久底)는 그의 족속들을 데리고 백제로 피난하였다. 이를 전해 듣고 천황은 즉시 목라근자(木羅斤資)[백제의 재상이다, 斤資(근자)는 吉士(길사)와 같은 말이다]를 파견하여 정예 병사를 인솔하여 임나로 들어가게 하여, 그 사직을 복구시켰다. 격전이 수차례 있어 임나의 현읍은 약탈당하고 불에 탔으며, 장군과 병사가 많이 죽었다[後三年(己亥歲) 襲津彦出伐新羅 新羅告急高麗 高麗卽大發兵救之 我軍敗績 禍及任那 王巳本旱岐(一作 伊尸品) 王子百久底 提其族避難於百濟 事聞 天皇卽遣木羅斤資(百濟宰也 斤資與吉士同) 領精兵入任那 復其社稷 邀戰數次 任那縣邑 劫掠焚燼 將士多死之].'

이 양국의 기사에서 고구려는 400년, 왜는 399년으로 기록되어 있으나 같은 사건을 두고 각각 기록한 것이니까 400년이 맞는 연도이다. 왜냐하면 일본은 역사를 조작하면서 연대를 알 수가 없을 정도로 만들어버렸기 때문이다.

여하튼 위의 두 사건은 227년과 400년에 일어났으며 173년의 시차가 있는데 목라근자라는 인물이 동시에 나온다. 이름을 알 수 없다고 하였으니까 동명이인도 아니다. 그런데 뒤의 기사에서 목라근자를 '백제의 재상이다. 근자(斤資)는 길사(吉士)와 같다(百濟宰也 與 吉士同)'라는 이상한 말을 하고 있다.

<목라근자의 의미 검토>

한자	한국	일본 발음
木	목	もく(모꾸), ぼく(호꾸)
羅	라	ら(라)
斤	근	こん(곤), きん(낀)
資	자	し(시)
吉	길	きち(끼찌), きつ(끼쯔)
士	사	し(시)

그렇다면 도대체 목라근자, 일본발음으로 もくらきんし(모꾸라긴시)가 무슨 뜻일까?

우리말과 일본말의 합작품이며 이두식 표현이다. 즉, 백제말이라는 뜻이다. 우리말의 'ᄆ리깃(머리깃)'을 한자를 빌려 음차한 말로 추정된다.

머리깃→ᄆ리깃→ᄆ리기시→목ᄅ 긴시→모꾸라 긴시(もくらきんし)로 변화되어 갔음을 유추해볼 수가 있다. 또한 '근자(斤資)는 길사(吉士)와 같다'는 것은 일본식 음독이 긴시(きんし: 斤資)와 기쯔시(きつし: 吉士)가 받침을 탈락시키면 같은 발음인 기시(きし)가 된다.

135

우리말인 '깃'을 일본에서는 받침을 못 만드는 말 때문에 이렇게 표현한 것이다.

따라서 목라근자(木羅斤資)는 '사람의 성(이름)이 아니다, 백제의 재상이다, 斤資(근자)는 吉士(길사)와 같은 말이다'는 것을 모두 이해할 수가 있다.

결론적으로 목라근자(木羅斤資)는 백제의 제상의 직명이며 그 뜻은 '머리깃'이다.

그렇다면 고구려의 연개소문에게 붙여진 재상의 명칭인 막리지(莫離支)는 무슨 말일까?

머리깃→ᄆᆞ리깃→믁ᄅᆞ깃→막리기→막리지로 변화되었으리라고 본다. '기'가 '지'로 변하는 것을 한글맞춤법에서는 구개음화하고 하는데 이미 고대에도 이런 현상이 있었던 것일까? 결국 두 말이 같은 우리말을 가지고 다른 한자를 음차하여 기록한 것이다. 재상을 부르던 명칭인 '머리깃'은 지금 우리가 말하는 '벼슬'과 그 뜻이 같다고 본다.

따라서 일본 역사에 나오는 '목라근자'는 왜(倭) 자신의 전신인 이잔(利殘)의 재상의 명칭이었으며 다 같은 부여계통의 고구려와 백제(利殘·百殘)나 왜가 같은 말을 사용하였다는 것을 알 수가 있으며 고대의 한일의 공동언어라는 것을 알 수가 있다. 그리고 더 나아가서 무슨 이유로 왜(倭)가 227년과 400년에 한반도에서 일어난 역사를 기술하면서 백제의 재상이면서 출전한 장수를 자기의 부하인 양 명령하고 지시하였는지를 알 수가 있다. 백제의 재상이 아니라 바로 자기인 왜(倭: 利殘)의 재상이었기 때문이다. 백제의 재상이 될 수가 없는 것은 광개토태왕비문에서 백잔(온조백제)의 왕은 고구려 태왕에게 396년에 항복하고 영원히 노객(奴客: 노예)이 될 것을 맹세한 직후이며 수도는 지금의 서울 강남의 몽촌토성에 있었던 소국이었다. 여기에 대해서는 다음에 일본의 뿌리를 찾으면서 상세히 알아보도록 하자.

CHAPTER

03

한국과 조선(朝鮮), 그리고 Korea의 유래

1) 한국(韓國)과 대한(大韓)이라는 말의 기원은 한국(桓國)이다

우리나라의 국가명칭은 대한민국(大韓民國)이다. 핵심은 한국(韓國)이고 이를 보다 더 장엄하게 부르는 말이 대한(大韓)이다. 이는 '큰 한'을 일컫는 말이다. 그러면 이러한 말은 어디에서부터 시작되었을까? 가깝게는 대한제국(大韓帝國)이 있다. 1897년 10월 12일에 환구단에서 고종이 황제로 즉위하고 다음 날 국호를 대한제국으로 정한 것을 선포하였다.

그렇다면 대한에서 '한(韓)'이라는 명칭의 유래는 어디에서부터일까?『삼국유사』에서 '석유한국(昔有桓國)', 즉 옛날에 한국이 있었다고 했다. 바로 한인(桓因)이 세운 나라를 말한다. 그리고 안함로의 <삼성기(三聖紀)>에서도 천제한인(天帝桓因)이 다스리는 나라를 한국(桓國)이라고 이른다고 하였다.

그 뒤에 구한(九韓)을 통일하여 조선(朝鮮)을 개국한 단군왕검(檀君王儉)은 삼한(三韓), 즉 진한(辰韓), 마한(馬韓), 번한(番韓)으로 나누어서 통치를 하였는데 여기서의 '한(韓)'은 지배자를 이른다.

그리고 당태종 이세민도 자신을 천가한(天可汗)이라 하였으며, 거란족은 지배자를 가한(可汗)이라고 불렀다. 몽골제국의 2대 황제 오고타이는 자신을 카간(大汗)으로 불렀으며 칭기즈칸(Chingiz Khan)의 후손들이 서아시아와 지금의 러시아에 세운 일한국, 차가타이한국, 오고타이한국, 킵착한국이 있다. 모두 한국(汗國)이며 '汗'은 중국에서도 'hán(한)'으로 발음한다. 이는 Khan, 곧 한(韓)의 나라라는 뜻이다.

이처럼 한(桓)에서 출발한 말이 여러 말로 변하여 사용되어 왔다. 그러면 이 말은 무슨 뜻일까? '한'은 '환하다, 밝다'이다. 다음은 '크다'라는 뜻으로도 사용하였다. 지금도 '한 아름'이라는 말은 하나의 아름이라는 뜻도 있지만 큰 아름을 의미하기도 하며, 큰 들을 '한들'이라고 하는 지명도 있으며 대전(大田)은 '한밭'이었다. 그리고 배달국(倍達國)의 1세 환웅천황을 '거발환(居發桓)'이라고도 하였다. 그 의미는 '크고 밝고 환하다'는 의미이다.

중국의 시서에는 '한국(韓國)'이라는 말이 없을까? 진수(陳壽: 233~297)가 지은 『삼국지(三國志)』「위서」<오환선비동이전>에 '환·령(桓·靈) 말기에 한예(韓濊)가 강성하여 군현을 통제하기가 불가능하여 많은 백성이 한국(韓國)으로 빠져나갔다(桓 靈之末 韓濊強盛 郡縣不能制 民多流入韓國)'는 기사가 있다. 환·령(桓·靈)은 제(齊)나라 환공(桓公: B.C. 685~B.C. 643)과 영공(靈公: B.C. 581~B.C. 554)을 이른다. 우리는 이 기사에서 몇 가지 중요한 사실을 알 수가 있다.

첫째, B.C. 7세기는 춘추시대(春秋時代: B.C. 770~B.C. 403)이다. 이 시기에는 조선이 건재하고 있던 시기이다. 그러나 여기서는 조선의 제후국인 번조선(番朝鮮)을 말한다. 당시 중국의 제후들은 조선의 단군과는 상대할 수가 없고 지금의 북경―당산―진황도 일대에 있는 번조선의 한(韓)과 직접 국경을 맞대고 접촉하였다. 번조선은 아마도 예족(濊族)이 중심세력이어서 '한예(韓濊)라 하고 한(韓)이 다스리니까 한국(韓國)'으로 부르고 있다. 한예(韓濊)가 한국(韓國)이며 번조선이다. 두 번째는 당시 조선의 영역이 산동반도까지였다는 것을 암시한다. 지금까지 우리가 알고 있는 역사대로라면 산동반도에 있는 제(齊)나라의 백성들이 북경지방에 있는 연(燕)나라를 통과하여 요서지방과 요동지방을 지나 한반도에 있는 조선까지 도망을 왔다는 것이 된다. 이 무슨 해괴망측한 말인가?

필자가 '환(桓)' 자를 굳이 '한'이라고 발음하는 것은 지금 우리가 쓰고 있는 한국(韓國)이 환국(桓國)에서 유래하였으므로 같은 발음으로 통일하려는 것이다.

근세에 사용하기 시작한 대한(大韓)이라는 명칭의 근원이 고대에 있으면 그 중간 시기에는 사용한 적이 없을까? 역사에서 찾아보자. 그것도 우리의 역사가 아닌 중국의 역사에서 증거가 있다.

『사기』<흉노열전>에 동호(東胡)라는 나라가 나오는데 흉노의 묵돌선우(冒頓單于: ?~B.C. 174)에게 멸망하자 오환(烏桓)과 선비(鮮卑)로 갈라졌다고 한다. 오환(烏桓)은 중국인의 발음은 'Wu huan'이지만 일본말로 읽으면 오오칸(おおかん: 大桓)이다. 바로 대칸(大汗)이자 대한(大韓)이다. 무슨 의미인가? 지금의 일본의 직계 조상들이 중심이 되어 세운 나라이며, 오환족은 바로 일본족을 말하고 있다. 그러면서 대한(大韓)이라는 나라나 부족의 이름을 가졌다는 것은 우리 민족과도 연관이 있다는 말이다. 지금의 한국이나 일본의 선조는 그 주류가 바로 오환(烏桓)이 된다.

오환(烏桓)은 지금의 북경지방 일대인 유주지방과 그 북쪽 일대에

<적봉시 행정구역도>

서 활동하였다. 유주는 상곡(上谷), 어양(漁陽), 우북평(右北平), 요동(遼東), 요서(遼西)의 5군이 있었다.

그리고 현재의 지명에도 그 흔적이 있다. 내몽골자치구 적봉시(赤峰市) 오한기(敖漢旗)이다. 오환(烏桓·烏丸)과 같은 발음이다. 북경시에서 동북방으로 400km 떨어진 지역이다. 조선의 수도로 추정되는 조양시(朝陽市)와 인접해 있고 이 일대는 홍산문화(紅山文化)가 발견된 지역이다. 또한 오한기 사가자진(四家子鎭)의 초모산(草帽山)이라는 유적지에서 제사 터와 무덤 터가 발굴됐다. 후기 신석기문화 가운데 가장 후기의 홍산문화에 속하는 유적이다. 초모산은 광개토태왕비문에 나오는 고구려의 건국시조 '추모(鄒牟)'의 사당이 있었던 것으로 추정된다. 동명성왕(東明聖王)은 고구려의 개국시조(재위: B.C. 37~B.C. 19)이다. 우리는 역사에서 주몽(朱蒙)으로 알고 있는데, 한국과 중국의 사서에는 추모(鄒牟), 중모(中牟), 도모(都牟), 도모(都慕)라고도 한다. 고구려의 강역이 이 지역까지였음을 말해주고 있다. 또 하나 더 언급한다면 거란의 요나라의 수도가 파림좌기에 있었다. 따라서 이러한 모든 것을 종합해볼 때에 이 지역이 고대 우리 민족의 중심지였음을 알 수가 있다.

2) Korea의 어원인 고려(高麗)와 고대국가 부여(夫餘)의 기원

고대에 조선을 계승한 나라가 북부여(北夫餘)라는 것은 우리 모두가 알고 있다. 단군왕검의 넷째 아들 부여(夫餘)가 수도 아사달의 서쪽 녹산에 있는 부여(夫餘)의 제후로 봉해져 부여라는 이름이 생겼다.

후에 조선의 47세 고열가 단군께서 다스리던 시기인 B.C. 239년에 조선을 멸망시키고 북부여를 건국한 사람은 해모수(解慕漱)이다. 웅심산(熊心山)을 내려와 군대를 일으켰는데 그의 선조는 고리국(藁離國) 사람이었다. '고리'라는 이름이 처음 시작된 것이다.

고구려를 세운 사람은 고주몽(高朱蒙)이다. 그는 누구인가? <고구려국본기>에서 '고리군(藁離郡)의 왕 고진(高辰)은 해모수의 둘째 아들이다. …… 오이(烏伊)와 마리(摩離), 협보(陝父)와 함께 도망하여 홀본으로 왔다. 때마침 부여왕은 후사가 없었다. 주몽이 마침내 사위가 되어 대통을 이으니 이를 고구려의 시조라 한다……(藁離郡 王高辰 解慕漱之二子也 …… 與烏伊摩離陝父逃至卒本 適夫餘王無嗣 朱蒙遂以王婿 入承大統 是謂高句麗始祖也……).'

후에 왕건(王建)이 918년에 고려(高麗)를 창건하였다. 고구려를 잇는 다는 의미에서 국호를 고려(高麗)라고 하였다. 우리나라의 대외명칭인 Korea는 바로 고려(高麗)에서 나왔다.

그런데 고리(藁離)와 고려(高麗)는 어떤 연관성이 있을까? 우리나라는 발음이 다르지만 일본어와 중국어에서는 표에서 보는 것처럼 똑같은 발음을 하고 있다. 같은 말이라는 것이다.

<한자의 발음 비교>

한자	한국	일본	중국
藁離	고리	こゥり(고우리)	gǎolí
高麗	고려	こゥり(고우리)	gāolí
高句麗	고구려	こゥくり(고우구리)	gāogōulí

우리말에 '고리짝'이라는 가재도구가 있었다. 아마도 고리(藁離)지방에서 자라는 버들, 즉 고리버들로 만든 가재도구라고 추측된다. 고리버들은 한국·일본·중국 우수리강·흑룡강 지역에 분포하며 들이나 물가에 자란다. 높이가 2~3m 이상 자라지 않는다. 우리가 봄에 물가에서 자라는 버들강아지와 비슷한데 그보다 더 가늘고 길게 자라는 버드나무 종류라고 이해하면 된다. 봄이 와서 물이 오르면 지금의 나무젓가락 굵기로 자란 가지를 낫으로 베어서 껍질을 벗긴다. 그리고 대나무를 쪼개어 대바구니를 만들듯이 고리버들을 엮어서 상자를 만든다. 용도에 따라서 크기는 다르지만 대개 직사각형이나 약간 모서리가 있는 원형의 상자모양이 되며 뚜껑을 만들어 위에서 덮어 달을 수가 있다. 옷가지나 책을 담아서 보관한다. 가난한 서민들이 시집가고 장가들 때에 비싼 장롱을 장만할 수가 없어서 장롱 대신으로 하는 혼숫감이다. 가볍고 들거나 지게에 지고 다니기에도 편리하고 무엇보다 좋은 것은 작은 구멍이 숭숭하니까 통풍이 잘되어 습한 여름 날씨에도 내용물에 곰팡이가 슬지 않는다는 것이다. 60년대까지만 해도 시골의 가난한 집에는 새까맣게 때 묻은 고리짝이 몇몇은 보였지만 그 이후 완전히 자취를 감추었다. 고리버들은 순수한 우리말이다. 일본어에 こゥりやなぎ(行李柳: 고우리 야나기)라는 말이 있다. 여기서 한자 行李(행리)는 발음을 차용한 한자다.

그 뜻은 고리 지방에 많았던 버들나무를 뜻한다고 본다. 고리 지방에서 나는 버들을 엮어서 만들 가재도구가 '고리(짝)'이라고 추정을 해본다. '고리'에 대한 한국과 일본의 사전에 나오는 설명이다.

한국: 고리	일본: こうり(行李: 고우리)
① 고리버들의 가지나 대오리를 엮어 만든 상자 같은 물건(원어: 고리짝) ② 고리(槀離): '고구려(高句麗)'를 달리 이르던 말	대나무나 버드나무 가지로 엮어 만든 물건으로 여행용 하물을 넣거나 의류를 넣는 데도 쓰인다.

끝없는 초원에 가축을 방목하며 자주 이동해야 하는 유목민에게 딱 맞는 가구가 고리짝이며 생활필수품의 목록에서 적어도 다섯 번째 안에는 들지 않았을까? 이 고리짝이 멀리멀리 한반도와 일본에까지 전해져 수천 년간 명맥을 유지해오다 1960년대에 완전히 사라졌다. 필자가 어릴 때 본 고리짝을 지금은 볼 수가 없다. 전국의 어느 박물관에 가면 볼 수가 있을까?

그렇다면 고리(槀離)지방은 어디에 있었을까? 동시베리아의 바이칼 호수 부근에 거주하는 몽골의 한 계통인 브리야트족은 지금도 하늘을 'Tengri(텡그리)'라고 발음하고, 자기들을 '코리'라고 부르고 있다고 한다. 따라서 고리국(槀離國)이 있었던 고리(槀離)지방은 좁게는 바이칼 호수와 몽골의 동부지방 일대이며, 범위를 넓히면 대흥안령산맥을 중심으로 북으로는 바이칼 호수, 서로는 몽골의 동부, 남으로는 내몽골의 동북지역, 동으로는 만주의 서부지역을 포함하는 지역이라고 보면 되겠다. 바로 북부여(北夫餘)의 영토범위가 아닐까 한다. 해모수(解慕漱)로 대표되는 집단은 조선이 완전히 쇠퇴하자 원래의 고향으로 복귀한 일부 세력인 것으로 추측된다. 사람도 나이가 들고 세파에 시달려 지치면 고향을 찾듯이 조선(朝鮮)이라는 제국의 국력이 한계에 다다르자 고향으로 돌아가서 나라를 세운 것이다. 몽골이 원(元)이라는 대제국을 세우고 중원과 중앙아시아를 비롯한 광대한 지역을 통치하다가 세 불리하자 원래의 고향인 몽골고원으로 후퇴한 것과 같다.

그리고 고리(槀離)는 여기서 끝나지 않는다. 일본어사전에 그 단서가 있다. 'ごうり(고우리鄕里: 향리)'는 さと(사또村里: 촌리)라고 풀이하고 있다. 그러면서 ごうり(고우리)는 がう(가우, 鄕: 향)와 같다고 한다. がう(가우, 鄕: 향)에 대한 풀이는 고대의 지방행정구분의 단위, こおり(코오리, 郡)의 밑, むら(村)의 위라고 한다. 표에서와 같은 구분이다.

위	중간	맨 아래
こおり(코오리, 郡)	ごうり(고우리, 鄕里: 향리). さと(사또, 村里: 촌리)	むら(村)

필자는 일본어의 초보자라 시골을 뜻하는 '무라(村)'와 고향을 뜻하는 'ふるさと(후루사또, 古里·故里·故鄕)'만 알고 있었는데 뜻밖에도 '고우리'가 있다. 우리말로 무엇이겠는가? 바로 '고을'이다. 일본어는 받침을 못 만들었으니까 문자로 그렇게밖에 기록할 수가 없었던 것이다. 이제 총결산을 해보자. 고을은 어원이 '골'이다. 골에서는 골짜기가 나왔고 고대어에서는 홀본(졸본), 미추홀 등 여러 지명의 '홀'로 변하여 쓰였다.

Korea←고려(高麗)←고구려(高句麗)←구려(句黎・九黎・九麗・句麗)←고리(槀離)←ごうり(고우리)←고을←골

그리고 고리는 다시 '가리→가리아'로 바뀌어 서방으로 흘러간 갈래의 후손들이 사용하는 국가명칭이 되었다. 항가리(Hungary)와 불가리아(Bulgaria)가 그것이다. 결국 Korea는 골이 변한 말이다.

3) 조선(朝鮮)이라는 국호와 숙신(肅愼)의 의미

조선(朝鮮)은 B.C. 2333년에 단군왕검(檀君王儉)이 아사달에 도읍하여 세운 나라이다. 조선(朝鮮)이라고 하는 국명은 무슨 의미가 있을까? 한자가 발명된 시기는 아무리 올려 잡아도 지금으로부터 3200년경이라고 한다. 그렇다면 한자가 발명된 시기보다 1100여 년 전에 한자로 나라 이름을 지을 수가 없는데 '朝鮮(조선)'이라고 하는 한자에서 그 의미를 찾는다는 것은 개가 보아도 웃을 일이다. 그렇다면 우리말의 음차가 아닐까? 어떤 사람들은 뜻과 음을 결합하여 '앗선'이나 '아사선'이라고 말하기도 한다. 그러나 그렇게 복잡한 말이 아니다. 바로 순수한 우리말 '조선'이다. 앞의 글자를 강하게 발음한다. '남근(男根)이 선' 나라이다. 이해가 쉽지는 않을 것이다. 그러나 4300년 전의 시대로 돌아가서 한 번 생각하여 보자. 당시의 우리의 신앙인 '순'을 보면 쉽게 이해할 수가 있으며, 단군은 자신의 종교인 '당순'을 창조한 분이므로 나라 이름도 그에 맞추어 지은 것이다.

그러면 중국에서 조선(朝鮮)과는 다른 나라라고 사서에 기록한 숙

신(肅愼)은 어떤 나라일까?『한단고기』에는 지금의 만주 지역에 그러한 나라가 있었다는 기록이 없다. 당시에는 조선밖에 없는데 그렇게 불렀다면 바로 조선을 이르는 말이라고 추정한다. 다음에 상세하게 알아보도록 하자.

서화인들이 인식한 조선은 어떤 나라일까?『구당서』<헌종기>에서 '朝(조)는 천자가 다스리는 곳이다'고 하였으며, 후한의 채옹(蔡邕)은 '천자라는 이름이 동이로부터 비롯되었다. 그 종속이 아비를 하늘이라 하고 어미를 땅이라 한다. 그러므로 천자라 하였다'고 하였다.

우리의 사서에서는 전혀 나오지 않는 숙신(肅愼)이라는 나라의 이름이 중국사서에서는 주(周)나라 초기부터 줄곧 나온다. 실제로는 그러한 나라는 없었다. 서화인들이 그들의 역사이전에 있었던 역사를 지우기 위하여 만든 말이다. 바로 조선(朝鮮)을 그렇게 불렀다. 뒤에 『산해경(山海經)』이라는 책에 대하여 알아보면서 삼황오제의 행적과 관련하여 상세하게 알아보도록 하자.

CHAPTER

04

조선(朝鮮)의 실체

1) 조선(朝鮮)의 건국과 국가운영체제와 강역

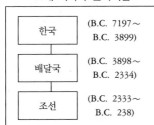

<고대 국가와 존속기간>

한국	(B.C. 7197~B.C. 3899)
배달국	(B.C. 3898~B.C. 2334)
조선	(B.C. 2333~B.C. 238)

『한단고기』에서는 우리나라의 처음은 한인이 세운 한국(桓國)이었으며 그다음이 한웅의 배달국(倍達國)이 있었다고 한다. 이어서 조선(朝鮮)이 있었다고 밝히고 있다. 조선은 단군왕검(檀君王儉)이 9한(九桓)을 통일하여 B.C. 2333년에 세운 나라이다. 당(唐)나라 요(堯)임금 때이다. 조선도 이전의 배달국(倍達國)과 마찬가지로 모두 오가(五加) 64족을 아우르는 다민족의 대제국이었다. 나라를 3한(三韓), 즉 막(莫)조선, 번(番)조선, 진(眞)조선으로 나누고, 막(莫)조선에는 마한(馬韓: 막한莫韓: Khan)을 두고

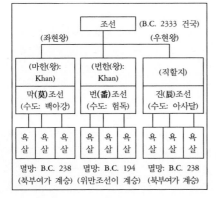

<조선의 통치구조>

번(番)조선에는 번한[番韓, 변한(弁韓): Khan]을 두어 간접통치하고 진한(眞韓: 辰韓)은 직할지로서 단군이 직접 통치하였다. 바로 '한(韓)'이 왕(王)을 이른다. 단군을 보좌하는 좌현왕(左賢王)과 우현왕(右賢王)을 두었으며 진조선(辰朝鮮)은 수도가 아사달(阿斯達)이며 막조선(莫朝鮮)은 수도가 달지국(達支國)이며 초대 한(韓Khan)이 웅백다(熊伯多)이다. 막조선(莫朝鮮)은 수도가 험독(險瀆: 王儉城)이며 초대 한(韓Khan)은 치우의 후손 치두남(蚩頭男)이다.

그러면 중국의 사서에 기록된 조선(朝鮮)의 위치는 어디일까? 중국의 인문지리서인『산해경』[17]에 보면 조선이 두 번이나 나온다. 첫 번째는 일련번호 1135번이며 '조선은 열양(列陽) 동쪽에 있다. 열양은 연(燕)에 속한다. 조선은 지금 낙랑현(樂浪縣)에 속한다. 기자(箕子)의 봉지다. 열(列)은 또한 물의 이름이다. 지금의 대방(帶方)에 있다. 대방에 열구현(列口縣)이 있다. 열구는 대방군에 속한다'고 하였다. 두 번째는 1378번이며 '조선은 동해(東海) 안쪽 북해(北海) 인근에 있으며, 지금은 낙랑군(今 樂浪郡)이다'라고 하였다.

그리고『사기』<진시황본기>에 조선의 위치에 대하여 나온다.

'진시황 26년에 천하를 36군(郡)으로 하고, 군에는 수(守), 위(尉), 감(監)을 두었다. …… 동쪽으로 해(海)와 조선(朝鮮)에 이르고, 서쪽으로는 임조(臨洮)와 강중(羌中)에 이르고, 남쪽으로는 북향호(北嚮戶)에 이른다(分天下以爲三十六郡, 郡置守、尉、監 …… 地東至海暨朝鮮, 西至臨洮、羌中, 南至北向戶).'

그런데 후대에 주석을 달았다.

---

17)『산해경(山海經)』: 진(晋)나라(265~420)의 곽박(郭璞)이 기존의 자료를 모아 편찬하여 주(註)를 달았다.

『사기정의』[18]라는 주석서에서는 '해(海)라는 것은 발해(渤海)를 말하는데 남쪽으로 양주(揚州), 소주(蘇州), 태주(台州) 등의 동쪽 해(海)에 이른다. 동북쪽은 조선국(朝鮮國)이다. <괄지지(括地志)>에서는 이렇게 말했다. 고구려(高句麗)는 평양성(平壤城)에서 다스리는데 원래 한(漢)나라의 낙랑군(樂浪郡) 왕험성(王險城), 즉 고조선(古朝鮮)이다.'

이를 검토해보면, 『사기』에서는 발해(渤海)가 지금처럼 북쪽의 바다만이 아니고 멀리 남쪽까지 동부해안 전체를 이른다고 하고 있다. 그리고 진나라의 동북쪽은 조선국(朝鮮國)이며, 한나라 때에 낙랑군(樂浪郡) 왕험성(王險城)이라고 하고 있다. 그리고 고구려의 평양성이 곧 왕험성이라고 하고 있다.

그러나 우리가 중국의 사서를 볼 때에 주의해야 할 것은 조선(朝鮮), 즉 단군조선과 제후국인 번조선(番朝鮮)을 철저하게 구분하고 있다는 것이다. 여기서 말하는 조선국은 수도를 왕험성(王險城)에 두고 있는 번조선(番朝鮮)을 말하고 있다. 앞으로 차차 알아보겠지만 연(燕)나라나 제(濟)나라와 관련짓거나, 낙랑(樂浪)이나 대방(帶方)을 언급할 때, 고죽국을 말할 때, 요동지방을 말할 때, 그리고 수도가 험독(險瀆)이나 왕험성(王險城)이라고 할 때에는 번조선(番朝鮮)이라고 보아야 한다.

다만 구이(九夷)라고 할 때는 번조선의 대륙영토인 중원의 동쪽지역을 이른다. 우리 사서에서는 구려(九黎)라고 하는 지역이다. 그리고 중국 사서에서 조선, 즉 단군조선을 이르는 말은 숙신(肅愼), 숙신씨국(肅愼氏國), 동호(東胡), 동이(東夷)이다. 자기들의 역사가 시작

---

18) 『사기』의 주석서에는 3가지가 있다. 정의(正義)는 당나라 장수절(張守節)이, 색은(索隱)은 당나라의 사마정(司馬貞)이, 집해(集解)는 송나라의 배인(裴駰)이 주해하였다.

되기 훨씬 이전의 까마득한 옛날부터 있어온 대제국을 결코 용납할 수가 없으므로 철저히 무시하고 싶었던 것이다. 지금까지 역사학자라는 사람들은 물론이려니와 많은 사람들이 중국 사서에서 (단군)조선을 찾고 있지만 찾을 수가 없는 것은 당연하다. 그들이 방대한 역사자료에서 조선이라는 말을 사용은 하였지만 실제로 어떤 나라라는 것을 단 한 번도 정확하게 설명을 하지 않았으며, 단지 부분적으로만 설명을 하고, 동호나 숙신, 동이, 구이 등의 별칭을 사용하고, 또한 1~2차 하위국가나 여러 부족이나 민족집단과 같이 수평적인 관계인 것처럼 나열하고 사용함으로 인하여 상하관계를 파악할 수가 없도록 하였기 때문이다. 이러한 사실을 꿈에도 모르고 글자에 집착하다 보니 찾는다는 것이 번조선이고, 번조선을 조선으로 착각하게 되어 '기자조선이라는 유령'이 활개치고 위만조선이 조선으로 행세하는 것이다.

2) 단군왕검이 세운 조선의 수도 아사달(阿斯達)은 지금의 조양(朝陽)이다

그러면 단군왕검이 직접 다스리는 직할지 진조선(辰朝鮮)의 최초 수도인 아사달(阿斯達)은 어디일까? 한 번 찾아나서 보자. 고대의 우리의 사서에 나오는 한자말들은 모두 우리말을 한자의 발음을 빌려서 기록한 것이다. 우선 '아사달(阿斯達)'의 어원부터 시작하자. 우리말을 기준으로 하면,

아싀+짜(地)→아시 ㅅ다→아시 사다→아이사타(阿耳斯它)→아사

달(阿斯達)로 변하였던가, 아니면 우리말과 일본말을 같이 사용하여
풀면, 아ᄉᆞ＋짜(地)→아사따→아사달(阿斯達)이 된다.

아사달은 '첫 땅'이다. '처음으로, 새로' 개척한 땅을 의미한다. 그
리고 일본어와 함께 풀면 '아사'는 아침이며 '아사달(阿斯達)'은 '아
침땅'이다. 그리고 '양(陽)'은 양지나 양달을 의미한다. 특히 중국의
최고의 사전인『설문해자』에서나 현재의 사전에서 분명히 '양지(陽
地)'라고 하여 땅(地)을 포함하고 있는 글자라고 밝히고 있다.

<陽(양)의 한중일 사전에 따른 의미>

발음	풀이
한국: 양 중국: yáng 일본: よう (요우)	볕, 빛, 해(日), 해가 비치는 방향, 밝다, 환하다, 양기, 봄, **양지(산의 남쪽, 강의 북쪽), 산양(山陽), 양달(日头地, 向阳地)** (解字)皐(언덕부): 산을 뜻함. **陽: 햇빛이 비치는 좋은 산, 건조하고 햇빛이 비치는 고대(高臺), 높고 밝은 언덕** (중국사전)朝阳(zhāoyáng): 태양을 향하다, 해가 들다, 양지

이러한 말의 뜻과 변화에 따르면 아사달은 지금의 중국 땅에서 찾
으면 '조양(朝陽)'이 된다. 조양시는 북경에서는 동북방향으로 380km
거리에 위치하고 있다.

<태백일사 삼한관경본기>에 '뒤에 웅녀 군(君)이 천왕의 신임을
얻어 세습하여 비서갑의 왕검(王儉)이 되었다……(後熊女君 爲天王
所信 世襲爲裴西岬之王儉……)'라는 절이 있다. 그리고 <삼성기>
에 단군왕검(檀君王儉)은 '비서갑(菲西岬) 하백(河伯)의 딸을 거두어
왕후로 삼고 누에치기를 관리하도록 하였다(納菲西岬河伯女 爲后治
蠶)는 기사가 있다. 비서갑(菲西岬)이란 지역은 당초에 군장(君長)의
지위에 있던 웅녀라는 여인이 터 잡아 살던 지역인대 그녀는 나중에
승진하여 왕검(王儉)이 되었다. 그리고 후에 단군왕검은 이 웅씨(熊

氏) 왕검이 다스리는 비서갑(菲西岬)의 비왕(裨王), 즉 보좌왕이 되었다. 조선을 건국하고 단군이 된 후에 비서갑(菲西岬) 하백의 딸을 황후로 맞아들였다. 황후는 당연히 웅씨(熊氏)일 것이다. 그렇다면 비서갑(菲西岬)이란 도대체 무슨 뜻일까? 우선 존칭으로 추측되는 하백(河伯)이 나오니까 물과 관련된 것임을 짐작할 수가 있다. 한국과 일본의 언어로 검토해보자.

<비서갑(菲西岬)의 의미 풀이>

한자	뜻	발음	
		한국	일본
菲	엷다. 짚신. 향기롭다.	비	[음]ひ(히) [훈]あや(아야)
西	서쪽	서	[음]さい(사이), せい(세이) [훈]にし(니시)
岬	산허리	갑	[음]ぎょう(교우), こう(고우) [훈]みさき(미사기), はざま(하자마)

<'대청만년일통지리도(1810)': 조양과 대릉하·소릉하의 위치>

그러나 어떠한 조합으로 읽어도 특별한 의미 있는 말을 찾을 수가 없다. 그러면 중국의 옛 지도를 한 번 찾아보자. 아사달(阿斯達)이 조양(朝陽)이라고 하였으니까 근처에 단서를 잡을 만한 지명이 없는지를 알아보자. 조양을 연하여 흐르는 강이 있다. 지도에서 조양(朝陽)의 바로 오른편에 원으로 표시한 세로글씨로 '대릉하(大凌河)'라는

강이 있다. 강을 따라 내려가서
바다에 다시 '대릉하'가 표시되
어 있고 왼편에는 소릉하(小凌
河)가 있다. 그렇다면 둘 다 합
쳐서 능하(凌河)이고 작은 것을

<능하(凌河)의 의미 풀이>

한자	뜻	발음	
		한국	일본
菱	마름	릉	음독: りょう(료우). 훈독: ひ し(히시)
江	내	강	음독: え(에). 훈독: かわ(가와)
河	내	하	음독: か(카). 훈독: かわ(가와)

무시하면 대릉하가 능하(凌河)인 셈이다. 그렇다면 '비서갑이 물과
관련이 있을 것이라는 예상이 맞는지를 더 알아보기 위해 사전을 찾
아보았다. 한자사전에는 凌(릉) 자가 없고 凌(릉) 자만 있으며, 일본
어사전을 보면 특별한 연관성을 발견할 수가 없고, 대신에 비슷한
글자인 '菱(릉)' 자를 찾아보면 음독이 'りょう(료우)'이고 훈독이
'ひし(히시)'이다. 그리고 내를 뜻하는 江(강)과 河(하)를 찾아보면 다
같이 'かわ(가와)'로 발음한다. 따라서 菱河(릉하)를 훈독으로 읽으면
'히시가와'가 된다. 마름[菱: 릉]은 너무 깊지 않은 연못이나 늪에서
자라는 한해살이 풀이다. 가을에 익은 열매가 강이나 호수 바닥에
떨어져 겨울을 나고, 봄이 되면
진흙 속에 뿌리를 내리고는 가
늘고 긴 줄기가 물 위에까지 뻗
어 올라와서 수면에서 자란다.
8월이 되어 꽃이 필 때가 되면
잎자루에 공기주머니가 불룩하
게 생겨서 잎이 물 위로 솟아오
르고 흰 꽃이 핀 후에는 마름모
꼴(?)의 열매가 열리는데 이것
을 삶아서 먹는다. 경상도 사투

<물 위에 떠 있는 마름-7월 말, 남부지방>

리로 말밤이라고 한다. 사실은 물밤이다. 마름은 한국, 일본, 중국 등지에 분포한다. 우리가 학교에서 수학시간에 배운 '마름모꼴(菱形: 능형)'은 이 열매의 모습을 말하는 것이다.

정리를 하자면 한자의 淩河(능하)나 凌河(능하)는 같은 말이며, 우리말로는 '마름내'나 '마름가람'이며, 지금의 일본말로 '히시가와'라고 읽는다. '비서갑(菲西岬)'이 '히시가와'의 고어라고 본다.

비서갑(菲西岬)→비서가바→히서가와→히시가와

일본말은 '세월이 흐르면서 'ㅂ'이 탈락되었다. 우리말에서도 'ㅂ'이 탈락되는 현상이 있고, 'ㅇ'으로 발음이 변한 사례가 있다. 설날 다음으로 뜻깊은 명절이 추석(秋夕)이다. 역사에 나오는 '가배(嘉俳)'라는 한자가 옛날에도 '가배'라고 발음하였는지는 모르지만 중세에는 'ᄀᆞᄇᆡ'라고 적고 있으며 지금은 '(한)가위'라고 한다. 분명히 중세 이후에 'ㅂ'이 'ㅇ'으로 바뀌었다. 따라서 '강(江)'이라는 말은 고대의 '갑'에 뿌리를 두고 있는 순수한 우리말이며 중국어 발음 쟝(jiāng)도 우리말이 구개음화한 말이다. 지금은 거의 사용하지 않지만 몇십 년 전까지도 경상도 사투리에서 '김(金) 서방'을 '짐 서방'이라고 부르는 것과 같다. 한국과 일본은 물론 중국이 같은 방향으로 언어가 바뀐 사례이다. 언어의 변화에 대해서는 전문적인 언어학자에 맡기고 필자는 비서갑(菲西岬)은 단군왕검이 수도로 정한 아사달(阿斯達)지역을 흐르는 강이며 여기서 터 잡아 살던 세력집단인 웅씨(熊氏) 왕검(王儉)의 비왕(裨王)이 되었다가 딸을 아내로 맞이하여 요샛말로 치면 처가 덕을 단단히 보았으리라고 추측할 수가 있다.

이러한 스토리는 고구려를 세운 동명왕의 탄생설화와도 같고 나중에 주몽이 남하하여 졸본부여에서 소서노와 결혼하는 것과도 유사하며, 더 나아가 일본의 신화에서도 바닷가의 세력가의 딸과 결혼하는 이야기가 다시 반복된다.

대릉하(大凌河: Dalinghe)에 대한 (두산백과)사전에서의 설명이다.

중국 랴오닝성(遼寧省) 서부의 강줄기를 합쳐 랴오둥만(遼東灣)으로 흘러드는 강이며, 길이 397km, 유역면적 2만 200㎢이다. 북쪽의 누루얼후산(努魯兒虎山)과 남쪽의 헤이산(黑山)에서 발원하여 커라친줘이멍구족(喀喇沁左翼蒙古族) 자치현 다청쯔(大城子) 동쪽에서 합류하여 북동쪽으로 흐른 뒤 베이퍄오시(北票市) 다반(大板) 부근에서 다시 남동쪽으로 흘러 링하이시(凌海市)를 거쳐서 요동만으로 흘러든다. 함사량이 높아 토지가 유실된다. 여름에서 가을에 걸친 증수기(增水期)에는 하구에서 약 50km까지 범선이 거슬러 올라갈 수 있다.

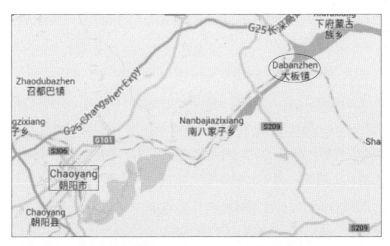

<조양시(朝陽市)와 대판(大板)의 위치(구글 지도)>

<다반(大板)의 일본어 발음>

한자	음독	훈독
大	おお(오오)	たい(다이)
板	いた(이다)	はん(한)
大板	① おおいた(오오이다)=음독+음독 ② おおはん(오오한)=음독+훈독 ③ たいはん(다이한)=훈독+훈독	

　여기서 우리는 주목할 것이 2가지가 있다. 첫째는 조선의 수도였던 조양시(朝陽市)에서 대릉하가 흐르는 동쪽 방향으로 32km 거리에 다반진(大板鎭: Dabanzhen)이라는 곳이 있다. 다반(大板)은 일본어로 おおはん(오오한)이나 たいはん(다이한)으로 발음할 수가 있다. 바로 오환(烏桓)이나 대한(大韓)과 같다. 지금 일본의 오오사카(大阪)와 같은 말이다. 두 번째는 대릉하가 함사량, 즉 물에 흙을 포함하는 양이 높다고 하였으며, 지금도 여름가을에 수량이 많을 때에는 하구에서 50km까지 배가 올라갈 수가 있다고 한다. 아마도 옛날에 지금처럼 건조하지 않고 비가 많이 오고 산림이나 초원이 많을 때에는 강에 흐르는 물의 양도 많고 깊어서 지금보다는 훨씬 더 상류로 배가 다녔을 것으로 추정된다. 다반진(大板鎭)은 당시의 바다에서 100여km 상류에 위치하고 있으니까. 겨울―봄 기간의 갈수기와 강물이 얼어붙는 동절기를 제외하면 배가 드나들 수 있는 조건이 되었을 것이다. 수도 아사달에서 32km만 가면 포구에 도착할 수가 있다는 뜻이며, 심지어는 아사달까지도 배가 드나들었을 수도 있다. 이로 볼 때 조선이 건국할 때부터 해양국으로서의 기능도 하였다는 것을 짐작할 수가 있다.

　따라서 우리는 아사달(阿斯達)이 지금의 조양(朝陽)이라는 것을 언어에서 확실히 증명할 수가 있고, 조양을 흐르는 강인 비서갑(非西岬)이 능하(菱河), 즉 지금의 대릉하(大凌河: Dalinghe)가 역사기록과 일치하므로 신빙성을 더해준다.

그리고 단군이 다스리는 진조선(辰朝鮮)의 영토는 만주는 물론 연해주와 동시베리아, 몽골, 내몽골 북부지역을 포함하는 광대한 지역이다.

3) 왼쪽에 있는 막조선(莫朝鮮)의 위치와 강역 추정

역사기록으로는 막조선(莫朝鮮)이 위치와 강역에 대하여 구체적으로 어디라고 알 수 있는 단서를 발견할 수가 없다. 다만 6세 단군 달문(B,C, 2083~B.C. 2048)시기의 기록에 '모한(慕韓)은 왼쪽을 보살피고 번한(番韓)은 그 남쪽에 대비하여 …'라는 구절이 있다. 그리고 진한 남쪽 살수에서 배를 만들고, 삼도(三島)의 왜(倭)가 반란을 일으켰을 때에 마한이 진압한 것을 보면 막조선(莫朝鮮)의 영역은 발해만 북쪽 연안을 포함하여 한반도와 일본으로 추정된다.

서쪽의 경계가 어디까지인지를 짐작할 수가 있는 기사가 있다. B.C. 1122(기묘년)에 은(殷)나라가 멸망했다. 그 후 3년 만인 신사년에 주왕(紂王)의 삼촌 서여(胥餘)가 태행산 서북쪽 땅에 피하여 산다는 정보를 듣고, 막조선(莫朝鮮)에서는 모든 주와 군을 두루 조사하고 군사를 사열하고 돌아왔다고 하였다(己卯 殷滅. 後三年辛巳 子胥餘避居太行山西北地 莫朝鮮聞之 巡審諸州郡閱兵而還). <마한세가>

기(箕)지방은 지금의 산서성 진중시(晋中市) 유사현(榆社縣) 기성

진(箕城鎮)으로 추정된다. 그러니까 태행산맥에서 한참을 서남쪽으로 가서 기(箕)지방 부근까지가 서쪽 한계인지 아니면 지금의 내몽골을 포함하여 중앙아시아까지일지도 모른다. 그 이유는 B.C. 238년에 조선이 멸망하고 B.C. 194년에는 번조선이 위만에게 멸망하자 중마한(中馬韓)을 건국하였는데 그 수도가 달지국(達支國)이라고 하였다. 뒤에 중앙아시아에 월지국(月支國)이라는 나라가 있었다. 이 월지국이 달지국이라면 중앙아시아까지가 그 영역이 된다.

4) 남쪽에 있는 번조선(番朝鮮)의 위치와 강역 추정

번조선(番朝鮮)은 지금의 북경과 당산시 진황도시 일대에 있었다. 번조선의 위치와 강역에 대해서는 다음에 별도로 다루기로 하자. 번조선 문제는 우리의 역사를 바로 이해하는 데 너무나도 중요하므로 한중 양국의 역사서를 종합하여 명확하게 밝힐 필요가 있기 때문이다.

5) 조선(朝鮮)의 남쪽 강역은 양자강 이남까지였다

우리 민족이 언제부터 중원대륙에 진출하여 살았는지는 다음에 이야기하기로 하고 우선 여기서는 단군왕검 시기에 중원을 어떻게 관리하였는지를 알아보자. 우선 중요한 기사 몇 개를 소개한다.

<번한세가>에 나오는 기사이다. '단군왕검은 요(堯)임금과 같은 시대에 살았다. 요(堯)임금의 덕망이 점점 쇠퇴해지자 나라 안에서

서로 땅을 더 차지하려고 끊임없이 다투었다. 천왕은 마침내 순(舜)에게 명하여 땅을 나누어 다스리도록 하고 군사를 파견하여 주둔시킨 후에 함께 당(唐)나라의 요(堯)임금을 정벌하기로 약속하고 실행에 옮겼다. 요(堯)임금이 마침내 굴복하고 순(舜)에게 의지하여 생명을 보전하고 나라를 양보하였다. 그래서 순임금의 부자 형제가 다시 같은 집에 살게 되어 나라를 다스리는 도는 효도와 형제간의 우애를 우선으로 하였다(檀君王儉 與唐堯並世 堯德益衰來 與爭地不休 天王乃命虞舜分土而治 遣兵而屯約以共伐唐堯 堯乃力屈 依舜而保命以國讓 於是舜之父子兄弟 復歸同家 蓋爲國之道 孝悌爲先).'

위의 기사가 말하는 사실은 요(堯)임금의 실정으로 국가기강이 무너져 내란상태가 계속되자 단군왕검이 군사를 지원하여 요(堯)임금이 제위를 순(舜)임금에게 양위하도록 지원하였다는 것이다. 따라서 중국 역사에서 말하는 요순(堯舜)의 태평시대와 아름다운 양위(讓位)가 모두 허위라는 것이다.

그리고 <단군세기>에 나오는 기사이다. 'B.C. 2267년에 단군께서 태자 부루(扶婁)를 파견하여 도산(塗山)에서 우사공(虞司空) 벼슬에 있는 우(禹)와 만나게 하여 오행치수(五行治水)의 방법을 전하여 주고 나라의 경계도 정하였다. 이때에 유주(幽州)와 영주(營州)가 우리에게 속하였다. 또 회대(淮垈)지방의 제후들을 평정하여 분조(分朝)를 두고 이를 다스렸는데 우순(虞舜)임금에게 그 일을 감독하게 하였다(甲戌六十七年 帝遣太子扶婁 與虞司空會 于塗山 太子傳五行治水之法 勘定國界 幽營二州屬我 定淮垈諸侯 置分朝以理之 使虞舜監其事).'

회대(淮垈)지방이란 회하(淮河)와 대산(垈山)의 합성어로서, 지금의 중원대륙에서 양자강 이북에서 산동반도까지 동부 전체를 말한다. 대산(岱山)은 지금의 태산(泰山)의 옛 지명이며 산동성 태안시(泰安市)에 있다. 중국 최초의 사전인 『설문해자』에 보면 '대(岱)는 대산(岱山)이다. 대종(岱宗)은 태산(泰山)이다'라고 하고 있어 대(岱)가 바로 태산(泰山)임을 알 수가 있다.

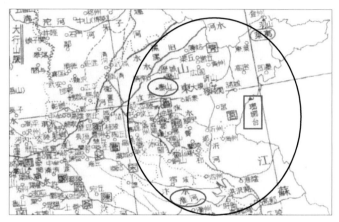

<회대(淮岱)지방: 회하(淮河)와 대(岱: 지금의 태산) 사이이다.
사각형은 낭야대(瑯琊台)이다.>

그리고 태자 부루가 도산(塗山)에서 우사공(禹司空)을 만나서 오행치수법(五行治水法)을 전하여 주었다는 것은 중국의 고대 역사에서도 엄청나게 중요한 사건으로 기록하고 있다.

또한 단군왕검 때에 이 회대(淮岱)지방에 분조(分朝), 즉 지금말로 식민지를 두고 순(舜)임금을 책임자로 임명하였다. 무슨 의미인가? 순(舜)임금은 조그만 소국이었으며, 우리의 식민지에 소속되어 있었다는 것을 알 수가 있다.

다음은 회대(淮岱)지방을 후에는 구려(九黎)라고 불렀으며, 구려를 어떻게 통치하였는지를 알려주는 기사가 <번한세가>에 있다. 바로 '우(虞)를 낭야성(琅耶城)에 상주시켜 구려 식민지의 관리에 대한 논의를 결정하도록 하였다(置監虞於琅耶城 以決 九黎分政之議)'는 기록이다. 순(舜)임금을 우순(虞舜) 또는 제순유우(帝舜有虞)라고 한다. 그러니까 처음에는 순(舜)임금을 감독관으로 임명하여 구려(九黎)를 관리하게 하였으나 이제는 아예 그를 낭야성(琅耶城)에 상주시켜 구려를 다스리도록 하였다는 뜻이다.

<번한세가>에 번조선의 2대 한(韓: 왕)인 낭야(琅邪)가 가한성(可汗城)을 개축하였는데, 낭야가 세웠다고 일명 낭야성(琅邪城)이라고도 하였다. 낭야성(琅邪城)이 곧 낭야성(琅耶城)이다. 중국 최초의 사전인『설문해자』에 '지금 연주부 제성현 동남 140리에 옛 낭야성이 있다(今兗州府 諸城縣 縣東南 百四十里 有故琅邪城). …… 거기에는 낭야산이 있다(其地 有琅邪山). ……『산해경』에서 말하기를 낭야대가 발해군 한비에 있다(山海經云 琅邪臺在渤海郡開非也).' 즉, 낭야성(琅耶城)과 낭야산(琅邪山), 낭야대(琅邪臺)는 현재의 산동성 제성현(諸省縣) 동남쪽이 있다고 하고 있으며 또한 그 지역에 발해군(渤海郡)도 있다. 여기가 중원인 회대지방을 관할하는 중심지역이다. 가한성(可汗城)은 무슨 뜻인가? '한(韓)'이 '가한(可汗: Khan)'이라는 의미이다.

지금의 중국 지도에서 낭야성을 하번 찾아보자. 산동반도 남부 해안에 청도(青島: 칭다오)시가 있으며 해안을 따라 서남방향 아래쪽으로 45km 거리에 교남시(胶南市) 낭야진(琅琊鎭)이 있다. 옛날에는 제성현(諸城縣)에 소속되어 있었다고 한다. 그리고 그 아래에 낭야대

만(琅琊台灣)이 있다. 첨부한 지도에는 안 나오지만 낭야진의 아래 오른쪽 뾰족이 튀어나온 반도의 끝에는 낭야산(琅琊山)이 있다. 특히 '낭야진성 동촌 촌민위원회(琅琊镇城 东村 村民委員会)'라는 것이 있는 모양인데 분명히 성(城)이 있었다는 증거를 가지고 있다. 바로 낭야성(浪耶城)이 아니고 무엇이겠는가?

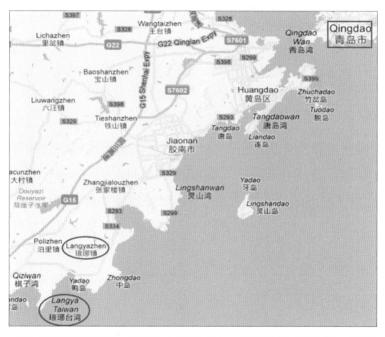

<왼쪽 하단 낭야진(琅琊鎭): 옛 낭야성(琅耶城)이다. 그 아래에 낭야대만이 있고, 오른쪽 위 62km 거리에 청도가 있다. (구글지도)>

또한 『산해경』의 해내동경(海內東經)에 1154번에 낭야대(琅邪台) 기사가 있다. '낭야대는 발해(渤海)와 낭야(琅邪)의 동쪽 사이에 있다. 곽박(郭璞)이 주석하기를 지금의 동해 구현의 경계에 있다고 하였으나 석의행(郝懿行)은 말하기를 기주부(沂州府: 지금의 산동성 임기현 臨沂縣)에 있다고 하였다[琅邪台在渤海間 琅邪之東 郭璞云 今在東海朐縣界 郝懿行 云 琅邪臺在 今沂州府(今 山東省 臨沂縣)].'

그러나 임기현(臨沂縣)은 낭야대보다는 서쪽으로 100km나 떨어진 지점에 있다. 그리고 여담으로 구글지도에서 낭야진(琅邪鎭)의 동쪽 해안에 '서복 동도 계항처(徐福 東渡 啓航處)'라는 표시가 있다. 진시황을 위하여 불로장생하는 불로초(不老草)를 구하러 삼신산(三神山)을 찾아나선 사람이다. 우리의 삼신(三神)신앙의 삼신ㅅ・ㄴ(三神山)이 중국에서는 신선들이 사는 산(山)으로 둔갑을 하였다.

그리고 그 후에도 낭야(琅耶)를 계속 관리한 기록이다. 'B.C. 2267 년에 태자 부루(扶婁)가 명을 받고 도산(塗山)으로 가는 도중 낭야(琅耶)에 보름 동안 머물면서 백성들의 형편을 물었다. 이때 순(舜)임금도 사악, 즉 신하들을 거느리고 와서 물을 다스리는 등 여러 일을 보고하였다. 번한(番韓)이 태자의 명을 받아 경내에 경당(局堂)을 크게 일으키고, 아울러 태산(泰山)에서 삼신(三神)에게 제사 지냈다. 이때부터 삼신의 옛 풍습이 회대(淮岱)지방에서 크게 퍼졌다(甲戌 太子扶婁 以命往使塗山路次 琅耶留居半月 聽問民情 虞舜亦率四岳報治水諸事 番韓以太子命令 境內大興局堂 並祭三神于泰山 自是三神古俗大行 于淮岱之間也).' <번한세가>

위의 기사에서 우리가 주목해야 할 중요한 사실이 있다. 바로 태자 부루의 명을 받아 번조선의 왕인 번한(番韓)이 경당(局堂)을 크게 일으키고 태산(泰山)에서 삼신(三神)에게 제사를 지냄으로써 삼신의 옛 풍습이 회대(淮岱)지방에서 크게 퍼졌다는 것이다. 그렇다면 중원 천지에 우리의 삼신(三神)신앙의 흔적이 남아 있어야 한다. 다음에 중국의 역사에서 검증해보도록 하자.

이상에서 우리는『한단고기』의 기사를 인용하여 단군조선 초기에 중원을 어떻게 관리하였는지를 알아보았다.

그러면 그 이후에는 어떻게 되었을까? 식민지 구려(九黎)의 일개 속국의 왕이었던 순(舜)임금은 치수에 공이 있는 우(禹)에게 제위를 물려주어 하(夏)나라가 세워지고 다시 은(殷)나라로 이어진다. 하(夏)나라와 은(殷)나라의 정권교체에 주도적인 역할을 하는 기사가 있다. 13세 단군 흘달(屹達) 시기인 B.C. 1767년의 일이다.

'이해 겨울에 은(殷)나라 사람이 하(夏)나라를 정벌하니 하나라 걸(桀)왕이 구원을 청하였다. 이에 흘달단제께서 읍차인 말량(末良)으로 하여금 구한의 군대를 이끌고 가서 싸움을 돕게 하니, 은(殷)나라의 탕(湯)왕이 사신을 보내 사죄하였다. 이에 말량에게 어명을 내려 군사를 되돌리게 하였는데, 하나라 걸왕은 조약을 위배하고 병사를 보내 길을 막고 약속을 깨려고 하였다. 이에 은(殷)나라 사람들과 함께 하(夏)나라 걸(桀)왕을 정벌하기로 하여 몰래 신지 우량(于亮)을 파견하여 견(畎)의 군대를 이끌고 가서 낙랑(樂浪)과 합쳐서 진격하여 관중(關中)의 빈(邠)과 기(岐)의 땅에 웅거하며 관청을 설치하였다(是歲冬 殷人伐夏 其主桀請援帝 以邑借末良率九桓之師 以助戰事湯 遣使謝罪 乃命引還 桀違之遣兵遮路 欲敗禁盟 遂與殷人 伐桀 密遣臣智于亮 率畎軍合與樂浪 進據關中 邠岐之地 而居之設官制).'

서쪽 낙양지역에서 왕조가 교체되는 싸움에서 조선은 처음에 군대를 파견하여 하(夏)나라 걸(桀)왕을 도왔다. 그러나 걸(桀)왕이 신의를 저버리자 이번에는 은(殷)나라의 탕(湯)왕을 도와 하(夏)나라를 멸망시켰다. 그리고 이러한 혼란한 틈을 타서 관중(關中)의 빈(邠)과 기

(岐)지방을 점령하고 관청을 설치하여 다스렸다고 한다. 그리고 22세 단군 색불루(索弗婁) 시기인 B.C. 1266년에 여파달(黎巴達)에게 병사를 주어 진격하여 빈(邠) 기(岐)지방에 웅거하도록 하면서 그곳의 유민과 서로 단결하여 나라를 세워 여(黎)라 칭하고 서융(西戎)과 함께 은(殷)나라 제후들 사이를 차지하고 있도록 하였다고 기록하고 있다.

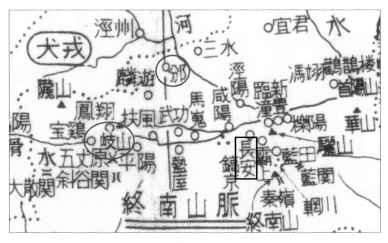

<빈·기지방의 위치: 장안 서북지방이다. 왼쪽 위에 견융이 있다.>

이때에 협조한 현지의 견(畎)을 나중에는 서융(西戎)이라고 하는 것은 서화인들이 그렇게 불러 역사에 기록한 것을 그대로 따랐을 것으로 본다. 이 집단은 나중에 주(周)나라와 적대적이거나 협조적인 관계에 있었다. 그리고 상(商)나라를 은(殷)나라라고 한 것도 역시 중국의 사서를 보고 기록한 것으로 보인다.

그러면 두 번이나 침략하여 경영한 빈(邠)·기(岐)지방은 어디일까? 빈(邠) 지방은 섬서성 순읍현(旬邑縣)의 서남쪽에 있는 지역이며,

<미군이 촬영한 서안 피라미드>

<Hartwig Hausdorf 촬영 서안 피라미드>

<Hartwig Hausdorf 촬영 서안 피라미드>

<Hartwig Hausdorf 촬영 서안 피라미드>

기(岐)지방 역시 섬서성 기산(岐山)의 동쪽에 있는 지역으로서 보계시(宝鷄市) 기산현(岐山縣)이다. 모두 서부고원지대에 속하지만 대단히 기름지고 넓은 관중평원에 연해 있다. 지금의 서안에서 서쪽과 서북쪽으로 100km 정도 떨어진 거리에 있다.

피라미드 하면 우리는 이집트를 떠올리고 다음은 멕시코의 아스테카문명을 생각한다. 그러나 미국의 일리노이주 키호키아에도 흙으로 쌓은 피라미드가 있으며, 최근에는 중국 요녕성 홍산문화 유적에서 세계 최고의 피라미드가 발견되었다고 중국에서 말하고 있다. 그런데 지금까지도 외부 세계에 알려지지 않은 피라미드가 중국 관중평원 서안 일대 70마일(112km) 범위에 100여 개가 있다.19) 이집트나 다른 세계의 피라미드만큼 큰 규모도 있다. 그런데

19) 집단적으로 분포하는 지역은 구체적인 위치확인이 안 된다. 그러나 다음의 ①, ②번은 함양시 인근에 있는 것이며, ③번은 진시황능이라고 알려진 피라미드이다. 그러나 중국역사에서 이러

왜 외부에 알려지지 않았을까? 중국 당국이 공개하지 않고 외부 유출을 단속하고 있기 때문이다. 외부에 유출되어 인터넷상에 나도는 사진은 제2차 세계대전 당시 1945년에 미군이 촬영한 것이 있고 독일의 작가인 Hartwig Hausdorf가 몰래 찍은 사진이 있고, 최근에는 구글지도에서 찾은 위성사진이 있다.[20] 어떻게 중국의 서부 벽지에

<구글지도(위성사진)에 나타나는 서안의 피라미드>

<집안의 피라미드(좌: 항공사진, 우: 장군총)>

한 피라미드를 조성한 사실이 의심스럽다. 진시황릉이 아닐 가능성이 많다. 모두를 발굴해 보면 진실이 밝혀질 것이다.(확인하고 싶은 독자는 앞의 좌표를 구글지도에 입력하면 찾아준다

① 34°23′ 51.66″ N 108°42′ 43.49″ E(Shaanxi, 함양시 위성구 동대한촌. Büyük Beyaz Piramit: 가로 206m×세로 253m)

② 34°13'15.7"N 109°05'47.5"E(Shaanxi, 시안시 바차오구: 가로 150m×세로 170m)

③ 34°22'55.0"N 109°15'13.0"E(秦始皇陵: Shaanxi, Xian Shi, Lintong Qu. Qin Ling Lu: 가로 666m×세로 506m)

20) 사진 출처: http://www.earthquest.co.uk/articales/theory2.html

<또 다른 서안 피라미드 사진>

거대한 피라미드가 집단적으로 분포하고 있을까? 지금까지 알려진 피라미드 중에서 가장 오래된 원조는 홍산문화 유적의 피라미드라고 한다. 그러나 일부 사람들은 이집트의 피라미드가 1만 2천 년 이전에 조성된 것이라고 하며 압록강변 집안에 있는 1만여 개의 피라미드 중에서 우리가 장군총 등 돌무덤으로 알고 있는 피라미드는 고구려시대의 유물이 아니라 적어도 1만 년 이전에 만들어진 것이라고 한다. 서안에 있는 피라미드도 1만 년 이전에 만들어졌을지도 모른다. 홍산문화 유적이나 집안의 피라미드는 우리 민족의 것이므로 우리 민족이 피라미드의 원조이고, 이미 3800여 년 전에 관중평원을 점령한 기록이 있다. 아마도 이 지역은 태곳적부터 우리 민족의 연고지일 것으로 추정된다. 중국정부가 대대적으로 자랑하고 관광상품으로 개발한다면 엄청난 수입과 문화국으로 위상이 높아질 터인데도 숨기고 쉬쉬하는 것은 자기한테 불리하기 때문이다. 바로 그들이 말하는 동이(東夷)의 유적이라고밖에 달리 해석할 수가 없는 이유라고 본다. 독자 여러분도 서안을 여행할 기회가 있으면 한 번 찾아보기를 바라며 구글지도도 검색해보기를 바란다. 많은 정보가 쌓여 우리의 문화유산, 더 나아가 세계의 문화유산으로 보존할 필요가 있다. 중국은 지금의 역사를 기록하기 시작하면서부터 역사왜곡과 문화파괴를 일삼아왔다. 대표적으로 진시황의 분서갱유가 그렇고 근래의 모택동

시절에 홍위병에 의한 문화혁명이란 미명하의 문화파괴, 그리고 작금에 진행되고 있는 동북공정과 만주지역 유물의 파괴와 변조가 그 좋은 예이다. 인류문화유산을 훼손하고 멸실하지 못하도록 세계인이 나서서 감시를 하여야 하지 않을까?

세월이 흘러 나중에는 상(商)나라는 세월이 지나면서 세력이 커져 조선과는 점차 적대관계로 변하여 싸우는 기사가 많이 나타난다. 2세 단군인 부루(扶婁)가 사망한 B.C. 2183년 이후부터 조선(朝鮮)이 멸망하는 기간까지에 일어난 중원과의 관계기사를 모두 뽑아보았다. 전체적으로 47회의 기록이 있다. 거의 전부가 하(夏)라와 상(商)나라 시대이며, 중국의 역사가 본격적으로 시작되는 주(周: B.C. 1122경~256)나라 시대에는 단지 3회만이 중앙정부와 관련되는 기사를 언급하고 있으며 그것도 수교사실과 조공사실만을 전하는 짧은 기록뿐이다. 다만 35세 단군 사벌(沙伐: B.C. 772~B.C. 705) 이후에는 연(燕)나라와 제(齊)나라와의 관계기사가 나오며 왕이나 제후의 이름이 나오지 않고 조공을 받거나 싸우는 기사만 나온다. B.C. 707년부터 마지막으로 B.C. 252년까지는 연(燕)나라에 관한 기사가 자주 등장한다. 이는 주나라나 연나라가 조선과는 적대적인 국가라는 것을 암시하고, 또한 조선이 중원의 무대에서 점점 밀려나서 변방의 국가로 전락해가면서 주(周)나라의 제후국인 연(燕)나라와만 관계하는 위치가 되었다는 것을 보여주고 있다. 그러고는 연(燕)나라와의 기사가 좀 더 자세하게 기록되었다. 이러한 두 가지 사실이 암시하는 것은, 우선 조선이 대륙의 중심지에서 점차 세력을 상실해가면서 원래의 본거지인 북경지방 이북으로 후퇴하여 갔다는 것을 알 수가 있고, 다음은 주(周)나라가 이질적인 집단이어서 그만큼 교류가 없었다는 것을 알 수가 있다.

조공 받음	전쟁·화친	외교	문화교류	기타	계
8	22	6	3	8	47

6) 조선의 멸망과 북방의 여러 민족의 발흥과 융화

조선은 단군왕검이 B.C. 2333년에 건국한 지 2095년이 지난 B.C. 238년에 멸망하였다. 동북아 전체를 아우르던 대제국이 멸망하였다. 북부여가 계승하였다고는 하나 멀리 북방 한구석에서 이전의 조선처럼 전체를 통제할 힘이 없었다. 이에 더하여 B.C. 194년에는 남쪽의 번한(番韓)마저 연(燕)나라의 위만(衛滿)에게 찬탈당하고, 위만조선은 얼마 지나지 않은 B.C. 108년에 한(漢)나라에 멸망당하였다.

제국의 울타리가 없어지자 그 구성원이었던 여러 민족이 일어나서 패권을 다투고 이합집산을 거듭하다가는 멸망하는 등의 역사의 파노라마가 계속된다. 이러한 격변의 시기에 제일 먼저 세력을 발휘한 민족이 흉노(匈奴)이며 이어서 돌궐(突厥)이 등장하고, 오환(烏桓)이나 선비(鮮卑)가 뒤를 잇는다.

이들 민족은 모두가 중원을 차지하기 위해 서로 간에는 물론 남쪽의 기존 세력과도 치열하게 각축전을 벌인다. 이러한 과정이 진나라가 통일한 B.C. 221년 즈음부터 시작되어 한(漢)나라를 거쳐, 삼국시대, 5호16국, 북위, 동위, 서위, 북제, 북주, 그리고 마지막으로 수나라가 멸망하는 618년까지 800여 년간 계속되었다.

이런 과정에서 오환족을 선두로 하여 선비족을 포함한 북방의 여러 민족은 서화족과 결합하여 새로운 혼혈민족인 중화족(中和族)을 탄생시켰다. 서화족(西華族)은 북방 유목민족으로 개량되었고, 유목민족은 서화족으로 개량되었다. 혼혈은 이미 역사가 시작되기 이전부터 시작되었으며, 특히 배달국 시대에는 수많은 사람들이 중원으로 흘러들어가서 현지의 여러 민족과 교류하면서 혼혈이 이루어졌다. 사실은 처음부터 서화족은 없었던 것이다. 따라서 지금도 중원대륙에 살고 있는 사람들에게 족(族)이라는 혈연적인 색채가 강한 민족개념을 붙일 수가 없다. 누가 지금 북아메리카에 살고 있는 미국인을 영어를 쓴다고 해서 앵글로색슨족이라든가 영국민족이라고 하는가? 아니면 아메리카족이라고 하는가? 마지막으로 조선이 멸망하고 제국이 해체되면서 여러 민족의 행적을 표로 정리하였다.

<조선의 멸망과 그 이후의 승계국가들>

조 선 (B.C. 2333 건국)						
번 한 (멸망)B.C. 194	←	마 한 (멸망)B.C. 238 (진한 ?) →				진 한 (멸망)B.C. 238
위만조선 (멸망) B.C. 108	중마한 (B.C. 194~B.C. 127)		흉 노	(한반도)		북 부 여 동부여 (B.C. 86)
(잔류민 동화)	오 환 (변한?) (멸망) AD207	선 비	남흉노	북흉노·돌궐 ↓ 서아시아로 이동 (몽골 발흥)	백제 (이잔 백잔) (B.C. 18)	신 라 (B.C. 57) 가 야	고구려 (B.C. 37)
(잔류민 동화)						

CHAPTER 05

고대의 첨단산업인
쌀농사와 비단과 철의 생산,
그리고 용(龍) 숭배신앙은
우리 민족이 원조이다

1) 쌀농사는 한반도에서 시작되었다

우리 인류가 언제부터 농사를 짓기 시작하였을까? 아프리카에서는 1만 5000년 전부터 밀과 보리, 콩을 재배하였다고 한다. 그러나 이는 지금까지 그 증거가 발견되었다는 것이 그렇다는 것이지 어디선가에서는 그보다는 훨씬 이전의 이른 시기부터 작물을 재배하였을지도 모른다. 동북아지역은 어떠할까? 온대 계절풍지역으로서 벼의 생육에 적합한 기후조건을 갖춘 이 지역에서 일찍부터 벼농사가 발달하였을 것이라는 것은 상식적으로 추측할 수가 있다. 벼는 지금도 가장 많이 재배하고 있는 작물이다. 얼마 전까지만 해도 세계 최초의 재배벼로 공인된 것은 양자강 상류에서 발견된 벼로서 자그마치 1만 1000년 전에 이미 벼농사가 시작되었다는 것이며, 다음으로는 지난 97년에 중국의 황하(黃河)강변 강서(江西)성 선인동에서 출토된 볍씨는 1만 500년 전의 것이라고 한다.

그러나 이들 볍씨보다 더 오래된 세계 최고(最古)의 볍씨가 한국에서 발견되었다.[21] 충북대학교 이융조 선사고고학 교수팀이 1997

---

21) 문화일보 2003.10.22, 중앙일보 2011.9.9. 보도.

<소로리 위치(위)와 발견된 볍씨(아래)>

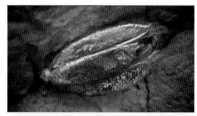

단립종(短粒種·짧은 벼: Japonica Type)

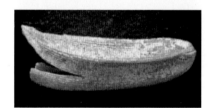

장립종(長粒種·긴 벼: Indica Type)

~2001년간에 충북 청원군 소로리의 토탄층(土炭層) 땅속에서 탄화(炭化)된 고대 볍씨 18톨을 찾아서 미국의 방사성 탄소연대 측정기관인 지오크론(Geochron)과 서울대의 AMS연구팀에 의뢰한 결과 무려 1만 5000년 전의 볍씨인 것으로 공인받았다고 한다. 지금까지 벼농사의 기원으로 알려진 중국의 볍씨보다 4000년 이상 앞선 세계 최고(最古)의 볍씨다. 돌칼로 수확한 흔적이 있었다고 하니 야생벼가 아니라 야생벼와 재배벼의 중간 단계인 '순화벼'라는 결론을 세계 학계에 발표했다. 품종은 지금 한반도에서 재배하여 주식으로 하고 있는 단립종(短粒種·짧은 벼: Japonica Type) 14톨과 장립종(長粒種·긴 벼: Indica Type) 4톨이다. 단립종(短粒種)은 동글동글하고 찰진 북발계통의 벼이며 장립종(長粒種)은 흔히들 '안남미'라고 부르던 길쭉하고 찰기가 없어 푸석푸석한 남방계통의 벼이다. 세계 최초라고 알고 있던 중국벼는 장립종(長粒種)뿐이었다. 그러나 B.C. 3300~B.C. 2300년에 양자강 하류에서 형성된 양저문화 유적에서는 장립벼와 단립벼가 비슷한 비율로

발견되었다고 한다. 이는 시대가 지나면서 한반도의 단립종 벼가 서쪽으로 전파되어 점차 많이 재배되기 시작하였다는 것을 알 수가 있다. 마지막 빙하가 끝나는 1만 여년 전에는 해수면이 지금보다 100m가 낮았다고 하는데 서해바다는 수심이 평균 40여m에 불과하다. 이때는 지금의 서해바다는 육지였으므로 대평원 동쪽에서 서쪽으로 벼재배가 확장되었다는 의미이다.

그렇다면 한반도에서 중원대륙보다 최소한 4000여 년 이전부터 벼농사가 시작되었으며, 우리의 단립종은 길게는 1만 5000년 전에서부터 짧게는 4300년 전 사이에 중원에 퍼졌다는 결론이 나온다. 도대체 어떤 일이 벌어졌을까? 중원을 지배한 치우천왕의 재위기간이 B.C. 2707~B.C. 2599년인데. 이는 양자강 하류에서 단립벼가 발견된 양저문화(B.C. 3300~B.C. 2300)와 시기가 일치한다. 벼농사가 한반도에서 중원으로 전파되었다는 역사기록은 없다. 그러나 역사서가 아닌 인류문명 전체를 보면 분명한 증거들을 발견할 수가 있다.

우리말의 벼에 대응되는 한자는 禾(화)이다. 그리고 기장은 黍(서)라고 한다. 벼에 대해서는 모르는 사람이 없을 정도로 친숙한 작물이다. 조상 대대로 주식으로 재배하고 먹어왔으니까 당연한 것이다. 그러나 기장(黍)은 옛날에는 많이 재배하였으나 지금은 구경할 수조차 없는 생소한 작물이 되었다. 기장은 벼와 같은 화본과 작물로서 밭에서 재배하며 50~120cm 높이로 곧게 자란다. 줄기마다 이삭이 나오고 익으면 벼와 같이 고개를 숙인다. 알곡식은 조(粟속)와 비슷하나 조보다는 굵다. 원산지가 어디인지는 명확하지 않으나, 동부 아시아나 중앙아시아의 유목민에 의하여 재배되었을 것이라는 견해가 유력하다. 고대 이집트에서도 기장이 재배되었다는 확증이 있다

<기장(黍: 서)>

메의 뜻
1. ① [옛말] '먹이(동물이 살아가기 위해 먹어야 할 거리)'의 옛말 (예) 筧 믈 메 도[출처: 훈몽자회(예산 문고본)(1527) 중: 10] ② (일부 속담에 쓰여) '먹이'를 이르는 말
2. ① 제사 때 신위(神位) 앞에 놓는 밥. 메를 짓다. 메를 올리다. ② 궁중에서, '밥'을 이르던 말 (어원) 뫼[출처: 소학언해(1588)]

고 한다. 그러면 벼가 먼저일까, 기장이 먼저일까? 기장이 먼저이다. 중요한 작물을 일컫는 5곡(五穀)은 시대와 지역에 따라 달라졌지만 기장은 오랜 옛날부터 꾸준히 5곡에 포함되어 온 중요한 작물이며 쌀보다는 지리나 기후조건은 물론 재배여건도 까다롭지가 않으며 고대로부터 서쪽으로는 이집트까지 광범위하게 분포한 작물이므로 그 역사가 오래된 작물임이 임이 분명하다. 그러면 상형문로부터 발달한 한자를 보자. 간단한 글자에서 복잡한 글자를 만들어 가는 한자의 제작원리에 따르면 벼(禾)가 먼저이다. 그런데 기장(黍)이라는 글자를 보면 문제가 있다. 벼(禾)를 사람(人)이 물(水)에 재배하는 것이 기장이라고 한다. 이 무슨 말도 안 되는

말인가? 그러나 글자가 그렇지 않은가? 처음에는 벼가 없었으며 기장이 주곡이었다. 禾(화)에 대한 풀이에서 중국에서는 '고서(古書)에서는 조(粟)를 가리킴'이라고 하였다. 그리고 중국 최초의 사전인 『설문해자』에서 '米(미)'자를 설명하기를 '조의 열매이다(粟實也)'라고 하였다. 그리고 발음은 '메(莫禮切막례절)'라고 하였다. 지금도 제사

181

에 올리는 밥을 '메 또는 메밥'이라고 한다. 그러니까 옛날에는 주곡을 '메'라고 하였음이 분명하다. 지금 사용하는 米(미) 자는 '메'가 원형이다. 필자가 생각하기를 당초에는 기장이 '메'이다가 다음에는 조가 '메'가 되었다고 생각한다. 그리고 지금은 제삿밥만을 가리키는 말로 남아 있는 것이다.

그렇다면 지금의 '쌀'은 무슨 말일까? 옛말로 '메'가 동물이 살아가기 위해 먹어야 할 거리, 즉 먹거리라고 한다면 쌀은 동물이 살아가기 위한 살이 이다. 경북 경주지방의 사람들은 '쌀'이 아니고 '살'이라고 한다.

『설문해자』에서는 벼(禾)를 '가곡(嘉穀)'이라고 하였는데 바로 주곡이라는 뜻으로 보인다.

그런데 나중에 기장과 비슷한 작물이 무논(물논)에서 재배되고 재배법이 발달하여 점차 생산성이 높아짐에 따라 많이 재배되고 주곡이 되었다. 따라서 예전에는 주곡이었던 기장(禾)을 물에서 재배하는 벼(黍)로 자리바꿈을 시킨 결과이다. 결론을 내린다면 '벼(禾)와 기장(黍)'은 주곡의 위치가 바뀜에 따라 언어가 치환된 글자이다. 그러면 우리 민족이 언제부터 쌀(黍)을 주식으로 하였을까? 중국의 고서 중의 고서로서 B.C. 1100여 년경에 처음으로 씌었다고 하는 인문지리서 『산해경(山海經)』 중에서 '<백민국(白民國)>22) 조항이 있다. 백민국에 대해서 설명하기를 '白民 銷姓 黍食', 즉 '백민국 사람들은 무쇠를 만들고 벼(黍)를 키워 먹는다'고 번역할 수가 있다. 우리가 상상할 수 없을 만큼 오랜 옛날부터 쌀을 주식으로 하였다는 증거이다.

---

22) 해외서경(海外西經) 1,016번째.

그리고 벼를 가공한 쌀의 한자 '米(미)'는 누가 발명하였을까? 한자
는 상(商)나라 시대인 B.C. 1200년경에 사용된 갑골문(甲骨文)에서 발
전하였다고 한다. 따라서 우리는 쌀을 뜻하는 '米(미)' 자도 당연히
중원에서 만들어졌을 것이라고 믿는다. 그러나 갑골문보다 2~3천
년 전에 우리의 조상들이 발명하였다. 동부 내몽골자치구에 있는 홍
산문화 유적은 5~6천 년 전의 신석기 문명이다. 피라미드 위의 제단
터에서 '米(미)' 자가 새겨진 깨진 항아리조각이 발견되었다. 쌀을 주
식으로 하였다는 증거이다. 이를 뒷받침하는 연구자료가 있다. 미국
컬럼비아대 교수였던 존 코벨(John Carter Covell: 1910~1966) 박사23)에
의하면 홍산문화에서 대량의 탄미(炭米)를 발견하였는데 그 시기는
무려 1만 7000년 전의 것이며 DNA검사결과 자연산이 아닌 교배종
으로 판명되어 농사기술이 대단히 앞섰던 것을 알 수가 있다.

2) 비단은 만주지방에서 우리 민족이 발명하였다

비단을 영어로 Silk라고 한다. 비단과 관련하여 알아보자. 우리는
동양문명은 모두 서화족의 문화라는 인식의 틀에 얽매여 지내왔다.
과학적인 사실규명이 안 된 기록물들을 신앙처럼 믿어왔기 때문이
다. 비단이 맨 처음 우리의 사서에 등장하는 것은 단군왕검 시기이
다. <단군세기>에서 초대 천왕인 단군왕검 무진 원년(B.C. 2333)에

---

23) 그의 아들 앨런 코벨(Allen Carter Covell) 박사와 함께 지난 1978~1986년 사이에 쓴 논문에서
'인류의 시원문명은 한국인이 이루었다.'고 주장한다고 한다. 저서로 『Korean Impact on
Japanese Culture』가 있다.

'비서갑의 하백녀를 거두어 아내로 삼고 누에치기를 다스리게 하니……(斐西岬河伯女 爲后治蠶……)'라는 기사가 있고, 경자 93년(B.C. 2241)에는 '……도랑을 파고 밭길을 내고 누에를 치도록 권장하였다(……浚溝洫開田陌 勸田蠶)'고 하였다. 이미 4,300여 년 전에 양잠을 황후가 주관하고 백성들에게 적극 장려한 사실을 기록하고 있다. 이러한 전통은 조선왕조까지 이어져 내려왔다.

우리는 앞의 장에서 이미 순(舜)임금이나 하(夏)나라를 연 우(禹)임금은 중국 역사와 전설에서도 2대 단군 부루(扶婁: B.C. 2240~B.C. 2183)와 동시대의 인물이라는 것을 알고 있다. 그렇다면 자연 상태의 누에를 관찰하고 누에고치를 채집하여 실을 만들고 비단(緋緞)을 짰으며 이러한 사전 단계를 오랜 기간 거치고 난 연후에 뽕나무도 심어서 기르고 누에알을 받아 갈무리하였다가 부화시켜 키웠을 것이다. 즉, 인공으로 누에를 길렀을 것이다. 그러니까 누에의 역사는 이보다도 더 오랜 역사를 가졌음이 분명하다.

지금까지 세계에 알려지기로는 최초의 비단은 B.C. 6000년 무렵에서 B.C. 3000년 무렵 사이 고대 중국에서 만들어지기 시작했다고 하며, 중국의 전설에 따르면, 황제(黃帝)의 아내 누조(嫘祖 léizǔ)가 처음 비단을 만들었다고 한다. 갑골문을 판독한 결과에 의하면 그녀는 신농의 딸이자 황제의 아내라고 한다. 그러나 신농과 황제는 580여 년의 시차가 나는 사람들이다. 누조(嫘祖 léizǔ)는 우리말 '누(애)의 (시)조'를 말한다고 본다. 원래는 단음자로 '누'라고 하다가 나중에 새끼나 어린 것을 뜻하는 '애(아이)'가 붙어서 '누애'라고 하지 않았을까? 바로 '누의 애벌레'라는 뜻이라고 본다. 그렇다면 '누조(嫘祖)'는 우리말을 한자의 음을 빌려서 쓴 말이며 중국인들이 발음하는

'레이주(léizǔ)'는 아무런 뜻이 없다. 또 다른 설화는 B.C. 2700년에서 B.C. 2400년 사이에, 산동성 출신의 황후 서능(西陵: xīlíng)이 누에 기르는 방법과 베틀을 발명하였다는 전설이 있다. 이름 중에서 '西(xī)' 자는 '絲(sī)' 자와 발음이 같다고 할 수가 있다. 뒤의 글자 '陵(líng)'이 무슨 의미인지는 더 연구가 필요하지만 그녀의 이름에 '실[絲]'이 들어가 있다. 앞의 누조(嫘祖 léizǔ)와 함께 서화인들도 말 바꿈질을 하였다는 것을 알 수가 있다. 그녀가 정원을 거닐다 누에 고치를 발견하고 이것을 가지고 놀다 실수로 뜨거운 차가 담긴 잔에 빠뜨렸다. 누에고치를 젓가락으로 건져 올리려고 하자 하얗고 가느다란 실이 딸려 나왔다. 여기서 비단이 시작되었다는 것이며, 서능 황후는 중국에서 양잠(養蠶)의 신으로 모셔지고 있다고 한다. 어떻든 이미 황제(黃帝) 당시에 비단옷이 존재하였다. 그러니까 비단의 탄생 시기는 언제인지는 모르지만 더 거슬러 올라가야 한다는 것이다.

최초의 역사기록은 『노사급기(路史汲記)』이다. 감숙성 서안에서 서쪽으로 300km 떨어진 곳에 천수시(天水市)가 있는데 옛 지명은 성기(成紀)였다. 여기에 태호복희(太皞伏犧)의 사당이 있으며 그가 양잠의 시조라고 설명하고 있는 내용이다. "『노사급기(路史汲記)』에 나(羅)가 <성도요람>을 인용해 말하기를 '복희가 누에를 가르쳤다' <백씨첩>을 인용해 이르기를 '복희가 베 짜는 것을 가르쳤다. 사람 들에게 누에에서 실을 잣고 식물에서 섬유를 뽑아 실을 잣고 천을 짜고 바느질하여 옷을 해 꾸며 입으니 사람들로 하여금 추위를 막는 능력을 제고시켰다(羅注引<星圖要覽>云 伏義氏化蠶, 上羅注引 <白氏帖> 云 伏義化布 教人用蠶絲 植物纖維紡線 網織布 縫衣著裝 使人們抵禦寒冷的能力有了大提高)."

<옷감의 재료인 직물의 시작>

천(재료)	시기	발상지
모직물	1만 년 전	메소포타미아
마직물	B.C. 5000	이집트
면직물	B.C. 3500	인도
견직물	B.C. 6000	중국(?)

이상의 설명을 한 번 검토해보자. 황제는 B.C. 2700여 년경의 사람이고 태호복희는 B.C. 2800년 무렵에 살았다고 전하는 전설상의 인물이다. 그리고 장소적 배경은 동이(東夷)지역이다. 태호복희의 고향은 뇌택(雷澤)인데 지금의 산동성 하택시(菏澤市)이며 그의 무덤은 하남성 회양현(淮陽縣) 주구시(周口市)에 있다. 그리고 황제의 선조는 백민국(白民國)에서 중원으로 이민을 갔으며, 그는 지금의 곡부(曲阜)인 공상(空桑)에서 자랐다. 또한 누에 기르는 방법을 알았다는 서능도 산동성 출신이라는 것은 그들이 모두 동이(東夷)라는 것을 말해주므로 결국은 비단은 동이가 발명하였다는 말과 같다. 뒤에서 자세하게 다루겠지만, 중국의 3황5제가 '불암산'에 가서 비단옷을 하사받아 왔다는 기록이 중국의 사서에 있다. 이를 볼 때에 당시 (B.C. 2700~B.C. 2300)에 이미 비단이 보편화되어 있었으리라고 짐작되는데 이때에 비단을 처음 만들었다고 하는 것은 시대가 맞지 않다. 한국의 역사기록은 4300년에 누에치기가 국가적으로 권장할 정도로 중요한 산업이며 일상생활화되었다는 것이다. 그 시기는 묘하게도 치우천왕(B.C. 2707~B.C. 2599)이 산동반도의 청구로 수도를 옮기는 시기 이후이다. 그리고 그 이전의 인물이라고 하는 태호복희는 『한단고기』에서는 B.C. 3500년경의 사람으로 기록하고 있다. 따

라서 기록상으로는 양잠의 기원이 지금으로부터 5500여 년 전이다.

흔히 우리가 'Silk(실크)'라고 하는 영어는 어떤 뜻이 있을까? 바보 같은 질문이라고 하겠지만 우리는 그 뜻을 제대로 모르고 있다. 특히 필자가 그렇다. Silk를 정확하게 이해하기 위해서 우선 누에나 누에고치가 무엇인지를 알아보자. 누에는 뽕나무 잎을 먹고 자라는 벌레이다. 누에의 생활사에 대해서 알아보자. 성숙한 암수나방(나비)이 교미를 한 후에 암나방 한 마리가 3~4일 동안에 500여 개 이상의 알을 낳고 바로 죽는다. 크기가 작아 바늘귀의 끝만큼 되며 100개의 무게가 1g밖에 안 된다. 18.3℃ 정도의 온도에서 부화하여 뽕잎을 먹고 자라서 25~26일 동안에 몸무게가 1만 배로 불어난다. 자라는 동안 늘어나는 몸집을 감당하기 위해 4회에 걸쳐 허물을 벗는다. 다 자라면 사방팔방으로 몸을 돌려가면서 토사구(吐絲口)로 실을 토해내어서 지그재그로 붙여서 7일 만에 고치를 짓는다. 일종의 집이다. 다 짓고 나면 안에서 벌레의 허물을 벗어 번데기로 변한다. 그리고 그 번데기는 다시 허물을 벗어 나방(나비)으로 변한 다음에는 입에서 알칼리성 단백질 용해효소를 뱉어서 고치에 구멍을 내어서 바깥세상으로 나온다. 그러고서는 암수가 교미를 하고 암컷은 알을 낳고

<뽕잎을 먹는 누에>

죽는 것이 누에의 일생이다.

다음은 이 누에고치를 가지고 실을 뽑고 천을 짠다. 나방이 고치에 구멍을 내면 줄이 끊어져서 실을 뽑을 수가 없다. 따라서 실을 뽑기 위해서는 고

치 안의 누에가 번데기 상태일 때에 뜨거운 물에 넣어서 누에고치가 물에 젖어서 실이 풀어지게 하여 실을 뽑는다. 즉, 누에가 실을 토해내어서 지그재그로 뭉쳐놓은 실타래인 고치에서 실을 길게 뽑아내는 것이다. 한 개의 고치에서 나오는 실의 길이가 무려 1.7~2km나

<누에고치>

된다고 한다. 하나의 고치에서 나오는 실은 너무나 가늘고 약해서 5~8개를 합쳐서 한 가닥의 실을 뽑는다. 이 실을 가지고 베를 짜서 명주(明紬) 천을 만든다.

　그러면 이러한 상식을 바탕으로 Silk가 무었을 뜻하는지 알아보자. 사전을 보면 Silk는 누에고치에서 뽑혀져 나오는 한 올(가닥)의 섬유 (fiber), 그 가닥들을 여러 개 모아서 꼰 실(thread), 그 실로 짠 천·옷감·직물(cloth·textile), 그 천·옷감·직물로 만든 옷(garment·gown) 을 통틀어서 부르는 말이다. 필자는 무식하게도 Silk는 비단이며, 또한 비단은 누에고치에서 나온 천(옷감·직물)인 줄로만 이해하고 있었다. 그런데 우리의 사전에서는 명주(明紬)를 '누에의 고치로부터 얻은 천연 단백질 섬유 및 명주실로 짠 천을 통틀어 일컫는 말'이라고 설명하고 있다. 비단(緋緞)은 '명주 가운데 특유의 광택을 띠는 천을 가리키며, 이러한 광택은 빛을 산란하여 프리즘과 같이 형형색색의 반사광을 만들기 때문에 생겨났다'라고 한다. 그리고 명주를 여러 색깔

로 염색을 하고 각종의 문양을 나타내기 위하여 자수를 한다.

silk(명주)
① 누에고치에서 뽑은 한 올(가닥)(filament)의 섬유
② 누에 섬유에서 만든 가는 실(thread)
③ 그 실로 만든 천·옷감·직물(cloth·textile)
④ 그 천·옷감·직물로 만든 옷(garment·gown)

그렇다면 우리가 흔히 사용하는 Silk에 대칭되는 말은 명주이며, 명주천의 일종인 비단이 일반적인 말로 통용되고 있는 것이다.

그러면 영어의 Silk는 어디에서 왔을까? 영어의 고어는 'Sioloc'이라고 하며 이는 그리스어 Serikos, Serikon에 그 어원을 두고 있다. 그리스인들에게 실크를 전해준 동쪽 사람들을 Seres(세레스)족이라고 부른 데서 Serikos, Serikon이 유래하였다고 하며, 나중에 발트 해 쪽과 교류하면서 'r'이 'l'로 변하여 Shelku→Selkai로 변하였다고 한다. 로마제국의 언어인 라틴어에서는 Serica라고 하였다.

A.D. 166년 당시에 이집트 수도 알렉산드리아에는 70만 권의 파피루스 책을 소장하고 있는 알렉산드리아 도서관이 있었다. 도서관장은 프톨레미(Ptolemy 또는 Ptolemaios 프톨레마이오스: A.D. 83경~168경)였으며, 그는 고대 그리스의 수학자, 천문학자, 지리학자였다. 그가 편찬한 '프톨레마이오스 세계지도'에 중국을 'Sina', 수도인 서안을 'Sera'라고 하였으며 'Serica Regio'라는 표현이 나온다. 이를 두고 '비단의 땅'이라고 번역하고 있다. 서방에 비단을 건네준 중앙아시아의 투르크메니스탄 사람들이라고 추측되는 'Seres족'이 전해준 이야기에 근거하고 있다고 한다.

이러한 Silk의 어원은 서방세계의 사정이고 바른 어원은 무엇일까? 비단의 생산지에서 그 어원을 찾아야 하는 것은 당연한 이치이다. 스웨덴의 지리학자로서 19세기 말에서 20세기 초까지 다섯 차례나 중앙아시아를 탐험한 후에 『실크로드(Silk Road)』를 저술한 스벤 헤딘(Sven Hedin)은 Silk(명주)의 라틴어 Serica의 어원은 분명히 중국어의 '絲(sī: 시)'와 한국어의 '실(Sil)'에서 온 것이라 단정하고 있다.24) 그러면 우리의 시각으로 그 어원을 알아보자. 우리말의 실은 중국어로는 絲(sī: 시), 만주어 Sirghe(시르게), 몽골어 Sirkek(시르케크)이라고 한다.

<명주를 뜻하는 여러 언어>

영어	한국어	만주어	몽골어	중국어	일본어
silk	실(sil)	sirghe	sirkek	sī(絲)	いと(이또)

한 번 비교해보자. 중국에서는 일반적으로 사(紗: shā)나 견(絹: juàn)이라고 한다. 이러한 명칭은 비교적 후대에 생긴 언어이고 기본적으로는 絲(sī: 시)이다. 이 말의 어원은 우리말의 '실'이라고 본다. 조선의 구성원이었던 한국·만주(여진)·몽골 등의 동북아시아의 여러 민족의 언어에서 다소의 차이는 있지만 같은 언어에서 출발하였다고 보며, 다만 우리 언어에서는 'g·k' 발음이 후에 어느 시대에 탈락되고 다시 중국으로 들어가서는 'l' 발음도 탈락된 것으로 보인다. 중국에서는 지역에 따라, 시대에 따라 말이 달랐다. 그러나 공통된 것은 'ㄹ' 받침이 탈락된다는 것이다. 그리고 지금 보통어(표준어)인 북경어가 지금 우리가 쓰는 한자 발음과 가장 유사점이 많다. 그

```
Character: 絲
Modern (Beijing) reading: sī
Preclassic Old Chinese: sə
Classic Old Chinese: sə
Western Han Chinese: sə
Eastern Han Chinese: sjə
Early Postclassic Chinese: sjɨ
Middle Postclassic Chinese: sjɨ
Late Postclassic Chinese: sjɨ
Middle Chinese: sjɨ
English meaning : silk
```

<사(絲)의 시대별 발음과 뜻>

리고 絲(sī: 시)의 뜻이 영어로 'Silk'라고 분명히 말하고 있다.[24] 실(Sil·Sirghe·Sirkek)은 영어의 'Silk'에서 보듯이 처음에는 누에고치에서 나오는 가는 섬유에서 여러 가닥을 꼬아 만든 실, 그리고 그것을 짜서 만든 천까지를 아우르는 말이었을 것이다. 그러다 우리나라에서는 그 자리를 명주(明紬)라는 말에 내어주고 단지 우리가 지금 알고 있는 가는 끈의 대명사로 정착하였다고 본다. 우리는 '명주실이나 명주천'이라고 하지 '비단실이나 비단천'이라고는 하지 않는 것도 바로 이러한 어원에 근거하고 있다고 본다. 아마도 '명주(明紬)'라는 말도 순수한 우리말일 가능성이 많다고 본다. 다만 한자를 음차하여 사용할 뿐이다. 중국어에서 사용하지 않는 말이다. 그것은 중국어가 아니라는 말이다.

지금은 러시아의 영토가 되어 있는 시베리아의 바이칼 호 동부지역에 있는 아무르(Amur) 강의 상류에 560km에 달하는 Shilka라는 강이 있다. 그 상류의 지류는 북쪽에 Ingoda 강(708km)과 남쪽에 Onon 강(818km)이 있다. Shilka 강의 어원은 Evenki(에벤키)어로 '좁은 계곡'을 뜻하는 'Silki'에서 왔다고 한다.[25] 우리말에 '실개천'이라는

---

24) http://starling.rinet.ru/cgi-bin/query.cgi?basename=\data\china\bigchina&root=config& morpho=0]:(Search for data in Chinese characters) 참조.

25) 위키피디아 자료 참조.

말이 있다. 작아서 실처럼 가는 개천, 즉 조그만 개천을 뜻하듯이 Shilka 강은 실처럼 가늘고 좁은 계곡의 강을 의미한다. 이처럼 Silk(명주실)의 어원을 현지의 지명에서도 그 흔적을 찾을 수가 있다.

양잠이 언제부터 시작되었는지는 고고학의 발달로 서서히 그 윤곽이 밝혀지고 있다. 중국 내에서의 비단의 고고학적 발견은 1926년 산서성 하현(夏縣) 서양촌(西陽村) 앙소문화유적(仰韶文化遺蹟: B.C. 5,000~3,000)의 황하 연안 황토퇴적층에서 누에고치 반쪽이 출토되었다.

1958년에 절강성 호주시(湖州市) 호흥구(昊興區) 전산양(錢山漾)에서 리본이나 비단실, 천조각이 B.C. 2700년의 것으로 밝혀졌다고 한다. 1960년에는 산서성 예성현(芮城縣) 서왕촌(西王村)의 앙소문화 후기층에서 도잠용(陶蠶蛹: 누에 모양 토기)이 발견되고 다른 앙소문화 유적들에서 가락바퀴들이 발견되고, 1978년에는 절강성 여요현(余姚縣) 하모도(河姆渡)의 신석기유적(B.C. 4900)에서 누에가 그려진 그릇이 출토되었는데 이 누에는 기르는 집누에가 아닌 야생에서 집누에로 변해가는 과정의 누에라는 것이다. 2007년에는 양자강 이남에 있는 강서성에서 약 2500년 전의 비단 옷감과 베틀, 염료 등이 발굴되어 동주(B.C. 771~B.C. 256)시대부터 비단이 대량생산이 이루어졌을 것으로 보이며, 1972~1974년에 호남성 창사시에서 발굴한 마왕퇴(馬王堆)유적의 유물을 보면 한나라(B.C. 202년~220)시대에 비단을 생산하는 전문 기술인 집단이 있었을 것으로 추정된다고 한다. 이러한 여러 가지 유물을 근거로 추정할 때에 야생 누에에서 명주가 생산된 시기는 B.C. 5000년으로 거슬러 올라가고 집누에를 기른 시기는 B.C. 2700년경이라고 추정하고 있다.

그러면 현재의 한반도에 한정된 우리나라에서는 어떠한가? 평양시 삼석구역 호남리 유적에서 B.C. 3000년경의 도토리와 함께 질그릇이 출토되었는데 그 밑바닥에는 뽕잎무늬가 있었다. 이는 당시의 사람들이 누에를 길렀다는 것을 간접적으로 알 수가 있다. 그리고 한반도나 만주 등의 신석기유적에서 많이 출토되는 가락바퀴들은 누에고치에서 실을 뽑거나 풀솜에서 실을 뽑아 천을 짰다는 것도 뒷받침해주고 있다 하겠다. 그리고 박선희(朴仙姬)씨는 일제강점기부터 평양일대에서 발견된 명주와 지금까지 중국에서 발견된 명주를 비교하면 우리 쪽의 명주가 그 질

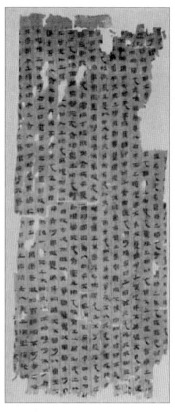

<마왕퇴 출토 명주천>

이나 가공기술 등이 훨씬 우수하다고 한다.26) 그리고 그는 강연에서 일제강점기에 평양지역에서 발굴하여 일본으로 가져가서 보관하고 있는 명주와 지금까지 중국 대륙에서 발견된 명주를 지금에 와서 개발된 DNA 테스트를 한 자료를 입수하여 비교분석해 본 결과 평양지역의 명주가 질이 아주 우수하고, DNA 풀이 훨씬 다양하다고 한

---

26)『한국고대복식. 그 원형과 정체』, 박선희(朴仙姬) 저, pp.135~136.

다. 무엇을 말하는가? 양잠은 한반도나 만주에서 먼저 시작하였다는 결론이 나오는 것이다.

<광주 신창동 출토 명주천
조각(2cm×3cm), (중앙일보)>

그리고 1997년에 광주시 신창동 유적에서 너비 2cm, 길이 3cm의 조그만 명주천 조각이 출토되었는데 지금까지 남한지역에서 발견된 것 중에서 최고(最古)로 오래된 시기인 B.C. 1세기경의 것으로 확인됐다고 한다.[27]

실크의 종주국이 우리라는 또 다른 증거를 중국 문헌에서 찾아보자. 지금으로부터 3100여 년 전에 쓰인 최고의 사서인『산해경』<해외북경 1051 청구국>에서 곽박이 주석을 달기를 '청구국(靑丘國) 사람들은 오곡을 먹고 비단옷을 입는다(其人食五穀 衣絲帛)'고 하였다. 청구국(靑丘國)은 배달국 14세 치우(蚩尤: B.C. 2707~B.C. 2599) 천왕이 도읍으로 정한 곳으로 예전에는 임치(臨淄)라고 부르던 곳으로 지금의 산동성 광요현(廣饒縣) 남쪽에 있었으며, 제나라의 도읍지였다. 그 시기는 지금으로부터 4700여 년 전이다. 이때에 이미 우리 민족은 비단옷을 평상복으로 입었다고『산해경』에서 말하고 있는 것이다. 백의민족(白衣民族)이라는 말은 이때부터 생긴 말이 아닐까? 그러니까 지금에 와서 현재의 중국 영토나 한반도에서 발견되는 유물을 기준으로 중국이 먼저냐 한국이 먼저냐 하는 것은 의미가 없다. 왜냐하면 중국의 중원 전체가 전설의 시대와 하・상(夏・商)왕조

---

27) 중앙일보(2012.12.12.) 보도.

까지는 일반 백성은 물론 지배계층이 우리 민족, 즉 동이족(東夷族) 계통의 강역이며 역사이기 때문이다.

비단의 생산지가 어디인지 추정할 수 있는 지명이 중국의 역사서에 나온다. 고구려의 건국지가 『삼국유사』에서는 졸본주(卒本州), 『삼국사기』에는 졸본천(卒本川), 광개토태왕비는 홀본(忽本)이라고 하고 있다. 그러나 중국 사서인 『위서』는 흘승골성(紇升骨城), 『주서』에서는 흘두골성(紇斗骨城)이라고 기록하고 있다.

여기서 흘승골이나 흘두골은 무슨 뜻이 있을까? 우선 '골(骨)'은 우리말 '골(谷)', 즉 고을(마을)을 의미한다. 그렇다면 '흘승'과 '흘두'가 무슨 말일까? 紇(흘)은 명주실이나 (누에)고치와 관련되는 한자이다. 분명히 일본말에서는 음독을 '고찌(ごち)'나 '꼬츠(こつ)'라고 발음하고 있다. 그리고 升(승)은 수량의 단위로서 斗(두) 자와 함께 훈독(일본 고유 언어 발음)으로 똑같이 마스(ます)라고 발음하며 수량이 '불어나다·많아지다·늘다·더하다' 등의 뜻을 가지고 있다. 그러면 결론은 일본어로는 'ごちます(흘승=흘두)'가 되며 그 뜻은 '(누에)고치가 많이 나는'이 된다. 이처럼 우리의 사서에 나오는 말들은 일본말을 한자의 음과 뜻을 빌려 기록한 것이 많다. 어찌 한솥밥을 먹었던 동족이라고 하지 않을 수가 있겠는가? 흘승골은 비단의 발명지이며 동시에 주산지라고 보면 되겠다.

<흘승, 흘두의 뜻과 일본어 발음>

한자	뜻	일본말 발음
紇(흘)	① 묶다 ② 질이 낮은 명주실 ③ 실 끝	(음) ごち(고찌), こつ(꼬츠) (훈) たばねる(타바네루: 다발로 묶다)
升(승)	① 되 ② 새(날실 80올) ③ 오르다, 떠오르다.	(음) しょう(쇼우) (훈) ます(마스: 더하다), のぼる(노보루: 오르다)
斗(두)	말(용량의 단위)	(음) と(훈) ます(마스: 더하다)

그렇다면 이 흘승골이나 흘두골이 어디에 위치하고 있었을까? 몽골의 동쪽에 위치하고 있는 도르너드 아이막 지방에는 광대한 초원이 끝나는 지점에 '할힌골'이라는 높은 산이 있는데 여기가 바로 '흘승골'이라고 한다.[28]

비단은 언제부터 서방세계를 흘러 들어갔을까? 가장 오래된 증거로는 이집트에서 테베와 왕의 계곡에서 발굴된 여자의 미라에서 실크가 발견되었다. 고대 이집트 제21왕조 시기인 B.C. 1070년이라고 한다. 그리고 알렉산더대왕(B.C. 356~B.C. 323)의 부하장군 나르코스 제독도 북방에서 인도로 전해진 비단에 대해서 기록으로 남겼다고 한다.[29] 서역과의 실크무역이 최초로 이루어진 시기는 공식적으로 확인되는 것은 B.C. 2세기에 한무제(재위: B.C. 141~B.C. 87)가 사절을 보내어 페르시아와 메소포타미아에 비단을 선물로 준 데서부터 시작되었다고 한다. 한무제 시기보다 1000년 전에 이미 비단이 이집트까지 흘러 들어갔다는 것을 우리는 어떻게 해석하여야 할까? 중국에서 역사적으로 최초의 왕조라고 하는 주(周)나라가 건국한 해가 B.C. 1046년이라는데 그 이전에 비단이 서방세계로 흘러갔던 것

---

28) 몽골 울란바토르 대학의 최기호 박사.

29) 『실크로드(Silk Road)』, p.180.

이다. 당시의 시대상황으로 볼 때 비단을 전해준 주체는 안정된 대제국으로 건재하던 조선이라고 볼 수밖에 없다. 조선은 북쪽의 유목민족을 제국의 일원으로 거느리고 있었으므로 북방의 초원길을 통하여 이른 시기부터 무역을 하였으리라고 본다. 단군왕검이 조선을 세운 B.C. 2333년경에 누에치기를 장려하였다는 것은 이집트에서 발견된 비단의 연대보다 무려 1200여 년 전의 일이다.

역사가들은 기록상으로 Silk라는 신기한 섬유에 처음으로 접한 서양인은 로마의 시리아 총독 크라수스(Marcus Licinius Crassus)라고 믿고 있다. 그는 폼페이우스, 율리우스 시저와 함께 삼두 정치를 한 사람이다. 그의 공명심이 동쪽의 파르티아(Parthian)제국[30]을 침략하게 하였다. B.C. 53년 크라수스와 그의 아들 푸블리우스는 터키 동부 유프라테스 강 근처의 카레(Carrhae: 지금의 하란)에서 파르티아제국의 오로데스 2세 왕과 장군 수레나스와 전투를 벌였다. 로마는 3만 5천 명, 파르티아는 1만 명의 병력이 전부였다. 이를 후세에 '카레 전투'라고 한다. 전투 결과는 로마제국이 겪은 대패배 중에 하나로 기억되는 처참한 참패로 끝났는데 패배의 원인은 로마군이 파르티아군의 깃발을 보고는 공황상태에 빠져 도망을 갔다고 한다. 그렇게 희고 밝으며 얇아서 빠르게 바람에 흔들리는 깃발을 보고서는 혼비백산한 것이다. 전투에서 살아남아 귀국한 병사는 파르티아군의 빛에 번쩍이는 깃발에 대해 보고하였고, 이것이 비단이라는 것이 처음으로 유럽대륙에 알려지게 되었다. 이후 로마세계에서 비단에 대한 관심이 높아지게 되고, 몇십 년이 지나지 않아 로마의 귀족과 부자들

---

30) 지금의 이란 지역에 위치했던 고대국가이다.

은 비단옷을 입게 되었다. 황제 헤일로가발루스(Heilogabalus: 218~ 222)는 비단옷만 입었다고 하며, 380년경에는 신분의 구분이 없이 하층민까지 비단옷을 입을 정도로 비단에 열광하여 수백 년 동안 비단 값이 치솟아 사회에서 가장 비싼 물건이 되었으며 로마경제에 타격을 줄 정도가 되었다. 좋은 중국산 비단옷 하나가 병사의 1년 치 봉급에 해당하는 300 Denarion이나 되었으며, 비단의 무게 450g이 12명의 사람값과 맞먹었다.[31)]

결과적으로 로마가 대패한 카레(Carrhae)전투가 원동력이 되어 서구세계에 실크의 수요가 생기고, 중국에서 서유럽까지 길고도 엄청난 규모의 통상로가 열리게 된 것이다. 비단길이라고 일컫는 Silk Road는 고대 중국을 포함한 동북아권과 서역 각국 간에 비단을 비롯한 여러 가지 무역을 하면서 정치·경제·문화를 이어준 교통로의 총칭이다. 총길이 6,400km에 달한다. 'Silk Road'라는 이름은 독일인 지리학자 리히트호펜(Richthofen, 1833~1905)이 처음 사용했다. 그리고 비단은 산업혁명 이전 시대에는 전 세계를 통틀어 금액으로 볼 때에 무역량이 가장 큰 상품이었다.

3) 철(鐵)을 사용하여 중원을 지배하였다

사마천의 『사기(史記)』에 나오는 내용이다. 치우가 노산(盧山)의 쇠(金)를 얻어 5가지의 무기를 만들었으니 분명히 보통사람이 아니

---

31) Yahoo, 위키백과 참조.

다(蚩尤受盧山之金 而作五兵 明非庶人). 치우는 형제가 81명인데 구리머리에 쇠이마(銅頭鐵額: 동두철액)를 하였으며 모래와 돌을 먹고 도끼, 창, 칼, 장창, 커다란 활 등의 무기를 만들었다(有蚩尤 兄弟八十一人 銅頭鐵額 食沙石子 造立兵仗刀戟大弓). 그리고 우리의 사서 「한단고기」<삼성기전 하>에 치우천왕이 '구리와 쇠를 캐내서 군대를 조련하고 산업을 일으켰다(採銅鐵鍊兵興産)'고 기록하고 있다.

치우의 치세가 B.C. 2707~B.C. 2599년으로서 지금으로부터 4700여 년 전의 일이다. 이 당시에 이미 구리와 철을 가지고 5가지의 기본적인 전투병기를 만들어 사용하고 구리와 쇠로 만든 투구도 쓰고 전쟁을 하였다는 말이다. 우리나라의 학자들이 죽고 못 살 정도로 신뢰와 존경심을 가지는 중국의 고전 중의 고전인 『사기(史記)』에 나오는 내용이다. 이를 믿지 않는 역사학자나 일반 사람은 소위 말하는 정신이상자이거나 정신분열증 환자이다. 믿을 수밖에 없으니까 다음으로 넘어가자.

당시에는 쇠붙이라고는 금(金)밖에 모르던 시기라고 알고 있다. 따라서 노산(盧山)의 쇠(金)를 얻었다는 표현을 하였다. 이러한 연유로 지금도 모든 종류의 쇠붙이는 금속(金屬)이나 금속류(金屬類)라고 표현하고 있다. 만약에 여기서 금(金)을 말하고 있다면 금(金)이 얼마나 많이 나오기에 금으로 각종 무기와 투구도 만들 수가 있겠는가? 따라서 철(鐵)을 말하고 있는 것이다. 언어의 진화는 인류문명의 역사를 고스란히 간직하고 있다. 광석을 채취하여 제철(製鐵)하는 과정을 모르는 무지한 서화인들이 볼 때에는 사람들이 모래와 돌을 캐어서 부지런히 나르는 것을 보고 이것들을 먹고 구리 머리와 쇠 이마가 된 것으로 알고 있었다는 표현이다. 더 나아가서 치우는 구리와 쇠를 가지고 장병을 무장시켜 반란군의 우두머리 헌원을 응징하였다.

금속(金屬)의 글자를 한 번 보자. 금(金)이라는 글자의 발음인 '금'은 '금(神)이나 검(儉)'을 뜻한다. 너무나 귀하고 고귀한 물건이기에 신(神)이나 절대 권력을 가진 군장(君長)만이 소유할 수 있었다. 칼을 검(劍)이라고 발음하는 것도 마찬가지이다. 단군왕검(檀君王儉)의 검(儉) 자와 같은 발음이다. 그리고 동(銅)의 우리말 '구리'는 옛날의 고리국(藁離國)이나 구려(句麗), 구려(九黎) 등의 나라 이름과 같은 말이다. 표에서처럼 중국에서는 뒷글자의 발음이 모두 'lí(리)'로 발음한다. 이러한 한자들은 모두 '구리'이다. 구리[銅]는 고리국(藁離國)이나 구려(句麗), 구려(九黎)의 전유물이다. 구리가 국가 소유라는 뜻이다. 치우천왕이 중원을 정복한 후에 수도를 청구로 옮겼다고 하였다. 이 정복지를 우리의 사서는 구려(九黎)라고 하고 있으나, 서화족은 구려(九黎), 구이(九夷), 동이(東夷)라고 부르는 지역이다. 아마도 이 당시에 치우는 나라 이름을 아예 구리(九黎)라고 하였을지도 모른다. 그리고 최신병기를 만드는 첨단소재인 신물질를 나라 이름을 따서 '구리'라고 하였을 것이라고 본다.

<한중일 발음 비교>

한자	한국	중국	일본
藁離	고리	gǎolí	こうり(고우리)
句麗	구려	gōulì	くれい(구레이)
九黎	구려	jiǔlí	くれい(구레이)

철(鐵)이라고 하는 순수한 우리말 '쇠'는 무슨 의미일까? 옛날에는 종이나 머슴은 '돌쇠'라는 이름이 많았다. '천한 것이 이름은 무슨

이름…… 돌같이 단단하고 세어서 병치레 안 하고 일이나 잘하면 되지'라는 주인의 생각이 이런 이름을 지어주었을 것이다. 여기서 쇠는 잘못된 와전된 말이다. 경상도 말로 표현해야 정확한 말이 된다. 바로 '돌새'이다. 세다는 경상도말은 '새다(쌔다)'라고 발음한다. 언어가 초기에 만들어질 때에는 모두 한 음절인 단자로부터 시작하였다. '새'는 단단하고 힘이 있는 것이다. 나무나 돌로 만든 무기를 사용할 때에 이와는 비교가 안 될 정도로 센 물건이 나타났다. 그래서 새(세: 쇠)라고 한 것이다. 바로 금(金)이다. 새(쇠)를 뜻하는 글자를 처음으로 만들었다. 그리고 다음에 진짜 쇠가 나타났다. 금(金)보다도 더 단단하고 힘이 샌(센) 물건의 이름을 어떻게 지을까? 여러분도 쉽게 짐작이 가는 그저 평범한 방식이다. 기존의 센 것인 금(金)에다가 이를 만든 집단을 뜻하는 글자를 가져다가 합성을 하였다. '銕(이)' 자라는 형성문자가 만들어지는 순간이다. 앞에는 금(金)은 뜻을, 뒤에는 음(音)을 나타내는 글자이다. 그렇다면 발음이 무엇이겠는가? 당연히 '이'이다. '쇠 철'이 아니고 '쇠 이'인 것이다. 그러다가 서화인들이 글자는 물론 발음도 바꾼 것이며 우리와 일본은 이를 역수입한 것이다. 銕(이) 자가 철(鐵) 자의 고자(古字)라는 것은 어지간한 한한사전(漢韓辭典)에는 다 나오는 글자이다.

<철(鐵)이라는 글자의 유래와 의미>

글자		夷	銕	鐵
발음	한국	이	鐵(철)의 고자(古字)	철
	일본	い(이)		てつ(데쯔)
	중국	yí		tiě

鐵(철)의 뜻: ① 쇠, 검은 쇠 ② 검다. 검은빛
③ 무기, 갑옷 ④ 단단하다, 견고하다 ⑤ 곧다, 바르다

그런데 글자 풀이에 우리가 알고 있는 일반적인 철(鐵)의 특성과
는 다른 뜻이 있다. 바로 '검다'는 뜻이다. 왜일까? 바로 '굼(神신)'의
의미를 내포하고 있다. 우리의 조상들이 이 신비한 물건을 어떻게
대하였는지를 짐작할 수가 있다. 최고의 지배자만이 국가의 소유로
하고 신물로 취급하였다는 증거이다. 서화인들은 왜 쇠, 즉 철(鐵)에
검다는 의미가 있는지를 꿈에도 모를 것이다. 특이하게도 일본어에
서는 철(鐵)을 자기네 발음인 훈독으로는 くろがね(쿠로가네)라고 한
다. 우리말 '굼(神신)'의 발음이 '검다'는 뜻도 있으니까, 이 뜻을 가
져간 것이다. 풀이하자면 '검은 Khan의 것', 즉 왕의 것(국가 소유)
을, 더 나아가서는 '굼(神가미)과 Khan의 것'을 의미한다.

이렇게 설명을 하여도 못 믿는 분이 있다면 다시 한 번 역사기록
을 보자. 사마천의 『사기(史記)』에 '철(銕) 자는 옛날에는 이(夷) 자였
다(銕古夷字也)'고 나온다고 한다. 동이족을 뜻하는 '이(夷)' 자 자체
가 옛날에는 쇠를 뜻하는 글자로 쓰였다는 의미이다. 그리고『한서
(漢書)』에는 '銕(철) 자는 이(夷) 자를 빌려서 만들었다. 銕(철)은 鐵
(철) 자의 옛날글자이다(夷通借作銕 銕古文鐵字)'라는 구절이 나온
다. 철은 동이(東夷)가 전유물로 쓰던 새로운 첨단 소재(素材)였다.

그리고 철기시대(鐵器時代)보다 먼저 있었던 청동기(靑銅器)를 사
용한 유물을 한 번 보자. 홍산문화 중에서 소하연(小河沿)문화는 내
몽골 적봉시 오한기 소하연 유역에서 B.C. 3000~B.C. 2000년경에
있었던 문화이다. 소하연문화는 동석(銅石)병용시대의 문화이다. 황
하 중류 낙양 인근의 이리두문화(B.C. 1800)가 동석병용시대의 문화
이며 하(夏)나라시대라고 추정하고 있는 문화이다. 따라서 소하연문
화가 중원의 이리두문화보다 1200여 년이 앞선다. 홍산문화는 우리

의 배달국이나 조선의 중심지역이다.

지금 우리나라의 역사학자나 고고학자들은 한반도에서 철의 유물을 발견하려고 한다. 그리고 발견되지 않자 동이가 이미 4700여 년 전에 철을 사용하였다는 중국의 기록도 믿으려 하지 않는다. 당연하다. 치우는 산동반도에 있었던 청구(靑邱)에 수도를 옮기고 대륙 전체를 다스리던 사람이다. 당시에 한반도는 변방 중의 변방이었으므로 중원의 패권전쟁에 사용해야 하는 첨단 소재가 이런 데까지 흘러들게 할 바보가 어디에 있겠는가?

4) 물을 숭배하는 신앙이 용(龍)을 낳았다

아시아 대륙의 동북부를 흐르는 아무르(Amur) 강은 몽골의 헨티(Khentii) 산맥 동쪽에서 발원하여 훌룬(Hulun) 호에 모여서는 몽골로 들어가서 낚시 바늘처럼 굽어서 돌아 동쪽으로 흘러 러시아와 중국의 국경을 이루며 흐르다가 하바로프스크에서 북쪽으로 흘러 오호츠크 해로 빠져나간다. 장장 4,350km에 달하는 큰 강이다.

상류에 여러 개의 지류가 있으며 제각각 별도의 강 이름이 있다. 그러나 전체적으로는 역시 아무르 강이며, 마치 용이 살아서 꼬리를 치고 꿈틀거리는 형상을 하고 있다. 아마도 고구려를 건국한 추모왕(鄒牟王)이 건넜다는 강은 상류의 헤를렌(Kherlen, 몽골어: Herlen-gol) 강일 것으로 추정된다. 여기서 우리는 'K'가 묵음이라는 것에 유의할 필요가 있다.

그러면 왜 아무르(Amur)인가? 그리고 지금 중국에서는 왜 흑룡강

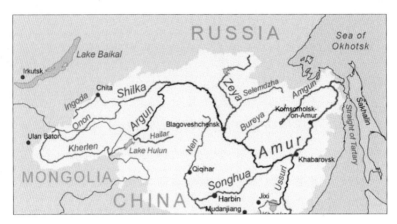

<감무르(신용: 神龍)의 위용>

(黑龍江)이라고 부르고 있을까? 이 수수께끼를 다 같이 풀어보자. 아마도 이 아무르 강 본류 일대를 러시아가 차지하지 않고 아직까지 북방민족, 특히 몽골이 차지하고 있었다면 '헨티(Khentii) 산맥'이나 '헤를렌(Kherlen) 강'처럼 아무르의 표기는 'Kamur'로 표기하였을 것이다.

그러면 이 'Kamur'와 흑룡강(黑龍江)은 어떤 연관성이 있을까?

상상의 동물 가운데 하나인 용(龍)은 한자어이고 순수한 우리말은 '미르'이다.

<용의 우리말 풀이>

한자	풀이	출처
龍	미르 룡	훈몽자회(예산 문고본)(1527) 상: 10 백련초해(동경대본)(1576) 16 천자문(석봉천자문)(1583) 4
辰	미르 진	천자문(광주천자문)(1575) 1

그리고 강원도 태백시에는 한강과 낙동강의 발원지가 있다. 낙동강의 발원지는 태백 시내에 있는 황지(黃池) 연못이고 한강의 발원지는 검룡소(儉龍沼)이다. 검룡소는 암반에서 용트림하듯 물이 솟아난다. 크기라야 둘레가 20여 미터인 암반에서 사시사철 9℃의 물이 하루 2,000~3,000톤씩 솟아오른다.

용소(龍沼)이면 족한데 무슨 검룡소(儉龍沼)란 말인가? 검룡의 순수한 우리말은 '굼미르'이다. 이 말도 고대의 동북아 전체를 아우르는 우리 한민족계통의 동족들의 뿌리언어는 'Kamur'로 불렀다고 확신한다. 이를 한자화하면서 검은 용, 즉 '흑룡(黑龍)'으로 옮겨 적은 것이다. 뜻은 신룡(神龍)이다. 우리말에 아주 짙은 붉은색을 표현할 때

<검룡소>

<용두레·용두레 질>

에 '검붉다'고 한다, '굼(검)미르'에서의 '검'을 검다는 뜻으로 잘못 안 데서 빚어진 오해가 '흑룡(黑龍)'을 만든 것이다. 소련의 극동지역에 캄차카(Kamchatka) 반도가 있다. 원주민의 말에 의하면 바다에 빠진 신이 흙을 집어서 들어 올려 땅과 산을 만들었다고 한다. Kam은 감(監)이자 검(儉)이며, 신(神)인 것이다.

그리고 자연에서는 용오름현상이 있다. 일상생활에서 찾아볼 수 있는 말들 중에 예를 든다면 '용두레'가 있다. 논에 물

이 말라서 낮은 곳에 있는 물을 퍼서 높은 위치에 있는 논에 물을 대는 데 사용하는 농기구의 일종이다. 무넘이(물의 낙차)가 너무 높지 않은 곳에서만 사용이 가능하다. 통나무의 한쪽은 'U' 자 모양으로 홈을 파고 반대편은 가늘게 다듬어서 손잡이가 되도록 만들어서는 중간에 밧줄을 메어 나무삼각대 꼭지 지점에 걸어서 사용한다.

다음은 '용마루'가 있다. 초가지붕이나 기와지붕의 맨 위의 마루를 이르는 말인데 지붕에 떨어지는 빗물을 비탈진 양쪽의 지붕면으로 갈라서 흘러내리도록 하는 역할을 한다. 용마루는 물마루이다. 용이 바로 물이라는 것을 이보다 더 확실하게 보여주는 말이 또 있겠는가?

그리고 '도롱이'가 있다. 지금은 우비(雨備)라고 한다. 그러나 우비의 원래 의미는 비를 피할 수 있는 삿갓(지금의 우산), 밀짚모자, 도롱이, 나막신 등의 도구 전체를 의미하였다. 도롱이는 띠(茅草)나 볏짚 등을 엮어서 만드는데 안쪽은 촘촘하게 엮고 거죽은 성글게 엮되 많은 양을 사용하여 빗물이 겉으로만 흘러내리도록 한다. 농촌에서 비 오는 날 외출을 하거나 들일 등을 할 때 어깨나 허리에 걸친다. 1950년대 말까지도 시골에서 흔히 보던 생활도구였다. 경상도에서는 우장(雨裝)이라고 하였다. 일본어로는 미노(みの: 蓑)라고 한다.

<용마루>

<도롱이>

다음은 도롱뇽이 있다. 도롱뇽의 옛말은 '되룡'이었다[되龍 되룡 룡: 출처 훈몽자회(예산 문고본)(1527)].

도롱뇽은 길이가 15cm 정도의 크기인 파충류로서 극지방을 제외한 전 세계에 분포한다, 위험이 닥치면 꼬리를 잘라버리고 도망쳐 숨는다. 그러면 떨어진 꼬리가 꿈틀대며 적을 혼란시킨다. 대단한 생존전략이다. 그리고 시간이 지나면 꼬리가 다시 돋아난다. 일본어에서는 도까게(とかげ: 石龍子)라고 한다. '석용자'라는 한자와는 거리가 있다.

<도롱뇽(도마뱀)>

지금까지 우리가 살펴본 사례들은 용과 관련된 것들이다. 모두 물과 연관이 있다. 결론을 먼저 말한다면 용(龍)은 물을 어원으로 하여 만들어진 상상의 동물이다.

물→무르(龍): 한민족 계열의 북방에 있는 민족
　→미르(龍): 부여계로서 한반도로 이주한 민족
　→미리: 하늘에 흐르는 강인 은하수
곰무르→겸(儉)무르→(ㄱ)엄무르→엄리(奄利)

→흑룡(黑龍)→흑룡강(黑龍江: 헤이룽장)

→감(監)무르→(ㄱ)암무르→아무르

고구려 계통의 말로는 물을 '밀'이라고 하였다. 일본으로 건너가
서는 '미즈(みず)'로 바뀐다. 바다는 '우미(うみ)'인데 호수는 '미즈우
미(みずうみ: 湖)'이다. 위에서도 언급한 바와 같이 우비(雨備)를 미
노(みの: 蓑)라고 하는 것도 이와 연관된다. 그리고 우리말의 도롱뇽
이나 일본말의 도까게(とかげ: 石龍子)는 한자식으로 표현하자면 토
룡(土龍)이다. 여기서의 '도(と)' 자는 옛날의 우리말 '도(土, 墟)'에서
갈라져 나간 말이다. 다른 우리말에도 있다. 돗자리가 바로 그에 해
당된다. 결론적으로 한국인은 동북아를 아우르는 언어를 모두 포괄
하고 있는 것이다.

그리고 우리가 밤하늘에 부수한 별들이 모여 밝은 띠를 두른 것과
같은 은하수(銀河水)를 볼 수가 있는데 우리말은 '미리'이다. 아마도
미르가 하늘로 올라가서 생긴 변화된 말일 것으로 본다.

물은 생명탄생의 고향이다. 미르(용)는 물과 관련되고 물의 신이
다. 우리 민족은 까마득한 옛날부터 용을 영험하고 신비하면서도 친
숙한 존재로 믿어왔다. 용꿈을 꾸기를 바라고, 민간신앙에서 용왕님
께 소원을 빌고, 출셋길을 득룡문(得龍門)이라고 하며 '용빼는 재주
가 있다'느니 '개천에서 용났다'고도 하고 '용트림을 한다'고도 한
다. 우리는 점쟁이가 잘 알아맞힐 때 '용(龍)하다'고 한다. '신기(神
奇)하거나 신이(神異)하다는 뜻이다. 용이 신이라는 말이다.

우리는 용(龍)은 중국인의 발명품으로 알고 있는데 이러한 사실들
을 종합하면 우리 조상이 용을 발명하였다는 것을 알 수가 있다. 우

리 민족의 발명품이다.

뒤에서 다룰 홍산문화(紅山文化)에서 용의 유적이 나온다. 그중에서 내몽골 접경지역의 사해문화(査海文化)는 B.C. 6000~B.C. 5200년경의 문화인데 굵은 돌을 깔아 용형상을 만들었는데 그 크기가 19.7m나 된다고 한다. 중국 사람들이 '천하 제일용(天下第一龍)'이라고 명명하였다. 그럴 수밖에 없는 것은 중국에서 발견된 기존의 용보다 2천 년이나 앞선 유물이기 때문이다.

그리고 물은 중동지방에서도 신으로 숭배되었다. 유태인들의 신화와 전설과 역사가 교묘히 짜깁기된 토라(그리스어: tôrāh)에 있는 내용이다. 이집트에 살던 유대 부족을 인도하여 내게 하라고 신이 모세에게 명할 때 모세는 '내가 너희 조상의 하나님이 나를 너희에게 보내셨다 하면 그들이 내게 묻기를 그의 이름이 무엇이냐 하리니 내가 그들에게 무엇이라 말하리이까?' 하니 돌아온 말은 'Eyah asher Eyah'이다. '나는 나다. 또는 나는 스스로 있는 자니라(I'm who I am)'로 번역된 대로 우리는 이해하고 있다. 모세가 믿은 신은 Eyah(에아)이며 수메르(바빌로니아) 신화에 나오는 주신(主神)의 하나인 Ea(에아)의 유대판 패러디이다. 에아(Ea)는 대기(大氣)의 신인 엔릴(En‐lil), 천계(天界)의 왕이며 신들의 아버지이며 운명의 지배자인 아누(Anu)신과 함께 삼체 일좌(三體一座)를 이루며 물·물고기·문화의 신이며 지혜와 기술의 원천이다. 대홍수를 예견하여 인류를 재앙에서 구해냈다고 한다.

CHAPTER

06

우리 역사의 아킬레스건인
기자조선과 요동지방, 그리고
만리장성의 동쪽 기점, 그리고
한사군 설치 문제

1) 한중 역사의 암초인 기자조선(箕子朝鮮)은 실체 가 없는 허구이다

우리의 정사는 단군신화를 이야기하고 바로 기자조선(箕子朝鮮)과 위만조선(衛滿朝鮮)을 말하고 다음으로 북부여(北夫餘)로 이어진다. 서화인에 의하여 우리의 역사가 시작되었다는 것을 정부와 체제 내의 사학자들이 지금까지도 고수하고 있다. 지금까지 이런 역사를 배운 우리 민족은 역사의식에 한해서는 노예와 같은 열등감을 가지고 살아가고 있다. 그러나 제정신을 가진 많은 사람들이 기자조선(箕子朝鮮)은 허구라고 주장을 하고 있다. 민족정기와 관련된 너무나 중대한 이 문제를 한 번 정리해보자.

기자(箕子)는 누구인가? 상(商)나라의 28대 군주인 문정(文丁)의 아들이다. 성(姓)은 자(子), 이름은 서여(胥餘)이다. 『장자』<大宗師(대종사)>32)에 '기자서여(箕子胥餘)'라는 이름이 있다. 그리고 다른 책에 다음과 같은 주가 달려 있다고 한다. '석문에서 사마가 말했다. 서여(胥餘)는 기자의 이름이라고(司馬傳 胥餘 箕子名也云云).'33) 분

---

32) 『장자』, 김원일 옮김, 북마당(서울), 2012, p.115.
33) 『한단고기』, 임승국 역주, 정신세계사(서울), 1996, p.214.

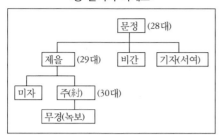

<상 말기의 가계도>

```
                    문정 (28대)
        ┌───────────┼───────────┐
    제을 (29대)     비간     기자(서여)
   ┌────┴────┐
 미자   주(紂) (30대)
         │
      무경(녹보)
```

명히 서여가 기자이다. 서여
는 기(箕) 땅에 봉(封)해져 기
자(箕子)라고 한다. 기(箕)는
지금의 산서성 진중(晉中)시
태곡현(太谷縣)이며 상(商) 수
도였던 조가(朝歌)에서 서북
방 240km 떨어진 지역으
로서 북쪽의 변방이다. 지배종족인 상(商)족과는 다른 종족들이 사는
지방이며 토방(土方), 귀방(鬼方) 등으로 불렸다. 기자(箕子)는 이들
이민족을 잘 다스린 공을 인정받아 형인 제을(帝乙)왕으로부터 태사
(太師)의 벼슬을 받았다. 그러나 제을(帝乙)의 뒤를 이어 조카인 주
(紂)왕이 임금이 되어 폭정(暴政)을 일삼아 나라가 급격히 쇠퇴하였
다. 달기(妲己)를 총애하여 그녀의 말이면 무엇이든 들어주었으며
'녹대(鹿臺)'라는 화려한 궁궐을 짓고, 연못을 술로 채우고 고기를
숲처럼 매달아놓고 즐긴다는 '주지육림(酒池肉林)'이라는 말이 생길
정도로 방탕한 생활을 하였다. 기자(箕子)는 형인 비간(比干)과 조카
이자 주왕의 이복형인 미자(微子: 이름-啓계)와 함께 주왕(紂王)에게
거듭 간언(諫言)하며 정치를 바로잡으려 하였다. 그러다 형 비간은
죽임을 당하고, 미자는 봉지(封地)인 미(微)로 돌아가서는 미친 척하
였다. 하지만 주왕(紂王)은 그를 잡아서 옥에 가두었다.

이러한 상황에서 서쪽 관중평원의 제후인 주(周)나라의 무왕(武王)
은 충신(忠臣)을 잔인하게 살해한 주왕(紂王)을 토벌한다는 명분을
내세워 B.C. 1122년[34)에 서쪽지역의 제후들을 규합하여 상(商)나라
를 공격하여 멸망시켰다. 무왕(武王)은 갇혀 있던 기자(箕子)를 수도

호경(鎬京)35)으로 끌고 가서 정국이 안정되자 풀어주고 정치(政治)에 대해 물었다. 기자(箕子)는 하(夏)의 우(禹) 임금이 정했다는 아홉 가지 정치의 원칙을 전했다고 한다. 이를 '홍범구주(洪範九疇)'라고 하며, 『서경(書經)』의 '홍범편(洪範編)'에 그 내용이 전해진다. 그리고 당시의 중국 사서는 '기자(箕子)는 주(周)나라의 신하가 되기를 거부하고 은둔'하였던 사실만 기록하고 있으며 그 이후에는 기록이 없다고 한다.

한편 주무왕(周武王)은 주왕(紂王)의 아들인 무경(武庚)36)을 상(商)나라의 도읍인 은(殷)37)에 봉(封)하여 상(商)의 종사(宗祀)를 잇도록 하였다. 그러나 3여 년이 지난 B.C. 1119년 무렵 무경(武庚)은 자신을 감시하는 무왕(武王)의 다른 형제들인 관숙(管叔), 채숙(蔡叔), 곽숙(霍叔)이 형인 주공(周公)이 어린 조카를 대신하여 섭정하는 것에 불만을 품고 있는 것을 알고 함께 반란을 일으켰다. 이른바 삼감(三監)의 난(亂)이다. 난은 3년 만에 어렵게 진압되었고 무경(武庚)은 주살(誅殺)되었다. 그리고 이들의 봉지를 몰수하고 북쪽의 위(衛)와 남쪽의 송(宋)38)으로 나누었다. 위(衛)에는 자신의 막내 동생인 희봉(姬封, 康叔: 강숙)을 봉(封)하여 상(商)의 유민(遺民)들을 통제하였고, 송(宋)에는 주왕(紂王)의 이복형인 미자(微子, 宋微子: 송미자)를 봉(封)하여 상(商)의 종사(宗祀)를 잇도록 하였다. 그가 송(宋)의 시조

---

34) 중국에서는 주(周)나라가 상(商)나라를 멸망시킨 해를 1046년이라고 하나 우리의 사서에서는 1122년이라고 한다.

35) 지금의 섬서성 서안시 부근이다.

36) 녹보(祿父)라고도 한다.

37) 역사에서 은(殷)나라라고 알려져 있으나 사실은 상(商)나라의 도읍이었다. 지금의 하남성 안양시(安陽市)이다.

38) 위(衛)는 지금의 하남성 안양이며 송(宋)은 하남성 상구이다.

(始祖)이다. 후세 사람들이 기자(箕子), 비간(比干), 미자(微子)를 상(商) 말기의 세 명의 어진 사람(三仁)이라고 기리고 있다.

기자에 관한 기록을 더 알아보자. 중국의 최초의 역사서인 『상서』에는 기자조선에 관한 내용이 없다. 그런데 후대에 내려와 B.C. 2세기부터 기록이 나타난다. 『상서』에 주석과 본문을 추가한 『상서대전』에 기자동래설이 추가되어 있다. 내용은 '기자는 주나라의 지배를 거부하고 조선으로 망명하였다고 하며 주나라 무왕은 이를 듣고 기자를 조선에 봉하였다'는 것이다. 한편 사마천의 『사기』<송미자 세가>에는 '무왕이 기자를 조선(朝鮮)에 봉하였으나 신하가 아니다(於是 武王乃封箕子於朝鮮 而不臣也)'고 하였다. 그리고 『한서(漢書)』<지리지(地理志)>에 기자가 봉분된 지역을 조선 지역으로 비정함에 따라, 기자가 스스로의 힘으로 조선을 세웠는지, 아니면 주나라의 제후국으로 조선을 세웠는지를 놓고 논쟁이 벌어지는 원인이 되었다. 이를 평가한다면 시기적으로 중국을 최초로 통일한 진(秦)나라와 이를 이은 한(漢)나라 때부터 기존의 사서를 새로 편찬하면서 기자 이야기를 추가하였다는 것이 된다. 참고할 것은 여기서도 조선(朝鮮)은 번조선(番朝鮮)을 말한다. 그리고 사마천은 기자에 대하여 하나의 독립된 기록으로 다룰 만한 업적이나 기록이 없으므로 『사기』를 저술하면서 그의 조카인 미자(微子)의 기록인 <송미자 세가>에 기자 이야기를 끼워 넣은 것이다.

그런데 우리나라에서는 기자(箕子)가 한반도(韓半島) 평양으로 옮겨와서 기자조선(箕子朝鮮)을 세웠다는 '기자동래설(箕子東來說)'을 믿었다. 그리하여 고려(高麗)와 조선(朝鮮)시대의 사서(史書)인 『삼국유사(三國遺事)』, 『제왕운기(帝王韻紀)』, 『동국사략(東國史略)』 등의 역사서에도 기자에 관한 기록이 있다. 더욱이 조선(朝鮮)시대에는 이러한 기자동래설(箕子東來說)에 근거하여 평양에 기자묘를 만들고 사당(祠堂)을 세우고 단군(檀君)과 함께 제(祭)를 지냈다.

지금까지, 정확한 연도까지 말한다면 1979년까지는 이러한 기자조선과 위만조선의 실재 여부와 정확한 위치를 파악하는 데 많은 어려움과 함께 이론도 많았으며 지금도 완전히 해결이 되지 않은 상태에 있다. 기존의 사서에서는 신화로 취급되고 있는 상고시대가 사실은 엄연한 역사라고 밝히고 있는『한단고기(桓檀古記)』를 잣대로 하여 기존의 한국과 중국 사서들에서 기술되어 있는 한중 간의 고대 역사에 대하여 알아보자.

『한단고기(桓檀古記)』에는 기자(箕子)나 기자조선(箕子朝鮮)과 연관되는 기사가 있을까? 기자조선(箕子朝鮮)에 대한 기사는 없을뿐더러 그러한 용어조차 없다. 그러나 기자(箕子)에 대하여는 중국 측 사서에는 없는 내용이 두 번 나온다. 첫째는, 막조선 21세 아도(阿闍)시대인 '기묘년(B.C. 1122)에 은(殷)나라가 멸망했다. 그 후 3년(B.C. 1119) 만에 아들 서여(胥餘)가 태행산 서북쪽 땅에 피하여 살았다. 막조선(莫朝鮮)은 이 말을 듣고 모든 주와 군을 두루 조사하고 군사를 사열하고 돌아왔다'고 하였으며, 둘째는, <단군세기>에서 25세 단군 솔나(率那)시대인 B.C. 1114년에 '기자(箕子)가 서화(西華)에 옮겨가 있으면서 인사를 받는 일도 사절하였다'는 기사가 있다. 기자의 행적을 구체적으로 기록한 것이다. 편저자 임승국 씨는 주석에서 중국 사서로서 1462년에 편찬한『대명일통지(大明一統誌)』와 515년에 편찬한『수경주(水經注)』를 인용하여[39] '서화는 옛 기(箕)의 땅이고 개봉부(開封府) 서쪽 90리에 있으며, 처음에 기자가 송나라에 해당하는 기(箕) 땅에서 살았기 때문에 기자라고 한 것이며 지금 읍 가운데 기자대가 있다(西華 故箕地 在開封府西九十里 初聖師 食宋箕故 稱箕子 今邑中有箕子臺).'40) 또 두예가 말하길 '양국(梁國) 몽현(蒙縣)의 북쪽에 박벌성(薄伐城)이 있는데 성안에 은(상)나라의 시조 탕(湯)임금의 무덤이 있고, 그 서쪽에 기자의 무덤이 있다(杜預曰 梁國 蒙縣北 有薄伐城 城內有成湯塚 其西有箕子塚)'41)고 하였다. 즉, 기자가 살았을 당시를 기록한 기사가 우리 측 사서에 있고, 그의 사후 천년이 지난 시점인 B.C. 109~B.C. 91년경에 편찬한 『사기』를 비롯하여 B.C. 180~B.C. 157년경에 복생(伏生)이 정리하였다는 『상서대전』이나 『한서』<지리지>, 더 후대의 기록인 『대명일통지(大明一統誌)』와 『수경주(水經注)』 등의 사서에서 구체적인 행적은 없고 단지 '기자가 조선으로 망명하고', '기자를 조선에 봉하고', '기자가 조선에 가서 나라를 일으켰다' 등의 막연한 소리만 하다가 그가 살았던 지역이나 무덤과 사당이 어디에 있다고 하는 기록이 나온다.

<기자(箕子)의 활동지역과 유적지>

봉지	기(箕)	산서성 진중시 태곡현
거주	서화(西華): 옛 기(箕)의 땅	개봉부 서쪽 90리
유적	기자대(箕子臺)	개봉부 서쪽 90리
묘지	양(梁)나라 몽현(蒙縣)	산동성 하택시(荷澤市) 조현(曹縣)
사당		하남성 학벽시(鶴壁市)

---

39) 『한단고기』, 임승국 역주, 정신세계사(서울), 1996, p.104.

40) 『대명일통지』 권172 許州. 『대명일통지』는 이현(李賢) 등이 1461년에 완성하였다.

41) 『수경주』 권23 汲水 濊水. 동한의 상흠(桑欽)이 지은 『수경(水經)』을 북위(北魏) 때의 학자 역도원이 다시 주(注)를 단 것이 『수경주』이다.

그렇다면 무엇이 진실이고, 또 어디까지가 진실일까? 한중의 역사 기록을 종합해서 사실이 무엇인지 결론을 유추할 수가 있다. 하나하나 검토해보자.

첫째, 그의 본명이 서여(胥餘)이며 봉지가 기(箕)라는 것이다. 서여가 이름이라는 것은 한중 역사에서 일치한다. 그리고 그를 기자(箕子)라고 부르게 된 봉지인 기(箕)는 지금의 산서성 진중시(晋中市) 태곡현(太谷縣)이라는 것도 맞는다고 본다. 상(商)나라의 마지막 수도인 조가(朝歌), 지금의 하남성 안양시로부터는 서북방 240km 거리에 있는 변경지역이다. 지금 서울에서 평양이나 대구까지의 거리이다. 『한단고기』에서 '서여(胥餘)가 태행산 서북쪽 땅으로 피하여 산다는 정보를 접한 막조선에서는 긴장하여 모든 주와 군을 살펴보았으나 찾을 수가 없었다고 하였다'고 하였는데 방향이 서북방이라는 것이 일치한다. 그리고 상나라 입장에서는 변방에 해당되며, 막조선의 입장에서 볼 때에도 접경지역인 셈이다. 다만 중국 사서에서는 이 지역이 이민족이 사는 지역이라고 하였는데 실제는 막조선의 영역인 이 지역이 더 문명한 사회였다. 문명지역 대 야만지역으로 이분법적인 기술을 한 중국 측의 기록이 허위라는 것을 알 수가 있다. 그리고 이러한 기록이 우리 측 사료에만 있는데 정황적으로 볼 때에 사실일 것이라는 믿음이 간다. 왜냐하면 주(周)무왕이 상(商)나라를 멸하고 모든 왕족과 귀족을 포로로 잡아 서쪽의 관중평원에 있는 수도 호경(鎬京)으로 끌고 와서 옥에 가두어 두었다가 혼란한 정국이 안정된 후에 기자(箕子)를 풀어주었을 것이다. 호경(鎬京)에서 고향인 조가(朝歌)까지는 500km로서 우리나라로 치면 부산에서 평양까지의 거리이다. 풀려난 기자는 당연히 자기의 고향인 조가(朝歌)로 가서 주변 정리를 하고 따르는 무리와 같이 북쪽으로 잠적하였을 것이다. 이제 나라가 망한 처지에서 자기가 과거에 다스렸던 기(箕) 지방을 한 번 방문하고 더 북쪽으로 올라가서 주(周)나라의 세력이 미치지 않는 곳에 가서 눌러앉아 살 생각도 할 수가 있는 것이다.

둘째, 시기는 언제일까? 주(周)무왕이 상(商)나라를 멸망시키고 주(周)나라를 세운 B.C. 1122년 이후 3년과 8년 만에 일어난 사건이다. 그러나 중국 측은 주나라가 언제 건국되었는지 정확한 연도가 기록으로 전해지지 않아 많은 연구를 한 결과 최근에야 B.C. 1046년으로 확정하였다고 한다. 그리고 그 후에 일어난 사건들도 언제 일어났는지를 알지 못하고 있다.

<기자와 관련한 한중 역사의 비교>

우리 측 사건기록		중국 기록	
사건 요지	연도(B.C.)	연도(B.C.)	사건요지
상(商)멸망·주(周)건국	1122	1046	주 건국
			무왕이 기자를 풀어줌
서여가 태행산 서북쪽 땅으로 도피	1119(3년 후)	1043	무왕 사망
기자가 서화로 옮기고, 인사 사절	1114(5년 후)	1043 경	무경이 반란을 일으킴
		1040 경	3년 만에 반란 진압
			정세 안정 후 미자를 송(宋)에 봉함

상식적으로 생각해도 한 나라를 멸망시키고 새로운 나라를 건국한 후에 적국의 신분이 높은 포로들을 방면하기로 한다면 정국이 안정된 후에야 가능할 것이다. 그렇다면 서여(기자)가 태행산 서북쪽 땅으로 도피한 시기인 B.C. 1119년은 3년 후가 되므로 논리적으로 맞는다고 본다. 그런데 그로부터 5년이 더 지난 B.C. 1114년에 기자

가 서화(西華)에 옮겨갔다는데 이 시기는 묘하게도 미자(微子)를 송(宋)에 봉한 시기와 겹친다. 아마도 이때가 되어서야 나라가 안정되고 기자도 여생을 보낼 곳을 찾아 정착하였을 것으로 보인다.

셋째, '기자가 서화(西華)에 옮겨가 있으면서 인사를 받는 일도 사절하였다'고 하는데 왜 그랬을까? 나라가 망하고 자기가 속한 왕족 중에서 동생인 주왕(紂王)은 자살하고, 조카인 무경(武庚)은 난을 일으켰으나 실패하여 죽임을 당하고 조카인 미자만 간신히 송(宋)에 봉함을 받은 상황에서 무슨 축하인사를 받겠는가? 자신의 사정도 사정이려니와 위치가 뒤바뀌어 이제는 절대 지배자가 된 수도 호경(鎬京) 사람들의 눈치를 보지 않을 수 없는 처지가 된 것이다. 요샛말로는 조용히 죽어지내야 할 형편이었다. 따라서 축하인사를 사절하였다는 것은 지극히 당연한 처사일 것이다. 이를 우리 역사에서는 정확하게 표현하는 기록을 남긴 것이다.

넷째, 기자의 활동무대이다. 기자(箕子)는 주(周)나라의 신하가 되기를 거부하고 은둔하였다고 하는데 그가 여생을 보내고 또한 기자대(箕子臺)가 있는 서화는 지금의 개봉시(開封市)에서 서쪽으로 90리(36km) 거리에 있고, 그의 무덤은 산동성 하택시(菏澤市) 조현(曹縣)에 있으며 그를 기념하는 사당은 하남성 학벽시(鶴壁市)에 있다. 모두 하남성 북부의 황하 일대와 산동성의 서쪽 끝자락에 위치하고 있으며 반경 90km 이내이다. 바로 상(商)나라의 중심부이며 면적은 우리나라의 경기도와 충청도만 한 면적이다.

다섯째, 이처럼 기자는 고향인 상나라에 살다가 죽은 사람인데 왜 '조선으로 망명하였다……'는 말이 있을까? 앞에서 우리는 중국에서 말하는 조선(朝鮮)은 번조선(番朝鮮)을 이르며, 북경의 동북방지역에 있었으며 수도가 험독(險瀆)이라는 것을 알았다. 그리고 뒤에서 중국의 역사를 다루면서 알겠지만 전설의 시대에 동이부락(東夷部落)이 양자강 남쪽에서부터 산동반도까지 대륙의 동부 전체를 포함하고 있다. 그리고 요(堯)임금의 출생지가 산동지역이며, 상(商)나라가 동이지역에서 발원하여 서쪽으로 이동한 동이족의 나라라는 것을 중국 측 학자들도 공식적으로 인정하고 있다. 따라서 동이족의 상(商)나라가 서쪽의 황토고원지대까지 지배하였으며 여기에 있는 주(周)나라도 상나라의 제후였었다. 이는 무엇을 의미하는가? 동이족이 바로 조선제국(朝鮮帝國)이며, 상(商)나라는 조선제국의 일원이거나 그 세력범위에 있는 국가이었다는 것을 말하고 있다. 따라서 서쪽의 오랑캐인 주(周)나라 입장에서 차별성과 아이덴티티를 강조하기 위해 자기의 본고장인 관중평원에서 바라보아 동쪽의 중원 전체를 동이라고 한 것이다. 조선제국의 영역 안에서 상나라는 어디에 위치하고 얼마만 한 크기였을까?

이를 확인하기 위한 수단으로 주(周)나라의 무왕(武王)이 B.C. 1122년에 상(商)나라를 멸망시키고 친인척과 공이 있는 자들을 제후로 임명한 봉지를 살펴보면 진실이 드러난다. 이를 표로 정리하였다. 그리고 각국의 실제 위치는 지금의 낙양─정주─개봉을 중심으로 하는 지역, 즉 하남성, 산서성 남부, 산동성 서부 일부분으로서 그 크기는 가로 세로가 각각 400km로서 16만㎢ 정도의 크기에 불과하다. 서쪽 관중평원에 있는 주나라 본국까지 포함하면 아마도 한반도 면적 22만㎢ 보다는 다소 큰 면적일 것으로 추정된다. 서쪽 오랑캐인 서화족이 세운 주(周)나라가 동이족이 다스리는 다민족국가 조선제국의 서쪽 변방에 있는 준독립국가인 상(商)나라를 멸망시키고 그

<주(周) 무왕(武王)이 제후로 봉한 사람과 봉지>

사람	관계	봉지	현재위치([ ] 내는 추정위치)
숙선(叔鮮)	동생	관(管)	하남성 정주(鄭州)
주공단(周公旦)	동생	노(魯)	[하남성 평정산(平頂山)시 노산(魯山)현]
숙도(叔度)	동생	채(蔡)	하남성 주마점(駐馬店)시 상채(上蔡)현
숙진탁(叔振鐸)	동생	조(曹)	산동성 정도(定陶)현
숙무(叔武)	동생	성(成)	(미상)
숙처(叔處)	동생	곽(霍)	산서성 곽주(霍州)
강숙(康叔)	동생	위(衛)	하남성 안양(安陽)
당숙우(唐叔虞)	아들	진(晉)	천마 곡촌 유적지(익(翼)
소공석(召公奭)	성이 같음(周同姓)	연(燕)	[하남성 루하(漯河)시 무양(舞陽)현]
강태공(姜尙)	스승·장인	제(齊)	[하남성 남양(南陽)시]
녹보(祿父)	상주왕(商紂王) 아들	은(殷)	하남성 안양(安陽)
미자계(微子啓)	상주왕(商紂王) 이복형	송(宋)	하남성 상구(商丘)
호공만(胡公滿)	사위(순임금의 후손)	진(陳)	하남성 주구(周口)시 회양(淮陽)현 완구(宛丘)
웅역(熊繹)	문왕을 도움(事文王)	초(楚)	

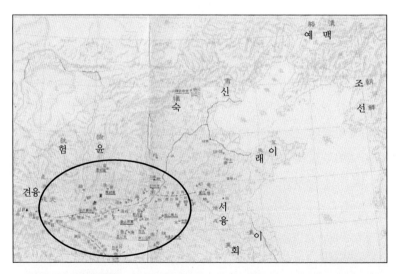

<주초봉건도(周初封建圖): 원안이 주(周)나라 초기의 영역, 즉 주무왕이 제후로 봉한 지역이며, 동쪽, 북쪽지역 전체가 조선(朝鮮)의 영역이다.>

지역에 친척이나 공이 있는 자들을 제후로 봉하였던 것이다. 따라서 이 지역의 북쪽이나 동쪽, 남쪽은 여전히 조선제국의 영토로서 건재하였던 것이다. 이제는 상(商)나라를 멸망시키고 자기 것으로 만들었으니까 나머지 지역을 동이족이 사는 지역으로 인식하거나 상나라까지를 포함하여 조선(朝鮮), 즉 번조선(番朝鮮)으로 불렀을 것으로 추측된다. 따라서 기자가 호경의 감옥에서 방면되자 동쪽에 있는 조선, 즉 자기의 고향인 옛 상(商)나라로 갔다. 주(周)나라를 지배하는 역사의 주체들이 수도인 호경(鎬京)에서 볼 때에도 역시 기자가 동쪽에 있는 조선으로 간 것이다. 조선에 망명한 것이 아니고 단지 조선에 간 것이다. 그리고 조선의 서화에 터를 잡고 한평생 살다가 죽은 것이다. 따라서 그의 무덤이나 사당 등의 유적이 남아 있었던 것이다.

우리는 중국 측의 역사왜곡에 길들여져서 노(魯)나라나 제(齊)나라가 당초부터 산동성에 있었고 연(燕)나라는 지금의 북경지역에 있어왔다고 알고 있다. 그러나 중국 사회과학원이 발행한 주초봉건도(周初封建圖)를 보면 노(魯)·제(齊)·연(燕)나라는 모두 하남성 남부지역에 위치하고 있다. 그리고 상나라의 태자 무경(武庚)을 봉한 은(殷)은 북쪽 변두리에 있고 그의 삼촌 미자계(微子啓)의 송(宋)은 동쪽 변두리에 있다. 무엇을 의미하는가? 바로 이 지역이 중국(中國)이다. 상(商)나라가 바로 중국인 것이다. 중원의 역사에서 모든 왕조가 이 지역을 차지하여 패자의 지위를 얻으려고 한 것이 중국의 역사이다. 노(魯)·제(齊)·연(燕)나라가 산동성과 하북성에 있었던 시기는 전국시대 말기부터라고 짐작된다. 동이세력을 몰아내고 점차 동진하였던 것이다.

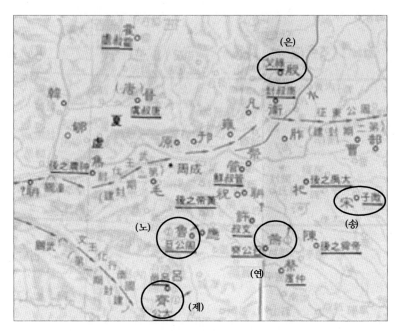

<'주초봉건도'에서 원으로 표시한 지역의 확대도: 연나라는 동남쪽 변방에 있다.>

　그런데 기자가 살았던 시기로부터 천 년의 세월이 흐른 시점에 사마천이나 다른 역사가들이 기록하기를 '……조선에 봉하였다'거나 '조선에 가서 나라를 일으켰다'고 하였을까? 물론 거짓이지만 기자 조선이 있었다고 믿거나 조작할 근거가 있다.

　우리의 정통사서라고 할 수가 있는 『삼국유사』에도 기자(箕子)가 조선으로 왔다고 기록하고 있다. 그렇게 믿었다는 증거이다.

　'주(周) 호왕(虎王-武王: 무왕)이 즉위한 기묘년(B.C. 1122)에 기자를 조선에 봉하므로 단군은 장당경(藏唐京)으로 옮겼다가 뒤에 다시 아사달 산에 숨어 산신이 되었으니 수가 1908세였다 한다. 당(唐) 배구전(裵矩傳)에 이르되, 고려(高麗)는 원래 고죽국(孤竹國: 지금의 해

주)인데 주(周)가 기자(箕子)를 봉하고 조선(朝鮮)이라 하였다(周虎
(武)王卽位己卯 封箕子於朝鮮 檀君乃移於藏唐京 後還隱於阿斯達 爲
山神 壽一千九百八歲 唐裵矩傳云 高麗本孤竹國(今海州) 周以封箕子
爲朝鮮).'

중국의 역사가는 물론이려니와 우리나라의 역사가들도 기자가 조
선을 다스렸다고 믿도록 한 근거는 무엇이었을까? 기자와 비슷한 이
름과 그의 성인 '기(箕)' 씨가 우리의 역사서인 『한단고기』<단군세
기>에 나온다. 아마도 이 두 가지가 그렇게 믿도록 빌미를 제공한
것으로 보인다.

첫째는 기자의 이름인 서여(胥餘)와 비슷한 '서우여(徐于餘)'라는
사람이다. 21대 단군 소태(蘇台: B.C. 1337~B.C. 1286)가 욕살(褥薩)
의 지위에 있는 서우여(徐于餘)에게 양위하려고 하였으나 마한(馬韓:
왕)이 반대하여 뜻을 이루지 못했다. 그러다 우현왕(右賢王)으로 있
던 색불루(索弗婁)가 스스로의 힘, 즉 쿠데타로 22대 단군에 즉위하
였다. 그는 서우여(徐于餘)를 욕살의 지위에서 폐하고 서인(庶人)으
로 만들었다. 그러자 서우여는 좌원(坐原)에서 병사를 모아 반란을
일으켰으며, 개천령(蓋天齡)이라는 장수가 토벌하러 가서는 크게 패
하고 전사하였다. 반란진압이 실패하자 단군 색불루가 몸소 출전하
여 회유책으로 서우여에게 비왕(裨王: 보좌왕 또는 부왕)으로 봉할
것을 약속하자 전쟁은 끝났으며, 서우여를 번한(番韓: 재위 61년:
B.C. 1285~B.C. 1225)으로 봉하여 번조선을 다스리도록 하였다.
'도둑이 제 발 저린다'는 속담과 같이 쿠데타로 제위를 찬탈한 색불
루가 무력으로 반란을 일으킨 서우여를 제압하지 못하자 현실을 인
정하여 그를 번조선의 왕으로 임명한 것이다.

이러한 일이 일어난 시기는 주(周)나라의 무왕(武王)이 상나라를 멸망시킨 B.C. 1122년보다 163년 전이다.

<번조선의 말기 세계>

대수	한(韓)	재위(B.C.)
68	수한	340~324
69	**기후**	**323~316**
70	기욱	315~291
71	기석	290~252
72	기윤	251~233
73	기비	232~222
74	**기준**	**221~194**
위만조선	위만	194~108
	우거	(194~90경)

둘째는 '기(箕)' 씨이다. 46세 단군 보을(普乙: B.C. 341~B.C. 296) 재위 시인 B.C. 323년에 일어난 일이다. '정월에 읍차 기후(箕詡)가 병력을 이끌고 입궁하여 자칭하여 번조선(番朝鮮) 왕이라 하고 사람을 보내 윤허를 구하매 이를 허락하시고 굳게 연나라에 대비토록 하였다(正月 邑借箕詡 以兵入宮 自以番朝鮮王 遣人請 允帝許之 使堅備燕)'는 기사이다. 기(箕)씨가 쿠데타로 번조선 왕이 되었다. 그것도 단군의 궁궐에 병력을 이끌고 와서 당당히 단군에게 직접 번조선의 왕으로 임명해줄 것을 요구하였다. 얼마나 조선의 힘이 무력했기에 단군 구물은 쿠데타를 추인하고 다만 연나라의 침략에 잘 대비하라고만 하였을 뿐이다. 조선이 멸망한 해가 B.C. 238년이니까 제국이 서서히 몰락해가는 과정에 있다는 것을 여실히 보여주고 있다. 반대

로 번조선의 세력이 얼마나 강하였는지를 알 수가 있다. 이때부터 번조선이 사실상 조선의 대표자 역할을 한 것으로 보인다. 당연히 중국의 서화족의 입장에서 볼 때에 이제는 번조선이 조선인 것이다. 그리고 조선은 기(箕)씨가 6대에 걸쳐서 다스리고 있다. 사마천(B.C. 145?~B.C. 86?)이 살았을 당시에는 위만조선(衛滿朝鮮)이었지만 위만조선 이전에는 '기(箕)씨 조선'이었다.

<서우여와 서여(기자)를 혼돈한 일연의 『삼국유사』>

역사서	시기	사건 내용
한단고기	B.C. 1285 (병신년)	색불루가 서우여를 번한으로 임명 [번조선 수도: 험독(왕검성)-고죽군]
삼국유사	B.C. 1122 (기묘년)	주 무왕이 기자(서여)를 조선에 봉함 (조선의 위치: 고죽국)

기자의 이름인 서여(胥餘)와 비슷한 서우여(徐于餘)라는 사람이 오랜 옛날에 번조선의 왕이 되었으며, 100여 년 전까지는 기(箕)씨가 다스렸다. 기(箕)씨의 번조선(番朝鮮)이라면 여러분도 알아챌 수가 있을 것이다. 기자조선(箕子朝鮮)이 연상되지 않는가? 맞다. B.C. 180~B.C. 157년경에 복생(伏生)이 정리한 『상서대전』에서 기비(箕丕: B.C. 232~B.C. 222)와 기준(기준: B.C. 221~B.C. 194)을 기자(箕子)의 40여 세 후손이라고 기록하고 '기자는 주나라의 지배를 거부하고 조선으로 망명하였다고 하며 주나라 무왕은 이를 듣고 기자를 조선에 봉하였다'고 하였다. 이어서 사마천이 B.C. 109~B.C. 91년 사이에 편찬한 『사기』에서 '무왕이 기자를 조선에 봉하였다'고 하였다. 기(箕)씨가 다스리던 조선(朝鮮), 즉 번조선(番朝鮮)을 잘못

이해하였거나 아니면 통치자의 정치적 의도에 따라 기자(箕子)의 후손이 다스리는 조선(朝鮮)으로 역사를 꾸민 것으로 보인다. 이후 번조선은 기(箕)씨가 6대 130년간 통치하다가 B.C. 194년에 연(燕)나라 장수 위만(衛滿)에게 멸망한다.

그리고 필자가 지금까지 동이(東夷)와 대응되는 말로 편의상 '서화인(西華人)이나 서화인(西和人)'이라는 말을 사용하였다. 서화인(西華人)은 그들이 스스로를 '화하족(華夏族)'이라고 하니까 '서쪽의 화하족(華夏族)'이라는 의미이고, 서화인(西和人)은 이미 여러 부족이나 민족이 혼혈이 되어 중화(中和)된 종족이기 때문이다.

이제 기자조선에 대하여 최종적인 결론을 내리자. '기자사건'은 한국과 중국의 역사에 있어서 하나의 '역사적 해프닝'이다. 진실은 기자(箕子)는 B.C. 1114년경에 하남성 개봉시 서쪽 36km(90리) 지점에 있는 서화(西華)에 정착하여 여생을 보낸 사람이다.

그런데 사마천을 비롯한 몇몇 역사가들의 붓장난으로 인하여 오랜 세월동안 많은 사람들에게 큰 혼란을 주었던 것이다

(1) 일연이 단군의 나이가 1,908세라라고 기록한 것은 사실일까?

한 가지 더 언급할 것이 있다. 단군의 나이가 1908세라는 『삼국유사』의 기록이다. 당연히 인간의 나이는 그렇게 많을 수가 없다. 그런데 어떻게 되어 이런 기록이 버젓이 역사에 있을까? 근거를 찾아보자.

43세 단군 물리(勿理: B.C. 461~B.C. 426)시대인 B.C. 426(을묘)년에 사냥꾼 우화충(于和冲)이 반란을 일으키자 단군은 피난을 가서

돌아가시고, 백민성(白民城)의 욕살(褥薩) 구물(丘勿)이 어명을 가지고 군대를 일으켜 먼저 장당경(藏唐京)을 점령하고 압록강 동서의 18성이 병력을 보내어 지원함에 따라 난이 진압되었다. 그리고 여러 장수의 추대를 받아 다음 해인 B.C. 425년에 장단경에서 44대 단군으로 즉위하고 나라 이름은 대부여(大夫餘)라고 하였다고 기록하고 있다.

대부여(大夫餘)가 건국되었으므로 조선은 멸망하였다. 단군이 조선을 개국한 B.C. 2333년부터 정확하게 1908년이 되는 해이다. 일연이 단군의 나이가 1,908세라는 기록과 비교하면 일치하는 숫자이다. 한 왕조의 존속시기를 개국한 사람의 나이로 만들었다는 것은 역사가 어떻게 신화로 전환되는지를 설명하는 실질적인 사례라고 본다. 물론 여기서 말하는 압록강은 지금의 요하를 이른다. 만약 지금의 압록강이라면 '압록강 남북의 18성'이라는 표현을 썼어야 맞다.

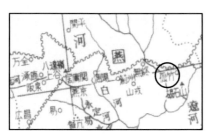

<고죽국의 위치: 1985. 소학관 발행 '신선한화사전'>

(2) 중국의 백이(伯夷)·숙제(叔齊) 이야기는 우리의 역사를 패러디한 것이다

우리는 일연이 '고려(高麗)는 원래 고죽국(孤竹國)인데 주(周)가 기자(箕子)를 봉하고 조선(朝鮮)이라 하였다'고 한 기록을 보았다. 그리고 앞에서 색불루(索弗婁)가 쿠데타로 22대 단군이 되었다고 하였다.
이러한 권력쟁탈의 혼란상황을 보고 고죽군(孤竹君)의 백이(伯夷)와
숙제(叔齊)가 세상을 한탄하며 은둔생활을 하였다. 기록을 보자. '이해
에 백이(伯夷)와 숙제(叔齊)도 역시 고죽군(孤竹君)의 자손들로서 나라
를 버리고 동해의 해변에 살며 밭 갈기에 힘쓰며 혼자 살아갔다(是歲
伯夷叔齊 亦以孤竹君之子遜 國而逃 居東海濱 力田自給).' B.C. 1286년
의 일이다. 고죽국이 어디에 있었는지를 지도로 보자. 일본 소학관이
발행한 사전에 있는 지도를 보면 만리장성의 동쪽 끝자락에 위치해
있다. 그러나 현재의 구글지도에는 그 일대에 고죽에 대한 흔적을 찾
을 수가 없다. 그러나 그보다 더 위쪽에 고죽영자향(苦竹營子鄉)이라는
지명이 있다.

아마도 이 일대까지도 고죽의 영역이었거나 나라가 망하고 유민
들이 북쪽으로 후퇴하여 새로운 터전을 마련하면서 다시 사용한 지
명인지도 모르겠다. 중국의 역사에서는 『후한서』<군국지>에 요서
군(遼西郡) 영지현(令支縣)에 '고죽성이 있다. 백이숙제의 본국이다
(有孤竹城 伯夷、叔齊本國)라
는 기록이 있다. 그리고 역사
에서는 백이(伯夷)와 숙제(叔
齊)가 나라를 버리고 '동해의
해변에서 밭을 갈며 살아갔
다(居東海濱 力田自給)'고 하
였다. 아니 번역자가 한문을
그렇게 번역하였다. 그런데
실제로 '해빈(海濱)'이라는 지

<고죽(孤竹)의 흔적으로 추정되는 고죽영자향의
위치(위의 검은 점)과 확대도(하)(구글)>

명이 두 군데가 있다. 첫 번째는 옛 지도에서 고국(孤竹)이 있었다고 기록된 요동지방 아래쪽에 있는 진황도시(秦皇島市)의 북재하구(北戴河区)에 해빈진(海濱鎭)이 있다. 그리고 두 번째는 동쪽으로 160km 거리의 해안에 해빈촌(海濱村)과 해빈만족향(海濱蠻族鄉)이라는 지명이 있다. 구글지도에서 표시한 고죽영자향(苦竹營子鄉)에서는 남쪽으로 50km

<해빈(海濱): ① 진황도시 북재하구 해빈진(상) ② 해빈촌과 해빈만족향(하)(구글)>

거리이다. '거동해빈(居東海濱)'을 '동쪽의 해빈(海濱)에 살았다'고 번역할 수도 있다. 해빈(海濱)을 지명으로 보면 역사기록의 문맥과도 일치한다. 구체적인 지명을 언급하지 않고 막연하게 동쪽 바닷가에 가서 고기잡이를 하지 않고 밭을 갈며 살았다는 것은 조금 의아한 면이 있지 아니한가?

이러한 우리의 백이(伯夷)·숙제(叔齊) 이야기가 중국에도 있다.

사마천의 『사기』<백이·숙제 열전>에 나오는 이야기이다. 백이(伯夷)와 숙제(叔齊)는 상(商)나라 말기의 형제이며 두 임금을 섬기지 않고 군주에 대한 충성을 끝까지 저버리지 않고 충절을 지킨 의인이며, 충신의 표상으로 알려져 있다. 이들 형제는 원래 상나라의 서쪽 변방의 고죽군이라는 작은 영지의 군주의 아들들이었다. 아버지가 죽자 영주의 자리를 서로가 끝까지 양보하였다.

이때 주(周)나라의 문왕이 서백(西伯)의 직위를 가지고 서쪽에 있는 작은 영주들을 감독하는 책임을 지고 있었다. 문왕이 죽고 그의 아들 무왕은 나라(商상)에 반역하려고 강태공과 함께 뜻을 같이하는 제후들을 모아 전쟁 준비를 시작했다. 그러자 백이·숙제 형제는 무왕을 찾아가 간언하기를 '선왕(문왕)이 돌아가시고 아직 장사도 지내지 않았는데 전쟁을 하는 것은 효(孝)가 아니다. 그리고 주나라는 상나라의 신하 국가이다. 어찌 신하가 임금을 주살하려는 것을 인(仁)이라 할 수 있겠는가?' 하고 간언을 하였다. 그러자 무왕은 대로하여 이들 형제를 죽이려 하자 강태공이 '의로운 사람들'이라 하며 만류하였다. 그러나 결국 무왕과 강태공은 상나라를 토벌하여 멸망시켰다. 백이·숙제 형제는 상나라에 대한 충성을 저버릴 수 없으며, 고죽군 영주로 받는 녹봉 역시 받을 수 없다며 수양산(首陽山)으로 들어가 고사리를 캐 먹으며 연명하였다. 이때 왕미자라는 사람이 찾아가서 탓하기를 '그대들은 주나라의 녹을 받을 수 없다더니 주나라의 산에서 주나라의 고사리를 먹는 일은 어찌 된 일인가?'라고 조롱 섞인 책망을 하자 두 사람은 고사리도 먹지 않고 굶어 죽었다고 한다. 그리고 청나라 말기에 만든 지도인 『대청광여도』를 보면 황하가 황토고원지대를 돌아 남진하다가 동쪽으로 90도로 꺾이는 지역에 백이숙제묘(伯夷叔齊墓)가 있고 왼쪽에는 '뇌수산 일명 수양산(雷首山 一名 首阳山)'이라고 표시한 산이 있다.

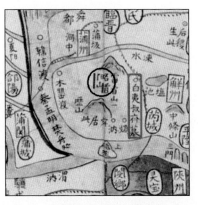

<『대청광여도』에 나오는
백이·숙제묘(네모)와 수양산(원)>

중국 측 스토리의 시기는 B.C. 1122년의 일이다. 같은 백이·숙제를 놓고 한중간에 이렇게 스토리가 다르고 시간적으로 164년의 시차가 있다. 중국 측은 사마천(B.C. 145?~B.C. 86?)이 B.C. 1세기에 기록하였으니까 1170여 년 전의 까마득한 옛날의 이야기를 기록으로 보았거나 전해들은 이야기일 것이다.

<한중 간의 백이·숙제의 기록의 차이>

	한국	중국
시기	B.C. 1286	B.C. 1122
장소	고죽국의 동쪽 바닷가(東海濱)	고죽국의 수양산
사실	밭을 갈며 생활	고사리를 뜯어 먹음.

어느 쪽이 신빙성이 있을까? 그러나 북경 동쪽 장성 이남에 고죽(孤竹)이라는 지명이 있고, 거기서 동쪽으로 조금만 더 가면 바다이다. 그렇다면 시간적으로 앞서고, 구체적으로 지리상의 위치와 상황논리를 볼 때에도 우리의 역사가 합리적이지 않은가. 중국 측 기록은 우리의 고사를 자기 역사와 결부시켜 패러디(Parody)한 것이다.

2) 요동지방은 어디이기에 여기서 많은 문제가 일어났나?

(1) 북경 일대의 한중 역사 기록과 그 지정학적 가치

지금까지는 그렇게도 우리를 괴롭히던 기자(箕子)와 기자조선(箕

子朝鮮)의 망령에 대하여 알아보고, 이는 분명히 허구라는 결론을 내렸다. 다음으로 한중 역사에서 논란이 되고 있는 요동지방에 대하여 알아보자. 그전에 우선 북경지방이 우리 민족에게 어떤 의미를 가지는 지역인지를 먼저 알아보기로 하자.

우리는 앞에서 단군왕검(檀君王儉)이 구한(九桓)을 통일한 후에 진조선·막조선·번조선(辰朝鮮·莫朝鮮·番朝鮮)으로 나누고, 진조선(辰朝鮮)은 직접 통치하고 막조선(莫朝鮮)과 번조선(番朝鮮)은 한(韓: Khan), 즉 번한(番韓)과 마한(馬韓)을 두어 다스렸다고 하였다.

초대 단군인 단군왕검은 번한(番韓)에는 치우(蚩尤)의 후손인 치두남(蚩頭男: B.C. ?~B.C. 2252)을 임명하였다. 치두남은 B.C. 2301년(경자)에 요중(遼中)에 험독(險瀆)·영지(令支)·탕지(湯池)·용도(桶道)·거용(渠鄘)·한성(汗城)·개평(蓋平)·대방(帶方)·백제(百濟)·장령(長嶺)·갈산(碣山)·여성(黎城) 등 열두 개의 성을 쌓았다(庚子築遼中十二城 險瀆·令支·湯池·桶道·渠鄘·汗城·蓋平·帶方·百濟·長嶺·碣山·黎城 是也). <번한세가 상>

그러면 이러한 역사기록이 사실인지의 여부와 이러한 지명들이 있는 위치는 어디인지를 알아보자.

첫째, '요중(遼中)에 쌓았다'고 하였다. 이 말의 의미는 요하(遼河)를 기준으로 좌우 일대에 있는 지역을 의미하다고 본다. 당시의 요하는 지금의 북경과 진황도시 사이를 흐르는 계운하(薊運河)나 조백하(潮白河)일 것으로 추정되며, 나중에는 지금의 난하(灤河)를 말한다. 어떤 가정이 타당한지를 떠나서 요중(遼中)에 성을 쌓았다는 뜻이다.

두 번째는, 그러한 지명의 흔적이 역사기록에 나오느냐 하는 것인데 앞에서 이미 설명한 대로 여러 지명이 상호 연관되어 수없이 나오

<거용관>

고 있다. 험독(險瀆)은 번조선의 수도이며 대방(帶方)도 역사에서 많이 나오는 지명이다. 그러면 이들 12성을 지금의 지도에서 그 흔적을 한 번 찾아보자. 독자들 중에 많은 분들이 북경을 방문하고 가까이에 있는 만리장성을 찾아가 보았을 것이다. 북경시에서 서북쪽으로 약 50km 떨어진 곳에 있는 거용관(居庸關: 쥐융관)까지 가본 분도 있으리라고 본다. 거용관은 북경을 대표하는 관광지인 팔달령 장성으로 향하는 도중의 협곡에 있다. 거용관에 대해서는 구태여 더 설명할 필요가 없다고 본다. 그리고 구글지도에서 거용을 포함하여 9개 성의 흔적을 발견하였다. 한자는 다르지만 발음은 같은 지명으로서 옛 지도에도 나오는 지명이며 지금도 쓰고 있다. 다만 갈산(碣山)은 같은 발음의 지명은 없어서 일단 갈석산(碣石山)으로 비정하였다.

이들 9개 성의 위치를 표에 정리하였다. 그리고 다시 상세한 지도를 첨부하였다. 그러나 험독(險瀆)·용도(桶道)·백제(百濟)는 끝내 그 흔적을 찾을 수가 없었다.

<치두남이 요중에 쌓은 성의 흔적 추정지>

12성(城)	추정되는 현재의 지명	패수: 요수(난하)
거용(渠鄘)	北京市 昌平区 居庸關	서쪽
한성(汗城)	唐山市 丰潤區 韓城鎭	서쪽
개평(蓋平)	唐山市 開平區 開平鎭	서쪽
장령(長嶺)	唐山市 遷西縣 長嶺峰村	서쪽
탕지(湯池)	秦皇島市 盧竜県 湯池王荘村	동쪽
여성(黎城)	秦皇島市 撫寧縣 驪城(líchéng)大街	동쪽
대방(帶方)	秦皇島市 撫寧縣 大傍水崖村	동쪽
영지(令支)	秦皇島市 昌黎县 苓芝(língzhī)頂村	동쪽
갈산(碣山)	秦皇島市 昌黎县 碣石山	동쪽
험독(險瀆)	미상	
용도(桶道)	미상	
백제(百濟)	미상	

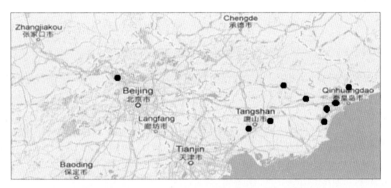

<12성 중 9성의 위치: 왼쪽부터 거용, 한성, 개평, 장령, 탕지, 갈산, 영지, 여성, 대방>

　그렇지만 험독(險瀆)에 대한 역사기록에서 개략적인 위치를 알 수
가 있다. 『한단고기』＜태백일사＞에 '이에 단군왕검은 치우의 후손
가운데 지모가 뛰어나게 세상에 소문난 자를 골라 번한(番韓)이라
하고 부(府)를 험독(險瀆)에 세우게 하였다. 지금도 역시 왕검성(王儉

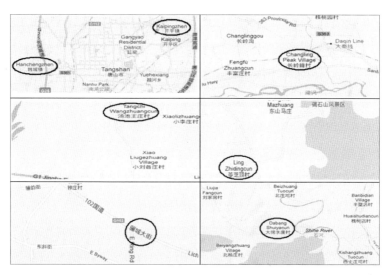

<(위)한성진-개평진·장령봉촌 (중앙)탕지왕장촌·영지정촌(아래)여성대가·대방수애촌>

城)이라고 한다(於是檀君王儉擇蚩尤後孫中有智謀勇力者爲番韓立府險
瀆今亦稱王儉城也).’ ‘번한의 옛 서울은 지금의 개평부(開平府) 동북
70리에 있는 탕지보(湯池堡)가 그곳이다(番韓古都 今開平府東北七十
里所在 湯池堡是也)’라고 하였다. 이를 한 번 검토해보자. 근세조선
의 연산군-중종 때의 사람인 이맥이 살았던 당시를 기준으로 하여
‘지금……’이라는 표현을 사용하였는지 아니면 참조한 고서에서 그
런 표현을 하였는지는 확실하지 않지만 분명한 것은 번한의 옛 수도
였던 험독(險瀆)이 왕검성(王儉城)이며 탕지보(湯池堡)라고 말하고
있다. 그러나 필자가 판단하기는 번한(番韓) 치두남이 요중에 쌓은
12성 중에 험독(險瀆)과 탕지(湯池)가 동시에 있는 것으로 볼 때에
아마도 가까운 거리에 있던 두 성 중에서 나중에 탕지(湯池)는 없어
지고 탕지보(湯池堡)라는 지명으로만 남게 되었다고 판단된다. 그렇

다면 험독은 지금의 진황도시 노룡현(盧竜県) 탕지왕장촌(湯池王莊村) 인근에 위치하였다는 말이 된다. 구글지도로 검색해보면 당산시 개평구(開平區)에서 동북 28km(70리) 지점에 성산(城山)과 고성자향(高城子郷)이라는 지명이 있지만 험독으로 단정할 수는 없다. 그러나 뒤에서 설명하겠지만 '독'이 성(城)을 뜻하므로 성산(城山)이 험독(險瀆)일 가능성이 많다고 본다.

그러면 중국의 사서에서는 험독의 위치를 어떻게 설명하고 있는지 알아보자. 『사기』는 '요동(遼東) 험독현(險瀆縣)에 조선 왕의 옛 도읍이 있다(遼東險瀆縣 朝鮮王舊都)'고 하였으며, 『사기색은』에서는 '창려(昌黎)에 험독현(險瀆縣)이 있다.' '왕험성(王險城)은 낙랑군 패수의 동쪽에 있다(王險城 在樂浪郡浿水之東)'고 하였고, 『한서』<지리지>에서는 험독에 대하여 '조선 왕 (위)만의 도읍이며 물이 험한 곳에 위치해 있으므로 험독이라 한다(朝鮮王滿都也 依水險故曰險瀆).' '왕험성은 낙랑군 패수의 동쪽에 있으니 이를 바로 험독이라 한다(王儉城 在樂浪郡浿水之東 此自是險瀆也)'고 하고 있다. 험독의 위치가 요동, 창려, 낙랑군, 패수(옛 지도에서 요수: 지금의 난하) 동쪽이라고 하고 있어 탕지(湯池), 여성(黎城), 대방(帶方), 영지(令支) 등과 가까운 지역에 있다는 것을 알 수가 있다. 그리고 창려(昌黎)는 현재 진황도시(秦皇島市)의 장려현(昌黎縣)으로 그 지명이 그대로 사용되고 있다.

또한 우리의 사서에서 '번한(番韓)의 부(府)를 험독(險瀆)에 세우게 하였다. 지금도 역시 왕검성(王儉城)이라고 한다'고 하고 중국의 사서에서도 험독이 바로 왕험성이라고 하여 같은 말을 하고 있다. 무슨 의미일까? 우선 중국 사서에서는 물이 험한 곳에 있어서 험독이라고 하였는데 아마도 험독이 강이나 험한 지형을 이용하여 만든 성일 가능성이 있으므로 앞으로 정확한 위치를 찾는 데 도움이 될 것으로 본다. 그러나 필자가 생각하기에는 험독(險瀆)이라는 말은 '검독(險瀆)'에서 변화된 말이거나 필사과정에서 발생한 오류라고 본다.

그렇다면 검독(險瀆)은 무슨 뜻일까? 순수한 우리말로서 군(君)이 다스리는 지방의 수도(首都), 즉 서울이다. 군(君)은 부족장이나 초기의 소규모 국가의 왕을 말하며 조선에서는 제일 하급단위의 지배자이다. 일본어를 보면 그 뜻이 명확하게 나타난다. 일본어에서는 '군(君)'을 きみ(기미)라고 하며 '임금, 국왕, 제왕'을 뜻한다. 그리고 '군(君)'이 바로 검(儉)이다.

그리고 '독(瀆)'은 발음 그대로 우리말의 '독'이다. 흙으로 빚어 물이나 곡식 등을 저장하는 독을 말한다. 간장이나 된장을 저장하면 장독[醬 독]이라고 한다. 그리고 밑 없는 독을 쌓아서 연기를 배출시키는 것이 굴뚝[窟 둑]이며, 땅에 흙으로 높게 쌓으면 둑[堤防 제방]이 된다. 따라서 둑의 원시언어는 독이다. 그리고 사람이 많이 모여 사는 큰 마을을 방어하기 위하여 흙으로 빙 둘러서 높게 쌓은 것이 마치 독과 같아서 이 또한 독이라고 불렀음이 분명하다. 성(城)이라는 한자를 보면 흙으로 이루어진 것이 아닌가. 일본말로 성(城)을 'しろ(시로)'라고 하는데 우리말 '시루'가 어원인 것으로 보인다. 독과 같이 생겼지만 밑바닥에 큰 구멍이 여러 개 나 있는 것을 말한다. 떡이나 쌀 등을 찌는 데 쓰는 둥근 질그릇이다. 하는 일에 공을 들이고 노력을 하여도 효과가 없을 때에 '밑 빠진 독에 물 붓기'나 '시루에 물 붓기'라고 한다. 따라서 군(君), 즉 검(儉)이 다스리는 지역의 수도가 검독(儉瀆)이나 험독(險瀆)이고 한자로 표시하면 검성(儉城)

이나 험성(險城)이 되며, 그 위의 계급인 왕검(王儉)이 다스리는 큰 지방의 수도는 왕검성(王儉城)이며, 이를 중국의 사서에서는 왕험성(王險城)이라고 적은 것이다. 바로 번한(番韓: 番Khan), 즉 지방국가인 번조선(番朝鮮)의 수장(首長)인 왕검(王儉)의 수도인 것이다.

이를 증명하는 다른 사례로는 경기도 오산시에 있는 독산성(禿山城)이 있고 서울의 금천구에는 독산동(禿山洞)이 있다.

독산(禿山)은 독산(獨山)으로도 쓰이고 한자로 성산(城山)으로도 쓰였으며, 일본식인 시루산이나 시루봉은 한자로 증산(甑山)으로도 쓰여 전국에 걸쳐서 많이 남아 있다.

그리고 험독이나 왕검성을 '안덕향(安德鄕)'이라고도 하였다. <단군세기>의 6세 단군 달문(B.C. 2083~B.C. 2048)조에 보면 삼한(三韓)인 진한(辰韓), 마한(馬韓), 번한(番韓)을 저울에 비유하여 저울그릇은 백아강(伯牙岡: 마한의 수도인 달지국), 저울추는 안덕향(安德鄕: 번한의 수도인 험독險瀆)이라 하고, 저울대는 소밀랑(蘇蜜郎: 진한의 수도인 아사달)이라고 하였다. 그리고 <태백일사>에서 말하기를 '탕지는 옛날의 안덕향이다(湯地古安德鄕也)'라고 하였다. 그렇다면 험독(險瀆)은 왕검성(王儉城)인 동시에 안덕향(安德鄕)이 되는 것이다. '안덕향(安德鄕)'은 무슨 뜻일까? 우리말인 '안독고을'이다, 여기서 '안'은, 즉 안(內)과 밖(外) 중에서 안을 말하며 '안독'은 국가의 내부 중심에 있는 '독', 즉 성(城)을 말하며 한자말로 번역하면 국내성(國內城)이 된다 한다. 바로 수도(首都)를 뜻하는 말이다. 따라서 번한의 안독(安德鄕)은 험독이라는 말이다. '안독=안덕'이 고유의 지명으로 굳어져 명사화된 후에 다시 '고을'을 뜻하는 '향(鄕)'을 추가함으로써 마치 '역전 앞(驛前앞)'처럼 일종의 사족(蛇足)을 붙인 것

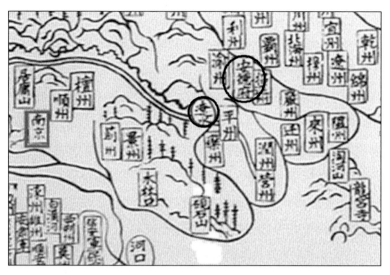

<요나라의 '추리도' 중에서 북경지역의 지리: 큰 원이 안덕부(安德府), 작은원이 요수(遼水)이며 장성을 가로지르고 있다. 왼쪽 상단에 거용산(居庸山)이 있다.>

이다. 안덕향(安德鄕)은 『삼국유사』에서는 안촌홀(安村忽)이라고 한 곳이며, 후에 고구려의 안시성(安市城)도 여기에 있었던 것이다. 험 독(險瀆)이나 왕검성(王儉城), 안덕향(安德鄕), 안촌홀(安村忽), 안시 성(安市城), 국내성(國內城)은 모두가 글자는 다르지만 시대에 따라 우리말을 한자로 표기하면서 어떤 때에는 소리로, 어떤 때에는 뜻으 로 하였을 뿐이다. 안덕향(安德鄕)의 위치는 거란족이 세운 요(遼)나 라(916~1125)의 강역을 표시한 「추리도(墜理圖)」를 보면 지금은 난 하(灤河)라고 부르는 요수(遼水) 동쪽, 장성 북쪽에 '안덕부(安德府)' 라는 지명에 해당된다. 한중의 역사기록과 지리서는 물론 언어의 원 래의 뜻과 그 변천과정을 보더라도 험독(險瀆)은 지금의 북경에서 동쪽 방향으로 200여km 지점에 존재하였다.

그러면 지금은 흔적을 찾을 수 없는 용도(桶道)·백제(百濟)는 어떻게 되었을까? 북경을 포함한 남쪽 지역은 황하를 비롯한 여러 하천이 실어 나르는 황토가 계속하여 퇴적되어 4~5천여 년 전의 유적이나 유물은 모두 지하에 묻혔을 것이며, 또한 원(元)나라 시대부터 수도였으므로 도시계획을 하여 옛날에 있었던 성터를 허물고 새로운 시설들을 하고, 또한 인구가 증가함에 따라 도시가 계속 확장되면서 역사에 나오는 지명은 자취를 감추었을 것으로 추정된다. 그러나 마을 이름이나 거리의 이름 등 어떤 형태로든 흔적이 남아 있어서 앞으로 누군가가 찾으리라고 확신한다.

그러면 북경지방은 우리 민족에게 어떠한 의미가 있었을까? 이 일대는 신석기시대부터 철기시대까지 유라시아대륙의 문명이 교류하는 통로인 초원길(Steppe)의 동쪽 끝에 있는 만주대평원에서 중원으로 들어가는 길목이다. 북방지역과 중원대륙의 사람과 물자가 오가는 통로의 목이다. 조양(朝陽) 일대에 중심을 둔 우리의 선조들은 자연스레 이 길목을 통하여 중원으로 진출하여 수천 년간 경영하였으며, 결과적으로 여기가 제국의 중심이었다. 그리고 북방에서 나는 물자와 중원이나 남방에서 나는 물자가 서로 오가는 교역의 중심지로서 부를 향유하고 이는 제국을 유지하는 경제적인 바탕이 되었던 것이다. 그러나 너무나 장구한 세월을 거치는 동안 제국은 스스로 힘이 빠져 자멸하였으며 이어서 북부여가 새로 일어나 이를 계승하였다. 조선이 B.C. 238년에 북부여에 멸망당하였지만, 얼마 지나지 않아 진(秦: B.C. 221~B.C. 206)과 한(漢: B.C. 206~220)나라가 중원을 통일할 때까지도 번조선(番朝鮮)은 망하지 않고 버티다가 위만조선(衛滿朝鮮: B.C. 195~B.C. 108?)으로 바뀌어 좀 더 오래 지속하다가 결국 멸망하였다. 번조선(番朝鮮)을 찬탈한 위만(衛滿)과 일부의 지배세력만 연(燕)나라 사람이었지 위만조선(衛滿朝鮮)의 백성은 여전히 조선의 후예였다. 우리가 이를 인정한다면 지금의 북경지역은 B.C. 100여 년까지도 조선의 영토였다.

비록 한무제가 위만조선을 멸망시키고 이 지역을 지배하였지만 얼마 지나지 않아 5호16국시대나 남북조시대의 대 혼란기에는 조선(朝鮮)의 구성원이었던 오환(烏桓)국이나 선비(鮮卑)국은 물론 거란이나 고구려, 백제도 당연히 중원에 진출하여 현지의 동족의 지원을 받아 각축전에 참여하였으며 원(元)나라에 이어 마지막으로 여진족의 누르하치가 1644년 수도를 북경으로 정하고 청나라를 건국하여 불과 100여 년 전인 1912년 멸망할 때까지 조선제국의 구성원이었던 북방민족의 북경지역 지배는 계속되었다.

(2) 북부여(北扶餘)의 건국과 제국의 몰락

우리나라의 정사에서는 역사시대가 한반도의 북부에 있는 지금의 평양에서 이루어지며, 기자조선에서 시작하여 위만조선으로 이어지고 다름으로 한무제(漢武帝)가 위만조선을 멸망시키고 설치한 한사군(漢四郡)이 있었다고 한다. 한사군이라는 외세가 한반도에 자리 잡고 있으니까 멀리 북쪽 지방 어딘가에서 우리 민족의 첫 정통왕조로 여기는 북부여(北扶餘)가 건국되는 것으로 기록하고 있다. 그러나 우리는 앞에서 기자조선은 허구이며 또한 번조선의 중심지역이 지금의 북경지방 일대라는 것을 알아보았다.

그러면 북부여는 누가, 언제, 어디에서 건국하였을까?

첫째, 일연의 『삼국유사』에서는 '고기(古記)에 이르기를 B.C. 58년 (전한 선제宣帝 신작神爵 3년) 4월 8일에 하느님(天帝)이 흘승골성(紇升骨城-대요 의주: 大遼 醫州의 경계에 있다)에 내려올 때 다섯 용의 수레를 탔으며, 도읍을 세우고 왕이라 하며 나라 이름을 북부여(北扶餘)라 했다. 자칭 이름은 해모수(解慕漱)라 하고 아들을 낳아 부루(扶婁)라 하고 해(解)로써 성을 삼았다. 그 뒤 하느님의 명을 따라 도읍을 동부여로 옮겼다. 동명제(東明帝)가 북부여를 계승하여 일어나 졸본주(卒本州)에 도읍하고 졸본부여(卒本扶餘)라 하니 곧 고구려(高句麗)의 시조였다'고 적고 있다.

둘째, 『한단고기』에서는 47세 단군 고열가(古列加: B.C. 295~B.C. 238) 시기에 고리국(槁離國)에 종실(宗室), 즉 왕실의 일원인 해모수(解慕漱)라는 사람이 살고 있었다. 그의 선조도 역시 고리국(槁離國) 사람이었다. 그가 몰래 번한(番韓)의 수유후(須臾侯) 기비(箕丕)와 약속하고 B.C. 239년 4월 8일에 군대를 일으켜 웅심산(熊心山)을 내려와 옛 서울 백악산(白岳山)을 습격하여 점령하고는 천왕랑(天王郎)이라 칭했다. 즉, 기비(箕丕)의 적극적인 도움으로 조선을 멸망시키고 북부여(北扶餘)를 건국하였다. 혁명이 성공하자 해모수는 기비의 공로를 인정하여 번조선(番朝鮮) 왕으로 삼고 상하의 운장(上下雲障)을 잘 지키게 하였다. 이로서 조선은 2096년(B.C. 2333~B.C. 238)이라는 장구한 세월의 역사를 마감하였다. 그러나 엄밀히 말하자면 43세 단군 물리(勿理: B.C. 461~B.C. 426) 시절에 일어난 우화충(于和冲)의 난으로 물리가 죽고, 난을 진압한 백민성(白民城)의 욕살 구물(丘勿)이 B.C. 425년에 44세 단군으로 즉위하면서 국호를 대부여(大夫餘)라고 하고 수도를 장당경(藏唐京: 평양이라고도 하며, 고려시대는

개원이라 함)으로 옮겼다. 그러니까 왕통이 바뀐 대부여를 인정하면
조선의 존속기간은 1908년이며, 대부여는 188년간 존속한 셈이다.
그러나 『한단고기』에서는 대부여도 조선에 포함시키고 있다. 다만
일연의 『삼국유사』에서는 포함시키지 않고 있다. 따라서 188년이라
는 역사의 공백이 우리의 옛 사가들에게 기자조선이라는 가공의 역
사를 만드는 데 하나의 구실이 되었을 것으로 짐작된다.

그리고 북부여에서 'B.C. 86년에 서압록(西鴨綠) 사람인 고두막(高
豆莫) 한汗: 왕)이 의병을 일으켜 단군이라 칭하고 부여(夫餘)의 옛
도읍을 차지하고 나라 이름을 동명(東明)이라고 부르니 이 지역이
신라(新羅)의 옛 땅이다(西鴨綠人 高豆莫汗 倡義興兵 亦稱檀君 乙未
漢昭帝時 進據夫餘故都 稱國東明 是乃新羅故壤也).' <삼성기>

우리가 동명왕이라고 알고 있는 사람이 사실은 사람이 아니고 고
두막이 세운 나라 이름 '東明國'이라고 하고 있다. 그러나 <북부여
기>에서는 고두막(高豆莫)은 조선의 마지막 47세 단군 고열가(古列
加)의 후손이라고도 하며 B.C. 108년에 졸본(졸본)에서 스스로 제위
에 올랐다고 하였다. 그러나 왕통은 북부여를 계승하여 5명의 왕을
모두 단군으로 기록하고 있다. 이는 북부여와 동명국이 공존하다가
B.C. 86년에 북부여의 4대 단군 고우루(高于婁)가 항복함에 따라 북
부여를 계승한 것으로 보았다고 여겨진다. 그리고 이해에 고우루의
동생인 해부루(解夫婁)가 국상 아란불(阿蘭弗)의 건의에 따라 통하
(通河)의 물가 가섭(迦葉)의 벌판으로 옮겨가서 나라를 세웠는데 가
섭원부여(迦葉原夫餘), 또는 동부여(東夫餘)라고 하였다. 그 후에 고
주몽의 고구려도 해모수가 태어난 고향에서 일어났기 때문에 역시
나라 이름을 고구려(高句麗)라 하였다. 그리고 백제를 건국한 비류와

온조도 역시 북부여에 그 근원을 두고 있다. 이들 건국시조의 가계를 일괄하여 표로 정리하였다.

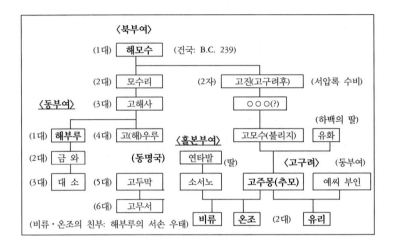

(3) 연나라 장수 진개(秦開)가 조선을 공격하여 2천 리의 영토를 정복함에 따라 번조선은 북경 일대를 상실하였다

연(燕)나라는 어떤 나라인가? B.C. 1122년에 상(商)나라를 멸망시키고 주(周)나라를 건국한 무왕(武王)이 일족인 소공(召公) 석(奭)을 연(燕)의 제후에 봉했다. 당시의 봉지는 하남성 남부지역이었다. 세월이 지나 춘추전국시대를 거치면서 여러 차례 이동을 하였으며 B.C. 222년에 진(秦)나라에 멸망할 당시에는 수도 계(薊: 薊城계성이라고도 함)가 지금의 북경 서남쪽 60km 거리에 있었다. 그러나 현재 중국에서 발행하는 지도에는 이미 B.C. 5세기에 연나라는 지금의 북경지

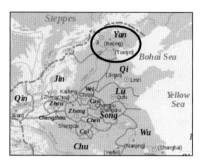

<중국이 만든 B.C. 5세기 춘추시대 지도.
그러나 연나라는 당시에는 이 지역에
존재하지 않았다.>

방에 있는 국가로 그려지고 있다. 하남성 남부에서 출발한 연(燕)나라가 떠돌아다니다가 진에 멸망할 당시에는 북경지방에 수도가 있었는데 이미 B.C. 5세기부터 줄곧 북경지방에 있어 왔다고 인식하고 있는 데서 심한 역사 왜곡이 일어나고 지금까지도 계속되고 있다. 도대체 어디서부터 무엇이 꼬여서 그렇게 되었는지 한 번 규명해보자.

동주(東周)의 낙양(洛陽)에서 태어난 소진(蘇秦: ?~B.C. 317?)은

<B.C. 334년경의 연나라 수도의 개략적인 추정위치: 산서성 개휴시>

연(燕)나라의 문공(文公: B.C. 361~B.C. 333)을 찾아가서는 '강력한 진(秦)나라를 막기 위해서는 나머지 여섯 나라가 서로 힘을 합하여야 한다'는 합종(合縱)을 제안하여 받아들여진다. 그리고 다섯 나라를 유세하여 합종을 성사시키고 여섯 나라의 재상이 되었다. 그가 문공에게 한 말 중에 '천 리나 떨어져 있는 진(秦)나라가 연(燕)나라를 공격하는 것과 백 리 밖에 떨어져 있지 않는 조(曹)나라가 연나라를 치는 것 중 어느 것이 더 쉽겠습니까?'라는 구절이 나온다.

우리는 이 구절을 근거로 당시의 연나라의 위치를 추정할 수가 있다. 구글지도에서 진(秦)나라의 수도였던 호경(鎬京: 서안 부근)에서 동북방향 북경 쪽으로 천 리(400km) 떨어진 지역은 지금의 산서성 개휴시(山西省 晋中市 介休市)이다. 옛사람들이 꼬불꼬불한 도로를 기준으로 측정한 거리이므로 이보다 훨씬 더 아래 지역이라고 판단된다. 그리고 『구당서, 신당서, 요사』 등의 <지리지>와 『거란국지』 등에 의하면 '계주(薊州)에서 백교(白膠)가 생산된다'고 하였으며, '태원부(太原府) 무용군에서 백교향(白膠香)이 난다'고 하여 계주(薊州)가 바로 태원(太原)이라고 하고 있다고 한다.

한편 네티즌 자유게시판에서 홍영명 씨는 전국시대의 연(燕)나라의 수도는 이보다 더 북쪽에 있는 산서성 삭주시(朔州市)라고 표시한 지도를 찾았다. 여기에 보면 삭주시 남쪽 교외에 '주무왕이 소공을 연에 봉한 지역이 연산의 벌판이다(周武王封召公于燕 地在燕山之野)'라고 표시되어 있다. 그리고 이 지도에서 더 남쪽 멀리에 연경산(燕京山)이라는 산도 있다는 것을 밝히고 있다. 따라서 연(燕)나라는 중국에서 선전하고 그래서 우리도 그렇게 알고 있는 것처럼 지금의 북경지역에 있었던 것이 아니고 황하 아래쪽에서 점점 북쪽으로 올

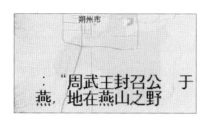

<산서성 삭주시가 연나라의 최초 봉지라고
표시된 지도: 이 또한 거짓이다.>

<현재의 북경 일대와 요하의 위치: 일본
소학관 발행 '신선 한화사전'>

라오면서 '계(薊)'라는 수도의 이름을 가지고 다녔다는 것을 알 수가 있다.

소진이 활동하던 당시에 연(燕)나라와 관련된 기사가 우리의 사서에 있다. <단군세기>에 45세 단군 여루(余婁) 시기인 B.C. 350년에 '북막의 추장 액니거길(厄尼車吉)과 번조선의 젊은 장수 신불사(申不私)가 병력 만 명을 이끌고 합세하여 연나라 상곡(上谷)을 공격하고 성을 쌓았으며, B.C. 343년에는 연나라가 화해를 청하므로 이를 허락하고 조양(造陽)의 서쪽으로 경계를 하였다'고 기록하고 있다. 이 당시에 연(燕)나라와 번조선의 국경은 거용관을 지나 팔달령이 있는 태행산맥을 넘어 서쪽지방에 있었다는 의미이다. 그런데 중국의 『사기』<소진열전>에 의하면 B.C. 334년경에 소진이 말하기를 연(燕)나라의 국경이 '동쪽으로는 조선과

<B.C. 4∼3세기의 연(燕)나라의 상황과 번조선과의 접촉>

시기(B.C.)	사건	비고
360	번한이 상곡을 공격, 연과의 경계가 <u>조양(造陽)</u> 서쪽	<단군세기> 기록
344경	연의 국경이 조선과 요동반도까지	소진이 언급
311∼279	진개가 조선 2천 리 정복 장성축조: 조양(造陽)-양평(襄平), 5군 설치	소(昭)왕 시기

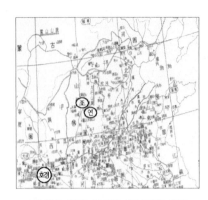

<소진의 말에 근거한 연나라의 추정
위치(조나라는 실제 위치): 일본 소학관 발행
'신선 한화사전'>

요동반도까지'라고 하였다. 한편으로 『사기』<흉노열전>에서는 연(燕)나라 소왕(昭王: B.C. 311~B.C. 279) 때 장군 진개(秦開)는 동호에 볼모로 잡혀 있다가 탈출하여 돌아온 뒤 동호를 공격하여 1천여 리의 영토를 정복하고, 이어서 조선도 공격하여 2천여 리의 영토를 정복하고 만번한(滿番汗)을 경계로 삼았다고 한다. 연나라는 이렇게 정복한 지역에 조양(造陽)에서부터 양평(襄平)에 이르는 장성을 쌓고, 상곡(上谷), 어양(漁陽), 우북평(右北平), 요서(遼西), 요동(遼東)의 5개 군을 설치하여 오랑캐를 방어했다(燕亦築長城 自造陽至襄平 置上谷.漁陽.右北平.遼西.遼東郡以拒胡)고 한다. 이러한 일련의 사건을 표로 정리하였다. 그런데 우리의 사서에서도 유사한 기록이 있다.『한단고기』<북부여기>에서는 'B.C. 221년에 연나라가 장수 진개(秦介)를 보내 우리의 서쪽 변방을 침략하더니 만번한(滿番汗)에 이르러 국경을 삼게 되었다(燕遣將秦介 侵我西鄙 至滿番汗爲界)'고 기록하고 있다. 두 가지가 중국의 기록과 차이가 난다. 시기가 B.C. 221년으로 되어 있고 장수 이름이 진개(秦介)라고 하여 중국의 진개(秦開)와 다르다. 이름은 오기라고 할 수가 있지만 B.C. 221년은 연나라가 멸망하고 다음의 해이므로 시대상황과 맞지 않다. 따라서 우리의 사서가 신빙성이 없다고 하겠다. 그런데 중요한 것은 중국 사서는 진개가 인질로 붙잡혀간 나라와 침략한

나라가 동호(東胡)라고 하였는데 우리의 사서는 그러한 나라는 없었고 그 당시에는 조선의 후신인 북부여가 있을 뿐이다. 같은 중국의 사서이지만 『위략』에서는 '조선(朝鮮)'이라고 하였다. 이를 종합해 볼 때에 진개가 침략하였다고 하는 동호는 조선이나 그의 후신인 북부여를 말하는 것이 맞는다고 본다.

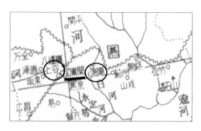

<상곡(上谷)·어양(漁陽)의 위치>

그리고 5군 중에서 상곡과 어양이 어디에 위치하고 있는지를 알 수가 있는 지도를 첨부하였다. 일본에서 발행한 『신선 한화사전: 新選 漢和辭典』[42]의 뒤표지 안쪽 면에 '중국역사지도(中國歷史地圖)'가 첨부되어 있다. 이 지도를 보면 중앙의 백하(白河) 상류에 '어양(漁陽)'이 보이며, 그 왼쪽의 거용관(居庸關)을 지나 팔달령을 넘어 서쪽에 상곡(上谷)이 있고 왼편에 황제(皇帝) 헌원(軒猿)과 치우(蚩尤)가 혈전을 벌였다고 하는 '탁록(涿鹿)'이 보인다. 그리고 동쪽에는 고죽(孤竹)이 있고 갈석산(碣石山)도 있다. 이러한 지명들이 우리의 역사에 나타나며 중국의 역사에서도 나타난다. 지도에는 표시가 되어 있지 않지만 우북평(右北平)은 지금의 북경 일대로 추정되며 그 동쪽에 요서(遼西)와 요동(遼東)이 있을 것이다. 그리고 지도에서 갈석산 서쪽에 '요하(遼河)'가 있으며 북에서 남으로 흐르고 있다.

그리고 여기서 한 가지 분명히 해둘 것은 진개가 침략한 나라는

---

42) 『신선 한화사전: 新選 漢和辭典』, 소학관(小學館)에서 1985년(소화 60년)에 발행.

조선(朝鮮)이 아니고 번조선(番朝鮮)을 말한다. 남쪽에서 연나라와 대치한 나라는 지방국가인 번조선이다. 한중의 역사서에서 다 같이 '만번한(滿番汗)을 경계로 삼았다'는 표현이 그 증거이다. 번조선을 다스리는 한(韓: khan)을 번한(番韓)이라고 하였는데 위만(衛滿)이 찬탈한 후에는 위만조선(衛滿朝鮮)이 되었으니까 그 왕이 바로 만번한(滿番韓)이다. '번한(번조선 왕) (위)만'이라는 뜻이다. 만번한(滿番汗)은 발음이 같으니까 맞다. 후대의 역사가들이 이러한 사실들을 모르고 잘못 기록하였음을 알 수가 있다.

그런데 중국의 두 역사기록을 같이 검토해보면 두 가지 모순이 있다. 첫째는 소진의 말대로라면 B.C. 334년경에 연(燕)나라의 국경이 '동쪽으로는 조선과 요동반도까지'라고 하였으니까 지금까지 우리가 알고 있는 대로 연나라의 수도인 계(薊)가 북경의 남쪽에 있었다고 할 때 북경지역에서부터 만주의 남쪽 해안지역 전체가 연나라의 영토가 되었다는 말이다. 그런데 그 후 40~60여 년 지나 진개(秦開)가 조선 2천여 리를 정복하고 5군을 설치하였다고 하는 것은 이미 연(燕)나라의 영토가 된 지역을 다시 정복하였다는 말이 된다. 두 번째 모순은 자기 나라의 수도가 포함되는 지역을 정복하고 5군을 설치하였다는 것이다. 자기의 수도를 정벌하고 새로운 군을 설치한다? 이 무슨 해괴한 역사를 사마천이 기록하였단 말인가. 당연한 추론은 한 사건을 가지고 두 개의 역사로 기록하였다는 것이며, 또한 사건의 내용이 사실이라면 당시의 연나라의 수도는 북경지역에 있지 않았다는 것을 알 수가 있다.

그러면 『사기』<소진열전>과 <흉노열전>의 두 기사가 어디까지가 진실인지를 우리의 역사기록과 비교하여 검토해보자. 결론적으로 큰 줄거리는 한중의 역사기록이 일치한다는 것을 알 수가 있다. 수수께끼를 풀 수 있는 열쇠는 '조양(造陽)'이라는 지명이다. 번조선과 연나라가 상곡(上谷)을 두고 뺏고 뺏기는 싸움을 하다가 B.C. 360년에는 조양(造陽) 서쪽을 국경선으로 하였다. 그 후 50~80여 년이 지나서 연나라가 번조선의 영토를 침략하여 뺏고는 장성을 축조하였는데 서쪽의 시작점이 조양(造陽)이라고 하였다. 여기서 조양(造陽)이라고 하는 한 단어에 양국의 기록이 일치한다. 그렇다면 조양(造陽)은 어디에 있는 지명일까? 『한서』<지리지>나 『후한서』<지리지>에는 상곡군(上谷郡) 15현 중에 '저양(沮陽)'이 있고 조양(造陽)이라는 지명이 없다. 그런데 『신교본 한서』<지리지>에는 저양(沮陽)에 대하여 주석을 달기를 "맹강이 말하길 음은 '조'이다(孟康曰 音組)"라고 하였다. 따라서 지리지에서 말하는 저양(沮陽)은 '조양(沮陽)'으로 발음하므로 다른 사서에서 말하는 조양(造陽)이라는 것을 알 수가 있다. 그러니까 지금의 북경에서 서북쪽으로 거용관을 지나 태행산맥을 넘어 산서성의 북쪽지방에 있는 상곡(上谷)까지 번조선이 지배하였다는 말이다.

<『후한서』<군국지>에 의한 낙양에서부터의 거리>

지역	거리(역사서)	지도상 거리	현재의 행정구역
상곡	3,200리(1,280km)	715km	하북성 장가구시 배래현
요서	3,300리(1,320km)	739km	하북성 당산시 풍윤구 이소장진
요동	3,600리(1,440km)	806km	하북성 진황도시 노룡현

그렇다면 이 상곡(上谷)의 동쪽에 있는 요서군(遼西郡)이나 요동군(遼東郡)은 어디에 있고 거리는 얼마나 떨어져 있을까? 『후한서』

<군국지>를 보면, 낙양(洛陽)에서 '동북쪽으로 3,200리 떨어져 상곡군이, 3,300리 떨어져 요서군이, 3,600리 떨어져 요동군이 있다'고 하였다. 우선 현재의 지도에서 상곡으로 추정되는 산서성 장가구시(張家口市) 배래현(怀來縣)에서 낙양까지의 직선거리를 측정하면 715km가 된다. 역사 기록상의 3,200리(1,280km)는 옛사람들이 꾸불꾸불한 길을 측정하여 산정한 거리이므로 지도상의 직선거리보다 더 길어지는 것이 당연하다. 역사기록상의 길이를 지도상의 직선거리(715km)로 나누면 0.56이 된다. 우리는 이 숫자를 편의상 '직선화 계수'라고 하자. 이를 이용하여 낙양에서부터 요서군과 요동군까지의 거리를 알 수가 있다. 낙양에서 요서군까지의 역사서상의 거리 3,300리(1,320km)에 직선화 계수 0.56를 곱하면 지도상의 직선거리는 739km로서 하북성 당산시(唐山市) 풍윤구(豊潤區) 이소장진(李剑庄鎮)이 되며 북경에서 동쪽으로 147km 거리이다. 그리고 요동군은 806km로서 하북성 진황도시(秦皇島市) 노룡현(盧龍縣)이며 북경에서 동쪽으로 200km거리이다. 따라서 요서군과 요동군은 53km밖에 떨어져 있지 않는 인접지역이다. 앞 장에서 번조선의 한(韓)인 치두남이 요중(遼中)에 쌓았다는 12성을 찾아볼 때에 탕지성(湯池城)으로 추정되는 흔적으로서 탕지왕장촌(湯池王莊村)이 진황도시 노룡현(盧竜県)에 있다는 것을 살펴보았는데 여기서 추정한 요동군의 위치도 노룡현(盧龍縣)이다. 인근에 험독(왕검성)도 있었던 곳이다. 그렇다. 요동(遼東)은 노룡현 일대를 말하는 것이며 넓게 보아 당산시 동쪽에서 진황도시까지이며 중앙에 패수(요수: 지금의 난하)가 흐르고 있는 땅이다. 여기가 요동이라면 여기를 기준점으로 하여 당시의 연나라의 수도나 국경이 어디였는지를 검토해볼 수가 있다. 진개가 조선

땅 2천 리(800km)를 침공하였으니까 여기에 '직선화 계수' 0.56을 곱하면 448km가 된다. 이만 한 거리에 있는 지역을 산서성에서 찾는다면 대동시(大同市)가 된다. 대동시는 조양(造陽)으로 추정되는 삭주(朔州)와는 인접하여 있다. 당초 상곡(上谷)으로 가정한 장가구시(張家口市) 배래현(怀來縣)에서 160km 서쪽에 있는 지역이다. 따라서 이 지역이 당초에 연나라와 번조선의 경계인 조양(造陽)이다. 진개가 '조선을 공격하여 2천여 리를 정복하였다'고 한 역사기록은 사실을 기록한 것이다.

마지막으로 우리가 알고 있는 지금의 요동과는 거리가 얼마나 될까? 대동시(大同市)에서 현재의 요하 하구까지 직선거리는 757km이고, 이를 직선화계수 0.56로 나누면 옛 방식에 의한 거리가 1,352km로서 리수로는 3,380리가 된다. 이를 2,000리라고 하였다면 실제보다 1,400여 리를 줄여서 말한 것이 된다. 있을 법이나 한 일이냐? 절대 그렇게 하지는 않을 것이다. 이러한 여러 가정을 고려해볼 때에 당시의 요동은 지금의 당산시 동부와 진황도시 서부지역이며 그 중앙에 난하(灤河)가 흐르고 있는 곳이다.

<연-번조선 간의 국경에서 요동까지의 거리 추정(옛 방식을 적용)>

기점(국경)	요동	
	진황도시 노룡현(필자 주장)	요하 동쪽(기존학설)
조양(지금의 삭주시)	2,000리(800km)	3,380리(1,352km)

그리고 5군의 크기는 얼마나 될까? 어림잡아 동서 400km, 남북 200km 정도이니까 넓이는 8만㎢ 정도가 되어 남한면적보다 약간 작다. 어쩌면 더 넓을지도 모른다.

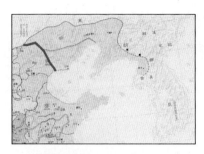

<전국7웅도(戰國七雄圖): 연(燕)·진(秦)은
물론 한(漢)나라도 B.C. 108년까지는 위에서
표시된 선을 넘지 못하였다.>

이제 우리는 B.C. 4세기 당시
의 북경 일대에서 무슨 일이 일
어났는지를 제대로 알게 되었
다. 결론을 내리자. 연나라와 번
조선은 태행산맥 서쪽의 산서성
북부지역에 있는 상곡(上谷)을
두고 뺏고 뺏기는 전쟁을 계속
하다가 B.C. 334년에 서쪽의 조

앙(造陽)을 국경으로 하기로 합의하고 화친하였다. 그로부터 50~80
여 년이 지나서 연나라 장수 진개(秦開)가 번조선의 영토를 침략하여
2천여 리를 뺏고는 서쪽 조앙(造陽)에서부터 동쪽 양평(襄平)까지 장
성을 축조하고, 상곡(上谷), 어양(漁陽), 우북평(右北平), 요서(遼西),
요동(遼東)의 5개 군을 설치하였다. 그리고 무성(武成)왕 시기인 B.C.
271~B.C. 258년간에 수도를 계(薊)로 옮겼다. 5군 중에서 제일 동쪽
에 있는 요동(遼東)은 지금의 당산시 동부와 진황도시 일대로서 중앙
에 난하가 흐르고 있다. 따라서 진개가 '조선 땅 2천 리를 침략하였
다'는 기사는 대체적으로 맞다.

마지막으로 중국에서 만든 두 종류의 전국 7웅의 지도를 보자. 이
당시에는 연나라는 수도가 계(薊)이며, 북경 일대에 있다는 것은 맞다.
그런데 동쪽의 영토가 해안을 따라 지금의 요하 동쪽까지나 한반도의
황해도까지인 것처럼 그려져 있다. 하지만 이 지도가 사실이기 위해
서는 진개가 조선을 침략할 당시인 소(昭)왕 시기(B.C. 311~B.C. 279)
에 연의 수도가 북경에 있었다는 가정이 필요하고 이는 자기 나라의
수도를 침략하였다는 모순이 뒤따른다. 소(昭)왕 즉위년인 B.C. 311년

<중국이 만든 B.C. 260년경의 지도: 여기서도 연은 원으로 표시한 지역에 머물렀다.>

에 조선(번조선)을 침략하여 5군을 설치하고 동시에 수도를 옮겼다고 가정하더라도 멸망한 B.C. 221년까지 계(薊)는 연의 수도로서 아무리 길어도 90여 년밖에 존재하지 않았던 것이다. 앞에서 살펴보았듯이 B.C. 260년경의 연나라의 북쪽 경계는 지도에서 원으로 표시한 범위를 벗어나지 못한다. 그 동쪽은 여전히 번조선의 영토였다. 이러한 지도를 만들게 원인을 제공한 것은 우리나라의 옛사람들의 잘못된 역사인식이었다. 중국 측에서는 신나게 붓장난을 하고 있다.

(4) 만리장성의 동쪽 끝은 어디인가?

우리 모두가 알고 있듯이 만리장성의 동쪽 끝은 진황도시의 산해관이다. 처음 장성을 구축할 때부터 여기에 목책을 만들었을까? 아니면 지금 중국에서 장난을 하고 있는 것처럼 요하를 건너 요동지역까지 장성이 있었을까?

우선 장성의 전체 위치에 대하여 알아보자. 『사기』<진시황본기>에 나온다. B.C. 221년에 '천하를 36군(郡)으로 하고, 군에는 수(守), 위(尉), 감(監)을 두었다. 영토는 동쪽으로 해(海)와 조선(朝鮮)에 미치고, 서쪽으로는 임조(臨洮)와 강중(羌中)에 이르고, 남쪽으로는 북향호(北嚮戸)에 이르며 북쪽으로는 황하에 방책을 설치하여 방어하

고 음산(陰山)을 아울러 요동(遼東)까지이다(分天下以爲三十六郡, 郡
置守、尉、監 …… 地東至海曁朝鮮, 西至臨洮、羌中, 南至北向戶,
北據河爲塞, 並陰山至遼東).' 그런데 후대의 사람들이 주석을 달았는
데 그중에서 당나라 장수절(張守節)이 주해한 '정의(正義)'에서는 '영
주(靈州), 하주(夏州), 승주(勝州) 등의 북쪽이 황하이다. 음산(陰山)은
삭주(朔州) 북쪽 새(塞) 밖에 있는데 황하를 따라 음산(陰山)을 곁에
두고 동쪽으로 요동(遼東)까지 장성(長城)을 쌓았는데 이것이 북쪽
경계이다'고 하였다.

그런데 『사기』<흉노열전>에서도 장성에 대한 구절이 나온다.
'진시황이 몽염(蒙恬)을 보내 동호(東胡)를 공격하여 황하 남쪽의 땅
을 모두 수복하였다. 이로 인하여 황하에 방책을 설치하고 강을 따
라 44현성을 쌓았다(悉收河南地. 因河爲塞 筑四十四縣城臨河). 그리
고 바로 통할 수 있는 도로를 구원(九原)에서 운양(雲陽)까지 만들었
으며 이로써 변방의 산이나 험한 구덩이나 계곡을 쉽게 다스릴 수
있게 되었는데, 임조(臨洮)에서 시작하여 요동(遼東)까지 만여 리이
다(而通直道, 自九原至雲陽, 因邊山險塹谿谷可繕者治之, 起臨洮至遼
東萬餘里).'

위의 두 사료를 종합하면 진나라 영토가 서쪽 한계가 임조(臨洮)
이고 동쪽은 바다와 조선까지 만여 리라는 것이다. 그리고 요새(장
성)는 서쪽은 황하를 연하여 있고 동쪽은 음산(陰山)이나 음산산맥
(陰山山脈)에서 요동(遼東)까지인 것으로 보인다. 임조는 감숙성 정
서시(定西市) 임조현(臨洮縣)이다. 감숙성 란주(蘭州)에서 남쪽으로
약 80km 거리에 있다. 황하는 서쪽의 청해성에서 발원하여 이곳 난
주까지 흘러와서는 방향을 북쪽으로 바꾸어 흘러간다. 그리고 음산

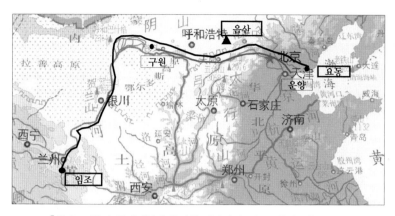

<『사기』 기록의 문자해석에 근거한 만리장성: 임조-황하-음산-요동>

은 삭주 북쪽 요새 밖에 있다고 하였다. 삭주시(朔州市)는 산서성 대
동시(大同市)에서 서남방향 110km 거리에 있다. 바로 연(燕)나라가
쌓았다는 장성의 서쪽 기점인 조양(造陽)이 여기를 말하는 것으로
보인다. 그리고 이를 지도에 표시하였으며 장성의 직선 길이는 대략
1,730km이다. 리수로는 4,300리이다. 그런데 장성의 길이가 만 리,
즉 4,000km라고 하는데, 지형을 따라 구불구불하게 장성을 쌓았을
것을 감안하더라도 상당히 과장된 표현이라고 본다.

이러한 장성을 쉽게 관리하기 위하여 동서로 도로를 만들었는데
구원(九原)에서 운양(雲陽)까지라고 하였다. 구원은 북쪽으로 굽어
흐르는 황하의 최북단에 있는 옛 지명이다. 현재 내몽고자치구(內蒙
古自治区) 포두시(包頭市)에 구원구(九原区)가 있는데 바로 구원(九
原)의 흔적이다. 그리고 운양(雲陽)은 천진시(天津市) 남개구(南開区)
운양동리(雲陽東里)로 추정된다.

그러면 장성의 동쪽 끝인 요동이 어디에 있었으며 여기에서 어떤

일이 일어났는지를 알아보자.

『사기』<진시황본기>와 <연소공세가>, <조선열전>, 그리고 『전한』의<조선전>을 인용한 『삼국유사』의 기록을 종합한 내용은 다음과 같다.

연나라가 조선(번조선)을 침략하여 2천 리를 빼앗아 요동을 포함한 5군을 설치하고 수도를 계성(薊城)으로 옮기고 조양에서 양평까지 장성을 수축하였다. 그 후 'B.C. 226년에 진(秦)나라 왕전(王翦)의 군대가 연나라의 수도 계성(薊城)을 취하고 연나라 땅을 진나라의 영토로 만들자, 연왕이 동쪽으로 달아나서 요동에 웅거하였다. 이어서 B.C. 222년에 진나라가 연나라를 멸망시키고 요동을 복속시켰다(秦滅燕 屬遼東). 즉, 연나라는 사실상 B.C. 226년에 멸망한 것이나 다름없으나, 동쪽에 위치한 요동으로 도망을 가서는 5년간 명맥을 유지하였던 것이다. 그 후에 한(漢)나라가 통일하자 요동의 옛 요새를 다시 수리하고(復修遼東故塞) 낙랑군에 있는 패수(浿水)를 경계로 삼아 연나라에 예속시켰다.

부연하자면, 연나라의 영토의 동쪽 끝이 요동지방이며 패수를 경계로 하여 번조선과 경계를 하였던 것이며 이러한 상황은 진나라나 한나라 초기까지 계속되었다는 것을 알 수가 있다. 그런데 중국에서는 B.C. 260년경의 전국시대에 연나라의 영토가 지금의 요하 동쪽까지라고 지도를 만들고 있다. 모두가 허위이다.

그러면 장성의 끝에 있다는 갈석산(碣石山)에 초점을 맞추어 풀어보자. 고지도인 '지리도'를 보면 중앙에 북에서 남으로 흘러 바다에 이르는 요수(遼水)가 있다. 한무제가 위만조선을 정벌할 당시까지도 역사기록에는 이 요수(遼水)를 패수(浿水)라고 하고 있다. 지금의 당산시(唐山市)에서 동쪽으로 30km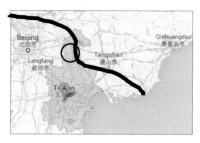
지점에 있는 강이다. 이 강의
왼쪽에 있는 반도가 요동반도
(遼東半島)이다. 그러나 지도에
서 두 줄로 표시한 장성은 요수
(遼水)를 가로질러서 남하하여
해안에서 끝나는 것으로 그려
져 있다.

<임유현(원)과 연-진-한 초기 장성
추정위치>

　　그리고 당시 한(漢)나라 시기에는 장성의 동쪽에는 임유관(臨渝關)
이 있었다. 명(明)나라 때에 산해위(山海衛)를 설치하면서 산해관(山
海關)으로 이름을 바꾸어 불렀다. 임유관의 이름의 유래는 무엇일까?
『한서』<지리지>와 『후한서』<군국지>를 보면 요서군(遼西郡)에
임유현(臨渝縣)이 있다. 또한 임유현(臨渝縣)에 유수(渝水)가 있는데
'우북평군 백랑현(白狼縣)에서 흘러 들어와서 동쪽으로 요새 밖으로 들
어간다(渝水首受白狼 東入塞外)'고 하였으며, 교여현(交黎縣)에는 유수가
새외에서 흘러 들어와서 남쪽으로 흘러 바다에 들어간다(渝水首受塞
外 南入海)고 하였다. 그렇다면 지금의 북경이 우북평이었다는 것은
모두가 아는 사실이므로 인접하여 요서군이 있다는 것도 인정하지
않을 수가 없다.

　　이를 볼 때에 유수(渝水)가 동쪽으로 흘러가면서 새(장성)를 통과
한다. 새(장성)가 남북방향으로 있다는 것을 말하고 있다. 이러한 조
건을 만족시키는 강은 천진시와 당산시 경계를 흐르는 현재의 계운
하(薊運河)이다. 그리고 임유현은 지금의 천진시(天津市)의 북쪽에
있는 계현(薊縣)과 보지구(寶坻區)로 추정된다. 천진시는 북경시와

당산시 중간에 있으며 양쪽에서 각각 120km 떨어져 있고 그 중간 지점에 임유현이 있다. 첨부한 사진에서 보듯이 아마도 지금의 천진시가 요서군이고, 당산시가 요동군인 듯하다. 필자가 추정한 초기의 목책장성의 위치를 지도에 표시하였다. 지도에서 중앙에 원으로 표시한 부분이 임유현이며 여기에 임유관이 있었을 것으로 추정된다. 그리고 장성의 오른쪽 아랫부분은 요동군이면서 진나라나 한나라의 영토가 된다.

그러면 갈석산(碣石山)은 어떻게 된 것일까? 한무제가 위만조선(衛滿朝鮮)을 B.C. 107년에 멸망시키고 임유관(臨渝關)과 함께 이름을 옮겨간 것이다. 지금의 수성현까지 무려 160km 정도를 동쪽으로 이동시킨 것이다. 이동시켰다기보다도 더 정확한 표현은 초기에 수축한 장성의 끝이 갈석산인데 나중에 동북방향으로 더 나가 성을 쌓으면서 인근에 있는 산을 다시 갈석산(碣石山)이라고 이름하였다는 뜻이다. 따라서 당분간은 2개의 갈석산이 있었다.

그러면 사서에 기록된 갈석산이 몇 개인지를 알아보자.

(『사기』<하본기>에) '갈석을 오른쪽에 끼고 바다로 들어간다'고 하였는데 『집해』에서 공안국은 말하길 '갈석은 바닷가에 있는 산이다.' 『집해』에서 서광은 말하길 '해(海)를 하(河)로도 쓴다.' 『색은』<지리지>에서는 말하길 '갈석산은 북평군 여성현 서남에 있다.' 『태강지리지』[43]에서는 말하길 '낙랑군 수성현에 갈석산이 있고 장성이 여기서 출발한다.' 또한 『수경』에서는 말하길 "요서군 임유현 남쪽 바다에 있다. 대개 갈석산이 2개인데 여기서 말하는 '갈석을 오른쪽에

---

43) <색은지리지>나 <태강지리지> 모두 『사기』에 속한다.

끼고 바다로 들어간다'고 하는 것은 당연히 북평의 갈석산을 두고 하는 말이다(夾右碣石 入于海. 集解孔安國曰 碣石 海畔之山也. 集解 徐廣曰 海一作河. 索隱地理志云 碣石山在北平驪城縣西南. 太康地理 志云 樂浪遂城縣有碣石山 長城所起. 又水經云 在遼西臨渝縣南水中. 蓋碣石山有二. 此云 夾右碣石入于海 當是北平之碣石)."

위의 문장에서 갈석산은 2개라고 말하고 있다. 맞는지를 보자. 편의상 번호를 매겨서 구분하자.

① 갈석산은 북평(군) 여성현 서남쪽에 있다. 갈석산을 오른쪽에 끼고 바다로 들어간다. 당연히 이것은 북평의 갈석이다. 『사기』<색은 지리지>

② 갈석산은 낙랑(군) 수성현에 있고 장성이 일어난 곳이다. 『태강 지리지』

3개의 갈석산 위치와 관련 특징

	갈석산 ①	갈석산 ②	갈석산 ③
위치	북평군 여성현 서남쪽	낙랑군 수성현	요서군 임유현 남쪽 수중
장성		한무제~현재의 장성	
특징	갈석산을 오른쪽에 끼고 바다로 들어감.	요수가 장성을 가로질러 남하	

③ 갈석산은 요서(군) 임유현 남쪽 수중에 있다. 『수경(주)』 어떤가? 갈석산이 2개라고 하였는데 사실은 3개이다. 여기서 ②번 갈석산은 지금 우리가 알고 있는 진황도시의 갈석산임이 분명하다. 그러나 갈석산과 장성이 떨어져 있어서 '장성이 여기(갈석산)에서 시작된다(長城所起)'는 표현이 맞지가 않지만 지금까지 아무런 의문도

없이 그대로 쓰고 있다. 일단은 지금의 갈석산이 장성이 시작되는 곳으로 일단락 짓자. 그런데 『후한서』<군국지>에 보면 요서군(遼西郡) 임유현(臨渝縣)에 또 다른 갈석산(碣石山)이 있다고 한다. 정확한 표현은 '『산해경』에 말하길 갈석지산이 있는데 그 위에는 옥이 있고 아래에는 청벽이 많다(山海經曰碣石之山 其上有玉 …… 其下多靑碧).' 『수경』에 말하길 현의 남쪽에 있다(水經曰 在縣南). 곽박이 말하길 '혹은 다르게 말하길 우북평 여성현 해변에 있는 산이다(郭璞曰「或曰在右北平驪城[成]縣 海邊山也」).'라고 하였다. 『산해경』에서는 어떻게 기술하고 있을까? 북차삼경(北次三經507)에 갈석산(碣石山)이 있는데 역시 같은 기술을 하고 있다(碣石之山 …… 其上有玉 其下多靑碧). 그렇다면 갈석산이 4개가 되는 셈이다. 도대체 어찌된 영문인가? 정리를 하자면 북평군이나 우북평군은 지금의 북경 일대에 있으므로 해변과는 거리가 먼 내륙지방이다. 따라서 (우)북평군 여성현의 해변에 있다는 갈석산은 잘못된 기록이다. 결론적으로 ③번 임유현 남쪽해변이나 수중에 갈석산이 있다고 보는 것이 타당하며, 이 산을 기점으로 장성을 축조하였다면 '장성이 여기(갈석산)에서 시작된다(長城所起)'는 표현이 들어맞으며 초기장성의 기점이 확실하다. 이제 ①번 갈석산만 남는다. 하나하나 풀어보자. 첫째 『후한서』<군국지>에는 『산해경』을 인용하여 '갈석지산(碣石之山)'이라고 하였다. 이는 산(山)이 아니고 우리의 신앙시설인 '슨'을 말한다. 둘째 『설문해자』에서는 '碣(갈) 자'를 설명하면서 '우공 지리지에 보면 우북평군 여성현에 대갈석산이 현의 서남에 있다(見禹貢地理志 右北平郡驪成縣 大碣石山 在縣西南)'라고 하였다. 셋째 북평군에 있는 ①번 갈석산은 "'갈석을 오른쪽에 끼고 바다로 들어간다'고

하는 것은 당연히 북평의 갈석산을 두고 하는 말이다(此云 夾右碣石 入于海 當是北平之碣石).”고 하였다. 이 말은 무슨 뜻인지는 뒤에 '우공구주도(禹貢九州圖)'를 다룰 때 알아보도록하자. 이제 ①번 갈석산에 대한 결론을 내리자. (우)북평군 여성현 서남쪽에 있는 갈석산은 우리의 전통신앙시설인 '갈석순'이다. 더욱이 대갈석순(大碣石山)이라고 할 정도로 규모가 엄천나게 큰 사원이다.

그렇다면 진시황이 올랐다는 갈석산은 어느 것일까?

진시황과 그의 아들도 갈석산에 갔다는 기록이 『사기』<진시황본기>에 나온다. 진시황 재위 32년(B.C. 190) 때의 일이다. '진시황이 갈석에 가서 연(燕)나라 사람 노생을 시켜 선문과 고서를 찾아 갈석의 문에 새기도록 했다. 성곽을 허물고 제방을 끊어서 통하게 하였다(始皇之碣石 使燕人盧生求羨門 高誓 刻碣石門 壞城郭 決通隄防).'

그리고 <2세 황제 원년기>에 '(B.C. 110) 봄에 2세 황제가 동으로 군현을 순행하는데 이사가 따랐다. 갈석에 이르러 바다를 끼고 남으로 회계산에 도착하여 시황제가 세운 비석에 정성을 다하여 글자를 새기고 비석의 옆면에는 수행한 신하들의 이름을 새겨 넣어 선제가 이루고 쌓은 공과 덕을 밝혀놓았다. …… 마지막으로 요동을 둘러보고 돌아갔다(春 二世東行郡縣 李斯從. 到碣石 並海 南至會稽 而盡刻始皇所立刻石 石旁著大臣從者名, 以章先帝成功盛德焉 …… 遂至遼東而還).'

그런데 특이한 점을 몇 가지 발견할 수가 있다.

첫째, '갈석'에 갔다고 하였지 갈석산에 갔다고 한 근거가 없다. 더구나 산에 올랐다는 말도 없다. 아마도 산(山)이 아닐 가능성이 많다. 그러면 도대체 무엇일까? 북평군 여성현 서남쪽에 있는 우리의 신앙시설인 갈석순이다. 시황제가 문(門)에 글을 새겼다고 하는 것은 건물이 있다는 뜻이며 이는 웅장한 신앙시설인 갈석순의 정문을 의미한다고 본다. 『사기』를 저술한 사마천은 이러한 이유로 그대로 갈석(碣石)이라고 한 것으로 보인다. 우리는 단군왕검 시기에 번한(番韓)이 요중(遼中)이 쌓은 12성 중에 갈산(碣山)이 있었는데 그 위치를 찾지 못하였다. 이 갈산이 나중에 갈석(碣石)이라고 이름을 바꾸었을 것으로 보인다. 그렇다면 갈석은 성(城)의 이름이며 여기에 신앙시설이 있는 것이다.

둘째, 시황제는 성곽을 허물고 제방을 끊었다고 하였다. 이렇게 할 수 있는 여건이 마련된 것이다. 바로 장성 너머 동쪽의 요동지방을 정벌하여 적어도 패수(요하)까지는 수중에 넣었다는 말이다. 그리고 제방이라는 것은 강둑을 말한다. 그렇다면 장성이 강의 제방과 나란히 북쪽에서 남쪽으로 뻗어 있었다는 말이다.

셋째, 2대 황제가 갈석에서 볼일을 보고 난 후 마지막 행차가 요동을 둘러보는 것이었다. 장성의 동쪽은 적의 땅인데 요동이 어디에 있었기에 마지막에 요동을 둘러본단 말인가? 이 말은 장성의 동쪽에도 진나라의 땅이 있다는 것이다. 다만 그 넓이가 얼마인지가 문제인데 아마도 장성 동쪽-요하 서쪽의 좁은 지역을 말하거나 아니면 요하하류 일부에는 동쪽연안까지 포함된 것으로 보인다. 여기가 바로 운장(云鄣)으로 추정되는 지역이다.

만약에 진시황이 지금의 갈석산을 올랐을 가능성은 없을까? 뒤에서 자세하게 알아보겠지만 한(漢)나라의 무제(武帝) 때인 B.C. 108년까지도 이 지역을 점령하지 못하였으므로 전혀 가능성이 없다.

그런데 『수경(주)』[44]에서 요서(군)임유현 남쪽 수중에 있다는 ③

번 갈석산은 왜 지금은 흔적도 없을까? 결론부터 말하면 수중으로 사라져버렸다. 역사자료를 살펴보자. 양수경의『수경주도(水經注圖)』< 유수편(濡水篇)>[45)]을 보면 갈석산이 2개가 있다. 하나는 현재의 갈석산이고, 다른 하나는 유수(濡水: 지금의 난하)가 바다로 흘러 들어가는 하구의 앞바다에 있다. 첫번째 갈석산은 지도의 상단에

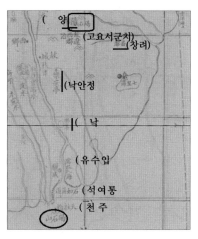

<『수경주도(水經注圖)』<유수편(濡水篇)>:
네모와 원안의 2개의 갈석산>

표시된 대로 옛 요서군의 군치였던 양락에 있다. 창려현(昌黎縣)에 가깝다. 역사서에서는 낙랑군(樂浪郡) 수성현(遂城縣)에 있는 지금의 갈석산이다. 하단의 바다에 있는 두 번째의 갈석산은 뾰족하게 솟아 있는 형태를 하고 있으며, 바로 위쪽에 설명하기를 '천주교(天柱橋)', 즉 하늘을 떠받치는 기둥과 같다고 하고, '석여용도(石如甬道)', 즉 돌이 마치 복도처럼 생겼다고 하고 있다. 그리고 바다에 있는 갈석산은 바로 요서군(遼西郡) 임유현(臨渝縣) 남쪽 수중에 있다는 갈석산이다. 현재의 지도에서 어디인지를 한번 알아보자.

지금은 난하라고 부르는 하천은 하류가 삼각주(三角洲)가 발달되

---

44) 선비족이 세운 북위(北魏: 386~535) 시대에 역도원(酈道元: 446~527)이 지었다. 전한(前漢) 시대 상흠(桑欽), 작자 미상, 진(晉)나라 곽박(郭璞) 또는 작자 미상인『수경』에 주를 달았으며, 당초 분량의 40배가 넘는다고 한다.

45) 출처: 만주원류고를 사랑하는 모임(2010.11.9.), 한국애석문화연구소, 우리역사바로알기 구산(九山) 장동균 선생의 블로그(http://blog.daum.net/_blog/).

<난하 삼각주: 낙정현(乐亭县)과 창려현, 갈석산은
『수경주도』에서나 지금이나 같은 지명이다.>

어 있다. 난하—난하차—
장하—대청하—신난하가
모두 상류에서 연결되어
있다. 『수경주도』에서 낙
정(樂亭: 간체 乐亭)현의
왼쪽을 흐르는 강은 대청
하이며 옛날 지명은 유수
(濡水)이고, 왼쪽에 있는
신하의 옛날 지명은 정수
(淀水)이며, 신난하의 옛
날 지명은 목구수(木究

水)이다. 그리고 대청하가 유수라는 것을 증명이라도 하듯이 상류의
명칭이 노난하(老灆河)라고 부르고 있다. 옛 지명들은 네모와 괄호로
표시하였다. 이 지역이 요동반도이며, 바다에 솟아있는 갈석산에서
부터 새(塞: 장성)를 구축한 것이다. 명실공히 '장성이 여기(갈석산)
에서 시작된다(長城所起)'는 표현과 일치된다.

그런데 왜 다른 기록에는 없고 현재는 그 흔적도 찾을 수가 없을
까? 행방을 찾아보자. 역도원의 『수경주(水經注)』에 다시 주석을 한
<수경주소>에 '옛날 한나라 시대에 바닷물이 파도가 쳐서 넓은 땅
을 침식하니, 같은 지역에 있던 갈석의 뿌리도 넓은 파도에 휩쓸려
가라앉았다(昔在漢世 海水波襄 呑食地廣 當同碣石苞淪洪波也)'고 하
였다.

수경안(守敬按)이 <하수주(河水注)>에서 "한나라 시대의 왕횡이
말하기를 '비가 쉴 사이 없이 내리고, 동북풍이 불어대더니 서남쪽

으로 해수가 넘쳐 수백 리의 땅을 침식하였다. 따라서 장안이 이르기를 바다에 있던 갈석이 바닷물에 가라앉았다(漢王璜曰 往者天嘗連雨 東北風 海水溢 西南出 侵數百里 故張晏云 碣石在海中 蓋淪于海水)'"라고 적고 있다. 그리고 삼국시대 오나라의 태자(太子) 위소(韋召)의 글에 '옛날에는 (갈석이) 바닷가 하구 해빈(海濱)에 있었는데 세월이 이미 오래 흘러 점점 바다로 빠져들어 해안에서 500리나 멀어졌다(舊在河口海濱 歷世旣久 爲水所漸淪入於海 去岸五百里)' 하는 구절이 있다고 한다. 500리는 200km이다.

그런데 조금 이상한 기록도 있다. 우북평군은 요서군보다는 서쪽에 있는데 여기에 있는 갈석산도 바다에 있다고 말하고 있다. 『地理志』에 '대갈석산은 우북평군 여성현 서남쪽에 있었는데, …… 지금은 바다에 복도처럼 우뚝 솟은 돌이 수십 리에 뻗어 있다. 큰 조수가 밀려오면 보이지 않고 조수가 밀려나면 그대로 있어 그 깊이를 알 수가 없다. 사람들이 이름하기를 하늘다리기둥이라 한다. …… (大碣石山在右北平驪成縣西南 王莽改曰揭石也 漢武帝亦嘗登之以望巨海而勒其石於此 今枕海有石如甬道數十裡 當山頂有大石如柱形 往往而見 立於巨海之中 潮水大至則隱 及潮波退 不動不沒 不知深淺 世名之天橋柱也 狀若人造 要亦非人力所就 韋昭亦指此以爲碣石也).' 앞에서 본 지도의 임유현 남쪽 바다에 있는 갈석산과 북평군에 있는 갈석산을 하나로 생각하고 묘사하고 있다.

아마도 착각이 아닐까 한다.

바다에 침몰되었다는 지역이 또 있다. 『독사방여기요』에 '한나라 때 양평(襄平), 요양(遼陽) 2현은 요동군에 속했다. 후한 때에도 양평현 땅을 가지고 있었고 진(晉)나라에서 후위 때까지 소유하고 있었으나 후위 고제 때에 고구려가 점유하였는데, 당나라가 고구려를 평정하고 다시 양평현이라 불렀으나 후에 발해에 침몰되었다(漢襄平遼陽二縣地 屬遼東郡 後漢仍爲襄平縣地 晉及後魏因之 高齊時爲高麗所據 唐平高麗 復曰襄平縣 後沒於渤海).'[46] 여하튼 바다에 있던 갈석산은 고구려가 멸망한 668년 이후에 바다에 침몰되었다. 우리는 1976년에 일어난 당산(唐山) 대지진을 기억하고 있다. 리히터 7.8의 강진으로 60~80만 명이 사망하였다고 추정된다. 이 일대는 지진대에 속한다. 충분히 가능한 일이다. 그렇다면 양평현(襄平縣)은 2곳이나 된다. 『한서』<지리지>에서 요동군의 북쪽에 양평(襄平)과 여기서 말하는 남쪽에 있는 양평현(襄平縣)이다. 만약에 양평현(襄平縣)이 바닷가에 있었던 지방이라면 초기의 장성이 시작되는 요서군 임유현에 있던 갈석산은 양평현(襄平縣)과 함께 지진과 해일로 인하여 수중으로 가라앉았다. 따라서 ① 연장성을 '조양(造陽)에서 양평(襄平)'까지 쌓았다거나, ② 연(燕)나라의 국경이 '동쪽으로는 조선과 요동반도까지'라고 하는 말과, ③ '갈석산이 있는데 장성이 여기서 출발한다(有碣石山 長城所起)'는 말들이 모두 일치한다. 연(燕)나라나 진(秦)나라의 장성의 동쪽 기점은 요서군 임유현이나 요동군 양평현의 남쪽 끝자락인 요동반도의 갈석산이며, 한무제가 B.C. 108년에 요동에 있는 위만조선을 정벌한 후에 현재의 장성이 위치한 지역에 장성을 수축할 수가 있었던 것이다. 지금의 장성은 '갈석산이 있는데 장성이 여기서 출발한다(長城所起)'는 말을 쓸 수가 없는 지형조건을 가지고 있다.

---

46) 『독사방여기요』, <산동八> p.1,701.

마지막으로 장성의 동쪽 끝이 지금의 요하 동쪽 요동이 아니라는 또 다른 자료가 있다. 1969년에 대만에서 발행한 지도이다. 그리고 명(明)나라 때에 만든 지도인 대명여지도에 그려진 '직례성'지역의 장성에서도 동쪽 끝 원 안의 글자는 '山海關(산해관)'이며 왼쪽의 네모 안의 글자는 '昌黎(창려)'라고 분명히 표시되어 있다. 창려는 지금도 있는 지명이다. 진황도시(秦皇島市) 창려현(昌黎縣)이다. 지도를 첨부하였다. 그러면 『사기』<하본기 역주>에서 '갈석산이 있고 장성이 시작되는 낙랑군 수성현'이 현재의 창려현과 연관이 있을까? 『수서』<지리지   상곡군(上谷郡)>조를 보면 '수성(遂城)은 옛날의 무수(武遂)이다. 후위(後魏)에서 남영주를 설치하자 영주에서는 5군

<현재의 장성과 갈석산('69년 대만 발행 지도)>

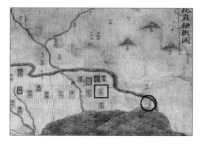

<대명여지도 북직례여도: 산해관(원), 창려(4각형)>

<창려현: 크게 보아 만리장성의 동쪽 기점이다.>

11현을 설치하기로 확정했다. 용성·광흥·정황은 창려군(昌黎郡)에 속한다. …… 후제(後齊)에서는 창려(昌黎) 한 군만 남기고 양평·신

창 두 현을 거느리게 하고 나머지는 성(省)에 병합하였다. 개황(開皇) 원년(581)에 주(州)를 옮기고 3년(583)에는 군(郡)을 폐하고, 18년 (598)에는 수성(遂城)으로 바꾸었다(遂城舊曰 武遂 後魏置南營州 准營 州置五郡十一縣 龍城·廣興·定荒屬昌黎郡 襄平·新昌屬遼東郡 永樂 屬樂浪郡 富平·帶方·永安屬營丘郡 後齊唯留昌黎一郡 領永樂·新 昌二縣 餘並省 開皇元年州移 三年郡廢 十八年改爲遂城).'

즉, '무수―수성―창려―수성'으로 변하였다는 것이다. 지금은 다시 창려로 부르고 있다. 창려가 곧 수성이다. 여기서 개황(開皇: 581~600)이라는 연호는 수(隋)나라를 세운 문제 양견(文帝 楊堅)의 첫 번째 연호이다.

서화족이 만리장성을 쌓은 이유는 프랑스가 제1차 세계대전 후 독일의 침략을 저지하기 위하여 국경에 구축한 요새선(要塞線)인 마지노(Maginot)선과 같은 것이다. 육군 장관 마지노(Maginot)가 1927년에 건의하여 1936년에 완성하였다. 난공불락의 요새라고 철석같이 믿었으나 독일이 1940년 5월 이 방어선을 북쪽으로 우회하여 벨기에를 침공하고서는 곧바로 프랑스로 들어옴으로써 쓸모없게 되었다. '최후 방어선'의 뜻으로 쓴다. 만리장성도 최후방어선으로 쌓았으며 닫힌 사회의 상징이다.

(5) 번조선(番朝鮮)의 후신인 강대국 위만조선(衛滿朝鮮) 의 멸망과 한사군설치 문제

위만조선은 연(燕)나라 사람 위만(衛滿)이 세운 나라이다. 2천 년 이 넘는 장구한 역사를 가진 번조선이 한낱 망명자의 쿠데타에 의해 멸망하였다. 이러한 일이 일어난 당시의 정세를 알아보자.

중원을 통일한 진(秦: B.C. 221~B.C. 206)나라 시황제는 막강한 무력을 다른 방향으로 돌리기 위하여 장성을 쌓는 데 인력과 물자를 쏟아 부었다. 농경사회에서 주업인 농업에 종사할 인력이 만리장성 축조라는 거대한 토목사업에 동원되어 민초들이 고통스러운 생활이 계속되자 반란이 일어나서 전쟁이 계속되고 결국에는 유방의 한(漢: B.C. 206~220)나라가 혼란을 수습하고 통일한다. 이러한 과정에서 고통받는 민중들이 평화로운 번조선으로 무리를 지어 망명하여 왔다.

유방은 고향 친구인 장안후(長安侯) 노관(盧綰)을 연(燕)나라 왕으로 봉하였다. 그러나 그는 곧 흉노(凶奴)에 망명하였다. 이어서 연(燕)나라에서 위만(衛滿)도 무리 1천여 명을 거느리고 번조선(番朝鮮)으로 망명하여 왔다. 번조선의 기준(箕準)은 그를 박사(博士)로 모시고 상하운장(上下雲障)[47]을 떼어서 봉해주었다. 그러나 그는 유민들을 규합하여 기회를 포착하여 B.C. 194년에 왕위를 찬탈하였다. 그리고 '수도가 왕험성이다(都王險)'라고 하였다. 왕험(王險)은 왕검(王儉)의 변화음이다. 번조선으로서는 문간방을 내어주니까 나중에는 안방까지 차지하는 꼴이 되었다. 그리고 그는 이웃한 연(燕)·제(齊)·조(趙)

---

47) 중국 사서는 상하장(上下鄣) 또는 운장(云鄣)이라 한다. 『한서』<지리지>에 낙랑군(樂浪郡)에 '운장이 있다(有雲鄣)'고 나온다. 분명히 지금의 장성 서쪽 땅에 있다.

나라의 백성들이 계속하여 망명해오자 이들을 거두어 세력을 키워나
갔다.

  그러면 이렇게 위만조선의 세력이 커지고 있는데 한나라의 조정
에서는 보고만 있었을까? 당시에는 한나라가 무력으로 위만조선을
제재할 수가 없는 상황이었다. B.C. 202년에 항우를 꺾고 통일을 한
유방은 B.C. 200년에 흉노왕 묵돌 선우(冒頓 單于: B.C. 209~B.C.
174)와 산서성 서북방 지역의 백등산(白登山) 전투에서 참패하여 동
생이 되는 맹약을 하고 조공을 바칠 지경에 이를 정도로 힘이 약한
상태였으며, 얼마 지나지 않아 사망하였다. 그를 이어 효혜제(孝惠
帝: B.C. 195~B.C. 188)가 16세에 2대 황제로 즉위하자 어머니인
고황후 여씨(呂氏: 여태후)가 소위 말하는 수렴청정을 하던 시기이
다. 『사기』<조선열전>의 기록을 더 보도록 하자. '효혜제 치세에
고황후가 정사를 볼 때 나라가 처음으로 안정되었다. 요동태수로 하
여금 즉시 위만(衛滿)과 조약을 맺어 그를 외신으로 삼고(즉, 위만조
선을 독립국으로 인정하고) 요새 밖의 만이(蠻夷)들이 국경을 넘어와
서 도적질을 하지 못하게 해주도록 하는 한편, 모든 만이의 군장들
중에서 한나라의 천자를 만나려는 사람들을 사로잡지 말 것(즉, 교
류를 방해하지 말 것)을 약속하였다. 이를 보고받은 고황후는 조약
을 승인했다. 이에 따라 위만은 무력으로 재물을 얻고 가까운 작은
나라들을 침략하여 항복을 받았으며 진번·임둔을 모두 복속하여
나라의 크기가 수천 리나 되었다(會孝惠高后時 天下初定 遼東太守卽
約爲滿外臣 保塞外蠻夷 無使盜邊 諸蠻夷君長欲人見天子 勿得禁止
以聞上許之 以故滿得以兵威財物侵降其旁小邑 眞番臨屯皆來服屬 方
數千里)'라고 하여 위만조선이 얼마나 세력을 넓혔는지를 말하고 있

다. 연나라나 제나라가 이천 리라고 하였는데 여기서는 막연하게 수천 리라고 한 것은 축소 조작하기 위하여 그렇게 표현한 것이다. 길이가 2천 리(800km)라고 가정하면 면적이 64만㎢로서 한반도의 3배가 된다. 아마도 당시의 위만조선의 영토는 지금의 산동반도 북안과 하북성 북부, 그리고 요녕성 서부지역과 내몽고 자치주 일대를 아우르는 강대국이었을 것이다.

그 후 80여 년이 지나서 위만의 손자 우거(右渠)가 다스리던 때의 일이다. 한무제가 B.C. 108년에 조선을 정벌하고 4군을 설치하였다는 기록과 관련하여 검토를 해보자. 조선은 B.C. 238년에 멸망하였으므로 당시에는 존재하지도 않았으니까 여기서의 조선은 번조선(番朝鮮)의 후신인 위만조선(衛滿朝鮮)을 말하고 있다. 그 당시를 살았던 사마천이 『사기』를 저술하였으므로 직접 보고 들은 사실을 기록한 것이다. 『사기』<조선열전>에 자세한 내용이 나온다.

위만의 손자 우거(右渠)왕 때에 진번(眞番)과 인접한 여러 나라가 천자를 알현하려 하여도 가로막아 통과시키지를 않았다. B.C. 109년에 한(漢)나라가 섭하(涉何)를 시켜 우거를 달래나 끝내 조서를 받들려 하지 않아 섭하가 그대로 돌아가는 길에 국경에 이르러 패수에 다다라서는 마부(馬夫)를 시켜 전송 나온 조선의 비왕(裨王) 장(長)을 죽이고 곧 패수를 건너 요새로 들어가 버렸다. 돌아가서 천자(漢武帝: 한무제)에게 '조선 장수를 죽였다(殺朝鮮將)'고 보고했다. 무제는 '섭하(涉河)'라는 이름이 아름답다며 그를 요동동부도위(遼東東部都尉)로 삼았다. 조선에서는 섭하를 원망하여 습격하여 그를 죽였다. 이에 천자는 이에 천자는 가을에 죄수를 모집하여 (위만)조선을 치게 된다. 누선장군(樓船將軍) 양복(楊僕)을 시켜 제(齊)나라로부터 발

해(渤海)를 건너서 가게 하니 군사가 5만이었다. 또 좌장군 순체(荀
彘)를 요동으로 보내어 우거를 치게 하니 우거는 군사를 험준한 곳
에 배치하고 항거하였다. 좌장군 졸정다(卒正多)는 요동의 군사를 거
느리고 먼저 싸웠으나 패하여 흩어졌으며 패전의 책임을 지고 참수
되었다.

누선 장군은 제나라 군사 7천 명을 거느리고 먼저 왕검성에 이르
렀으나 우거는 성을 굳게 지키다가 누선 장군의 군사가 적은 것을
알아차리고 내달아 치니 누선 장군의 군사가 달아났다. 양복(楊僕)은
군사를 잃고 산중으로 도망하여 10여 일을 숨어 지냈다. 좌장군은
조선의 패수(浿水) 서쪽 군대를 쳤으나 역시 격파하지 못했다. 천자
는 두 장군의 승리가 없자 위산(衛山)을 시켜 군대가 위력을 되찾았
을 때에 가서 우거를 달래도록 하였다. 우거가 사자를 만나 항복하
기를 원하고 태자를 보내어 말 5천 필과 군량을 바치려고 만여 명이
무기를 가지고 패수를 건너려 했다.

그러나 사자(위산)와 좌장군(순체)은 무슨 변고가 있는 것이 아닌가
의심하여 태자에게 말하기를 '이미 항복하였으니 무기를 갖지 않는
것이 좋겠다' 하니 태자는 또 사자가 속이는가 의심하여 패수를 건너
지 않고 되돌아가 버렸다. 위산이 천자께 보고하자 천자는 위산을 죽
였다. 좌장군은 다시 패수의 상군(上軍)을 쳐부수고 왕검성 밑까지 들
어가 그 서북쪽을 포위했고, 누선장군도 합세하여 성 남쪽에 있었으
나 우거가 굳게 지키고 있어 두어 달이 되어도 항복시키지 못했다.
······ 천자는 오래도록 해결을 못한다 하여, 제남태수(齊南太守) 공손
수(公孫遂)를 시켜 가서 치되 형편에 따라서는 마음대로 처리하라 하
였다. 그러나 내부에서 알력이 있어 공손수가 누선장군(양복)을 결박

하고 그 군사는 좌장군(순체)에게 합쳐주고 천자에게 보고하니 천자는 오히려 공손수를 참수하였다. 좌장군(순체)은 이미 합쳐진 군으로 조선을 급히 공격하였다. 조선상(朝鮮相) 벼슬의 노인(路人)과 한음(韓陰), 이계상(尼谿相) 참(參)과 장군 왕겹(王唊)이 공모하여 항복하려 하나 왕이 듣지 않으므로 한음(韓陰)과 왕겹(王唊)과 노인(路人)이 모두 도망하여 한나라로 항복하러 가다가 노인은 길에서 죽었다. B.C. 108년 여름에 이계상 참(參)이 사람을 시켜 왕 우거를 죽이고 나아가 항복하였으나 왕험성은 항복하지 않고 우거의 대신(大臣) 성기(成己)가 다시 반항하는지라 좌장군(순체)이 우거의 아들 장(長)과 노인의 아들 최(最)를 시켜 백성을 달래어 성기를 죽이게 하여 드디어 조선을 평정하고 4군을 두었다. (니계상) 참(參)을 홰청후(澅淸侯), 한음(韓陰)을 적저후(荻苴侯), 왕겹(王唊)을 평주후(平州侯), (우거왕의 아들) 장강(長降)을 기후(幾侯)로 삼고, 최(最)는 그의 아비(로인)가 죽었기 때문에 공이 꽤 있다 하여 온양후(溫陽侯)로 삼았다

사마천이 자평(太史公 曰)하기를 '군사령관인 순체(荀彘)가 공로를 다투다가 공손수(公孫遂)와 함께 죽임을 당하고 수륙양군이 모두 욕을 당했다. 장졸 중에 포상을 받은 이가 없었다(荀彘爭勞 與遂皆誅 兩軍俱辱 將卒莫侯矣)'고 하였다.

사마천도 자평하여 사실상의 패전임을 인정하였다. 원정군의 해군사령관인 누선 장군 양복(樓船將軍 楊僕)이 '산중에 10여 일을 숨어 있었다(遁山中 拾餘日)'고 할 정도로 창피한 일이 벌어지고, 전쟁에 참여했던 6명의 장수 중에서 섭하(涉何)는 전쟁 중에 전사하였으며 졸정다(卒正多)와 공손수(公孫遂)와 위산(衛山)은 참수되고 육군사령관 좌장군 순체(荀彘)는 패전의 책임을 물어 목이 잘려 저자거

리에 매달리는 기시형(棄市刑)이라는 중형에 처하여졌다. 그리고 해군사령관인 누선장군(樓船將軍) 양복(楊僕)도 당연히 목을 베어야 하나 서인(庶人)으로 만들어 속죄하게 하였다(當誅 贖爲庶人). 사실은 처절한 패배를 한 것이다. 그리고 투항한 자들 5명에게 후(侯)로 봉하였다. 그리고 정복한 땅에 4군(四郡)을 두었다고 하였다. 그러나 4군의 이름이 없다. 역사 기록에서 있을 수 없는 하자가 아닐 수가 없다.

그런데 일연의 『삼국유사』에 보면 <위만조선조>에서 '『전한 조선전』에 이르되……'로 시작하여 위에서 설명한 내용과 거의 같은 설명을 하고 나서 말미에 '……진번(眞番)·임둔(臨屯)·낙랑(樂浪)·현토(玄菟) 4군을 두었다'로 끝을 맺었다. 그런데 바로 앞의 <고조선조>에서는 '『위서(魏書)』에 이르되……'로 시작하여 말미에 '당나라의 『배구전(裵矩典)』에 이르기를…… 한나라가 3군을 설치했는데 현토(玄菟)·낙랑(樂浪)·대방(帶方)이라 하였으며, 『통전(通典)』에서도 역시 이같이 말한다. [『한서』에서는 진·임·낙·현(眞臨樂玄) 4군이라 하였는데 여기서는 3군이라 하고 이름도 같지 않으니 어찌 된 일인가?]' 하고 있다. 이를 정리하면 표와 같다. 어찌 된 일인가? 진작 사마천의 『사기』에서는 4군의 이름들이 없는데 반고의 『한서』<조선전>에는 '조선에 낙랑(樂浪)·현토(玄菟)·진번(眞番)·임둔(臨屯) 4군을 두었다(朝鮮 爲樂浪玄菟辰番臨屯 四郡)'라고 하고 있다. 일연은 『삼국유사』를 저술하면서 사건이 일어난 시대에 살았던 산중인인 사마천이 직접 쓴 『사기』는 언급조차 하지 않은 것은 의도적이었을까, 아니면 실수였을까? 여하튼 그의 실수로 후세에 많은 사람들에게 크나큰 잘못을 저질렀고 지금까지도 민족사적 고통이 계속되고 있다.

<한국 · 중국 사서의 한사군 기록>

중국 사서				한국 사서
『사기』	『한서』	『배구전』	『통전』	『삼국유사』
4군 (이름 없음)	낙랑 · 임둔 · 현 토 · 진번	낙랑 · 현토 · 대방	낙랑 · 현토 · 대방	진번 · 임둔 · 낙랑 · 현토

　중국과 한국의 이러한 역사기록을 비교해볼 때에 한무제의 (위만)
조선 정벌은 실패로 끝나고 위만조선은 상당한 기간 건재하였을 가
능성이 있다고 추측된다. 왜냐하면 위만조선을 멸망시키지 않았으니
까 군을 설치하지 않았지만 실패를 인정하기는 싫으니까 관례대로
군을 설치하였다고 적었다. 그들의 역사기록의 형식을 갖추어놓은 것
이다. 그리고 얼마인지는 모르지만 후에 실제로 위만조선을 멸망시키
고서는 3군이나 4군을 설치하지 않았을까? 그것도 순차적으로…….

　그리고 항복한 참(參) · 한음(韓陰) · 겹(唊) · 최(最)에게 봉지로 주
었다는 곳은 어디일까? 『사기집해』및 『사기』<색은>에서는 삼국시
대 오나라 사람 위소의 말을 인용하여 홰청과 온양은 산동성 북부에
있었던 제나라에 속한다고 하였으며, 추저는 발해에 속한다고 하였
다. '발해'라고 바다를 강조한 것은 지금의 천진시 일대의 바닷가를
의미하는 것으로 추정된다. 그리고 평주(平州)는 북경 일대의 넓은
지역이다. 북연(北燕: 407~436)과 북위(北魏: 386~534) 때에도 평
주(平州)라고 하였다. 그리고 『사기』「삼가주(三家註)/권5」에서 <성공
원년(成公元年)조>[48)에 '고죽국의 옛 성이 평주 노룡현의 남쪽 12
리(4.8km)에 있다. 은나라 때의 제후인 고죽국이다(正義 括地志云:
孤竹故城 在平州盧龍縣 南十二里, 殷時諸侯孤竹國也)'고 하였으므로

---

48) 성공(成公): 진(秦)나라 8대 왕이며 재위기간이 B.C. 663~B.C. 660이다.

한때 평주는 지금의 북경에서 당산시와 진황도까지를 포함하는 지역이다. 아마도 위만조선이 점령하고 있었던 산동성 북부의 제나라 영토와 천진이나 북경지역의 연나라 영토를 탈취한 것으로 보인다.

이는 위만조선의 본거지인 패수 이동의 지역을 정복하지 못하였다는 것을 뒷받침하고 있다. 그리고 항복한 이들은 위만의 손자 우거가 중용한 인물들이므로 위만처럼 연(燕)·제(齊)·조(趙)나라에서 망명해온 자들일 가능성이 많다. 따라서 이들의 고향지역에 봉하였을 것으로 보인다.

<한무제의 위만조선 원정 후 항복자들에게 봉한 지역과 현재의 위치>

이름	봉지	호수	위치	결과
(니계상) 참(參)	홰청(澅淸)	1,000	산동성 북부(제나라 지역)	B.C. 99 하옥되어 병사
한음(韓陰)	적저(荻苴)	540	발해에 속함(屬勃海).	B.C. 91 사망(후사 없음)
왕겹(王唊)	평주(平州)	1,480	북경-당산시 일대	B.C. 107 사망(후사 없음)
장항(長降)	기(幾)		황하 동쪽(하동河東)	B.C. 105 사망
최(最)	온양(溫陽)		산동성 북부(제나라 지역)	B.C. 103(후사 없음)

그렇다면 우리가 그렇게 믿고 있는 대로 한사군인 진번(眞番)·임둔(臨屯)·낙랑(樂浪)·현토(玄菟)가 일단 있었다고 인정하고, 그 위치가 어디였는지를 한 번 알아보자. 『한서』 또는 『전한서』라고도 부르는 사서는 반고(32~92)가 전한(B.C. 206~24)의 역사를 엮은 것이고 『후한서』는 송나라의 범엽(398~445)이 후한(25~220)의 역사를 정리한 책이다. 『한서』<무제기>에 주석을 한 <무릉서>에 당시의 수도인 장안에서 각 지역까지의 방향과 거리를 기록하고 있는데 임둔군은 동북방향 6,138리이고 진번군은 동북방향 7,640리라고

하였으며, 『후한서』<군국지>는 당시의 수도인 낙양을 기준으로 각 지방의 위치를 나타내고 있는데 낙랑군은 동북방향 5,000리이고 현토군은 동북방향 4,000리 거리에 있다고 하였다. 이렇게 기점이 다른 것은 당시의 수도를 기준하여 측정하였다는 것을 의미한다. 기점이 다르다는 사실이 암시하는 것은 임둔군과 진번군은 전한(B.C. 206~24)시기에 설치하였다는 것이고 낙랑군과 현토군은 후한(25~220)시기에 설치하였다고도 볼 수가 있다. 어떻든 두 사서의 기록대로 그 위치를 찾아보자. 표에서처럼 장안이나 낙양을 기점으로 방향과 거리가 나오는데 꼬불꼬불한 먼 거리를 지도상의 거리로 환산하기 위하여 필자가 이미 적용했던 '직선화율 0.56'을 곱하면 지금의 지도상의 직선거리를 산출할 수가 있다. 직선거리가 나오면 구글지도를 이용하여 그만한 거리의 위치를 추정하면 표에서와 같이 나온다. 참고로 경부고속도로는 428km이나 지도상의 거리는 313km이므로 직선화율 0.73이 된다.

<한사군의 위치 추정>

사서	지명	설치 시기 (추정)	거리(사서 기록)	도상 거리	추정 위치
『한서 무제기』 <무릉서>	임둔군	전한 (B.C. 206~24)	장안 동북 6,138리(2,455km)	1,375km	요녕성 조양시 서남 20km
	진번군		장안 동북 7,640리(3,056km)	1,711km	요녕성 조양시 북쪽 100km
『후한서』 <군국지>	낙랑군	후한 (25~220)	낙양 동북 5,000리(2,000km)	1,120km	요녕성 조양시·금주시 일대
	현토군		낙양 동북 4,000리(1,600km)	896km	호북성 승덕시 승덕현

남쪽부터 북쪽으로 올라가면서 보자면, 현토군은 호북성 승덕시 (承德市) 일원이고, 낙랑군은 요녕성 조양시(朝陽市)와 금주시(錦州市) 일원이며, 임둔군은 요녕성 조양시(朝陽市) 서쪽이 되고, 진번군은 조양시 북쪽 360km 지점에 있는 내몽고자치구 통료시(通遼市) 찰로특기(扎魯特旗)이다. 지도에 표시하였다.

이를 검토해보면 진번군(眞番郡)과 임둔군(臨屯郡)이 제일 북쪽에 위치하고 있는데 앞에서 위만(衛滿)이 세력을 넓혀 '진번·임둔이 모두 와서 복속하였다(眞番臨屯 皆來服屬)'고 한 기록과도 일치한다고 본다, 한 4군의 추정위치를 보면 한 가지 의문이 생긴다. 요동군의 동쪽에 낙랑군이 있으며, 소속된 수성현에 갈석산이 있고 만리장성이 시작된다고 하였으므로 지금의 진황도시 일대가 낙랑군이 되어야 하는데 지금 여기서는 그보다 훨씬 동북쪽에 위치하는 것으로 계산된다. 아마도 진황도시에서 해안을 따라 길게 걸쳐 있었다고 추측된다.

그리고 일연이 '『한서』에서는 4군이라 하였는데 여기서는 3군이라 하고 이름도 같지 않으니 어찌 된 일인가?'라고 의문을 나타내었는데 중국의 기록을 사실이라고 인정하고 한 번 풀어보자. 사마천이 쓴 『사기』에서는 구체적인 이름을 나열하지 않고 그저 '4군'을 설치하였다고 하고 있고, 『한서』<무제기>와 <조선전>에는 원봉 3년(B.C. 108) 여름에 조선을 멸하고 '그 땅에 낙랑·임둔·현도·진번

<4군(진번·임둔·낙랑·현토)의 추정 위치>

군을 두었다(以其地爲樂浪 臨屯 玄菟 眞番郡)'라고 기록되어 있다. 그러나『한서』<지리지>를 보면 '낙랑군(樂浪郡)은 무제 원봉 3년 (B.C. 108)에 설치(樂浪郡 武帝元封三年開)'하였고, '현토군(玄菟郡) 은 무제 원봉 4년(B.C. 107)에 설치(玄菟郡 武帝元封四年開)'하였다 고만 기술하고 있어 임둔과 진번에 대한 언급이 없다. 그런데『후한 서』<동이열전 예(濊)>조에 '소제(昭帝) 시원(始元) 5년(B.C. 82)에 임둔과 진번을 파하고 낙랑과 현토에 병합했다. 현토는 다시 거구려 에 넘어갔다(至昭帝始元五年 罷臨屯眞番 以幷樂浪玄菟 玄菟復徙居 句驪)'고 하고 <군국지>에는 낙랑·현토만 있다. 무엇이 진실일까? 본기인 <동이열전>은 4군의 변화과정을 말하고 있고 지리에 관한 기록인 <군국지>는 있는 그대로를 기술한 것이라고 보는 것이 타 당하다. 바로 해석을 하자면 '한 4군'은 사마천이『사기』를 집필할 당시에는 없었으며, 후에 남쪽의 낙랑·현토 2군을 설치하고, 다시 그 후에 임둔과 진번을 설치하였다. 그러나 낙랑·현토를 설치한 시 기를 가장 이르게 잡아 B.C. 107년에서 설치하였다고 하더라도 그로 부터 25년이 지난 B.C. 82년에는 대부분의 땅을 상실하여 재편하면 서 임둔과 진번은 없어지고 낙랑과 현토만 이름을 남겼지만 바로 현 토마저도 고구려에 빼앗기고 결국에는 지금의 진황도시와 그 북쪽 일부만 남게 되어 이를 '낙랑·현토'로 분할하여 2군을 만든 것이다.

<시서의 발행 시기에 따른 2~4군>

	『사기』	『한서』		『후한서』		『통전』	『배구전』
		<무제기> <조선전>	<지리지>	<동이열전>	<군국지>		
발행 시기	B.C. 108~B.C. 91	88~106		398~445		766	618~907
저자	사마천	반고		범엽		두우	배구(?)
군	4군(이름 없음)	낙랑·임둔· 현토·진번	낙랑·현토	B.C. 82: 낙랑· 현토·임둔· 진번→낙랑· 현토→낙랑	낙랑·현토	낙랑·현토·대방

<낙랑·현토군의 인구변화>

군명	『한서』<지리지>			『후한서』<군국지>		
	현	호수	인구	성	호수	인구
낙랑	25	62,812	406,748	18	61,493	257,050
현토	3	45,006	221,115	6	1,594	43,163
계	28	107,818	627,863	24	63,087	300,213

<현토군의 현성 변화>

당초	개편(B.C. 82)
3현(『한서』 <지리지>)	6성(『후한서』<군국지>)
고구려, 서개마, 상은대	기존(3): 고구려, 서개마, 상은대 요동군에서 편입(3): 고현, 후성, 요양

이렇게 군을 통폐합하면서 인구가 어떻게 변하였는지를 한 번 보
자. 대방군을 설치하기 이전의 시기인『한서』<지리지>와『후한서』
<군국지>에 기록된 낙랑군과 현토군을 비교해보면 호수(戶數)는
107.818호에서 63,087호로 41%나 감소하였으며 인구는 627,863명
에서 300,213명으로 무려 52%나 감소하였다. 특히 현토군은 당초
고구려(高句驪), 서개마(西蓋馬), 상은대(上殷台) 3개 현이었지만 인

구가 22만 명이었다. 그러나 요동군에서 고현(高顯), 후성(候城), 요양(遼陽)의 3개 성을 편입시켜서 6개 성으로 늘어났지만 인구는 4만 명밖에 되지 않는다. 3개현을 더 보태었는데도 인구가 18%밖에 되지 않는다? 아마도 당초의 현토군은 영토의 전부를 상실하고 요동군에서 편입된 3개 현만 가지고 6개 성으로 이름을 붙여 현토군을 유지하다가 얼마 지나지 않아 이마저도 고구려에 빼앗겼다고 보는 것이 타당하다. 그리고 낙랑군은 북쪽의 대부분의 영토를 상실하고 지금의 진황도시 일대의 도시지역만 남았을 것으로 보인다. 결국 지금 우리가 알고 있는 만리장성 이남의 동쪽 끝 일대의 조그마한 지역만 남았던 것이다. 그렇다면 후대의 사서인 『통전』과 『배구전』에 기록된 '낙랑·현토·대방' 중에서 '대방'은 어떻게 된 것일까? 『삼국지』 「위서」 <오환선비동이전>에서 '건안 연간(196~220)에 공손강(公孫康)이 (낙랑군의) 둔유현 이남의 땅을 대방군으로 만들었다(建安中 公孫康分屯有縣以南荒地 爲帶方郡)'는 구절이 있다. 낙랑군은 『한서』 <지리지>에서는 25개 현이 있었고 『후한서』<군국지>에서는 18개 성이 있었다. 이 중에서 대방현(帶方縣)과 둔유현(屯有縣)이 실재하고 있다. 어떤가? 이때는 한(漢: B.C. 206~220)나라 말기이다. 지방의 군벌인 공손강(公孫康)이 대방군(帶方郡)을 설치하였던 것이다. 결국 뒤에 남은 '낙랑·대방·현토'는 요동군의 동쪽과 동북쪽에 인접해 있는 조그만 땅이다. 아무리 크게 잡더라도 3~4만㎢로서 남한 면적의 반도 되지 않는다.

<한4군의 설치와 변화>

시기	군명	비고
B.C. 108	낙랑	설치
B.C. 107	현토	설치
?	임둔·진번	설치
B.C. 82	낙랑·현토	임둔·진번 폐지
?	낙랑(현토)	현토: 고구려에 뺏김.
196~220	낙랑·현토·대방	낙랑을 분할→낙랑·대방 현토: 요동군 3현을 떼어서 이름을 붙임.

<낙랑군·대방군·현토군의 위치>

그런데 왜 『삼국지』에서는 대방군(帶方郡) 기사를 다루고 있을까? 『삼국지』는 한(漢)나라의 운세가 기울기 시작하던 184년부터 서진(西晉)의 사마염(司馬炎)이 천하를 통일하는 280년까지 96년의 역사를 담고 있다. 조조(曹操)가 허울뿐인 한나라를 장악하고 있을 때에 유주지방을 장악하고 있던 군벌 공손강(公孫康)이 행정구역을 개편한 것도 역사기록에 넣을 수가 있는 것이다. 따라서 후대에 『통전』과 『배구전』에 이러한 『삼국지』의 대방군(帶方郡) 기사를 참고하여 기록한 것이다.

어떻든 가장 중요한 것은 한 4군이 있었다고 하더라도 지금의 요하 서쪽에 있었다는 것을 알 수가 있다.

그리고 우리는 위의 『후한서』<동이열전 예(濊)>조의 기사에서 우리 역사의 중요한 사실을 발견할 수가 있다. '居句麗(jūgōulí: 주고울리: 거구려)'라고 하는 것은 바로 高句麗(gāogōulí: 가오고울리: 고구

<『서진군국도』: 안동도호부가 있는 요동, 현토, 대방, 낙랑이 장성 아래에 있다.>

려)를 역사왜곡을 하기 위하여 사용한 말로 보인다. 우리의 역사에서는 고구려가 B.C. 37년에 건국하였다고 하는데 B.C. 82년에 이미 고구려가 존재하고 있었으며 더구나 지금의 만리장성 북쪽 대부분의 땅을 장악하였다는 것을 알 수가 있다.

과연 한 4군이 북경 일대에 있었을까? 아직도 믿지 못하겠다면 중국에서 만든 지도를 보자.

『서진군국도』라는 지도가 있는데 여기서는 고구려를 멸망시키고 설치하였다는 안동도호부가 요동군에 있으며, 현토, 낙랑, 대방과 함께 장성 이남에 있다. 『한서』<지리지>에서는 요수(遼水)의 유역 전체가 요동군이었는데 여기서는 요서군과 요동군은 요수(遼水)를 기준으로 나누어져 있다.

(6) 동호(東胡)와 선비족(鮮卑族)과 오환족(烏桓族), 그리고 중마한(中馬韓)과의 관계

중국 사서에 동호(東胡)라는 나라가 나온다. 이런 이름의 나라는 없다고 보는 것이 맞다. 동(東)은 동쪽을 의미하며 호(胡)라는 글자는 중국이 이민족을 멸시하는 데 사용하는 글자이다. 이러한 글자를 넣어 나라 이름을 짓는 민족이 있겠는가?

사마천의 『사기』 <흉노열전>에 동호(東胡)가 세 번 나온다.

① 연(燕)나라 진개(秦開)가 동호(東胡)에 인질로 잡혀 있다가 신임을 얻어 풀려나서는 동호(東胡)를 침략하여 천여 리를 침략하였다.

② 진시황이 몽염(蒙恬)을 보내 동호(東胡)를 공격하여 황하 남쪽의 땅을 모두 수복하였다.

③ 흉노의 선우(單于) 모돈(冒頓)이 즉위할 당시에 동호(東胡)가 강하였다. 모돈(冒頓)이 동호(東胡)를 침략하여 멸망시켰다. 이로써 몽염이 빼앗은 땅을 모두 수복하였다.

동호는 기원은 언제부터이며 어디에 있었던 나라일까?

『산해경』 <해내북경>에서 '동호는 대택 동쪽에 있다(東胡在大澤東).' '이인(夷人)은 동호의 동쪽에 있다(夷人在東胡東)'고 하였다. 동호나 이인은 다 같이 동이(東夷)를 말하고 있으며 지역은 산동반도를 중심으로 하는 대륙의 동쪽 광대한 지역을 말하고 있다. 그리고 중국 사서 어디에도 동호가 언제 생겨났다고 하는 기록이 없다. 『산해경』이 가장 오래된 사실을 기록한 책이라는 것을 고려할 때 중국역사가 시작되기 전부터 대륙의 동부지역에 있었던 나라는 동이족의 조선(朝鮮)이다. 바로 조선을 두고 '동이(東夷)나 동호(東胡)'라고하고 있다. 그런데 후대에 와서는 동호가 대륙의 북쪽에 있다고 하고 있다. 이는 중원대륙에서 밀려나서 이제는 북쪽의 영토만 있는 조선(朝鮮)을 그렇게 부르고 있다고 하지 않을 수가 없다. 후대에 와서는 연나라도 동호와 싸웠지만 『사기』 <조세가>에 의하면 조(趙)나라도 동호와 접촉하고 싸운 나라다. 태행산맥 서쪽에 있는 조나라와 연나라의 북쪽이나 동쪽에 동호가 있었다고 볼 때에 당시에는 동호는 중원에서 밀려나 섬서성·산서성 북부와 하북성 북부에 있었다고 추측된다.

<동호를 침략한 사람들의 활동시기>

	시기	비고
진개	B.C. 311~B.C. 279	연소왕 시기
몽염	?~B.C. 210	진시황 시기
모돈	B.C. 234~B.C. 174	흉노 2대 왕

그리고 동호는 언제 멸망하였을까? 중국의 기록대로라면 동호를 멸망시켰다고 하는 모돈(冒頓)선우가 살았던 기간이 B.C. 234년에서 B.C. 174까지이니까 이때에 멸망하였다. 그러나 『한단고기』에서는 조선이 해모수(解慕漱)의 북부여(北夫餘)에 의해 B.C. 238년에 멸망하였다고 하고 있다. 한중 간의 기록이 비슷한 시기에 멸망하였다고 하고 있다. 결론적으로 동호라는 나라는 없었으며, 조선을 그렇게 비하하여 불렀던 것이다.

그런데 이상한 것은 동호가 북쪽에 있었던 나라로 보이는데 <흉노열전>에서는 모돈선우가 동호(東胡)를 멸망시키고 차지한 땅이 황하 남쪽의 땅이라고 말하고 있다. 이러한 의문과 관련되는 기록이 있다.

1,084년에 사마광이 저술한 『자치통감』을 통하여 알아보자.

'B.C. 78년 겨울, 요동(遼東)의 오환(烏桓)이 반(反)하였다. 처음 모돈(冒頓)이 동호(東胡)를 깨자, 동호의 여러 무리가 흩어져 오환산(烏桓山)과 선비산(鮮卑山)의 두 산에 의지하여 종족을 보전하고 계속 흉노에 예속되었다<주석: 요동(遼東)군은 유주(幽州)에 속했다. 당(唐)에서 설치한 안동도호부의 그 땅이다. 『후한서(後漢書)』: 오환(烏桓)의 땅은, 정령(丁零)의 서남(西南)에 있으며, 오손(烏孫) 동북(東北)

이다. 한(漢)나라의 무제(武帝: B.C. 141~B.C. 87)가 파견한 곽거병
(霍去病: B.C. 140~B.C. 117)이 흉노(匈奴)의 왼쪽 땅을 쳐서 격파
하였다. 이로 인해 오환(烏桓)은 상곡(上谷), 어양(漁陽), 우북평(右北
平), 요동(遼東). 요서(遼西)의 5군 성채 밖으로 옮기자 한(漢)나라에
서는 흉노(匈奴)의 동정(動靜)을 정찰(偵察)하였다.>

'資治通鑑/漢紀15/孝昭皇帝/元鳳3年'

'冬, 遼東烏桓反 初冒頓破東胡, 東胡餘衆散保烏桓及鮮卑山 為二族
世役屬匈奴<註釋: 遼東郡屬幽州, 唐嘗置安東都護府於其地. 後漢書:
烏桓之地 在丁零西南、烏孫東北>武帝遣霍去病 擊破匈奴左地, 因徙
烏桓於 上谷, 漁陽, 右北平, 遼東, 遼西 五郡塞外, 為漢偵察匈奴動靜.'

위의 기사는 우리가 앞뒤 순서를 잘 이해할 수 없게 말하고 있다.
지역은 지금의 내몽골자치구와 이에 인접한 섬서성, 산서성, 하북성
의 북쪽지방을 무대로 하고 있으며, 주로 서쪽의 황토고원지대를 흐
르는 황하 상류의 만곡부(凸철자 형태) 유역과 동쪽의 북경일대에서
사건이 일어나고 있다. 당초에 이 지역 전체가 동호의 땅이다. 앞의
동호와 관련한 기사와 같이 사건 순서대로 정리하면 아래와 같다.

① 산서성에 있던 연(燕)나라가 진개(秦開)로 하여금 북쪽의 동호
(東胡)의 땅을 침략하고, ② 후에 진시황이 몽염(蒙恬)을 보내 섬서성
북쪽의 황하유역 동호(東胡)의 땅을 공격하여 황하 남쪽의 땅을 모
두 수복하였다. 이로써 동호는 황하 남쪽의 땅을 상실하였다. ③ 그
런데 흉노의 모돈(冒頓)선우가 동호(東胡)를 침략하여 멸망(?)시키고
진나라의 몽염이 빼앗았던 황하 남쪽의 땅을 모두 수복하였다. ④
멸망한 동호는 오환(烏桓)과 선비(鮮卑)로 각각 분리하여 나라를 세

웠다. 오환은 세력을 키워 나중에는 상곡(上谷), 어양(漁陽), 우북평(右北平), 요동(遼東), 요서(遼西)의 5군을 차지하였다. ⑤ 그런데 한(漢)나라의 곽거병(霍去病: B.C. 140~B.C. 117)이 흉노(匈奴)의 왼쪽 땅인 황하유역을 쳐서 차지하자 흉노는 동쪽으로 이동하여 오환(烏桓)이 차지하고 있던 5군을 빼앗았다. ⑥ 이에 따라 오환은 성채(장성) 밖 북쪽으로 옮겼다. 한나라는 이러한 흉노를 경계하여 동정을 수시로 살폈다. ⑦ 그 후 오환(烏桓)은 성채 남쪽에 있는 요동으로 다시 남하하여 거주하였으며, B.C. 78년에 한나라에 반기를 들었다.

여기서 우리는 지금까지 잘못 알고 있던 여러 가지 사실을 알 수가 있다. 첫째, 진시황 당시에도 동호(東胡)라는 나라가 서부황토고원지대의 황하 남쪽의 땅을 차지하고 있었다. 진시황이 이 땅을 침략하여 되찾고 이어서 흉노의 묵돌선우가 동호를 멸망시키고 이 땅을 차지하였다. 둘째, 동호의 후신인 오환이 유주 5군(상곡, 어양, 우북평, 요동, 요서)에 있었다. 이를 B.C. 119년에 흉노에 뺏기자 그 북쪽 장성 밖으로 물러났다. 그러나 40여 년 후인 B.C. 78년에는 다시 장성 이남의 요동지방을 차지하고 있다. 그러니까 위만조선이 멸망한 B.C. 108로부터 30년 후에 오환이 요동을 차지하였다는 것이다. 바로 'B.C. 78년 겨울, 요동(遼東)의 오환(烏桓)이 반(反)하였다'고 하는 것이 그 근거이다. 그렇다면 초기에 한 4군을 두었다면 길어야 30년밖에 존속하지 못하였다는 결론이 나오며 B.C. 78년 이후에 설치하였다면 초기의 사서인『사기』에서 군의 이름이 없는 것이 맞게 된다.

그리고『자치통감』의 기사로 되돌아가서, '오환(烏桓)이 반(反)하였다'고만 하였는데, 이를 토벌하였다는 기사가 없다는 것은 오환국이 요동지역을 수복하였지만 한나라에서는 이를 토벌하여 장성 밖

북쪽으로 몰아낼 힘이 없었다는 것을 반증하는 표현이 아닐까?

그리고 앞에서 이미 알아보았듯이 오환(烏桓)은 한국과 일본의 공동 선조가 세운 나라의 이름이며 지금으로 치면 '대한(大韓)'이다. 다음은 '흉노가 동호(東胡)를 치자 선비산과 오환산에 의지하여 종족을 보전하였다'는 기사에서, '선비산과 오환산'은 이해할 수 없는 이상한 말이다. 나라가 망하였는데 어떻게 산에 의지한단 말인가? 산적이라면 이해가 가지만 하나의 국가와 민족이 아닌가? 신기하게도 두 쪽으로 갈라진 각각의 민족의 이름이 붙은 산에 의지하여 종족을 보전하였다? 적의 침략에도 끄떡없는 난공불락의 요새라도 되며, 의식주도 해결해주는 낙원이라도 된다는 말인가? 아니다. 여기서 말하는 '山(산)'은 '山(산)'이 아니다. 바로 '순'이라는 민족 고유의 신앙을 말하는 것이다. 민족종교에 의지하여 일치단결하고 위안을 받아 민족의 고난을 극복하였다는 말이다. 당시의 절망적인 상황을 관찰한 중국 사가들이 이렇게 기록으로 남긴 것이다. 대단히 정확한 표현이다. 우리 민족의 또 다른 선조를 찾을 수 있게 해준 것에 고맙다고 해야 하겠다. 정말로 중요한 증거이다. 오환(烏桓)은 엄연히 우리의 조상이며 나라이다. 당연히 우리의 역사에 포함시켜야 한다.

그런데 우리의 전통사서에서는 당연히 존재하지 않는 중마한(中馬韓)이라는 나라가 『한단고기』<북부여기>에 짤막하게 나온다. 그 시기는 북부여가 B.C. 238년에 건국되고 진조선과 막조선이 멸망한 후의 일이다. 북부여 건국 후 44년이 지난 B.C. 194년에 번조선마저 연나라의 위만에게 찬탈당하자 5가의 무리들이 대장군 탁(卓)을 받들어 모두 함께 산을 넘어 월지(月支)에 이르러 중마한(中馬韓)을 건국하였다. 월지는 탁의 고향이다. 그러자 번한과 진한의 두 한도 역시 자기들이 받았던 땅 백 리를 가지고 수도도 정하고 각기 나라 이름도 정했는데 모두 중마한의 명령을 따르고 끝까지 배반하는 일이 없었다고 적고 있다. 영토의 범위는 어디까지이고 중심지를 어디에 두고 있었는지는 분명하지 않지만, 아마도 마한의 구토와 진한의 남부는 물론 번한의 영토 중에서 위만조선의 영토를 제외한 광대한 지역이었을 것으로 보인다. 그러나 우리의 사서에서는 중마한이 나중에 어떻게 되었는지에 대해서는 아무런 언급이 없다.

그런데 중국 사서에 중마한(中馬韓) 건국과 관련한 기사가 있어야 하는데 없는 것은 어떻게 설명할 수가 있을까? 한 번 추측을 해보자. 중원에서 볼 때에 조선은 너무나 먼 동북방에 있고 세월이 지나자 힘이 약해져서 이렇다 할 역할을 하지 못하였으므로 역사기록이 없는 것으로 보인다. 반면에 가장 남쪽에 있던 번조선은 중원과의 관계에서 조선을 대표하는 역할을 하였다. 따라서 『사기』에서처럼 중원의 서화인들이 번조선―위만조선을 조선이라고 부르고 있다.

그리고 'B.C. 78년 겨울, 요동(遼東)의 오환(烏桓)이 반(反)하였다'고 한 『자치통감』의 기록은 'B.C. 78년 겨울, 오환국(烏桓國)에게 요동(遼東)지방을 뺏겼다'고 하는 것이 바른 사실이다. 비겁한 역사기록이다.

이후의 오환이 어떻게 되었는지를 위키피디아의 설명을 통해 알아보자. '오환(烏桓: Wūhuán · 烏丸: Wūwán)으로 표기하는 이 민족은 하북성, 요녕성, 산서성, 북경 근처와 내몽골 등 중국의 북부에 거주한 유목민이었다. 그들은 동호의 후손으로 흉노에 패하였다. 그들은 한(漢) 왕조의 후반에 활동적이었으며 한군(漢軍)의 정규군에 참여하였다. 중국 황제의 최전선의 주요 비중국 민족들과 같이 오환은 황실과 상대적으로 협조적이었다. 190년경 후한이 멸망할 당시 오환은 중국의 반란과 내전에 참여하였다. 200년대에 오환의 3부는 황하 이북의 중요한 군주였던 원소를 지지하였다. 207년 조조는 오환의 영토로 깊숙이 행군해 들어오고 그들을 바이랑산에서 격파하였다(白狼山之戰). 많은 오환의 기병이 그에게 투항하고 그는 천하의 가장 위대한 기병대장으로 알려지게 되었다. 비록 다양한 오환 지도자들이 3세기에 산발적인 반란을 이끌었지만 4세기에는 선비나 한족에 흡수되었다.'

오환(烏桓)은 포로로 끌려가거나 자진하여 중원으로 이주하거나 아니면 현지에서 선비족에 통합되거나, 가장 가까운 동족인 고구려에 흡수되어 북방의 민족 중에서는 번한에 이어 두 번째로 맥없이 역사에서 그 이름이 사라졌다. 이후 선비족과 고구려가 이 지역을 놓고 치열하게 다투게 된다.

이러한 사실이 말해주는 것은 패수(난하) 이동의 장성은 아마도 5호16국시대와 수(隨)나라를 지나서 당(唐: 618~907)나라가 고구려를 멸망시킨 668년 이후가 되어서야 축성할 수가 있었다고 보는 것이 타당하지 않을까? 그 것을 뒷받침하는 증거가 바로 『자치통감』의 주석에서 요동(遼東)군을 설명하면서 '당(唐)에서 설치한 안동도호부의 그 땅이다'고 한 기록이다. 요동군에 안동도호부를 설치하였다. 역으로 해석하면 고구려가 유주지역 전체를 계속 지배하고 있었다는 것이 된다. 그렇지 않다면 지금까지 우리가 알고 있는 대로 만주지역의 요하를 국경으로 하여 그 동쪽에 있었던 고구려를 당나라가 멸망시키고 나서 고구려 영토 내는 고사하고 그 서쪽지역의 광활한 지역을 놔두고서 국경(요하)에서 370km나 떨어져 있는 요동군(지금의 당산시 일대)에 안동도호부를 설치하였다고 말하는 것은 개가 들어도 웃을 일이다.

(7) 『한서』<지리지>를 보면 1세기 말의 요동지방이 어디인지를 알 수가 있다

마지막으로 『한서』<지리지>를 참고하여 요동지방을 중심으로 하는 지역과 요하(遼河)가 어디인지를 확인해보자. 『한서』의 저자인 반고(班固: 32~92)는 1세기에 살았던 사람이니까 그의 기록을 통하여 당시의 요동지방을 알 수가 있다.

『한단고기』<북부여기>에 1세 해모수 시기인 B.C. 202년에 '연(燕)나라의 노관(盧綰)이 다시 요동의 옛 성터를 수리하고 동쪽은 패수(浿水)로서 경계를 삼으니 패수는 곧 오늘의 난하(灤河)이다(燕盧綰 復修遼東故塞 東限浿水 浿水今灤河也)'라는 기사가 나온다. 지금의 난하를 당시에는 패수라고 하고 있다. 패수(浿水)와 난하에 대하여 알아보자. 우선 한중의 역사에서 연나라와 조선, 진나라와 조선, 한나라와 조선의 경계가 패수(浿水)이고, 역시 위만(衛滿)이 새(장성)를 나와 동쪽으로 가거나 또는 번조선(番朝鮮)으로 망명하면서 건넌 강이 패수(渡浿水)라고 하였다. 그리고 『사기』<색은>에서는 '창려(昌黎)에 험독현(險瀆縣)이 있다.' '왕험성(王險城)은 낙랑군 패수의 동쪽에 있다'(王險城 在樂浪郡浿水之東)고 하였다. 북에서 남으로 흐르는 강을 경계로 두 세력이 동서로 대치하고 있다. 이러한 조건을 만족시킬 수가 있는 강을 『한서』<지리지>에서 찾아보자. 우선 갖추어야 하는 자격요건은 역사기록에서 '새(장성) 바깥에서 흘러 들어오고, 남쪽으로 흘러 바다로 들어가는' 강이어야 하고, 또한 중원과 북방 대륙의 두 세력이 대치하는 국경으로서 기능을 할 수가 있는 상당히 큰 강이어야 한다는 것이다. 이러한 조건을 염두에 두고 한 번 찾아보자. 후보는 이름이 같거나 비슷한 패수(浿水)와 패수(沛水)가 있고, 다음은 요수(遼水)가 있다. 패수(浿水)는 낙랑군 논감(論邯)현에 있는데 '물이 서쪽으로 증지에 도달하여 바다로 들어간다(浿水, 水西至增地入海)'라고 하여 흐르는 방향이 틀리고, 새(장성) 바깥에서 흘러들어오지도 않고 그렇게 크지 않은 강이므로 길이도 표시되어 있지 않다. 따라서 제외하자. 다음은 번한(番汗)현에 있는 패수(沛水)인데 '요새 밖에서 나와 서남에서 바다로 들어간다(沛水出塞外 西南入海)'고 하여 새(장성) 바깥에서 흘러 들어오는 것은 맞지만 흐르는 방향이 서남방향이고, 크지 않은 강이라 길이도 표시하지 않아서 제외된다. 그렇다면 요수(遼水)만 남게 된다. 우리의 사서에서 패수(浿水)가 지금의 난하(灤河)라고 하였으니까 난하가 어떤 강인지를 보자.

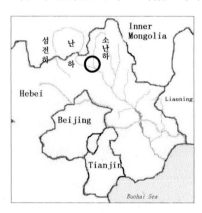

<난하 유역: 원으로 표시한 지역이 난하-소난하 합류점>

난하의 전체 길이는 885km, 유역 면적은 44,600㎢이며 대부분이 하북성에 속한다. 하북성 승덕시(承德市) 풍우(風宇) 만족자치현 서부에서 발원하여 북쪽으로 흘러가는데 상류의 강 이름은 '섬전하'이다. 외몽골자치구 석림곽륵맹(錫林郭勒盟) 정남기(正藍旗)를 지나 다륜현(多倫縣)과의 경계에서 더

이상 북쪽으로 흐르지 않고 동쪽으로 흐른다. 이 지역에 쌍산수고(双山水庫)[49]가 있다. 여기서부터 동남진하던 난하는 다시 하북성 승덕시(承德市) 풍우(風宇) 만족자치현으로 들어가면서는 사분구향(四岔口鄕)까지 35km 정도를 서남방향으로 흐른다. 이어서 동쪽으로 흐르다가 동북방에서 흘러 내려오는 소난하(小灤河)와 합류하여 계속 동진하다가 승덕시(承德市)를 지나서는 계속 동남방향으로 흘러 당산시 천서현에 있는 반가구수고(潘家口水庫)와 대흑정수고(大黑汀水

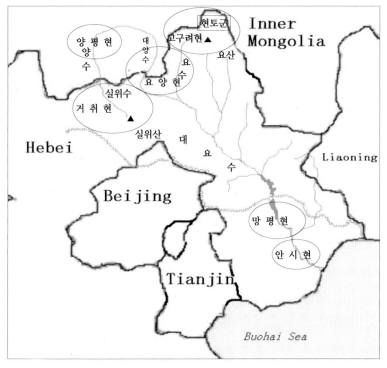

<『한서』<지리지>에서 설명하는 '요수'를 지금의 '난하'로 가정한 상황>

---

49) 수고(水庫)는 우리말로는 저수지(貯水池)이다.

庫)를 지나 당산시(唐山市) 난현(灤縣)을 관통하여 당산시와 진황도시 노룡현(盧龍縣)경계를 흘러 남하하여 바다로 들어간다.

그런데『한서』<지리지>에서 유주(幽州)에 속하는 군(郡)이 7개인데 상곡(上谷)·어양(漁陽)·우북평(右北平)·요서(遼西)·요동(遼東)·낙랑(樂浪)·현토(玄菟)가 그것이다. 모두 103개 현(縣)이며 호수가 407,853호이고 인구는 1,956,115명이다. 대단히 인구밀도가 높은 지역이다.

그중에서 요동군(遼東郡)과 현토군(玄菟郡)에서 대요수(大遼水)와 그 지류를 말하는 강들이 어느 지역을 어떻게 흐르는지를 설명하는 기사가 있다. 한 번 보도록 하자.

요동군 거취현(居就縣)에 실위산(室僞山)이 있는데 실위수(室僞水)가 여기서 나와 북으로 양평(襄平)에 다달아 양수(梁水)로 들어간다(居就, 室僞山 室僞水所出 北至襄平入梁也).

요동군 요양현(遼陽縣)에는 대량수(大梁水)가 서남으로 흘러 요양(遼陽)에 도달하여 요수(遼水)로 들어간다(遼陽, 大梁水 西南至遼陽入遼).

요동군 망평현(望平縣)에 대요수(大遼水)가 요새 밖에서 나와 남으로 흘러 안시(安市)에서 바다로 들어간다. 길이가 1,250리이다(望平, 大遼水 出塞外 南至安市入海 行千二百五十里).

그리고 현토군(玄菟郡)의 고구려현(高句驪縣)에 요수(遼水)가 요산(遼山)에서 나와서 서남쪽의 요양(遼陽)에 도달하여 대요수(大遼水)에 들어간다(高句驪, 遼山, 遼水所出 西南至遼陽入大遼水)고 하였다. 앞에서 한 4군의 위치를 알아보면서 우리는 현토군(玄菟郡)이 승덕시(承德市) 일대라고 추정한 것과 일치한다는 것을 알 수가 있다.

그리고 위의 큰 지도에서처럼 난하를 여기서 말하는 요수(遼水)에 대입하면 일치한다. 유역도를 보면서 역사서에서 설명한 내용을 알아보자. 대요수의 제일 상류는 실위수(室僞水)이고 중간은 양수(梁水)와 대량수(大梁水)이며, 그 하류는 대요수이다. 이 대요수가 지류인 요수(遼水)와 합쳐서 바다로 흘러 들어간다고 말하고 있다. 즉, 지금의 소난하(小灤河)가 요수(遼水)이다. 그리고 난하의 길이는 885km인데 여기서 대요수(大遼水)의 길이가 천이백오십 리(500km)라고 하였다. 현재의 지도에서 대요수의 시작점으로 추정되는 'ㄴ'자처럼 꺾어지는 지점에서 바다로 흘러 들어가는 하구까지의 거리를 재어보면 개략적으로 500km 정도가 된다. 정확하다. 아마도 이 지역에서 반만년 이상 살았던 우리의 선조들이 그만큼 지리에도 밝아서 보다 더 정확한 거리를 기록으로 남기고 중국의 역사가가 이를 참고하여 기록하였을 것으로 추측된다. 난하는 전형적인 사행천(蛇行川)이다. 뱀처럼 구불구불 흐르기도 하지만 꽈배기를 꼬아놓은 것처럼 심하게 굽이쳐 흐르는 곳이 많아 지도상의 거리에 비해서 실제의 길이가 훨씬 길다. 여하튼 『한서』<지리지>를 편찬한 한(漢)나라 때에는 요수(遼水)라고 하고 있지 않은가? 그리고 지금은 난하(灤河)라고 부르고 있는 강의 형태가 요수와 같다. 이 두 강이 일치하니까 '패수는 지금의 난하'라는 우리의 역사서를 신뢰한다면 '패수=요수=난하'라는 등식이 성립된다.

<「한서」<지리지> 지명이 번한 12성과 일치하는 지명>

치두남이 요중(遼中)에 쌓은 12성		「한서」<지리지>	
성(城)	추정되는 현재의 지명	현명	군명
거용(渠鄘)	北京市 北京 昌平区 居庸關	거용(居庸)	상곡
한성(汗城)	河北省 唐山市 丰潤區 韓城鎭		
개평(蓋平)	唐山市 開平區 開平鎭		
장령(長嶺)	唐山市 遷西県 長嶺峰村		
탕지(湯池)	河北省 秦皇島市 盧竜県 湯池王莊村		
여성(黎城)	秦皇島市 撫寧縣 驪城大街	여성(驪成)	우북평(?)
대방(帶方)	秦皇島市 撫寧縣 大傍水崖村	대방(帶方)	낙랑
영지(令支)	秦皇島市 昌黎县 苓芝顶村	영지(令支)	요서
갈산(碣山)	[갈석지산(碣石之山)]	여성(驪城)	우북평
험독(險瀆)	미상	험독(險瀆)	요동
용도(桶道)	미상		
백제(百濟)	미상		

독자 여러분 중에서 아직도 믿기지 않으면 좀 더 알아보자. 연(燕)
나라가 장성(長城)을 구축한 곳은 '서쪽의 조양(造陽)에서 동쪽의 양
평(襄平)까지'라고 하였다. 여기 요동군에 양평(襄平)이 있지 않은가?
북경시 북쪽에 난하가 발원하는 지점에서 약간 북쪽이다. 지금은 내
몽골자치구 석림곽륵맹(錫林郭勒盟) 정남기(正藍旗)이다. 아마도 연
나라가 장성을 처음 구축할 때에는 지금의 장성보다 훨씬 북쪽에 구
축하였다는 것을 알 수가 있으며, 여기서부터는 패수(요수: 난하)를
경계로 하여 남쪽의 바다까지 장성을 연결하였을 것이다. 그러니까
크게 보아서 양평보다 더 동쪽으로 나아가지 않아서 '양평(襄平)까
지'라고 하였을 것이다. 또 하나 더 있다. 『한서』<지리지>의 저자
는 친절하게도 요서군 영지(令支)현에는 고죽성이 있고(有孤竹城),
낙랑군(樂浪郡)에는 '운장이 있다(有云鄣)'라고 기록하고 있다. 운장

이 어떤 곳인가? 우리의 『한단고기』와 『삼국유사』에도 나오며 사마천의 『사기』에도 나오는 지명이다. 바로 위만이 망명하여 와서 살았던 지역이다. 그렇다면 또 낙랑군은 어디에 있었을까? 요동군이 여기니까 당연히 인접하여 있다. 이를 증명하기 위하여 앞장에서 번조선(番朝鮮)의 초대 한(韓: Khan)인 치두남이 요중(遼中)에 쌓은 12성과 『한서』<지리지>를 비교하여 보면 4개 성이 일치한다. 거용(渠鄜)·대방(帶方)·영지(令支)·험독(險瀆)이다. 그중에서 대방(帶方)은 『한서』<지리지>에서 낙랑군 대방현이며, 지금의 진황도시(秦皇島市) 무령현(撫寧縣)으로 추정되는 곳이다. 그리고 조선(朝鮮), 점제(黏蟬), 수성(遂成), 열구(列口), 장령(長岺), 누방(鏤方) 등 역사서에 많이 나오는 지명들이 낙랑군에 있다. 특히 장성이 낙랑군 수성현에서 시작된다는 것은 모두가 아는 사실이 아닌가? 지금의 진황도시 중에서 북부의 일부를 제외하고는 전체가 낙랑군이며 특히 난하 하구의 동쪽 땅에 운장(云鄣)이 있었을 것으로 추정된다. 낙랑군은 면적은 작지만 인구가 많은 것은 이 지역이 북방대륙과 중원을 연결하는 무역로의 길목으로서 지금으로 치면 상업도시이기 때문이라고 본다.

참고로 각 군의 호수, 인구수, 역사상에 나오는 중요한 현들을 간추려서 표로 만들었다.

군명	호수	인구	현수 및 주요 현과 지리
상곡	36,008	117,762	15현: 거용(居庸), 탁록(涿鹿)
어양	68,802	264,116	12현: 어양(漁陽)
우북평	66,689	320,780	16현: 여성(驪成)-대갈석산(大揭石山)이 있다.
요서	72,564	352,325	14현: 영지(令支)-고죽성(故竹城)이 있다.
요동	55.972	272,539	18현: 양평(襄平)-일명 창평(昌平), 망평(望平), 요양(遼陽), 험독(險瀆), 안시(安市), 서안평(西安平), 번한(番汗)
낙랑	62,812	406,748	25현: 조선(朝鮮)-浿水가 있다. 점제(黏蟬), 수성(遂成), 대방(帶方), 열구(列口), 장령(長岑), 누방(鏤方) ※ **낙랑군에 운장이 있다(有云鄣).**
현토	45,006	221,845	3현: 고구려(高句麗), 상은태(上殷台), 서개마(西盖馬)
계	407,853	1,956,115	

그리고 현토군(玄菟郡)의 위치가 요동군 바로 북쪽에 붙어 있다. 요수(遼水)가 현토군(玄菟郡)의 고구려현(高句驪縣)에 있는 요산(遼山)에서 흘러나와 대요수(大遼水)에 들어간다고 하였다. 그리고 현토군은 고구려(高句驪), 상은태(上殷台), 서개마(西盖馬) 3개 현(縣)에 불과하다. 그러나 인구는 25개 현이 있는 낙랑군의 절반이 조금 넘는 21만 명이나 된다. 아마도 넓이가 상당히 컸을 것으로 짐작된다. 요동군과 현토군은 얼마나 떨어져 있을까? 바로 붙어 있다. 앞에서 이미 언급한 대로『후한서』<군국지>에 보면 현토군 6성 중에 고현(高顯), 후성(候城), 요양(遼陽)이 있는데 '옛날에는 요동에 속했다(故 屬 遼東)'라고 적고 있다. 3개 현 모두가 두 군의 경계에 있었다는 의미이므로 요동군 바로 북쪽에 현토군이 있었다.

　마지막으로 역사에서 말하는 요하(遼河)가 지금 만주에 있는 요하가 아니라는 것을 확실히 하자.

첫째, 길이가 엄청나게 차이가 난다. 만주의 요하는 유역면적이 21만 9천㎢이고 길이는 1,390km이다. 한반도와 맞먹는 면적인데 옛날 사람들이 아무리 거리를 잘못 계산한다 해도 천이백오십 리 (500km)로 적었을까?

둘째, 형태가 다르다. 만주 요하의 특징은 상류에는 크기가 거의 같은 지류인 시라무룬 강과 요하가 있고, 강이 서남진하는 곳이 없다.

셋째, 사서에서는 요동군의 각 현을 설명하면서 요하 유역 전체를 설명하고 있다. 다른 말로 표현하자면 요하는 요동군 안에 있는 강이다.

요하라는 강을 사이에 두고 '동—서'로 구분하여 요동과 요서를 찾으려는 선입견에 사로잡혀 있는 우리에게 『한서』<지리지>는 그렇지 않다고 말하지 않는가? 그런데 왜 지금의 만주 요동지방을 요하의 동쪽에 있다고 하여 '요동지방'으로 알아왔단 말인가?

CHAPTER

07

중원(中原)의 역사는
우리 민족이 열었다

1) 지금까지 우리가 알고 있는 중원(中原) 대륙에서의 역사

어느 나라를 막론하고 역사는 당연히 자기중심적으로 기록한다. '자기중심적'이라는 말을 강조하고 싶다. 중국은 우리나라와 인접한 국가이니까 당연히 서로 간에 많은 관계가 이루어져 왔을 것이다. 그렇다면 그들이 가공한 역사를 우리는 아무런 의식 없이 그대로 인정하여 수용할 것이 아니라 우리의 입장에서 중국의 역사를 검토해야 하지 않을까?

그러면 '한족'이라고 하는 사람들이 '자기중심적'인 기술을 한 그들의 역사를 지금부터 개괄적으로 알아보자.[50]

(1) 중국인 그리고 중국 민족의 기원과 의식

전통적으로 중국인들은 자신들의 뿌리는 황제(黃帝)이며 구체적인 장소는 황하 유역에서 기원하였다고 한다. 그리하여 스스로를 황제

---

50) 출처: 『중국사』, 신승하, 미래엔 출판사, 2008.6.20, (네이버 지식백과).

(黃帝)의 자손이라 하고, 화하(華夏)족이라고 하는 문화공동체를 이루어왔으며 지금은 한(漢)나라를 대표국가로 내세워 한족(漢族)이라고 한다. 지금도 민중들은 그렇게 생각하고 있다.

그러나 역사기록에 입각하여 이러한 일원론에 반대하여 본래 중국에는 여러 민족이 살고 있었는데, 이들이 서로 융합하였다는 다원론적인 이론이 있다. 그중에서 '이하동서설(夷夏東西說)'이 대표적인 이론인데, 화북 지역 동쪽에는 이(夷), 서쪽에는 하(夏)가 있었는데 이 두 집단은 농사하기에 좋은 중원 지역을 놓고 서로 다투었다. 처음에 서쪽에 있던 하족(夏族)이 동쪽의 이족을 물리치고 이곳을 차지하고 있다가 다시 동쪽에 있던 상족(商族)에게 빼앗겨 상(商) 왕조가 지배하게 되었다. 그런데 서쪽의 주(周)가 일어나 상 왕조를 멸망시키고 이를 되찾았다는 것이다.

여기에서 더 나아가 남쪽의 묘족(苗族)을 추가한 것이 삼원론이다. 그리고 각 지역에 있던 무리들이 서로 교류하면서 점차적으로 형성되었다는 것이 다원론이다. 그리고 중국 밖의 서쪽, 동쪽, 또는 북쪽에서 왔다는 외래설도 있다.

주(周)나라 사람들은 하(夏) 왕조 사람들과는 같은 조상에서 갈라졌다는 동류의식이 있었다. 따라서 같은 조상의 후손들이 세운 하(夏) 왕조를 멸망시킨 동이의 상(商) 왕조를 멸망시키고 중국을 지배하는 것을 당연하다고 생각하였다. 위에서 말한 '이하동서설'에 부합되는 생각이다. 따라서 주(周)나라의 무왕(武王)도 천하를 지배하려면 우선 당시까지 이어져오던 정치와 사회문화의 중심지인 중국(中國)을 차지하려고 했다. 그러니까 중국은 낙양(洛陽) 일대이며, 의미는 봉건사회에서 천하의 가운데 있는 국가, 즉 종주국(宗主國)이라는 뜻이다.

결국 현재의 중국인의 사고와 역사인식은 상(商)나라를 멸망시킨 주(周나라)가 중원을 지배하면서 그 지배세력이 가진 생각을 이어받은 것이며, 화하(華夏) 집단이 정치적인 우월감에서 점차 문화적 우월감으로 바뀌어 그들이 천하의 중심에 살고 있기에 중국이란 단어는 문화가 우월하다는 인식을 굳히게 되었다. 그리고 초기에는 넓은 대륙에서 조그마한 범위에만 자신의 세력이 미치는 중국이었는데, 자기 집단(중국) 이외 지역에 살고 있는 사람들을 모두 오랑캐(四裔: 사예)로 보고 남동서북쪽의 '만이융적(蠻夷戎狄)'으로 불렀던 것이다. 시대가 지나면서 정치권력의 지배 범위가 넓어지자 정복당한 사방의 오랑캐가 계속 언어와 문화가 동화되어 중국인이 되어갔다.

(2) 중국의 신화시대: 반고 개천(盤古開天)과 삼황오제(盤古開天)

중국의 신화는 '반고 개천(盤古開天)'이라는 말로 요약할 수가 있다. 위·촉·오(魏·蜀·吳) 삼국시대(220~280)에 서정(徐整)이 쓴 『삼오역기(三五歷紀)』에서 '하늘과 땅이 붙어 있는 사이에 마치 하나의 달걀 같은 공간인 우주에서 반고가 태어나 사지를 펴 밝은 부분은 위로 올라가고, 어두운 부분은 천천히 밑으로 내려가 하늘과 땅이 이루어졌'고 한다. 그는 1만 8천 세를 살았는데, 키가 하루에 3장(丈)씩 자라나 시간이 흐를수록 하늘과 땅의 거리가 넓어졌다고 한다.

반고가 죽자 그의 몸에 변화가 일어났는데, 숨소리는 바람과 구름이 되고, 소리는 벼락이 되고, 왼쪽 눈은 태양이 되고, 오른쪽 눈은 달이 되었으며, 바로 뜨고 있으면 낮이고, 감고 있으면 밤이고, 머리카락은 초목이 되었으며, 입을 열고 있으면 봄과 여름이고, 다물고 있으면 가을과 겨울이 되었으며, 기뻐하면 맑은 날이고, 화가 나면 흐린 날이라고 하였다. 그의 머리와 사지가 오악(五嶽)[51]으로 변하게 되었다고 한다. 그리고 그의 피와 눈물이 강물을 이루었고, 살갗은 기름진 땅이 되었으며, 이빨은 바위가 되고, 땀은 이슬이 되었다. 이렇게 하여 천지 만물이 형성되었다.

고대 중국인들은 반고를 기념하기 위하여 남해(南海)와 계림(桂林)에 사당인 반고묘(盤古廟)를 만들었다.

그리고 고대로부터 내려오던 전설은 춘추시대(B.C. 770∼B.C. 403) 말에 '오제(五帝)설'이 형성되고, 전국시대(B.C. 403∼B.C. 221) 말기에 '삼황(三皇)'이라는 말이 나왔다. 그리고 한(漢)대(B.C. 206∼220)에 들어와 삼황이 오제 앞에 놓이게 되었다. 전설이기 때문에 확정적으로 삼황이 누구라고 할 수 없지만, 한대에 들어와 대체로 다섯 가지 설이 나왔다. 그리고 이들 삼황을 가지고 인류의 생활 변화를 비교하여 그들이 무엇을 하였는지 설명하고 있다.

오제(五帝)도 다섯 임금이 누구인지 설이 분분하다. 단지 사마천의 『사기』<오제본기>에 따르면 황제(黃帝)·전욱(顓頊)·제곡(帝嚳)·요(堯)·순(舜)이라고 하였다. 황제는 소전(少典)의 아들로, 당시 희수(姬水)[52]에서 일어났으며 성(姓)이 희(姬)씨이다. 황제가 이끄는 부락과 역시 소전(少典)의 후예로 강수(姜水)[53]에서 일어나 강성(姜

---

51) 태산(동), 화산(서), 형산(남), 항산(북), 숭산(중앙)을 말한다.
52) 서쪽 황토고원지대에 있는 관중평원을 흐르는 황하의 지류인 위수(渭水)의 지류이다.

姓)인 염제(炎帝)가 이끄는 부락이 있었다. 이 두 부락은 중원(中原) 문화의 개척자로 당시 호북 일대의 구려(九黎)족 치우(蚩尤) 부락이 북쪽 중원으로 올라오려고 하여 충돌할 수밖에 없었다.

<삼황에 대한 여러 설>

구분	삼황	역할
1설	천황(天皇)·지황(地皇)·인황(人皇)	
2설	수인(燧人)·복희(伏羲)·신농(神農)	수인씨: 불을 발명
3설	복희·여와(女媧)·신농	복희씨: 사냥법
4설	복희·축융(祝融)·신농	신농씨: 농사법
5설	복희·신농·여와·유소(有巢) 중 3인	유소씨: 나무집 짓는 법

신화에 따르면 치우는 짐승의 몸으로 말을 하는 무서운 인물로 묘사되었는데, 염제와 황제 부락이 연합하여 52차에 걸친 격전 끝에 탁록(涿鹿)[54]에서 치우를 격파하였다. 그 후, 염제 부락과 황제 부락이 대립하여 황제 부락이 판천 (阪泉)[55]에서 승리하여 제후들로부터 천자로 받들어지게 되었다. 따라서 황제는 중국인들에게 그들의 조상으로 받들어졌는데 그들 스스로를 '황제의 자손'이라고 불렀다.

그런데 황제 부락과 염제 부

<전설에 나오는 부락의 위치>

---

53) 역시 위수(渭水)의 지류이다.
54) 하북성 장가구시 탁록현이다.
55) 하북성 장가구 탁록현에 있다.

락이 오랫동안 연합하여 발전된 것이 한족(漢族)의 전신인 화하족(華夏族)을 형성하였기 때문에 최근에는 '염황의 자손(炎黃之孫)'이라고 바꾸어 부르고 있다고 한다.

그리고 요(堯)임금의 근거지는 평양(平陽)이다. 지금의 산서성 임분시(臨汾市) 홍동현(洪同縣)이다. 태행산맥의 서쪽 분수(汾水)의 중류지역이다. 그리고 순(舜)임금의 근거지는 포판(蒲坂)이다. 지금의 산서성 운성영제시(運城永濟市)이다. 하수(河水: 황하)가 북쪽에서 남쪽으로 흐르다가 동쪽으로 방향을 바꾸는 지점, 그리고 서쪽의 관중평원을 서에서 동으로 흐르는 위수(渭水)가 황하와 만나는 두물머리 지점에 위치하고 있다. 그러나 요(堯)임금은 처음에 도(陶, 산동 정도)에 거주하다 후에 당(唐: 하북성 보정)으로 옮겨 '도당(陶唐)씨'라고 부르거나 '당요(唐堯)'라고 불렀다. 역사에서 제요도당(帝堯陶唐)이라는 말이 생긴 근거이다. 순(舜)임금은 조상이 우(虞: 산서성 우향)에 살았기 때문에 '우(虞)씨' 또는 '우순(虞舜)'이라고 하였다. 앞으로 요임금의 당(唐)나라, 순임금의 우(虞)나라라고 부르자. 이 두 사람의 시대를 가리켜 '요순시대' 또는 '당우(唐虞)시대'라고 하며, 중국인들이 가장 이상적으로 여기는 시대이기도 하다.

<요(堯)의 당(唐), 순(舜)의 우(虞), 우(禹)의
하(夏)나라 영역>

311

(3) 하(夏) 왕조의 건국과 멸망

고대에 하(夏) 왕조가 있었다는 역사기록은 있었으나, 대부분이 후세에 만든 문헌이어서 그 기록이나 실재를 인정하지 않았다. 그러나 하족(夏族)의 활동 지역으로 추정되는 하북성의 서쪽과 산서성의 남쪽지역을 중심으로 유물을 발굴하여 1970년대 후반부터 중국 역사상 첫 번째 국가로 하(夏) 왕조의 실재를 인정하게 되었다. 문자나 기록은 아직 발견되지 않았으나 1958년부터 하북성 서쪽지방, 낙양의 바로 동쪽에 있는 옌스현(偃師縣: 언사현)의 얼리터우(二里頭: 이리두)지역의 유물을 발굴하여 '이리두 문화'라고 부르며 이 지역을 하(夏) 왕조의 중심지로 비정하고 있으며, B.C. 1900년 전후의 시기로 추정되고 있다.

이리두 문화는 청동기의 화살촉과 창, 칼, 송곳과 낚시 어구(魚鉤), 심지어 병기(兵器)와 예기(禮器)가 출토되었으며, 또한 궁궐터가 있는 것으로 보아 이미 국가가 있었다고 판단한다. 특히 토기로 만들어진 주기(酒器)가 있는 것으로 보아 술을 담가 마셨다는 고대 문헌과 일치하는 것은 당시에 농업기술이 상당히 발전되어 식량사정에 여유가 있었다는 것을 알 수가 있다.

하(夏) 왕조는 죽서기년(竹書紀年)에 따른 기록으로는 471년간 (B.C. 2070경~B.C. 1600경) 존속하였다. 시조는 오제(五帝)의 자손 중 한 명인 우(禹)임금이라고 한다. 하족의 활동 중심은 지금의 하남성 서부, 산서성 남부였으나 지금의 하북성, 산동성, 호북성 일대까지 영향력을 끼쳤다. 하 왕조는 수시로 옮겨 다녔는데 중심은 양성(陽城: 하남 등봉현 고성진), 양적(陽翟: 하남 허창 우주), 안읍(安邑:

산서 운성 하현 동북쪽) 등이며 마지막 도읍이 현재의 하남성 낙양 동쪽 18km 지점에 있는 언사현 얼리터우(이리두) 유적이라고 추정하고 있다. 하 왕조를 세운 우(禹)임금은 순(舜)임금 때에 지금의 하남성 우현 일대에 봉지를 받아, 우를 대표로 하는 부락을 하(夏)부락이라고 칭하였으며, 여기에는 12사성(姒姓) 씨족이 있었다. 그런데 우(禹)가 씨족의 우두머리로서 추선되어 왕조를 수립하자 다른 사성 씨족들도 제하(諸夏)라고 부르게 되었다.

우(禹)가 지역의 우두머리가 된 것은 요(堯)임금 시대에 치수사업에 실패한 아버지 곤(鯀)의 뒤를 이어 순(舜)의 추천을 받아 황하의 치수 사업에 공적을 쌓아 크게 인정받았기 때문이다. 순(舜)임금이 죽자 우(禹)가 제위를 선양받았다. 그런데 우(禹)는 죽을 때 동이(東夷)계의 백익(伯益)[56]에게 선양하였으나 우(禹)의 아들 계(啓)가 백익(伯益)을 쫓아내고 왕위에 올랐으며, 후에 그의 아들에게 왕위를 물려주어 핏줄로 세습되는 왕조(王朝)가 중국에서 처음으로 시작되었다. 옛 방식을 답습해 전국을 나누어 9주를 두었다. 그리고 소강(少康)의 아들 저(杼)가 동이와 싸울 때 화살을 막아내기 위하여 갑옷을 만들었으며, 그가 왕위에 오르자 동쪽으로 원정하여 하의 영토가 크게 확장되었다. 그리고 대부분의 동이가 하 왕조에 귀부하여 작위를 받고 신하라고 칭하면서 조공하였다. 하 왕조는 B.C. 11세기 공갑(孔甲)에 이르러 점차 쇠퇴하기 시작하여 마지막 왕인 걸(桀)은 역사상 손꼽히는 폭군으로 유명한데 제후와 백성들에게도 잔학하게 굴어 민심이 이반되고 특히 동쪽의 여러 부족을 무력으로 위협하여 대

---

56) 논어에서 순(舜)임금 때의 다섯 명의 어진 신하(五臣): 우(禹), 직(稷), 설(契), 고요(皐陶), 백익(伯益), 그중 고요와 백익은 부자지간이다.

내외적으로 불만을 초래하였다. 이때, 동쪽의 상족(商族)의 탕왕(湯王)이 일어나 하(夏) 왕조를 공격함으로써 멸망당하였다. 이러한 걸(桀)에 관한 전설은 상(商)나라의 주왕(紂王)과 너무 비슷해서 후세에 만들어진 전설이라는 주장도 있다.

하(夏)의 사회는 여러 근친 부락으로 이루어졌고, 또한 동쪽지방의 이족(夷族)과도 연맹을 맺고 있었으며, 연맹의 우두머리는 서로 돌아가면서 맡았다. 우(禹)에 이르러 하후(夏后)씨 부락이 영도적 자리를 잡았다. 이때에는 이미 가축을 기르고 농사를 지었으나 농기구는 대부분 석제나 목제였으며 치수를 통한 홍수 예방과 관개로 인하여 농업 생산량이 증가되고 생활이 안정되었다. 청동기는 주로 무기나 제사용품으로 사용되었다.

특히, 농업은 계절과 깊은 관련을 가지고 있기 때문에 천문 역법에 관한 지식이 끊임없이 발전하였다. 즉, 요(堯) 때에 해와 달, 별과 시간의 운행을 관찰하고 역법을 정하였으며, 춘하추동을 구별하여 목축과 농업에 적용하였다고 한 것으로 보아 하(夏) 왕조 때에 역법이 상당히 발전되었을 것으로 본다.

(4) 상(商) 왕조의 건국과 멸망

상(商)[57]나라의 시기는 B.C. 1600~B.C. 1046년간으로 추정하고 있다. 마지막 수도가 은(殷)이어서 은(殷)나라라고 불러왔으나 지금은 상(商)나라로 고쳐 부르고 있다. 상(商)왕조를 건설하기 전의 상족(商

---

57) 『서경』, <무성왕>편에 무왕이 '상(商)나라를 정벌하였다(征伐商)'라고 하였다.

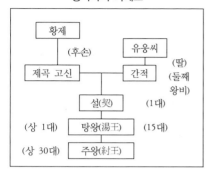

<상나라의 가계도>

```
            황제
          (후손)         유웅씨
    제곡 고신 ──── 간적        (딸)
                          (둘째
                           왕비)
            설(契)          (1대)
    (상 1대)  탕왕(湯王)    (15대)
    (상 30대)  주왕(紂王)
```

族)의 발자취를 알아보자.

전설에 의하면 상족(商族)은 동이족이 거주하는 황하 하류에 있던 오래된 부락에서 발전하였다. 상족의 조상에 대한 의견은 분분한데 문헌에 따르면 황제(黃帝)의 후손인 설(契)이다. 오제의 하나인 제곡(帝嚳)이 유웅씨의 딸 간적(簡狄)을 두 번째 비로 맞아 설(契)을 낳았다. 설(契)은 순(舜)임금 때에 치수를 도운 공적이 인정되어 상(商)에 봉해졌다. 봉해졌다는 것은 제후가 되었다는 것이다. 상족(商族)은 설(契)에서 15대 탕왕(湯王)에 이르기까지 8번이나 근거지를 옮겨 다녔다. 그러다 박(현재의 하남성 상추시)에 수도를 두고 있던 탕(湯)은 현인 이윤(伊尹)의 도움을 받아 걸(桀)왕의 폭정으로 하(夏)나라가 혼란에 빠지자 걸왕(桀王)을 치게 된다.

박(亳)에서 부근 지역의 10여 부락을 병합하여 공격준비를 하고, 여러 부족의 우두머리들과 함께 걸왕(桀)을 쓰러뜨려 하(夏)나라를 멸망시키고 제후들의 추천으로 왕이 되었다. B.C. 1600년경이다. 상(商) 왕조는 왕실 내부의 분쟁과 치수에 어려움이 있어 여러 차례 도읍을 옮겨 다녔지만 19대 왕 반경(盤庚: B.C. 1290～1263) 때에 은(殷: 하남성 안양

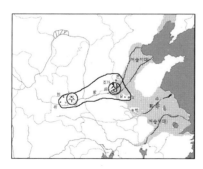

<상(商)나라의 추정 영역>

소둔)으로 옮겨 오랫동안 있다가 마지막 수도는 조가(朝歌)였다. 조가는 지금의 신향시(新鄕市: 안양시의 하급 단위)에 있다.

상(商)나라는 읍(邑)을 기초로 하는 봉건(封建)국가였다. 최고통치자인 왕 아래에 윤(尹) 또는 상(相)이라는 관리가 왕을 보필하였다. 그리고 윤(尹) 밑에 종교와 제사를 전문으로 맡고 있는 무(巫)·복(卜)·사(史), 농업이나 수공업을 전담하고 있는 소적신(小耤臣)·사공(司工)이 있었으며, 대읍(大邑)은 상(商)나라 왕이 직접 다스리고, 지방단위에는 족읍(族邑)은 상(商)나라 왕과 관련이 있는 씨족의 우두머리, 소읍(小邑)은 씨족의 우두머리와 관련이 있는 동족집단의 우두머리가 각각 통치하는 다단계의 통치구조를 가지고 있었다. 그리고 이들로부터 공물과 역을 제공받았다.

그리고 국가의 중대사를 결정할 때 점을 쳐서 그 결과에 따르는 '신정(神政)정치'를 하였다. 1899년에 상나라의 수도였던 은허(殷墟)에서 갑골문(甲骨文)이 대량으로 발견되었다. 갑골은 거북의 뱃가죽 뼈와 소의 어깨뼈를 이르는 말인데 점을 치는 소재로 활용되었다. 갑골의 안쪽에 불로 열을 가하면, 온도차에 의해서 뼈가 갈라져서 금이 생긴다. 이때에 생긴 금의 상태를 살펴서 점을 치고 거기에 점친 날짜와 점쟁이의 이름, 점친 내용과 결과 등을 새겨 넣은 글을 갑골문이라 하며 나중에 한자로 발전하였다. 그 내용은 신에게 제사를 지내야 하는지, 전쟁을 해야 하는지, 농사의 풍흉과 재해의 유무 등에 관한 것이다.

그리고 왕이나 귀족이 죽으면 순장하는 풍습이 있었다. 1976년에 은허(殷墟) 무관촌(武官村)에서 발굴한 상(商)나라 왕의 묘에서 191명의 순장 구덩이를 발견하였다.

상나라 사람들은 우주의 지배자인 상제(上帝)가 세상만사를 결정한다고 생각하였다. 따라서 왕은 통치와 관련된 국가의 중대사는 점을 쳐서 상제의 의중을 물어서 결정하였다. 상제에게 제사하고 조상을 숭배하는 종교와 정치가 일치된 제정일치, 소위 말하는 신정국가의 성격을 가졌음을 보여준다. 그리고 신정적 권위의 상징물인 청동기가 발달하였다. 그러나 세월이 지나 후기로 갈수록 세속적인 왕권이 강화되어 갔다.

후대에 나온 문헌에 따르면 주(周)의 제도와 문화는 상(商)의 것을 따르고, 상(商)은 하(夏)의 것을 따랐다고 하는 것으로 보아 하(夏)의 문화가 어느 정도 발전되었음을 알 수 있다. 즉, 하(夏)—상(商)—주(周)의 문화적 연속성이 있다는 것이다.

(5) 주족(周族)과 주(周) 왕조의 건국

주족(周族)은 원래 희(姬)를 성(姓)으로 하는 부락으로, 역사는 하족, 상족과 마찬가지로 오래되었다. 주족은 섬서 위수 유역에서 일어났으며 그 시조는 기(棄)였다. 하 왕조 초기에 기는 농사를 관리하는 후직(后稷)이라는 벼슬을 한 사람이다. 주족은 황토 고원(黃土高原)에 거주하다가 공유(公劉) 때 융적(戎狄)의 침략을 받아 빈(邠, 섬서성 순읍)으로 이주하여 살다가 300여 년이 지나 고공단보(古公亶父) 때 융적의 압박을 받고 빈에서 기산(岐山)의 남쪽 주원(周原)으로 이주하여 자칭 주인(周人)이라고 불렀다. 지금의 기산현은 서안(西安)에서 서쪽으로 200여km 거리에 있다. 바야흐로 고원평야지대인 관중평원에 터전을 확고히 한 것이다. 관리를 두어 사회를 지배

하는 조직을 정비하고 토지를
개간하여 구획하고 집을 지어
마을을 만들고 성읍을 건설하
였다.

이러한 고공단보의 행적을
기려서 그를 태왕(太王)으로 추

<기산현의 위치(ⓐ)(구글 지도)>

존하였다. 원래 주(周)나라는 상(商)나라에 조공을 바치는 제후국(諸
侯國)이었으나 때때로 상(商)과 전쟁을 벌이기도 하였다. 고공단보를
이은 아들 계력(季歷)은 서북의 융족(戎族) 부락을 침략하여 급속히
세력을 확장시킴에 따라 상 왕조는 주족의 세력을 견제하기 위하여
정벌하여 계력을 죽였다. 계력의 아들 창(昌)이 뒤를 이었는데 바로
문왕(文王)이다. 그는 강상(姜尙: 강태공)을 등용하고 농업 생산에 전
력하여 급속히 세력을 키워 동쪽으로 발전해나갔다.

문왕(文王)은 상(商)나라의 서쪽 제후들을 총괄하는 서백(西伯)의
지위에 있었다. 따라서 그의 성명 희창(姬昌)에서 이름을 붙여 '서백
창'이라고 부르기도 한다. 그는 상 왕조에 복종하였지만 주변지역을 정복
하여 점점 세력이 커짐에 따라 지금까지 상 왕조를 섬기던 많은 부락들이
이제는 주(周)에 붙었다. 도읍을 주원에서 풍읍(豊邑, 섬서성 서안 서북)으
로 옮기고 그의 뒤를 이는 아들 무왕(武王: 희발)은 수도를 다시 호경(鎬京,
섬서성 서안)으로 옮기고 상을 멸망시킬 준비를 차근차근 실행에 옮겨갔다.

상의 마지막 왕인 주왕(紂王)은 동이(東夷)를 점령하느라 국력을
소모하고, 폭정을 일삼아 민심이 이반되고 제후들이 반역하자 문왕
(文王)은 반란을 진압하여 신망을 얻어 백성들도 그를 따르고 부하
들도 왕으로 추대하려 하였으나 주왕(紂王)에 대한 충성을 버리지

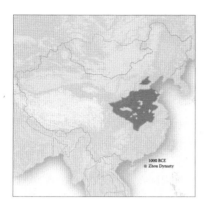

<중국이 주장하는 주나라의 강역-호북성,
산동성을 포함한 동쪽 절반은 제외되는 것이
맞다.>

않았다. 이러한 과정에서 주(周)나라를 따르는 부락이 늘어나 주(周)나라의 세력과 신망이 더욱 두터워졌다. 그의 사후에 아들 무왕(武王)은 상(商)나라 주왕(紂王)의 폭정이 계속되자 때를 기다리다가 강태공(姜太公)의 도움을 받아 여러 제후를 맹진(孟津: 하남 맹현)에 모아 주왕을 정벌하기로 하였지만 실행에 옮기지 못하다가 2년 후인 B.C. 1046년 2월 겨울에 다시 여러 제후와 함께 목야[牧野: 하남성 급현(汲縣)]에 모여 수도인 조가(朝歌)로 진격하여 함락시켰다. 4만 5천의 군사로 72만의 상(商)나라 군을 대파하는 기적적인 승리를 거두어 상나라를 멸망시켰다고 한다. 주왕(紂王)은 분신하여 스스로 목숨을 끊었다.

그러나 이러한 역사기록은 승자의 역사조작이고 실제 역사에서는 주왕(紂王)은 실정으로 나라가 망한 것이 아니고 동남방에 있는 회하(淮河) 유역의 동이족 국가 인방(人方)에 대한 장기간의 원정으로 국력을 소모하여 힘이 없는 상황에서 주(周)나라 무왕이 반란을 일으켜 나라를 잃었다고 한다. 회하(淮河)는 황하와 양자강 사이에 있는 강으로서 서쪽에서 동쪽으로 흘러 양자강 하류에서 양자강과 합쳐진다. 이 지역에 있는 인방(人方)이라는 나라를 침략한 것이다. 따라서 우리는 상(商)나라나 인방(人方)이 중원의 서쪽에 있는 조그마한 나라들이었다고 짐작된다.

동쪽의 상(商)나라가 망하고 호경(鎬京)을 수도로 하는 주(周)(B.C. 1046경~B.C. 256)나라가 시작된 것이다. 이때부터 중국의 중심무대가 서부에 치우친 관중평원으로 이동되었으며 이후 진(秦), 한(漢), 수(隨), 당(唐)나라 등의 수도가 되어 800여 년간 이어졌다. 무왕은 멸망한 상(商)나라 유민들의 민심을 달래고 통제하기 위해 태자였던 무경(武庚: 綠父녹보)에게 은(殷)을 다스리게 하였으며, 강태공은 제(濟)나라, 동생 주공 단(周公 旦)은 노(魯)나라에 봉했다. 상 왕실이 직접 다스리던 왕기(王畿)를 세 부분으로 나누어 동생인 희선(姬鮮: 관숙)에게 관(管: 朝歌조가一정주)을, 희탁(姬度: 채숙)에게 채(蔡: 상의 수도 서쪽一상채)를, 희처(姬處: 곽숙)에게 곽(霍: 상의 수도 북쪽 邶패一곽주)을 다스리게 하여 무경을 감시하게 하였다. 이들을 '삼감(三監)'이라고 부른다. 그리고 하(夏)나라 탕왕(湯王)의 혈통은 기(杞: 하남성 개봉)나라의 제후로 봉하였다.

무왕이 죽고 어린 아들 성왕(成王)이 뒤를 잇자 숙부인 주공 단(周公旦)이 섭정을 함에 따라 일부 왕실 귀족들은 그의 전횡에 불만을 품게 되었다. 상(商)나라 태자였던 무경(武庚)은 이 기회를 이용하여 나라를 재건하려고 자신을 감시하는 위치에 있던 무왕의 형제 희선, 희탁, 희처와 함께 동쪽의 여러 나라와 연합하여 반란을 일으켰다. 주공 단(周公 旦)은 개국 공신인 강태공(姜太公)과 일가인 연(燕)나라의 소공 희석과 연합하여 주왕(紂王) 정벌 때보다도 더 많은 대군을 편성하여 즉각 토벌작전을 감행하였다. 그러나 상(商)나라의 유민들의 저항이 거세어 상(商)나라를 멸망시킬 때보다 더 힘든 싸움이 계속되어 3년이 지나서야 반란이 진압되었다. 무경과 희선은 주살되었으며, 희탁은 유배시키고 희처와 가담자들은 모두 쫓겨났다.

반란의 수습책으로 주공 단은 무경의 백부인 미자(微子: 주왕의 서형)를 송(宋)에 봉하여 상(商) 왕조의 제사를 받들 수 있도록 했다.

이러한 반란 진압전을 '주공의 동정'이라고 하는데, 그 결과 주나라의 영역이 동쪽 해안에까지 이르렀으며, 이후에 주공은 동쪽지방을 효과적으로 통제하기 위하여 낙읍(洛邑)을 건설하여 동부의 정치, 군사 중심지 역할을 하게 하였다.

주(周)나라의 수도 호경(鎬京)은 위하(渭河)가 있는 관중평원(關中平原)에 있었으며 지금의 서안(西安) 부근이다. 관중평원은 사방이 막혀 있어서 외적의 침입을 막기에도 유리한 지형적인 조건을 갖추고 있다. 동쪽은 함곡관(函谷關), 남쪽은 무관(武關), 서쪽은 산관(散關), 북쪽은 소관(蕭關)의 4개 관문을 통하여서만 외부와 통할 수 있다.

주(周)나라의 통치제도는 봉건제도이다. 나라의 질서를 유지하고 주(周) 왕실의 지배권을 보장하기 위한 방편으로 주(周)왕실의 혈연이나 공신들을 제후로 봉하였다. 왕은 직할지를 직접 다스리고, 일족을 세습 제후로 봉하여 토지를 나누어주고 그 대가로 군사적 봉사와 공납을 받았다. 봉건국가들은 주(周)나라 왕실의 정통성과 권위를 인정하고 제후들끼리 패권을 다퉜다.

제11대 선왕 39년(B.C. 790)에 티베트 계통의 강족(羌族)과의 전쟁에서 주(周)나라 군대가 크게 패하여 힘이 약화되었다. 선왕의 뒤를 이은 유왕(幽王)은 포사(褒姒)라는 절세미녀에 홀려 정사를 게을리하였다. 그리고 정부인 신씨(申氏) 소생의 의구(宜臼)가 태자로 있었지만 폐하고 포사의 아들 백복(伯服)을 태자로 삼았다. 사랑하는 포사가 웃는 모습을 한 번도 보지 못한 유왕은 그녀를 웃게 할 수가 없을까 하고 궁리하던 중에 하루는 왕궁에서 실수로 봉화를 올린 일이 있었다. 선왕 대에 외적의 습격을 받은 경험이 있는지라 제후들은 전쟁 준비를 갖추고 부리나케 왕궁으로 달려왔다. 그러나 실수로 봉화가 올려졌다는 것을 안 제후들의 허탈한 표정을 보고는 포사가 크게 웃었고, 유왕(幽王)은 그 후에 포사를 웃게 하기 위해 몇 번이나 봉화를 올렸다. 이 일로 인하여 제후들의 신뢰가 크게 떨어졌다.

유왕의 이러한 실정을 보다 못한 정부인 신씨가 친정인 신국(申國)과 이민족인 견융(犬戎)과 더불어 왕궁을 습격토록 했다. 위기에 몰린 유왕은 다급하여 봉화를 올렸으나 달려온 제후는 아무도 없었다. 결국 유왕은 여산(驪山) 근처에서 반란군에게 죽게 되고, 포사의 아들이자 태자인 백복(伯服)도 살해당하였다.

수도 호경을 점령한 견융은 약탈하고 눌러앉았다. 동쪽의 제후들은 이 사건을 자신들의 힘을 강화하는 기회로 이용하였다. 진, 증 등의 제후국들이 와서 견융을 토벌하여 호경을 수복하고, 원래 태자였던 의구를 평왕으로 옹립하였다. 그러나 그 뒤에도 견융의 침략 위협에 시달리다가 B.C. 771년 낙양(洛陽)으로 천도하였다. 이때까지를 서주(西周)시대라고 하고, 이후를 동주(東周)시대 또는 춘추전국시대라고도 한다.

동주(東周)는 춘추시대(B.C. 771~B.C. 453)와 전국시대(B.C. 453~B.C. 221)로 나뉜다. 주(周)나라의 통치체제는 기본적으로 본가인 주 왕실을 중심으로 하는 거대한 가족체제였다. 중원에 기반을 둔 제후들에 의하여 주 왕실이 재건되고 낙양(洛陽)으로 동천함에 따라 처음부터 제후들의 발언권이 강하였으며 점차 세력이 커져 봉건제도라는 정치체제는 크게 약화되기 시작했다. 몇몇 강대한 제후국이 패권을 둘러싸고 격렬한 전쟁을 벌여 작은 제후국들을 병합해감에 따라 춘추시대 초에 140여 국이었던 제후국이 춘추시대 중기에는 수십 국으로 감소되었다. 제후 간 회맹(會盟)의 맹주를 춘추오패(春秋五覇)라고 하는데, 제(齊) 환공, 진(晉) 문공, 초(楚) 장왕, 오(吳) 합려, 월(越) 구천이 있다. 여러 제후가 주(周)왕실에 버금가는 힘을 가지게 되면서 유력한 제후들이 번갈아 패자(覇者)의 지위를 차지하게 되었다. 봉건질서가 붕괴되는 가운데서도 주(周)나라가 명목상으로나마 종주국의 지위를 유지한 것은 패자(覇者)의 덕분이다.

그러다 B.C. 403년에 강대국 진(晉)나라의 대부이던 한(韓), 위(魏), 조(趙) 세 가문이 주(周)나라 왕실로부터 정식 제후로 공인받는 사건이 생겼다. 이후를 사실상의 전국시대라고 부른다. 한·위·조가 후(侯)라고 칭했다는 것은 단순히 하극상을 의미하는 것만이 아니고, 주(周) 왕이 이를 인정하고 스스로 봉건제를 포기하는 것을 의미한다. 이후부터는 힘이 센 제후는 왕을 칭하게 되어 주(周) 왕조의 권위가 완전히 땅에 떨어지고 봉건제도가 붕괴해버린 것이다. 곧이어 제(齊)나라에서도 전씨(田氏)가 기존의 강씨(姜氏)를 대신하여 지배하였다. 이제 모든 제후가 제각기 왕을 칭하고 주(周)나라로부터 정신적 독립을 하였다. 급기야 주(周)나라 왕실이 폐지되고 전국 칠웅의 국가들이 형식상으로도 완전히 독립적인 존재임을 내세우게 된다.

위(魏)나라가 처음으로 강력해졌다. 문후(文侯)·혜왕(惠王)은 인재를 널리 구하고 대규모 관개사업을 벌이고, 싸워서 합병한 지역을 군현화(郡縣化)하는 데 힘을 기울였다. 다음 제(齊)가 패권을 쥐었지만 얼마 안 가서 변경의 진(秦)·연(燕)이 강해짐에 따라 진(秦)·조(趙)·위(魏)·한(韓)·제(齊)·연(燕)·초(楚)의 7웅이 할거하는 형세로 바뀌어졌다. 전국 칠웅(戰國七雄)이라고 부른다. 그중 진(秦)은 효공(孝公) 때에 위나라 출신인 상앙(商鞅)을 기용하고 변법(變法)을 시행하여 감히 누구도 대적할 수 없는 강국이 되어 나머지 6국을 굴복시켜 중국 최초의 통일제국 진(秦: B.C. 221~B.C. 206)을 세웠다.

2) 우리 민족의 중원 진출

(1) 까마득한 옛날에 우리 조상들은 중원대륙에 진출하였다

지금부터는 우리의 역사서인 『한단고기』에서 조선(朝鮮) 이전의 상고시대에 중국과 관련된 내용을 찾아서 중국의 사료와도 비교하면서 중원대륙의 역사가 어떻게 시작하였는지를 알아보자. 지금 우리가 대륙에 있는 중국(中國)이라고 하는 나라나 지역에 대해서 우리의 사서에서는 이렇게 시작한다.

'중국(仲國)은 서쪽 땅의 보고이다. 옥토가 천 리나 되고 기후가 좋아 우리 한족(桓族)의 갈래가 나뉘어 이 지역에 옮겨가서 군침을 흘리며 점점 넓혀나갔다. 토착민들도 역시 여기로 휩쓸리다시피 마구 모여들었다. 이런 상황에서 마음이 서로 같으면 한 무리가 되고, 그렇지 않으면 원수가 되어 서로 싸우기에 바빴다. 이것이 실로 오랜 옛날에 있은 전쟁의 시초이다(仲國者 西土之寶庫也 沃野千里風氣恢暢 我桓族之分遷該域者垂涎而轉進 土着之民亦溱集而萃會 於是焉黨同讐異 而干戈胥動 此實萬古爭戰之始也).' <신시본기>

여기서 우리의 선조들은 '중국(仲國)'이라고 하여 '가운데 중(中)'이 아닌 '버금 중(仲)' 자를 사용하였다. 아마도 지금 일반적으로 알고 있는 '중앙(中央)'이라는 뜻이 아니라는 의미로 그렇게 쓰지 않았을까? '중국(中國)'이란 말은 서주(西周) 초에 출현하였다. '모전(毛傳)'에 '중국(中國)은 경사(京師)다'라는 말이 가장 적절한 표현이다. 당시의 동쪽 수도(首都)인 낙양지역을 가리키는 지역의 이름이지 지리명사가 아니다. 즉, 우리나라로 치면 수도(首都)를 둘러싼 지역인 경기도(京畿道)를 말한다. 우리나라의 중국(中國)은 경기도이다.

그리고 우리의 선조들이 살고 있던 지역에서 보았을 때에 중국(仲國)은 서쪽에 위치하고 있어서 '서토(西土)'라고 하였다. 낙양지역을 서토(西土)라고 부를 수가 있는 지역은 대륙의 동쪽이며, 더 구체적으로 말한다면 산동반도 지역이다. 그러니까 역사가 시작되기 이전부터 우리의 직계 선조들은 중원대륙에 터 잡고 살았던 것이다. 그리고 배달국이나 조선은 다민족국가이므로 '한족(桓族)의 여러 갈래의 민족들이 서쪽의 중국으로 몰려가고 토착민들과 휩쓸리며 동화되어 갔다는 것을 알 수가 있다. 따라서 중국(中國)은 소위 말하는 인종의 용광로(鎔鑛爐)라고 말한 것이다.

그렇다면 중국 측 사료에서는 상대방을 어떻게 기술하고 있을까?

우선 호칭의 탄생과정이다. 중국 문헌에서 그들과 대별되는 말로 동이(東夷)라고 하였다. 동이라는 말이 최초로 등장한 것은 『사기(史記)』<주본기(周本紀) 송편(誦篇)>이다. 송(誦)은 상(商)나라를 멸한 주(周)나라의 무왕(武王) 발(發)의 아들이며 제2대 성왕(成王)이다. '성왕(成王)이 동이를 정벌하자 숙신(肅愼)이 와서 하례했다(成王旣伐東夷, 肅愼來賀)'는 구절이 있다. 동이와 숙신이 어떤 관계인지를 말하지 않고 있다. 다음에 알아보겠지만 숙신(肅愼)이라는 나라는 없었으며 조선(朝鮮)의 별칭으로 그렇게 불렀다. 사실은 주(周)나라가 동이족의 상(商)나라를 멸망시킨 후에 조선과 외교관계를 재개한 사건을 두고 이렇게 호도하고 있다. 서쪽에서 발원한 서주세력이 집권하면서부터 자기들의 위치에서 동방의 이민족(異民族)을 자신과 구분하여 동이(東夷)라 부르게 되었으며 이것이 동이라는 용어가 출현한 배경이다. 따라서 주(周)나라의 지배세력이 동이라는 호칭을 쓰기 이전에는 본 이름은 '이(夷)'였다. 예를 들면, 우이·회이·도이·내이 등 구이(九夷)인데 회하(淮河) 부근에 살면 회이(淮夷), 내산(萊山) 밑에 살면 내이(萊夷), 관중평원에서 지금의 서안 서쪽에 살던 견이(犬夷), 섬에 살면 도이(島夷)라고 불렀다. 그리고 앞에서 살펴보았지만 시대를 더 거슬러 올라가면 이(夷)라고 불리기 이전에는 여(黎), 즉 구려(九黎)라고 하였다. 한자 려(黎: lí)나 이(夷: yí)는 발음이 같다고도 할 수가 있다. 그러면 이족(夷族)들은 언제부터 중국에서 살게 됐을까? 청(淸)나라 때인 1773년에 편찬된 『사고전서』<경부 모시계고편(毛詩稽古編)>에 "『서경』의 <우공편(禹貢篇)>을 살펴보면 '회이·우이·도이·내이·서융(西戎)이 모두 구주(九州)의 경내(境內)에 살고 있었다.' 이것은 시기적으로 우(虞)·하(夏)시대로서 중국 안에 존재하는 융적(戎狄)의 유래가 깊다는 사실을 반증한다"는 구절이 있다고 한다.[58] 우(虞)·하(夏)시대는 바로 순(舜)임금과 우(禹)임금을 말하니까 지금부터 4300여 년 전을 말한다. 무엇을 뜻하는가? 이적(夷狄)들이 어느 국한된 지역이 아닌 중국 전역에 골고루 분포되어 살았으나 나중에 주(周)나라, 즉 주족(周族)이라는 서쪽의 세력이 중국의 집권세력으로 등장하면서 낙양 일대의 중앙에 사는 이(夷)

---

58) 이하는 인터넷 자료에서 심백강 씨의 글을 참조하였다.

를 동이, 서방에 사는 이를 서융, 남방에 사는 이를 남만, 북방에 사는 이를 북적이라 폄하하여 불렀던 것이다. 결론적으로 중국의 역사서에서는 이적(夷狄)들이 언제부터 중국에 살게 되었는지를 밝히지 못하고, 그들, 즉 주(周)나라의 역사 이전인 순(舜)임금이나 우(禹)임금 당시에 이미 중국 전역에 살고 있었다고 말하고 있으며, 자기들이 이 지역을 침략하기 시작했다는 것을 말하고 있다. 원래의 구려(九黎)인 구이(九夷)나 동이(東夷)는 개벽(開闢) 이래로부터 중국 땅에 살고 있던 존재임을 밝히고 있다.

따라서 중국 대륙은 동이의 터전이었던 것이다. 이는 서주가 대륙의 중심지인 낙양 일대, 즉 중국을 지배하기 이전에 동이족(東夷族)이 먼저 지배했다는 뜻이다. 그리고 전국시대에 주(周)나라 왕실의 폐지와 함께 주족(周族)은 없어진 것이다. 3천여 년간 중국의 역사는 동이족을 포함한 이족(異族)과의 싸움이고 대부분의 왕조는 이족이 세운 왕조이며, 이러한 과정에서 서로 동화되어 간 역사이다.

그리고 이(夷)라는 한자의 뜻이 무엇인지를 알아보자. 중국 후한(後漢)의 허신(許愼: 30~124)이 저술한 중국 최초의 자전(字典)인 『설문해자(說文解字)』를 보면 이(夷) 자를 설명하기를 '동방의 사람이다. 대(大) 자와 궁(弓) 자를 본떴다(東方之人也. 從大從弓)'라고 하였다. 후세 사람이 다시 주석을 붙이기를 "이는 어질다고 하며 어진 자는 오래 산다. 군자가 끊어지지 않는 나라가 있다. 안(按)이 주석하기를 '하늘은 크고 땅도 크고 사람도 역시 크다. 사람의 형상이 크다. 이(夷)는 대(大) 자를 본떴다. 즉, 우리의 하(夏)나라 사람과 다르지 않다. 하(夏)나라 사람은 중국인이다. 그리고 이(夷)는 궁(弓) 자를 본떴다. 숙신씨(肅愼氏)가 화살과 견고한 석노(石砮) 등을 공물로 바쳤다

(夷俗從仁 仁者壽 有君子不死之國, 按天大地大人亦大 大象人形 而夷
篆從大 則與夏不殊 夏者中國之人也 從弓者 肅愼氏貢矢楛石砮之類
也.'" 이를 부연하자면 이(夷)가 동이(東夷)이며, 어질고 오래 살고,
군자의 나라라고 하였으며, 그 나라는 숙신씨국(肅愼氏國), 즉 숙신국
(肅愼國)이라 하고 있다. 이렇게 잘 나가다가 느닷없이 하(夏)나라, 즉
중국인도 대인(大人)이라고 하고, 숙신씨가 활과 화살을 바쳤다고 하
고 있다. 뒤의 문장은 후세 사람들이 가공한 말들이라고 본다.

그리고 『사고전서』<사부>와 『후한서』에는 '동방을 이(夷)라고
한다(東方曰夷)'는 『예기』<왕제편(王制篇)>의 내용을 인용하고 나
서 이(夷)의 개념을 다음과 같이 정의하고 있다고 한다. '이(夷)란 것
은 저(低)이다(夷者低也).' 여기서 이(夷)를 저(低)와 동일한 의미로
풀이했는데 그렇다면 저(低)란 과연 무엇인가. 저(低)란 『노자(老子)』
의 '심근고저(深根固低)'란 말에서 보듯이 일반적으로 근저(根低)·
근본(根本)·근기(根基)·기초(基礎) 등의 의미, 즉 뿌리라는 뜻으로
쓰인다. 그래서 『후한서』는 저(低)의 의미를 다시 저지(低地), 즉 '모
든 만물이 땅에 뿌리를 박고 태어나는 것(萬物 地而出)'이라고 설명
했다. 뭇 생물은 땅에 뿌리를 내리고 움트고 자라서 꽃피고 열매 맺
는다. 이처럼 저(低)와 동이의 이(夷)를 같은 개념으로 파악하고 있다
는 것은 중국의 역사와 문화의 뿌리가 동이라는 것을 말해주고 있다.

그리고 당나라가 신라와 나당연합군을 결성하여 백제를 멸망시킬
때에 신라와 김춘추(金春秋)를 '우이도행군총관(嵎夷道行軍摠管)'이
라는 직책을 주었다. 신라가 바로 우이(嵎夷)의 후예라는 뜻이다.

(2) 반고 개천 신화의 반고는 우리의 역사에서는 실존인물이다

앞에서 우리는 중국의 신화를 알아보았다. 하늘과 땅이 붙어 있는 사이에 마치 하나의 달걀 같은 공간인 우주에서 반고(盤古)가 태어나 사지를 펴 밝은 부분은 위로 올라가고, 어두운 부분은 밑으로 내려가게 하여 개천(開天)하였다.

그런데 『한단고기』에서는 반고(盤古)가 실존인물로 나오고 있다. <삼성기>에서 '반고(盤固)라는 자가 있어 괴상한 술법을 즐기며 길을 나누어 살기를 청하매 이를 허락하였다. 마침내 재물과 보물을 꾸리고 십간 십이지의 신장(神將)들을 이끌고 공공(共工), 유소(有巢), 유묘(有苗), 유수(有燧)와 함께 삼위산(三危山)의 납림동굴(拉林洞窟)에 이르러 군(主)가 되니 이를 제견(諸畎)이라 하고 그를 반고가한(盤固可汗)이라 했다(時有盤固者 好奇述 欲分道而徃請 乃許之 遂積財寶 率十干十二支之神將 與共工有巢有苗有燧 偕至三危山拉林洞窟 以入爲君 謂之諸畎 是謂盤固可汗也).'

이를 검토해보자.

① 반고(盤固: 盤古)는 표기한 한자가 한중 간에 다르지만 발음은 우리나라도 같고, 중국 발음이 다같이 pángù(판구)이므로 같은 글자라고 볼 수가 있다.

② 우리의 기록을 볼 때에 반고(盤固)는 물론 공공(共工), 유소(有巢), 유묘(有苗), 유수(有燧)는 제정일치시대에 삼신(三神)을 모시는 군장으로 보인다.

삼위산(三危山)은 우리의 삼신숭 신앙이 아래와 같은 변화를 겪었을 것으로 본다.

삼위산(三危山)←삼위산(三位山)←삼신산(三神山)←삼신순(三神순)

결국 삼위산(三危山)은 삼위산(三位山)의 오기가 아닐까? 그리고 이들을 군장(君長)으로 보는 이유는 '군(君)'이 되었다고 한 것이다. 아주 까마득히 먼 옛날에 재정일치시대의 지배자를 의미한다. 단군왕검이 출생한 웅족(熊族)집단의 여족장 웅녀(熊女)가 '군(君)'이었다는 것과 같다.

③ 그리고 많은 재물, 즉 엄청난 경제력을 가지고 일찍이 중원으로 분가를 한 집단의 우두머리이다. '길을 나누어 살기를 청하였다'는 말이 바로 이런 뜻이다.

④ 이들이 실존인물들이라는 것을 보자. 우선 공공(共工)이다.

<태백일사 마한세가>에 공공(共工), 헌원(軒轅), 창힐(倉頡), 대요(大撓)의 무리가 자부선생(紫府先生)에게 와서 배웠다고 하고 있다. 헌원(軒轅)이 자부선생(紫府先生)으로부터 삼황내문(三皇內文)을 배워갔다는 것은 중국 사서에도 있다. 여기에 공공(共工)도 나오지 않는가?

⑤ 다음은 유소(有巢)와 유수(有燧)도 실존인물이다.

<태백일사 신시본기>에 '복희(伏羲)는 진에 옮겨 수인(燧人), 유소(有巢)와 나란히 그 이름을 서방에 빛내었다'고 하고 있다. 유소(有巢)는 이름이 같으니까 동일 인물이고 유수(有燧)는 바로 수인(燧人), 즉 수인씨(燧人氏)를 말하고 있다.

⑥ 그리고 마지막으로 유묘(有苗)는 지금의 묘족(苗族)의 조상인 것으로 보인다. 묘족은 중국 내 소수민족이며, 베트남이나 라오스, 태국에도 흩어져 살고 있다. 베트남에 사는 묘족은 흐몽족이라고 부

른다. 우리의 단군신화에서 호랑이로 묘사되는 민족이다.

⑦ 이들이 모두 '십간십이지의 신장(神將)들을 이끌고 갔다'는 것은 바로 동양철학과 과학의 핵심인 수학과 책력, 그리고 주역이라는 철학적 지식을 가지고 갔다는 뜻이다.

⑧ 그들이 간 곳이 왜 '삼위산(三危山)의 납림동굴(拉林洞窟)'인가? 삼신신앙과 함께 인류의 시조인 나반(那般)의 신앙을 가져가서 중원에 재현하였다는 뜻이다. '납림(拉林)'이 '납님'이 아닌가? 바로 '납(申)님'이다. 지금 우리가 알고 있는 존경어 접미사 '님이나 임'은 그 원형이 '림'인 것이다. 왜 동굴인가? 이 시기에는 아직도 동굴생활을 할 시대일지도 모르는 오랜 옛날이야기를 하고 있다. 아니면 신천지를 개척할 초기에는 화려한 건물을 세울 형편이 못 되니까 동굴에 신들을 모셨다고도 할 수가 있다. 또 다른 추측은 반고(盤固)를 이렇게 창조신으로 만든 집단이 서쪽 황토고원지대에서 살았을 당시에 황토지대에 토굴을 파서 거주하게 된 시대상황을 말하고 있다. 그 유명한 돈황석굴을 생각하면 쉽게 상상이 갈 것이다. 이 지역은 굴이 일반적인 주거시설인 것이다.

⑨ 마지막으로 '군주가 되니 이를 제견(諸畎)이라 하고 그를 반고가한(盤固可汗)'이라고 한 것은 반고(盤古)는 물론 공공(共工), 유소(有巢), 유묘(有苗), 유수(有燧)를 제견(諸畎)의 군(주)로서 반고가한(盤固可汗), 공공가한(共工可汗) 등 모두가 '가한(可汗)'이라고 하였다는 뜻이다. 우리의 선조들은 부족의 이름을 가축의 이름으로 불렀다. 중앙정부의 집권세력은 5가(五加)가 독차지 하였으며, 이러한 전통은 고구려까지 계승되었다. 따라서 대륙의 서쪽으로 분가해간 이들은 모두 개를 뜻하는 견(畎)을 부족의 이름으로 사용하였다는 것

을 말한다. 중국에서는 이들을 견이(犬夷), 또는 견융(犬戎)이라고 하였다.

따라서 반고는 서쪽 황토고원지대로 이주해가서 현지의 원주민을 지배하고 교화하여 독립한 군장이며, 이들이 현재의 한족의 모체일 가능성이 많다고 본다. 그들은 당연히 지도자들이니까 한(韓)의 직위에 있다. 여기서도 우리는 한(韓)이 곧 가한(可汗)이라는 것을 알 수가 있다.

이렇게 정리를 하면, 이들은 중국에서 모두 전설상의 인물이거나 신화의 주인공이 되어 있다. 그중에서 반고(盤固)가 제일 으뜸으로 개벽신(開闢神), 즉 천지창조신(天地創造神)으로 탈바꿈하였다. 그리고 유수(有燧), 즉 수인씨(燧人氏)는 삼황(三皇)의 한 사람이 되었다.

(3) 삼황은 우리의 삼신사상을 패러디하였다

신화(神話)시대에 수인(燧人)·복희(伏羲)·신농(神農)이 삼황(三皇)으로 정착되기 전에 천황(天皇)·지황(地皇)·인황(人皇)을 삼황이라고 하였다. 이는 우리의 일신(一神)이 스스로 형체가 변하여 된 천신(天神)·지신(地神)·인신(人神)을 패러디한 것이다. 우리의 신앙처럼 이론과 체계가 갖추어지지 않고 여러 사서에 산발적으로 나오며, 모두가 뒤죽박죽으로 종잡을 수 없는 것이 중국의 고대 기록이다.

(4) 삼황오제는 모두 동이족이다

중국인들은 그들의 조상을 황제헌원(黃帝軒轅)으로 알고 있으며 더 범위를 넓히면 3황5제(三皇五帝)가 된다. 삼황은 수인(燧人)씨, 복희(伏羲)씨, 신농(神農)씨를, 오제는 황제(黃帝), 전욱(顓頊), 제곡(帝嚳), 요(堯), 순(舜)을 말한다. 그러나 이들은 모두 신화나 전설상의 인물로 생각하고 있다. 그것은 바로 역사적으로 실재하였는지는 모르지만 역사라고 하기에는 갖춰야 할 요건들이 충족되지 못하기 때문이다. 그러나 우리의 역사서인『한단고기』에서는 이들은 모두 우리 한(桓)족의 갈래가 서쪽으로 진출하여 토착민을 교화한 실존의 인물들로 기록하고 있다. 엄연히 역사상의 인물들이다.

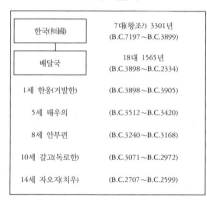

<한국과 배달국>

한국(桓國)	7대(왕조?) 3301년 (B.C.7197~B.C.3899)
배달국	18대 1565년 (B.C.3898~B.C.2334)
1세 한웅(거발한)	(B.C.3898~B.C.3905)
5세 태우의	(B.C.3512~B.C.3420)
8세 안부련	(B.C.3240~B.C.3168)
10세 갈고(독로한)	(B.C.3071~B.C.2972)
14세 자오지(치우)	(B.C.2707~B.C.2599)

우선 독자의 이해를 돕기 위하여 한국(桓國)에 이어 배달국(倍達國)에서 중국의 전설상의 인물들과 관련되는 기사가 나오는 시기의 한웅천왕의 대수, 이름, 제위기간을 표로 정리하였다.

첫 번째 인물로 나오는 태호복희(太皞伏羲)의 기록이다.

① (신시) 한웅천황으로부터 5대를 전하여 태우의(太虞儀) 한웅이 계셨으니…… 아들 열둘을 두었다. 맏이가 다의발(多儀發)한웅이고 막내가 태호(太皞)이다. 복희(伏羲)라고 한다(自桓雄天皇 五傳而 有太虞儀桓雄…… 有子十二人 長曰多儀發桓雄 季曰太皞復號伏羲).' <신

② 복희(伏羲)는 신시(神市)
에서 태어나 우사(雨師)의 자
리를 세습하고 뒤에 청구(靑
邱)와 낙랑(樂浪)을 거쳐 마
침내 진(陳)에 옮겨 수인(燧

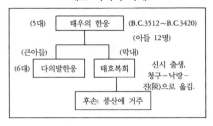

<태호 복희의 가계>

人), 유소(有巢)와 나란히 그 이름을 서쪽 땅에 빛내었다. 후예는 갈
리어 풍산(風山)에 살았으니 역시 풍(風)을 성씨로 가졌다. 뒤에 마침
내 갈라져 패·관·임·기·포·이·사·팽(佩·觀·任·已·庖·
理·姒·彭)의 여덟 가지 성이 되었다. 지금 산서성의 제수(濟水)에
희족의 옛 거처가 있다. 임·숙·수·구·수유(任·宿·須·句·須
臾)의 나라는 모두 이 주변에 있다(伏羲出自神市 世襲雨師之職 後經
靑邱樂浪 遂徙于陳 並與燧人有巢 立號於西土也 後裔分居于風山 亦
姓風 後遂分爲佩觀任已庖理姒彭八氏也 今山西濟水 羲族舊居尙在 任
宿須句須臾等國 皆環焉). <신시본기>

③ 복희(伏羲)는 신시(神市)로부터 나와 우사가 되었다. 신용(神龍)
의 변화를 보고 괘도를 그리고 신시의 계해(癸亥)를 바꾸어 갑자(甲
子)를 처음으로 하였다(伏羲出於神市而作雨師 觀神龍之變而造掛圖
改神市癸亥而爲首甲子). <신시본기>

④ 복희(伏羲)는 서쪽 변방에 봉토(封土)를 받더니 직에 있으면서
정성을 다하였다. 무기를 쓰지 않고서도 한 지역을 감화시켜 마침내
수인(燧人)에 대신하여 지역 밖에까지 명령을 내렸다(伏羲旣受封於
西鄙位職盡誠不用干戈一域化服遂代燧人號令域外). <신시본기>

⑤ 여와(女媧)는 복희의 제도를 이어받았다(女媧承伏羲制度). <신

시본기>

⑥ 복희의 무덤은 지금 산동성(山東省) 어대현(魚臺縣) 부산(鳧山)의 남쪽에 있다(伏羲陵今在山東魚臺縣鳧山之南). <삼한관경본기>

참고로 중국의 『사기색은』<삼황본기>[59]에서 태호복희의 고향은 '순임금이 고기 잡던 뇌택(雷澤)이며, 제음(濟陰)에 있다'고 하였다. 지금의 산동성 하택시(菏澤市) 정도현(定陶縣)에 있는 제음로(濟陰路)가 정확한 위치이다. 그리고 전설에 의하면 태호 복희씨는 고대 동이족(東夷族)의 유명한 우두머리였으며, 성기(成紀)[60]에서 태어나 진(陳)[61]에서 살다가 죽었다고 한다.

두 번째는 우리도 가장 잘 아는 인물인 신농(神農)과 황제(黃帝)이다. 신농은 삼황 가운데 두 번째 황제로 인식하고 있으며 농사·의약의 시조이다. 그리고 그들은 뿌리가 같다고 한다. 먼저 신농을 중심으로 그의 가계의 내력부터 시작된다.

① 곰족에서 갈려져 나간 자에 소전(少典)이라고 하는 이가 있었다. (8대) 안부련(安夫連) 한웅 말기에 소전은 명을 받고 강수(姜水)에서 병사들을 감독하였다. 그의 아들 신농(神農)은 수많은 약초들을 혀로 맛보아 약을 만들었다. 뒤에 열산(烈山)[62]으로 이사하였는데 낮에는 사람들이 교역하게 하여 살기 편하게 하였다. 소전의 다른 갈래 후손에 공손(公孫)이 있었는데 짐승을 잘 기르지 못한다고 헌구(軒丘)로 유배시켰다. 헌원(軒轅)의 무리는 모두 그의 후손이다(熊

---

59) 당나라 사마정(司馬貞: 656~720)이 지음.

60) 지금의 감숙성 태안현(秦安縣) 북쪽.

61) 지금의 하남성 회양현(淮陽縣).

62) 호북성 수주시(隨州市) 수현(隨縣)의 북쪽.

氏之所分日少典 安夫連桓雄
之末 少典以命監兵于姜水 其
子神農嘗百草制藥 後徙烈山
日中交易人多便之 少典之別
孤日公孫以不善 養獸流于軒丘
軒轅之屬 皆其後也.' <삼한관
경본기>

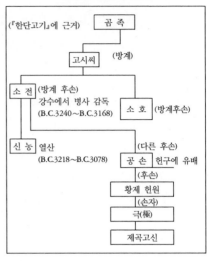

<신농과 헌원의 가계>

② 신농(神農)은 열산(列山)
에서 일어났는데 열산은 열수
가 흘러나오는 곳이다. 신농은
소전(少典)의 아들이다. 소전은
소호(少皥)와 함께 모두 고시씨(高矢氏)의 방계이다. <신시본기>

③ 뒤에 갈고(葛古) 한웅(10세)이 나셔서 염농(炎農: 염제신농)의
나라와 땅의 경계를 정하였다(後有葛古桓雄 與炎農之國 劃定彊界).
<삼성기>

이처럼 신농에 대하여 우리의 사서에서는 많은 정보가 있다. 소전
(少典)이 강수(姜水)에서 병사들을 감독하던 시기부터 200여 년이 흐
른 시기인 갈고(葛古) 한웅 때에 신농의 후손이 다스리는 나라와 경
계를 정하였다고 하고 있다. 그러나 중국에는 『사기』<5제본기>에
서 한마디만 언급되어 있다.

'신농씨(神農氏)가 쇠퇴하자 제후들이 서로 싸우고 백성들에게 폭
정을 일삼았으나 신농씨는 이를 평정할 능력이 없었다. 이에 헌원이
창과 방패(干戈)를 다루는 방법을 익혀 정벌하자 여러 제후가 따랐
다'고 하는 것이 전부이다. 정사에 기록할 만한 내용도 없고 또한 실

제의 인물로 보기 어렵다고 판단하였던 것 같다.

그러나 당(唐)나라 때에 사마천의 후손 사마정(司馬貞)이 지은『사기색은』에서는 신농은 소전의 아들이라고 하였다.

그리고 청(淸)나라 때의『전상고삼대문(全上古三代文)』[63]에 보면 '염제(炎帝)는 강수(姜水)에서 나고 호는 신농씨(神農氏)이며, 처음에 수도를 진(陳)에 두었다고 하며, 후에 곡부(曲阜)에 살았다고 한다. 그리고 120년을 다스렸으며, 8세 530년을 전했다'고 한다. 그리고 『초사(楚史)』[64]에서 '황제는 백민 출신으로 동이에 속한다는(黃帝生於白民 …… 自屬東夷)'고 하고 있다.

따라서 우리의 기록과 중국의 기록에 의하면 염제신농의 아버지는 소전(少典)이며 소전은 안부련 한웅 말기인 B.C. 3170년경의 사람이다. 그의 후손이 헌원에게 멸망당하였으니까 '8세 530년을 전했다'고 한 말은 맞는 것으로 보인다.

마지막으로 수인씨(燧人氏)에 관한 기록이다. 사마정(司馬貞)의『사기』<색은>에서 '태호(太皞) 포희씨(庖犧氏)는 성이 풍(風)이고 수인의 뒤를 이어 천하의 왕을 계승하였다(代燧人氏繼天而王)'고 하여 수인씨가 복희씨보다 먼저 사람이라고 하였다. 그리고 우리의 사서 <태백일사 삼한관경본기>에서 '복희는 서쪽 변방에 봉토를 받더니 …… 마침내 수인(燧人)에 대신하여 지역 밖에까지 명령을 내렸다(伏羲旣受封於西鄙 …… 遂代燧人號令域外)'고 하여 수인씨가 복희보다 먼저 사람임을 말하고 있다. 이 외에는 수인씨(燧人氏)의 기록이 없다.

삼황의 시대순을 보면 중국은 신농이 복희보다 400여 년 앞의 사

---

63) 엄가균(嚴可均: 1762~1843)이 편찬.

64) 전국시대 초나라의 시인·정치가인 굴원(屈原: B.C. 340~B.C. 278년)이 지었다.

람이라고 하나 우리의 기록으로는 오히려 복희가 신농보다 300여
년 앞선 사람으로 나온다.

<삼황(三皇)의 활동 시기 『상서·제왕세기』·『십팔사략』 등>

이 름	활동시기(중국)	우리 측 사료의 해당시기
염제신농(炎帝神農)	B.C. 3170경	안부련 한웅(3240~3168)
수인씨(燧人氏)	복희보다 먼저 사람	복희보다 먼저 사람
태호복희(太嘷伏犧)	B.C. 2800경	태우의 한웅(3512~3420)

세 번째는 5제 중에서 제일 먼저인 황제(黃帝)이다. 사마천(司馬
遷)의 『사기』<5제본기>에 보면 황제(黃帝)는 소전(少典)의 아들이
며 성(姓)은 공손(公孫)이고 이름은 헌원(軒轅)이라 하였다. 그리고

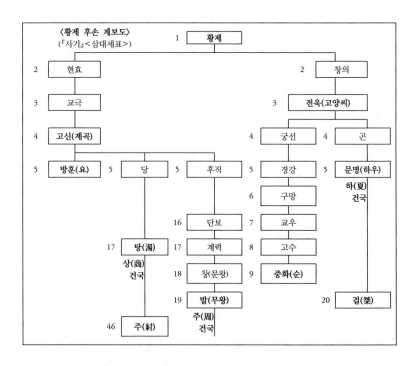

황제로부터 순임금과 우임금까지 나라 이름만 다를 뿐 모두 같은 성씨라 하였다(自黃帝 至舜禹 皆同姓而異其國號).『사기』<삼대세표>에 그의 후손의 계보가 나오는데 이를 알기 쉽게 표로 정리하였다. 이를 보면 요(堯)·순(舜)과 하(夏)나라를 세운 우(禹)임금은 물론이려니와 상(商)나라를 세운 탕(湯)왕과 주(周)나라를 세운 무왕 발(發)도 그의 후손이라고 한다.

이를 우리의 사서와 비교하면,

첫째, 우리의 사서 <삼한관경본기>에서는 소전(少典)의 아들은 신농이고, 소전의 다른 갈래 후손이 공손(公孫)이다. 황제는 공손의 후손이다. 그런데『사기』에서는 황제는 소전(少典)의 아들이라고 하고 있다. 황제는 치우천왕과 동시대의 사람이니까 소전과 황제는 530여 년이나 차이가 나므로 부자관계가 될 수 없다. 따라서 530여 년의 시차가 있는 두 사람을 부자(父子)의 관계로 설정한『사기』의 기록은 틀렸다고 할 수가 있다. 또한 사마정(司馬貞)의『사기색은』에서 '염제와 황제는 모두 소전의 아들이다(炎帝、黃帝皆少典之子)'고 하여 신농과 황제는 형제가 된다. 이 또한 사실과 다르다. 그렇지만 황제는 소전의 후손임에는 틀림이 없다. 황제의 성이 공손(公孫)이라고 한 것은 그의 조상이 공손이기 때문이므로 맞는다고 본다.

지금까지 말한 3황과 황제 헌원은 그들이 살았던 전후 시기가 맞지도 않고 부자관계나 조상의 계보도 맞지 않지만 우리의 역사를 기준으로 보면 모든 시기와 전후관계가 일목요연하고 논리적이다. 결론은 중국의 역사는 우리의 배달국(倍達國)사람들이 중원에 진출하여 지배한 역사가 첫머리를 장식하고 있다.

둘째, 그리고 5제 중에서 황제를 제외한 4제이다. 이들의 활동시

기는 표에서 보는 바와 같이 우리나라의 연표와 비교할 때에 거의
일치한다.

<5제 『상서·제왕세기』·『십팔사략』 등>

이름	재위기간(B.C.)	우리나라(B.C.)
황제헌원(黃帝軒轅)	미상	치우 한웅(2707~2599)
전욱고양(顓頊高陽)	2467~2421(47)	
제곡고신(帝嚳高辛)	2420~2366(55)	
제요도당(帝堯陶唐)	2357~2321(37)	단군왕검(2333~2241)
제순유우(帝舜有虞)	2320~2312(9)	단군왕검(2333~2241)

셋째는 하(夏)·상(商)·주(周) 3나라의 시조가 모두 황제의 후손
이라고 하는 것이다. 앞에서 하(夏)나라는 우(禹)임금이 B.C. 2070년
에 건국하였다고 하였으므로 황제가 살았던 시기인 B.C. 2650년경
에서 계산하면 580여 년 후의 일이다. 그런데 『사기』에 의하면 우
(禹)임금은 황제의 5세 후손이라고 한다. 한 세대를 30년으로 잡으면
150년밖에 안 되는데 580여 년이라는 기간은 한 사람이 평균적으로
116년을 살아야 한다. 이 또한 『사기』의 기록이 틀렸다는 것을 말해
주고 있다.

또한 우리의 사서에 의하면 단군왕검 시기인 B.C. 2267년에 우
(禹)임금은 순임금 밑에서 사공(司空) 벼슬을 하던 사람이다. 그런데
중국이 확정한 역사연표에서는 그가 B.C. 2070년에 하(夏)나라를 건
국하였다고 한다. 여기에서도 200년이라는 시차가 난다. 어찌 된 영
문인가? 객관적인 근거가 없으므로 우리의 기록이 맞는다고 할 수는
없지만 분명한 것은 신빙성은 더 높다고 본다. 우리의 기록대로 계

산하면 우임금이 하(夏)나라를 건국한 시기는 2250여 년경이 되고 황제와의 시차는 400여 년이 되며 한 세대는 80여 년이 된다. 그래도 한 세대가 너무 길다. 결국 우임금은 황제의 5대손이 아니라는 결론이 나온다. 『사기』에 있는 <삼대세표>는 현실역사의 기록이 아니다.

<삼대세표>의 진위에 대하여 시비를 가릴 근거는 없는데 믿을 수가 없는 것은 요(堯)·순(舜)이 동시대의 인물인데 요는 황제의 5대 후손이고 순은 9대 후손이라는 것도 이상하고, 상(商)나라의 마지막 임금인 주(紂)왕이 황제로부터 46대인데 같은 시대를 살았던 주(周)무왕은 18대 후손이라고 하는 것은 아무리 생각하여도 이치에 맞지가 않는다. 고귀한 사람의 후손을 자처한 조작으로 보인다.

한 가지 더 언급하자면, 중국의 고대 제왕이나 건국의 시조가 모두 황제의 후손이라고 하고 있다. 그러나 현대에 와서 연구를 한 결과를 보면 이러한 기록과는 전혀 다른 말을 하고 있다. 대만 중흥대 부교수였던 심근덕(沈建德) 박사의 글에서는 요(堯)임금은 황제(黃帝)의 후손이지만 순(舜)임금은 동이(東夷)이고 하(夏)나라를 세운 우(禹)임금은 서융(西戎) 혹은 동이(東夷)이며 상(商)나라를 세운 탕(湯)임금은 동이(東夷)라고 한다. 그리고 주(周)나라는 오늘날의 서쪽 섬서지방인 기(歧)지방에서 왔으며 강인(羌人)과 혼혈이라고 한다. 동이(東夷)가 누구인가? 저들이 배달국과 조선의 사람들을 그렇게 불렀다. 따라서 심근덕(沈建德) 박사의 주장은 황제(黃帝)로부터 요(堯)가 망할 때까지 455년[65] 동안만 황제의 후손이라고 한다. 그의 주장을

---

65) 우리의 기록으로는 320여 년이다. 황제는 B.C. 2640여 년경의 사람이니까, 요임금이 사망한 B.C. 2321년까지 320년이 된다.

보면 그는 황제도 동이인 것은 모르고 있다.

<황제의 혈통 여부(심근덕 박사)>

요(堯)	황제 후손
순(舜)	동이
우(禹)(하나라)	서융 혹은 동이
탕(湯)(상나라)	동이
무왕(주나라)	강인과 혼혈

(5) 황제와 치우의 싸움은 동이족 내부의 헤게모니 쟁탈 전이다

황제의 근거지는 태행산맥 서쪽의 분하(汾河) 유역의 평양(平陽)이 라고 한다. 개략적인 그의 세력범위는 태행산맥 서부, 황하 북부지 역이다. 이 지역에 있던 황제가 중원의 동부지역에 진출한 배달국의 14세 자오지(일명 치우: B.C. 2707~B.C. 2599)천왕과 격전을 벌인다. 그런데 우리의 사서에서는 황제를 헌후(軒侯)라고 하고 있으며 싸움 에서 연전연승하지만 살려주는 싸움을 계속한다. 이는 적과의 싸움이 아니라 대권에 도전하는 제후를 응징하는 싸움이었음을 말해준다.

치우천왕이 중원에 진출하는 것과 관련한 기사가 10개나 된다. 그 중에서 대표적인 것만 그대로 소개한다.

① (치우천왕은) 유망(楡罔)의 정권이 쇠약하여지니 군대를 보내어 정벌하였다. …… 다시 군사를 정돈하여 몸소 이들을 이끌고 양수 (洋水: 후에 살수: 당산唐山 북쪽에 안시성, 양수가 있었음)를 건너 출진하더니 재빨리 공상(空桑)에 이르렀다. 공상은 지금의 진류(陳

留)이며 유망이 도읍했던 곳이다. 이해에 12제후국을 점령하여 합병하였다. 이때 죽여서 쓰러진 시체가 들판을 그득 메웠으며, 서토의 사람들은 간담이 서늘해 도망치지 않는 자가 없었다. 이때에 유망(楡罔)은 소호(少昊)를 시켜 맞아 싸우게 하였다. 대왕은 예과와 옹호극을 휘두르며 소호와 크게 싸우고 또 큰 안개를 일으켜 적을 혼미케 하여 자중지란에 빠지게 하였다. 소호는 대패하여 공상(空桑)에 들어갔다가 유망과 함께 도망쳐버렸다. 이에 치우천왕은 하늘에 제사 지내 천하가 태평함을 고하였다. 다시 군대를 진격시켜 탁록(涿鹿)을 에워싸 일거에 유망의 나라를 멸망시켰다. <관자>에서 '천하의 임금이 싸울 때 한 번 화를 내면 쓰러진 시체가 들판에 그득했다'는 것은 이를 두고 말함이다. <신시본기>

위의 기사에서 공상(空桑)은 진류(陳留)라고 하였는데 현재 진류는 하남성(河南省) 개봉현(開封縣) 진류진(陳留鎭)이다. 낙양·정주·개봉과 가까우며 중원의 중심지역이다.

② 치우천왕은 염제신농의 나라가 쇠해가는 것을 보고 마침내 큰 뜻을 품고 여러 차례 군사(천병)를 서쪽으로 일으켰다. 또 색도(索度)로부터 병사를 진격시켜 회대(淮岱)의 사이를 점령하였다. 헌후(軒侯: 황제헌원)가 일어나자 즉시 탁록(涿鹿)의 벌판으로 나아가서 헌원을 사로잡아 신하로 삼았다. <삼성기전 하편>

여기서 색도(索度)는 지금의 산동성 임치시 임치구(臨淄區) 동남쪽 여수(女水)의 남쪽에 위치하였다고 한다.[66] 그리고 탁록(涿鹿)은 지금의 하북성 장가구시(張家口市) 탁록현이며 <삼한관경본기>에서

---

66) 임승국 번역·주해, 『한단고기』, p.41.

는 산서성 대동부(大同府)라고 한다. 탁록현에서 서쪽으로 180km 지점에 산서성(山西省) 대동시(大同市)가 있다. 기사의 사실 여부에 대해서 사마천의 사기에서는 '치우가 졌다' 하고 북애자의 규원사화에서는 '치우의 승리'라 하고 있고, 여기서도 '치우의 승리'라 하고 있다.

<색도의 위치: 오른쪽 원의 임치구(臨淄區: 옛날의 임치현).
왼쪽 120km 거리에 제남이 있다.>

③ 치우천왕은 서쪽으로 탁예(涿芮)를 정벌하고 남쪽으로 회대(淮岱)를 평정하였다. 산을 뚫고 길을 내니 땅 넓이는 만 리에 이르렀다(蚩尤天王 西征涿芮 南平淮岱 披山通道 地廣萬里止). <번한세가 상>

여기서 탁예(涿芮)는 탁록(涿鹿)과 예성(芮城)을 말하는 것으로 짐작된다. 탁록은 지금의 하북성 장가구시(張家口市) 탁록현이며, 예성(芮城)은 산서성 태원시(太原市) 첨초평구(尖草坪區) 예성촌(芮城村)이다. 태행산맥 서쪽의 산서성 북부·중부지역이다. 그렇다면 헌원의 본거지는 산서성 남부 분하(汾河) 유역에 국한되며 그의 수도는 평양(平陽)이며 지금의 임분시(臨汾市)이다.

④ 이때 공손(公孫) 헌원(軒轅)이라는 자가 있었는데 토착민들의 우두머리였다. 치우천왕이 공상(空桑)에 입성하여 크게 새로운 정치를 편다는 말을 듣고 감히 스스로 천자가 될 뜻을 갖고 크게 병마를 일으켜 공격해왔다. 치우천왕은 먼저 항복한 장수 소호(少昊)를 보내 탁록(涿鹿)에 쳐들어가서 에워싸 이를 전멸시켰다. 헌원은 그래도 굴복지 않고 감히 끝까지 싸우고자 하였다. 치우천왕은 9군에 명을 내려 네 갈래로 나누어 출동케 하고 자신은 보병 기병 3,000을 이끌고 곧바로 탁록의 유웅(有熊)이라는 벌판에서 싸웠다. 군사들로 하여금 사방에서 압축하여 수없이 참살하였다. 또 큰 안개를 일으켜 지척을 분간할 수 없게 하고 싸움을 독려하니 적군은 마침내 두려움을 일으켜 혼란을 일으키고 도망가 숨으며 달아나니, 백 리 안에 병사와 말의 그림자도 보이지 않았다. 이때 기주(冀州)・연주(兗州)・회대(淮岱)의 땅을 모조리 점령하였다. 이리하여 탁록에 성을 쌓고 회대지방에 백성들의 집을 지어 이주시켰다. 이에 헌원의 무리는 모두 다 신하되기를 원하며 조공을 바쳤다. 그때 서토 사람들은 겨우 활과 돌의 힘만 믿고 투구와 갑옷을 쓸 줄을 알지 못했는데, 치우천왕의 높고 강한 법력을 보자 마음에 놀랍고 간담이 서늘하여 싸울 때마다 번번이 패했다. 『운급헌원기(雲笈軒轅記)』라는 책에 '치우가 처음으로 갑옷과 투구를 만들었는데 당시의 사람들이 알지 못하고 구리로 된 머리에 쇠로 된 이마를 가졌다'고 하였으니 서토 사람들의 충격이 얼마나 컸는지를 상상할 수가 있다. <신시본기>

⑤ 치우천왕은 군대의 진용을 가다듬어 사방으로 진격한 지 10년 동안 헌원(軒轅)과 73회나 싸웠다. 그러나 장수들은 피로한 기색이 없었고 군사들은 뒤로 물러설 줄 몰랐다. 뒤에 헌원은 여러 차례 싸

웠으나 천왕에게 패하고도 군사를 크게 일으켰다. 심지어 우리 신시(神市)를 본받아 새로운 병기와 갑옷을 만들고 또 지남거(指南之車)라는 수레도 만들어 감히 백 번이나 싸움을 걸어왔다. 이에 치우천왕은 불같이 노하여 형제와 종친에게 싸움 준비에 힘쓰도록 하고 헌원의 군사가 감히 공격해올 뜻을 품지 못하도록 하기 위하여 위세를 떨쳐 한바탕 크게 싸워 한 무리를 죽여버린 후에야 싸움을 그쳤다. 이 싸움에서 우리 쪽 장수 가운데에 치우비(蚩尤飛)라는 자가 공을 빨리 세우려다가 불행히도 진중에서 죽었다.

『사기』에서 말하는 '치우를 잡아 죽이다'라고 기록한 대목은 아마도 이를 말하는 것인 듯하다. 치우천왕은 크게 화가 나시어 군을 움직여 새로이 돌을 날려 보내는 기계를 만들어 진을 치고 나란히 진격하니 적진이 마침내 저항하지 못하였다. 이에 정예군사를 나누어 파견하여 서쪽은 예(芮)와 탁(涿)의 땅을 지키게 하고 동쪽으로는 회대(淮岱)의 땅을 빼앗아 성읍을 만들어 헌원이 동쪽으로 쳐들어오는 길을 막았다. 치우천왕이 돌아가신 지 수천 년이 지나도 이 훌륭한 공덕은 후세 사람들에게 크게 감동을 불러일으킨다.

<치우의 묘가 있는 동평현(東平縣): 곡부와는 50km 정도 거리이다.>

지금 『한서』＜지리지＞에 의하면 치우천왕의 능은 산동성(山東省) 동평군(東平郡) 수장현(壽張縣) 관향성(關鄉城) 가운데에 있다고 한다. 높이가 7척으로 진나라와 한나라 때에는 주민들은 10월이면 늘 여기에 제를 지냈다고 한다. 그때마다 반드시 붉은 기운이 피어나 긴 비단처럼 펄럭여 이를 치우의 깃발이라고 하였다. 그의 영걸스러운 혼백과 사내다운 기백은 보통 사람과는 달리 천 년의 세월을 지나서도록 이렇게 스스로 나타내는 듯하다. 헌원이 이로써 쓸쓸해졌고 유망도 그를 따라 영원히 망하고 말았다. <신시본기>

⑥ 치우천왕은 청구국으로 도읍을 옮겨서 재위 109년에 151세까지 사셨다(······ 蚩尤天王 徙都靑邱國 在位一百九年 壽一百五十一歲). <삼성기>

이상에서 알아본 우리의 역사기록에 의하면 중국의 기록과는 사뭇 다르다. 중국에서는 신농의 나라를 황제가 멸망시켰으며, 이어서 치우와 결전을 벌여 그를 죽였다고 하였다. 그리고 그의 아들이 소호(少昊)라고 하고 있다. 그러나 우리의 사서에서는 당시에 천하가 3분되어 있었다고 한다. ②, ③번의 기사에서 당시의 정세와 정벌전의 전후를 알 수가 있다. 동북지방에는 배달국에 치우천왕이 있었고, 서쪽의 태행산맥 서부는 신농의 후손이 다스리고 있고, 남쪽 황하이남은 유망(楡罔)이 다스리고 있다. 치우의 정벌전은 처음에 서쪽의 신농의 나라 탁예(涿芮)를 정벌하고, 다음에는 남쪽의 나라 회대(淮岱)지방을 점령하고 성읍을 쌓아 헌원이 동쪽으로 쳐들어오는 길을 막았다. 마지막으로 서쪽에 있던 헌원과

<배달국 본국과 신농－황제 후손의 근거지와 치우의 서쪽 탁예(涿芮)지방과 남쪽 회대(淮岱)지방 개척>

10년 동안 73회나 싸웠으며, 탁록의 최후 결전에서 이겨 그를 신하로 만들었다. 유망의 부하였던 소호(少昊)는 치우에게 항복하였으며 나중에는 헌원을 공격하게 된다.

이를 보면 사마천의 『사기』에서 헌원이 신농의 나라를 멸망시켰다는 것이 거짓말이 된다. 사실은 치우가 신농의 나라를 멸망시킴으로써 헌원은 어부지리를 얻은 것이 된다. 이러한 혼란상황에서 지역세력을 규합하여 세력을 키워 다시 치우에게 도전한 것이다.

이러한 역사기록을 보면 우리의 선각자가 대륙에 진출하여 토착세력을 규합하여 큰 나라로 발전시켜 갔으며, 나중에는 본국인 배달국에 도전하는 지경에 이르게 되었다. 이에 치우가 양대 세력을 꺾어 천하를 평정하고 수도를 산동반도에 있는 청구(靑邱)로 옮겼다.

그러면 중원의 중요한 중심지인 청구(靑邱)와 공상(空桑)의 위치는 대륙에서 어디쯤일까? 중국 측 사료에서 그 해답을 찾을 수가 있다. 다음에 찾기로 하고 잠시 미루어두도록 하자.

지금도 탁록(涿鹿)이라는 지명이 엄연히 존재하고 있다. 그리고 『후한서』<군국지>에서는 탁록(涿鹿)현에 대하여 설명하기를 '『제왕세기』에서 말하기를 황제가 도읍한 곳이다(帝王世記曰 黃帝所都)'라고 하였다. 배달국에서 태행산맥을 경계로 산동은 치우, 산서는 헌원이 웅거하여 패권을 다투다가 결국 황제는 패하여 한웅이 되지 못하고 제후에 머물러야 했으며, 그의 후손들은 서남쪽으로 진출하여 지금의 임분시 지역을 중심으로 세력을 키우고 치우는 중원으로 진출하였다. 중국 측의 주장대로 황제 헌원이 치우천왕을 죽였다면 당연히 그가 천왕의 자리에 오르고, 북방지역의 광대한 영토와 중국대륙을 지배하는 역사가 우리의 『한단고기』에 기록되어 있어야 한다. 만약 그렇지 않으면 배달국이 멸망하여 그 이후의 동이의 역사가 대륙에서 흔적이 없어지고 황제의 역사가 있어야 하는데 황제가 다스린 나라 이름도 명확하게 전해지지 않는다.

지금까지 인용한 기록을 바탕으로 치우천왕이 중원을 정벌하여 유망과 황제를 굴복시킨 후의 정세를 추정하면 지도와 같다. 황제가 차지한 영역은 산서성 남부와 하남성 북부지역, 그리고 섬서성 동부지역 일부에 국한된다. 그렇다면 치우천왕의 근거지는 어디일까? 지도에서 보는 바와 같이 탁예(涿芮)지방을 서쪽이라고 하고 회대(淮岱)지방, 즉 회수(淮水)와 태산을 포함하는 황하이남의 중원을 남쪽이라고 할 수 있는 지역은 지금의 북경일대와 그 동쪽 지역이다. 바로 역사에서 말하는 요동(遼東)지방을 중심으로 하는 넓은 지역이다.

이러한 사실들에 대하여 사마천의 사기를 해설한『사기정의(史記正義)』에서는 '치우는 옛 천자이다(蚩尤古天子)'라고 하였으며, 『사기집해(史記集解)』에서는 '구려(九黎)의 임금을 치우라 불렀다(九黎君號蚩尤)' 하고 기록하고 있다.

(6) 단군왕검의 조선건국과 중원 재진출

위에서 우리는 중원 대륙의 역사가 우리 민족이 진출하여 시작되었다는 것을 알아보았다. 그것도 지금으로부터 5500여 년 전부터 시작되었다고 기록하고 있다. 이들 선각자 중에서 신농의 후손과 유망, 헌원 등이 토착세력을 교화하고 세력을 형성하여 다스리고 있었던 4700여 년 전에 치우천왕이 중원으로 진출하여 이들 세력을 모조리 정벌하고 아예 수도를 청구로 옮겼다. 그러나 세월이 지나 배달국이 쇠퇴하자 단군왕검이 조선을 건국하고 다시 중원으로 재진출하였다. 이에 대해서는 이미 알아본 대로이다.

단군왕검이 중원을 다시 확보할 당시에 요(堯)나 순(舜)임금이 다스리던 땅은 얼마나 컸을까? 지금의 남한면적보다 작았다. 맹자(孟子)의 <공손축장구(公孫丑章句)>에 '하(夏)나라 후에 은·주(殷周)나라의 전성기에도 땅이 천 리를 넘는 나라가 있지 않았다. 따라서 제(齊)나라가 소유한 땅은 닭 우는 소리, 개 우는 소리가 사방의 국경에서 들렸다(夏后殷周之盛 地未有過千里者也 而齊有其地矣 鷄鳴狗吠相聞而達乎四境)'고 적고 있다. 고대에 자칭 중국이라고 하는 나라는 서주(西周)시대가 끝나는 B.C. 771년까지도 나라의 크기가 사방 천 리, 즉 길이나 폭이 400km를 넘지 않았다는 것이다. 넓이가 16만 ㎢ 정도이니까 지금의 한반도의 73% 크기이며 남한의 배가 채 되지 못한다. 그리고 제후국은 이쪽 국경에서 개나 닭이 우는 소리가 저쪽 국경까지 들렸다는 것이다. 아마도 크기가 작다는 것을 강조하기 위해서 그러한 표현을 썼다고 본다.

그나마 이 조그마한 중국은 조선의 소유이거나 속국이었으

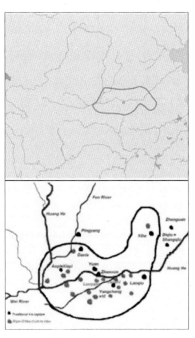

<하나라의 영역: 위치(위)와 세부 지역(아래)이 다르지만 개략적인 위치와 범위는 맞다.>

나 주(周)나라부터 독립하였다. 그리고 이를 제외한 중원대륙 전체가 조선의 영토였다. 앞의 지도는 구글에 있는 하(夏)나라의 개략적인 위치와 범위이다. 이 범위는 상(商)나라도 마찬가지이며, 주(周)나라는 이 범위에서 서쪽으로 서안과 기산(岐山)까지 확대된다.

그러나 중국의 역사는 이러한 사실을 기록하지 않고 있다. 하지만 실재하였던 사실을 없었던 것으로 완벽하게 조작하기는 사실상 불가능하다. 왜냐하면 역사는 인간이 살아가는 삶 자체이기 때문이다. 다음은 이러한 우리의 중원에서의 진실 된 역사를 알아보자.

3) 중국의 역사와 유물·유적이 말하는 한국 – 배달국의 역사

(1) 황제는 우리의 문화권에 있었던 사람이다

『사기』<오제본기>를 보자.

황제가 신농씨(神農氏)를 대신하여 나라를 다스리면서 '관직명에 모두 구름을 따라 명명하여 운사(雲師)라 하고 좌우에 대감(大監)을 두어 만국(萬國)을 감독하게 하였다(官名皆以雲命, 爲雲師. 置左右大監, 監于萬國)'는 구절이다. 운사(雲師)는 한웅(桓雄) 천왕 때부터 풍백(風伯)·우사(雨師)·운사(雲師)를 거느리고 행차를

<배달국 제후의 통치제계>

```
              왕 검      (비왕)
       ┌──────┬──────┬──────┐
     검(군)  검(군)  검(군)  검(군)
```

하는 기록이 <삼한관경본기>에 나와 있다. B.C. 3898년의 일이다. 황제는 배달국 14대 치우천왕(B.C. 2707~B.C. 2599)과 같은 시대이니까 자그마치 1천여 년 전이다. 『사기』에서는 관직명에 모두 구름의 이름을 땄다고 하면서 다른 이름은 없고 달랑 '운사(雲師)' 하나만 적고 있다. 모방한 냄새가 나지 않는가? 그리고 이어서 '좌우에 대감(大監)'을 두어 만국을 감독하게 하였다고 하는데, 이는 우리의 고대 관직에서 비왕(裨王), 즉 좌우에 보좌왕을 두던 제도를 말한다. 단군왕검도 웅씨(熊氏) 부족 왕검(王儉)을 보좌하는 비왕으로 있다가 왕검(王儉)이 전쟁에 나가 전사함에 따라 왕검(王儉)의 직위를 계승하였다. 이후 9한(九韓)을 통일하여 단군왕검이 되었다. 간략하게 직위를 나타내는 도표를 첨부한다. 그리고 조선에서도 단군의 좌우에는 비왕을 두었다.

그리고 대감(大監)은 비왕이 아니고 '왕검(王儉)'의 다른 표현이다. 즉, 왕검이 대감이며, 또한 대군(大君)이다. 중국 사람들은 자기의 역사에서 이 대감(大監)의 어원을 밝힐 수가 있을까? 꿈에서도 밝힐 수가 없다. 독자 여러분도 이제 알지 않는가? 대감이나 대군, 왕검은 모두 우리말이기 때문이다.

다음은 황제가 나라를 순시하는 내용이다.

'동쪽으로 바다에 이르러 환산(丸山)에 오르고 대종(岱宗)에 미쳤다. 서쪽으로 공동(空桐)에 이르러 계두산(鷄頭山)에 올랐다. 남쪽으로 강(장강)에 이르러 웅산(熊山)과 상산(湘山)에 올랐다. 북쪽으로 훈육(葷粥)을 내쫓고 부산(釜山)에서 부절(符節)을 확인해 탁록 아래에 도읍을 정했지만 옮기고 오가는 데 정해진 곳이 없이 군대의 병영을 지어 지켰다(東至于海 登丸山 及岱宗 西至于空桐 登雞頭 南至

于江 登熊湘 北逐葷粥 合符釜山 而邑于涿鹿之阿 遷徙往來無常處)'라
는 구절이 있다. 황제가 동쪽으로 바닷가에 가거나 남쪽으로 양자강
에 이르렀다는 것은 전적으로 거짓말이다. 탁록지방의 일개 제후이
기 때문이다. 위의 지도에서 보듯이 황제보다 450여 년 후에 있었던
하(夏)나라의 영토가 사방 400km 정도밖에 되지 않았다. 그리고 수
도를 탁록에 정했지만 말이 수도이지 가까운 휘하 장병을 이끌고 막
사생활을 하는 이리저리 떠돌이 신세를 면치 못하였다고 적고 있다.
또한 동서남북을 순행했다는 것은 일개 제후로서 배달국을 다녔다
는 것을 의미한다. 그 증거는 다음과 같다. '환산(丸山)'이 무엇인가?
바로 '한숀(桓숀)', 즉 한웅상(桓雄像)을 말하고 있다. 그리고 남쪽에
가서는 '웅산(熊山)과 상산(湘山)에 올랐다'고 하는데 무슨 말인지도
이해할 수가 없게 붓장난을 하고 있다. 바른 뜻은 우리의 사서나 중
국의 다른 사서에 말하는 '산상웅상(山像雄常)'의 웅상(雄常)이다. 흔
히 우리가 '단상(壇上)에 오른다'는 표현을 쓰듯이 신성한 종교시설
에 가는 것을 '오른다'는 표현을 쓸 수가 있다. 더욱이 '숀'을 산(山)
으로 기록하였으니까 당연히 '오른다'는 표현을 하였다. 그리고 북
쪽의 '부산(釜山)에서 부절(符節)을 확인하였다'고 하였다. 부산(釜山)
은 불함산(不咸山)의 다른 표현이다. '붉숀', 즉 '뿌리 숀'이다. '뿌리
암숀'에서 '암'을 빼고 줄여서 표현한 말이다. 그리고 '부절(符節)을
확인하였다'고 하는 것은 '제후로서의 권위를 부여받았다'는 뜻이다.
권위는 스스로가 확인하는 것이 아니고 위에 있는 사람이 부여하고
그 증거로 부절(符節)을 하사하는 것이다. 그렇다면 당시에 탁록(涿
鹿) 북쪽에서 황제에게 부절을 하사한 사람은 누구인가? 바로 배달
국의 치우(蚩尤)천왕이다. 그런데 치우천왕을 잡아 죽였다고? 이러한

깊은 의미를 사마천이 얼마나 알고 이러한 기록을 하였을까? 그리고 부산(釜山)은 불함산(不咸山)으로 보는 근거가 있다. 이와 관련되는 기록은 「상서<순(舜)>전」에도 있다. 순임금이 동남서북 방향으로 순행을 하였는데 마지막 순행기사이다. '11월에는 북악(北嶽)까지 순시하는데 북악은 항산(恒山)이다(十一月 巡狩至北嶽 北岳 恒山也)'라는 구절이 있다. 여기서 항산(恒山)도 역시 불함산(不咸山: bùxiánshān 부시앤산)이다. 황제가 오른 부산(釜山)과 순임금이 오른 항산(恒山)을 합치면 '부항산(釜恒山)'이 된다. 현재의 북경발음은 fǔhéngshān (푸항산)이다. 불함산(不咸山)을 쪼개어 황제는 불(부)산(不山), 즉 부산(釜山)에 오르고 순임금은 함산(咸山), 즉 항산(恒山)에 오르는 것으로 역사가들이 변조하여 그 뜻을 알 수가 없게 하였다. 이 책의 제목이기도 한 불함산이 무엇인지는 여러분도 알고 있지 않은가.

다음은 황제의 이름이다. 『사기』<삼대세표>에 '황제의 호는 유웅(有熊)이다(黃帝號有熊)'고 하였다. 우리의 사서에 황제의 선조는 웅족에서 갈라져 나온 소전(少典)이다. 따라서 웅(熊) 자가 들어간다. 그리고 우리는 앞에서 일찍이 독립해 나간 사람으로 공공(共工), 유소(有巢), 유묘(有苗), 유수(有燧)가 있다는 것을 알았다. 이들 중에 3명이 '유(有)' 자를 사용하고 있다. 아마도 훌륭한 사람의 이름 앞에 붙이는 용어 같다고 생각된다. 사실은 황제의 호가 아니고 이름이 유웅(有熊)이라고 보는 것이 맞다. 헌원(軒轅)은 그의 조상 공손(公孫)이 유배당한 헌구(軒丘)에서 따온 것이므로 이름이 아니라고 본다. 그리고 순(舜)임금은 성(姓)이 요(姚)이고 이름은 유우(有虞)라고 한다. 역시 '유(有)' 자 돌림이다.

그리고 한중 간에 쟁점이 되고 있는 황제(黃帝)와 치우(蚩尤)의 패

권전쟁 기사이다. 원문은 '여치우 전어탁록지야 수금살치우(與蚩尤 戰
於涿鹿之野, 遂禽殺蚩尤)'이다. 이를 중국에서는 '탁록(涿鹿)의 들에서
치우와 싸워 마침내 치우를 잡아 죽였다'고 버젓이 번역해놓고 있다.
또한 어떤 이는 번역하기를 '금(禽)이 치우를 잡아 죽였다'라고 번역
하고 있다. 필자가 생각하기에는 치우를 죽인 것이 아니고 '금(禽)',
즉 금(儉: 監), 즉 '신(神)이 죽였다'고 말한 것이라고 본다. 죽이지
못하였으니까 붓장난으로 죽인 것이다. 치우는 결코 죽지 않았다.

(2) 황제가 죽어서 신선이 되어 숭배되고 순임금은 신앙 시설인 '순'에 안장하였다

황제가 죽어서 어떻게 되었는지는 『고본죽서기년/오제기』에 나온
다. '황제(黃帝)는 죽어서 신선이 되었으며 신하 좌철(左徹)이 나무를
깎아서 황제의 상을 만들고 제후들이 앞장서서 제사를 지내고 받들
었다(黃帝仙去 其臣有左徹者 削木作黃帝之像 帥諸侯奉之).'

죽어서 신선이 된 것은 별로 주목을 받을 것이 못 된다. 그런데
나무로 조각상을 만들어 제후들이 받드는 경배의 대상이 되었다는
것은 바로 우리의 전통신앙의 방식을 따랐다는 것이다. 불함산(不咸
山)에 가서 배운 대로 실천하였던 것이다.

그리고 순임금의 사후에 관해서는 『산해경1070』에 나온다.

'순(舜)임금을 창오지산(蒼梧之山)의 양지에 장사 지냈다(蒼梧之山,
帝舜葬於陽).'

그런데 곽박(郭璞)이 주석을 달기를 '창오지산은 바로 구의산(九
疑山)이며 『예기(禮記)』에서는 단궁상(檀弓上)이라 한다[郭璞云 即 九

355

疑山也 禮記(檀弓上)……] 그리고 창오지산은 장사(長沙) 영릉(零陵)의 경계에 있다.'

<중국어 발음 비교>

한자	한국어	중국어
九疑山	구의산	jiǔyíshān(쥬이샨)
九夷山	구이산	jiǔyíshān(쥬이샨)
九黎山	구려산	jiǔlíshān(쥬리샨)
檀弓上	단궁상	tángōngshàng(단공샹)
檀君像	단군상	tánjūnxiàng(단쥰시양)

위의 문장을 보면 사실을 많이 왜곡시켜 놓았다는 것을 알 수가 있다. 창오지산(蒼梧之山)이 무엇인가? 바로 우리의 신앙시설인 '창오순'을 말하고 있다. 그리고 이 신앙시설은 '구이(九夷)순'이라고 하고 있으며, 또한 단군상(檀君像)도 모셔져 있다는 것을 말하고 있다. 즉, 발음이 같거나 비슷한 한자로 대체하여 무슨 말인지 알 수가 없도록 호도하고 있다. 구의산(九疑山)은 구이순(九夷순)이나 구려순(九黎순)이며, 단궁상(檀弓上)은 단군상(檀君像)을 말한다. 그리고 아마도 창오순에는 순(舜)임금의 상(像)도 안치하였을 것으로 보인다. 『산해경』에서는 창오순을 장사(長沙) 영릉(零陵)의 경계에 있다고 하였지만 필자의 견해로는 지금의 산서성 서남부에 있는 운성시(運城市) 염호구(鹽湖區) 용거진(龍居鎭)에 있었던 신앙시설로 추정된다. 수도로 추정하고 있는 포판(浦版)이 바로 이 일대이다. 왜냐하면 맹자가 '순(舜)임금이 명조(鳴條)에서 돌아가셨다'고 하였다. 이 지역이 바로 명조(鳴條)이다. 임금을 수도에서 멀리 떨어진 곳에 장사 지낸다는 것은 있을 수가 없는 일이다. 더군다나 당시의 나라가 사방 천 리(400km)가 넘지 않는다고 하였으므로 호남성의 장사(長沙)는 나라의 영역 밖이며, 수도로 추정하고 있는 포판(浦版), 지금의 산서성 남서쪽 영제시(永濟市)에서 800km나 떨어져 있다.

5제 중의 한 사람인 요(堯)임금의 묘지가 있는 곳은 양성현(陽城縣), 동아현(東阿縣), 제양현(梠陽縣) 등 여러 곳으로 말하고 있어서 분명하지는 않으나 산동성 서쪽 경계에 있는 하택시(荷澤市)로 추정된다. 수도인 평양(平陽), 즉 지금의 산서성 임분시(臨汾市)에서 380km나 떨어진 변경에서 객사를 한 것이다. 그는 말년을 치욕스럽게 살다가 비명에 죽은 사람이다. 역시 『고본죽서기년』<오제기>에 나오는 기사이다.

　'옛날에 요(堯)임금이 덕이 쇠하여 순(舜)임금이 잡아 가두었다(昔堯德衰 為舜所囚也).'

　'순(舜)임금이 요(堯)임금을 평양에 잡아 가두고 제위를 빼앗았다(舜囚堯於平陽 取之帝位).'

　'순(舜)임금이 요(堯)임금을 평양에서 풀어주었다(舜放堯於平陽).'

　'순(舜)임금이 요(堯)임금을 잡아 가두고 (그의 아들) 단주(丹朱)를 다시 변방으로 보내고는 아버지를 보지 못하게 하였다(舜囚堯 復偃塞丹朱 使不與父相見也).'

　'후직(后稷)이 요(堯)임금의 아들 단주(丹朱)를 단수(丹水)에서 방면하였다(后稷放帝子丹朱於丹水).'

　후직(后稷)은 순(舜)임금 때의 아홉 명의 대신을 뜻하는 직책 중의 하나이다. 사공(司空), 후직(后稷), 사도(司徒), 사(士), 공공(共工), 우(虞), 질종(秩宗), 전악(典樂), 납언(納言)이다. 그리고 '단주(丹朱)를 단수(丹水)에서 방면하였다'고 하는데 '단수(丹水)'는 지명이 아니고 우리의 또 다른 신앙시설인 '수'를 말하며 우리의 사서에서 단군이 내려온 단수(檀樹)이다. 성지에 유폐시켰던 것이다.

　그렇다면 우리의 사서는 이에 관한 기록이 없을까?

　<태백일사/삼한관경본기/번한세가>에 나오는 기사이다.

'단군왕검은 당(唐)나라의 요(堯)임금과 나란히 군림했다. 요임금의 덕이 날로 쇠퇴하자 서로 땅을 다투는 일이 끊이지 않았다. 천왕은 마침내 순(舜)에게 명하여 땅을 나누어 다스리도록 병력을 파견하여 주둔시키더니 함께 요임금의 당나라를 치도록 약속하니 요임금이 마침내 힘이 달려 순임금에 의지해 생명을 보전하고 나라를 양보하였다(檀君王儉 與唐堯並世 堯德益衰來 與爭地不休 天王乃命虞舜分土 以治 遣兵以屯 約以共伐唐堯 堯乃力屈 依舜而保命以國讓).'

위의 한중의 역사기록을 보면 무능하고 덕이 없는 요(堯)임금을 강제로 물러나게 하였다. 그 주역은 어디까지나 단군왕검이고 순(舜)임금은 하수인에 불과하다.

그런데 공자(孔子)는 요순(堯舜)시대가 태평성대였으며, 천하의 어진 사람을 골라 제위를 물려주는 아름다운 본보기를 보였다고 사기를 치고 있다. 아마도 춘추시대의 난세에 도덕이 땅에 떨어지고 나라 간에도 약육강식이 계속되는 세태에 하나의 이상적인 세계를 보여주려고 역사날조를 한 것으로 보인다.

(3) 『산해경(山海經)』은 조선(朝鮮)제국의 신앙시설 안내서이다

『산해경』은 진나라(秦, B.C. 221~B.C. 206)시대에 저술되었다고 추정되는 대표적인 신화집이자 지리서이다. 이 책에서 말하는 해(海)는 바다를 뜻하는 것이 아니고 물이나 강(江), 하천(河川)을 뜻한다. 하(夏)나라를 연 우(禹)임금의 협력자 백익(伯益)의 저서라고도 하나 추측일 뿐이고, 戰國(전국)시대(B.C. 453~B.C. 221)부터 한대(漢, B.C.

206~220)에 걸쳐서 학자들이 한 가지씩 첨가한 것인데, <남산경(南山經)>에서 시작하여 <해내경(海內經)>으로 끝나는 총 18권으로 이루어져 있다고 한다. 그리고 다른 견해로는 원래는 B.C. 3~4세기경에 무당(巫堂)들에 의해 쓰였다고 한다.

사마천(史馬遷: B.C. 145?~B.C. 86?)의 『사기』에서 맨 처음으로 '산해경'이라는 이름이 나온다. 유향(劉向)의 아들 유흠(劉歆: ?~23)이 이전부터 내려오던 내용에 새로운 사실을 덧붙여 편찬했으며, 진(晋)나라의 곽박(郭璞: 276~324)이 기존의 자료를 모아 편찬하여 주(註)를 달았다. 따라서 재편과정에서 오류도 생기고 필요에 따라서는 수정이나 날조도 하고 사람들이 이해하기 쉽게 주석도 달고, 지금의 지리를 기준으로 말하면서 옛날의 사건을 옮길 수도 있다.

본래 『산해경』은 인문지리지로 분류되었으나, 현대 신화학의 발전과 함께 신화집의 하나로 인식되고 연구되기도 한다. 『초사』의 <천문>과 함께 중국 신화를 기록한 귀한 고전이다.

『산해경』의 구성은 산경(山經)과 해외(海外), 해내(海內), 대황(大荒), 다시 한 번 더 해내(海內)를 추가하여 크게 5부분으로 되어 있으며, 지리서인 만큼 형식은 산(山)과 수(水: 하천), 국명과 지명, 인명, 택(澤: 늪지대), 해(海: 바다), 기타로 되어 있으며 총 1,425항목이 있다. 아마도 서화인들이 자기들 스스로가 전통적으로 거주하는 지역을 산경(남·서·북·동·중산경)이라고 하여 974개를 기술하고 있는데 나라 이름은 하나도 없으니까 지금의 말로 표현하자면 자기 나라, 즉 국내(國內)를 의미한다. 그리고 마지막에 다시 해내경(海內經)이라 하여 48항목을 두고 있다. 그러니까 형식상으로는 2/3가 국내이고 1/3은 해외의 지리를 이야기하고 있다.

그러면 지금부터 이 『산해경』을 서화인들이 말하고 생각하는 사실과는 전혀 다른 시각을 가지고 한 번 해부를 해보자.

<산해경 지역 분류>

대분류	소분류	항목	비고
산(山)	남산경・서산경・북산경・동산경・중산경	974	국내
해외	남경・서경・북경・동경	86	해외
해내	남경・서경・북경・동경	128	
대황	동경・남경・서경・북경	189	
해내		48	
계		1425	

첫째, 구성형식과 분류한 지역의 이름이다. 어느 시대를 막론하고 지리서라면 국내가 있고 국외, 즉 다른 나라로 구분하기 마련인데『산해경』은 국내라고 짐작되는 산경(山經: 남산경・서산경・북산경・동산경・중산경)은 이해가 가지만 국외(國外)를 왜 '해(海)' 자가 붙는 해외(海外), 해내(海內) 그리고 대황(大荒)으로 분류를 하였을까? 지금의 중원대륙에는 바다가 없다. 그런데도 이러한 구분을 한 것은 3~5천 년 전의 당시의 중원의 지형을 바탕으로 구분을 하였기 때문으로 보인다. 지구상의 마지막 빙하가 1만여 년 전에 물러나면서 해수면이 상승하여 지금보다 3~5m 정도 더 높아졌다가 현재의 기준으로 2,000여 년 전이 되어서야 지금의 수위로 낮아지고 현재까지 안정된 상태를 유지하고 있다고 한다. 따라서 양자강 이북의 황하 유역인 중원은 산동반도가 섬이었으며 서쪽은 상류인 개봉이나 낙양지역까지, 북쪽은 북경 일대까지 그리고 남쪽으로는 양자강 남쪽의 산악지대까지 말 그대로 끝없이 펼쳐진 늪지대인 대택(大澤)이었다. 그러다가 세월이 지나면서 해수면이 낮아지고 황하가 실어 나르는 토사가 싸여 점점 뭍으로 변하고 황하의 물길을 다스려 지금과 같은 평야지대가

된 것이다. 지금도 황하는 주위의 평야보다도 강바닥이 높은 천정천(天井川)이다. 강바닥이 제일로 높은 지역은 주위의 평야보다 7m나 더 높다고 한다. 둑이 없으면 지금도 여름의 우기에는 중원의 넓은 지역이 다시 대택(大澤)으로 돌아갈 수가 있다. 따라서 『산해경』을 처음 쓴 사람들이 서쪽에 살 때에는 산동반도는 대택(大澤) 너머에 있는 해외인 것이다. 중국에서는 옛날에는 큰 호수도 바다라고 하였다. 예를 들면, 지금 서부 고원지대에 있는 청해성(靑海省)은 거기에 있는 청해호(靑海湖)의 이름을 따서 붙여진 이름이다. 바다이니까 청해(靑海)라고 하다가 나중에 호수라는 개념이 생겨서 청해호가 된 것이다.

그런데 다시 왜 해내(海內)라는 말을 쓸까? 여기서의 바다(海: 해)는 진짜로 산동반도 동쪽에 있는 지금의 황해(黃海)를 말한다. 이러한 이유로 산동반도를 두고 서쪽에 있는 서화인들의 입장에서 진짜 바다인 동해(황해)를 기준으로 하면 해내경(海內經)이 되고 내륙의 호수나 늪지를 기준으로 하면 해외경(海外經)이 된다. 그리고 '대황(大荒)'은 황하 이북의 대륙 전체를 말하며 바로 조선의 본국을 의미하는 것으로 짐작된다.

둘째, 크게 5가지로 분류한 것은 합리적인 분류인가? 이러한 지역별 분류는 기본적인 개념에 지나지 않는다. 사실은 산경(山經)은 중원의 서부, 해내경(海內經)이나 해외경(海外經)은 산동지역이며 그 북쪽은 대황(大荒)이다. 그러나 이렇게 보아도 어디까지나 개략적인 분류이고 하나의 산(山)이나 국명(國名) 등이 여러 곳에 중첩되어 나온다. 특히 나중에 추가한 해내경(海內經) 48개 항목은 많이 가공한 것들이다. 그리고 지리서인데 지리서로서의 가치가 있는 지명이나 국명이 나오는 부분은 대부분 국외인 해내, 해외, 대황에 있다. 대표적인 오류로 보이는 이러한 사례를 표로 정리하였다.

셋째, 언제 어디서 쓰였을까? 앞에서 설명한 바와 같이 중국 측에서 말하고 있는 것은 모두 맞지 않는 말이다. 필자의 견해로는 주(周)나라가 건국되고 수도를 낙양으로 옮겨가기 전까지의 서주(西周: B.C. 1046~B.C. 771)시대에 씌었다고 본다. 그 이유는 첫째,『산해경』의 핵심이자 중심이 되는 산경(山經) 중에서도 중심인 중산경(中山經)의 기준점이 '박산(薄山: 611번)'이며, 박산의 위치를 추적해보면 지금의 서안(西安) 일대이다. 바로 서주(西周)의 수도 호경(鎬京)이다. 박산(薄山)이 어디에 있는지를 설명하는 말이 없다. 그러나 우리가 이미 알고 있는 상(商)나라의 마지막 수도였던 조가(朝歌)에서 거꾸로 역산하여 박산(薄山)의 위치를 찾았다. 조가(朝歌)는 지금의 하남성 학벽시 기현 조가진(河南省 鶴壁 淇县 朝歌镇)이다. 박산(薄山: 691)을 기준으로 하여 동북쪽 500리에 조곡산이 있고, 또 북쪽으로 10리에 초산이 있으며, 또 동쪽 500리에 성후산이 있고 또 동쪽 500리에 조가산이 있다고 하였다(東北五百里 曰條谷之山─又北十里 曰超山─又東五百里 曰成侯之山─又東五百里 曰朝歌之山). 이를 조가(朝歌)에서부터 역으로 계산하면 박산(薄山)까지는 서쪽으로 541km를 가서 다시 남쪽으로 146km를 가면 된다. 여기에 해당하는 지역은 섬서성(陝西省)에 있는 서안시(西安市)에서 서쪽으로 25km 거리에 있는 함양(咸陽) 부근이다. 이 지역에 주(周)나라의 수도 호경(鎬京)이 있었으며 이 일대가 800여 년 동안 수도였던 곳이다. 여기에 살던 사람이 여기를 중심점으로 체계를 잡아『산해경』을 편집하였다는 것을 알 수가 있다. 따라서 중국 측에서 말하는 것과 같이 '『산해경』을 전국(戰國)시대부터 한(漢)나라시대에 걸쳐서 학자들이 한

<산해경의 대표적인 지리적 배치상의 오류>

구분	지명 (국명)	기사가 등장하는 지역		
		첫째	둘째	셋째
중복	청구	13 남산경	1051 해외북경	1208 대황동경
	회계산	34 남산경	1157 해외동경	
	공상산	470 북산경	548 동산경	
	태산	542 동산경	608 동산경	
	백민국	1016 해외서경	1207 대황동경	
	조선	1135 해내북경	1378 해내경	
위치	흉노	1080 해외남경: 동남쪽의 궁벽한 지역 서부		

가지씩 첨가한 것'이라는 것은 추측일 뿐이고 한 사람이 체계를 잡아 쓴 것을 후대의 사람들이 일부 추가하거나 주석을 달고 하였을 뿐이다.

두 번째로『산해경』이 쓰인 시기를 짐작할 수가 있는 근거는 한자가 한참 만들어지던 시기인 B.C. 1200여 년경이라고 여겨진다. 우리는 한자가 점을 치는 갑골문에서 시작하여 세월이 지나면서 점점 글자다운 글자로 발달하였다는 것은 이미 알고 있다. 갑골문에는 한자의 초기 형태에도 도달하지 못한 수준의 것으로서 문(文)의 상태에 머물러 있다. 필자가 굳이 '문(文)'이라고 말하는 것은 우리말의 문(무늬)을 말하고자 함이다. 한자로는 어떠한 '모양 수준'이라는 뜻이다. 한자는 주(周)나라를 거치면서 어느 정도 체계를 잡아서 진(秦)나라와 한(漢)나라에서 완성된 글이다. 따라서 지금은 한자(漢字)라고 한다.

<중산경 612 감조지산(甘棗之山)>에서 '수(獸)가 있는데 모양이 머리에 무늬가 있는 쥐와 같으며 이름을 곰이라 한다(有獸焉 其狀如 鼠而文題 其名曰 能)'고 하는 내용이 있다. 여기서도 지금 우리가 흔

히 사용하고 있지 않는 뜻과 잘 모르는 말인 文(문), 題(제), 能(능) 등
의 글자를 사용하고 있다. 특히 '能(능)' 자는 중국 사람들이 xióng(시
옹)으로도 발음한다는 것이다. 바로 곰(熊: xióng)을 의미하며 발음도
같다. '能(능)' 자가 곰을 뜻하는 초기의 한자인 것이다. 나중에 곰을
따로 나타내기 위하여 熊(웅)이란 글자를 만들었던 것이다. 곰을 能
(능)으로 표기할 당시에 『산해경』이 쓰인 것으로 보인다. 아마도 그
시기는 주나라 초기가 아닐까 한다.

<한자의 제작원리와 뜻>

글자	제작 원리	대표적인 뜻
文 (문: wén)	사람 몸에 ×모양이나 心(심) 자 꼴의 文身(문신)을 한 모양. 나중에 무늬→글자→학문→문화 따위의 뜻에 쓰임.	① 무늬·얼룩·반점·결· 나뭇결 ② 글·글자·문장 ③ 학문
題 (제: tí)	頁(혈)은 사람의 얼굴이나 머리에 관계가 있음. 題(제)는 사람 얼굴의 제일 앞에 나와 있는 부분→이마, 또 책의 표지나 비문의 위쪽 따위, 물건의 위나 앞에서 그것임을 알리는 것	① 이마 ② 머리말 ③ 제목 ④ 물음
能 (능: néng ·xióng)	곰(문자의 왼쪽 부분)과 짐승의 발바닥(문자의 오른쪽 부분)의 모습을 뜻하는 글자로 곰의 재능이 다양하다는 데서 '능하다'를 뜻함.	① 능하다 ② 재능이 있다 ③ 에너지(Energy) ④ 곰 ⑤ 견뎌내다.

넷째, 한 시대의 상황을 담은 지리서(?)가 아니고 5천 년 전부터 2
천여 년 전까지의 기간에 걸쳐 있었던 사실들을 망라하고 있다. 앞
에서 이미 언급하였듯이 조선(朝鮮)을 서화인들이 동호(東胡)라고 불
렀다. '동호(東胡)'는 주를 달아 설명하기를 '나중에 모용씨(慕容氏:
A.D. 4세기)가 차지했다'고 설명하고 있다. 또한 맥국(貊國)에서는
주석을 달면서 '지금의 부여국(扶餘國: B.C. 239∼A.D. 59)이다'라고
하고 있다. 저자인 진(晋)나라(265∼420)의 곽박(郭璞)이 기존의 자

료를 모아 편찬하면서 자기는 물론 앞서의 여러 사람과 다른 역사서에 있는 것들을 추가하였으며, 다른 사료를 인용하고 주(註)를 달았다. 결국『산해경』은 한 시대의 지리서가 아니고 수천 년을 두고 계속 추가하여 쌓인 시대의 파노라마를 반영하고 있다.

다섯째, 누가 무엇에 대하여 썼을까? 지금의 우리말을 하는 우리의 선조가 기록하였다고 본다. 서화인들이 말하는 동이족(東夷族)이며 조선인(朝鮮人)이다. 대륙에서 수천 년간 주인노릇을 하다가 이제는 서화족의 주(周)나라가 되었지만 여전히 문화인이며 지배계층으로 살아갔던 것이다. 이렇게 단언하는 근거는『산해경』이 담고 있는 신앙의 본질을 너무나 잘 알고 있기 때문이다. 그리고 그는 지금으로 말하자면 종교인이다. 결코 지리학자가 아니다. 그 이유를 하나하나 알아보자.

우선 지리학자가 쓰고 지리서라면 지명이 중심이 되고 산이나 하천은 그 다음이 되어야 한다. 그러나『산해경』은 당초에 쓰인 국내는 모두가 산(山)과 수(水)이다. 대부분이 산(山)을 설명하는 지리서가 동서고금에 어디에 있다는 말을 들어본 적이 없다. 수천 년 전에 지금처럼 전문 산악인들을 위한 등산안내서라고밖에는 달리 말할 수가 없다. 그런데도 서화인들은 이것이 지리서인 줄을 알고 후대에 잡다한 지리적인 내용을 가미하여 지리서처럼 변해갔다. 인문지리서가 아니다. 결코 아니다. 그러면 무엇인가? 우리의 신앙시설을 말하고 있다. '산'은 남성 신이고 '해(海)'는 여성 신을 의미한다. 처음에 설명할 때에 '다른 견해로는 원래는 B.C. 3~4세기경에 무당(巫堂)들에 의해 쓰였다고 한다'고 한 말에 일리가 있다. 만약에 이때에 쓰였다면 우리의 고대 전통신앙이 그때까지 중원 전체에 왕성하게 신봉되고 있었다는 말이다. 우리로서는 아주 바람직한 일이지만 그 당시에 쓰이지 않았다. 시기는 맞지 않지만 분명히 무당이 쓴 것은 맞다. 그냥 서화인들의 무당이 아니고 우리의 전통신앙인 '숟과 수(雄)' 신앙의 성직자(聖職者)가 당시 전 세계라고 할 수가 있는 조선제국의 영토에 있는 신앙시설의 소재지를 몇 개의 중요한 신앙시설을 중심점으로 정하고 여기서 동·서·남·북과 동북·동남·서북·서남의 8방향으로 몇 리를 가면 '○○산(山)이나 ○○수(水)'가 있다는 방식으로 기술하였다. 쉽게 말하자면 신앙시설지도이다. 그리고 '대황(大荒)'이라는 이상한 말도 없었고, 국명이나 인명도 없는 순전히 산(山)과 수(水)만을 기록하였다고 본다. 정확하게 기록하고 말로서도 전해주었겠지만 그 후손들이 계속하여 대륙에 남아서 살면서 현지에서 토속민족과 서화인들과 어울려서 동화되어 우리의 고대신앙을 잊어버려 중원대륙에서 자취를 감춘 후에는 무엇인지 그 내용을 모르니까 후세 사람들은 『산해경』이 무엇인지를 모르고 단지 지리서로만 이해하였다. 그러면서 세월이 지나면서 서화인의 지배 영역이 중원대륙 전체로 넓어지니까 지명이나 국가를 추가하고 진짜로 산(山)과 하천(水)도 넣어 지리서로서의 성격이 짙어져 갔다. 나중에 추가한 진짜 산은 우리가 익히 알고 있는 태산(太山), 회계산(會稽山) 그리고 태행산(太行山) 등이 이에 속한다. 이에 더하여 자기들의 조상이라고 여기는 신농과 황제는 물론 그들 후손들의 탄생과 행적을 창작하고 신화로 꾸미기 위하여 많은 부분을 만들어 끼워 넣었다. 이러한 과정을 거쳐 수많은 군더더기와 짜깁기를 한 『산해경』을 지금 우리가 보고 있는 것이다.

그러면 이러한 오류투성이의 지리서 아닌 지리서가 우리에게 무슨 의미가 있을까? 전화위복이라고나 해야 할지 모르지만 이러한 이상한 과정을 거쳐서 탄생한 역사적인 배경이 『산해경』의 가치를 높였다. 인문지리서로서의 가치와 우리 고유의 신앙세계를 알 수 있는 사료로서의 가치가 그것이다. 그러나 중국 측에서 신화집으로서의 가치가 있다는 것은 말 그대로 가공한 신화에 지나지 않는다. 그러면 우리의 신앙세계에 대한 가치는 다음에 다루기로 하고 여기서는 그 이외의 인문지리서의 가치에 초점을 맞추어서 한 번 알아보자.

① 『산해경』의 지역적 범위가 동북아 전체를 아우르고 있지만 여기에 중국적 요소는 없다. 중국적 요소라는 말을 쓰는 것은 서화인의 원류인 주(周)나라를 세운 주족(周族)의 흔적을 말한다. 주(周)나라 초기에 쓰였지만 조선제국에 대해서만 기록하고 있다. 그들이 말하는 동이족(東夷族)의 역사를 말하고 있다. 지금은 중화인(中和人)들이 된 그들이 알면 놀라서 기절초풍할 일이다. 조선(朝鮮), 즉 동이족의 것을 서화족(西華族)이 자기 것으로 알고 계속 보완하고 유지해왔다는 것이다. 사실은 원래 동이족이었는데 정신이 서화족이 된 사람들이다. 이것이 『산해경』의 핵심이자 진면목이다. 자기들의 조상이라고 하는 소전(少典)이나 신농(神農), 황제헌원(黃帝軒轅) 등의 전설상의 인물을 확대 재생산하고 변조하고 가공해놓았지만 그들은 모두 동이족이며 태생지나 활동지가 국외이다. 바로 조선의 본국인 대황(大荒)이고 조선의 식민지인 구려(九黎)이다. 구려는 산동지방을 중심으로 하는 중원이며 『산해경』에서는 해내·해외라고 하는 지역이다. 구려(九黎)는 그들이 애써 감추려는 지명이며 그 대신에 쓰는 말이 동이(東夷)나 구이(九夷)이다. 『산해경』에 구려(九黎)라는 단어는 나오지 않는다. 그러나 아무리 변조하고 가필하고 지역을

바꾸어도 신화의 내용이 갖는 본질적인 의미는 크게 변하지 않는 것으로 보인다. 따라서 『산해경』은 우리에게 있어서 그 가치를 가늠할 수 없을 정도로 엄청난 우리의 보물이다.

② 중화인들이 그들의 조상이라고 하는 사람들의 기록은 모두 우리 동이족이다. 첫째, 동산경(東山經)에 고씨지산(高氏之山: 532번)이 있다. 그것이 순수한 산(山)이면 고씨산(高氏山)이라고 하면 될 것을 굳이 고씨지산(高氏之山)이라고 하였다. 산(山)이 아닌 것이다. 왜 고씨(高氏)를 숭배하는 산이 중원에 있을까? 단군왕검께서 '고시(高矢)에게 씨를 뿌리고 농사짓는 일을 주관하게 하였다(高矢主種稼)'는 기록과 연관이 있는 것으로 보인다. '氏(씨)' 자는 우리말이며, 옛날에는 경음으로 발음하지 않았으므로 '矢(시)나 氏(씨)'가 같은 말이다. 몇십 년 전까지도 시골에서 집 밖에 나가서 음식을 먹을 때에는 고시례(高矢禮)를 하였다. 음식을 먹기 전에 조금 들어서 사방으로 던지며 큰 소리로 '고시례!' 하여 농사를 가르친 고시(高矢)에게 감사를 표시하고 먹었다. 그 '고시산'이 여기 중원에 있는 것이다. 두 번째는 <해내서경>에서 동호(東胡: 1093)라는 나라가 대택(大澤) 동쪽에 있는데 옛날에 고신씨가 해빈에서 놀았다(昔高辛氏 遊於海濱. 후에 모용씨가 차지했다(其後爲慕容氏)고 하였다. 우리 역사에서 고신(高辛)은 두 번이나 언급되는데 한 곳에서는 치우천왕과 싸우는 사람으로 나오고, 다른 곳에서는 진(晉)나라의 『천문지(天文誌)』를 인용하면서 창힐(蒼詰)은 고신(高辛)과 더불어 다 같이 치우씨의 후예이다(蒼詰與高辛 亦皆蚩尤氏之苗裔)라고 하였으니까 고신(高辛)을 모시는 '산'인지도 모른다. 어떻든 동이의 성인을 모시는 사당이다.

다음은 지금 중국에서 자기들의 조상이라고 알고 있는 소전이나 신농, 황제 헌원의 혈통에 대하여 많이 언급하고 있는데 우리의 사서에서는 고시(高矢)의 방계에 소전(少典)이 있고 그의 아들이 신농(神農)이며 소전의 방계에 황제헌원이 있다고 하였다. 그리고 유망(榆罔)과 소호금천(少昊金天), 공손헌원(公孫軒轅), 제곡고신(帝嚳高辛)이 치우천왕과 동시대의 사람들로 나온다. 그러나 『산해경』에서는 제준(帝俊: 少典)의 아들이 제홍(帝鴻: 황제헌원)으로 되어 있다(대황동경 1207 백민국). 이는 사마천의 『사기』와도 일치한다. 또한 제곡고신은 황제의 증손자이며, 요(堯)임금의 아버지로 되어 있다. 그리고 황제(헌원)가 서능(西陵)의 딸인 뇌조(雷祖)와 결혼하여 청양·창의(青陽及昌意)를 낳았다(해내경1386 조운국朝雲國). 그리고 신농이 창의의 5대 후손인 축융(祝融)과 결혼하여 공공(共工)—후토·술기(後土·術器)를 낳고, 후토는 열명(噎鳴)을 낳았다. 또한 그는 청발

<『산해경』의 소전·황제·신농 가계도 일부>

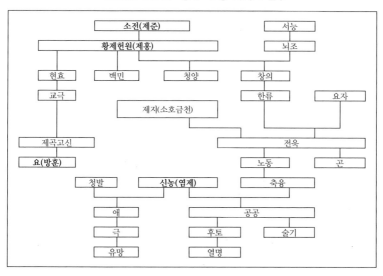

(聽訦)과도 결혼하여─애(哀)─극(克)─유망(楡罔)을 낳았다고 한다 (海內經 1424 祝融축융). 그리고 다른 데에서는 황제가 현효(玄囂)를 낳고─교극(蟜極)─제곡(帝嚳: 高辛)─요(堯: 放勳)로 이어졌다고 한다. 그러나 다른 한편으로는 제지(帝摯: 少昊金天)가 전욱(顓頊)을 낳았다(大荒東經 1189 甘山)고도 하는 모순이 있다. 소전인 제준(帝俊)은 12명의 처를 두었고, 신농은 2명의 처를 두었는데 그중의 한 명인 축융(祝融)은 황제의 6대손이다. 황제는 7회 결혼하여 여러 갈래의 후손을 퍼뜨렸다. 이는 우리의 역사기록과도 틀리며, 『사기』와도 판이하게 다르다. 한마디로 뒤죽박죽으로 나열하고 있다. 여러 사람이 각각 가공하고 지어낸 이야기들의 집합이다. 예를 들면, <대황북경(大荒北經) 1358 계곤산(係昆山)>에서는 황제(黃帝)와 신농(神農)이 싸워서 신농이 패하자 치우(蚩尤)가 기병하여 황제를 정벌하여 신농을 구했는데, 그 이유는 치우(蚩尤)는 신농(神農)의 신하이기 때문이라고 하였다. 그리고 치우(蚩尤)와 황제(黃帝)가 익주의 들판(冀州之野)에서 싸워 결국 치우를 죽였다고 하였다. 표에서 보는 가계도에서는 신농(神農)이 황제(黃帝)보다 5세대 후의 사람이다.

<『산해경』에서 전설의 인물이 등장하는 항목>

구분	소전 (제준)	신농 (염제)	황제헌원 (제홍)	요(堯)	순(舜)	계
자기 영역		1	3		2	6
외부 영역	16	2	13	10	15	56
계	16	3	16	10	17	62

이런 모순들은 제쳐두고 신화상의 인물들이 어디에 많이 나오는

지를 보면 거의가 외부영역에서 사건들이 일어났음을 알 수가 있다. 5명의 주요 인사가 나오는 사건기록의 항목을 대충 헤아려 보면 모두 62건인데 그중에서 자기영역에서는 단지 6건밖에 안 되고 나머지 56건이 외부세계에서 일어났다. 모두가 조선의 영토 안에서 일어난 것이다. 결론적으로 주(周)나라 초기에는 그 영역이 중원의 늪지대인 대택(大澤)을 기준으로 하더라도 서부지역에 한정되어 있었다는 결론을 얻을 수가 있다. 동쪽으로는 바로 지금의 안양에 있었던 상(商)나라부터 서쪽은 관중평야 일대인 것이다. 황제나 신농을 비롯한 선인들의 출생지와 행적과 후손들의 사건이 모두 외부에서 일어나고 있다. 모두가 동이족, 굳이 그들의 말을 빌린다면 구이(九夷)지역이나 북쪽의 대황(大荒)이라는 지역이다.

대표적인 예가 <大荒東經(대황동경) 1207 白民國(백민국)>에서 소전(少典: 帝俊)이 황제 헌원(黃帝軒轅: 帝鴻)을 낳고 황제 헌원은 백민(白民)을 낳았다고 하고 있다. 우리의 사서에서는 조선(朝鮮)의 백민성(白民城)으로 나온다.

③ 중원이 바로 조선의 영역이며, 우리의 선조가 대륙을 경영한 증거가 나온다.

우리의 역사서인 『한단고기』에서는 배달국 14세 자오지(慈烏支: 치우蚩尤: B.C. 2707~B.C. 2972) 한웅 시기에 천왕은 유망(楡罔)이 도읍했던 공상(空桑)을 점령하고 크게 새로운 정치를 폈으며, 청구국(靑邱國)으로 도읍을 옮겼다고 하였다. 그러면 공상(空桑)과 청구국의 위치는 대륙에서 어디쯤일까?

『산해경』을 보자.

『산해경』<해외북경 1050 天吳>에서 '산동을 조양이라 한다(山

東 曰朝陽)'고 하였고, <해외북경 1051 청구국>에서는 곽박이 주
석을 달기를 청구국의 위치는 '일설에 조양 북쪽에 있다(一曰 在朝
陽北)'고 하였다. 그리고 <동산경 548 공상산(空桑山)>에서 '공상
지산(空桑之山)이다. 순임금 시절 공공(共工)이 홍수를 다스린 곳이
다(振滔洪水). 공상(空桑)은 지명이며 노나라에 있다(在魯也)'고 하였
다. 따라서 청구국(靑丘國)과 공상(空桑)이 산동(山東)의 노(魯)나라와
그 북쪽에 있다는 것을 명백히 밝히고 있다. 우리의 조상은 산동지
방 전체를 아침 해가 비치는 새 땅을 의미하는 '아사달(朝陽)'이라고
불렀던 것 같다. 그 시기는 지금으로부터 4600여 년 전이다. 청구(靑
丘)는 지금의 산동성 성도(省都)인 제남시(濟南市)에서 동쪽으로
90km 동쪽에 있는 임치시(臨淄市)로 추정되고 있으니까 산동성의
중심지라고 할 수가 있다. 그러면 지명이라고 확실히 밝힌 공상(空
桑)은 도대체 지금의 어디쯤일까? 부연하여 설명하기를 북쪽은 '食
水(shíshuǐ: 스스이)'와 접해 있고 서쪽은 혼택(湣澤)이 바라보인다고
하였다(…… 北臨食水 東望沮吳 南望沙陵 西望湣澤 ……). 이러한 구
체적인 묘사를 하고 있는 공상이라는 지역을 한 번 찾아보자.

노나라의 수도는 지금의 곡부(曲阜: Qūfù취푸)이고 산동성의 서남
지역에 있다. 그러나 곡부(曲阜)라는 이름은 처음부터 있었던 지명이
아니라 주대(周代) 이전에는 엄국(奄國)이라 하다가 춘추전국시대부
터 노국(魯國)이라고 불렀다고 하는 지명이다. 지금 구글지도에서 곡
부지역을 검색해보면 공상이 바로 곡부라는 설명을 하고 있다. 곡부
는 북쪽에 泗河(사하: sìhé시허)가 동에서 서쪽으로 흘러 서남쪽으로
46km에 있는 微山湖(미산호: wēishānhú웨이산후)로 흘러 들어간다.
미산호는 길이가 112km나 되는 큰 호수이다. 미산호의 물은 남쪽으

로 흐르며 낙마호(駱馬湖), 홍택호(洪澤湖), 백마호(白馬湖), 고우호(高郵湖), 소백호(邵伯湖) 등의 여러 호수가 양자강 사이에 있다. 이러한 지형은 지금 그렇다는 것이다. 그러나 4~5천 년 전에는 산동반도가 거의 섬에 가깝고 그 서쪽은 대택(大澤), 즉 거대한 늪지대였다. 그러니까 옛날에는 지금의 곡부에서 아주 가깝게 바라보이는 서쪽에 혼택(潡澤)이 있었던 것이다. '潡(혼)' 자의 뜻풀이는 '정해지지 않을 혼'이다. 무슨 뜻인가? 여름에 비가 많이 오면 광활한 저지대가 물이 차올라 망망대해가 되고 강수량이 적으면 늪지대가 되는 변덕스러운 곳이라는 뜻이다. 그리고 옛날의 '食水(shíshuǐ: 시스이: 식수)'와 지금의 泗河(사하: sìhé시허)에서 '食(shí)'와 '泗(sì)'는 발음이 같다고 할 수가 있다. 하나의 강이 시대에 따라 발음은 같지만 다른 한자로 적고 있다는 것을 알 수가 있다. 그리고 중국에서 옛날에는 모든 강은 수(水)로 표현하다가 지금은 하(河)로 바꾸었다. 예를 들면, 옛날의 하수(河水)가 지금은 황하(黃河)로 부르고 있다.

또 한 가지 관련되는 지명을 찾아보자. 곡부(曲阜)가 주대(周代) 이전에는 엄국(奄國)이라 불렀다고 하였다. 30세 단군 내휴(奈休) 시기인 B.C. 909에 '서쪽으로는 엄독홀(奄瀆忽)에 이르러 제후국의 여러 우두머리와 만난 후 병사를 사열하였다'는 기사가 있는 것을 볼 때에 치우천왕(B.C. 2707~B.C. 2599)이 중원을 관리하던 시대에는 공상(空桑)이라고 하던 지명을 1,700여 년이 지난 30세 단군 내휴(奈休: B.C. 909~B.C. 875)시대에는 엄독홀(奄瀆忽)로 불렀으며, 서화인들은 엄국(奄國)이라 불렀다고 볼 수가 있다. 지금의 곡부(曲阜)다. 공자는 노나라에서 태어나고 활동한 사람이다. 산동성의 곡부가 동양학문이 집대성된 곳이 된 역사적 근거를 우리는 여기서 찾을 수가 있다. 지금부터 4,700여 년 전부터 중원의 중심지였기 때문이다. 이 문제는 나중에 우리의 고대신앙에 대하여 설명하겠지만 여기에 천하에서 제일 큰 신상(神像: 天下大水)을 안치한 신전이 있었다.

이와 관련하여 우리가 알아야 할 또 한 가지 사실이 있다. 중원대륙의 북쪽에는 황하가 서쪽에서 동쪽으로 흐르고 황하 이북의 중앙에는 태행산맥(太行山脈)이 남북으로 길게 뻗어 있다. 고대에는 태행산맥을 기준으로 서쪽을 산서(山西)라 하고 동쪽을 산동(山東)이라 부르다가 지금은 당초 면적의 20%에도 못 미치는 산동반도 일대를 산동성(山東省)이라고 한다. 따라서 현재의 산동성은 고대로부터 이름이 있었다. 그리고 춘추전국시대(B.C. 771~B.C. 221)에는 제(齊: Qi)나라와 노(魯: Lu)나라가 이곳에 있어서 제노(齊魯)대지라고도 한다고 하며 약자로 '노(魯)'라고도 한다. 현재의 산동성은 16만여㎢로서 한반도의 75%나 되는 면적이며 인구는 9천4백만 명이나 된다.

위에서 살펴본 바와 같이 양국의 역사기록을 비교하면 모순이 있다. B.C. 900여 년까지 청구와 엄독홀(공상·엄국·노국·곡부)을 천왕이 순행하고 통치하였는데 B.C. 707년에 연(燕)나라 서울을 돌파하고 제(齊)나라 군사와 임치(臨淄)의 남쪽 교외에서 싸워 승리하였다고 하였으니까 B.C. 900여 년에서 B.C. 707년 사이의 200여 년간에 걸쳐서 산동반도를 상실한 것 같다. 따라서 우리는 여기서도 주(周)나라 무왕(武王)이 상(商)나라를 멸망시키고 동생들과 공이 있는 사람들을 제후로 봉한 지역은 낙양(洛陽) 일대의 작은 지역에 한정되었음을 알 수가 있다. 연(燕)나라와 제(齊)나라와 노(魯)나라가 대택 서쪽에 있다가 이 시기에 조선(변한)으로부터 이 지역을 빼앗아 점령하였다고 보는 것이 역사 전체의 흐름과 맞는 것으로 보인다. 참고로 중국이 가공한 역사를 바탕으로 작성한 춘추시대 (B.C. 771~B.C. 453)의 지도를 첨부하였다.

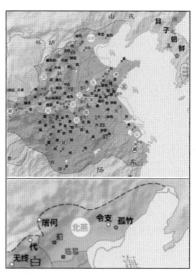

그리고 치우천왕이 점령한 공상을 우리의 역사서인 <태백일사>에서는 '공상은 지금의 진류(陳留)'라고 하였는데 구글지도를 검색하면 하남성 개봉시 동남쪽에 진류진(陳留鎭)이라는 지명이 나온다. 아마도 오류일 가능성이 높다고 보이지만 더 깊은 연구가 필요하다고 본다.

<춘추시대 지도(위): 아래는 연나라를 확대한 지도, 영지와 고죽의 위치가 표시되어 있다. 이 당시의 연나라 위치는 태행산 서쪽의 산서지방에 있었다.>

앞에서도 말하였지만 중국은 물론 근세까지도 우리나라의 유학자들이 존경해 마지않는 학문의 최고 스승인 공자가 태어난 곳은 산동반도의 노나라이다. 중원에서 권력의 중심지가 낙양이고 서안지역이지만 학문의 중심지는 산동반도이다. 그럴 만한 이유를 이제야 찾았다. 그곳이 바로 청구국이고 공상이 있던 곳이다. 치우시대부터 배달국의 수도였으니까 정치와 경제는 물론 학문의 중심지였으며, 특히 우리의 신앙이 중원에 흘러들어가 꽃피운 중심지였기 때문이다. 그리고 앞에서 조선의 단군 시기에는 더 남쪽으로 내려가서 산동반도의 남쪽 해안에 낭야성(琅耶城)을 신축하고 구려지방을 다스리는 별도의 정부를 두었다. 그리고 B.C. 900여 년까지는 이 지역을 다스렸다는 기록이 있지만 이후 언제까지 지배하였다는 내용은 역사기록

이 없다. 그러나 치우부터 이때까지만 계산하더라도 1,700여 년이나 되는 오랜 기간이다.

④ 조선에 대한 가장 정확한 기록이 <해내경: 1378 조선>에 있다. 『東海之內 北海之隅 有國 名曰朝鮮天毒 其人水居 偎人愛之(동해지내 북해지우 유국 명왈조선천독 기인수거 외인애지)』.
'동해의 안쪽, 북해의 주변에 하느님이 보호하고 다스리는 조선(朝鮮)이라고 하는 나라가 있다. 그 사람들은 물에 살고 다른 사람을 존경하고 사랑한다'로 번역이 된다. 이 글을 쓴 주체는 서화족(西和族)이다.

첫째, 조선의 위치가 '동해의 안쪽, 북해의 주변'이라고 하였다. 동해는 어디일까? 당연히 산동반도 동쪽에 있는 바다이다. 지금은 '황해'라고 한다. 다음은 북해이다. 산동반도의 북쪽에 있는 바다이다. 지금은 발해만(渤海灣)이라고 한다. 지금의 황하가 흘러 들어가는 바다이다. 이를 정리하면 조선은 지금의 대평원 동부지역과 그 북쪽, 즉 태행산맥 동부와 북부 대륙 전체를 의미한다. 이 지역이 조선의 영토인 것이다.

두 번째는, '하느님이 다스리는 조선(朝鮮天毒)'이라는 해석이 왜 가능할까? 이를 알기 위해서는 '毒(독)'이라는 글자가 무슨 뜻인지를 분명히 알아볼 필요가 있다. 『설문해자(說問解字)』를 보자. '毒'을 제일 먼저 풀이하는 말이 '厚也(후야)'라고 하였으며 '……백성을 두텁게 하는 것을 모두 이른다(皆謂厚民也)'고 하였다. 그러니까 지금 우리가 알고 있는 해(害)로운 의미의 독(毒)이 아니고 '두텁고 무겁고 크고 많게' 하는 것이다. 바로 하늘(天)이 이로움을 준다는 뜻이므로 조선이라는 나라는 하늘(하느님)이 보호하거나 다스리는 나라인 것이다. 애국가에 '…… 하느님이 보우하사 ……'라는 구절이 있는데 바로 이 뜻이다.

毒
厚也 毒厚疊韵 三部四部同入也 毒兼善惡之辭 猶祥兼吉凶 臭兼香臭也 易曰 聖人以此毒天
下以民從之 列子書曰 亭之毒之 皆謂厚民也 毒與竺篤同音通用 微子篇 天毒降災 史記作天
毒 害人之艸 往往而生 从屮 …… 毒聲 …… 徒沃切

그런데 진(晋)나라의 학자인 곽박(郭璞)이 잘못 해설을 한 데서 문
제가 발생하여 천삼백 년이나 허위사실이 진실로 둔갑을 하였다. 위
글에 대하여 곽박의 해설을 한 번 보자.

'郭璞云 天毒天竺國 貴道德 有文書金銀錢貨 浮屠出此國中也 晉大興
四年 天竺胡王獻珍寶.'

'곽박이 말한다. 천독(天毒)이라는 말은 천축국(天竺國)이라는 얘기
다. 도덕(道德)을 귀하게 여겼고 문자, 금은(金銀), 돈(錢貨)이 있다.
부도(浮屠)가 이 나라에서 나왔다. 진(晉)나라 대흥 4년(321)에 천축
(天竺)의 오랑캐 왕(胡王)이 진귀한 보물을 헌상했다.'

얼마나 황당무계한 억측인가? 중국의 유명한 학자라는 사람이 의
도적으로 왜곡하였는지, 아니면 무지해서 그런 실수를 저질렀는지는
모르겠으나 중국인들의 사고와 우리나라 사람들의 사고에 엄청난
악영향을 미쳤다. '역사가 이런 식으로 왜곡되는구나!' 하는 한탄을
하지 않을 수가 없다. 朝鮮天毒(조선천독)과 天竺國(천축국)과는 아
무런 관련이 없으며 곽박이 해설한 위의 문장에서 天毒(천독)만 빼
면 아무런 이상이 없는 문장이다. '부처가 천축국에서 나왔다'고 한
구절은 정확한 표현이다.

곽박을 좋게 보아준다면, 아마도 그 당시에는 '毒'이라는 글자의 뜻

인 '두텁고 무겁고 크고 많게 하는 후(厚)'라는 뜻은 이미 없어지고 현재 우리가 쓰는 독약(毒藥)의 뜻으로만 사용되고 있었는지도 모른다.

중국은 예로부터 황제는 천자(天子)라고 하였다. 그런데 최고로 오래된 그들의 책에 '조선은 하느님이 다스리는 나라'라고 기록해놓았다. 옛날에는 이를 당연한 것으로 인식하고 있었다는 반증이며, 그들은 감히 '하늘(天)'을 참칭할 수가 없는 상황이었음이 분명하다. 이러한 상황을 타개하기 위하여 술수를 부린 것이 '皇(황)이나 帝(제)'라는 글자를 별도로 고안하지 않았나 하는 추측을 해본다.

세 번째는, '물에 산다'의 의미이다. 서쪽의 황토고원지대에서 서화족이 황하를 따라 내려오다가 낙양(洛陽)쯤의 고지대(高地帶)에서 저지대(低地帶)인 대평원에 살고 있는 조선의 백성들을 보고 묘사한 글이다. 우리는 앞에서 하(夏)나라나 상(商)나라를 설명하면서 지도를 보면 양자강 이북의 황하하류 유역은 저습지가 중원의 절반을 차지하고 산동반도만 섬처럼 되어 있는 것을 알 수가 있고 전설시대에는 그 지역 전체를 '동이부락(東夷部落)'으로, 하(夏)나라시대에는 '구이(東夷)'로 표시하고 있다는 것을 상기할 필요가 있다. 우선 '물에 산다'는 뜻은 중원(中原)이 소택지(沼澤地)나 저습지(低濕地)가 많았으며, 홍수가 나서 평야가 물에 잠기는 일이 자주 발생하여 사람들이 평소에 흙을 모아 높은 단을 쌓아서 거주지를 만들어 살았다는 뜻이다. 위키피디아의 황하문명에 대한 설명을 보자. '선사시대의 중국인의 생활구역은, 황하 유역 지대의 산기슭에 있는 물이 솟아나는 지대에 많으며, 수해를 피하기 위하여 단구(段丘) 위에 거주했다'고 나와 있다. 우리나라는 쓰지 않는 단구라는 단어를 써야 하는 현실적인 필요가 있었다는 증거이다. 인터넷 중국어 사전을 보자. 단구는 '계지(階地)와 대지(臺地), 고대(高台)'와 같은 뜻으로 나와 있다. 마지막의 고대(高台)가 가장 정확한 표현이라고 본다. 그리고 산기슭에는 고대를 만들 필요가 없다. 고대가 필요한 곳은 황하유역의 저지대인 대평원, 즉 중원에 필요한 것이다. 여기서 말하는 '선사시대의 중국인'은 분명히 조선 사람, 즉 동이인인 것이다. 지금까지는 왜 이런 표현을 하였는지 진지하게 고민한 사람이 없어서 단지 이상하고 해괴한 말을 적어놓았다고 보아왔다.

그리고 '물에 산다'는 결정적인 증거가 하나 더 있다. 지역을 나타내는 글자와 그의 탄생을 유추할 수 있는 자료이다.

<나라와 지방을 뜻하는 고대자료>

邑(읍)	나라이다(國也). 하(夏)나라를 하읍(夏邑), 상(商)나라를 상읍(商邑)으로 이른다(출처: 설문해자). (좌전: 일반적으로 말하길 큰 나라를 이른다. 읍안에 선왕의 종묘가 있다 했다. 口는 주위를 뜻하며, 봉토의 구역을 뜻한다)(주례: 4개의 정이 바로 한 읍이며, 국가라 이른다)
邦(방)	나라이다(國也). 큰 것은 방(邦)이고 작은 것이 국(國)이다(大曰邦 小曰國). 방(邦)이 국(國)이고 국(國)이 방(邦)이다(출처: 설문해자).
국(國)	방이다(邦也). 큰 것은 방(邦)이고 작은 것이 국(國)이다(大曰邦 小曰國). (출처: 설문해자)
郡(군)	주(周)나라 제도에 군(郡)이라 함은 천자(天子)가 다스리는 땅 사방 천 리(400km)를 가리킨다. 대부는 현을 봉토로 받고, 하대부는 군을 봉토로 받는다고 춘추전에 이른다.
州(주)	물이 범람한 지역의 땅에 집을 짓고 사는 곳을 주(州)라 한다(水中可尻者曰州). 옛날에 요임금 때 홍수를 만나 백성이 물 가운데 높은 땅에 살아서 구주라 하였다(昔堯遭洪水 民尻水中高土 故曰九州)(출처: 설문해자).

중국인들은 전설의 시대인 하(夏)나라와 상(商)나라를 자기들의 역사라고 한다. 우선 그렇다고 인정을 하고 한 번 풀어보자. 하나라나 상나라는 아주 조그마한 범위의 땅이라는 것을 알 수가 있다. 지금

<州(주) 자의 해설:
『설문해자』>

도 우리는 시골의 제일 작은 기초행정단위를 읍(邑)이나 면(面)이라고 한다. 그리고 이 읍이 나라(國)라고 하였다. 하나라나 상나라는 이렇게 아주 조그마한 고을에서부터 시작하였다. 다음에 방(邦)은 생략하고 군(郡)을 보자. 주(周)나라 때가 되어서야 나라의 크기가 군(郡)이 되고, 天子가 다스리는 땅 사방 천 리(400km)를 가리킨다고 했다. '대부는 현을 봉토로 받고, 하대부는 군을 봉토로 받는다고 춘추전에 이른다'는 것을 볼 때에 춘추전국시대(B.C. 771~B.C. 221)에야 나라가 커져서 이제는 하급 대부가 봉토를 받는 영지의 크기가 군(郡) 정도가 되었음을 알수가 있다.

그런데 주(州)는 어떤가? 앞의 읍(邑)이나 방(邦)은 물론 군(郡)보다도 더 넓은 지역을 가리킨다. 실제로 중국에서도 옛날에는 주(州)가 가장 큰 행정단위였다. 이 주라는 글자가 무슨 뜻인지를 한 번 살펴보자. '州'는 川(천) 자에 점을 3개 찍어놓았는데, 이는 강이나 호수처럼 물바다가 된 지역에 조그만 섬들이 무수히 있어, 거기에 사람이 살고 있는 것을 표현한 것이다. 『설문해자』에서 州(주) 자를 찾아보자. '수중(水中), 즉 물 가운데 사람이 살 수 있는 것을 주(州)라 한다(水中可尻者曰州). 옛날에 요(堯)임금 때에 홍수를 만나 백성들이 물 가운데 높은 흙에 살아서 구주(九州)라고 말한다(昔堯遭洪水 民尻中高土 故曰九州).' 사진에서 보는 바와 같이 州(주)의 옛 글자는 역시 물을 뜻하는 川(천) 자 중간 중간에 동그란 섬을 그려놓은 형상이다. 그리고 여기서 구주(九州)라고 하는 것은 황하 하류의 대평원 전체를 말하며 이는 구려(九黎), 즉 그들이 말하는 구이(九夷)를 말한다. 우리의 역사를 억지로 짜깁기한 역사의 한 단면이다.

따라서 주(州)는 대단히 넓은 평야를 뜻한다. 중원의 대평원에 점(點)처럼 무수히 많은 고대(高台)를 쌓아서 살고 있는 사람들은 조선(朝鮮)의 백성들인 것이다. '물에 산다'는 것은 서화족이 본 바를 아주 적절하고 정확하게 표현한 말이다. 황하가 범람해서 홍수가 나고, 아주 넓고 광범위한 지역이 물에 잠겨 있는 지역이 바로 주(州)이다. 그리고 상전벽해(桑田碧海)라는 말은 모르는 사람이 없다. 누에를 키워 명주(비단)를 만들기 위하여 키우는 뽕밭이 물에 잠기면 누렇던 흙탕물이 수십 일이 지나면 황토는 가라앉아 맑고 푸른 물이 된다. 그래도 물이 제대로 바다로 빠지지 않아 말 그대로 푸른 바다의 상태가 지속되는 것이다.

결론적으로 조선의 백성은 그 사는 지역과 범위가 광대한 중원이라는 것이고 중원이라도 황하의 상류에 있었던 하(夏)나라나 상(商)나라는 그저 미미한 소국 중에서도 소국이었다는 것을 말하고 있으며 모두 조선의 2~3단계 하급단위의 국가였다.

필자가 생각하기로는 중국의 모든 역사기록 중에서 단군조선을 제대로 기록한 것은 위에서 설명한 『산해경』의 <조선: 1378>밖에는 없다고 본다. 다만 광대한 조선의 영토 중에서 중원의 동부지역

에 한정해서만 설명을 하고 있는 것이 흠이다. 그런데 산해경의 편
저자인 진(晉)나라시대의 곽박(郭璞, 276~324)이 주석을 달기를 '조
선은 현재 낙랑군이다(朝鮮 今樂浪郡也)'라고 하였다. 곽박이 살던
시기는 북경지역에 마지막까지 존속하던 위만조선이 멸망한 후 400
여 년이 흐른 후이며 결국 그가 말하는 조선은 위만조선을 뜻한다.

⑤ 다음은 삼황오제의 행적을 기록한 내용이다.

『산해경(山海經)』<해외서경>에서 1,017번째로 숙신지국(肅慎之
國)이 있다. 설명하기를

'大荒之中 有山 名曰不咸 有肅慎氏之國 肅慎之國 在白民北, 有樹名
曰雄常 先入伐帝, 於此取之(대황지중 유산 명왈불함 유숙신씨지국
숙신지국 재백민북 유수명왈 웅상 선입벌제 어차취지).'

'대단히 큰 황무지에 백민(국)이 있고 그 북쪽에 숙신씨가 다스리
는 숙신의 나라가 있는데 그 나라에 불함산이 있다. 불함산에는 웅
상이라는 나무가 있는데 우리의 황제가 나라를 세울 때 그것을 가져
왔다'라는 구절이 있다. 이에 대해 여러 학자가 주석을 달았다. 곽박
(郭璞)은 '일반 백성들은 의복을 입지 않았다. 중국에 황제가 다시
나라를 세우면 이 나무의 껍질로 옷을 해 입을 만하다(其俗無衣服
中國有聖帝代立者 則此木生皮可衣也).' 왕념손(王念孫)은 '먼저 들어
가 황제를 정벌하고 이 나무에서 옷을 얻었다(先入伐帝 於此取衣).'
가안(珂案)은 곽박의 주석을 인용하여 '성인이 나라를 세우면 이 나
무에서 옷을 얻었다(聖人代立 於此取衣)'고 하였다.

그리고 곽박(郭璞)이 정리한 역사서인 『진서(晉書)』에

'肅慎氏 有樹 名雄常 若中國 有聖帝代立 則其木生皮可衣(숙신씨
유수 명낙상 약중국 유성제대립 즉기목생가피의).' '숙신씨의 나라에

낙상이라는 나무가 있는데 중국에서 황제가 나라를 세우면 그 나무의 껍질로 옷을 해 입을 만하다'라는 문장이 있다.

우선 위의 두 기록에서 오류가 있다는 것에 대해서 중국의 여러 학자도 동의내지는 의심하는 것은 두 번째 글에서 '雒(락)'은 앞의 문장과 비교할 때 '雄(웅)'의 오자라는 것이다. 그리고 우리나라에서 이에 관심이 많아 연구를 하여 나름대로 의견을 펼칠 만큼 조예가 깊은 사람들이 주장하는 것은 앞 문장에서 '先入伐帝(선입벌제)'는 '先八代帝(선팔대제)'의 오기이거나 고의로 왜곡, 즉 곡필을 하였다고 주장한다. 그리고 더 나아가서 필자의 주장은 뒤 문장에서 '則其木生皮可衣(즉기목생피가의)'는 역사가들이 진실을 호도하기 위하여 앞의 말과 연결이 안 되는 이상한 말로 얼버무렸다고 본다.

그러면 이런 오류나 왜곡의 주장을 감안하여 무슨 의미를 담고 있는지 알아보자.

첫째, 두 문장 모두에 '나무가 있다(有樹). 이름하여 웅상이라 한다(名曰雄常: 名雄常)'라고 하였다. 무슨 말인가? 수(樹)가 바로 웅상(雄常)이라고 하는 말은 우리말의 '수컷, 수놈'과 그 '형상'을 말하고 있다. 바로 우리의 『한단고기 마한세가』에서 '이때부터 소도가 세워지는 곳마다 산(山)의 형상의 웅상(雄常)을 보게 되었다(自是 蘇塗之立到處 可見山像雄常)'고 한 말에서는 남성의 심벌을 슨(사내: 山)이라고 한 것이고 위의 두 문장에서는 남성의 심벌인 수(수컷, 수놈)를 수(樹)라고 하고 있다. 우리말에서 '슨이 곧 수'라는 것은 명백하지 않은가? 이는 우리의 고대 역사에서 '흑수(黑水)와 백산(白山)'으로 대표되는 두 종족 중에서 '흑수(黑水)', 즉 신수(神水)를 숭배하는 신앙을 말하고 있는 것이다.

둘째, 나라 이름을 말하면 되는데 왜 숙신씨(肅愼氏), 숙신씨의 나라(肅愼氏之國), 숙신의 나라(肅愼之國)라고 하였을까? 당시에는 배달국(倍達國)이나 조선(朝鮮)밖에는 나라가 없었는데 이러한 표현을 썼다는 것은 무슨 의도가 있다고 보지 않을 수가 없다. 수인씨(燧人氏)나 복희씨(伏犧氏), 신농씨(神農氏)처럼 중화인들이 존경하는 유명한 사람의 이름에 씨(氏) 자가 붙어 있어서 그런 부류의 사람일 수도 있다. 그러나 우리나라나 중국의 사서에서도 이런 의미의 사람을 찾을 수가 없다. 숙신(肅愼)이 중국 기록에 나타나는 것은 진(秦)나라 이전의 문헌인 『춘추좌씨전(春秋佐氏傳)』[67]에 제(濟)나라 북쪽에 있는 나라의 하나로 언급된 것이 처음이고 다음이 이미 앞에서 언급한 사기(史記)<주본기(周本紀) 송편(誦篇)>이다. 제나라 북쪽이면 바로 지금의 황하 하류와 북경 일대이다. 그러나 그런 나라는 없었다. 삼국시대와 남북조시대(南北朝時代)의 문헌에 보이는 숙신이라는 용어는 한(漢)나라 이후의 기록에 전하는 읍루를 가리키는 것으로, 진나라 이전의 문헌에 전하는 숙신에 관한 것이 아니다. 읍루는 숙신의 후예라고 전하는 종족이다.

분명한 것은 조선(朝鮮)과 관련이 있는 것은 사실이다. 숙신(肅愼)의 발음을 한 번 보자. 중국어 발음은 sùshèn(수선)이다. 그런데 '神(신)'이라는 글자도 'shén(선)'이라고 읽는다. 다만 한자는 발음할 때에 높낮이를 분명히 하기 위하여 성조(聲調)[68]가 다를 뿐이다. '肅(sù 수)'와 '愼(shèn 선)'은 4성이다. 그러나 '神(shén 선)'은 2성이다. 다시

---

67) 좌씨전(左氏傳), 좌전(左傳)으로 약칭. 사기(史記)에는 '국어(國語)'와 함께 좌구명(左丘明)이 지었다 하나 미상이며, 전한(前漢) 때 성립된 듯하다고 보고 있음.

68) 1성은 고평조(高平調: ㄱ), 2성은 중승조(中昇調: ㄱ), 3성은 강성조(降昇調: ㄱ), 4성은 전강조(全降調: ㄱ).

말하면 '愼(shèn선)'과 '神(shén선)'은 발음은 같으나 성조가 다르다. 肅愼과 肅神은 중국어의 발음이 sùshèn이나 sùshén으로 같다고 할 수가 있다. 그렇다면 만약에 당초에는 肅神(수선)이었는데 발음이 같은 肅愼(수선)으로 바꾼 것이 아닐까? 역사를 보건대 그럴 만한 충분한 개연성이 있다. 그 증거가 바로 앞에서 설명한 <해내경: 1378 조선>에 있는 '朝鮮天毒(조선천독)'이라는 말의 의미이다. 바로 '하느님이 다스리는 조선'이다. 조선은 하느님이 다스린다. 하느님은 신(神)이기 때문에 극존칭인 '씨(氏)' 자를 붙일 수가 있다. 그렇다면 肅神(수선)은 우리의 전통신앙인 '수신(水神)'이다. '수'는 무엇인가? 남자의 상징을 말한다. 다른 말로는 '슌'이다. 순수한 우리말의 원형을 한자의 음을 빌려서 기록한 것이다. 단군왕검이 종교개혁을 하여 자신의 심벌(Symbol)을 일반백성이 믿도록 한 것이 바로 '당산'이다. 불과 50여 년 전인 60년대만 하더라도 전국에 걸쳐 거의 모든 마을에 당산이 있었다.

<숙신(肅愼)의 발음>

한자	한국	중국	일본
肅	숙	sù	しゅく(슈꾸)
樹	수	shù	じゆ(쥬)
愼	신	shèn(4성: 중승조)	しん(신)
神	신	shén(2성: 전강조)	しん(신)
鮮	선	xiān(1성: 고평조)	せん(셴)

결론적으로 숙신씨(肅愼氏)는 신(神)을 말하며 숙신씨지국(肅愼氏之國)이나 숙신지국(肅愼之國)은 신이 다스리는 '신의 나라(神國)'라

는 말이다. 이러한 결론에 도달하는 키워드는 바로 '씨(氏)' 자에 있다. 따라서 '肅愼之國 …… 有樹 名曰雄常'의 올바른 번역은 '수신(神)의 나라에 수가 있는데 이름하여 수신상(神像)이라 한다'이다. 그러나 이와는 다른 해석을 할 수가 있다. 조선은 '남자의 성기가 선(立) 상태'를 말한다. 다른 말로 표현한다면 '수컷이 선(立) 상태'를 말하므로 '조선'이 바로 '수선'이 된다. 아마도 우리의 선조들이 그렇게도 불렀을 수도 있다. 앞으로 우리의 역사에서 숙신(肅愼)을 중국인들의 발음대로 '수선'으로 불러야 맞다고 본다. '조선'이나 '수선'은 우리말로 의미가 같기 때문이다. 서화인들은 번조선을 조선으로 부르면서 조선은 숙신으로 불렀으리라고 추측해본다.

셋째, 대황(大荒)이 무슨 뜻일까? 말뜻은 한없이 넓은 황량한 땅을 의미할까? 그렇다면 옛날에 서화인들은 북경을 한참 벗어나 지금의 만주 요하 일대를 중심으로 하는 북방대륙을 관할하던 조선이라는 제국의 전체적인 실체를 파악할 수가 없어 그렇게 표현하였을 수도 있다.

넷째, 구체적인 장소에 대해서 알아보자. 『산해경』의 또 다른 항목인 '불함산(不咸山)'에서 곽박은 '지금 숙신국은 요동에서 3천여 리(1,200km)의 거리에 있다(今肅愼國 去遼東三千餘里)'고 하였다. 『한서』<지리지>의 거리계산법을 적용하여 지금의 직선거리로 환산하자면 '직선화 계수' 0.56을 곱하면 된다. 3천여 리는 672km가 된다. 요동지방이었던 당산시 동부 경계에서 이 정도의 거리에 있는 지역은 만주의 길림성 장춘시(長春市)이다. 정확하다. 족집게로 집은 것처럼 정확하다.

장춘시(長春市)는 우리의 고대 역사에 나오는 지명이 아니다. 장춘시는 길림성(吉林省)의 성도이며, 일본이 세운 괴뢰 국가 만주국

(滿洲國)의 수도였으며 당시의 이름은 신경(新京)이었다. 장춘(長春)의 중국어 발음은 chángchūn(창춘)이다. 그리고 우리의 사서에 나오는 상춘(常春)도 똑같이 chángchūn(창춘)이라고 발음한다. 이러한 정보만 가지고 판단하면 장춘(長春)이 상춘(常春)이며 또한 신경(新京)이다. 그런데 우리의 사서인 『한단고기』에서는 상춘에 관한 기사가 5번이나 나온다. 첫째는 6세 단군 달문 시기인 B.C. 2049년에 '모든 한(汗: khan)을 상춘에 모이게 하여 삼신을 구월산에 제사케 하고 신지인 발리로 하여금 서효사를 짓게 하였다(諸汗于常春 祭三神于九月山 使神誌發理作誓效詞)'라고 하였다. 상춘에 모든 제후를 모이도록 한 것은 인근에 있는 구월산에 모셔진 삼신께 제사를 드리기 위함이었다. 둘째는 막조선 근우지 시기인 B.C. 2109년에 '한(韓: khan)께서 (단군의) 명을 받아 상춘에 들어가 구월산에서 삼신님께 제사 지내는 것을 도왔다(韓以命 入常春 助祭三神 于九月山)'라고 하였으며, 셋째는 번조선 해수 시기인 B.C. 979년에 '아들 물한을 파견하여 구월산에 가서 삼성묘에 제사 지내게 하였으니 묘는 상춘 주가성자에 있다(子勿韓徃九月山助祭三聖廟在常春朱家城子也)'고 하였다.

한 번 해석을 하여보자.

① 상춘에는 구월산이 있다. 그런데 구월산은 산(山)이 아니고 전통신앙의 대상인 '숫'을 모신 신전을 말하며, '숫' 중에서도 '검산(儉숫)', 즉 '신산(神숫)'을 말한다. 쉬운 표현은 신의 남성 심벌(Symbol)을 말하며 후대에 내려와서는 인간을 닮은 남자상(男子像)을 의미한다.

② 구월산(신숫)에서 삼신에게 제사를 드린다(祭三神)고 하였다. 삼신은 누구인가? 일반적으로 천신(天神)·지신(地神)·인신(人神)으로 알고 있지만 사실은 삶신(生命神생명신)의 와전이다. 신산(神숫)

에 삶신(삶신: 生命神생명신)을 모셨다는 뜻이다. 그래야 전체적으로 맞는 역사가 된다.

③ 후대에 내려와서 구월산에는 삼성묘(三聖廟)가 있고 또한 제사를 지낸다고 하였다. 우리의 위대한 선조인 한인(桓因)·한웅(桓雄)·단군(檀君) 세 분 건국시조의 사당(廟묘)을 세우고 제사를 하였던 것이다.

④ 그리고 이 상춘(常春)을 신경(新京)이라고 하고 있다. 일본인들은 이러한 역사를 알고 있었는지는 모르지만 만주국의 수도 이름으로 사용하였던 것이다. 그런데 우리의 역사서에서도 잘못 기록되어 있다. 당초에는 '신경(神京)'이었으나 후대로 내려오면서 그 의미를 모르게 되어 신경(新京)으로 기록하였다고 본다. 일제강점기에 일본이 신경(新京)이라고 사용하니까 그에 따랐는지도 모른다. 이런 것을 보고 위작이라면 『한단고기』는 분명한 위작이다. 신경(新京)이 틀렸다고 필자가 주장하는 것은 우리 역사에서 이렇게 고대에 지역이름으로 서울을 뜻하는 '경(京)' 자를 사용한 예가 없다. 따라서 '신경(神京)'은 지명이 아니고 일반명사로서 민족의 최고신들을 모신 '종교의 수도(首都)'라는 말이다. 지명은 어디까지나 상춘(常春)인 것이다.

⑤ 삼성묘(三聖廟)는 '상춘 주가성자(朱家城子)'에 있다고 하였다. 그리고 고구려가 첫 수도인 졸본(卒本)에서 눌현(訥見)으로 옮겼다는데 그 눌현이 주가성자(朱家城子)라고 한다. <고구려본기: B.C. 146>

그런데 『한단고기』에서 제사와 관련된 또 다른 지명인 장당경(藏唐京)이 4번 나온다. 첫째는, 5세 단군 구을 시기인 B.C. 2,084년에 '친히 장당경으로 행차하셔서 삼신의 단을 봉축하고 많은 한화를 심었다(親幸藏唐京 封築三神壇 多植桓花)'고 하고, 둘째는 22세 단군 색불루조에 '가을 9월엔 친히 장당경으로 행차하시어 묘를 세우고 고등왕을 제사 지냈다(秋九月 親幸藏唐京 立廟祀高登王)'고 하며, 셋째, 44세 단군 구물 시기인 B.C. 425년에 '…… 3월 16일 단을 쌓아 하늘에 제사 지내고 장당경에서 즉위하였다. 이에 나라이름을 대부여라고 고쳤다(…… 三月十六日 築壇祭天 遂卽位于藏唐京 改國號爲大夫餘)'고 하였으며 마지막으로 <소도경전 본훈>에서 '장단경은 지금의 개원(開原)이며 역시 평양(平壤)이라고도 한다'고 하였다.

뜻을 알아보자.

① 신경(新京)이 지명이 아니듯이 장당경(藏唐京)은 지명이 아니다. 우리의 종교성지가 소도(蘇塗)라는 것은 모두가 아는 사실이다. '장당(藏唐)'은 일본말로 'ぞうとう(조ー도ー)'라고 발음한다. '조'발음이 그렇게 강하지가 않으면 바로 '소도'와 가깝다. 고대의 우리 역사는 한일공동의 조상들이 경영한 역사이다. '소도의 수도(首都)', 즉 소도경(蘇塗京)을 일본어로 표시하면 장당경(藏唐京)이 되는 것이다.

② '삼신의 단을 봉축(封築三神壇)'하고, '묘(廟)를 세우고 고등왕을 제사 지냈다(立廟祀高登王).' 그리고 '단을 쌓아 하늘에 제사 지내고 장당경에서 즉위하였다(…… 三月十六日築壇祭天遂卽位)'고 하는 것은 모두 제사와 관련된 시설이나 단군의 등극행사를 치르는 등의 장엄한 의식을 행하는 곳이다.

③ 장단경은 '지금의 개원(開原)이며 역시 평양(平壤)이라고도 한다'고 하였다. <태백일사>를 지은 이맥(李陌: 1455~1528)은 조선 초기에 살았던 사람이다.

그렇다면 상춘과 장당경은 어떤 관계일까? 하나의 지역을 가지고 다르게 부르고 있다고 본다. 장당경은 민족신앙인 '순'과 '삶신', 그리고 민족영웅인 삼성(三聖: 한인·한웅·단군)을 모신 사당이 있고,

단군이 즉위하는 등의 중요한 국가행사를 치르던 장소이다. 바로 종
교의 총 본산이므로 소도경(蘇塗京: 藏唐京장당경)이며, 신경(神京)
이다. 지명은 상춘(常春)이다. 역시 평양(平壤)이라고도 하였다.

<『한단고기』에서 '상춘'과 '장당경'에 관한 기사>

연도(B.C.)	통치자	기사 내용 요약
2109	막조선 근우지	상춘에 들어가 구월산에서 삼신님께 제사
2084	5세 단군 구을	장당경에 행차하여 삼신의 단을 봉축
2049	6세 단군 달문	모든 한(汗)을 상춘에 모이게 하여 구월산에 삼신을 제사
1984	9세 달문 아슬	단제께선 상춘으로 몸을 피하고 삼년 뒤에 귀경
1285	22세 단군 색불루	장당경으로 행차하여 묘를 세우고 고등왕을 제사
979	번조선 해수	구월산 삼성묘에 제사. 묘는 상춘 주가성자에 있다.
425	44세 단군 구물	백민국의 욕살 구물이 단을 쌓아 하늘에 제사 지내고 장당경에서 즉위. 나라 이름을 대부여라고 고침.
146	고구려본기	졸본으로부터 서울을 눌현으로 옮겼다. 눌현은 지금의 상춘 주가성자이다(自卒本移都訥見現見今常春朱家城子也).
<소도경전 본훈>		장단경은 지금의 개원(開原)이며 평양(平壤)이라고도 함.

후대에 중국인들이 잘못 적어서 장춘(長春)이 되었다. 인근에 주가
성자(朱家城子)가 있는데 여기가 종교시설이 있었던 구체적인 장소이
다. 지금의 어디인지를 찾아보자. 장춘에서 동쪽으로 63km, 길림시에
서 서쪽으로 40km 떨어져 있다. 주소는 길림성 길림 영길현(永吉縣)
주가성자(朱家城子)이다. 그리고 여기서 11km 북쪽에 대황지촌(大荒
地村), 소황지촌(小荒地村), 서황지촌(西荒地村)이라는 지명이 있으며
일대를 남에서 북으로 흐르는 강은 별룡하(鱉龍河)이다. 『산해경』에
나오는 '대황(大荒)'이 여기에 있다. 그리고 '별룡하(鱉龍河)'는 고구
려의 시조 주몽이 남하할 때에 다리를 놓아주었다는 신화와 별주부

<(상)주가성자 위치. (중)주가성자.
(하)대황·소황·서황, 주가촌>

전을 연상케 한다. 그리고 마지막으로 개원(開原)은 장춘에서 180km 남쪽에 위치하고 있다. 심양시(沈陽市) 바로 북쪽이며 주소는 요녕성 철령시 개원시이다. 옛날의 장당경(藏唐京)이 지금의 개원(開原)이었다는 것은 아마도 오류인 것 같다.

『산해경』에서는 구체적으로 대황(大荒) 지역에 불함산(不咸山)이 있다고 한다. 당연한 것이 아니겠는가? 대황(大荒), 불함산(不咸山), 그리고 숙신국은 요동에서 3천여 리(1,200km)라는 기록을 볼 때에 『산해경』에 있는 내용이 더 상세하고 정확하다고 할 수가 있다. 『한단고기』에서는 불함산이 5회나 나오는데 '불함지산(不咸之山)'이라고 하여 일반적이 산과는 다른 표현을 하고 있으며, 특히 18세 단군 위나 조에서 노래의 구절 중에 '불함산에 봄이 오면 온 산이 붉은빛이네. 천신(天神)을 섬기고 태평을 즐긴다네(事天神樂太平)'라는 내용이 있다. 불함산이 천신(天神)이라는 말이다.

다섯째, '先入伐帝(선입벌제)'가 무었을 의미하느냐인데 일부의 주장대로 先八代帝(선8대제)라고 해도 큰 차이는 없다. 왜냐하면 전설의 시대에 帝(제), 즉 皇帝(황제)를 일컫는 사람은 '3황5제(三皇五帝)'를 말하며, 뒤 문장에서 '중국에서 황제가 나라를 세우면(若中國 有聖帝

代立'이라는 구절과 함께 생각하면 결론은 황제가 새로 즉위하거나 왕조가 바뀌고 새로운 황제가 등극하는 경우를 포괄적으로 말하는 것으로 보인다. 핵심은 이러한 국가적인 큰 사건을 의미하는 것이다.

여섯째, 우리가 주입식 교육을 받기로는 천자는 하늘 아래에서는 누구에게도 머리를 조아릴 필요가 없는 사람이다. 그런데 이러한 황제가 한 사람도 아니고 8명 모두가 제위에 오를 때나 왕조(王朝)를 새로 열 때마다 무슨 이유로 낙양지역이나 그 서쪽지역에서 출발하여 꼬불꼬불한 길로 7천6백 리(3,040km)나 되는 먼 길을 직접 행차하였을까? 누구를 대신해서 보내서도 안 되고 직접 가야만 하는 특별한 이유가 있었기 때문이라고 본다. 이게 보통 일인가? 보통 일이 아니기 때문에 사람들이 기억하고 역사기록으로 남긴 것이다. 황제 헌원만 하더라도 B.C. 2700여 년 전의 인물이다. 그리고『산해경』은 하(夏: B.C. 2070)나라를 세운 우(禹)임금 또는 그를 보좌하였던 백익(伯益)이 저술하였다고 추정하고 있으며, 우리가 보는『산해경』은 4세기 초에 곽박이 편찬한 것이니까 곽박이 살았던 시대로부터 계산하면 3황5제는 3,200~2,400여 년 전의 인물이다. 그리고 지금부터는 장장 4~5천여 년 전에 일어난 이야기이다. 황제들의 행차목적은 두 가지 추측이 가능한데, 독립국의 황제가 아니고 제후국(諸侯國)의 수장(首長)이든가, 아니면 속국(屬國)의 왕이어서 종주국(宗主國)의 왕에게 수시로 직접 가서 보고하고 승인을 받아야 하는 처지였다고 본다. 아마도 전자의 경우가 아닐까 한다. 그런 의미에서 앞으로는 3황5제의 명칭을 격하시켜 우리의 사서에 기록한 대로 현후(軒侯)처럼 후(侯)라고 부르는 것이 타당하지만 너무나 익은 용어이기 때문에 그대로 부르기로 하자.

이제 『산해경(山海經)』의 기록이 무슨 내용인지를 한 번 알아보자.

첫 번째 글은, '백민국의 북쪽에 수신(水神: 하느님)의 나라가 있는데, 대황(大荒)에 "불암손"이라 부르는 '신전(神殿)'이 있다. 여기에 '수'가 있는데 이름하기를 '웅상'이라 한다. 우리 선조 8제(3황5제)께서 가서 신상을 얻어 모셔왔다"로 해석하는 것이 타당하고,

두 번째 문장은, "수신(水神: 하느님)의 나라에 '수'가 있는데 이르기를 '웅상'이라 한다. 중국에 왕조가 바뀌어 새로운 성제(聖帝)가 즉위하면 가서 웅상을 참배하고 한웅(桓雄)이나 단군왕검(檀君王儉)으로부터 비단의복을 하사받아왔다"고 해석함이 타당하다.

중국의 8제가 임금으로 즉위하거나 새로운 국가를 열 때마다 그들의 근거지인 산서성 남부지역에서 6천5백여 리(2,600㎞)를 넘게 와서는 조선의 종교수도에 있는 신앙시설인 대(大) 성전(聖殿)에 모셔진 일신(一神: 하느님)이나 삶신(삶神), '불암손'에 고유제를 올리고 동시에 함께 모셔진 건국시조 한인 · 한웅을 참배하고 현직의 한웅이나 단군으로부터 제후로 봉(封)함을 받음과 동시에 부절(符節)을 받고 비단옷을 하사받았다. 그리고 가는 길에는 신의 성상(聖像)을 얻어서 모셔갔다. 우리의 삼신신앙을 적극 도입하여 중원대륙에 전파하였던 것이다. 그리고 앞에서 이미 설명한 대로 황제(黃帝)가 나라를 순시하면서 북쪽에 있는 '부산(釜山)에서 부절(符節)을 확인했다(合符釜山)'라는 구절을 이해할 수가 있다. 진실은 불암손에서 한웅인 치우(蚩尤)가 그를 지역의 통치자로서의 권위를 상징하는 부절, 즉 칼이나 상징물 등을 하사한 것이다. 당연히 그는 왕이 아니고 제후(諸侯)이기 때문에 우리의 역사에서는 헌후(軒候)라고 표현하고 있으며 최근에야 중국에서도 갑골문을 연구한 결과 황제는 왕이 되지

못하였다고 밝히고 있다.

여기서 우리는 한 가지 사실을 알 수가 있다. 3황5제가 살던 당시의 중원지역의 사회가 짐승의 가죽으로 옷을 해 입는 것이 상식이니까 옷감의 대명사가 가죽(皮)이다. 그런데 가죽, 즉 옷감이 나무에서 난다고 하였다. 나무껍질(木皮)을 이렇게 표현할 수도 있다. 그러나 아프리카나 파푸아뉴기니나 아마존의 밀림지역에 사는 원시인들이 지금도 나무껍질을 벗겨서 방망이로 두드리고 짓이겨서 옷은 아니지만 부끄러운 곳을 가리고 허리끈이나 장식용으로 사용하고 있다. 이는 가죽으로 옷을 해 입는 시기보다는 더 이른 원시문명단계에 해당되는 옷감이다. 여기에서 말하는 '나무에서 나는 가죽'은 바로 뽕나무의 잎을 먹고 자란 누에가 고치를 만들고 그 고치에서 실을 뽑아 베를 짠 비단을 말한다. 따라서 '옷을 해 입을 만하다'라는 뚱딴지같은 말을 하고 있는데, 그래서 어떻다는 말인가? '화려한 비단옷을 하사받아 갔다고밖에는 달리 해석할 수가 없는 문장이다. 3황5제가 조선의 제후국(諸侯國)이 아니라면 있을 수가 없는 일이다. 하나 더 언급하자면 곽박이 '일반 백성들은 의복을 입지 않았다(其俗無衣服)'고 하였는데 이 말이 사실이라면 일반 백성들은 벌거벗은 원시인인데 지배계층은 비단옷을 입는 사회라고 말하고 있다.

그리고 우리의 사서 <번한세가 상>에서는 이를 증명이라도 하듯이 '순은 제후이기 때문에 진한(辰韓)에 조근(알현)한 것이 4번이나 되었다(舜諸侯 故朝覲辰韓者 四也)'고 분명하게 기록하였다. 진조선(辰朝鮮)은 단군의 직할지이니까 진한(辰韓)은 곧 단군왕검을 말한다.

⑥ 조선(朝鮮)이라고 할 때에는 번조선(番朝鮮)을 말하고 있다.

앞의 ④번이나 ⑤번에서 말하는 조선(숙신)은 지금으로부터 4천3백여 년 이전의 배달국과 조선을 말하고 있다. 그러나 <海內北經 1135 朝鮮>에서 말하는 조선은 2,100여 년 전의 번조선(番朝鮮)을 의미한다. 내용은 이렇다. "조선(朝鮮)은 열양(列陽) 동쪽에 있었다. 열양은 연(燕)나라에 속했다. 곽박(郭璞)이 주석하기를 조선은 지금의 낙랑현(樂浪縣)이고 기자(箕子)의 봉지였으며, '열(列)'은 또한 강의 이름인데 현재 대방(帶方)에 있으며 여기에 열구현(列口縣)이 있다고 하였으며, 『한서』<지리지>에서는 대방과 열구는 다 같이 낙랑군에 속한다고 하였고, 『진서』<지리지>에서는 열구는 대방군에 속한다고 하였다."

조선의 위치에 대해서 여러 출처가 각각 다르게 말하고 있어서 헷갈리는데, 정리하자면 조선은 연나라 동쪽에 있었으며 후대에는 이 지역이 낙랑군이라고 말하고 있다. 결론적으로 여기서 말하는 조선(朝鮮)은 지금의 북경지역에 있었던 B.C. 2세기경의 번조선(番朝鮮)을 한정해서 말하고 있다.

다음은 같은 시대에 번조선의 북쪽에 있었다고 알고 있는 동호(東胡)에 대한 기사이다. <海內西經 1093 東胡>에 '동호(東胡)는 큰 늪지대(大澤)의 동쪽에 있다(東胡在大澤東). 옛날 고신씨(高辛氏)가 해빈(海濱)에서 놀았다. 그 후에 모용씨(慕容氏)가 차지했다.' 그런데 이 문장을 보고 쉽게 동호라는 나라가 어디에 있고 얼마나 큰 나라인지를 알 수가 없다. 한 번 검토해보자. ① '동호(東胡)라는 나라는 큰 늪지대(大澤)의 동쪽에 있다'고 하는 것은 산동반도를 중심으로 하는 대륙의 동부지역을 말한다. ② '옛날 고신씨(高辛氏)가 해빈(海濱)에서 놀았다'고 하는 것은 북경지방을 말하고 있다. 우리는 고죽국의 백이·숙제가 동쪽의 해빈(海濱)에서 밭갈이를 하며 살았다는 고사를 이미 알고 있다. 그리고 그 흔적이 지금도 남아 있다는 것도 이미 알아보았다. 고신은 누구인가? 사마천의 『사기』<삼대세표(三代世表)>에 황제를 시조로 하는 족보가 나온다. 황제(黃帝)－현호(玄囂)－교극(蟜極)－고신(高辛)－방훈(放勳: 堯요임금)으로 이어진다. 고신은 황제의 고손자이며 요임금의 아버지이다. 따라서 북경지방이 고신(高辛)의 고향이라는 말이 된다. ③ '그 후에 모용씨(慕容氏)가 차지했다'고 하는 것은 선비(鮮卑)족의 일파인 모용부(慕容部)가 4세기 이후 중국의 오호십육국시대(五胡十六國)[69]에 전연(前燕), 후연(後燕), 서연(西燕), 남연(南燕) 등을 세워 북부지역을 장악하였던 사실을 말하고 있다. 따라서 동호(東胡)의 강역은 양자강지역에서부터 만주와 몽골까지 대륙의 동부지역 전체를 말한다. 그리고 시기적으로는 중국에서는 신화시대의 인물로 알고 있는 고신씨(高辛氏)가 살았던 시기부터 선비족이 한창 세력을 떨치던 시기인 4~5세기까지를 망라하고 있다. 중국의 역사에서 이렇게 2천 년이 넘도록 장구한 세월을 유지해온 나라가 있는가? 바로 단군조선(檀君朝鮮)을 그렇게 부르고 있다. 그리고 요임금의 아버지는 동이족이며 고향은 북경지방이었다고 분명히 밝히고 있다. 이 얼마나 놀라운 기록인가?

⑦ 서화인들이 조상으로 모시는 사람들이 조선에서 태어났다는 것을 증명하고 있다.

우리는 앞의 ⑤번 항에서 숙신지국(肅慎之國)에 대하여 알아보면서 숙신국(肅愼國)은 백민국(白民國)의 북쪽에 있다고 하였다. 숙신국과 백민국은 남북으로 인접한 국가이다. 『산해경』<대황동경大荒東經1207>에 '백민국이 있다. 제준이 제홍을 낳고 제홍이 백민을

낳았다. 배성들은 쇠를 만들고 기장을 먹으며 4종류의 새와 호랑이·표범·곰·말곰을 부린다(有白民之國 帝俊生帝鴻 帝鴻生白民 白民銷姓 黍食 使四鳥 虎豹熊羆)'고 하였다. 여기서 말하는 기장(黍)은 앞의 벼농사에 대해서 알아본 것과 같이 벼, 즉 쌀을 의미한다는 것을 우리는 알고 있다. 그리고 역사가들이 주석하기를 '제준이 소전(少典)이고 제홍이 황제헌원(黃帝軒轅)이다'고 하였다. 앞에서 우리는 배달국시기인 (8대) 안부련(安夫連) 한웅 말기에 곰족에서 갈려 나간 소전(少典)이 명을 받고 강수(姜水)에서 병사들을 감독하였으며, 그의 아들이 신농(神農)이고 소전의 다른 갈래 후손에 공손(公孫)이 있었는데 그의 후손이 헌원(軒轅)이라고 하였다. 어떤가? 백민국은 지금의 장춘시(長春市) 남쪽 어딘가에 있었던 조선의 제후국이었다. 지금의 심양시(沈陽市)가 유력한 후보지일 수 있다고 본다. 백민성(白民城)은 우리 역사에도 등장한다. 43세 단군 물리(勿理) 시기인 B.C. 426년에 사냥꾼 우화충(于和沖)이 반란을 일으키자 백민성(白民城) 욕살 구물(丘勿)이 난을 진압하고 44세 단군이 되었다. 결론적으로 서화족의 조상인 황제헌원은 조선의 제후국인 백민국(백민성)에서 태어난 사람이다.

그리고 복희나 신농, 황제의 행적과 그들의 후손들의 행적이 해외나 변두리지역, 쉽게 말하면 동이(東夷)의 주요 활동지역이라고 추정되는 북경지역과 그 북쪽, 그리고 산동반도를 포함한 동부지역에 집중되어 있다는 사실이다. 이는 그들의 조상의 근본이 동이라는 것을 증명하고 있다.

(4) 대륙의 중원에서 우리의 전통신앙인 山(산)과 水(수) 신앙이 정착하여 꽃피웠다

'B.C. 2267년(갑술)에 단군왕검 시기에 태자 부루(扶婁)가 아버지의 명을 받고 도산(塗山)으로 가는 도중 낭야(琅耶)에 보름 동안 머물면서 백성들의 형편을 물었다. 이때 우(虞)나라의 순(舜)도 사악을 거느리고 와서 물을 다스리는 등 여러 일을 보고하였다. 번한(番韓)이 태자의 명을 받아 성안에 영을 내려 경당(扃堂)을 크게 일으키고 아울러 태산(泰山)에서 삼신(三神)에게 제사 지냈다. 이때부터 삼신(三神)의 옛 풍습이 회(淮)와 대(岱)지방에서 크게 퍼졌다(甲戌 太子扶婁 以命往使塗山路次 琅耶留居半月 聽問民情 虞舜亦率四岳報治水諸事 番韓以太子命令 境內大興扃堂 並祭三神于泰山 自是三神古俗大行 于淮岱之間也).' <번한세가 상>

이 기사는 우리의 삼신(三神)신앙이 어떻게 중국 대륙에 퍼졌는지를 설명하고 있다. 회대(淮岱)지방은 이미 치우천왕(B.C. 2707~B.C. 2599) 때에 개척한 땅이다. 천왕은 유망(楡罔)이 도읍했던 공상(空桑)을 점령하고 크게 새로운 정치를 폈으며, 청구국(靑邱國)으로 도읍을 옮겼다고 하였다. 그러나 우리의 선조들은 그 이전부터 이미 대륙의 중원에 진출하여 살고 있었다는 것을 앞에서 알아보았으며 그 시기는 지금으로부터 5400여 년 전이다.

'삼신의 옛 풍습이 회(淮)와 대(岱)지방에서 크게 퍼졌다'고 한 우리의 기록과 관련하여 중국 측에는 이에 대해서 어떻게 기록하고 있을까?

삼신(三神)의 옛 풍습이 일반 백성들에게 적용되는 형태는 '산과 수'신앙이다. 신앙은 항상 이중성을 띠고 있다. 상류층의 지도자나

학자 등의 지적 능력이 뛰어난 사람들은 합리적이고 논리적인 이론 체계를 갖춘 종교나 신앙을 만들고 믿지만, 일반 백성들은 지적 수준이 낮으므로 보다 더 쉽게 이해할 수 있도록 화려하고 웅장한 조각상이나 상징물이나 그림 등 손에 잡히는 것 들을 통하여 믿음을 갖는다. 이는 동서고금을 막론하고 모든 종교가 갖는 공통된 사항이다. 우리의 삼신신앙, 즉 '슨과 수'신앙이 중원대륙에 널리 믿어졌다는 말을 우리의 사서에서는 그렇게 말한 것이다. 여기서 다시 한 번 강조하는 것은 '슨'이나 '수'는 의미가 같은 두 부족의 말이라는 것을 염두에 두고 이해하여야 한다는 것이다.

우리는 앞 장에서 중국의 고전 중의 고전인『산해경』에 대하여 일반적인 사항과 함께 인문지리서로서의 가치를 알아보았다. 여기서는 신앙서적으로서의 가치와 내용을 알아보자. 이미 우리는『산해경』에서 말하는 '산(山)과 수(水)'가 뫼(山)와 하천(河川)이 아니라는 것은 이제 알고 있다. 공상산(空桑山)은 우리가 편의상 그렇게 부른다. 실제는 '공상지산(空桑之山)'이라고 기록되어 있다. 그리고 부연설명하기를 공상은 지명이다(空桑 地名)고 말한다. 그리고 삼위지산(三危之山)을 설명하면서는 '이는 산이다(是山也)'라고 강조하고 있다. 지명 등에 있는 '슨'을 이렇게 친절하게 설명하고 있다. 또한 <중산경 중차5경 716 양허지산(陽虛之山)>에서 '머리(首)와 산(山)은 귀신이다(首山 魅)'라는 구절이 있다. 바르게 번역한다면 '수와 슨은 신(神)이다'가 된다. 필자가 뭘 잘못 알고 있나? 그러면 독자 여러분이 옳은 번역을 한 번 해보시기를 바란다.

총계	산(山)			수(水)			기타
	계	산(山)	지산(之山)	계	수(水)	지수(之水)	
1,425	569	214	355	538	453	85	318

　작은 결론을 내린다면 우리의 고대신앙인 '亽과 수' 신앙을 한자를 음차하여 '산(山), 수(水)·수(獸)·수(首)·수(守)·숙(肅) 심지어 목(木)'으로 표현하고 있으며 더 나아가 곰(熊: xióng)으로도 표현한 곳도 있다. 그것이 바로 '신(神)'이라고 분명하게 말하고 있다. 우리의 선조들은 단지 '산(山)과 수(水·樹)'로만 표현하였는데 오히려 중원에서 더 다양한 한자로 표현하고 설명도 명확하게 하고 있다. 그런데도 곽박이『산해경』을 편찬한 이후 1800여 년이 흘러도 중국이나 우리나라의 학자들은 무슨 뜻인지를 모르고 지내왔다. 놀라운 일이다. 그러면 지금부터 중원대륙에 크게 퍼졌던 우리의 신앙에 대해서 실체를 하나하나 알아보자.

　① 우리의 전통신앙에 대하여 우리나라의 어느 사서보다도 원형의 상태를 보존하고 있다.『삼국유사』에서는 한웅은 태백산(太白山) 꼭대기 신단수(神檀樹) 밑으로 내려왔다고 하고 있으며,『한단고기』에서는 동남동녀 800이 흑수(黑水)와 백산(白山)의 땅에 내려오고 한인(桓因)은 감군(監群)으로서 하늘세계에 계시면서 이들을 지도하였으며. 뒤에 한웅(桓雄)이 백산(白山)과 흑수(黑水) 사이에 내려왔다. 뒤에 신인 왕검(神人 王儉)께서 불함산(不咸山) 박달나무(檀木: 단목) 터에 내려오셨다고 하였다.

그런데 『산해경』에는 중산경의 기준점인 박산(薄山: 611번)이 있고 대황동경의 기준점인 감산(甘山: 1189번)이 있다. 한 번 검토해보자. <태백일사 삼신오제본기>에 '웅족 가운데 단국이 있어 가장 강성했다(熊族之中 有檀國 最盛)'는 구절이 있다. 웅족은 곰을 신으로 믿는 부족이며 그 곰(熊)이 나중에 신(神)이 되고 금(儉·監·甘)으로 한자를 음차하여 표시하였으며, 뜻으로는 신(神)으로 번역하였다. 그런데 무지한 사람들이 '금'을 검다는 뜻으로 잘못 해석하여 '흑(黑)이나 현(玄)'으로도 번역을 하였다. 이러한 현상은 우리나라뿐만 아니라 중국에서도 마찬가지이다. 흑수·현조·현사·현표·현호·현호(黑水·玄鳥·玄蛇·玄豹·玄虎·玄狐) 등의 표현이 그것이다.

그리고 단국(檀國)은 '밝은 족' 또는 '한족(환한 족)'이며 밝짜(밝은 땅)에 사는 부족이다. 중원에서는 '수(樹)'라는 발음을 나무로 오해하여 '감목은 죽지 않는 나무다(甘木 卽 不死樹)'라고 하고 있다(1237 불강산, 1253 불사국). 바르게 번역하자면 '금수(神수: 신의 남성 심벌)는 죽지 않는다'이다. 또한 '적목 현목(赤木 玄木: 1252 영민국)'이라는 말도 나온다. '박수(밝수)와 금수(神수)'를 말한다. 따라서 당초의 '신(神)의 수(雄)나 손'인 '금수=금손(甘水=甘山)'이 신단수(神檀樹)나 흑수(黑水)로 와전된 것이다. 신단수(神檀樹)는 의역과 음역을 조합한 신수(神樹)와 '밝짜수(박달수=檀樹)'를 합성한 것이다. 즉, 두 개의 수(雄)를 합쳤다. 그리고 '밝은 손'인 박산(薄山)이 백산(白山)이나 태백산(太白山)으로 와전되었다. 이제 독자 여러분도 중원에서 사용한 우리말이 가장 원

<신앙의 핵심이 되는 산(山)과 수(水)>

『산해경』	『삼국유사』	『한단고기』
박산(薄山)	태백산(太白山) 신단수(神檀樹)	백산(白山)
감수(甘樹)		흑수(黑水)

형의 상태로 보전되어 왔다는 것을 알 수가 있으며, 우리의 역사에서 사용한 이런 용어들을 명확하게 이해할 수가 있다.

② 다음은 치우천왕이 중원을 평정하고 청구(靑丘)로 수도를 옮기고, 유망의 수도였던 공상(空桑)을 점령하여 거점으로 삼았다고 한 역사적 기록이 사실임을 증명한다. 앞 장에서 공상은 지금의 산동성 곡부(曲阜)라고 하였다. 여기에 중원에서 가장 큰 신앙시설이 있었다. <동산경 548 공상지산(空桑之山)>에 '짐승이 있는데 호랑이 무늬를 한 소의 형상을 하고 있으며 ······ 바라보면 천하의 큰물과 같다(有獸焉 其狀如牛而虎文 ······ 見則天下大水)'로 직역할 수가 있다. 도대체 무슨 말인가? 산짐승이 물이라니? 세 살 먹은 어린아이가 생각해도 말이 안 되는 말을 중국의 유명하고 귀중한 역사책이라는 데서 하고 있으니 기가 찰 노릇이다. 우리의 신앙 이야기이고 우리말이니까 그런 것이다. 여기서의 '수(獸)'는 짐승이 아니고 우리의 '수(雄)'인 동시에 신(神)이라는 것을 알 수가 있다. 따라서 정확한 번역은 '수(雄), 즉 숫상(사내像)이 있는데 몸이 호랑이 무늬를 한 소의 형상을 하고 있으며 ······ 바라보면 천하에서 제일 큰 사내의 신상(神像)이다'가 된다. 중원대륙의 학문의 중심지였던 곡부(曲阜)는 어느 날 하루아침에 그렇게 된 것이 아니다. 이미 지금으로부터 4700여 년 전부터 중원대륙의 문화와 종교의 중심지였던 것이다.

③『산해경』은 우리의 신앙시설의 위치를 설명하는 종교지리서라는 것을 알았다. 지금의 상황을 빗댄다면 불교에서 서울의 조계사와 봉선사, 용문사, 월정사, 해인사, 불국사, 금산사 등등의 위치가 어느

방향으로 얼마나 가면 있는지를 표시하였다. 그리고 거기에 어떤 부처를 모시고 있으며 금이나 옥으로 다듬거나 만들고 치장하였으며, 그것을 일반 백성이 쉽게 이해할 수 있도록 벽이나 비단에 그림을 그린 성물들이 있는지를 설명하고 있는 안내서와 같다. 지리적 범위는 서부의 관중평원과 동부의 중원, 그리고 조선의 동북지역 본국을 모두 망라하고 있다.

④ 신앙시설에 무엇이 있는지를 상세하게 묘사하고 있다. 어떤 '손이나 수'에는 금과 옥, 구리, 철 등의 보물이 많이 있다(多金 多銀 多玉 多黃金 多金玉 多銅 多鐵)는 표현이 많이 나온다. 진짜 산에서 금과 옥이나 구리와 철이 생산된다면 '난다든가 산출된다'는 표현을 써야 맞지 않을까? 지금도 마찬가지이지만 동서고금을 막론하고 종교시설은 웅장하고 화려하며, 예외 없이 금이 사용되고 옥과 같은 진귀한 돌이나 보석으로 치장을 한다. 그런 상황을 『산해경』에서 설명하고 있다.

그리고 그다음으로는 '짐승이 있다. 새가 있다(有獸焉 有鳥焉)는 등의 말이 시작되며, 어떠한 모습인지를 묘사하고 있다. 완전한 사람의 형상은 하나도 없다.

<산해경에 나오는 신의 대표적인 모습>

신의 형상	항목	사례
인면사신(人面蛇身)	12	330(제산) 1012(헌원국) 1336(불함산)
인면용신(人面龍身)	5	169(종산) 176(곤륜구)
인면수신(人面獸身)	23	160(내산) 512(순우무봉) 607(염산) 651(만거산) 1321(곤륜구)
인면조신(人面鳥身)	13	302(관제산) 841(금고산) 1043(우강)
삼족오(三足烏)	2	1111(서왕모) 1218(얼요군저)
九(구미호 등)	6	13(청구산) 1355(상요)
복희 여와 교미도 (伏羲 女媧 交尾圖)	1	990(불사민)

그리고 완전한 형태의 짐승이나 새나 물고기도 없다. 거의 모두 말, 소, 개, 양, 돼지, 호랑이, 표범, 곰, 뱀 등의 짐승과 새 종류와 물고기, 그리고 상상의 동물인 용, 삼족오, 봉황 등의 동물들의 신체를 조합하여 만든 기괴한 괴물을 설명하고 있다. 예를 들면, 새의 날개가 있는 쥐(鼠而鳥翼), 새의 날개가 있는 말의 몸(馬身而鳥翼), 쥐머리의 토끼(兎而鼠首), 개머리의 물고기(魚身而犬首), 뿔과 눈이 하나인 양(羊一角一目), 새의 날개가 있는 물고기(魚身而鳥翼), 날개가 넷인 뱀(蛇而四翼), 뱀의 머리와 다리가 있는 물고기(魚身而蛇首之足), 새의 머리에 물고기의 날개와 꼬리(鳥首而魚翼魚尾), 용의 머리에 말이나 새의 몸(馬身而龍首·鳥身而龍首), 새의 머리에 용의 몸(龍身而鳥首), 뱀의 머리에 다리가 여섯인 물고기(魚身蛇首六足), 개의 머리를 한 물고기(魚身而犬首), 머리 하나에 몸이 둘인 뱀(蛇一首兩身), 소의 형상을 하고 뱀의 꼬리에 날개가 있는 물고기(魚 其狀如牛 蛇尾有翼), 말의 몸에 용의 머리(馬身而龍首), 새의 몸에 용의 머리(鳥身而龍首), 다리가 셋인 새(三足鳥), 꼬리가 아홉인 여우(九尾狐), 머리가 아홉인 뱀의 신체(九首蛇身), 머리가 아홉인 청룡(九首靑龍) 등등의 기형의 짐승들을 기록하고 있다.

더 나아가 이제는 사람과 결합한다. 사람 얼굴의 말(人面馬身)이나 물고기, 올빼미, 양, 개, 뱀(人面蛇身), 사람 몸에 용의 머리(人身龍首)나 호랑이 머리, 짐승 머리에 사람의 몸(獸首人身), 사람 얼굴에 물고기(人面而魚身), 새의 신체에 사람의 얼굴(人面鳥身), 용의 신체에 사람의 얼굴(人面龍身), 짐승의 신체에 사람의 얼굴(人面獸身) 등이 그것이며 더 나아가 머리가 둘인 사람(人而二首), 머리가 삼각인 사람(人首三角), 얼굴이 사방에 있고 다리가 셋인 사람의 신체(人身而方面

三足) 등등 사람이 상상할 수
있는 형태는 다 만들었다.

그러면 이러한 괴물과 같은
신들을 우리는 어떻게 이해해야
할까? 곰이나 호랑이 토템신앙
에서 한 단계씩 진화하고 발전
해가는 모습을 파노라마처럼 나
열하여 보여주고 있다고 생각한

<기자의 스핑크스(제4 왕조 카프레
시기(B.C. 2558~B.C. 2532)>

다. 여기에서 우리는 서구세계의 유니콘
(일각수), 상체는 사람이고 하체는 말인
반수반인, 사자의 몸에 사람의 머리가 달
린 스핑크스(Sphinx), 그리스신화에서 하늘
을 나는 이카로스(Icarus), 하반신은 말이며
상반신은 사람인 켄타우로스(Centauros),
얼굴이 둘인 야누스(Janus) 신도 떠올릴 수
가 있으며, 날개가 달린 천마나 사랑의 신
에로스(Eros)와 천사도 연관이 되며, 한마

<에로스와 켄타우로스>

디로 없는 것이 없다. 무한한 상상력의 산물이며 영감의 보고이다.
요즈음 한참 붐을 일으키고 있는 '반지의 제왕'과 같은 흥행물이 이
보다 더 우수하다고 장담할 수가 있을까? 그리고 수천 년간의 장구한
세월에 걸쳐서 이러한 과정을 거쳐서 우리의 역사에서나 중국의 역
사에 나오는 산상웅상(山像雄常)과 하늘에 제사 지내는 금인(祭天金
人)이 탄생하고 대웅(大雄), 즉 남자 중의 남자(Man of Man)가 최종적
으로 탄생한다.

<이집트의 세트(Seth)신>

그리고 부산물로서 생성된 문화가 여럿이 있다. 첫째가 용(龍)숭배 신앙이다. 우리가 지금 보고 듣고 하는 용이 이렇게 만들어졌으며, 둘째가 삼족오(三足烏)이다. 인면조신(人面鳥身)과 삼족오(三足烏)와 함께 우리의 태양신을 형상화한 그림이다. 까마귀가 왜 숭배의 대상이 되었을까? 옛말은 '가마귀'였지만 아마도 '감아기'가 원형이라고 추측해본다. 그 뜻은 '신의 아기'이다. 유태민족의 토라에는 'Angel'이라는 단어에 주석을 달아 설명하기를 'Sons of God'이라고 하였다. 신의

<집안 고구려 고분벽화 오회분 4호묘의 고구려 벽화 중 해의 신: 머리 위의 해 안에는 삼족오가 있다.>

아들들이 'Angel'이다. 까마귀가 바로 'Angel'이라는 말이다. 그래서 서양종교의 성화에 'Angel'은 날개가 있다. 사람이 어떻게 날개를 가진 신체구조를 하고 있는가? 당초에 새이니까 날개가 있는 것이다. 고구려에서는 고귀한 사람이 죽으면 무덤 내부에 공간을 만들어 신전과 같이 꾸미고 벽과 천장에는 여러 신을 그려 넣었으며, 또한 살아 있을 때의 생활상도 그려 넣었다. 삼족오는 물론 사람의 머리에 뱀이나 용의 몸을 한 그림도 있다. 집안 고구

<삼족오: 고구려 각저총(왼쪽),
오회분 4호묘(오른쪽)>

려 고분벽화 사진에서는 해신이 사람의 얼굴에 새의 날개와 푸른 용의 몸을 하고 있다. 산해경에서 설명하고 있는 것들이다.

삼족오 신앙은 고구려는 물론 백제를 거쳐서 삼도인 일본열도까지 진출해간 사람들도 믿었다. 삼족오(三足烏)는 태양숭배신앙이며, 까마귀는 검은새(玄鳥)로서 검조(儉鳥)이고 이는 신조(神鳥)를 말한다. 그리고 삼족(三足)은 삼신(三神)을 상징한다. 특히 일본의 왕실에서는 지금도 왕이 바뀔 때마다 이세신궁에서 즉위할 때에 입는 옷에 삼족오 문양이 있다. 해신(日神)을 의미한다. 역사적으로 지금의 중국 역사에서는 그러한 전통이 없는 것으로 알고 있다.

그리고 머리가 아홉이고 몸이 푸른 뱀이나 새의 형상을 한 신이나 구미호(九尾狐), 사람 머리가 아홉인 새(九首人鳥)는 우리 민족이 고대에는 9한(九韓)이었으며, 산동반도와 양자강 이북의 회대(淮岱)지방에 진출하여 식민지를 개척하였을 때에 그 지방을 구여(九黎)라고 하였는데 이 두 가지 경우의 하나를 뜻한다.

그리고 현재 우리가 알고 있는 고구려 무덤의 벽화의 청룡·백호·주작·현무의 사신도(四神圖)나 봉황, 12지신의 조각상이나 그림들은 우리의 고대신앙을 이어 내려온 증거들이다. 그리고 경주의 무덤들에서의 석상이나 돌에 새긴 신상들이 사람과 짐승을 결합한 것들이 모두 까마득한 옛날의 전통에서 비롯되었다는 것을 미루어 알 수가 있다. 고구려 왕릉의 석실은 죽어서도 현세를 그대로 이어가려는 바람에서 현실의 신앙시설을 재현한 것이라고 이해를 할 수 있지 않을까? 그러나 중원대륙에는 지금 이러한 우리의 전통신앙의 흔적이 없다. 서화인의 뿌리인 주족(周族)들이 우리의 전통문화를 버리고 나름대로 취사선택을 하여 자기 것으로 변조하여 발전시켰기 때문이다.

<경주 김유신 장군 묘 12지신상 중
뱀신 탁본>

<토끼얼굴을 한 새 그림: 경주
천마총에서 출토(2014.3.18.
조선일보)>

⑤ 그리고『산해경』에 우리의 주신
인 일신(一神)과 삼신(三神)사상을 담
고 있다. 그러나 신앙의 차원에서 한참
뒤떨어지는 신화의 차원으로 스토리를
만들었다. 내용을 보자.

'서왕모(西王母)는 삼위지산(三危之
山)에 산다. 이것은 산이다(是山也). 삼
족오(三足烏)가 있다'고 기록하고 있
다. 그리고 여러 사가가 각각 부연하
기를 '삼족신오(三足神烏), 삼청조(三
靑鳥)가 있다거나 거(居)한다' 등으로
말하고 있다. 그리고 서왕모는 삼청조
를 먹는다고 한다. 오류가 있기는 우
리나라의 역사들에서도 마찬가지이다.
『한단고기』에서도 삼위태백(三危太白),
삼위산(三危山) 등의 말이 나오는데
'삼신의 위(位), 즉 삼위손'을 모시거
나 모셔져 있는 사당을 말하는 것으로
필자는 믿고 싶다. 삼족오는 태양을
상징하는 새라는 것은 이미 설명하였
으며 우리가 익히 알고 있는 사실이다. 즉, 서왕모는 우리가 알고 있
는 삼위산에 사는 신이 아니고 산이 아닌 삼위지산, 즉 '삼위손'에
산다고 해두자.

서왕모는 우리 고대신앙의 짝퉁이다. 왜 필자가 그런 단정적인 표

현을 하는지 한 번 알아보자. 서왕모(西王母)를 중국어 발음으로는 'Xīwángmǔ(시왕무)'라고 한다. 사전에서는 곤륜산(崑崙山)의 요지(瑤池)에 살며 불로불사(不老不死)의 영약(靈藥)을 가졌다고 하는 고대 신화 속의 여신이라고 풀이하고 있다.

서왕모(西王母)는 우리의 한신[韓神: 일신(一神)]이 아래와 같은 과정을 거쳐서 만들어진 말이다. 첫째는 하늘의 통치자인 천신의 탄생이고 두 번째는 지상의 최고 권력자의 탄생이다.

<사찰에 있는 뱀신상>

○ 한 곰(熊)→하늘 곰(熊)→하늘 곰
   (君: 儉: 監: 甘: 神)→천신(天神) ---
   하늘의 통치자, 즉 신앙의 대상

○ 한 곰(熊)→한 군(君)→한 검(儉)
   →왕검(王儉＝大監), 다른 말로
   감군(監君) --- 지상의 통치자

<구미호>

   →(한국말＋일본말) 한 군(君)→
   하느 오우(おう: 王)→하니(늬) 오우(おう: 王)＋어미(母)→(중국
   식 한자표기) 西王母(Xīwángmǔ)

※ 하늬(하니)바람: 서쪽에서 불어오는 바람(西風: 서풍)

   →하늬＝서쪽

이미 앞에서 설명을 한 말들이니까 독자 여러분도 이제는 쉽게 이해를 하였을 것으로 본다. 서왕모는 중원에 살던 지금의 한일중국의 고대의 공동조상들이 만든 합작품인 셈이다.

다음은 우리의 삼신(三神)사상을 이야기하고 있다.

<해내서경1423 구주(九州)>에서 제준이 삼신(三身)을 낳고 삼신(三身)이 의균(義均)을 낳았는데 의균(義均)이 처음으로 재주가 있는 사내인데 하계의 백성들에게 처음으로 온갖 기술을 가르쳐주었다(帝俊生三身 三身生義均 義均是始爲巧倕 是始作下民百巧). 역시 우리의 고대신앙을 패러디하였다. 앞에서 서왕모가 일신(一神), 즉 한신(韓神)이다. 우리의 역사에서는 '소전(少典)이 신농(神農)을 낳았다'라고만 하는데 『산해경』에서는 제준(帝俊)이 소전(少典)이라고 한다. 백민국에서 제준이 제홍을 낳았는데 제홍이 바로 황제헌원(黃帝軒轅)이다. 또한 제홍은 백민(白民)을 낳았다(대황동경 1207 백민국 참조). 여기서는 또 제준, 즉 소전이 삼신(三身)을 낳았다는 것은 바로 삼신(三神)을 낳았다는 말을 변조한 것이다. 그 삼신이 의균(義均)을 낳고 하계의 백성을 교화하였다는 것은 의균이 우리 신화의 한웅(桓雄)의 역할을 하였다는 것을 의미한다. 그러나 우리의 신화에서는 일신이 스스로 변화하여 삼신이 되고 삼신은 따로 존재하는 것이 아니고 그 작용에 따라 그렇게 된다고 하였는데 중국에서는 서왕모도 일신(一神)이고 또한 소전이 일신(一神)이며 그가 삼신(三神)을 낳고 삼신이 의균을 낳아 하계로 내려가서 인간을 교화하는 것이다. 품위가 아주 낮은 패러디이다. 그런데 위의 문장에서 '義均是始爲巧倕(의균 시시위 교수)'라는 이상한 구절이 있다. '의균은 처음으로 교수가 되었다'는 번역을 하는 것이 맞는 것 같으나 마지막의 '倕(수: chúi)'는

순수한 우리말 수(사내)를 말한다. 한자의 음을 빌려서 쓴 이두식 표현이다. 사전을 보면 '무겁다, 사람 이름, 훌륭한 장인(匠人)' 등으로 나오는데 모두 잘못된 설명이라고 본다. 따라서 '의균은 처음으로 기교가 있는 사내이다.'라고 해석하는 것이 옳다.

<사전에서 倕(수: chúi)의 뜻>
① 무겁다
② 사람 이름
③ 훌륭한 장인(匠人)

<우리의 신화와 『산해경』의 신화 비교>

한국	중국
일신(一神)=한신(韓神)	소전(제준)
삼신=천신 · 지신 · 삶신	삼신(三身)
한웅(桓雄)이 인간세계로 하강하여 교화	의균(義均)이 하계의 백성들을 교화

마지막으로 『산해경』에서 불함산(不咸山: 대황북경 1336)에 대해서 어떤 설명을 하고 있는지 알아보자.

"불함산(不咸山)은 지금은 읍루인 숙신국에 있다. 날개가 넷인 비질(蜚蛭)이 있다. '수(사내: 神)'의 머리에 뱀의 몸을 한 벌레가 있는데 이르기를 신(神)벌레라고 한다(有蜚蛭 四翼 有蟲 獸首蛇身 名曰 琴蟲)." 필자는 '獸(수)'를 짐승으로 해석하지 않고 우리의 전통신앙인 '수(雄)'의 음차로 본다. 또한 '금충(琴蟲)'에서 '금(琴)'은 신(神)의 우리말 '곰'을 나타낸다. 그리고 이를 보다 구체화하여 표현한 것이 불사민(不死民: 990)에 있는 '복희여와교미도(伏羲 與女媧 交尾圖)'이다. 우리의 사서에서는 복희의 학문을 이어받은 이가 여와라고 하였는데 중국에서는 남매로 나오며 교미를 하였다고 한다. 무엇을 의미하는가? 바로 인류의 시조 '붉암손', 즉 나반(那般)과 아만(阿曼)의

411

형상을 말한다.

(5) 순임금의 첫 나들이는 우리의 신앙시설과 동후를 알현하는 것으로부터 시작된다

『서경(書經)』은 유교의 5가지 기본 경전 중의 하나이며,[70] 일부는 후대에 쓰였다고 밝혀졌지만 중국에서 가장 오래된 역사서이다. 중국 고대의 정사에 관한 문서를 공자(孔子)가 편찬하였다고 전하며, 한(漢)나라 이전에는 공문서라는 의미로 『서(書)』라고 했지만, 유교를 숭상하는 한대에는 소중한 경전이라는 뜻을 지닌 『상서(尙書)』로, 송(宋)대에는 유교경전에 포함시켜 중요성을 강조하여 『서경(書經)』이라고 불렀다. 서경은 모두 58편으로 이루어져 있는데, 처음의 5편은 덕행으로 나라를 다스려 태평성세를 이루게 하였다는 전설적인 요(堯)·순(舜)의 말과 업적을 공자가 기록한 것이다. 4편은 하(夏)나라, 17편은 은(殷)나라의 건국과 마지막 왕인 주왕(紂王)의 몰락까지의 기록인데, 주왕을 잔인하고 포악하며 사치스럽고 음탕한 인물로 묘사하고 있다. 마지막 32편은 서주(西周)시대까지의 기록이다.

『서경(書經)』<순전(舜典)>에 나오는 기록이다.

'歲二月 東巡守 至于岱宗 柴 望秩于山川 肆覲東后 協時月正日 同律度量衡

(세이월 동순수 지우대종 시 망질우산천 사근동후 협시월정일 동

---

70) 5경: 서경(書經), 시경(詩經), 역경(易經), 예기(禮記), 춘추(春秋).

률도량형)

脩五禮 五玉三帛二生一死贄 如五器卒乃復

(소오례 오옥삼백이생일사지 여오기졸내복).'

순임금이 왕이 되고 나서 첫 번째 행사로 나라의 동남서북을 순차
적으로 순시하였는데, 우선 동쪽으로 행차를 한 내용이다. 이 문장
도 수수께끼와 같아서 중국은 물론 우리나라에서도 이견이 분분하
다. 많은 사람들이 나름대로 여러 가지로 해석을 하여왔다. 대표적
인 번역을 한 번 보자.

'해 2월에 동으로 수에 순하시어 대종에 이르시고 시하시며 산과
천을 망하여 차례로 하시고 드디어 동녘 후를 뵈옵게 하시니 시와
월을 마치시어 일을 바르게 하시며 율과 도와 량과 형을 한가지로
하시며 다섯 가지 예를 닦으시고 다섯 가지 오와 세 가지 깁과 두
가지 산 것과 한 가지 죽은 것이 폐백이더라. 다섯 가지 그릇을 갖게
하시어 끝난 뒤 다시하시다.[71]

대단히 헷갈리는 어려운 말이다. 그러면 필자가 해석한 것을 풀어
보자. 우선 '동순수(東巡守)'라는 구절이다. 우리말로 '동쪽으로 순행
하였다'는 사실을 문장으로 한문으로 표현하자면 '동순(東巡)'이라고
하면 된다. 그러나 '동순수'하였다는 것은 "동쪽으로 '수'를 순하였
다"는 것이 된다. '수'는 장소가 되는 것이다. 김관식 씨도 이 부분
은 정확한 번역을 하였다. 그렇다면 '수'가 무엇일까? 한자가 아니고
한자의 음을 빌린 순수 우리말이며 '수(樹)'와 같이 전통신앙의 성전

---

71) 『書經』, 김관식 해설, 현암사, 1975.

을 말한다. 순임금이 순행하면서 제일 먼저 신앙시설을 참배한 것이다. 순(舜)임금이 살았던 4300여 년 전을 생각해보라. 당연히 왕의 역할 중에서 종교의 수장(首長)으로서의 역할이 중요하다. 따라서 첫 나들이에 종교와 신앙에 관한 기록이 나올 수밖에 없는 것이다.

다음은 논란이 많은 부분인 '동쪽의 제후를 알현하였다(肆覲東后)'는 대목이다. 많은 사람들이 이러한 표현이 잘못되었다고 하고 있다. 황제인 순(舜)이 지방 단위의 제후(諸侯)를 알현한다는 것이 사리에 맞지 않으므로 '천자(天子: 단군)'를 알현한 것을 후세의 중국 사가들이 곡필을 하였을 것이라고 주장한다. 표현을 그대로 옮기면 이렇다. '순임금이 고조선의 단군께 조근(朝覲)한 기록이 후세 중국 사가들에 의해서 교묘히 변조되었음을 알 수 있다. 아마도 이것을 사마천이 인용하면서 곡필을 한 사람 중에 하나였을 것으로 본다. 이것이 바로 곡필아세로 그들의 민족적 열등의식을 이런 식으로 숨기려 하였으나 이 땅의 성리학자들이나 근세의 한학자들도 한글로 번역하면서 이런 사항들에 대한 검토나 비판 없이 그대로 중국 사가들이 해석한 대로 지나쳤다는 것이다.'

그러나 필자의 견해는 다르다. 글자 그대로 '동쪽의 제후를 알현하였다'로 해석하면 된다고 본다. 배달국(倍達國)의 치우천왕(B.C. 2707~B.C. 2599) 때에 회대(淮岱)지역을 점령하고 수도를 청구(靑邱)로 옮겼으며, 조선을 개국한 단군왕검도 이 지역을 다시 수복하였다. 그리고 치우의 후손 치두남을 번조선의 1대 한(韓Khan)으로 임명하고 우(虞)의 정치를 감독하게 하였다(爲番韓兼帶監虞之政).[72]

---

72) 『한단고기』, <태백일사/삼한관경본기/마한세가 상>.

우(虞)는 바로 순(舜)임금의 나라이다. 그리고 그의 아들 낭아(浪耶)가 2대 한(韓Khan)이 되어 산동성 남쪽 해안에 가한성(可汗城)을 개축하였는데 낭아(浪耶)가 세웠기 때문에 낭야성(浪耶城)이라고도 하였으며, 여기에 분조(分朝)를 두어 회대(淮岱)지방의 제후(諸侯)들을 다스렸는데 순(舜)임금에게 그 일을 감독하게 하였다. 이를 구려분정(九黎分政), 즉 식민통치라고 하였다. 처음에는 순(舜)임금이 감독하도록 하다가 곧 그를 낭야성에서 상주하여 구려를 다스리는 일을 결정하도록 하였다. 그러나 그 이전에 그가 조선의 도움으로 요(堯)임금을 정벌하여 왕이 된 직후에는 상전인 낭야한(浪耶韓Khan)을 알현하여야 하는 것이다. 그리고 우리는 단군왕검 시기인 B.C. 2267년에 '태자 부루(扶婁)가 아버지의 명을 받고 도산(塗山)으로 가는 도중 낭아(琅耶)에 보름동안 머물면서 백성들의 형편을 물었다. 이때 우(虞)나라의 순(舜)도 사악(四岳)을 거느리고 와서 물을 다스리는 등 여러 일들을 보고하였다.'는 기록을 이미 알고 있다. 한국과 중국의 역사기록이 정확하게 일치하고 있다.

다음은 순임금이 실제 동순(東巡)한 목적이 무엇이냐 하는 것인데, 백성들의 일상적인 삶에 가장 중요한 도량형 등을 표준화하였던 것이다. 바로 상국(上國)인 조선의 책력과 악률, 무게와 부피 길이를 재는 도량형, 오례와 오옥(홀, 규, 종……) 등 제사의식의 기준과 각종 제기 등을 조선의 표준과 맞추고 복제하였다. 그리고 귀중한 옥기는 복제품을 만드는 데 참고하고 나서는 되돌려 주었다. 너무나 귀한 물건이라 얻지를 못하고 반납을 한 것이다. 우리는 당연히 옥(玉)도 중국에서 먼저 가공하여 사용한 귀중품이라고 알고 있다. 그러나 우리 민족의 고토인 만주 홍산문화 유적에서 발견된 옥기들은 B.C. 5천 년 전까지 거슬러 올라간다. 따라서 중국의 역사로는 설명이 안 된다. 당연히 한국이나 배달국시대의 유물이기 때문이다. 지금 우리가 중국의 것이라고 생각하고 있는 책력과 모든 도량형의 표준은 우리 민족이 만든 것이라는 것을 여기서 알 수가 있다. 현재 전 세계에서 사용하고 있는 달력은 7일을 일주일(一週日)로 하고 있다. 『한단고기』 <단군세기>에 2세단군 부루(扶婁) 시기인 B.C. 2229년에 신지(神誌)인 귀기(貴己)가 칠회력(七回曆)을 만들어 바쳤다고 하였으며, <태백일사/삼한관경본기>에서는 그해 10월에 명을 내려 칠회력(七回曆)을 백성들에게 나누어 주었다고 기록하고 있다. 그리고 『삼국유사』<고조선>조에서 곰이 약쑥과 마늘을 먹고 삼칠일(三七日)만에 여자가 되었다고 하였다. 분명히 삼십칠일(三十七日)이 아니고 '칠(七)이 셋(三)이니까 21일의 의미로 그런 표현을 하였다. 저자인 일연은 13세기 사람이다. 이미 4천2백여 년 전에 달력을 7일 단위로 만들었다는 것을 알 수가 있으며 당연히 중원으로 전파되었을 것이다.

따라서 상서의 문장은,

"(순임금이) 이해 2월에 동쪽을 순행하여 신앙시설에 들러 '수'를 참배하고, 대종(俗宗: 태산)에 이르러 제사를 지내고, 동쪽의 제후를 알현하고, 사시(四時), 12월, 365일을 조정하고, 음률과 도량형을 통일시키고, 5례(五禮)를 정비하고, 홀, 규, 종 등 다섯 가지 옥(五玉), 세 가지 비단(三帛), 두 가지 산 짐승(二生), 한 가지 죽은 짐승(一死)을 조현(朝見)의 예물로 정했다. 다섯 가지 옥기는 복제가 끝난 후 돌려 드렸다"로 번역할 수가 있다.

그러면 왜 이러한 해석을 자신 있게 할 수가 있는지 중국의 사서를 보고 같이 확인해보자.

『사기』에 <봉선서(封禪書)>라는 항목이 있다. 사전을 보면 '봉선'이라는 것은 옛날 중국에서, 천자(天子)가 흙으로 단(壇)을 만들어 하늘에 제사 지내고 땅을 정(淨)하게 하여 산천에 제사 지내던 일이라고 한다. 그러나 이러한 사전적 풀이는 후대에 중화인들이 본질을 왜곡하여 만든 말이다. 원래 하늘에 제사를 지낼 수 있는 사람은 임금(천자) 한 사람뿐이었다. 당시에는 한웅이나 단군만이 이에 해당된다. '봉(封)'은 임금이 제후를 봉(封)한다는 뜻이다. 그리고 '선(禪)'은 자리를 자식에게 물려주지 않고 어진 자에게 물려준다는 선위(禪位)의 의미이다. 이 두 글자가 합쳐진 '봉선(封禪)'은 제후의 권위의 원천을 뜻하므로 봉선(封禪)이 곧 제후이다. 그리고 난이 일어나서 권위가 파괴되어 새로운 강자가 나타나면 다시 한웅이나 단군으로부터 봉함을 받아야 하는 것이다. 따라서 3황5제는 임금이 아니고 제후였으며, 절대 하늘에는 제사를 할 수가 없으므로 『상서』에서 순(舜)임금이 대종(岱宗: 태산)에서 시제(柴祭: 연기를 피워서 하는 천제)를 지냈다는 것은 의심스럽다. 중원에서는 독립한 주나라부터 하늘에 제사를 지낼 수가 있는 것이다. 결론적으로 '봉선한다'는 말의 원래의 의미는 한웅이나 단군으로부터 부여받은 권위를 자축하는 산천제를 지내는 것을 이른다. 중국의 역사기록에서 3황5제나 하(夏)·상(商)나라 시대에 하늘에 제사하였다는 것은 모두 역사조작으로 보는 것이 맞다. 이러한 연유로『사기』<오제본기>에서 황제(黃帝)가 나라를 순시하면서 북쪽에 있는 '부산(釜山)에서 부절(符節)을 확인했다(合符釜山)'라는 구절은 바로 '봉(封)함을 받았다'는 뜻이라는 것을 이해할 수가 있고, 갑골문을 연구한 결과 그가 임금이 되지 못하였다는 것, 그리고 '순(舜)은 제후이기 때문에 진한(辰韓)에 조근

417

(알현)한 것이 4번이나 되었다(舜諸侯 故朝覲辰韓者 四也)'고 한 것, 그리고 8재(3황5제)가 불함산(不咸山)에 갔다는 역사기록의 진실을 이해할 수가 있으며, 황제가 치우를 죽였다는 것은 허위라는 것도 알 수가 있다. 여하튼 <봉선서>에 보면 8신(八神)이 있다. 대표적 으로 몇 분의 신을 보면 천주(天主)는 천제(天齊)를 제사하며 임치 (臨菑) 남쪽 근교의 산 아래(南郊山下)에 있고, 지주(地主)는 태산(泰 山)과 양보산(梁父山)에 제사하는데 일반적으로 늪지 중에 원형의 언 덕 위이며, 병주(兵主)는 치우(蚩尤)를 제사하는데 제나라의 서쪽 경 계에 있는 동평(東平) 육감향(陸監鄕)에 있다. 음주(陰主)는 삼산(三 山)에 제사 지내며, 양주(陽主)는 지부산(之罘山)에, 월주(月主)는 래 산(萊山)에 제사를 지내는데 이상의 6신 모두가 제나라의 북쪽에 있 으며 발해에 접해 있다. 그리고 일주(日主)는 성산(成山)에 제사하며 제나라의 가장 동북쪽 모퉁이에 위치해 일출을 맞이할 수 있다. 마 지막으로 사시주(四時主)는 낭야(瑯邪)에 제사하는데 낭야는 제나라 의 동쪽에 있으며 1년 운행의 시작을 기원한다.

이를 한 번 평가해보자. 우선 이들 8신 모두가 회대지방, 즉 산동 반도 일대에 있다. 동방의 신이며 동이(東夷)의 신이다. '천주(天主) 는 천제(天齊)'라고 하였는데 이는 제후가 하늘에 제사할 수가 없으 므로 천제(天帝)라는 말을 조작한 것이며, '천제연수(天齊淵水)'는 '천제(天帝)의 수'라는 형상에 제사 지낸다고 보는 것이 맞다. 여기 서 '수(水)'는 물이나 연못물이 아니고 우리의 신앙인 '수'를 말한다. 그리고 구체적인 지역이 '임치(臨菑) 남쪽 근교의 산 아래'라고 하였 다. 바로 우리의 사서에서 치우천왕이 회대(淮岱)지방을 평정하고 수 도를 청구(靑丘)로 옮겼다는데 그 장소가 임치(臨菑) 남쪽 지역이라

<8신(八神)과 받드는 신(사당)>

8신의 이름	제사를 지내는 대상	위치	
천주(天主)	천제연수(天齊淵水)	임치(臨菑) 남쪽 근교의 산 아래	제북(齊北)에 있으며 발해에 접해 있다.
지주(地主)	태산(泰山)과 양보산(梁父山)	(늪지 중 원형의 언덕 위)	
병주(兵主)	치우(蚩尤)	제나라의 서쪽 경계에 있는 동평(東平) 육감향(陸監鄕)	
음주(陰主)	삼산(三山)		
양주(陽主)	지부산(之罘山)	(임치 서쪽 쯔보(Zibó)시로 추정)	
월주(月主)	래산(萊山)		
일주(日主)	성산(成山)	제나라의 가장 동북쪽 모퉁이에 위치해 일출을 맞이할 수 있다.	
사시주(四時主)	낭야(瑯邪)	제나라의 동쪽에 있으며 1년 운행의 시작을 기원한다.	

고 하였다. 일치한다. 하늘, 즉 천제는 제왕만이 지내는 것이니까 천하를 다스리는 치우를 비롯한 배달국의 천왕이 지내는 제사이며 그 구체적인 장소가 수도에 있는 것이다. 따라서 하늘에 제사하는 천제는 여기이니까 순(舜)이 대종(泰山)에서 시제(柴祭)를 하였다는 것은 거짓말이 되며 사실은 산천제(山川祭)를 올린 것이다. '음주(陰主)는 삼산(三山)'이라고 하였는데 생산이나 출산(出産)의 여신이다. 당연히 우리의 삶신, 즉 삼신(三神)이다. 신(神)이라는 한자 이전에는 '슨' 이었으니까 바로 '삶산(三山: 삼산)'인 것이다. 또한 삼신산(三神山)을 말하며 바로 삼신(三神), 즉 삼신할미를 말한다. 우리의 『한단고기』에서는 '삼산(三山)'이라는 말이 없는데 이처럼 중국의 사서에 그 원형이 남아 있다. 그리고 '양주(陽主)는 지부산(之罘山)'이라고 하였는데 '지바산'을 말한다. '지바(鷄巴)'[73]는 중국말로 남근(男根)을 말

419

한다. 우리는 중국어는 뜻글자인 한자(漢字)만 있는 줄 아는데 순수한 중국말 중에는 이렇게 한자의 소리를 빌려 기록한 소리한자도 있다. 이 말은 일본말 'ちんぽ(진뽀)'와 같은 계열의 언어라고 추정된다. 고대에 '진보'에서 'ㄴ'이 탈락되고

<부(罘) 자의 시대별 발음>

'보'가 '바, 부'로 변하였을 것이다. 그리고 임치(臨淄)에서 서쪽 20 km 지점에 지보(Zībó淄博: 치박)라는 도시가 있는데 어기에 있던 신앙시설로 추정된다. 아마도 '지부'나 '쯔보'는 산동지방의 사투리가 아닐까? '부(罘)' 자는 지금의 북경어 발음은 'fú(푸)'이나 시대에 따라 발음이 달랐다. 당연히 남신이 아닌가? 이 기회에 하나 짚고 넘어갈 것이 있다. 중국의 한자발음이 시대에 따라 변하였다고 하는데, 사실은 그것이 아니고 지방별로 수십 개의 언어가 있어서 서로 의사소통이 안 되지만 한자라는 문자와 문장의 문법을 통일하여 필답으로 서로 소통하였을 것이라고 추정된다. 그리고 숫자의 시대별 중국어 발음이라고 하는 것을 보자. 필자는 전문가가 아니므로 확증이나 단정은 지을 수가 없지만 느낌이나 직감으로 전혀 다른 언어들로 보인다. 이를 증명할 연구가 필요하다. 그러니까 몇십 년 전까지는 북경어와 상해어, 광동어가 의사소통이 안 되는 언어였다.

---

73) 인터넷 중국어사전에서 우리말로 '지바'를 찾아보면 '鸡巴[jība][명사][구어] 음경. 자지'라고 나온다.

<성기의 한중일 언어>

	한국 고어	중국	일본
남성	돗 [돗→좇(자지)]	jība(鸡巴: 지바) [진뽀→지보→지바] 屌(diǎo) 尿(qiú: 구)	ちんぽ(진뽀)
여성	볻 [볻→보다→보지]	屄(bī)	ほと (호또: 女の陰部, 女陰) [볻→홑→호도→호또]

<한자의 시대별 발음>

한자	현대 (북경)	전고대	고대	서한	동한	초기 중세	중기 중세	후기 중세	근세
一(일)	yī	ʔit	ʔit	ʔjə	ʔjə	ʔjit	ʔjit	ʔjit	ʔjit
二(이)	èr	nijs	nić	njəś	ńəś	ńiś	ńij	ńi	ńi
三(삼)	sān	səm	səm	səm	səm	səm	səm	səm	sâm
四(사)	sì	slhijs	sḷić	sḷjəś	s(h)jəś	s(h)jiś	s(h)ij	s(h)i	sḷi
五(오)	wǔ	ŋhāʔ	ŋhá	ŋhá	ŋhá	ŋhŏ	ŋhŏ	ŋhŏ	ŋó
六(육)	liù	rhuk	rhuk	rhəuk	rhəuk	lhiuk	lhiuk	lhiuk	lük
七(칠)	qī	shit	shit	shjət	shjət	shjit	shjit	shjit	shjit
八(팔)	bā	prēt	prēt	prjāt	prjāt	piɛ̄t	piɛ̄t	piɛ̄t	pät
九(구)	jiǔ·jiū	kʷəʔ [kruʔ]	kwá	kə́w	kə́w	kîw	kə́w	kə́w	kə́w·kəw
十(십)	shí	gip	gip	gjəp	gjəp	gjip	gjip	gjip	ʑip
百(백)	bǎi	prāk	prāk	prāk	prāk	pɛ̄k	pɛ̄k	pɛ̄k	päik

　그리고 우리가 사용하고 있는 한자발음은 지금의 북경어 발음과 아주 가깝다. 무엇을 의미하는가? 북경지방도 한국과 일본의 공동 조상들의 삶의 터전이었다는 것이다. 대표적으로 숫자에 대한 한중일의 발음을 비교하여 보면 표와 같다. 같은 근원에서 출발한 발음이며 우리의 발음이 그 원조라는 것을 단번에 알 수가 있다.

<한국과 비교한 일본·중국의 한자발음 변화>

한자	현대 북경어		일본어	
	발음	변화 법칙	발음	변화 법칙
一(일)	yī	ㄹ받침 탈락	いち(이찌)	ㄹ받침이 '찌'로 변함.
二(이)	èr	모음 ㅣ→ㅓ	に(니)	
三(삼)	sān	ㅁ받침→ㄴ	さん(산)	ㅁ이 'ㄴ'으로 변함.
四(사)	sì	모음 ㅏ가 'ㅣ'로 변함.	し(시)	모음 ㅏ가 'ㅣ'로 변함.
五(오)	wǔ	모음 ㅗ→ㅜ	ご(고)	
六(육)	liù	ㄱ받침 탈락	ろく(로꾸)	ㅜ가 'ㅗ'로, ㄱ받침이 '꾸'로 변함.
七(칠)	qī	ㄹ받침 탈락	しち(시찌)	ㅊ가 'ㅅ'로, ㄹ받침이 '찌'로 변함.
八(팔)	bā	ㄹ받침 탈락	はち(하찌)	ㅍ이 'ㅎ'로, ㄹ받침이 '찌'로 변함.
九(구)	jiū	ㄱ→ㅈ(구개음화)	きゅう・く (규・구)	
十(십)	shí	ㅂ받침 탈락	じゅう(쥬우)	ㅅ이 'ㅈ', ㅂ받침이 탈락.
百(백)	bǎi	ㅐ→ㅏ+ㅣ, ㄱ받침 탈락	ひゃく(히야꾸)	ㅂ이 'ㅎ'로, ㄱ받침이 '꾸'로 변함.

특히 전쟁의 신은 배달국의 치우천왕(蚩尤天王)이다. 탁록(涿鹿)전
투에서 황제헌원에게 죽은 것이 아니고 수도를 청구로 옮기고 중원
을 다스리다가 천수를 누리고 그 묘지가 산동성 동평(東平)현 육감
향(陸監鄕)에 있다. 당연히 그에 대한 제사를 묘지에서 지낸다는 뜻
이다. 그러나 승리하였다는 헌원(軒猿)은 제위에도 오르지 못하고 그
의 무덤도 알 수가 없다. 그리고 마지막의 사시주는 낭야(瑯邪)이다.
그가 왜 사시주(四時主)가 되어 있는가? 날짜, 달, 연 등 책력의 표준
을 중원에 처음으로 보급하여 시행하였기 때문이다. 위에서 순(舜)임
금이 조선의 도움을 받아 우(虞)나라를 세우고 첫 나들이를 하여 낭
야한(韓: Khan)을 알현하고 도량형을 맞춘 일과 관련이 있다. 이때는
순(舜)임금이 회대(淮垈)지방의 책임자로 임명되기 전으로 추정되며,
이때에는 낭야한(韓: Khan)의 아래 위치이니까 만나면 당연히 예의

를 갖추어 알현하여야 한다.

결론적으로 순임금이 다스리는 우(虞)나라는 우리의 단군왕검이 다스리는 조선에 소속된 2차 지방정권이었으며, 그 규모가 제후국에도 미치지 못하는 작은 나라라는 것이다. 아마도 君(군)-王儉(왕검)-檀君(단군)의 3단계 행정조직에서 君(군)이 다스리는 정도의 연방 소국에 지나지 않았다고 본다. <봉선서>의 기록은 중국이 우리의 역사를 자기네 역사로 끼워 맞추었다는 것을 증명하는 귀중한 근거이다.

그리고 8신(八神) 중에서 실제로 존재하였던 사람은 치우와 그의 후손 낭야(瑯邪)이다. 두 사람이 신으로 받들어 모셔지는 것을 보면 중원에 끼친 공적이 얼마나 큰지를 짐작할 수가 있다. 나머지는 모두가 우리의 전통신앙인 '`과 수'이다. 이처럼 중국 최고의 사서에서 하늘과 땅에 제사하는 대상이 모두 우리의 신앙과 실존인물이었다는 것을 알 수가 있다.

그런데 『사기』<봉선서>에서 사마천은 『서경』을 인용(書經 曰)하면서 본래의 '東巡守'를 '東巡狩'로 바꾸어 순임금이 첫나들이를 수렵, 즉 사냥놀이를 하는 것으로 변조하였다. 그리고 '동쪽의 제후를 알현하다'는 뜻의 '사근동후(肆覲東后)'를 '마침내 동후(東后)를 뵈었다(遂覲東后: 수근동후)'로 바꾸었다. 그러면서 그네들은 해석하기를 '동후(東后)를 만났다'라고 번역하고 있다. 그러나 '근(覲)' 자는 '뵐 근'이다. 절대로 '만나다'라고 번역될 수가 없는 한자이다. 그리고 이어서 친절하게도 '동후(東后)는 제후(諸侯)다'라고 부연하여 설명하고 있으며, 마지막으로 '如五器卒乃復(다섯 가지 옥기는 복제가 끝난 후 돌려 드렸다)'라는 문구는 아예 빼어버렸다. 아래는 사마천이 변조한 문장이다.

'歲二月東巡狩 至于岱宗 岱宗 泰山也 柴 望秩于山川 遂覲東后 東后者 諸侯也 合時月正日 同律度量衡 修五禮五玉三帛二生一死贄.'

(6) 주(周)나라는 하(夏)·상(商)과는 이질적인 나라이다

상(商)나라를 멸망시키고 중원(中原)을 지배한 주족(周族)의 초기 발상지는 내몽골자치주에 속하는 오르도스(朔方: 삭방)지방이라고 한다. 오르도스는 황토고원지대 중에서도 가장 북쪽 지대인 고비사막의 남부지역이다. 그리고 평균 해발고도가 1,500m이며, 연간 강수량이 190～400mm에 불과한 사막에 가까운 초원지대이다. 초원지대라면 더 넓은 평야를 연상하겠지만 오르도스는 울퉁불퉁한 구릉지대이다. 이곳에서 세력을 형성하고는 남진하여 위하(渭河) 분지인 관중평원(關中平原)을 장악하고 이어서 동진하여 황하를 내려와 상(商)나라를 멸망시키고 중원(中原)을 지배했다. 일본의 출판사 '소학관'에서 발행한 사전에 나오는 오르도스지방은 하란산맥(賀蘭山脈) 서북쪽 지방이다. 그리고 아래의 원으로 표시한 견융(犬戎)은 관중평원에 속하는 지역에 있다. 이를 볼 때에 어느 쪽이 더 오랑캐인지를 알 수가 있다. 주족(周族)은 변방의 오랑캐 중에서도 으뜸가는 오랑캐인 것이다.

주족(周族)의 근본을 알아보자.

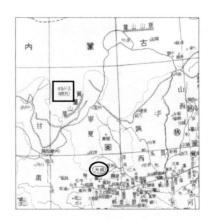

<하란산맥 서북쪽에 있는
오르도스(삭방)지방과 관중지방에 있는
견융>

<주(周)나라 초기 왕의 계보>

태왕(太王) 단보(亶父)

호왕(昊王) 계력(季歷)

문왕(文王) 창(昌)

(주(周) 제1대)
무왕(武王) 발(發)

상(商)나라를 멸망시킨 무왕(武王)의 증조부는 태왕(太王) 고공단보(古公亶父)이다. 빈(邠)지방에 터를 잡고 사는 주족(周族)의 왕이다. 그가 덕을 쌓고 의를 행하자, 온 나라 사람들이 모두 태왕을 받들었다. 당시에 훈육(薰育) 융적(戎狄)이 주족(周族)을 공격해와서 재물을 요구하자 그들에게 재물을 내주었다. 얼마 안 있어 그들이 다시 공격하여 땅과 백성을 요구하자 백성들은 모두 분개하여 싸우고자 했다. 그러자 태왕 고공단보는 '백성이 군주를 받드는 것은 자신들을 이롭게 하기 위해서인데 지금 융적이 우리를 공격하는 까닭은 우리의 땅과 백성 때문이다. 백성이 나에게 속하든 융적(戎狄)에 속하든 무슨 차이가 있겠는가? 만약에 백성들이 그들의 아버지나 아들을 죽여 가면서 군주인 나를 위해 싸우고자 한다면 그들을 희생시켜 가면서 군주의 자리를 유지하는 것인데 나는 차마 그렇게는 하지 못하겠소'라고 말하였다. 그러고는 사병(私兵)을 거느리고 빈(邠)을 떠나서 칠수(漆水), 저수(沮水)를 건너고 양산(梁山)을 넘어서 기산(岐山) 아래에 정착했다. 빈(邠)지방에서 서남쪽으로 80여km 떨어진 지금의 섬서성 보계시(宝鷄市) 기산현(岐山縣)이다. 그러자 빈에 있던 모든 사람이 뒤따라와서 태왕에게 다시 귀순했다. 그리고 이웃나라의 많은 사람들도 태왕이 인자하다는 소문을 듣고 귀순해왔다. 이에 태왕은 융적(戎狄)의 풍속을 개량하고 성곽과 가옥을 건축하고 읍을 나누어 그들을 살게 했다. 그러자 백성들은 모두 노래하며 그의 덕

425

을 칭송했다고 한다.[74]

우리는 여기서 주(周)나라의 뿌리인 주족(周族)이 어떻게 형성되었는지를 알 수가 있다. 우리는 앞에서 『사기』에 의하면 주(周)나라의 조상이 황제 헌원이라고 하였다. 만약 이것이 사실이라면 지배계층은 동이족이라는 말이다. 그러나 상고시대의 모든 왕조가 고귀한 혈통이라는 것을 내세우기 위하여 황제의 후손이라고 날조하였을 것이라고 여겨진다. 여하튼 변방의 오랑캐인 극소수의 주족(周族)이 여러 융적(戎狄)과 결합하면서 언어나 풍속이 융합된 집단이라는 것이다. 그리고 황제의 혈통이라면 어떻게 소수인 동이족이 다수의 원주민을 다스릴 수 있었는지를 알 수가 있다. 바로 동화와 융합이다. 이러한 융합은 3황(三皇)시대인 5500년 전부터 시작되어 지금까지 진행되고 있다. 중국 역사에서 중요한 것은 주족(周族)과 여러 융적(戎狄)이 합쳐진 집단이 세력을 키워 동이족 중심의 상(商)나라를 멸망시키고 대륙에서 완전한 헤게모니를 장악하여 우리가 알고 있는 지금의 중국 문화를 완성시켰다는 것이다. 주족이 소위 말하는 화하족(華夏族)의 뿌리라고 할 수가 있다. 따라서 화하족(華夏族)이 있는 것이 아니고 수십, 수백 융적들이 혼합하여 형성된 것이다. 상(商)나라나 주(周)나라 때에 이미 중화(中和)가 진행되었다는 증거를 보자. 『서경』<무성(武成)>편에 '나 소자(小子)가 어진 사람을 얻어서 감히 공경하여 상제를 이어서 어지러운 꾀를 막노니 화하(華夏)와 만맥(蠻貊)이 모두 따랐다(予小子既獲仁人 敢祇承上帝 以過亂略 華夏 蠻貊 罔不率俾)'[75]라는 구절이 있다. 부연하자면 주(周)나라의 무왕

---

74) 위키백과, '주 태왕' 참조.
75) 『서경』, 김관식 역, 현암사(서울), 1975, p.232 참조.

이 상(商)나라를 멸망시키자 화하만맥이 복종하였다는 뜻이다. 문장의 주체는 '나(무왕)'이니까 주나라이자 주나라 백성이 되므로 '화하만맥'에는 포함되지 않는다. 당시에 통일 주나라의 세력범위 내에 3부류의 사람들이 있었다는 것을 알 수가 있다. ① 상나라 제후였던 주나라 백성(서쪽 융적들의 혼합집단), ② 화하(華夏), ③ 만맥(蠻貊)이다. 그렇다면 주나라는 화하가 아니고 서쪽 오랑캐가 되는 것이다. 현재 중국이 말하는 한족(漢族)은 어떤 부류일까? 세 부류를 모두 포함하지 않을 수가 있겠는가? 다만 우리가 의문을 가지는 것은 이 분류가 어떤 의미인지를 정확하게 알 수가 없다는 것이다. 지금 중국은 화하(華夏)족의 후예라고 하는데, 당시의 조그만 상(商)제국의 종주국인 상(商)나라만을 의미하는지 상(商)제국 전체를 의미하는지, 원래의 주(周)나라만을 의미하는지 통일 후의 주(周)나라 전체를 의미하는지를 알 수가 없다. 분명한 것은 이미 우리가 알고 있듯이 상(商)제국이나 주(周)나라도 다민족국가였다는 것이다. 또한 만맥(蠻貊)이 복종했다고 하는데 중국의 역사는 과장이나 왜곡이 심하므로 상(商)제국 바깥의 나라들을 통틀어 이렇게 표현하고 마치 자기의 지배하에 있었다고 기술한 것으로 보인다. 이 문장과 유사한 표현은 '천하(天下)가 따랐다'이다. 천하(天下)라는 말은 중국 역사에 자주 나오는 말인데 순수한 말뜻은 '전체 세계(世界)'인데 중국인들은 극히 좁은 자기의 닫힌 세계를 이렇게 표현하였다. 사실이 이러한데도 비난받아야 하는 것은 중국 문화가 완성되는 시기에 지배계층이 된 주족(周族) 중심의 혼혈집단이 초기부터 자기 혼혈집단 이외에는 오랑캐라고 부르면서 적대시하고 '나와 오랑캐'로 2분하여 역사를 기술하는 사관을 유지해왔다는 것이다.

해서 주(周)나라는 동쪽에서 발원한 하(夏)나라나 상(商)나라와는 근본적으로 계통을 달리한다. 당연하게도 주(周)나라의 무왕(武王)은 상(商)나라는 동이족의 나라이기 때문에 정벌하여 멸망시켰다고 하고 있다. 이는 지배세력의 완전한 교체를 의미하며, 문화가 단절된다는 것을 의미한다. 이러한 전통의 단절에 대해서 민족종교의 하나인 증산도에서는 주(周)나라의 건국이 동양역사에서 어떤 의미가 있는지를 '선천의 도정(道政)이 문왕(文王)과 무왕(武王)에서 그쳤다'는 말로 표현하고 있다.

여담이지만 주(周)나라 무왕(武王)을 도와 상(商)나라를 멸망시키는 데 결정적인 공헌을 한 사람이 강태공(姜太公)이다. 본명은 강상(姜尙) 또는 여상(呂尙)이다. 태공망(太公望)이라고도 한다. 그의 고향이 상(商)나라의 마지막 수도였던 '조가(朝歌)'에서 서남방향으로 23km 지점에 있다. 염제신농(炎帝神農)의 51세손, 백이(伯夷)의 36세손이라고 한다. 원래의 고향은 동해(東海)라고 한다. 두말할 것도 없이 그는 동이족이다. 문왕의 스승이며, 무왕의 장인이다. 무왕을 도와 상(商)나라를 멸망시킨 일등공신이다. 봉토로 받은 제(齊)나라를 후손들이 대대로 세습하여 지배하였으며 후에 전국칠웅이 되었고 28대 600여 년을 존속하였다. 그러다가 B.C. 386년에 전화(田和)가 제 강공(康公)을 몰아내고 제나라를 차지하였다.

중원에서 동서 간의 패권다툼에 가장 큰 전기가 된 상(商)나라의 멸망에 핵심적인 역할을 한 동이족인 강상(姜尙)을 서화인들은 '동이지사(東夷志士)'라고하며 길이길이 존경하고 있다. 우리로서는 너무나 씁쓸한 마음이 들지 않을 수가 없다. 강태공이 백이(伯夷)의 36세손이라고 하는 것은 얼토당토않은 낭설이다. 중국 측의 근거자료는

『사기』<열전>에 나오는 이야기이다. 백이(伯夷)와 숙제(叔齊)는 상(商)나라 말기의 형제라고 하였다. 강태공과는 동시대의 사람이며 주(周)나라가 상(商)나라를 치는 데 대하여 정반대의 생각을 가졌던 사람들이다. 그리고 우리의 역사에서는 백이(伯夷)와 숙제(叔齊)는 21대 단군 소태(蘇台: B.C. 1337~B.C. 1286)시대의 사람들이다. 그리고 중국 측 기록으로 강태공은 B.C. 1046년경에 활동한 사람이다. 250여 년의 시차가 있다. 만약 강태공이 백이(伯夷)의 36세손이라면 한 세대를 30년으로 계산하여 1080년이 되므로 강태공은 B.C. 220년경의 사람이 되어야 한다. 만약에 백이(伯夷)의 후손이 맞는다면 8~9대 후손이 되어야 모순이 해소된다. 우리는 앞에서 기자조선의 허구를 증명하기 위해서 여러 역사기록을 검토하면서 백이(伯夷)·숙제(叔齊) 형제에 관한 기록을 알아보았다. 거기에서 B.C. 1286년에 우현왕(右賢王)으로 있던 색불루(索弗婁)가 쿠데타로 22대 단군에 즉위하자, 고죽군(孤竹君)의 자손인 백이(伯夷)와 숙제(叔齊)가 나라를 버리고 동해의 해변에 살며 밭 갈기에 힘쓰며 혼자 살아갔다(是歲 伯夷叔齊 亦以孤竹君之子遜 國而逃 居東海濱 力田自給)고 하였다. 그러면서 필자는 지금의 지도를 보면서 '해빈'이 지명이라는 주장을 하였다. 그런데 한자가 문자로서는 문제가 많은 언어이다. '거동해빈(居東海濱)'은 '동쪽의 바닷가'도 되고 '동쪽의 해빈'도 된다. 중국에서는 강태공의 고향이 '동해(東海)'라고 하고 있다. 그렇다면 백이(伯夷)가 살던 해빈(海濱)은 그의 후손이라는 강태공의 고향인 동해(東海)는 같은 지명이라고 볼 수가 있다. 그렇다면 어느 것이 맞을까? 우리의 기록은 현장의 기록이다. 북경지방이 역사가 시작되기 이전부터 주(周)나라나 진(秦)·한(漢)시대 초기까지는 조선의 영역이었다. 그러나 중국 측의 기록은 모두 앞뒤가 맞지 않는 허위의 기록이다.

마지막으로 주(周)나라가 서이(西夷)라고 하는 중국의 사서를 보자. 『맹자/이루하(孟子/離婁下)』에서 맹자가 말하였다. '순(舜)임금은 제풍(諸馮)에서 나서 부하(負夏)로 이사하였으며, 명조(鳴條)에서 사망했으니 동이(東夷) 사람이다. 문왕(文王)은 기주(岐周)에서 나고 필영(畢郢)에서 사망했으니 서이(西夷) 사람이다. 지역이 서로 천여 리가 떨어져 있다. 살았던 시기도 천여 년이 차이가 난다. ……(舜生於諸馮 遷於負夏 卒於鳴條 東夷之人也. 文王生於岐周 卒於畢郢 西夷之人也. 地之相去也 千有餘里 世之相後也 千有餘歲. ……).'

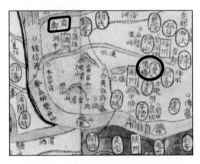

<『대청광여도』 ○ 내의 명조(鳴條)는 하(夏)지방에 있다.>

청나라 말기에 만들었다는 『대청광여지도』에서 황하가 서부 황토고원지대를 남하하다가 오른쪽으로 꺾어 동진하기 시작하는 지역을 보자. 원으로 표시한 지역이 명조(鳴條)이고 바로 우(禹)임금의 하(夏)나라가 있다. 그 왼쪽에 염지(鹽池)라는 호수가 있다. 밑에는 예성(芮城)이 있으며, 왼쪽 상단에는 순도(舜都), 즉 순임금이 세운 우(虞)나라의 도읍지이다. 그리고 그 밑은 포주(蒲州)가 있다. 그런데 오른쪽 아래에 우(虞)가 보인다. 어디가 도읍지인지는 모르지만 이 지역임이 분명하다.

이제 내용을 검토해보자. 여기서 순(舜)임금과 문왕(文王)이 살았던 시기가 천여 년의 차이가 난다는 것은, 순(舜)임금으로부터 제위를 물려받은 우(禹)임금이 하(夏)나라를 건국한 시기가 B.C. 2070년이라고 하고 문왕(文王)의 아들인 무왕(武王)이 상(商)나라를 멸한 시기가 B.C. 1046년[76]이니까 천여 년의 시차가 나는 것은 맞다. 그리고 문왕(文王)이 태어난 기주(岐周)는 구글 지도에서 검색하면 섬서성 보계시(寶雞市) 기산현(岐山縣)이 나온다. 바로 주(周)나라가 일어난 곳이다. 기산현에서 명조(鳴條)가 있는 하현(夏縣)까지는 지도상의 거리로 350km 정도 된다. 관중지역은 평야로서 비교적 직선에 가까운 길이었을 것이므로 걸어가자면 400km 정도 되므로 '서로 천여 리가 떨어져 있다'는 표현도 정확하다. 고지도와 구글지도를 비교하면 같은 지명이 포주(蒲州), 예성(芮城), 염지(鹽池), 하(夏)와 하현(夏縣) 등이 일치한다. 따라서 맹자가 '문왕(文王)은 서이(西夷) 사람ㅡ순(舜)임금은 동이(東夷) 사람'이라는 지역구분은 황하(황하)를 기준으로 하여 동서로 나누었다는 것을 알 수가 있다. 지금의 섬서성 지역은 서이(西夷), 즉 서화족(西和族)의 영역이고 그 동쪽 대륙 전체가 동이족(東夷族)의 영역인 것이다. 동이족의 영역 중에서 특별히 산서성 남부의 분하(汾河) 하류지역에 사는 종족을 화하족(華夏

<문왕(文王)이 태어난 기산현(기주)과 순(舜)임금이 사망한 명조(鳴條 하현). 맹자는 가운데 선을 기준으로 서이(西夷)와 동이(東夷)로 구분하였다(구글지도).>

76) 우리의 『한단고기』에는 주(周)나라가 B.C. 1122년에 상(商)나라를 멸망시켰다고 기록하고 있다.

族)이라 할 수가 있다. 결론적으로 맹자가 말한 대로 순(舜)임금은 동이족이며, 동시에 중국에서 말하는 화하족(華夏族)이다. 화하족(華夏族)은 동이족(東夷族)의 한 갈래이다.

(7) 공자의 7세손 공빈이 말하는 단군과 동이

지금으로부터 약 2300여 년 전 전국시대 말기인 B.C. 290년 경에 위(魏)나라의 재상이었던 공빈(孔斌)은 공자(孔子)의 7대손이다. 조선 (朝鮮: 동이)에 관한 이야기를 모아서 쓴 『홍사서문 동이열전』에는 다소 왜곡되고 단편적인 사실이 전한다.

'동방에 오래된 나라가 있는데 동이(東夷)라 한다. …… 훌륭하신 분(神人)인 단군(檀君)이 계셨는데 구이(九夷)의 추대를 받아 임금이 되셨다. 요(堯)임금 때의 일이다.

순(舜)임금은 동이에서 태어나 중국으로 와서 천자가 되어 훌륭한 정치를 하였다. 동이(東夷)에는 자부선인(紫府仙人)이라 하는 도에 통한 훌륭한 분이 계셨는데 황제(헌원)가 그 문하에서 내황문(內皇文)을 배워 와서 염제(신농씨)의 뒤를 이어 중국의 임금이 되셨다. 소련(小連)과 대련(大連)은 3일을 게을리하지 않고 3년을 슬픔에 젖어 있어 상을 잘 치렀다고 우리 선조 공자께서 칭송하셨다.

하(夏)나라를 세우신 우(禹)임금이 도산(塗山)에서 친히 임하신 부루(夫婁)를 만나 국경을 정하였다. 유위자(有爲子)라는 하늘이 낳은 성인이 있어 바다가 넘칠 정도로 영광된 중국(中國)이라는 이름을 지어주었다. 이윤(伊尹)이 그 문하에서 배워 은(殷)나라의 탕왕(湯王)의 재상이 되셨다. 동이(東夷)는 그 나라가 비록 크지만 스스로 교만

하거나 자랑하지 않고, 그 나라의 군대는 비록 강했지만 다른 나라를 침범하지 않았다.

풍속이 훌륭해서 길을 가는 이들이 서로 길을 양보하고, 음식을 먹는 이들이 먹는 것을 서로 양보하며, 남자와 여자가 따로 거처해 함부로 섞이지 않으니, 가히 동방 예의 군자국(君子國)이라 할 수 있다. 그래서 은(殷)의 태사 기자(箕子)가 주(周)나라 신하가 되지 않고 동이(東夷) 땅으로 갔고 나의 할아버지 공자(孔子)께서 동이(東夷)에 가서 살고 싶어 하셨다. 나의 벗 노중련(魯仲連) 역시 동이(東夷)로 가고 싶어 한다. 나도 역시 동이에 가서 살고 싶다. 예전에 동이의 사절단이 온 것을 보니 대국 사람(大國人)다운 모습이었다. 동이는 대강 천년 이상 전부터 우리 중화(中華)와 우방이었다. 사람들이 서로 왕래했다. …… 위나라 안리(安釐)왕 10년 곡부(曲阜)에서 공빈 씀.'

공빈은 B.C. 290경에 살았던 사람이다. 공자의 후손이니까 산동성 곡부에 살았을 것이다. 앞에서 공상(空桑)에 대하여 알아보았듯이 공상이 지금의 곡부이며, 공상은 청구와 함께 회대(淮岱)지방, 또는 구려(九黎), 동이의 중심지이다. 순(舜)임금은 곡부보다 더 서쪽에 있는 동이의 땅에서 지금의 산서성 남부의 중국지방으로 갔다. 공빈은 자기가 살고 있는 중원 땅이 동이의 땅이었다는 것을 모르고 있다. 그는 몸은 동이의 중심지였던 곡부에 있으면서 정신은 산서성 남부의 중국에 있다. 따라서 그가 한 말은 중국에 있는 그의 마음으로 한 것이다. 그의 말에서 우리는 단편적이나마 다음과 같은 사실을 알 수가 있다.

① 앞에서 보았듯이 전설의 시대라고 하는 3황5제시대에는 '조선(朝鮮)'으로 분명히 기록하고 있는데, 세월이 흘러 공빈이 기록할 당시(B.C. 290경)에는 오래된 나라 '동이'라고 부르고 있다.

② 단군(檀君)이라는 신인(神人)이 구이(九夷)의 추대를 받아 임금이 되었다. 그러나 우리의 사서에서는 단군이 '9한(韓)을 통일하였다'고 하고 있다. 실제로 아홉 종족이나 아홉 나라가 있는 것이 아니고 '천하를 통일하였다'는 뜻이다. 공빈이 말하는 구이(九夷)는 중원에 있었던 구려(九黎)를 뜻하므로 단군이 중원을 지배하였다는 것을 말하고 있다.

③ 순임금은 동이 태생이다. 중국으로 가서 천자가 아니라 제후격인 왕이 되어 훌륭한 정치를 하였다.

④ 황제(헌원)가 동이의 자부선인(紫府仙人) 문하에서 내황문(內皇文)을 배워 와서 염제(신농씨)의 뒤를 이어 중국의 임금이 되었다.

⑤ 하(夏)나라를 세운 우(禹)임금이 도산에서 부루 태자를 친히 만나 국경을 정하였다. 도산이 중원에 있으니까 당연히 조선(동이)과 하(夏)나라와의 경계도 중원 어딘가이다. 국경이 결코 아니다. 마치 옛 소련에서 각 연방의 경계나, 지금 미국에서 각 주의 경계를 중앙정부가 정해주는 것과 같이 조선제국이 속국, 즉 제후국인 하(夏)나라와 다른 제후국과의 경계를 정해준 것이다.

⑥ 동이(조선)는 대강 천년 이상 전부터 우리 중화(中華)와 우방이었다는 것은 주나라가 통일한 1122년부터 공빈이 살았던 B.C. 290년까지를 말한다. 우방이라고 하였으나 사실은 싱하의 주종관계인 중안정부와 지방정부와의 관계였다. 그러다가 주(周)나라가 건국된 후 차츰 대등한 경쟁관계가 되어갔다.

앞에서 맹자는 주(周)나라의 문왕(文王)을 서이(西夷)라고 하였다. 중국 역사에서 동이(東夷)라는 말이 등장하는 시기는 B.C. 1200여 년경 서쪽 변방에서 발흥한 주(周)나라가 두각을 나타내기 시작할 무렵이다. 조선의 식민지인 중원대륙에서 상(商)나라가 먼저 주(周)나라를 '서이(西夷)'라고 불렀을 가능성을 배제할 수가 없다. 당시의 동이(東夷)-서이(西夷)의 지역적 구분은 주(周)나라의 본거지인 서부의 관중평원이 서이(西夷)이고 그 이동 지역, 즉 당초의 함곡관(函谷關) 이동의 중원 전체 지역은 동이(東夷)이다. 동이(東夷)지역의 제일 서쪽지역에 상(商)나라가 있었다.

주(周)나라가 동이계통의 상(商)나라를 멸망시킨 B.C. 1122년 이후에는 서이(西夷)라는 말은 없어지고 대신에 '중화(中華)'라는 말로 대체되고, 동이(東夷)라는 말만 남게 되었다. 그리고 그 지역은 주(周)나라의 동쪽인 산동, 즉 태행산 동쪽 지역을 의미하였다. 그러다가 차츰 산동지역까지 세력을 넓혀서 공빈 당시에는 산동반도 동쪽 끝자락에만 동이의 세력이 남아 있었으며 얼마 지나지 않아 북경지역까지 밀려나게 된다.

참고로 위의 내용에 공빈은 소련(小連)과 대련(大連)에 대하여 언급하였다. 분명히 그들은 동이(東夷)이다. 그러면 우리의 사서에서는 어떤 인물로 묘사하고 있을까? 조선의 2세 단군 부루 때의 일이다. 'B.C. 2239년 단제께서는 소련 대련을 불러 다스림의 길을 물으셨다. 이보다 앞서 소련과 대련은 상을 잘 치렀으니 사흘 동안을 게을리하지 않고, 석 달 동안을 느슨하지 않았고, 한 해가 지났을 때까지 슬퍼 애통해했으며 삼 년 동안을 슬픔에 젖어 있었다(壬寅二年 帝召少連大連 問治道 先是少連大連 善居喪 三日不怠 三月不懈 朞年悲哀 三年憂)'는 구절이 <단군세기>에 나온다. 양국의 역사가 일치한다. 다만 우리는 역사로서 그 당시의 기록을 가지고 있고 중국에서는 이전에는 기록이 있었는지는 알 수가 없고 후에 공자(孔子: B.C. 551~

B.C. 479)가 문서화하여 전해지고 있다.

⑻ 하(夏)나라와 상(商)나라는 조선의 속국과 같은 위치에 있었다

중국의 역사는 기록하기를 상(商)나라의 탕왕(湯王)이 우상(右相)의 지위에 있던 이윤(伊尹)의 도움을 받아 폭군 걸왕(桀王)을 쳐서 하(夏)나라를 멸망시켰다고 한다. 한중의 역사기록을 비교하여 당시의 상황을 알아보자. 우리 측의 <단군세기>에 나오는 기사이다. '13세 흘달단군 갑오 16년(B.C. 1767) 이해 겨울에 은(殷)나라가 하(夏)나라를 정벌하니 하나라 걸왕(桀王)이 구원을 청하였다. 이에 단제께서 읍차의 지위에 있는 말량으로 하여금 9한(九桓)의 군대를 이끌고 가서 싸움을 돕게 하니, 은나라 탕왕(湯王)이 사신을 보내 사죄하였다. 이에 말량에게 어명을 내려 군사를 되돌리게 하였는데, 하나라 걸왕이 조약을 위반하고 병사를 보내 길을 막고 약속을 깨려 하였다. 이에 은나라 사람들과 함께 하나라 걸왕을 정벌하기로 하여 몰래 신지 벼슬의 우량을 파견하여 견(畎)의 군대를 이끌고 가서 낙랑(樂浪)과 합쳐서 진격하여 관중의 빈·기(邠·岐)의 땅에 웅거하여 관청을 설치하였다.'

그리고 <태백일사 번한세가>에서 '갑오년에 장군 치운(蚩雲)을 파견하여 탕(湯)을 도와 걸(桀)을 정벌하였다. 을미년에 묵태를 파견하여 탕의 즉위를 축하해주었다(甲午 遣將 蚩雲出 助湯 伐桀 乙未 遣 墨胎 賀湯 卽位)'고 하고 있다. 두 기록에서 갑오년(B.C. 1767)에 하(夏)-상(商)의 왕조교체가 일어났다고 말하고 있다.

그러면 중국 측 기록을 보자. 한(漢)나라 때 유향이 편찬한 『설원』 <권모(權謀)>에 "성탕이 걸왕을 치려하자 이윤(伊尹)이 말하기를 '청컨대 걸왕에게 바치는 공물을 막고 그의 행동을 살펴보십시오'라고 했다. 공물을 바치는 것을 중단하자 걸왕이 진노하여 구이(九夷)의 군사를 일으켜 쳐들어오자 아윤이 말하기를 '아직 때가 아닙니다. 저들이 아직도 능히 구이의 군사를 일으킬 수 있다는 것은 잘못이 우리에게 있기 때문입니다'라고 하였다. 이에 성탕은 사죄하고 다시 공물을 바쳤다. 이듬해에 탕왕이 다시 공물을 끊어버리자 걸왕이 노하여 다시 구이의 군사를 요청했으나 움직이지 않았다. 그러자 이윤이 '됐습니다'라고 말하자 탕왕은 마침내 군대를 일으켜 잔당을 토벌하니 걸왕은 남소씨의 땅으로 도망하였다"고 기록하고 있다. 여기서 구이(九夷)는 조선을 말한다.

한중 역사기록을 비교하면 한국 측 기록은 상하관계에 있었던 하(夏)-상(商)나라가 정권교체를 할 수 있었던 것은 상국인 조선이 어느 쪽에 군사지원을 하느냐에 따라 결정되었다는 것을 명백하게 보여주고 있으며 그 기준은 속국들 간의 질서유지와 신의였다. 그러나 중국의 기록은 단지 상국인 하(夏)나라에 상(商)나라가 공물, 즉 조공을 바치다가 안 바치자 아무런 이유도 없이 종주국인 조선이 처음에는 하(夏)나라를 군사지원하고 다음에는 어느 누구에게도 지원하지 않았다고 하고 있다. 그리고 상(商)나라 자신이 하던 조공을 하지 않는 행위의 잘잘못의 판단기준은 조선이 누구의 편을 들어주느냐에 따라 달라진다고 하고 있다. 이는 초등학생에게 물어보아도 알 수가 있는 코미디 수준의 거짓말이다.

그리고 이러한 사건이 일어난 시기가 언제인지를 확인해보자. 역사연표는 사마천의 『사기』에서 '공화(共和: B.C. 841)부터 확실한 연대가 기록되어 있다'고 하였으므로 그 이전 시대에는 대략적인 시기만 추측할 수밖에 없었다. 그러나 최근에 중국 정부 주도로 역사학·고고학·천문학 등 여러 분야의 학자 200여 명이 공동으로 연구하여 '하상주연표(夏商周年表)'를 만들어 발표하였다. 여기서 하(夏)-상(商)의 왕조교체가 B.C. 1600년에 일어났다고 확정하였다.

<중국 정부가 확정한 연표>

왕조	연도(B.C.)	기간
하(夏)	2070~1600	471
상(商)	1600~1046	554
주(周)	1046~256	790

그러나 우리의 역사기록은 하(夏)-상(商)의 왕조교체가 일어난 시기가 B.C. 1767년이라고 한다. 어느 쪽의 말이 맞을까? 상식적으로는 지금의 중국 정부가 확정한 연대가 정확할 것이라고 신앙처럼 믿을 것이다. 그러나 이러한 연표가 틀린다고 하는 사람이 있다. 중국의 백양(栢楊)[77]이라는 학자는 중국 역사서인 25사와 자치통감을 참고하여 『맨얼굴의 중국사』 시리즈를 썼는데 여기서 이윤이 성탕을 도와 걸왕을 친 시기를 갑오년(B.C. 1767)이라고 하였다. 우리의 역사기록과 일치한다.

마지막으로 우리는 여기서 지금까지 우리의 선조들이 간과한 중요한 문제를 알 수가 있다. 하(夏)-상(商)나라가 교체되는데 조선(동이: 구이)이 깊게 관여하였다면 하(夏)-상(商)나라나 조선(동이)은 도

---

[77] 백양(栢楊)(1920~2008): 하남성 출신. 역사학자, 역사평론가, 사상가, 문학가. 반체제 학자로서 10년간(1968~1977) 정치범수용소에 수감되었다.

대체 어디에 있었는지에 대해서는 의문조차 갖지 않았다는 것이다.

지금 우리나라의 학자라고 하는 사람들이 사고하고 있는 대로 조선이 평양에 있었다면 중원의 낙양지역에서 왕조가 바뀌는 싸움에 참여하기 위해서는 옛날 길로 7만 5천 리(3,000km)를 가야 낙양지역에 도달할 수가 있다. 지금도 무장한 보병이 걸어서 장기간 행군을 하기 위해서는 하루에 고작해야 32km밖에 갈 수가 없다. 94일이나 걸리는 원정길이다. 더구나 당시에는 인구가 아무리 많아도 몇백만도 안 되었을 터인데 이렇게 멀리 떨어져 있는 두 집단이 무슨 중요한 이해가 있어서 서로 싸운단 말인가?

사고에 결함이 있기는 중국인들도 마찬가지이다. 계속 동이(東夷)를 말하면서 상(商)나라의 영토가 동쪽으로는 바다까지라고 말하고 있다. 동이가 있을 공간을 없애버리고 동이를 말하고 있다. 앞에서 말하였지만 역사적 진실은 중원대륙 전체가 당초에는 조선의 지배영역이었으며, 주(周)나라가 통일한 B.C. 1122년에는 지금의 낙양(洛陽) 일대의 상(商)나라 영토까지를 포함한 서쪽을 제외한 지역이 모두 동이(東夷)였다.

(9) 우공구주도(禹貢九州圖)는 중국 역사 이전의 우리 역사를 말해주고 있다

우리는 우(禹)임금이 누구인지를 알고 있다. 순(舜)임금의 신하로서 우사공(虞司空) 벼슬에 있던 사람이다. 'B.C. 2267년에 단군왕검의 아들인 태자 부루(扶婁)가 도산(塗山)에서 우사공(虞司空)을 만나 오행치수(五行治水)의 방법을 전하여 주고 나라의 경계도 정하였다

(甲戌六十七年 帝遣太子扶婁 與虞司空會 于塗山 太子傳五行治水之
法 勘定國界)'고 한 것을 이미 알고 있다. 후에 그는 치수에 성공하
여 제위를 물려받아 중국 최초의 하(夏)왕조를 연 우(禹)임금 바로
그 사람이다. 중국에서는 삼황오제와 함께 신앙에 가까울 정도로 떠
받드는 사람이다. 중국에서 만든 우공구주도(禹貢九州圖)를 보자.

『서경(書經)』<하서(夏書)>와 <우공(禹貢)>에는 우(禹)임금이 중
국을 다스릴 당시 중국 전역을 예주(豫州)를 중심으로 하여 둘러싼
기주(冀州), 연주(兗州), 청주(靑州), 서주(徐州), 양주(揚州), 형주(荊
州), 량주(梁州), 옹주(雍州)의 9개의 주로 나누었다고 기록되어 있다.
바꾸어 말하면 그가 치수사업을 한 지역이라는 의미이다. 그 지역의
범위가 양자강 유역 일대를 포함하여 지금의 북경지역을 포함하고

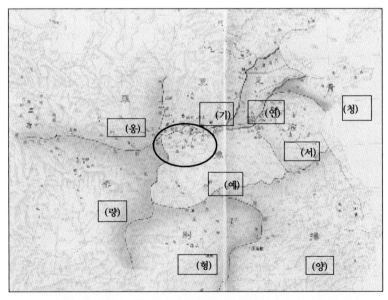

<우공구주도(禹貢九州圖): 실제는 둥근 원이 주(周)나라 초기의 영역, 즉 주무왕이 제후로
봉한 지역이며, 동쪽과 북쪽지역 전체가 조선(朝鮮)의 영역이다.>

있어서 사실상 중원대륙 전체를 말하고 있다. 그렇다면 이상하지 않은가? 지금까지 우리가 알아본 바로는 하(夏)나라는 물론이고 그 이후의 상(商)나라나 주(周)나라도 그 범위가 중원의 서쪽 한 귀퉁이를 차지할 정도로 작았다. 그렇다면 어느 순간에 갑자기 쪼그라들었다는 말이 된다. 있을 수가 없고 말도 안 되는 역사기록이 아닐 수가 없다. 지금까지 알고 있는 하(夏)나라의 범위를 우공구주도(禹貢九州圖)와 비교한다면 예주(豫州)와 기주(冀州), 옹주(雍州)가 만나는 좁은 지역에 지나지 않는다. 그리고 그는 하(夏)나라의 시조인데 왜 '우제구주도(禹帝九州圖)나 우왕구주도(禹王九州圖)'라고 하지 않았을까? 자그마치 4천3백여 년 전부터 전해져 내려오는 역사인데 순전히 날조한 것일까? 중국 사람들도 날조한 신화로 알고 있을까? 아니면 진실된 역사로 알고 있을까? 궁금하지 않을 수가 없다.

필자는 역사적 사실이라고 믿는다. 우리의 『한단고기』를 믿지 않는 사람들이 많지만 분명히 기록되어 있고 또한 공자의 7세손 공빈(孔斌)이 쓴 『홍사서문 동이열전』에서 '하(夏)나라를 세우신 우(禹)임금이 도산(塗山)에서 친히 임하신 부루(夫婁)를 만나 국경을 정하였다(夏禹塗山會 夫婁親臨 而定國界)'라고 하지 않았는가. 상하관계가 너무나 엄하여 '친림(親臨)'이라는 극존칭의 언어를 중국 역사에 버젓이 기록하고 있다. 한국과 중국의 기록이 일치한다. 그렇다면 왜 이러한 모순이 생길까? 모순이 있는 것이 아니고 우리가 중국(中國)이라는 거대한 괴물에 주눅이 들고 그들의 사기에 놀아나고 얼이 빠져 '얼간이'가 되어버려서 역사를 잘못 알고 있기 때문이다.

『한단고기』를 시금석으로 하여 해석해보자. 동북아시아 전체를 아우르는 '조선(朝鮮)'이라는 거대 제국의 남쪽영역인 중원대륙에는

'구려(九黎)'라는 식민지를 두고 그 중심지는 낭야성(琅耶城)이었다. 처음에는 번한(番韓) 낭야(琅耶)가 다스리다가 후에는 순(舜)임금을 책임자로 임명하여 다스리게 하였다. '우(虞)를 낭야성(琅耶城)에 상주시켜 구려 식민지의 관리에 대한 논의를 결정하도록 하였다(置監虞於琅耶城 以決 九黎分政之議)'라는 기록이 바로 이러한 의미이다. 따라서 순(舜)임금의 신하인 우사공(虞司空)은 당연히 구려(九黎)지방의 치수(治水)를 책임지고 홍수방지사업을 벌였던 것이다. 따라서 그가 펼친 치수(治水)사업의 대상지역은 중원 전체가 되는 것이다. 바로 '우공구주도(禹貢九州圖)'에 나와 있는 지역범위이다. 어떤가? 결론적으로 '우공구주도(禹貢九州圖)'는 하(夏)왕조를 연 우(禹)임금의 위치에서가 아니고 조선제국의 중원대륙 식민지 '구려(九黎)'의 현지 총독 순(舜)임금의 신하로서 사공(司空) 벼슬을 할 당시의 상황을 말하고 있는 것이다.

단군왕검의 태자 부루(夫婁)로부터 오행치수(五行治水)의 방법을 전수받아 치수에 성공한 사건을 중국의 다른 사료에서는 어떻게 기록하고 있을까? 우왕이 치수성공의 기념으로 남악 형산의 구루봉에 비를 세웠는데 후대에 발견되어 이름하기를 '구루비'라고 한다. 이 비의 탁본을 가지고 송나라 시대 하치(何致)가 복제품을 만들어 남악 형산 72봉의 하나인 악록산의 산정에 세웠는데 이를 '우왕비'라고 하며 올챙이 모양과 비슷하여 해독하기가 어려운 글자체가 9행으로 나뉘어 모두 77자라고 한다. 이를 명나라 시대 사람인 양신(楊愼)이 번역한 석문(釋文)이 있다.

'承帝曰咨, 翼輔佐卿. 洲諸與登, 鳥獸之門. 參身洪流, 而明發爾興. 久旅忘家, 宿嶽麓庭. 智營形折, 心罔弗辰. 往求平定, 華岳泰衡. 宗疏

事衰, 勞余神禋. 鬱塞昏徙. 南瀆愆亨. 衣制食備, 萬國其寧, 竄舞永奔.'
번역하면, '(순)임금께서 좌우에서 보좌하는 신하들에게 탄식하며 말
씀하신 바를 받들어, 물에 떠 있는 섬과 같은 마을들을 여럿이 함께
오르고 새와 짐승이 드나드는 곳을 누볐다. 온몸으로 홍수를 체험하
면서 밝게 펴서 일으켰다. 오랜 여정으로 집안일도 잊고, 산과 언덕
을 집삼아 자기도 하였다. 슬기롭게 한답시고 만들고 부수고 하였지
만 마음이 어둡고 우울하고 안정되지 못하여 평정을 찾고자 화·악
·태·형산을 올랐다. 근본이 엉성하여 하는 일이 제대로 되지 않아
오로지 신에게 제사 올리기에 힘쓰니 막히고 혼미한 것이 사라지고
남부지방의 강의 범람이 그쳤다. 입을 것이 갖추어지고 먹거리가 마
련되니 온 나라가 평안하고 백성들이 춤추는 시대가 영원토록 계속
되리라.'이다. 여기서 주목할 것은 태자 부루로부터 치수의 비법을
전수받은 사실을 '신에게 제사 올리기에 힘써서 치수에 성공하였다'
고 하고 있다.

그리고『오월춘추(吳越春秋)』<월왕무여외전(越王無余外傳)>에 있
는 기록이다.

우(禹)가 꿈에 붉은 비단옷을 입은 남자를 보았는데 '나는 현이(玄
夷)의 창수사자(蒼水使者)다.'고 하며 '나의 산신서(山神書)를 얻고자
한다면 3개월간 목욕재계하여 제(齋)를 올리고 경자일에 완위산(宛
委山)에 등산하면 금간지서(金簡之書)가 있을 것이다.' 하였다. 우(禹)
가 그대로 하여 신서를 얻어 물을 다스리는 이치를 깨달았다고 적고
있다. 현이는 동이 중에서도 제일 중심이 되는 감이(監夷: 神夷신이)
를 말하며 창수사자는 단군의 사자, 즉 태자 부루를 말한다. 이처럼
태자 부루가 중국 역사에서 신이 되어 있다.

그런데 <월왕무여외전>에 조금 앞의 문장에 이와 관련되는 구절이 있다. 우(禹)가 치수에 계속 실패한 후에 나온다. "이에 황제중경(黃帝中經)에 모든 성인이 있는 장소가 기록되어 있는 것을 생각하였다. 구산(九山) 동남쪽에 있는 완위(宛委)라고도 부르는 천주(天柱)에 있으며, 궁궐에 적제(赤帝)가 계시며 바위산의 꼭대기에 아름다운 글이 이어지는 문서가 반석덮개 밑에 있는데, 그 책이 금으로 된 판에 글자는 푸른 옥으로 되어 있고 판은 하얀 은(銀)실로 엮고, 그 문장은 모두 돌을새김을 하였다(乃案黃帝中經曆, 蓋聖人所記曰: 在於九山東南天柱, 號曰宛委, 赤帝在闕. 其巖之巓, 承以文玉, 覆以磐石, 其書金簡, 靑玉爲字, 編以白銀, 皆琢其文)."

여기서 우리는 금간지서(金簡之書)가 어떤 모습의 책인지를 알 수가 있으며, '구산(九山)'은 '구이손(九黎山: 九夷山)'이며, '천주(天柱)'는 천주(天主: 하느님)이고 적제(赤帝)는 한웅이나 단군을 말하는 것으로 보인다. 원래의 의미는 '중원 식민지를 관할하는 신앙의 본산인 구이손(九黎山: 九夷山)에는 천신(천주)과 한웅과 단군을 모신 성전도 있고. 성인들이 많이 거주하고 귀중한 책도 많이 있다는 뜻'이라는 것을 알 수가 있다. '완위(宛委)'가 무슨 뜻인지는 짐작이 가지 않는다. 그리고 뒤에 나오는 문장에 '안으로는 부산(釜山) 주신(州愼)의 공을 아름답게 여겼으나, 밖으로는 성덕을 펼쳐서 천심에 부응하였다. 그리고 마침내 모산(茅山)을 회계지산(會稽之山)으로 바꾸어 불렀다(內美釜山州愼之功, 外演聖德以應天心, 遂更名茅山曰會稽之山)'라는 구절이 있다. 여기서 '부산(釜山)'은 '불함산(不咸山: 붉암손)이나 붉손'을 뜻하며 '주신(州愼: zhōushèn)'은 바로 '조선(朝鮮: Cháoxiǎn)'을 이른다. zhōushèn(조우선: 州愼)은 순수한 우리말 '조선'의 발음이다. 이러한 뜻을 이해하면 바른 번역은 '사실(진실)은 조선의 붉암슨(붉슨)의 아름다운 공덕이나 겉으로는 내(우임금)가 성덕을 펼쳐서 천심(天心)이 이에 부응하여 치수에 성공하고 나라를 잘 다스렸다.'이다. 지금까지 그렇게도 찾던 '조선'이라는 순수한 우리말 발음을 이제야 찾았다. '속(사실역사)과 겉(중국의 역사기록)'이 다르다고 분명히 말하지 않았는가? 이처럼 중국은 사실(事實)의 역사를 변조하여 신화(神話)로 가공하여 진실을 왜곡하고 조상을 바꾸었다. 이것이 그들이 말하는 춘추필법(春秋筆法)의 진면목이다. 덧붙여서 '모산(茅山)을 회계지산(會稽之山)'으로 바꾸었다고 하는데 '~의 산(之山)'이라고 하였으므로 일반적인 산(山)이 아니고 민족의 신앙시설인 '슨'이라는 것을 우리는 알고 있다. 茅(máo)는 띠를 말한다. 아마도 우리말이 경음화가 되지 않았을 때에 '디(地)'를 '디(茅: 띠)로 알고 도산(塗山), 즉 도슨(土슨)을 茅山(모산: máoshān)으로 적었을 것으로 보인다.

도슨(土슨)→도산(塗山)
디슨(地슨)→띠슨→마오산(茅山: máoshān: 모산)

그리고 모산(茅山)의 고친 이름인 會稽山(회계산: kuàijīshān)은 한자의 뜻이 '만나서 상의한다'는 의미이다. 바로 태자 부루(扶婁)와 우(禹)가 홍수가 가장 극심한 지역 현장에서 만나서 어떻게 하면 치수를 효과적으로 할 것인지를 가르치고 논하는 것을 말하고 있다. 도산(塗山)을 '만남의 장소'라고 이름을 바꾼 것이다.

구글지도에서 검색해 보면 회계산은 두 군데에 있다. 바로 중원식민지를 총괄하던 낭야(琅琊)에서 서쪽으로 40여km 거리에 있는 산(산동성 일조시: 日照市)이 첫째이고, 절강성(浙江省) 소흥시(紹興市) 남쪽지역에 산이 있고, 거기서 북쪽으로 2km 지점의 시가지 주변의 조그만 호수 옆에 '회계산 대우능(大禹陵: Dayu Tomb)'이라는 것이 있다. 두 산은 그렇게 높지가 않다. 평지에 있는 후자가 '회계산'이라고 본다. 소흥시(紹興市)는 양자강 하구에서 남쪽으로 220여km 지점에 있으며 이 일대가 강과 호수천지이다. 따라서 단군의 태자 부루(扶婁)가 우(禹) 사공에게 치수의 비법을 전해준 곳은 천지가 물바다인 양자강 유역이며, 그중에서도 소흥시(紹興市)의 물가에 있는 신앙시설 '도산'이 구체적인 장소이다. 도산은 토지신(土地神)이며 또 다른 우리말 터주대감(터主大監)을 말한다. 그리고 여기서 우리가 더 알 수 있는 것은 2,300여 년 전 당시에 조선의 통치영역이 남쪽으로는 양자강 이남지역까지였다는 것을 알 수가 있고, 또한 이 지역에 사는 동이족의 한 갈래를 '도이(島夷)'라고 기록하고 있는데 원래는 도이(土夷: 塗夷)인 것도 알 수가 있다. 이 지역은 섬이 아니다.

9주의 명칭들이 처음부터 있었는지, 아니면 중국인들이 임의로 붙였는지는 분명하지 않지만 전체적인 내용은 한 치의 거짓도 없으며 조선(朝鮮)의 대륙지배를 증명하는 또 하나의 명백한 증거자료이다.

우리는 갈석산을 다루면서 '내우갈석 우입해(夾右碣石 入于海)'라는 구절이 무슨 뜻인지는 뒤에 '우공구주도(禹貢九州圖)'를 다룰 때 알아보기로 하였다. 『사기』<하본기>에 나오는 기사이다. 우(禹)가 구주(九州)를 순행하는데 그 순서는 맨 북쪽에 있는 기주(冀州)부터 시계바늘이 도는 방향으로 ① 기주(冀州)-② 연주(沇州)-③ 청주(靑州)-④ 서주(徐州)-⑤ 양주(揚州)-⑥ 형주(荊州)-⑦ 예주(豫州)-⑧ 양주

(梁州)-⑨ 옹주(雍州)이다. 기주를 순행하는 내용 말미에 '조이(鳥夷)의 옷을 입고 갈석을 우측으로 돌아 바다로 들어갔다(鳥夷皮服 夾右碣石 入于海).'라는 구절이 있다. [禹行自冀州始. 冀州: 旣載壺口, 治梁及岐. 旣修太原, 至于嶽陽. 覃懷致功, 至於衡漳. 其土白壤. 賦上上錯, 田中中, 常、衛旣從, 大陸旣為. 鳥夷皮服. 夾右碣石, 入于海]

　여기서 우리가 주목해야 할 것은 동이에 속하는 조이(鳥夷)의 옷이 나오며, 갈석(碣石)이라고만 하였지 산(山)이라는 말이 없으며, '갈석을 우회하여 돌아왔다'는 표현을 하고 있다는 것이다. 이상하지 아니한가? 당시의 상황은 우(禹)가 코딱지 만 한 작은 나라의 요(堯)임금의 우사공(虞司空) 벼슬에 있는 신하이며, 겸하여 요임금은 중원 식민지 구려(九黎)의 현지총독이다. 지금의 북경지방까지 와서 신앙시설인 갈석순을 방문하였다면 당연히 얼마 떨어지지 않은 거리에 있는 험독(險瀆)에 가서 번조선의 낭야한(琅耶韓)을 알현하여야 하는 것이다. 따라서 위의 문장의 원래의 뜻은 '(동이 출신인 그는) 동이 복장을 하고 갈석순을 방문하여 참배하고 (동쪽의 험독에 가서 낭야한(琅耶韓)을 알현한 후 남쪽에 있는 낙랑의 항구에서) 배를 타고 연주까지 갔다'이다. 문장에서는 아무런 의미가 없는 '조이피복(鳥夷皮服)'의 원래의 뜻은 '우(禹)는 조이(鳥夷) 출신'이라는 것을 알려주고, '갈석을 우회하여 돌아왔다'는 뜻은 갈석에서 우측으로 더 갔다는 것을 암시하고 있다. 우(禹)가 갈석순에 들린 것은 구려(九黎) 식민지 총독의 신분인 순(舜)임금의 신하, 즉 치수책임을 맡은 사공(司空)의 신분으로 들린 것이다.

(10) 우리의 선조들이 대륙에 살면서 남긴 지명들

앞에서 우리는 우리의 선조들이 중국 대륙에 진출하여 활동한 많은 증거들을 알아보았다. 이것으로도 부족하다면 하나 더 추가해보자.

사람이 신천지를 찾아 집단으로 이동하여 정착해 살게 되면 곧바로 그 지역에 이름을 지어서 부른다. 지금의 유식한 말로는 네임잉(Nameing)이다. 우리의 선조들이 중국 대륙에 진출하여 많이 사용한 대표적인 지표지명은 '한(韓)과 터'이다.

'한(韓)'은 우리가 한족(桓族)이며, 나라가 한국(桓國)이니까 당연히 즐겨 쓴 말이다. 이 말은 제왕의 명칭으로는 '한(韓: 汗: Khan), Gahan(可汗)으로도 사용하였으며 중국에서나 한국에서 성씨(姓氏)로도 사용하였다. 그리고 '터'는 땅자리를 뜻하는 도·토(土)나 지금도 쓰고 있는 순수한 우리말인 '터(墟)'를 말한다. 지금 전국에 수도 없이 많은 '새터(신촌)'라는 지명이 있는 것을 볼 때에 우리의 선조들이 이 말을 즐겨 지역 이름에 사용하였다는 것을 알 수가 있다.

'한(韓)과 터'가 지금도 중원에서 지명으로 얼마나 광범위하게 사용되고 있는지를 보자. 그런데 중국 땅에서는 '한(韓)'은 그대로 쓰이고 있으나 '터'는 한자의 음을 빌려 이두로 사용하고 있다. 바로 '두(頭)'라는 한자를 빌린 것이다. 중국 사람들은 '터우(tóu)'로 발음하고 있다. 실제 이런 발음의 지명을 찾아보자. 중국 최초의 왕조인 하(夏)나라의 수도로 추정되는 '이리두(二里頭)'는 낙양(洛陽)의 오른편에 붙어 있는 옌스시(偃師市: 언사시) 안에 있다. 이 이리두(二里頭), 중국어 발음 '얼리터우'는 우리말의 '얼터'를 말한다. 육체적 생명을 간직하고 있는 것은 '알'이며 이 말이 변하여 인간 내면의 근

<낙양시(남쪽 사각형) 북쪽에 있는
조양진(朝陽鎮): 원, 오른쪽은 하나라의
수도로 추정되는 언사시이다.>

본인 '얼'로 변하였다. 지금말로 번역하면 '얼 자리'이다. 우리의 선조들이 중원 대륙의 중앙에서 가장 이른 시기에 세운 국가인 하(夏)나라를 건설하고 수도 이름을 '얼터'라고 한 것이다. 자기의 고유한 전통을 옮겨와서 심어서 꽃피운 곳으로서의 지명이 이보다 더 적합한 말이 어디 있겠는가. '얼'은 인간의 정신이며 영혼이자 영적인 핵을 의미한다. '하늘과 조상을 숭배하는 얼을 심은 터'가 바로 중국(中國)이다.

그리고 상(商)나라의 중심지는 수도였던 은(殷)이나 조가(朝歌)가 있는 안양시·학벽시(鶴壁市)·신향시(新鄕市) 일대이다. 안양시는 낙양에서 황하 건너 동북쪽 212km 거리에 있다. 이 안양시 일대와 하나라의 수도로 비정되는 옌스시 일대와 함께 주(周)나라의 수도였던 지금의 서안시(西安市)를 구글지도를 통하여 검색해보면 '한(韓)과 두(頭)' 자를 사용한 지명이 대충 헤아려 보아도 각각 30~60여 개가 나온다. 옌스시(偃師市: 언사시)를 예로 든다면 한춘(韓村: 한춘), 시한춘(西韓村: 서한촌), 한주앙춘(韓庄村: 한장촌), 한팡(韓房: 한방), 디터우춘(堤頭村: 제두촌), 다종터우춘(大冢頭村: 대총두촌), 구두이터우안(谷堆頭案: 곡퇴두안), 거우커우터우춘(淘口頭村: 도구두촌) 등의 지명이 있다. 그러나 특이한 것은 서안시에서는 '한(韓)'이 들어가는 지명은 하나도 없고 '터우(tóu)'라는 지명이 제일 많이 나온다. 다른 지역과는 달리 왜 서안시는 '한(韓)'이 들어가는 지명이 없을까? 아마도 고대의 이주세력들은 '한(韓)'을 사용하였고 후대에 이주한 세력은 '터우(tóu)'를 사용한 것 같다. 서안지역은 아주 늦은 시기에 지배하였다는 의미이다. 역사 기록과도 일치한다. 중원은 치우천왕 때에 점령하였지만 관중평원은 단군왕검 때와 13세 단군 흘달(屹達) 시기인 B.C. 1767년에 빈기지방을 점령하여 관청을 설치하였다는 사실을 우리는 이미 알고 있다. 당시는 조선시대이니까 한인이나 한웅이 지배하는 시대가 아니다. 당연히 '한(韓)'이 들어가는 지명이 없는 것이다.

그리고 양자강 이북의 동부지역에도 '두(頭)'로 끝나는 지명이 많으며, 양자강 이남의 남동해안을 연한 지방에는 '가오처터우(高車頭: 고차두)'나 '리타오터우(里道頭: 이도두)'처럼 쓰는데 다른 지방에서는 '산터우춘(山頭村: 산두촌)'이나 '시터우춘(西頭村: 서두촌)' 등으로 사용하는 경우도 있다. 그리고 사천성을 비롯한 내륙지방에는 '한(韓)' 자를 포함하는 지명이 거의 전무하고, '두(頭)' 자를 포함하는 지명은 아주 희귀하게 눈에 보인다. 그러니까 위에서 말한 고대 역사의 중심지인 화북지방에는 아주 짙게 분포하고 있고 기타지역에도 많이 있으며, 양자강 이남에는 동해안을 연하여 있는 지역에 많이 분포하고 있다.

그리고 이 '터우(tóu)'라는 말은 몽골어로는 '특(特)' 자로도 표시하였다. 내몽골자치구의 수도인 호흐호트(呼和浩特: Hohhot)를 비롯하여 어런호트(二連浩特: Erenhot), 바오터우(包頭: Baotou), 옹니우드치(翁牛特旗: Ongniudqi) 등이 있으며, 신강위구르자치구에서는 투와이타샹(吐外特鄉: Tuwaitexiang), 수하터샹(苏哈特鄉: Suhatexiang) 등으로 쓰고 있다. 이 말들은 아마도 우리의 조상들이 그때에 붙인 이름들이 고스란히 남아 있다고 본다.

그리고 여기에 덧붙여 특이한 지명을 발견하였다. 새로운 땅, 즉 새터를 의미하는 '조양(朝陽)'이다. '조양(朝陽)이나 조양(造陽)'이라는 지명이 안양이나 낙양에도 있다는 것이다. 그러나 서안에는 없지만 서쪽의 기산현(岐山縣)에는 있다. 이들 지역은 우리의 선조들이 일찍이 중원대륙에 진출하여 남긴 지명이다. 조양(朝陽)은 현재 요녕성 요하(遼河)의 서쪽에 있는 도시이다. 옛날의 순수한 우리말은 '아사달(阿斯達)'이다. 조양은 북경에도 있으며, 만주의 하얼빈(哈爾濱)과 장춘(長春)에도 있다.

그리고 상(商)나라의 마지막 수도가 '조가(朝歌)'라고 하는 것은 원래 조가(朝家)였을 것이라고 추정해본다. 지명에 '노래 가(歌)'가 붙는 것은 아무래도 이해가 가지 않는다. 지금의 말로 우리는 나라를 한자로 표시할 때에는 국가(國家)'라고 한다. 마찬가지로 '조선(朝鮮)의 집안(家)'을 뜻하는 말인 조가(朝家)를 중국의 서화족 사가들이 왜곡하였을 것이라고 본다.

결론적으로 동이족이라는 우리 민족이 얼마나 오래전부터, 그리고 어디까지 세력을 넓혀 활동하고 이주하여 정착하였는지는 이 '한(韓)과 터(頭터우-tóu)'가 어디까지 분포하고 얼마나 많이 분포하는지와 일치하는 것으로 보인다. 한 번 구글 본사의 협조를 받아 분포도를 만들면 그 진실이 소상히 들어날 것이다.

그리고 위에서 언급한 세 지역은 오랜 기간 동안 수도였으니까 말(馬)이 들어가는 지명 또한 많지만 '안양─낙양─서안' 순으로 많다. 이것이 암시하는 것은 고대로 올라갈수록 북방의 강력한 기마 군사 집단이 수도 근처에 포진하여 대륙을 통치하는 중심지였다는 것을 알 수가 있다.

중국의 중화족이 지금까지의 역사를 정리하기를 하(夏)나라는 서
화족이 세웠고 상(商)나라는 동이족이 세운 나라이며 주(周)나라가
상(商)을 멸망시켜 동이족을 몰아내었다는 식으로 말하고 있으나 중
원은 처음부터 동이의 역사부터 시작되었다. 이 중국(中國)을 다시
차지하기 위해 수많은 우리의 북방세력들이 다투는 역사가 하(夏)나
라시대 이후의 중원의 역사이다. 그 결과 하(夏)나라가 건국하였을
것으로 추정되는 B.C. 2070년부터 기산하여 지금까지 4천여 년간
중국(中國), 즉 이리두, 안양, 낙양, 개봉 일대가 혼란의 시기를 포함
하면 2,500여 년간 수도와 중심무대가 되었다.

<대륙의 중심지와 유지기간>

중심지(수도)	기간
중국: 이리두(하) · 안양(상) · 낙양(동주, 후한) · 개봉(위, 송, 금)	2,534
관중: 호경(서주) · 함양(진) · 장안(전한, 당)	806
동북지방: 북경(원, 명, 청)	742
계(B.C. 2070~2012)	4,082

결론적으로 상(商)나라는 물론 하(夏)나라도 우리 민족이 세운 국가
이며 주(周)나라의 거점인 서안 일대도 그 이전에 이미 우리 민족이
터 잡고 살면서 문명의 기초를 마련한 지역이라는 것이다. 따라서 산
동반도를 위시한 동부는 물론 문화의 중심지인 낙양 부근의 넓은 지
역, 그리고 서안을 중심으로 하는 관중평원 등 양자강 이북의 중원
전체가 바로 조선의 영역 내에 있었다는 것이 된다. 이는 조선의 백
성은 그 사는 지역과 범위가 광대한 중원이라는 것이고, 하나라나 상
나라도 조선의 2~3단계 하급단위의 소국이었음을 말해주고 있다.

(11) 언어나 습관에 남아 있는 증거들

언어는 반드시 뿌리가 있다. 역사에서 우리를 괴롭히는 가장 중요한 말은 '조공(朝貢)'이다. 우리가 아무런 의문이나 이의를 제기하지 않고 받아들이고 있는 이 말은 도대체 무슨 뜻인가? 중국의 3황5제가 우리의 신전(神殿)에 행차하고 한웅이나 단군을 알현하고 무엇인가는 확실하게 밝히지 않지만 배워가고, 가져가는 것으로 양국의 사서에 기록하고 있으며, 하나라나 상나라는 물론 주나라도 조공을 바친 것으로 나와 있다. 그리고 조정(朝廷)이나 조회(朝會)는 또 무엇인가? 이들 말에 공통적으로 들어가는 '朝'라는 한자의 의미가 '아침'이라면 '아침에 바치는 공물'이고, '아침의 관청'이며, '아침에 하는 모임'이란 말인가? 더욱이 '廷' 자는 무엇인가? '조정 정(廷)'이다. 여러분도 다들 느낌으로 그렇지는 않을 것이라고 판단할 것이다. 그렇다. '조선에 바치는 공물'이며 오로지 조선에만 있는 '궁궐'이며 거기서 열리는 정사를 보는 어전회의가 '조회'인 것이다. '朝'나 '廷'은 조선을 의미하는 고유의 글자인 것이다. 조선이 B.C. 2333에 건국되고 적어도 주(周)나라가 B.C. 1122년경에 건국될 때까지 장장 1200여 년이나 지속되어 온 관행과 습관이 하나의 언어로 정착된 것이다. 서화족이 주(周)나라를 세우고 나서 '주공(周貢)이나 주정(周廷), 주회(周會)'라는 용어로 바꾸었어야 하는 것이다. 조선이 3황5제는 물론 하나라나 상나라의 종주국으로서 엄연히 존재하였다는 사실을 이보다 더 명백히 보여주는 증거가 어디에 또 있겠는가? 지금도 중국인들, 아니 피가 섞여 우리와 상당히 같은 중화인(中和人)들은 아직도 조선이 옛날에 서화족에게 조공을 바쳤다고 떠들고, 자만

하고 있다. 부끄러운 줄을 알아야 한다. '조공'이라는 말은 조선의
전매특허이다.

그리고 우리는 역사기록으로 신라시대부터 차(茶)를 마신 기록이
있고 지금까지 돌아가신 조상에게 제사(祭祀)하는 행사를 다례·차
례(茶禮)를 올린다고 한다. 그러나 진작 우리나라에서는 예로부터 차
가 나는 곳이 하동이나 전남의 극히 일부 지역에 한정되어 있고, 주
로 승가에서 야생차를 이용하였다. 일반 백성들은 차를 마시는 습관
이 없었다. 그런데도 전통사회에서 가장 중하게 여기는 조상 모시기
행사를 다례(茶禮)라고 하는 이유가 무엇일까? 그것은 우리 조상이
중원대륙에 살면서 일상적으로 차를 마시던 습관이 한반도로 이주
해 오고 난 이후에는 일상생활에서는 없어졌지만 의식에 남아 있다
는 증거이다. 왜 그런 현상이 일어났을까? 풍토(風土) 탓이다. 중원
은 황하유역이며 저습지이다. 황하가 실어 나르는 황토에는 각종 중
금속이 함유되어 있고 홍수가 나면 황톳물 천지로 변하며 여름에는
각종 세균이 득실거린다. 따라서 물을 끓여 먹어야 한다. 현명한 우
리 조상들은 차가 몸에 좋다는 것을 알고 기왕에 끓이는 김에 차를
넣어서 음용으로 하였다. 중국에서나 일본에서는 지금도 그 전통이
유지되고 있다. 일본도 기후가 한반도보다 따뜻하고 화산섬이 되어
서 물이 좋지가 않다. 누가 온천물을 먹겠는가? 그러나 한반도는 대
부분의 지역이 화강암지대이다. 노년기 지형이다. 퇴적암이 다 깎여
없어지고 지구의 속살이 표면에 나타난 것이 화강암이다. 화강암지
대는 물이 좋다. 산업화가 시작되기 이전인 50년대까지는 흘러가는
냇물을 길어다 먹어도 아무런 이상이 없었다. 수도 한양에서도 한강
물을 길어다 먹었으며 '봉이 김선달은 대동강 물도 팔아먹었다'는

속담까지 생겼다. 이렇게 수질이 좋은데 왜 굳이 물을 끓여서 먹겠는가? 따라서 대륙에서 차를 마시던 습관은 없어지고 '다례(茶禮)'라는 말만 남아서 전해오는 것이다.

다음은 봄이 되면 '강남 갔던 제비가 돌아온다'고 한다. 세상이 어떻게 돌아가는지를 잘 알지 못하던 옛날에 한반도에 살던 사람들이 그 조그마한 철새가 봄이 되면 어딘가에서 날아와서는 암수가 짝을 맺고 지푸라기와 논흙을 물어 날라 처마 밑에 집을 짓고 알을 낳아 부화시켜 키우고 가을이 되면 어디론가 훌쩍 떠나버린다. 필자는 조류학자도 아니고 철새의 이동에 대해서 아는 것도 별로 없어서 제비가 어디에 가서 월동을 하는지를 모른다. 아마도 상식적으로 생각하면 동남아지역이라고 여겨진다. 그렇다면 한반도에 있던 제비는 남쪽 바다로 갔다가 오는 것이다. 그러나 중원의 북부에 살던 제비는 분명히 강남, 즉 양자강 이남으로 이동해간다. 중국이 문명의 선진국이니까 중국 사람들이 하는 말을 우리도 수입해서 그대로 써먹는다고도 할 수가 있다. 그러나 기층민인 일반 백성은 그렇지가 않다. 일상의 생활주기와 관련된 것은 몸소 체득하여 얻는 것이다. 우리는 위에서 여러 증거를 보았듯이 수천 년간 대륙에 살면서 체득한 소산물이 '강남 갔던 제비가 돌아온다'고 하는 말이다.

(12) 동이족의 유물유적은 지하 깊숙이 잠자고 있다

우리는 앞에서 여러 사례를 들어 우리의 조상이 중원에 진출하였다는 사실을 알아보았다. 그렇다면 유물이나 유적이 이를 뒷받침할 텐데 지금까지 그러한 유물이 없지 않느냐고 반문할 수도 있다.

중원, 즉 황하의 대평원은 황하가 서쪽 고원지대에서 쓸어온 황토가 쌓여 바다를 메워 형성된 평야이다. 산동반도와 태산이 있는 두 개 섬이 연결되는 시기부터 우리 동이족이 수천 년간 일구어낸 문화의 흔적은 적게는 수 미터에서 수십 미터 지하 깊숙이 묻혀서 잠자고 있으리라고 본다.

<가림토문자: 산동성 환대시 출토(길림시 송호상 교수)>

그 좋은 예가 문자로 추정되는 유물의 발견이다. 산동성(山東省) 환대시(桓臺市)에서 지하 6m 깊이에서 발굴된 녹각에 새겨진 ㅅ ㅈ × ㅜ 등의 문자는 탄소연대 측정결과 약 3850년 전의 것으로 확인되었다. 우리의 옛 한글인 가림토문자(加臨土文字)로 추정하고 있다. 『한단고기』에서 '가림토 문자가 4000년 전에 있었다'고 하는 내용을 증명하고 있다.

또한 최근에는 갑골문보다 더 오래된 형태의 문자라고 추정되는 골각문(骨角文)이 여러 곳에서 발견되고 있으며, 중국학자들 간에 동이족의 유물이라는 학자와 서화족의 유물이라고 주장하는 학자들이 나뉘어 있다고 한다. 그리고 주로 제사에 쓰이는 청동기를 주물로 제작하면서 돋을새김을 한 글자가 많이 발견되고 있는데 금문(金文)이라고 한다. 그런데 초기의 금문에는 한자의 원형과는 전혀 다른 형태의 그림이나 문양(文樣) 같은 글자가 새겨져 있다. 연대도 갑골문보다 앞선다고 한다. 상식적으로 생각하면 청동기시대가 갑골문을 만드는 시대보다 늦을 것이라고 보지만 그 반대현상이 나타나고 있다. 앞으로 더욱 많은 유물이 지하에서 발굴되고 폭넓은 연구가 진행되면 보다 더 명확한 진실이 밝혀지리라고 본다.

(13) 왜 우리는 중원대륙에서 일어난 역사를 제대로 알 수가 없을까?

지금까지 우리는 중원대륙에서 벌어진 역사를 알아보았다. 소위 말하는 중국의 역사는 배달국과 조선의 역사의 일부이며 동이의 문화를 자양분으로 하여 성장발전하였다는 것을 알았다. 그러나 서화인들은 공식적인 역사에서는 이를 애써 감추고 축소조작하고 왜곡변조하여 왔다. 그러나 진실을 말하는 기록도 있다. 『후한서』<동이열전>[78]에 '소위 중국이 예를 잃으면 이를 사이(四夷)에서 구했다. 무릇 만이융적(蠻夷戎狄)을 통틀어 사이(四夷)라고 한 것은 마치 공·후·백·자·남(公·侯·伯·子·男)을 모두 제후(諸侯)라고 하는 것이나 마찬가지인 것이다(所谓中国失禮 求之四夷者也 凡蛮夷戎狄 總名四夷者 猶公侯伯子男 皆號諸侯云).' 이러한 기록이 의미하는 것은 중원땅에서 까마득한 옛날부터 4세기까지도 사방의 이민족은 야만의 땅이 아니고 문명과 도덕이 서화인이나 중화인보다 더 성숙된 땅이었다는 것을 말해주고 있다. 사실은 바깥세상이 더 문명된 사회였다고 말하고 있지 않은가?

그리고 필자가 한중일의 고대사를 알아보면서 왜 우리가 역사의 진실을 알 수가 없었는지를 깨닫게 되었다. 그것은 지극히 상식적인

---

78) 『후한서』는 남북조 시대 송나라의 범엽(398~445)이 정리한 책이다.

것인데 전혀 생각이 미치지를 않고 낌새도 느끼지 못하는 나의 마음이나 사고에 문제가 있다는 것이다. 지금 우리는 세계에서 몇몇 나라를 제외하고는 비자를 가지고 다른 나라를 쉽게 방문할 수가 있는 세상이 되었다. 그러나 3~4천 년 전을 생각해 보면 상황이 달라진다. 고대에는 크고 작은 여러 나라들이 이웃해 있고 서로 적대관계에 있지 않더라도 일반 백성들은 서로 마음대로 왕래를 할 수가 없다. 하물며 왕이나 지배계층의 사람들이 어찌 다른 여러 나라를 자유롭게 쏘다닐 수가 있겠는가? 여러분들도 상식적으로 안 된다는 것을 알고 있다. 그런데 중원대륙에서 4~5천 년 전에 조그만 고을(邑: 읍)이나 나라를 다스리는 황제(黃帝)나 요(堯)임금, 순(舜)임금 등의 8제(八帝), 그리고 여러 유명 인사들과 사공(司空)벼슬의 우(禹)등 지배자들이 자기 나라를 벗어나서 중원 전체는 물론 멀리 북경이나 만주지역까지 쏘다닐 수가 있었을까? 불가능하다. 그런데 역사는 그렇게 하였다고 수많은 자료가 말하고 있다. 왜 그런가? 동북아시아 전체가 하나의 권위와 질서 속에 있었다는 것이다. 그것이 바로 배달국(倍達國)과 조선(朝鮮)이다. 단적인 예가 우사공(虞司空) 우(禹)가 중원천지를 순회하고 치수사업을 하였다는 것이다. 그런데 진작 그가 세운 하(夏)나라는 지금의 남한보다도 작은 나라였다. 그리고 중국역사에서 전설상의 인물들과 고대의 나라인 하(夏)나라나 상(商)나라시대까지 모든 지도자나 선각자들이 한결같이 자기나라나 영역 이외의 외부, 즉 대륙의 동쪽인 산동반도 일대와 동북지방에서 배출되었다. 그리고 모든 선진 문물도 이들 지역에서 들어왔다고 한다. 동서고금을 막론하고 조상과 지배자와 지도자를 몽땅 외부에서 조달하는 경우가 있을 수가 없다. 그런데 중원에서는 그러했다. 이 무슨 말도 안 되는 경우가 있는가? 그러나 받아들이기 어렵더라도 이러한 사실을 이해하면 우리는 중원의 고대역사의 진실을 볼 수가 있다. 이러한 현상은 B.C. 1122년 주(周)나라가 상(商)나라를 멸할 때에 동이출신인 강상(姜尙), 즉 강태공(姜太公)을 끝으로 더 이상 없었다. 주(周)나라가 완전히 조선제국에서 독립하였다는 뜻이다. 이후부터는 그들의 지도자들이 더 이상 산동반도나 만주지방의 조선의 영역을 쏘다니는 일이 없어졌다. 다만 무력에 의한 정복전으로 점점 동쪽으로 외연확장을 하여갔을 뿐이다.

CHAPTER

왜 중원을 상실하였을까?

그러면 지금 우리가 보는 것처럼 중국의 중심인 중원을 동이족이 선점하였는데 왜 서쪽의 서화족에게 밀려나게 되었을까? 밀려나게 되었다는 표현보다는 서화족의 주도 아래 중화되었을까? 그 이유를 밝혀보자.

1) 거대한 강 황하

황하(黃河)는 중국 서부의 청장고원에서 발원하여 장장 5,463km를 흘러 발해만으로 들어가는 큰 강이다. 청장고원은 대단히 넓은 지역이며 해발고도가 4,600m로서 사람이 거의 살지 않는 황량한 지역이다. 우리나라의 남쪽 끝인 해남에서 북쪽 끝 온성까지 1,000km 미만인 것을 고려할 때 황하가 얼마나 긴 강인지를 알 수 있다.

황하의 유역면적은 95만㎢로서 한반도의 4.3배에 이른다. 발원지에서 1천km를 흘러 강의 모습을 갖추고 감숙성 난주시(蘭州市)까지 동진할 때까지는 강물이 푸른색을 유지한다. 그러나 난주시에 이르러서는 북쪽으로 방향을 바꾸어 내몽골 깊숙이 들어가서 동쪽으로 방향을 바꾸어 흐르다가 다시 한 번 남쪽으로 방향을 바꾸어 흘러내

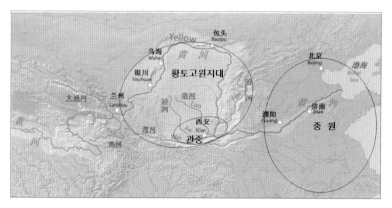

<고지대(High Land)인 황토고원지대와 저지대(Low Land)인 중원>

려오면서 지류인 무정하(无定河), 분하(汾河)와 합치면서 흙탕물이
되어 누렇게 변하고 진섬협곡 700km를 흐를 때에는 강물 1㎥에
25kg의 토사를 함유하게 되는 흙탕물이 된다. 진섬협곡을 지나서 섬
서성 서안시의 동쪽에 있는 항구진(港口鎭)에서 거의 90도로 꺾이면
서 서쪽의 관중평원에서 흘러내려오는 지류인 위하(웨이허渭河), 경
하(經河), 낙하(洛河)와 합류하여 동쪽으로 흘러 삼문협(三門峽)을 통
과하여 중원의 평원에 접어든다. 평원의 상류에는 역대 왕조의 중심
지인 낙양(洛陽)과 개봉(開封)이 위치하고 있다. 동쪽으로 향하는 항
구진(港口鎭)에서부터 치면 1천여km를 흘러 발해만으로 들어간다.
황하를 전체적으로 보면 중간에서 마치 그리스어의 오메가(Ω) 형태
를 그리며 1천8백km를 돌아서 흘러가는데, 한반도의 3배나 되는 황
토고원지대를 통과하면서 누런 강이 되는 것이다. 황하의 수량은 초
당 2,571톤이라고 한다. 이 수치가 연중 평균이라면 연간으로는 810
억 톤이나 되는 양이다. 황하가 실어 나르는 토사는 1년에 20억㎥이

라는 계산이 나온다. 지금도 황하가 흘러드는 발해만에는 하구가 1
년에 500m씩 바다 쪽으로 전진하고 있으며, 1년에 6백만 평(20㎢)
의 새로운 땅이 생겨나고 있다. 여의도의 6배의 크기이다. 아마도 인
간이 인위적으로 강둑을 만들지 않았을 때에는 홍수가 나면 넓은 들
이 물바다가 되고 흐름이 느려져서 토사가 가라앉아 육지의 지면이
차츰 높아지지만 강을 통제하고부터는 황토물이 강으로만 흐르게
되어 바다가 급속히 메워지는 결과를 초래하였을 것으로 짐작된다.

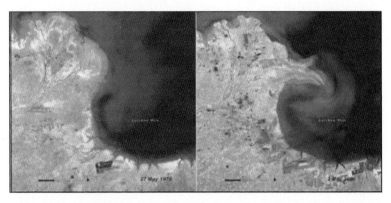

<황하 하구의 삼각주 형성: (좌)1929년 사진과 (우)2000년 사진을 비교하면 20년 동안의
변화를 알 수가 있다(출처: www.grid.unep.ch).>

2) 동이족은 동부 저습지대를, 서화족은 서부 고원 지대를 개발하였다

중국의 북부지역을 크게 동서로 구분하면 서부는 고원지대로서
관중평원의 서안만 하더라고 해발고도가 410m이다. 반면에 동부는

저지대로서 화북평원의 제남은 해발고도가 50m밖에 되지 않는다. 관중평원은 황하의 최대 지류인 위하 유역으로서 토지가 비옥하여 생산성이 대단히 높은 지역이다. 황토고원지대는 서부와 북부에서 불어오는 바람에 실려 온 흙먼지가 오랜 기간 쌓여 형성된 황토층으로서 두터운 곳은 그 깊이가 100~200m나 된다. 강수량이 1년에 500mm밖에 되지 않는 비교적 건조한 지역이다.

개간이 쉽고 물을 많이 머금을 수 있는 황토여서 강수량이 적지만 농사가 잘 된다.

반면에, 동부에 있는 화북평원은 저습지이며 바로 중국의 노른자위라고 할 수가 있는 중원이다. 황하가 적시는 화북평원은 25만㎢나 된다고 하니 우리나라의 22만㎢와 비교해서 얼마나 큰 평원인지를 알 수 있다. 우리의 조상인 동이족은 북방의 유목민족의 후예로서 발원지는 북부 초원지대가 끝나는 몽골 동부와 내몽골 북부 일대, 즉 흥안령 산맥을 중심으로 하는 광대한 지역이다. 점점 남하하여

<비교적 평지이면서 강우량이 조금 많은 황토고원지대>

홍산지역 일대에서 문명을 일으키고 지금의 북경근처를 거쳐 산동, 산서, 하북, 하남성 등 저습지대인 중원을 개척하였다고 추측된다.

시기적으로 동이족이 북쪽에서 태행 산맥의 서쪽인 산서성(山西省)지역과 산동반도(山東半島)의 높은 지대를 먼저 개척하고 다음으로 황하의 하류지역, 그리고 황하를 거슬러 서부 고위도지역으로 올라가면서 비교적 수해가 덜한 상류지역인 낙양지역까지 진출하였다. 서부 황토고원지대를 개척한 서화족이 뒤늦게 황하를 따라 동진하여 저지대로 내려왔다. 두 집단이 황하의 중류에서 만나게 된 것이다.

중간지점인 낙양의 위치는, 관중의 중심지인 서안(西安)에서 동쪽으로 326km 거리에 있으며, 낙양에서 황하의 하구까지는 750km가 된다. 그리고 실제로 낙양은 황하에서 25km 남쪽에 있는 분지이며 황하와는 직접적인 관계가 없는 지역이다. 황하의 영향을 직접적으로 받지 않는다는 뜻이다.

우선 서쪽의 황토지대는 인간의 주거시설을 만들기가 아주 용이하다. 이 지역의 지리적인 특성을 이용하여 황토에 구멍을 파서 만든 가옥으로부터 출발하였으며, 지금도 이러한 반 동굴상태의 야오둥(窯洞: 요동)에서 생활하는 사람이 4천만 명이나 된다고 한다. 그러나 동부의 저지대는 주거시설을 마련하는 데에 보다 더 많은 노력이 필요했으리라고 본다. 우선 땅을 돋워 물에 잠기지 않게 하고, 땅에서 습기가 올라오지 않게 하여야 하고, 다음에는 흙이나 돌, 나무, 풀 등을 이용하여 주거시설을 마련하는 어려운 작업을 하였으리라고 본다.

황토지대는 토심이 깊어 한 번 물을 머금으면 식물에게는 가뭄을 견뎌내는 데 상당히 유리하다. 즉, 밭농사에 아주 유리한 토질이라 하겠다. 그리고 계곡에서 흘러내려오는 상류의 강물을 옆으로 수로를 만들어 관개를 하기에도 쉽다.

이와는 대조적으로 동쪽은 저지대이다. 고대에는 산동반도가 섬이었으며 그 서쪽에 있는 태산도 별개의 섬으로 존재하였다. 이 두 개의 섬 주위의 얕은 바다가 황하가 실어 나르는 황토로 메워져 지금과 같은 평야가 된 것이다. 이러한 변화가 마지막 빙하기가 끝나는 대략 1만여 년 전부터 시작되어 지금도 진행되고 있는 것이다. 두 개의 섬이 육지와 붙어버리고 광대한 저습지평야가 형성되어 가는 상황에서 동이족은 이 저습지 평야지대를 개척하였다.

시기적으로 동서를 비교한다면 최소한 1천 년 이상이나 차이가 나기 때문에 동쪽이 문화적으로나 경제적으로나 무력적인 힘에서도 엄청난 우위에 있기 때문에 서쪽과는 비교가 되지 않았다고 본다. 그러나 세월이 지남에 따라 이러한 우열관계가 역전되어 갔다. 크게 두 가지 측면에서 이러한 우열의 역전을 파악할 수 있다.

첫째, 위생과 질병문제이다. 지금 이 땅에 살고 있는 우리들은 옛날부터 우물물을 그대로 마시는 것을 당연하게 생각하였으며, 흘러가는 개울물도 그대로 먹고, 온갖 채소도 씻어서 날것으로 먹었다. 그리고 그 전통은 지금까지도 이어져 날 채소를 상시 애용하고 요즈음은 건강기능식으로 온갖 쌈 채소를 개발하여 먹고 있다. 이는 대부분의 땅이 화강암으로 구성되어 있고 지하수의 수질이 좋기 때문이다. 예로부터 자연상태의 물을 끓이거나 정수하지 않고 그대로 마실 수 있는 나라는 그리 많지 않다고 한다. 특히 유럽대륙을 비롯한 많은 지역이 석회암지대여서 마시는 물로 부적당하다고 한다.

중원의 저습지대는 수질이 나쁘다. 황토에 실려 온 각종 중금속이 낙엽 등의 유기질과 쌓여서 퇴적된 땅이다. 그리고 인간이나 가축의 배설물이 보태어져서 깨끗한 물이 될 수가 없는 것이다. 동쪽과는 반대로 서화족이 사는 서부지역은 이미 오랜 옛날에 황토가 쌓인 지역이기 때문에 중금속은 빗물에 중화되고 안정화되었으며 황토의 치밀성이 미생물이나 다른 여러 세균성과 해로운 물질을 중화하고 걸러서 비교적 깨끗한 물이었다고 본다. 그리고 여름의 고온다습한 시기에는 동쪽 저습지대는 온 천지가 물로 뒤덮여 모기가 번성하고 각종 세균과 곰팡이가 번성하며 수인성전염병의 발생과 전파가 용이한 환경으로 변한다. 그러나 서쪽 고원지역은 상대적으로 강우량도 적고 습한 정도나 모기의 번식이나 수인성전염병의 발생과 전파가 덜하였다고 추측할 수 있다.

일찍이 태행산맥 서쪽으로 진출하여 원주민을 지배하게 된 황제 헌원이 이러한 문제를 해결하기 위하여 자부선인(紫府仙人)으로부터 여러 가지 위생, 건강, 다산 등의 지식을 받아갔다고 본다. 『포박자(抱朴子)』[79)에 기록하기를 '옛날에 황제(黃帝)가 동(東)쪽에 있는 청구(靑丘)에 이르러 풍산(風山)을 지나 자부선인(紫府仙人)을 만나 『삼황내문(三皇內文)』을 받았다(昔黃帝東到靑丘 過風山 見紫府先生 受三皇內文)'라고 하였다.

최근까지 중국인들은 우리처럼 생수를 마시는 습관은 없었고 차로 끓여 마시고 채소도 모두 익혀서 먹는 것도 그들의 혈통상의 선조인 동이의 생활방식을 답습했다고 보는 것이 타당할 것이다. 그러다 일부 세력이 패퇴하여 반도로 들어와서는 이 땅의 물이 좋다는 것을 알고서는 대륙에서 하던 풍습이 없어졌다는 것이 나만의 추측일까?

---

79) 진(秦)나라 사람인 갈홍(葛洪: 283∼343)이 썼다.

결론적으로 사람의 건강관리와 질병을 예방하고 극복하는 데 있어서 중원은 서쪽의 황토고원지대보다 불리하였을 것이라는 추론이다. 인간생산성이 뒤지는 것이다.

두 번째는 그 당시의 전체 산업이라고 해도 과언이 아닌 농업과 목축업의 생산성과 자연재해 내지는 재앙, 즉 산업의 리스크 문제이다. 남북 아메리카대륙에 유럽인이 도달하여 옥수수와 감자가 전래되어 지금은 전 세계의 식량생산량에서 차지하는 비중이 대단히 크지만, 그 이전에는, 특히 동북아지역에서 주식이라고 할 수 있는 5곡이 중요한 작물이었다. 5곡은 시대와 장소에 따라서 변해왔는데 기장·피·삼(麻)·보리·콩·.조·벼 중에서 5가지를 말한다. 특이한 것은 곡물은 아니지만 의복을 해 입을 삼베를 만들기 위해서 삼을 많이 심었다는 것을 짐작할 수 있다. 쌀은 상당히 후대에 보편화되었다고 보며, 피는 원래는 논에서 자라지만 한발에 강하여 논밭에 공통적으로 재배할 수가 있다.

황하유역의 서쪽과 동쪽, 즉 상류와 하류는 같은 위도상에 있지만 기후나 지형조건이 다르다. 따라서 서부는 주로 밭작물을 재배하고 동부지역은 세월이 지남에 따라 논 작물인 벼를 많이 재배하였을 것으로 추측된다. 그러면 동서지역 중에서 어느 쪽이 전체적으로 산업생산성이 높았을까? 초기에는 앞서 개척하고 문화수준이 높은 동쪽이 경제적으로 우위에 있었지만 세월이 지남에 따라 서쪽이 점차 경제적인 우위를 확보해갔다고 본다.

3) 자연조건이 주는 리스크에 따라 세력의 우열이 결정되었다

그러면 무엇이 다르기에 먼저 우위를 점했던 동이족이 서화족에게 밀리게 되었을까? 구체적으로 말하자면 주(周)나라가 상(商)나를 멸망시킨 사건부터 밀리기 시작하여 전국시대에 진(秦)나라가 동쪽의 여섯 나라를 멸망시키고 중원을 통일할 때에 완전히 패배하였다. 인류역사에서 국가로 대표되는 집단의 흥망성쇠는 무력의 힘에 의해서 결정된다고 하는데, 이는 결과론적인 해석이고, 바탕에 깔려 있는 보다 더 근원적인 것은 경제력, 즉 집단이나 국가가 생산하는 물질의 과다에 의해 좌우되었다. 우리가 경제학에서 국민총생산 (GDP)이라고 계량화한 지표는 옛날에도 그대로 적용되었던 것이다.

결국에는 바로 이 국민총생산력, 즉 일부 목축업을 포함한 농업의 생산성이 국력과 무력을 결정하는 데 동서세력 간이 결정적인 변수로 작용하는 요인일 것이라는 가정을 하는 것이다. 그러면 이러한 사실을 동서세력에 대비하더라도 지금까지 언급한 사실들에서는 결정적인 우열을 가르는 원인을 찾기가 어렵다고 본다.

그러면 무엇 때문에 판세가 역전되었을까? 두 지역의 지리적 특성에서 오는 자연재해가 아닐까? 시기적으로도 그렇고 위치상으로도 당연히 우리 측 사료에서 먼저 치수(治水)에 관한 사실이 언급되고 동이족 내에서도 중원의 원주민을 지배하던 순임금이 우(禹)를 시켜 종주국인 조선(朝鮮)로부터 치수법을 배워서 13년의 노력 끝에 치수에 성공하여 재해를 막고 농업의 생산성을 증대시킨 사실이 양측의 역사에 동시에 기록되어 있다. 우리 측 자료는 역사로 기록되어 있지만 중국 측에는 신화에 가까운 기록으로 내려오고 있다. 그 공로로 우(禹)는 하(夏)왕조를 세운 임금이 되었다. 지금까지도 동양권에서는 치수하면 우임금을 떠올리고 그의 이름이 치수의 대명사가 되었다.

그러나 사납고 거대한 황하라는 강은 적극적인 통제가 거의 불가능하였다고 본다. 상류의 황토고원지대만 하더라도 한반도의 3배에 해당하는 넓은 지역이다. 더구나 경사가 급한 산이나 구릉지대이다. 여기에 많은 비가 내리거나, 일시에 폭우라도 쏟아지면 토사가 씻겨 내려 강물은 누런 색깔의 황톳물이 된다. 말 그대로 황하(黃河)이다. 이 황토고원지역에 나무와 풀이 덮여 있을 때에는 비가 내리면 쌓인 낙엽이 물을 상당히 흡수하여 스펀지 역할을 하고, 크고 작은 나무와 풀뿌리는 토양을 얽히게 하여 토양유실을 억제하는 역할을 하였다. 그러나 서화족이 불어나면서 대규모로 농토를 개간함에 따라 비가 내리면 이전과는 달리 빗물은 일시에 흘러내리고 동시에 토양이 유실되어 홍수의 효과는 더욱 가중되어 갔다. 또한 경사가 급하여 유속이 빠른 상류지대와는 달리 황하가 평야지대로 접어들면 유속이 느려져서 강물이 머금은 황토가 강바닥에 쉽기 쌓이게 된다. 또한 강물이 지속적으로 수량이 풍부한 것이 아니고 일시에 엄청나게 많은 양이 흐르다가 여름을 지나 갈수기가 되면 양전한 강으로 돌아가기를 계속한다. 하남성에서 상(商)나라의 발상지인 은허(殷墟)의 유적

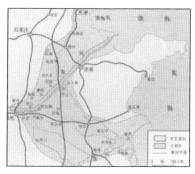

<황하 범람지역(자료 출처:
www.cisuassd.edu/~gleung/)>

에서 갑골문이 무더기로 발굴되어 이를 판독하게 되었는데 지금으로부터 3300년 전의 기록에 황하를 '신성한 강, 두려운 강'으로 표현하고 있다고 하며, 황하라는 명칭은 훨씬 더 세월이 지나서 붙인 이름이라고 한다.

강물이 내키는 대로 흐르게 놔두면 되는데 인간이 터전을 잡고 경작지를 만들면서 강의 범람을 막고 통제하기 위해서 인공적으로 제방을 쌓았다. 그 당시 사람들의 지식을 동원하고 가능한 모든 인력과 가축의 힘까지 빌려서 치수에 전력을 쏟아 부었을 것은 당연하다고 짐작한다. 애써 가꾼 삶의 터전을 지켜야 하기 때문이다. 그러나 황하는 좁은 강둑에 갇혀서 얌전히 있을 강이 아니다. 문제가 발생하게 되었다. 상류에서 운반해온 모래와 흙은 유속이 느려지면 더 이상 하류를 통해 바다로 실어 나르지 못하고 강바닥에 쌓아놓게 된다. 시간이 지나 바닥이 점차 높아지면 상대적으로 둑이 낮아져 강물이 넘치고 둑이 터질 우려가 있다. 홍수의 피해가 날 것을 우려하여 인간이 제방을 더욱 높게 쌓는다. 이러한 것이 반복되다 보면 결국 하천바닥이 주변의 평지보다 높아지는 천정천(天井川)이 된다. 황하는 강바닥이 주위의 평지보다 7m가 더 높은 지역도 있다고 한다. 다시 말하면 강바닥이나 강둑이 주위에서 가장 높은 지역이 되는 것이다. 이러한 상황에서 사람과 강의 싸움에서 승자는 누구였는지는 여러분도 쉽게 알 수 있으리라고 본다. 당연히 강이 승리할 수밖에 없지 않겠는가.

이러한 천정천은 강둑에 조금만 허점이 보이면 홍수로 도도히 흘러가는 탁류에 무너져 내려 끝없이 넓은 대지가 말 그대로 물바다가 되는 것이다. 역사시대로 접어든 이후만 하더라도 황하는 그 흐르는 물길

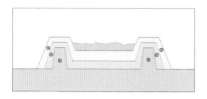

<천정천 모형: 처음 제방이 ①이었으나 강바닥이 높아져 ②, ③과 같이 둑을 다시 높인다.>

을 여러 차례 변경해왔다. 이미 말한 바와 같이 옛날에는 섬이 었던 산동반도와 태산을 중심에 두고 한때는 북으로 흘렀다가 한때는 남으로 흐르는 유로 변경을 계속해왔다. 지금도 황하바닥은 1년에 10cm씩 높아지고 있다고 한다.

황하는 강철(鋼鐵)의 머리, 동(銅)의 꼬리, 두부(豆腐)의 허리를 가졌다고 말한다. 상류의 황토고원지대를 흐를 때는 대부분의 지역이 협곡지역을 흐르기 때문에 강물이 이리저리 흐름을 변경할 수가 없다. 그러나 중원의 지지대인 대평원을 흐르기 시작하면서부터는 강이 두부처럼 물러서 항상 터질 가능성이 있다는 것이다. 상전벽해(桑田

<천정천인 황하(자료 출처: www.cyworld.com/geo2010)>

碧海)라는 말이 그저 지어낸 말이 아니고 과거에 자주 일어났던 실제의 현실이었다. 말 그대로 뽕밭이 푸른 호수가 되고, 州(주)가 물에 잠겨야 신화와 같은 이야기가 전개될 수가 있는 것이다. 바다구경을 못한 당시의 내륙 사람들은 물이 크면 바다라고 하였다는 증거이다. 지금처럼 염분이 포함된 큰물이라는 것은 당시에는 적용되지 않았으리라고 본다. 과거 2500년의 역사기록에서 황하는 1,590회나 제방이 터지고, 26차례나 물길을 바꾸어 흘렀다. 황하의 하구가 북쪽으로는 지금의 수도인 북경에 인접한 천진에서 남으로는 산동반도를 비켜서 양자강 하구까지의 사이에 26곳이나 되었다는 것이다. 지금은 산동반도를 끼고 발해만으로 흘러들지만 2000년 전에는 태행산맥을 연하여 북진하여 천진지역에서 바다로 흘러 들어갔으며, 1945년경에는 양자강 쪽으로 흘렀다. 그리고 사진에서 보듯이 북경의 아래 남쪽지역은 내륙 깊숙이 바다였으나 최근 2000년 동안에 토사로 메워졌다. 따라서 지금부터 4~5천 년 전에 인구가 적었을 때에 인력으로 황하

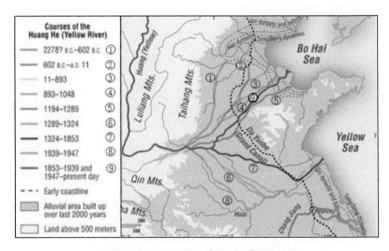

<황하의 유로 변경(자료 출처: 원 출처 미상)>

를 다스리기에는 근본적인 한계가 있었다고 본다.

인구가 엄청나게 불어나고 통일된 강력한 국가가 치수를 본격적으로 할 수 있는 기간에도 사정이 이럴진대, 하물며 그 옛날에는 어떠했을지는 미루어 짐작할 수가 있다. 10세기에 북송(北宋)의 도읍지였던 개봉(開封)이 명(明)나라 때에 대홍수로 성안의 인구 30만 명이 3만으로 줄어들 정도로 그 피해가 심각하였으며, 삶의 터전이 7m 아래에 묻혀버렸다고 한다. 1982년에 용정호의 호수 바닥 밑에서 고대 건축물을 발견하였으며, 개봉(開封)에서는 지하 9m 아래에서 11세기 송나라의 황궁의 건축물을 발굴하였다고 한다. 도시 전체가 황하가 실어 나른 황토에 묻히고 다시 그 위에 도시를 건설한 것이다. 이러한 재해는 자연에 의해서만 일어나는 것이 아니다. 적과 사생결단으로 싸울 때에도 이러한 지형적인 약점을 이용하지 않았을 리가 있겠는가.

실례를 보도록 하자. 첫 번째는 5호16국시대인 325년에 전조(前趙)를 세운 유연(劉淵: 252?~310)은 후조의 장수 석생(石生)이 농성하고 있는 낙양(洛陽)을 포위하고 방죽을 무너뜨려 수공을 펼쳤다는 기록이 있다. 두 번째는 명(明)나라가 멸망할 당시에 황하의 강물을 이용하여 수공작전을 감행한 기록이 있다. 제16대 숭정제(崇禎帝: 1627~1644) 주유검(朱由檢)이 즉위하자마자 기근이 발생하고 만주에서 발흥한 후금(後金)의 홍타이지의 침공을 막기 위한 전쟁을 하게 됨에 따라 무거운 세금을 징수하고, 또한 황제의 폭정으로 농민들은 고생하고 있었다. 이러한 상황을 이용하여 천민 출신이었던 이자성(李自成)이 농민반란을 일으켜 서안(西安)을 점거하여 국호를 대순(大順)이라 칭하고 동진하여 낙양을 함락시키고는 북경으로 진격

해왔다. 중앙에서 진압군을 보냈으나 오히려 패하고 말았다. 1642년
에 명나라 군대는 반란군이 개봉시(開封市)를 점령하는 것을 막기
위해 황하의 물길을 돌려 개봉시(開封市) 일대를 물에 잠기게 하였
다. 그러나 이자성의 진격은 막을 수가 없었으며 결국 1644년에 북
경을 포위하자 숭정제는 황후와 딸을 죽이고 회나무에 목을 매어 자
살하였고, 명나라는 멸망했다. 그리고 세 번째로서 비교적 최근의
일어난 실례를 보자. 1938년에 장개석(蔣介石)의 국민당정부는 일본
의 침략을 저지하기 위해 하남성 정주(鄭州) 지역 황하의 제방을 파
괴하였다. 이를 '화원구사건'이라고 한다. 주민에게 알리지 않아 피
해는 더 컸다. 3개 성 54현의 8,000㎢ 면적이 물바다가 되어 89만
명이 사망하고, 1250만 명의 이재민이 발생하였다고 한다. 정주시
(鄭州市)에서만 200만 명의 난민이 발생한 끔찍한 사건이었다. 또한
그 후유증으로 경작지가 망가져 300만 명이 굶어죽었다. 파괴된 제
방은 9년이 지난 1947년에야 복구를 하여 현재 우리가 보는 물길로
황하가 흐르고 있다.

이러한 현상은 작품 속에서도 반영되고 있다. 미국의 여류 소설가
펄벅(Pearl S. Buck: 1892~1973)이 20세기 초반기의 중국의 안휘성
을 배경으로 쓴 소설 『대지』에서도 홍수 이야기가 두 번이나 나온
다. 첫 번째는 늦은 봄과 이른 여름에 걸쳐 그 지역의 2/5가 물에 잠
겨 바다처럼 넓어지고 평지에 지은 집들이 허물어져 다시 흙으로 돌
아가고 언덕 위에 지은 집들은 섬처럼 물 위에 우뚝 솟아 있었다. 남
자들은 배나 뗏목을 타고 도시로 왕래하였다. 그리고 굶는 사람들이
생겼다. 두 번째는 먼 곳에 있는 강둑이 터지고 가까이에 있는 북쪽
을 흐르는 강둑도 터졌다. 때는 밀이 자라는 봄이었는데 여름 가을

이 지나고 겨울이 지나서야 물이 빠지기 시작하였다. 그때서야 농부들은 배를 타지 않고도 자기 밭을 둘러볼 수가 있었으며, 봄이 지나 여름이 오자 홍수 때문에 떠나갔던 사람들이 무리지어 차례차례 돌아오고 여름이 오면서 밭갈이를 시작하였다. 자그마치 거의 1년이나 물에 잠겨 있었던 것이다.

서화족이 사는 서부 황토고원지대는 한발이 닥치더라도 부분적인 피해를 입고 이러한 대규모의 물난리는 없는 지대이다. 속담에 '3년 가뭄에는 그래도 먹을 것이 있어 살 수가 있지만 석 달 장마에는 먹을 것이 없다'는 말이 있다. 작물이 한창 자라거나 결실이 되는 시기에 큰 홍수가 닥쳐서 장기간 물에 잠기면 그해에는 곡식을 한 톨도 건지지 못하는 참담한 상황이 발생한다.

그리고 옛날에는 모든 생활주거시설이 흙과 나무로 지어졌는데 물에 잠기면 어떻게 될지는 쉽게 상상할 수가 있다. 또한 기존의 강을 다시 복원하기에는 너무 힘이 들고, 이제는 더 이상 유지하기도 어려우므로 강물이 새로 물길을 내어 흐르는 대로 이를 인정하고 다시 처음부터 제방을 만들어야 한다. 이러한 상태가 잦아지거나 그 정도가 심하면 굶주림과 함께 질병이 따르고 대량의 아사자가 발생하여 인구가 쉽게 30~50%로 감소하는 현상이 발생한다.

황하의 상류지역에 인간이 거주하기 이전에는 많은 지역이 나무와 풀이 자라는 지역이었고 이때는 비가 내려도 흙이 그렇게 많이 쓸려 내려가지 않았지만 서화족이 인구가 증가하면서 광범위한 지역을 농토로 개간하고, 특히 경사가 급한 황토고원을 개간함에 따라 비가 일시에 많이 내리면 가공할 정도로 많은 토사가 흘러내리게 되었다. 아마도 동이족이 동부 저지대를 개간할 때에는 그 정도가 심하지 않다가, 서화족의 인구가 불어가는 정도에 따라 황하를 흐르는 물에 토사의 량이 가공할 정도로 많아졌으리라고 추측할 수 있다.

결론적으로 황하가 갖는 특성으로 인한 재해, 즉 수재로 인하여 동이족과 서화족의 우위가 역전되었다고 본다. 주(周)나라가 그렇고 뒤이어서 진(秦)나라가 통일의 행운을 거머쥔 것도 바로 지금의 서안의 관중평원을 그 중심으로 하는 고원지대의 종합적인 경쟁력이 가장 큰 요인이었다고 본다. 이러한 가설과 주장에 대하여 반론을 제기할 수 있다. 서화족도 동진하여 황하의 저지대에 같이 뒤섞여 살지 않았느냐? 그러면 수재도 같이 당하였으니 그것이 동서의 우열이 바뀌는 요인이 될 수 없지 않느냐고 할 수가 있다. 맞는 말이다. 그러나 그런 경우에 또 한 가지 간과할 수 없는 차이는 배후지 문제이다. 서화족은 서부의 황토고원지대를 여전히 근거지로 가지고 있기 때문에 동쪽의 피해로 끝나지만, 동이족은 만주지역의 배후지가 북쪽이면서 산이 많고 경작지가 적으며, 기후도 점점 더 건조해지고 추운 지역이기 때문에 안전하고 충분한 배후근거지가 되기에는 부족하다고 본다.

그리고 서화족은 지속적인 자기 성장으로 동질성이 많은 집단이지만 동이족은 종족이라고 보기보다는 수많은 북방민족의 연합체이기 때문에 동질성이 부족했다고 본다. 조선이 망하고 나서는 다시 구토를 모두 아우르는 통일된 국가를 이루지 못하고 결국 민족끼리 다투고, 각 세력이 독자적으로 중원에 진출하여 서화족과 다투다가 패하거나 적극적인 자의에 의하거나 타의에 의한 동화정책으로 정체성을 상실해갔다고 본다.

CHAPTER

09

일본의 뿌리 찾기

1) 한국인에게 일본은 어떤 나라인가?

흔히들 일본을 천황국가(天皇國家)라고 한다. 이 말은 많은 함축적인 의미를 담고 있다. 아득한 옛날부터 만세일계(萬世一系)로 한 핏줄로 내려오는 천황가(天皇家)의 계보를 떠올린다. 그것도 신화시대(神話時代)와 연결되어 있어 신비롭기까지 하다. 그리고 천황이 하나의 구심점이 되어 단결하여 천황의 이름으로 침략전쟁을 일으키고, 모진 가혹행위를 일삼으면서, 인간의 존엄성이나 양심의 가책 따위는 없는 가학적(加虐的)인 집단성을 보인다는 것이다. 그러나 일본 사람을 사귀고 친하게 지내보면 각각의 개인들은 예의 바르고, 절제하고, 열심히, 성실하게 일하고 생활하는 착한 사람들이라는 것이다.

한국과 일본은 지리적인 위치로 인하여 지금까지 모든 사람이 생각하기를 옛날부터 대륙의 선진문물을 우리가 먼저 받아들여, 멀리 외따로 떨어져 있는 궁벽(窮僻)한 섬나라에 전수해주는 일방적인 흐름이 조선 중기까지 지속되었다. 그러나 우리에게 돌아오는 것은 항상 기회만 있으면 노략질이나 하고, 임진왜란과 같은 참혹한 전쟁을 일으켜 피해만 주는 배은망덕한 국가로 인식하는 것은 우리만의 일

방적인 생각일까? 일본인들의 속마음, 그들의 말로 혼네(ほんね本音)는 어떻게 생각하고 있을까?

올해 2014년은 갑오년으로 우리가 스스로 근대화를 시도한 갑오개혁으로부터 120년이 되는 해이다. 서구의 문물을 먼저 받아들여 근대화한 일본은 120여 년 전에 한반도를 침략하여 우리에게는 유사 이래 처음으로 나라가 없어지는 고통을 주었으며, 제2차 세계대전 후에 국권은 회복하였지만 남북으로 분단되어 지금까지도 그 고통이 계속되고 있다. 그런데도 이러한 이웃의 고통은 아랑곳하지 않고 총리라는 사람은 제2차 세계대전의 전범으로 처형된 이들의 위패가 합사된 야스쿠니 신사(靖國神社)를 참배하여 피해자인 이웃 국가들의 분노를 사고 있다. 아무리 미운 가해자도 어느 정도까지는 그래도 인내하고 참을 수가 있지만 이런 정신이상자들이 지배를 하고 있는 국가, 그리고 세계에서 어느 나라보다도 독서를 많이 한다는 양식 있는 국민인 줄로 알고 있는데 이런 짓을 하는 지도자를 받아들이고 있다.

한마디로 가깝고도 먼 나라. 도대체 일본이라는 나라를 우리가 어떻게 이해해야 할까? 일본, 아니 왜(倭)라고 표현하는 것이 맞을지도 모르겠다. 일본이라고 개명한 지가 900여 년이 지났는데도 우리의 선조들이 임진왜란(壬辰倭亂)이라고 하였으니 기왕에 왜(倭)라고 하는 나라의 역사를 한 번 탐구해보자.

2) 먼저 알아두어야 할 세 가지 수수께끼

(1) 백제의 건국과 관련된 수수께끼

우리의 정사서인 『삼국사기』에 백제의 건국과정이 나온다. 추모(鄒牟) 혹은 주몽(朱蒙)이 북부여(北扶餘)에서 난리를 피하여 졸본부여(卒本扶餘)로 왔다. 졸본부여 왕은 아들은 없고 딸만 셋이 있었는데, 주몽이 뛰어난 인물임을 알고 둘째 딸을 그의 아내로 삼았다. 얼마 후 부여 왕이 죽고 주몽이 왕위를 이었다. 주몽이 아들 둘을 낳았는데, 맏이는 비류(沸流)이고 둘째는 온조(溫祚)이다.

그러나 일설에 백제를 건국한 비류(沸流)와 온조(溫祚)의 아버지인 우태(優台)는 북부여 왕 해부루(解扶婁)의 서손(庶孫)이고, 어머니 소서노(召西奴)는 졸본(卒本) 사람 연타발(延陀勃)의 딸이다. 우태가 죽자 졸본에서 과부로 살았다. 그 후 주몽이 부여에서 받아들여지지 못하자 B.C. 37년에 남쪽으로 달아나 졸본에 이르러 도읍을 정하고, 나라 이름을 고구려라 하고 소서노를 왕비로 삼았다. 나라를 세우는 데 소서노의 내조가 많았기 때문에 주몽이 그녀를 매우 사랑했고 비류와 온조를 자기의 친아들처럼 대하였다. 주몽이 부여에 있을 때 예씨(禮氏)와의 사이에 낳은 유류(孺留)가 오자, 태자로 삼아 왕위를 잇게 하였다. 이에 형제는 어머니 소서노(召西奴)를 모시고 동생과 함께 무리를 거느리고 남하하였다.

고구려에서 함께 망명해 남하하여 B.C. 18년에 비류는 미추홀(彌鄒忽)에, 온조는 위례성(慰禮城)에 도읍하였다.[80] 비류는 미추홀의 땅이 습기가 많고 물이 짜서 편안히 살 수가 없었다. 위례성으로 와서 도읍이 안정되고 백성들이 편안히 지내는 것을 보고는 후회하다가 죽었다(遂悔而死). 비류의 백성들이 모두 위례성으로 돌아왔다. 온조가 처음 올 때 백성이 즐겨 따라왔기 때문에 나라 이름을 백제(百濟)로 고쳤다. 온조의 조상은 고구려와 같이 부여에서 나왔으므로 성씨를 부여(扶餘)로 하였다.

이를 보면 백제 초기에는 분명히 2개의 나라가 존재하였다고 하며, 형인 비류는 자살함으로써 하나의 나라가 되었다고 하고 있다. 그러나 비류가 자살을 한 동기가 석연치 않다.

(2) 위대한 정복자 광개토태왕이 남긴 역사의 진실

백제가 초기에 두 개의 나라가 있었다는 증거가 고구려 광개토태왕의 비문에도 있다.

우리가 『삼국사기』에서 '비류(沸流)가 죽었다'는 기록은 곧이곧대로 받아들일 것이 아니라, 다양한 역사기술의 한 형태로 이해한다면 이도 또한 중요한 정보가 될 수가 있다. 비류(沸流)가 죽었다는 것은 인간 개인을 두고 한 말이 아니라 비류가 이끄는 세력이나 집단이 역사에서 사라졌다는 것을 의미하는 것은 아닐까? 사라졌다면 언제 어디로 사라졌느냐 하는 것인데, 결정적인 증거가 우리의 역사적 기념물인 광개토태왕의 비문에 있다.

---

80) 『삼국사기』<시조 온조왕(始祖溫祚王)>조에 이설로 다음과 같이 기록하고 있다. '패수(浿水)와 대수(帶水) 두 강을 건너 미추홀에 와서 살았다는 이야기도 있다. 『북사(北史)』 및 『수서(隋書)』 모두에는 "동명(東明)의 후손 구태(仇台)가 있는데 어질고 신의가 있다. 처음으로 대방(帶方)의 옛 땅에 나라를 세웠다. 한의 요동태수(遼東太守) 공손도(公孫度)가 그의 딸을 아내로 주어 드디어 동쪽 나라의 강국이 되었다"고 하였다. 어느 쪽이 옳은지 모르겠다.'

영락(永樂) 6년조에서 선행절(先行節)인 신묘년조(辛卯年條)를 제외한 본문(本文)만을 보면 아래와 같다.

"以六年丙申 王躬率水軍 討利殘國 軍□□首攻取壹八城……, 阿且城。……(17城名)…… 彌鄒城。……(37城名)……基國城 賊不服氣 敢出百戰 王威赫怒 渡阿利水 遣刺迫城……(3城名)……百殘王困逼 獻出男女生口一天人 細布千匹 歸王自誓 從今以後永爲奴客 太王恩赦 □迷之御 錄基後順之誠 於是□五十八城 村七百 將殘王弟幷大臣十人旋師還都。"

<광개토태왕비문의 백잔(百殘)과 이잔국(利殘國)>

이를 우리말로 옮기면, "영락 6년 병신년(396)에 왕(광개토태왕)은 친히 수군을 이끌고 이잔국(利殘國)을 토멸했다. 처음에 軍□城(군□성)을 비롯해서 18개 성을, 다음에 ……, 彌鄒城(미추성), …… 등 37개 성을 공취했다. 백잔(百殘)에 도착하자 적이 항복하지 않고 기세당당하게 감히 백전을 불사하자, 격분한 왕은 아리수(阿利水: 한강)를 건너 자(刺)로 하여금 3개 성을 공격케 했다. 궁핍해진 백잔왕(百殘王)은 남녀 1천 인과, 세포(細布: 가는 비단) 1천 필을 바치고 귀순하여 '지금부터 영원토록 노객(奴客)이 되겠다'고 스스로 맹세했다. 태왕은 이들의 잘못을 용서하고 성실히 순종할

것을 기록하게 했다. 이때에 58성과 700개 촌락을 평정하고 백잔왕의 동생, 대신 10인을 끌고, 군대와 함께 수도로 개선했다."

어떤가. 광개토태왕의 비문에 적힌 대로 이잔국(利殘國)이 현실적으로 분명히 존재하였고, 태왕이 확실히 토멸했다. 바로 멸망시킨 것이다. 그리고 이때에 『삼국사기』에서 기록한 '비류의 신민, 즉 이잔(利殘)의 신민들이 온조에게 즐거이 따라왔다 하여 국호를 백제로 고쳤다'는 사건이 일어난 것이다. 『삼국사기』에서는 비류와 온조가 건국한 B.C. 18년경에 일어난 사건으로 기록하고 있지만 실제는 396년에 일어났으므로 400여 년의 시차가 있는 것이다.

그리고 광개토태왕이 3회에 걸쳐 정벌전을 펼쳤다. 1단계에서는 아차산성을 포함한 경기도의 한수이북과 강화도와 김포반도의 서부지역을 정벌(18성)하고, 2단계는 아산만 지역의 미추성(彌鄒城)을 포함한 충청남도지역을 정벌(37성)하고, 3단계는 북쪽에서 아리수(한수)를 건너 이잔의 수도를 정벌(3성)하였다. 2단계 정벌전에 미추성이 분명히 포함되어 있다. 비류가 초기에 수도로 정한 미추홀(彌鄒忽)이 미추성(彌鄒城)으로 되고 다시 세월이 흘러 지금은 충남 아산시 인주면(仁州面)에 있는 밀두리(蜜頭里)로 변한 것이다.

『비류백제와 일본의 국가기원』에서 김성호 박사는 광개토태왕비문에 기록된 이잔이라는 자구을 보고 지금까지 우리가 알고 있는 것과 같은 역사해석과는 다른 견해를 밝히고 있다. 김부식이 기록한 대로 미추홀(彌鄒忽)은 밀두리(蜜頭里)이고, 위례성(慰禮城)은 지금은 천안시에 있는 직산(稷山)이 맞는다고 주장하였다. 그리고 비류(沸流)는 자살하지 않고 백제라는 대국을 건설하여 400여 년간 번성하다가 일본으로 건너가서 현재의 일본의 실질적인 건국자가 되었다는 것이다. 그러나 국내의 대부분의 역사학자는 동조하지 않고 있는 것 같아 안타까움을 금할 수가 없다. 김성호 씨의 주장이 맞는다고 본다.

여기서 우리가 한 가지 의문을 가지지 않을 수가 없다. 광개토태왕이 작은 신라는 속국으로 유지하고 적의 입장에 있었던 나라 중에서 이잔(利殘)은 멸망시키고 백잔(利殘)은 왜 항복을 받고 속국으로 유지시켰을까 하는 의문이다. 이는 『한단고기』에서 그 해답을 찾을 수가 있다. 조선은 64개 종족의 다민족국가였으며 비록 적국이라도 전쟁에서 져서 항복을 하면 조공(朝貢)을 바치도록 하고 계속해서 국가로 인정하였다. 이는 한민족을 중심으로 전체를 아우르고 상생하는 보편적인 세계질서를 이루려는 이상에 따른 것이었다. 이러한 전통을 고구려도 실현하려 했다고 본다. 인접한 여러 민족국가를 고구려 중심의 천하질서 속에 넣어 공생하며 번영해나가기를 바랐던 것이다. 요샛말로 치면 한민족 중심의 통일 연합국가를 지향하였다.

(3) 일본신과 천황의 이름에 붙는 'のみこと(노미꼬토)'라 는 존칭의 정체

일본의 신화에서 신들의 이름을 보면 아마테라스오오카미(天照大神: 천조대신)만 제외하고는 모든 신의 이름 말미에 '……존(尊), ……명(命)'을 붙이고 구분 없이 '……のみこと(노미코토)'로 읽고 있다. 그리고 이러한 존칭 용어는 제31대 용명대군(用明大君: 585~587)의 다치바나노도요히노미코토(橘豊日尊)까지 사용하였으며, 그 이후에는 공식적으로 사용하지 않은 것으로 보인다.

〈신대 계보〉
① 이자나기**노미꼬토**(伊耶那岐尊)・이자나미**노미꼬토**(伊耶那美尊)
② 아마테라스오오카미(天照大神)
  쓰쿠요미**노미코토**(月読尊)
  스사노오**노미코토**(素戔嗚尊)
③ 아마쓰히타카히코호니니기**노미코토**(天津日高彦火瓊瓊杵尊)

〈초기 천황〉
1대 진무 대군(神武大君): 가무야마토이와레히코**노미코토**(神倭伊波礼琵古命,
                                              神日本磐余彦尊)
2대 스이제이 대군(綏靖大君): 가무누나가와미미**노미코토**(神渟名川耳尊, 神沼河耳命)
3대 안네이 대군(安寧大君): 시키츠히코타마데미**노미코토**(磯城津彦玉手看尊,
                                           師木津日子玉手見命)

같은 한자를 쓰지만 우리의 상식으로는 도저히 이해할 수 없는 일
이다. 일본 사람이 아니라서 그럴까? 일본 학자들과 일반 국민은 자
기네의 신이고 천황들이니까 알고 있을 것으로 생각해서 인터넷 검
색창을 이용하여 그 연유를 찾으려고 해보았다. 그러나 어디에서도
해답을 찾을 수가 없었다. 자기네끼리만 알고 외국인들에게는 쉬쉬
하고 있는 것은 아닐까? 그렇다면 어떻게 된 사연인지 내가 한 번
까닭을 밝혀볼 수는 없을까?

상식에 바탕을 두고 쉽게 한 번 생각해보자. 한반도에서 건너간
사람들이 쓴 글이라면 어딘가에 비밀의 열쇠를 숨겨놓았겠지 하는
생각으로 가벼운 마음을 가지고 접근해갔다.

우선 일본에서도 'かな(가나)'문자가 확립된 9세기 초 이전의 이
른 시기라면 이두식으로 한자를 적었을 것이고, 또한 일본 사람이
해석을 못 한다면 분명 한반도에서 쓰던 언어로 기록하지 않았을까
하는 생각을 하면서 풀어나가기 시작했다. 작은 사전은 물론, 일본
에서 가장 권위가 있는 큰 사전인 '광사원(廣辭苑)'[81]까지 6개의 사

전과 인터넷 검색사이트를 두루 찾아서 비교분석을 하였다.

우선 일본어에서 한자발음은 중국말 발음으로 읽는 음독(音讀)과 일본말 발음으로 읽는 훈독(訓讀)이 혼재하고 있다. 우리나라는 음독(音讀)만 있다. 외국인이 일본어를 배울 때 크게 어려움을 겪는 것도 이 때문이다. 그리고 같은 한자라도 음독이 다른 경우가 많은데, 중국 남쪽지방에 있었던 오(吳)나라로 대표되는 남부지방의 한자발음을 '오음(吳音)', 북쪽 중원지역을 대표하는 한(漢)나라의 발음을 '한음(漢音)'이라고 한다. 대륙백제가 북경지방과 양자강 하류지역을 지배하고 있을 때에 양쪽 지방에 살던 사람들이 한반도를 거쳐 일본 섬까지 진출하면서 가져간 한자발음이 지금까지 내려오고 있는 것으로 보인다. 그리고 일본은 예로부터 지방분권이 발달하여 언어도 지방마다 각기 다르게 쓰여 내려오게 되어 미처 언어통일이 되지 않고 지금까지 내려왔다고 추측된다. 반면에, 우리나라는 일찍부터 중앙집권적인 사회체제가 확립되어 언어통일이 된 결과 하나의 한자를 가지고 한 뜻으로 두 가지 발음을 하는 일은 없는 것으로 알고 있다.

다시 본론으로 돌아가서 '높다, 높이다, 우러러보다'는 뜻의 '존(尊)'과 '목숨, 명령하다'의 뜻인 '명(命)'의 발음은 아래의 표와 같다.

尊 (1) 음독(音讀): ソン(손)
　　(2) 훈독(訓讀): たっとい(닷또이), とうとい(또우또이), たっとぶ(닷또부), とうとぶ(또우또부)
命 (1) 음독(音讀): [한음]メイ(메이), [오음]ミョウ(묘우)
　　(2) 훈독(訓讀): いのち(이노찌)

---

81) 암파서점(岩波書店) (일본 東京), 昭和 60年.

그러니까 사전 어디에도 한자 '존(尊)', 명(命)이 のみこと(노미꼬토)라고 읽히는 단서가 없다. 그러면 のみこと(노미꼬토)를 사전에서는 어떻게 설명하고 있을까? 사전에는 없는 단어이다. 대신에 みこと(미꼬토: 尊)는 '고대에 신(神)이나 귀인(貴人)의 이름에 붙인 높임말'이라고 나와 있다. 그렇다면 の(노)라는 말은 우리말의 '～의'라는 소유격 조사라는 말이 된다. 상식적으로 맞지 않는다. 일본어나 우리말이 같은 계통인데 이름 뒤에 존칭을 붙이면서 소유격조사를 붙이는 것은 있을 수 없는 일이다. 그렇다면 이 수수께끼 같은 말은 일본말도 아니고 일본 안에서 해답을 찾을 수도 없다고 생각되었다.

눈치가 빠른 독자는 이미 알아차렸을 것이다. 우리는 앞에서 중국의 기록에서 흉노의 '탱리고도 선우(撑犂孤塗 單于)'에서 고도(孤塗)는 아들을 뜻하는 퉁구스어 quto(쿠토)와 연관이 있다고 하였다. 그리고 탱리고도는 바로 중국의 천자(天子), 즉 '하느님의 아들'을 뜻한다. 따라서 우리는 동북아 전체를 아우르는 광대한 지역에서 고대에는 하나의 언어가 각국에 전파되어 변화되어 왔다는 것을 알 수가 있다. 일본어 のみこと(노미꼬토)에서 こと(꼬토)는 아들을 뜻한다. 그렇다면 가까운 말인 우리나라 말에는 어떤 말이 남아 있을까? 꼬마, 꼬맹이, 꼼수(쩨쩨한 술수, 작은 술수) 등이 아닐까 한다.

그러면 앞에 있는 のみ(노미)는 무슨 말일까? 일본어는 아니니까 우리말에서 찾을 수는 없을까? 그렇다. '노미'는 바로 순수한 우리말 '놈(者)'이다. 사전에서는 '사람'이라는 뜻을 나타내는 말이며, 사람을 좀 낮잡아 이르거나 일상적으로 이를 때 쓴다고 풀이하고 있다. 놈은 '님, 임'이 되고 또한 파생된 말로 '중노미'가 있다. 음식점이나, 여관 따위에서 허드렛일을 하는 남자를 일컫는 말이다.

현재를 살고 있는 우리들의 정서로 볼 때 존귀한 최고지배자의 호칭에 '놈'이라니 말도 안 되는 소리라고 할 사람이 많으리라고 본다. 그러나 그러한 감정은 지금의 언어정서이고 옛날에는 그렇지 않았다. 우리말을 담을 그릇인 우리의 문자인 한글을 늦게 발명함에 따라 선진문화를 구사하는 한자가 역수입되어 우리의 사유체계를 선점함에 따라 은연중에 우리의 말을 비하하는 의식이 생겨났다고 본다. 훈민정음을 만들어 반포할 때에 '……어린 백성이 배우고자 해도 결국에는 제 뜻을 펴지 못할 노미 하니라'는 구절이 있다. 600여 년 전인 1446년의 일이다. '놈이 많다'는 뜻을 모르는 사람은 없을 것이다. 이렇게 옛날에는 보통의 말로 써 왔지만 지금 남한에서는 '놈'이라는 말이 상스러운 좋지 않은 뜻의 말로 변했다.

결론적으로 のみこと(노미꼬토)는 '놈의 자식'이며 요샛말로는 '님의 아들'이다. 님의 아들이 누구인가? 바로 '하느님의 아들—천자(天子)'를 말하는 것이다. 일본은 처음부터 천자국임을 천명하였다. 우리나 중국은 몰랐을 뿐이고 심지어 일본 사람들도 그들의 뿌리를 진작 잊어버렸으니까 아주 오랜 옛날부터 모르고 지내온 것이다.

3) 우리가 알고 있는 일본의 신화와 공식적인 역사

(1) 일본은 한(桓)민족의 이민으로 시작되었다

일본(日本), 영어로는 Japan이라고 한다. Japan은 옻나무를 뜻한다. 왜 서양에 Japan이라고 전해졌을까?

13세기에 이탈리아의 마르코 폴로(1254~1324)가 서술한『동방견문록』에 '치팡구(Cipangu)'라는 섬이 있는데 황금이 가득한 땅으로 묘사하였다. 마르코 폴로는 17년 동안 원나라를 여행하였지만 주로 강소성 양주(揚州)에 오래 머물렀다. 이 지역 언어로 일본국(日本國)을 '지펑궈'라고 발음했다고 한다. 현재 '일본국(日本國)'의 대외명칭이 된 사연이다. 북경, 즉 화북지방의 보통어로는 '르번궈'로 발음한다.

『한단고기』에서는 현재의 일본을 삼도(三島)라고 하였다. 지금의 북해도(北海島)는 알려지지 않은 미지의 땅으로 오랫동안 남아 있었음을 의미한다. 삼도가 언제부터 우리 역사의 기록에 나오는지를 보도록 하자.

첫째, 3세 단군 가륵(嘉勒)이 통치하던 B.C. 2173년에 '두지주(斗只州)의 예읍(濊邑)이 반란을 일으켜 여수기(余守己)에게 명하여 그 추장 소시모리(素尸毛犁)를 베게 하였다. 그때부터 그 땅을 소시모리라고 하다가 지금은 음이 바뀌어 우수국(牛首國)이 되었다. 그 후손에 협야노(陜野奴)라는 자가 있었는데 바다로 도망쳐 삼도에 웅거하며 스스로 천왕(天王)이라고 칭했다'는 기록이 있다.

'斗只州 濊邑叛 命余守己 斬其酋素尸毛理 自是稱其地素尸毛犁 今轉音爲牛首國也 其後孫陜野奴者 逃於海上 據三島 僭稱天王.'

둘째, 36세 단군 매륵(買勒) 재위 시인 B.C. 667년에 '협야후 배반명(陜野侯 裵幣命)을 보내어 바다의 도적을 토벌케 하였다. 12월엔 삼도가 모두 평정되었다(遺陜野侯裵幣命 徃討海上 十二月 三島悉平)'는 기록이 보인다.

셋째, 막조선 27대 한(韓Khan) 궁홀(弓忽) 시기인 B.C. 654년에

'협야후에게 명하여 전선 500척을 이끌고 가서 해도를 쳐서 왜인의
반란을 평정하도록 했다(命陝野侯 率戰船五百艘 徃討海島 定倭人之
叛)'고 한다.

이로 볼 때에 배반명을 토벌대장으로 보낸 사람은 막조선 27대
궁홀(弓忽) 한(韓Khan)으로 보인다.

다음은 고구려의 건국과 관련된 기사이다.

고구려를 건국한 주몽(朱蒙)이 북부여를 탈출하여 남하할 때에 동
무인 오이(烏伊), 마리(摩離), 협보(陝父)를 대동하여 홀본으로 왔다.
그리고 후사가 없는 부여 왕의 사위가 되어 대통을 이어 고구려를
건국하였다는 것은 우리가 익히 알고 있다. 그런데 <고구려국본
기>에서 광개토태왕이 백제와 왜를 정벌하는 기사가 있는데 이어서
이런 기사가 있다.

"이보다 앞서 협보는 장혁(將革)을 알고 무리를 유혹하여 양곡을
도둑질하여 배에 싣고 패수를 따라 내려와 해포(海浦)로부터 몰래
항해하여 곧바로 구야한국(拘邪韓國)에 이르니 곧 가라해(加羅海)의
북안이다. 여기서 수개월 동안 살다가 아소산(阿蘇山)으로 옮겨가서
기거했다. 이를 다파라국(多婆羅國)의 시조라 한다. 뒤에 임라(任那)
를 병합하여 연정을 세워 이를 통치케 했다. 3국은 바다에 있고 7국
은 뭍에 있었다. 처음 변진구야국(弁辰拘邪國)의 사람들이 한때 모여
산 적이 있었는데, 이를 구야한국이라 한다. 다파라를 다라한국(多羅
韓國)이라고도 한다. 홀본으로부터 와서 고구려와 일찌감치 친교를
갖고 있었으므로 늘 열제의 통치를 받았다. 다라국(多羅國)은 안라국
(安羅國)과 함께 이웃하여 있고 같은 무리이다. 본래 웅섭성(熊襲城)
을 갖고 있으니 지금의 구주(九州)의 웅본성(熊本城)이 그것이다."

위의 기록들을 간단히 정리하면 아래와 같다.

① B.C. 2173년에 두지주(斗只州) 예읍(濊邑)의 추장 소시모리(素尸毛犁)라는 자가 있었다. 후에 그의 후손 협야노(陜野奴)가 삼도로 도망을 가서 스스로 천왕(天王)이라고 칭했다.

② B.C. 667년에 협야후 배반명(陜野侯 裵幋命)을 보내어 바다의 도적을 토벌케 하여 삼도가 모두 평정되었다.

③ B.C. 654년에 '협야후(陜野侯)가 왜인의 반란을 평정하였다.

④ B.C. 37년에 고구려를 건국한 고주몽을 따라온 협보(陜父)가 아소산으로 옮겨가서 다파라국(多婆羅國)의 시조가 되었다. 다파라를 다라한국(多羅韓國)이라고도 한다. 다라국은 본래 웅섭성(熊襲城)을 갖고 있으니 지금의 구주의 웅본성(熊本城)이다.

그러니까 우리의 역사에서 이미 4200여 년 전부터 삼도(三島)에 관한 기사가 나오며 그 땅은 반항의 땅이자 도망자의 땅으로 기록되고 있다.

(2) 일본의 신화는 우리의 삼신신앙의 짝퉁이다

① 역사 이전의 신화

역사를 가지고 있는 뿌리 깊은 나라는 예외 없이 건국신화를 가지고 있다. 일본신화는 『고사기』, 『일본서기』와 51개 지방국가의 신화를 모아놓은 『풍토기』에 기술되어 있다. 다른 나라의 신화처럼 하나로 정리된 이야기가 아니고 이전에 여러 책에 있던 수많은 이설들을 나열해놓아서 간단하게 하나의 스토리로 설명하기가 대단히 어렵다.

필자의 짧은 실력으로 일본서기의 원본을 중심으로 하고 다른 자료를 참고하여 간략하게 정리하였다.

'태초에 천지가 갈라지지 않고 음양이 나누어지지 않았을 때 천지중에 위아(葦牙)와 같은 상태의 하나의 생물(一物)이 있어 스스로 신이 되었는데 국상입존(國常立尊), 국협추존(國狹槌尊), 풍심정존(豐斟淳尊)이라고 불렸으며 삼신(三神)이라 한다.'

'古天地未剖, 陰陽不分 …… 于時、天地之中生一物(一物在於虛中)
狀如葦牙 便化爲神(其中自有化生之神) 號國常立尊 …… 次國狹槌尊
次豐斟淳尊 凡三神矣.'

삼신이라고 해놓고는 다시 다른 여러 책에 있는 신들을 나열하고 있다. 삼신이 아니고 15명 정도의 신이 탄생하였다. 15명 정도라고 말할 수밖에 없는 이유는 신들마다 여러 개의 이름이 있고, 한자의 서술방식이 달라서 다른 신을 말하는 것인지, 아니면 또 다른 이름(별명)을 말하는지 알 수가 없고, 두 신을 묶어서 표현하는 경우가 여럿 있어서 머릿수를 세기가 난감하다. 여하튼 15명 정도의 신들을 정리하여 8신이라고 하고 '국상입존(國常立尊)부터 이장낙존(伊弉諾尊)·이장염존(伊弉冉尊)까지 일러 신세(神世) 7대(……凡八神矣 自國常立尊, 迄伊弉諾尊·伊弉冉尊, 是謂神世七代者矣)'라고 하였다.

그런데 일본에서는 천상의 세계인 다카마가하라(高天原)에서 마지막으로 탄생한 이장낙존(伊弉諾尊)·이장염존(伊弉冉尊)을 남매신이라고 하며, 또 다른 이름으로 이자니기존(伊耶那岐尊)과 이자니미존((伊耶那美尊)이라 한다.

둘이 결혼하여 일본 땅과 산천초목, 그리고 신들을 낳는다. 처음에 일본열도를 만드는 내용이다.

  '이자나기와 이자나미는 …… 음양이 시구(始遘: 성교)하여 부부
가 되어 …… 처음에 담로주(淡路洲)를 자궁(胞)으로 하여 대일본, 일
본, 즉 야마도(耶麻騰)를 낳았다. 담로주(淡路洲)라는 말뜻이 불쾌하
여(意所不快) 담로주(淡路洲)로 이름을 바꾸었다. 다음에 풍추진주,
이주, 예주, 축자주, 억기주, 좌도주, 월주, 대주, 길비자주의 대팔주
(大八洲)를 낳았다.'
  '伊弉諾尊・伊弉冉尊 …… 陰陽始遘合爲夫婦 …… 先以淡路洲爲
胞 意所不快 故名之曰淡路洲 廼生大日本 日本此云耶麻騰. 下皆效此
豐秋津洲 次生伊豫二名洲 次生筑紫洲 次雙生億岐洲與佐度洲, 世人
或有雙生者, 象此也. 次生越洲. 次生大洲. 次生吉備子洲, 由是、始起
大八洲國之號焉.'

  다음으로 바다와 강, 산, 초목을 낳았다. 그러고는 바람신(風神),
벼신(倉稻魂命), 해신(海神), 토신(土神), 수문신(水門神), 목신(木神)
등을 낳았다.
  그러다 이자나미(いざなみ)는 불(火)의 신 가구쓰치를 낳다가 가구
쓰치의 불기운에 의해 타 죽어서 황천으로 떠났다. 이자나기(いざな
ぎ)는 가구쓰치를 죽이고 아내를 찾아 황천으로 간다. 하지만 아내
는 이미 황천의 음식을 먹어 이승으로 올 수가 없게 되었으며, 또한
흉하게 변해버린 아내를 보고 경악한 이자나기는 도망쳤다. 황천에
서 도망친 이자나기는 시냇물에 오물이 묻은 얼굴을 씻었다. 그러자
왼쪽 눈에서는 해의 신인 아마테라스오오까미(天照大神: 천조대신)

가, 오른쪽 눈에서는 달의 신인 쯔꾸요미노미꼬토(月讀尊: 월독존)가 코에서는 스사노오노미꼬토(素戔嗚尊: 소잔명존)가 태어난다.

성격이 드셌던 스사노오가 천상세계인 다카마가하라(高天原)에서 난동을 피우자 아마테라스는 아마노이와토라는 동굴에 숨어버려 세상은 어둠 속에 잠기었고 신들은 곤란에 빠졌다. 그러나 여러 신의 지혜로 아마테라스는 분노를 풀고 동굴에서 나왔고, 스사노오는 그 책임을 물어 인간세상으로 추방되어 이즈모노쿠니(出雲國)에 강림하였다. 그리고 사람들을 괴롭히던 머리가 8개 달린 큰 뱀 야마타노오로치를 죽이고 구시나다히메(稻田姬)와 결혼한다. 스사노오의 자손인 오쿠니누시는 스세리비메(스사노오의 딸)과 결혼하여 스쿠나비코나와 아시하라나카쓰쿠니를 만들었다.

다음에 다까무스비노미코토(高皇産靈尊: 고황산영존)[82]가 자신의 외손자이자 아마테라스오오카미(天照大神)의 손자인 아마쓰히꼬호니니기노미코토(天津彦火瓊瓊杵尊: 천진언언화경경저존)를 하계에 내려 보냈다. 이때에 구슬, 거울, 칼의 3종의 신기와 함께 5부족의 족장과 신하들을 딸려 보냈다. 그는 쯔쿠시 히무가의 쿠시후루다케(久土布流多氣: 久志布多氣くしふるたけ)로 내려왔다. 그 후에 원주민인 오야마 쓰미노가미의 딸 가무아다 가시쓰히메와 결혼하였다. 아들 중 둘째가 히코호호데미노미코토(彦火火出見尊)인데, 바다신 도요다마히꼬의 자매 딸 도요타마히메(豊玉姬)와 다마요리히메(玉依姬)와 결혼하여 히코나기사타케 우가야후키아에즈노미코토(彦波瀲武鸕鶿草葺不合尊)를 낳았다. 그는 아버지의 작은 부인이자 이모인 다마요리

---

82) 줄여서 '고령'이라는 지명이 나왔다고 하여 어떤 일본 사람은 대가야였던 경북 고령을 찾고 이에 부화뇌동하는 사람들도 있다.

히메(玉依姬)와 결혼하여 4명의 아들을 낳았다.

아들 중 막내인 간야마토이와레히코노미코토(神倭伊波礼琵古命, 神日本磐余彦尊)가 휴가(日向: 일향)에서 야마토(大和)로 정벌해와서 일본의 제1대 신무(神武) 대군이 되었다.

② 건국신화가 주는 암시와 비밀

일본의 건국신화를 우리의 시각으로 한 번 검토해 보자.

첫째, 서두를 장식하는 삼신신화(三神神話)는 우리의 전통신화와 그 근본적인 형식이 같다고 할 수가 있다.

우리는 이미 우리의 전통신앙에 대하여 알아보았다. <삼성기>와 <태백일사 삼신오제본기>에서는 '한 신(一神)이 사백력(斯白力) 하늘에 있으면서 홀로 스스로 변하여(獨化) 어둠을 밝게 하고, 권능으로 스스로 변하여(權化) 만물을 생기게 하고, 삼신(三神)이 탄생했으며, 삼신이 각각 따로 있는 것이 아니고 쓰임을 달리할 뿐이라고 하였다. 즉, 삼위일체(三位一體)라고 하였다. 우리의 신화와 일본의 창조신화를 한 번 표로 만들어 비교해보자.

	우리의 신화	일본 신화
최초의 상태	혼돈 상태	혼돈 상태
시초	일신(一神)	일물(一物)
창조 과정	스스로 변화(獨化), 권능으로 변화(權化)	스스로 변화(便化爲神: 其中自有化生之神)
변화 결과	삼신(三神: 천신, 지신, 인신)=일신(一神)	삼신(三神: 국상입존, 국협추존, 풍심정존)
장소	사백력(斯白力: 시베리아) 하늘	다까마가하라(高天原: 하늘나라)

497

이렇게 정리하여 비교하여 보면,

우리의 신화에서는 한 신(一神)이 삼신이 되지만, 삼신은 곧 일신이라고 하여 삼위일체(三位一體)를 말하고 있다.

그러나 일본의 신화에서는 처음에는 물건(一物)이 스스로 변하여 신이 되었다고 하였으며, 다시 일신이 변화하여 삼신이 되었다.

형식상으로는 두 신화가 같은 것처럼 보이지만, 커다란 차이가 있다는 것을 알 수가 있다. 첫째, 우리의 신화는 태초에 일신(一神)이 있었지만, 일본 신화에서는 처음부터 신이 있은 것이 아니고 일물(一物)이 신이 되었다고 하여 무신론에서 출발하였다. 두 번째는 우리의 신화는 삼신은 따로 있는 것이 아니고 일신의 변화된 모습이라고 하였다. 어디까지나 일신인 것이다. 그러나 일본신화는 일신이 삼신으로 변하여 일신은 더 이상 존재하지 않는다.

두 번째는, 삼신이 만든 8신(八神) 중에서 제일 마지막에 태어난 남매신인 이장낙존(伊弉諾尊·伊邪那岐命)과 이장염존(伊弉冉尊·伊邪那美命)을 일본어로 'いざなぎのみこと(이자나기노미꼬토)'와 'いざなみのみこと(이자나미노미꼬토)'로 읽는다는 사실이다.

앞에서 우리는 광개토태왕의 비문에서 태왕이 396년에 이잔국(利殘國)을 토멸했다는 것을 알고 있다. 한국이나 일본의 역사기록의 어느 곳에도 '이잔(利殘)'이라는 단어를 찾을 수가 없었는데 여기 일본의 신화에 그 이름이 나타난다.

이자나기→이잔 아기
이자나미→이잔아미→이잔 어미(모음조화)

그것도 사람의 이름으로 나타났으며, 더욱이 어머니와 아들, 즉 모자지간으로 나타난 것이다. 무엇을 말하는가?

충격적이다. 아니 충격 그 자체이다. '이렇게 이름을 바꾸고는 2천 년이 넘게 역사의 베일에 가려져 있었구나!' 정말로 가슴이 떨려왔다. 그토록 오랜 세월 동안 한국과 일본 땅에서 살다 간 사람들, 그리고 지금을 살고 있는 사람들까지 수천만 수억의 사람들을 속이고 적대감을 가지게 하고, 서로 반목하며 침략과 동족상잔의 살육을 저지르게 하고는 이렇게 꼭꼭 숨어서 태평하게 있다니! '아아……정말 조상님들도 무심하지. 이럴 수가 있나!'

글쓴이는 '이잔아기-이잔어미'를 2011년 5월 9일(월) 저녁 11시에 발견하였다. 너무나 흥분되어 마음을 진정시킬 수가 없어 자료들을 보고 글을 써내려갔다. 60평생 동안, 특히 학창 시절에도 잠이 많아 저녁 12시나 새벽 1시를 넘긴 기억이 없는데, 다음 날(10. 석탄일) 아침 6시 30분까지 밤샘을 하였다.

일본의 옛 지배자들이 모자관계인 비류(沸流)와 소서노(召西奴)를 남매관계로 둔갑시켜 역사에 넣지 않고 일본을 창조한 부부신으로 감추어 둔 것이다.

『비류백제(沸流百濟)와 일본(日本)의 국가기원(國家起原)』을 저술한 김성호(金聖昊) 박사가 주목한 바로 그 '이잔(利殘)'이다. 김성호 씨는 이잔을 단지 '구마나리(久麻那利)의 잔계국가(殘係國家)'임에 착안해서 『이잔국(利殘國)』이란 조어국호(助語國號)로 여겨진다'고 했다. 김성호 씨는 광개토태왕의 비문에 나오는 이잔이라는 나라가 분명히 실존했을 것으로 추정은 하였지만, 실제로 그들 자신들이 부른

나라 이름은 아닐 것이라고 생각했던 것이다. 그러나 이잔이라는 나라가 있었다는 것을 밝힌 그의 연구업적에 대해서는 감탄을 금할 수 없다. 우리의 역사에서 사라진 비류백제의 실체가 김성호 씨의 추측대로 사실로 밝혀진 것이다. 백제의 실질적인 건국시조는 비류와 그의 어머니 소서노(召西奴)라는 것을 모르는 사람이 없다. 이 두 사람이 바로 광개토태왕의 비문에 나오는 이잔(利殘)을 건국한 사람들이다. 따라서 '이잔아기—이잔어미'의 모자관계로 신이 되어 있는 것이다. 이는 일본이라는 나라가 어떤 과정을 거쳐 탄생하였는지를 설명하고 있다. 소서노와 비류가 백제를 B.C. 18년에 건국하였다는 사실을 말하고 있다. 따라서 일본의 전신은 백제의 이잔(利殘)이다. 한반도 서남부에 있던 백제의 이잔(利殘)은 396년에 광개토태왕에 의하여 멸망하였다. 그러나 사실은 멸망하지 않고 곧바로 일본열도로 망명을 간 것이다. 망명군주는 15대 응신(應神: 오진) 대군(大君)이다.

우리가 아무런 의식이 없이 일본의 왕을 천황(天皇)이라고 부르고 있다. 그러나 8세기 초까지는 왕을 おおきみ(大君: 오오기미)라고 불렀다. 우리는 이미 왕검(王儉)이 대감(大監)이자 대군(大君)이라는 것을 알고 있다. 왕을 대군(大君: 오오기미)이라고 불렀다는 것은 단군(檀君)이 세운 조선의 제후국(諸侯國)이라는 의식을 가지고 있었다는 의미이다.

일본의 동경대학교 에가미 나미오(江上波夫: 1906~2002) 교수는 1948년에 동북아시아의 기마민족이 일본 황실의 기원이라는 '기마민족정복왕조설(騎馬民族征服王朝說)'을 발표하였다. 당시로서는 충격적이고 대담한 주장이었다. 이제 그의 주장이 명백하게 증명된 것이다.

셋째는, 남매신인 이장낙존(伊奘諾尊)과 이장염존(伊奘冉尊), 즉 이자나미와 이자나기는 담로주(淡路洲)를 자궁(胞)으로 하여 대일본, 일본, 즉 야마도(耶麻騰: 야마등)를 낳았다.

이 문장은 역사를 가공하면서 야마도(耶麻騰)를 일 본역사의 시작으로 삼았다는 것을 암시하고 있다.

백제는 식민지를 '담로(淡路)'라고 하였다. 이는 추상적인 용어이다. 이 말의 실체가 야마도(耶麻騰)이다. 그러나 우리나라는 물론 중국의 「위지」<왜인전>에 나오는 왜의 나라 이름은 야마대국(邪馬臺國)이다. 야마대(邪馬臺)의 역사는 다음과 같다.

백제는 A.D. 100여 년경에 규슈지방에 邪馬臺(야마대)라는 檐魯(담로), 즉 식민지 국가를 건설하였다. 역사기록에는 14대 왕으로 기록되어 있는 중애(仲哀)대군 때에 신공(神功)이 왕후가 되었다. 그러나 그녀는 얼마 후에 쿠데타를 일으켜 남편인 중애(仲哀)대군을 살해하고 69년간이나 지배하다가 100세에 사망하였으며, 그녀의 종녀(宗女)인 일녀(壹與)가 13세에 그 뒤를 이었으나 A.D. 266년(晉 武帝 太初 2년)에 그녀가 진(晉)나라에 조공을 한 이후에는 한중의 역사에서 야마대(邪馬臺)라는 이름이 사라졌다. 이후 삼도에는 이렇다 할 세력이 없이 무정부 무역사시대가 120여 년간 이어졌다.

마지막으로, '담로주(淡路洲)라는 말뜻이 불쾌하여(意所不快) 담로주(淡路洲)로 이름을 바꾸었다'는 표현이다.

담로, 즉 식민국가가 일본열도의 역사의 시작이라는 것이 부끄럽고 창피하고 실망스럽다는 것을 나타내고 있다. 이 식민지 역사를 지워버리고 싶지만 응신(應神)대군이 망명한 397년부터 국가의 기원을 삼자니 너무나 역사가 짧으므로 하는 수 없이 울며 겨자 먹기로

<오사카만(大阪灣)에 있는
아와지시마(淡路島)(구글 지도)>

자기의 식민지 담로국인 야마
도의 역사를 살리지 않을 수가
없었다. 그래서 부르기도 싫은
담로주(淡路洲)라는 말을 담로
주(淡路洲)로 바꾸었다. 이상하
다. 이름을 바꾸었는데 같은 말
이 되었다. 한자만 보고서는 이

해할 수가 없는 말장난을 하였다. 일본말로 읽는 발음을 바꾼 것이
다. '다무로'에서 '아와지'로 부르기를 바꾼 것이다. 실제로 오오사
카만(大坂灣)에 담로도(淡路島)라는 섬이 있는데 '아와지시마'로 발
음을 하고 있다는 것이 그 증거이다. 한자를 그대로 두고 일본말로
발음만 '아와지'로 바꾸어 발음을 한다고 식민지를 뜻하는 담로(淡
路)라는 진실을 가릴 수가 있을까? 손바닥으로 하늘을 가리고 있다.

(3) 건국과 초기 역사 개관

지금까지 우리는 일본의 초기 이민의 역사와 신화를 알아보았다.
그리고 신화는 우리의 신화를 모방하였으며, 신들 중에서 초기의 신
인 이자나기와 이자나미가 신이 아니고 백제 이잔국(利殘國)을 건국
한 비류(沸流)와 소서노(召西奴)라는 것도 알았다. 그러면 지금 일본
이 가공하여 간직하고 있는 역사를 한 번 알아보자.

역사기록에 따르면 신무(神武) 대군이 B.C. 660년에 왜를 건국하
였다고 한다. 이는 한반도와 대륙의 동북방에서 북부여를 이어 개국
한 고구려(B.C. 37), 신라(B.C. 57), 백제(B.C. 18)보다는 무려 600여

년 이상 앞선 시기이고, 중국 주(周)나라의 춘추 시대에 해당한다. 중국 최초의 통일제국이라는 진(秦)나라보다도 440년 전에 건국한 것이 된다.

그리고 일본 역사의 시대구분은, 건국 이후 930년간을 고분시대 이전 시기로 규정하고 있으며, 이후 269년을 야마도정권시대, 또는 고

<한중일 삼국의 고대왕조 건국시기>

한국	중국	일본
B.C. 7197　한국		
B.C. 3898　배달국	(신화시대)	
B.C. 2333　조선	B.C. 2000경　하 B.C. 1600경　상 B.C. 1122　주 (춘추시대) (전국시대)	(신화시대) B.C. 660　왜
B.C. 239　북부여	B.C. 221　진 B.C. 206　한	
B.C. 108　위만 　　　　　멸망		
B.C. 57　신라		
B.C. 37　고구려		
B.C. 18　백제		

분시대라고 한다. 이때부터 강력한 왕권이 확립되어 왕이 죽으면 대규모의 고분을 조성하게 되는 시기이다. 이어서 아스카시대가 177년간 이어진다.

역사에 있는 대로 신화에서부터 지금까지 내려오는 일본의 역사를 표로 정리하면 아래와 같다. 그리고 비고란에 부연설명을 하여 독자의 이해를 돕도록 하였다.

<일본의 신화와 정권의 시대구분과 기간>

시대 구분	대수	시기(년)	비고
신 대			다양한 신화
야마도 이전 (930년)	1	B.C. 660~B.C. 585(76)	진무(神武신무)대군(재위 76년)
	2~9	B.C. 581~B.C. 98(484)	궐사 8대: 허구의 인물

	10~14	B.C. 97~200(298)	10대 스진(崇神숭신)대군(재위 69년)
	-	201~269(69)	진구(神功신공)대군(재위 68년)
야마도	15~28	270~538(269)	15대 오진(應神응신)대군(재위 41년)
아스카	29~43	539~715(177)	
나라	44~49	715~781(62)	
헤이안	50~82	781~1198(418)	
이후	가마쿠라(83~96대: 1198~1339~142년), 북조(1~6대: 1331~1412 - 82년), 무로마치(97~107대: 1339~1611 - 273년), 에도(108~121대: 1611~1866 -256년), 메이지 이후(122~125대: 1867~현재)		

우리는 이제 이러한 일본의 역사가 허위라는 것을 충분히 이해할 수가 있다. 그렇다면 왜 이러한 역사로 가공하였을까?

대륙과 한반도에서의 패배의 역사, 치욕의 역사를 깡그리 지워서 잊고 섬에서 자생한 국가, 그것도 신라나 고구려보다도 더 오랜 역사를 만들기 위해서 가공한 것이다.

그렇다면 일본의 역사가 B.C. 660년에 시작되었다고 가공할 근거가 있느냐? 있다. 앞에서 소개한 대로 『한단고기』에서 36세 단군 매륵(買勒) 재위시인 B.C. 667년에 '협야후 배반명(陝野侯 裵幋命)을 보내어 바다의 도적을 토벌케 하였다. 12월엔 삼도가 모두 평정되었다'는 기록이 그 근거이다. 7년이라는 시차가 있는데 왜 맞추지 않았느냐는 의문을 제기할 수가 있지만 아마도 어느 쪽인지는 모르지만 부정확한 기록을 가지고 기록을 하지 않았을까?

결론적으로 <단군세기>의 기사가 일본의 건국역사 조작에 좋은 소재역할을 하였음이 분명하다. 비유하자면 소가 비빌 언덕이 된 셈이다. 또한 10대 응신대군이 B.C. 97년에 왕위에 올랐다는 것은 우리의 역사에서 고구려와 백제의 건국시기를 재검토해 보아야 할 과제를 주고 있다고 본다.

그러면 무슨 이유로 한반도와의 관계를 부정하고 일본에서 자생하여 발전한 국가라고 역사를 날조하게 되었을까? 우선, 내부적으로는 시대를 달리하면서 계속적으로 한반도에서 이주해간 앞선 도래인이 있고, 이들은 이미 의식까지도 토착화되어 자기들의 조상은 처음부터 삼도에서 살아왔다고 알고 있었을 것이다. 그러나 왜(倭)의 지배계층은 지금의 우리말을 쓰는 사람들이었다. 백제가 660년에 나당연합군에 의하여 멸망하고 뒤이은 백제부흥운동마저 실패하자 이제는 한반도와의 인연이 완전히 끊겼으므로 지금의 일본말을 쓰는 선주민, 즉 먼저 이주해간 일반 백성들을 용이하게 지배하기 위하여 삼도에서 자생한 국가나 왕조로 역사를 가공할 필요가 있었던 것으로 보인다. 후세에 민중들이 '천황일가가 바다 건너 대륙에서 침략해 와서 우리를 지배하고 있다'는 진실을 알게 되면, 지배계층에게 불리할 것이란 판단으로 보인다. 진실을 감추고 그들의 감정에 맞도록 거짓말을 하는 일종의 우민화(愚民化)정책을 채택한 것이다.

양심이 있는 소수의 일본 학자들은 이미 19세기 초부터 일본의 역사가 가공되었다는 것을 알고 주장하여 왔지만 서구의 제국주의에 편성하여 미쳐서 제정신이 아닌 대다수의 일본인은 신앙과도 같은 맹신으로 일본서기의 역사기록을 믿어 의심하지 않았다. 그러나 3국의 역사를 비교하고, 고고학이나 관련학문이 발전함에 따라 점점 자신들의 역사가 가공되었다는 것을 인정하는 것이 이제는 대세인 것 같다. 최근에는 도쿄대학 사학과의 이노우에 미쓰사다(井上光貞) 교수의『日本國家の起原: 일본국가의 기원, 1960』과 와세다대 사학

과의 미즈노 유(水野祐) 교수의 『日本古代國家の形成: 일본고대국가의 형성』, 그리고 사학자 이시와타리 신이치로(石渡信一郎)의 『百濟から渡來した應神天皇: 백제에서 건너온 응신천황, 2001』[83] 등에서 응신(應神)대군은 백제의 개로왕의 제2자인 곤지(昆支)왕자라거나 백제 왕가로부터 건너와 정복왕조를 이루었다고 주장한다. 특히 미즈노 교수는 응신대군의 아들인 닌도쿠(仁德)가 규슈에서 나니와(지금의 오사카)로 동진해왔으며 그 이동배경은 고구려의 광개토태왕의 한반도 남부 정벌에 있다고 하였다.[84]

결론적으로 백성들을 속이기 위하여 역사를 날조한 것이다. 우선 671년경에 국호를 '일본(日本)'으로 바꾸고, 이전에는 '대군(大君오오기미おおきみ)'이라고 부르던 왕의 호칭도 '天皇(천황)'이라고 바꾸어 불렀으며, 역사서인 『고사기』는 712년에 안만려(安萬侶)가 사찬(私撰)의 형식을 빌려 편찬하고, 정사인 『일본서기』는 720년에 관에서 편찬하였다. 그러나 이런 중요한 정사를 편찬하면서도 편찬에 참여한 사람의 이름을 하나도 밝히지 않았다고 한다. 역사날조에 대한 천벌이 두려웠을까?

이러한 사실을 볼 때에 우리가 고구려—신라—백제로만 알고 있는 우리의 고대역사는 가야와 왜를 포함하여 5국의 역사가 되며 결국 신라와 왜(일본)로 통일이 된다.

---

83) 20년은 안 되었을 근래에 '또라이'라는 말이 유행하고 있다. 아마도 일본 영화의 대사를 번역하면서 그대로 한글로 옮긴 것이 시초일 것으로 추측된다. 그 뜻은 とらいじん(渡来人)이다. 다른 나라에서 건너온 사람을 이르는데, 특히 고대에 일본에 들어온 한국·중국 사람들을 이른다. 그런데 일본에서는 좀 모자라는 사람을 그렇게 부르는 것 같다. 처음 건너온 사람들은 말은 물론 모든 행동거지가 서툴지 않을 수가 없다.

84) 『일본 속의 백제』, 홍윤기, pp.33~34, 52.

4) 한반도에서 비류백제(이잔)의 망명길

본국 비류백제인 이잔(利殘)에서는 390년에 응신(應神)왕이 즉위했다. 『일본서기조<응신천황>』에 즉위 연도를 '태세경인(太歲庚寅)'이라고 하였다. 바로 한반도 이잔의 왕으로 즉위한 해를 기록한 것이다. 그러나 6년 후인 396년에 고구려의 광개토태왕이 수륙양군 4만 명을 직접 이끌고 남침하여 58성을 함락시켜 이잔국(利殘國)을 멸망시키고, 백잔국(百殘國)은 항복시켜 왕의 동생과 10명의 대신을 포로로 끌고 가고 조공을 바치게 했다.

그러나 이잔(利殘)은 멸망한 것이 아니라 응신(應神)왕은 탈출하여 일본으로 건너갔다. 바다를 건너 120여 년 동안이나 소식이 끊긴 옛날의 식민지 담로국가였던 야마도(邪馬騰)를 찾아 구주로 가서 보니 동족들은 기내지방(機內地方)[85]으로 집단이 이주해 갔다는 것을 알고 다시 그곳으로 찾아갔다. 이를 뒤따라 기내지방에 도착한 응신 망명집단은 397년 정월에 나라를 세웠다. 즉, 이전의 왜는 구주의 야마도국(담로)이지만 이때부터의 왜는 기내조(機內朝), 즉 지금의 천황가(天皇家)를 말한다.

지금부터 이잔의 응신이 수도 웅진(구마나리: 거발성: 고소부리성)을 탈출하여 무리를 이끌고 망명길에 올라 나라까지 가는 여정을 더 들어보자.

신화에 다음과 같은 내용이 있다.

---

85) 나라, 교토, 오사카 일대를 말한다. 한자 기(畿)는 京畿를 말하며 왕도 주위로 오백 리 이내의 땅을 말한다.

'스사노오는 웅성봉(熊成峯)에 거주하다가 마침내 근국에 들어왔다.'
'素戔嗚尊、居熊成峯、而遂入於根國者矣' 『일본서기』<신대기 상>

웅성(熊成)이 무엇인가? 일본말로 읽으면 '구마나리(くまなり)'이며 바로 웅진(熊津: 곰나루: 구마나리)을 말한다. 일본의 근국(根國)에 오기 전에 웅진에 살았다는 것을 이렇게 신화에서 말하고 있다.

망명길에 지금의 진해에 잠시 머물렀다.
신화의 내용을 보자. "스사노오가 50맹신을 거느리고 신라에 내려와서 소시모리(曾尸茂梨)에 머물렀다. 그러나 '여기에 살기 싫다'고 말하면서 흙으로 배를 만들어 동쪽으로 바다를 건너 출운국에 도착하였다."

'素戔嗚尊、帥其子五十猛神、降到於新羅國、居曾尸茂梨之處. 乃興言曰、此地吾不欲居、遂以埴土作舟、乘之東渡、到出雲國簸川上所在、鳥上之峯' 『일본서기』<신대기 상>

소시모리로 추정되는 지역이 경남 진해(鎭海)이다.
우선 진해의 옛 지명은 신라시대에는 웅지(熊只)이다. 시대에 따라 이름이 바뀌어왔지만 지금도 '곰 웅(熊)' 자가 들어가는 지명을 가지고 있다. 이러한 지명이 말해주듯이 웅진과 일본의 웅본(熊本구마모토)과 같은 곰을 숭배하는 집단을 나타내는 지표지명이다.

<진해의 명칭변경>

시 대	명 칭
신라	웅지(熊只), 757년 웅신(熊神)
고려 이후	웅천(熊川)
한국 1955 2010	진해시(웅남면, 웅읍면, 웅동면) 창원시 진해구로 개편

옛날사람들에게는 바닷길이 험난하다. 그러나 지금 우리가 부르는 현해탄(玄海灘)이라는 바다는 대륙의 반도와 삼도(三島)를 잇는 건널목이며 중간에는 부산에서 50km 떨어진 대마도(對馬島)가 있다. 대마도를 일본인들은 '쓰시마'라고 발음한다.

그러나 대마(對馬)를 한일의 고대 우리말로 읽으면 '다물(ㄷ물)'이다. ㄷ물을 다물(多勿), 대물(大物), 대말(對馬, 大馬) 등으로 다양하게 표현하였으며, 그 뜻은 고토를 회복한다는 뜻이다. 『삼국사기』에 '고구려어로 옛 땅을 되물리는 것, 즉 회복하는 것을 다물이라고 한다'고 기록하고 있다. 『麗語 謂復古舊土 爲多勿』.

그러나 현재의 일본인들은 대마도(對馬島)라는 언어와는 아무런 관련이 없는 발음을 하고 있다. 사전을 보자.

한자	일본어 풀이		한일의 고어 풀이
	발음	풀이	
對馬島 (대마도)	つしま (쓰시마)	對: (음)たい・つい (다이・쓰이). 馬: (음)め・ば(메・바)/(훈)うま・ま(우마・마) 島: (음)とう(도우)/(훈)しま(시마)	たい(다이)물도 →다물도→다물도 ※ 이두식 표현

つしま(쓰시마): [일설에 津島(つしま: 진도)의 의미라고 한다]. 옛 나라 이름(구국명), 규슈와 조선반도 사이에 있는 섬

독자들도 무슨 의미인지를 단번에 알 수가 있을 것이다. 하나의 설로 말하는 '津島(つしま: 진도)'가 지금 일본인들이 부르는 이름이다. 한반도와 삼도를 잇는 항구(港口)역할을 하는 섬인 것이다. 당초에 한일공동의 선조들이 지은 이름과는 전혀 다른 의미와 말을 사용하고 있지만 표기는 그대로 하고 있는 것이다.

다음은 이끼(壱岐: いき)라는 섬이 있다. 이끼는 말 그대로 험한 바닷길을 이어준다는 뜻의 '잇기(이어주기)'라는 우리말이다.

다음에는 바다를 건너면 바로 닿을 수 있는 첫 기착지가 하카다(博多: はかた)항이다. 우리말 '밝짜', 즉 밝은 땅이다. '배달'이나 '양달'과도 같은 의미이다. 밝음을 지향하는 한족이 신천지를 찾아 그 험한 현해탄을 건너서 밝은 땅에 발을 디딘 것이다.

밝짜→박다→학다→하가다→하카다

밝짜(하카다)항에 상륙하여 옛날의 담로국(야마도)이 있었던 지금의 구마모토(熊本)지방을 찾아간다. 그러나 도착해보니 동족들은 흔적도 없이 사라지고 원 토종인 난쟁이 집단이 무정부상태로 살고 있었다. 크게 실망을 하고 있는데 염토노옹(鹽土老翁)이라는 노인의 일러준 대로 옛 동족이 갔다는 곳으로 찾아갔다.

결국에는 지금의 기내지방(畿內地方)이라고 하는 오사카―나라―교토지방으로 이동하여 동족을 만나서 제2의 건국을 하였다. 수도가 나라(なら奈良)이다. 말 그대로 신개척지에 '나라'를 건설한 것이다. 이를 기내조 (畿內朝) 왜(倭)라고 한다. 즉, 야마토(大和)조정이다.

그러나 야만인들이 득실거리는 섬의 구석구석을 평정하기가 여간 어려운 일이 아니었다.

다시 신화의 내용을 참고해보자. 다까무스비노미코토(高皇産靈尊)라는 신이 자신의 친손자이자 아마테라스오오카미(天照大神)의 외손자인 아마쓰히꼬히꼬호니니기노미코토(天津彦彦火瓊瓊杵尊)를 위원중국(葦原中國)의 주인으로 만들기 위해 80제신을 소집하여 위원중국의 사귀(邪鬼)를 물리치기를 원하는데 누구를 보내는 것이 마땅한지를 묻고 있다.

‘高皇産靈尊、召集八十諸神、而問之曰、吾欲令撥平葦原中國之**邪鬼**’
『일본서기』<신대기 하>

이자나기·이자나미가 모든 섬을 낳았는데 무슨 뚱딴지같이 증손자대에 와서 사귀가 많아 이를 물리쳐야 증손자가 하계로 내려가서 다스릴 수가 있는 것이다. 바로 응신집단이 삼도로 망명할 당시의 상황을 묘사한 것이다. 사납고 다루기 어려운 원주민을 이런 식으로 신화를 만들어 표현한 것이다. 천황가(天皇家)를 위시한 과거의 지배계층은 일본열도를 정복하면서 원주민을 사귀(邪鬼)라고 하였다. 자기들의 신화에서 그렇게 말하였지 남들이 그렇게 불렀던 것이 아니다. 지금의 대다수 일본인들은 이 사귀(邪鬼)들의 후손이다.

이제 아마쓰히꼬히꼬호니니기노미코토(天津彦彦火瓊瓊杵尊)가 일본 땅에 내려온다. 아마테라스오오카미는 그에게 야사카노마카다마(八尺の勾玉)·카가미(鏡)·쿠시나기노츠루기(草薙劍)라는 옥·거울·검의 세 가지 신기(神器)를 주었으며, 니니기노니코토는 여러 신과 함께 구름을 뚫고 지상으로 내려왔는데 그 장소가 쿠시후루다케(久土布流多氣: 久志布多氣くしふるたけ)이다. ‘쿠시후루다케’에서 ‘쿠시(久土: 久志)’가 무엇인가? 뒤의 말을 보면 우리말 ‘구지’이며 가락

국(駕洛國)의 수로(首路)가 하늘에서 내려온 구지봉(龜旨峰)과 같은 말이다. 그 뜻은 굿터(굿토: 굿土) 나 굿디(굿地)이다. 구개음화되어 '구지'가 되었다. 제정일치시대에 군장이 제사의식을 치르는 성스러운 장소를 말한다. 이는 우리 전통신앙에서 말하는 '밝ㅆㅏ수(檀樹)' 나 '감수, 즉 흑수(黑水)'보다 하위격의 신성한 장소를 말한다. 그리고 '다케(岳)'나 '봉(峰)'은 산(山)을 의미한다. 실제는 우리의 전통신앙인 '순'을 뜻하는데 시대가 변하면서 이렇게 본래의 의미조차 잊힌 것이다. 단군왕검이 신단수(神檀樹) 밑에서 태어났다고 하는 것과 같은 뜻이다.

5) 한일 역사의 암초인 칠지도(七支刀)와 신공황후 (神功皇后)의 신라정벌의 진실

한중일 삼국의 역사에서 황당한 수수께끼와 같은 인물이 있다. 신라와 중국 위(魏)나라의 역사기록에는 173년과 238년, 243년에 '왜(倭)의 여왕 비미호(卑彌呼)가 사신을 보내왔다'는 기록이 있다. 중국의『삼국지』「위지」<왜인조>에 야마대국(邪馬臺国)은 여왕이 다스리는 나라(女王之所都)라고 하였으며, 그 나라는 원래 남자가 왕이 되어 7, 8십 년이 지나 왜국(倭國)에서 반란이 일어나 몇 년간 서로 싸우다가 마침내 여자를 왕으로 세웠는데 이름이 비미호(卑彌呼)이다. 그녀는 귀신을 섬기고 사람을 미혹하게 하는 능력이 있었다(其國本亦以男子爲王, 住七八十年, 倭國亂, 相攻伐歷年, 乃共立一女子爲王, 名曰卑彌呼, 事鬼道, 能惑衆). 따라서 비미호는 무당을 겸한 여족장이라는 것을 알 수가 있다. 그리고 우리나라의 『삼국사기』에는 신라 제8대 아달라왕 20년(173)에 야마대국(邪馬台国)의 왜 왕녀 비미호(卑彌呼)가 사신을 보내왔다(邪馬台国 倭王女 卑彌乎 遣使來聘)고 하였다.

그러나 진작 일본의 역사에서는 비미호(卑彌呼)라는 이름은 흔적조차 찾을 수 없는 유령과 같은 여인이다. 그리고 같은 시대에 일본의 역사기록에는 왜를 69년간 통치한 신공(神功진구: 201~269)황후가 백제와 연합하여 신라 7국을 평정하고 그 땅을 백제에 하사하였다고 한다. 소위 일본에서 말하는 '신공황후의 신라정벌'이다. 오진(應神: 응신) 대군을 임신한 채로 한반도에 출병하여 신라를 정벌했다고 기록되어 있다. 신라왕은 일본군이 도착하자 스스로 결박하고 항복하였고 말과 마구를 바치겠다고 맹세하였다고 한다. 배에 돌을 대어 아이의 출산을 늦추었고 일본에 돌아가 치쿠시에서 오진(應神) 대군을 출산했다고 전하고 있다. 그러나 한국과 중국의 역사 어디에도 이에 관한 기록이 없다. 일본 최초의 여왕이고 100세까지 장수하면서 재위기간이 69년간이라고 기록되어 있지만 실제 통치기간은 75년이나 되는 여걸이다. 그런데도 섭정을 하였다고 하면서 대수에도 포함되지 못하고 14대 중애(仲哀)대군과 15대 응신(應神)대군의 사이에 끼어 있다. 섭정을 69년간이나 하였다니 권력, 그것도 고대의 절대권력을 가지는 왕의 자리를 그렇게 오랫동안 섭정을 하였다? 누구를 대신하여? 그것도 몇 명을 대신하여? 소가 들어도 웃을 일이다.

후대의 지배자와 역사가들이 홀대를 한 것이다. 왜 홀대를 하였을까? 같은 부류가 아니기 때문이다. 비류의 후손, 즉 이잔과는 관련이 없는 사람이기 때문이다. 그럼에도 불구하고 그녀의 시호에 '신(神)'자의 암호가 들어가 있다.

『일본서기』<신공황후>조를 보면 그녀의 이름은 오키나가타라시노히메미코토(氣長足姬尊)이다. 아버지는 가이카 천황(開化天皇)의 현손 오키나가노스쿠네노미코(息長宿禰王)로, 어머니는 신라 왕자 천일창(天日槍)의 후손 카츠라기노타카와카히메(葛城高額媛)라고 한다. 이름이 기장족희(氣長足姬)라는 것은 우리말의 이두식 표현으로서 '기장벌의 여인'이다. 들의 의미인 벌의 옛말은 아마 '블'로 발음을 하였으리라고 보며, 글로써 적을 때에는 발을 뜻하는 한자 '足'을 음차한 결과라고 본다. 현재 부산직할시에 속하는 기장군(機張郡)에서 건너간 여족장이라고 김성호 박사는 말하고 있다. 이 장은 그의 저서 『비류백제와 일본의 국가기원』에 바탕을 두고 있다.

비미호(卑彌呼)와 신공(神功)황후와 관련하여 한일 양국에 관련 기록이 있다. 한국에서는 '연오랑(延烏郞)과 세오녀(細烏女)' 설화가 『삼국유사』와 『필원잡기』에 있는데 한국에서는 유일한 태양신(太陽神) 신화라고 한다. 내용은 이렇다.

신라 제8대 아달라(阿達羅: 154~184)왕 재위 4년(157년)에 동해(東海) 바닷가에 연오랑과 세오녀 부부가 살고 있었는데, 어느 날 연오랑이 미역을 따러 가서 바위에 오르니 바위가 저절로 움직이더니 연오랑을 싣고 일본으로 가게 되었다. 그를 본 일본 사람들은 신이 보냈다고 여겨 왕으로 섬겼다. 세오녀는 갑자기 없어진 남편을 찾다가 그녀도 같은 바위에 실려 일본으로 가서 남편을 만나게 된다. 그런데 신라에서는 문제가 생겼다. 갑자기 해와 달이 빛을 잃었다. 사연인즉 해와 달의 정기가 일본으로 건너갔다는 것이다. 일본으로 사신을 보내 연오랑과 세오녀가 돌아오기를 청했으나 연오랑은 '하늘의 뜻이라며 돌아갈 수 없다' 하고 세오녀가 짠 고운 비단을 주며 그

것을 가지고 제사를 지내라 하였다. 그의 말대로 제사를 지내니 다시 해와 달이 빛났다. 이때 제사를 지낸 곳이 영일현(迎日縣)이며, 다시 광명을 회복하였다는 일월지(日月池)의 전설과 자취는 지금도 영일만에 남아 있다고 한다. 이 설화는 신라 연맹체에 소속되어 있던 일부 세력의 이탈과 관련이 있는 것으로 짐작된다. 신라의 해와 달이 빛을 잃었다는 비유를 할 정도로 비단을 짜는 기술을 가지면서 해와 관련되고 하늘에 제사를 주관하는 권위를 가진 집단이 일본으로 이주하여 감에 따라 국가에 막대한 손실이 있었다는 것을 암시하고 있다.

일부 사람들이 해석하기를 연오는 태양 속에 까마귀가 산다는 양오전설(陽烏傳說)의 변음으로 볼 수 있고, 세오도 쇠오, 즉 금오(金烏)의 변형으로 볼 수 있다고 한다. 이 설화가 생긴 시기는 신라가 새벌(신라, 즉 경주벌)의 범위를 벗어나 사방으로 세력을 확장해가는 초기이고 지역적으로도 동해안 바닷가인 영일만 지역이며, 여기를 지배하면 자연스럽게 해안을 따라 세력을 넓혀서 남하하면 울산과 기장으로 연결된다. 이러한 사실과 일본의 신공황후의 이름인 '기장벌여인'과 겹쳐진다.

다음은 일본에 전해 내려오고 있는 설화이다.

천일창(天日槍: 天之日矛: 아메노히보코) 설화이다. 천일창은 『고사기』와 『일본서기』에 나오는 신라의 왕자이다. 11대 스이닌(垂仁수인)[86]대군 때에 신라의 왕자였던 천일창(天日槍)이 7종의 신(神)의 보물을 가져왔다고 한다. 그리고 신공황후의 어머니는 천일창(天日槍)의 후손 카츠라기노타카와카히메(葛城高額媛)라고 한다.

---

86) 실제는 야마토 담로의 왕으로서 150여 년경의 사람.

이러한 사실들을 종합해보면 신공황후(神功皇后)는 신라의 기장에서 건너간 여인이며 해(태양)신과도 관련이 있는 사람이다. 세오녀가 신라에서 사라진 해가 아달라왕 4년(157)이고 비비호가 사신을 보내온 해가 20년(173)이니까 16년의 시차가 난다. 따라서 세오녀나 천일창의 아내는 아니고 딸일 가능성이 많은 것으로 보인다. 한반도에 살던 천손계통의 사람이며, 당시로서는 첨단산업인 제철과 비단직조 기술을 가진 집단이 신라의 세력확장에 밀려 대거 일본으로 건너갔다는 것을 알 수가 있다. 뒤에서 알아보겠지만 이 당시에 신공황후(神功皇后)는 어린 나이로서 직접 바다를 건너간 사람으로 추정되며, 왜의 왕들 중에서 명칭에 '神(신)' 자가 들어가는 4명 중의 한 사람이다. 김성호 박사는 한반도에서 정복자로 건너간 왕을 의미하는 암호라고 하였다.

다음은 비미호(卑彌呼)와 신공황후(神功皇后)는 동일 인물일까? 동일 인물이라는 것은 역사기록으로 증명해보도록 하고 우선 말의 의미로 풀어보자. 비미호(卑彌呼)를 일본말로는 ひみこ(히미꼬)라고 발음을 한다. 그렇다면 히미꼬는 무슨 뜻이 있을까? '연오랑(延烏郎)과 세오녀(細烏女)'나 '천일창(天日槍) 설화'가 다 같이 해를 숭배하는 신화이다. 천일창은 일본에서 天之日矛(아메노히보코)라고도 불리고 있다. '하늘의 해 창'이다. 모(矛)는 창이다. 그렇다면 'ひみこ(히미꼬)'가 비미호(卑彌呼)의 원래 이름이라고 볼 수가 있다. 바로 日神子(일신자: 히미꼬)이다.

이는 신라와 일본에서의 기록과 우리의 전통신앙과 사상에도 부합된다. 그런데 왜 대외적으로는 비미호라고 표명하였을까, 하는 의문에 대해서는, 하나의 가설을 정립한다면 신라나 중국 위(魏)나라에

사신을 보내면서 원음을 살리기 위하여 발음을 음차한 한자를 사용하면 日神子는 卑彌呼라고 적을 수가 있다. 다같이 ひみこ(히미꼬)라고 발음을 한다. 상국에 '해신의 아들(딸)'이라는 이름을 사용할 수가 없으니 이러한 편법을 사용하였을 것으로 보며, 이를 좋게 본다면 발음중심으로 이름을 전달하였다고 볼 수가 있다. 그러나 아래 표에서 보듯이 우리나라나 중국에서는 '히미꼬'로 발음을 하지 않고 '비미호'나 '베이미후'로 발음한다. 아마도 자기중심적인 생각에서 그런 발상이 나오지 않았나 생각된다.

일본어에서 '神' 자는 じん・み(진・미)라고 발음한다. 예를 들면 じんじゃ(진쟈, 神社: 신사), おみき(오미키, 御神酒: 어신주), おみこし(오미꼬시, 御神輿: 어신여) 등이 그것이다.

또한 예로서 일본 신들의 이름 중에 히꼬(日子)라는 말이 들어가 있는데 바로 태양(하늘)의 아들이다. 이러한 말들을 정리해보면 아래 표와 같은 결과가 도출된다.

<日神子(ひみこ)의 여러 이름>

한자명	발음			검토
	일 본	한 국	중 국	
神功	じんこう	신공	shén gōng	'日神子'를 '神功'으로 변조, 천황대우를 안 함.
卑彌呼	ひみこ	비미호	bēi mí hū	신라・위나라에 사신으로 가서 사용(음차)
日神子	ひみこ	일신자	rì shén zǐ(zi)	중국에 가서 사용하기가 어려운 이름

우리의 전통사상은 지배자는 곧 하늘이고 하늘(해)의 아들이다. 신공은 바로 '천자'를 천명한 것이 된다. 그러므로 시호에도 '神' 자가 들어가 있다. 지금 일본의 여성 중에서 -こ(-꼬)라는 이름을 가진

사람이 아마 절반(?)도 더 되리라고 본다. 그 원조가 바로 日神子(ひ
みこ: 히미꼬)라고 본다.

광개토태왕의 삼한정벌로 이잔(利殘)이 망명한 시기인 397년부터
삼도에 역사가 다시 시작된다. 나중에 역사를 쓰면서 비류(沸流)의
후손들은 이잔의 담로국가인 야마토(邪馬騰) 정권을 찬탈한 신공을
역사에서는 홀대하였다. 그러나 동병상련(同病相憐)이라고나 할까.
히미꼬가 자신의 터전인 기장지방을 빼앗은 신라를 미워하였고, 응
신대군이 자신을 반도에서 쫓아낸 고구려와 신라를 미워하는 심정
은 같았으리라고 본다. 그리고 세월이 흘러 형제국가인 백제(백잔)를
멸망시킨 신라에 그 미움을 전가시키기 위한 역사날조에 필요한 소
재로 신공대군시대의 사건을 적극 활용하였다. 이것이 신공황후의
신라정벌이라는 역사조작이다.

본론으로 들어가기 전에 신공황후가 살던 당시의 한일관계를 이
해하기 위해서는 우리의 역사서인 『삼국사기』를 한 번 살펴보자.
<신라본기>를 보면 제1대 혁거세 원년(B.C. 57)부터 17대 나물 이
사금 41년(396)까지, 즉 응신대군이 삼도로 망명할 때까지 453년 동
안 신라가 왜와 접촉한 기사가 21회나 나오는데 그중에서 11회는
왜가 침략해온 기사이다. 그리고 고구려나 백제는 물론이고, 가야,
마한, 변한, 그리고 주변의 소국들과 전쟁을 한 기록들이 많이 나온
다. 그러나 <백제본기>를 보면 제1대 온조(B.C. 18~28)부터 제18
대 아신왕(阿莘王: 392~405) 5년(396)까지 414년 동안 왜(倭)와 접
촉한 기사는 하나도 없다. 그러나 신라와는 33회, 말갈과는 31회, 고
구려와는 18회나 되며 기타 낙랑(7)·대방(1)·남옥저(1)·마한(5) 등
과는 14회이다. 주로 북쪽과 동쪽에 있는 나라들과 접촉을 하였다.

우리는 백제가 한반도의 서남부를 차지하였다고 알고 있는데 수도 한성에서 멀리 떨어진 남쪽의 넓은 지역을 어떻게 싸워서 점령하였는지에 대해서는 단 한 구절의 기록도 남기지 않았다. 그리고 남해안과 서해안을 장악하고 있는데 어떻게 왜(倭)의 노략질이 단 한 번도 없었다는 것일까? 이상하지 않은가? 그리고 더욱 이상한 것은 제18대 아신왕(阿莘王: 392~404) 6년(397)에 '여름 5월에 임금이 왜국(倭國)과 우호 관계를 맺고 태자 전지(腆支)를 볼모로 보냈다(六年夏五月 王與倭國結好 以太子腆支爲質)'고 하였다. 아무런 설명도 없이 개국 이래 414년 동안 접촉이 없었던 왜(倭)와 처음으로 관계를 맺으면서 태자를 볼모로 보내는 엄청난 사건이 일어난 것이다. 그리고 그 이후부터 왜와의 접촉이 잦아지고 지금까지와는 다르게 기록의 분량도 크게 증가한다. 갑자기 강대국이 된 것이다. 그리고 5년 후인 11년(서기 402) 5월에는 '왜국(倭國)에 사신을 보내 큰 구슬을 요구하였다(五月 遣使倭國求大珠).' 이듬해 2월에는 '왜국에서 사신이 왔다. 임금이 이들을 환영하고 위로하였으며 특별히 후하게 대우하였다(十二年 春二月 倭國使者至 王迎勞之 特厚)'고 하였다. 아무리 구슬이 커도 그렇지 구슬 하나 가지고 역사에 기록하였겠는가? 아마도 통 큰 선물을 요구하였고 다음 해에 왜의 사신이 회답을 가지고 왔는데 대단히 흡족하여 환대를 하였다. 광개토대왕 비문에서 '태왕이 영락 6년(396)에 몸소 수군을 이끌고 이잔국(利殘國)을 토멸했다(六年丙申 王躬率水軍討利殘國)'는 사건이 있은 다음 해와 6년 후의 일이다. 우리가 이러한 의문을 가지고 신공황후를 중심으로 하는 한일 간의 역사적인 사건을 살펴보자.

일본의 역사서인 『일본서기』에 아래와 같은 기사가 있다.

'신공52년(252)에 백제의 구저(久氐) 등이 치구마나히코(千熊長彦: 천웅장언)를 대동하고 칠지도(七支刀)와 칠자경(七子鏡) 등의 귀한 보물을 바치면서 이르기를 '저희 나라(臣國) 서쪽에는 곡나철산(谷那鐵山)에서 흘러내리는 강물이 있고, 이곳까지는 7일 여정으로 빠듯합니다. 이 물을 마시면 철산지를 쉽게 찾을 수가 있으며, 발견하면 왜에 영구히 조차해드리겠습니다'고 하였다는 것이다.

'神功五十二年 久氐等 從千熊長彦詣之 獻則七支刀一口, 七子鏡一面 及種種重寶 仍啓曰 臣國有水以西 源出自谷那鐵山 其遙七日行之不及 當飮是水便取山鐵 以永奉聖朝.'

<칠지도>

이렇게 역사기록으로만 존재하던 칠지도가 세상에 모습을 드러내었다. 일본 나라현(奈良縣) 덴리시(天理市천리시)에 있는 석상신궁(石上神宮: 이소노카미신궁)의 대궁사(大宮司)로 있던 간 마사도모(菅 政友)가 1873년에 신궁에 보관하고 있던 사진과 같은 쇠붙이에서 녹을 벗겨내다가 양쪽 면에 새겨져 있는 명문(銘文)을 발견하였다. 연구 결과 이것이 역사에 기록되어 있는 칠지도(七支刀)의 실물이라는 것을 알게 되었고, 1953년에는 국보로 지정하였다. 전체 길이가 74.9cm인 일곱 개의 가지 뿔이 나 있는 칼도 아닌 이상한 칼 한 자루가 한일 간에 역사논쟁의 쟁점이 되었다.

글자는 물론 글자의 가장자리(테두리)도 금으로 상감(象嵌)한 61개(앞면 34, 뒤면 27)의 한자 중에서 마모가 심하여 판독이 불가능하여 '□'로 표시한 글자가 5자이고, 글자의 개략적인 형태를 짐작할 수 있는 글자는 [ ]로 표시한 5자이다. 이러한 판독이 불가능하거나 분명하지 않은 글자로 인하여 한일 간에, 학자에 따라 조금씩 또는 아주 다르게 해석하고 있다. 핵심은 제작시기의 이견과 함께, 한국 측에서는 '백제가 왜왕에게 하사'하였다고 해석하고, 일본 측에서는 '백제왕이 왜왕에게 헌상'하였다고 다르게 주장하고 있다.

<앞면>泰□四年[五]月十六日丙午正陽 造百練[鐵]七支刀[出]辟百兵 宜供供侯王 □□□□[作]
<뒷면>先世以來 未有此刀 百[濟]王世[子]奇生 聖音故爲倭王旨造 傳示後世

이를 우리말로 번역하면,
<앞면>태□ 4년 5월 16일 병오 정양에 백 번이나 단련한 쇠로 칠지도를 만들었다. (3년 전의 신라 정벌 전투에서) 백병을 물리친 후왕들에게 마땅히 골고루 나누어줄 수 있도록 같은 것을 만드시오.
<뒷면>선세 이래로 이러한 칼은 없었다. 백제 왕세자 기생(奇生)은 성음(대왕)의 뜻을 받들어 그대가 왜왕이 된 것을 축하하는 뜻으로 이 칼을 만들었으니 후세에 전하여 보이도록 하시오.

이렇게 해석하는 이유는 이러한 물건을 만들고 전할 때에는 극히 한정된 양의 정보만 담아야 하고 서로 간에 명확한 의사전달이 되어야 하므로 '누가, 언제, 어디서, 무엇을, 왜, 어떻게'의 육하원칙에 의한 정보가 들어가고 오해의 소지를 최소화해야 한다. 그렇다면 한번 이러한 관점에서 검토해보자.

(1) 언제: 태□4년 5월 16일 병오 정양

(2) 어디서: (백제에서)

(3) 무엇을: 칠지도

(4) 어떻게: 쇠를 가장 강하게 단련할 수 있는 날과 시간을 골라 백 번이나 비루어 만들었다

(5) 누가: 백제왕세자 기생(奇生)

(6) 왜(목적): (3년 전의 신라 7국 평정 전투에서의 노고를 치하하고, 권위와 주술적인 상징을 나타내고, 상하관계의 표시와 유대를 돈독히 하는 징표로 귀중한) 칼을 만들어 왜왕에게 하사하니 후세까지 전하시오.

역사기록의 진위에 대해서는 뒤에서 다루기로 하고, 우선 역사기록에는 칠지도를 한 자루(一口)만 헌상하였다고 하였다. 따라서 앞면의 글에서 나누어주라고 해석을 하면 모순이 되므로 '□□□□ [作]' 은 같은 것을 '만들어라'고 해야 논리에 맞는다. 그리고 하사하였다고밖에는 달리 해석할 수 없는 것은 '마땅히 후왕에게 나누어줄 만하다(宜供供侯王)'라든가 '선세 이래로 이러한 칼은 없었다(先世以來未有此刀)'라든가, '상대방을 지칭(故爲倭王)'한다든가, '후세에 전해 보이라고 명령이나 강요 또는 지시(傳示後世)'를 하는 문구를 사용하고 있기 때문이다.

그러나 반대로 일본인들의 주장대로 '백제왕이 왜왕에게 헌상하였다'고 한다면 왕(王)과 侯(후)를 싸잡아서 말할 수가 없는 것이다. '마땅히(宜)'라는 단어도 사용할 수가 없으며, 왜왕한테 헌상하면서 윗사람 격인 왜왕(倭王)을 지칭하고 '……하였으니…… 한다'는 투

의 언사를 쓸 수가 없다. 단순히 '좋은 물건을 헌상한다'는 말만 하여야 하는 것이다. 앞에서 『일본서기』 신공52년(252) 기사에서 표현한 대로 '성조(왜)에 영구히 받들어(빌려) 드리겠습니다(以永奉聖朝)'와 유사한 문구를 쓰는 것이 맞는다고 본다. 더 나아가서 그냥 바치는 것이 도리인데 공손한 번역으로 '후세에 전하여 보이도록 하십시오(傳示後世)'라고 하더라도 이는 어디까지나 명령형인 것이다. 정말 시건방진 언사가 아닐 수가 없다. 결론은 역사기록은 사신이 칠지도를 가지고 와서 바친 것이 명백하고. 진작 실물인 칼에는 하사하고 명령하고 있다. 정반대의 표현이 양립하고 있다는 것은 사람의 손으로 쓰인 역사가 날조되었다는 뜻이다. 이성이 있는 일본의 학자라면 역사기록과 실물은 전혀 별개의 것이라고 주장해야 그들이 목적하는 의도에 부합된다고 본다.

제작시기를 한 번 검토해보자. 대부분의 연구자들은 백제는 독자적인 연호를 사용한 근거가 없다고 한다. 한반도에서 당시의 삼국이 연호를 사용하지 않았다는 근거 또한 없지만 일단 이 문제에 대해서는 접어두기로 하자. 백제가 언제부터인가는 모르지만 대륙의 중원에서도 광활한 영토를 가지고 있었다는 증거가 속속들이 밝혀지고 있으며, 중원에서 한나라가 멸망(220)한 이후에 수나라가 통일(581)할 때까지 260여 년간 촉한·위·오의 삼국, 동진과 서진, 5호16국, 그리고 남북조의 9개 국가를 합쳐 30개 국가가 건국되고 멸망하는 대 혼란기였다.

이러한 혼란상황에서 누가 연호를 사용한다고 해서 응징할 큰손이 없었으며, 어떤 나라는 대외적으로는 이웃하는 더 큰 나라의 연호를 사용하고, 내부적으로 독자적인 연호를 쓰는 나라도 있었다는 것이다. 이러한 시대상황을 고려하면서 당시에 중원에서 명멸하였던 나라들의 연호 중에서 泰(태)와 太(태)로 시작하는 연호를 검토하였다. 두 글자 모두 중국에서도 다 같이 'tài'로 발음하며, 泰 자도 泰山(태산)이나 泰斗(태두)와 같이 크다는 뜻으로 쓰인다. 그리고 동진(東晋: 317~420)의 수도 건강(建康: 남경)에서 泰元(태원)과 太元(태원)이라는 2개의 기년명이 출토된 사례가 있다고 하므로 혼용해서 사용했을 가능성도 고려한 것이다.

그리고 검토대상이 되는 시기는 『일본서기』에 기록된 신공황후의 재위기간인 201년에서 269년간의 69년과, 일본 학자들이 말하기를 자기 선조들이 조작한 역사는 120년을 늦추는 것(2주갑 인상설)이 맞는다고 하므로 그럴 경우에는 321년에서 389년까지이다. 이 두 기간을 합치면 201년에서 389년까지 189년이 된다. 표에서처럼 9개의 후보가 나왔다. 그런데 『삼국사기』<신라본기>에서는 아달라왕 20년(173)에 비미호가 사신을 보내왔다고 하였으며, 『삼국지』「위지」<왜인전>에 의하면 정시 8년(247)에 비미호가 사망하였다고 기록하고 있다. 따라서 비미호가 한중의 역사에 처음 등장하여 사망한 해 까지가 173년~247년이다. 이 시기에 해당하는 '泰口 4년' 또는 '太口 4년'과 일치하는 연호는 유일하게 위(魏)나라의 '太和 4년'이며 서기 230년이다. 따라서 『일본서기』의 신공 52년은 230년이 되어야 맞다. 그리고 신공은 재위 69년 만에 100세로 사망하였다고 하니까 원년은 179년(247-68)이 되며 신공 52년에 백제가 칠지도를 바쳤다고 하였으니까 그 해는 230년(179+51)이 된다. 이렇게 이중으로 확인한 것이므로 칠지도사건은 230년에 일어난 사건으로 확정할 수가 있다.

<중국 연호 '泰□ 4년', '太□ 4년'(201~389)>

『일본서기』	중국 연호		일치 여부
신공 52년(252)	魏(위)	太和 4년(230)	○
	西晉(서진)	太康 4년(283)	×
	東晉(동진)	太寧 4년(326)	×
		太和 4년(369)	×
		太元 4년(379)	×
	前涼(전량)	太始 4년(358)	×
		太淸 4년(366)	×
	前秦(전진)	太初 4년(389)	×
	後涼(후양)	太安 4년(389)	×

<신공황후의 재위기간과 국내외 사건연도 복원결과>

일본 측 사료	서기	한국·중국 사료와 실물
중애 원년(9년 재위)	170	
4	173	신라 아달라왕 20년 왜 왕녀 비미호가 사신을 보내옴(邪馬台国 倭王女 卑彌乎 遣使來聘). 『삼국사기』
9	178	왜국에 난이 일어나 …… 여자가 왕이 됨, '비미호'라고 함(倭國難 相攻伐歷年 乃共立
신공원년(201)	179	女子爲王 名曰 卑彌乎). 『삼국지』「위지」<왜인전>
9(209) (신공의 신라정벌 조작기사)		
31(231)	209	백제가 가라(포상8국)침공, 신라 반격『삼국사기』
34(234)	212	백제가 신라 침공『삼국사기』
46(246) 백제에 사신 파견	224	
49(249). 3월. 백제와 연합, 신라 7국 정벌, 정복지를 백제에 하사함.	227	
52(252)(백제가 칠지도를 바침)	230	**태화 4년(석상신궁 칠지도 명문)**
60(260)	238	경초 2년 왜 여왕 조공 바침-'親魏倭王(친위왜왕)' 책봉「위지」
65(265)	243	정시 4년 왜왕이 다시 사신을 보내옴.「위지」
69(269)(太歲 己丑) 신공사망-1백 세	247	**비미호 사망**(正始元年……其八年……卑彌呼以死) 「위지」

지금까지 한 이야기는 기존의 한일 간의 역사공방의 연장선상에서 알아본 것이다. 지금부터는 앞에서 이야기한 대로 비류백제인 이잔국(利殘國)이 광개토태왕의 남부지방 정벌에 쫓겨 삼도로 도망을 가서 기내조(畿內朝) 왜를 세웠다는 가정이 맞는지를 검토해보도록 하자. 그럴 경우 칠지도를 왜왕 비미호(신공)에게 하사한 사람은 이잔백제의 왕세자 기생(奇生)이 된다. 일본이 역사를 날조하면서 한반도에서 왕으로 있었던 선조들은 신대 8명의 신(神)이나 궐사 8대(闕史八代)의 왕으로 편입시켰다. 따라서 칠지도를 하사한 기생(奇生)은 왕세자이므로 이들 신이나 궐사 8대의 왕 중의 한 사람이 되어야 한다. 일본의 역대 왕들의 이름 중에서 '기생(奇生)'이라는 한자 이름을 쓰는 왕이 있는지를 조사하여 보았으나 없다. 이번에는 방법을 달리하여 일본어로 읽는 발음 'きしょう(기쇼우: 기생奇生)'를 찾아보아도 없다. 그런데 사전을 보니까 기생(奇生)은 きじょう(기죠우)로도 발음할 수가 있다는 것을 알았다. 즉, '생(生)' 자는 おうじょう[오우죠우: 왕생(往生)], たんじょう[탄죠우: 탄생(誕生)], しゅうじょう[슈우죠우: 중생(衆生)] 등에서는 じょう(죠우)로 발음된다. きじょう(기죠우)라는 발음으로 찾으니까 이런 이름을 가진 왕이 예상대로 나타났다. 바로 3대 안네이(安寧안녕)대군이다. 그의 이름은 황태자 시절부터 시키츠히코타마데미노미코토(磯城津彦玉手看尊, 師木津日子玉手見命)이다. 다만 이름의 첫머리 글자 '磯城(기성)'을 어떤 연유에서인지는 '시키'로 읽고 있지만 통상적으로는 'きじょう(기죠우)'로 읽는 것이 맞다. 바로 '磯城(기성)'이 '기생(奇生)'이라는 등식이 성립된다. 지금 일본의 날조된 역사가 오롯이 그 모습을 드러내는 것이다. 3대 천황이라는 사람이 이잔(利殘)백제의 왕세자로 있을 당시에 왜(倭)의 여왕 신

공(비미호)에게 칠지도(七支刀)를 하사(下賜)한 것이다.

<奇生(기생)과 磯城(기성)의 일본어 발음>

한자	발음	生·城의 じょう(죠우) 발음 용례
奇(기)	奇(기) (음)き(기), (훈)くし(쿠시)	生 おうじょう(오우죠우: 往生왕생) たんじょう(탄죠우: 誕生탄생) しゅうじょう(슈우죠우: 衆生중생) 城 おうじょう(오우죠우: 王城왕성) ろうじょう(로우죠우: 籠城농성) じょうない(죠우나이: 城內성내)
生(생)	(음)しょう(쇼우)·せい(세이), (훈)いかす(이까스)·いきる(이끼루)· いける(이께루)·うまれる(우마레루)……	
磯(기)	(음)き(기), (훈)いそ(이소)	
城(성)	(음)じょう(죠우), (훈)しろ(시로)	

같은 시대를 살았던 2대 스이제이(綏靖: 수정: B.C. 581~B.C. 549)와 3대 안네이(安寧: 안녕: B.C. 549~B.C. 510), 그리고 14.5대 진구(神功: 신공: 201~269)를 750년에서 850년의 시차가 생기도록 역사를 날조하였다.『일본서기』에 기록된 연도는 가공된 것이다. 그 렇다면 어딘가에 진실을 암호로 숨겨놓지는 않을까? 2대부터 9대까 지의 8명의 왕들에 대한 기록을 보면 국사(國事)와 관련된 기록은 즉위연도를 간지로 나타내고 세자책봉을 한 사실 정도뿐이고 기껏 해야 가족 이야기 몇 마디뿐이다. 오죽하면 일본의 학자들도 존재 자체를 부인하면서 '궐사 8대(闕史 八代)'라는 명칭을 부여하였을까. 그렇다면 유일하게 역사적인 기록이라고 추측되는 왕들의 즉위연도, 즉 간지를 가지고 14.5대 신공(神功)의 왜 통치기간인 179~247년간 에 해당하는 간지의 연대를 찾아보았다. 결과는 2대 스이제이(綏靖) 가 왕위에 오른 경진(庚辰)년은 200년에 해당하였으며, 3대 안네이 (安寧), 즉 기생(奇生)이 왕위에 오른 해는 계축(癸丑)년으로 233년이 된다. 백제왕이 칠지도(七支刀)를 바쳤다는 실제 연도인 230년은 기

생(奇生)이 아직 태자의 자리에 있을 때이다. 딱 들어맞는다. 이러한 방법으로 궐사 8대의 즉위 연도를 찾으니까 거의가 맞아떨어졌다. 다만 8대 코겐(孝元)은 『일본서기』에 기록한 정해(丁亥)년으로 하면 모순이 생겨서 을해(乙亥)년으로 하니까 모두가 순조롭게 정리가 되었다. 아마도 '乙(을)' 자를 '丁(정)' 자로 오기한 것 같다. 『일본서기』의 기록에 의하면 기간이 484년으로 평균 재위기간이 60.5년이었으나 새롭게 정리를 하니까 통치기간은 190년이 되고 평균 재위기간이 23.8년으로 계산이 되었다.

<궐사 8대의 이잔백제 통치 기간 추정>

대수	시호	「일본서기」 기록			이잔백제 통치기간 추정		
		즉위	사망	재위	즉위	사망	재위
2	스이제이(綏靖)	B.C. 581(경진)	B.C. 549	33	200(경진)	232	33
3	안네이(安寧)	B.C. 548(계축)	B.C. 511	38	233(계축)	270	38
4	이토쿠(懿德)	B.C. 510(신유)	B.C. 476	35	271(신유)	305	35
5	고쇼(孝昭)	B.C. 475(병인)	B.C. 393	83	306(병인)	364	59
6	코안(孝安)	B.C. 392(을축)	B.C. 291	102	365(을축)	370	6
7	코레이(孝靈)	B.C. 290(신미)	B.C. 215	76	371(신미)	374	4
8	코겐(孝元)	B.C. 214(정해)	B.C. 159	56	375(을해)	383	8
9	가이카(開化)	B.C. 158(갑신)	B.C. 97	62	384(갑신)	389	6
계	8명	484년(평균 60.5)			190년(평균 23.8)		

그리고 실제로는 제9대 카이카(開化) 다음으로 제15대 오진(應神)이 390년(庚寅年경인년)에 뒤를 이었다. 응신 이전에 24년 동안 4명의 왕이 교체되는 기간이 있었다. 왕권이나 국력이 허약해져 있는 상태에서 광개토태왕이 침략해옴에 따라 힘없이 무너졌을 것으로

짐작된다. 그런데 이러한 진실을 감추고 개도 웃을 정도로 말도 안 되는 가공의 역사를 만든 인간들이 과연 사람들일까? 이런 것이 위서(僞書)이다. 이제 이런 사실을 알고도 자기들의 역사가 가짜라는 것을 이실직고(以實直告)하지 않으면 그 후손 또한 사람들이라고 할 수가 있을까?

그리고 백제 사신이 칠지도를 바치면서 하는 말 중에 '…… 서쪽에는 곡나철산(谷那鐵山)에서 흘러내리는 강물이 있고, 이곳까지는 7일 여정으로 빠듯합니다(…… 以西 源出自谷那鐵山 其遙七日行之不及 ……)'라는 구절이 있다. 백제의 수도에서 빨리 걸어서 적어도 7일을 가야 곡나철산에 도착할 수가 있다는 말이다. 만약에 곡나철산이 황해도의 재령쯤이라고 가정하면 당시 백제의 수도인 서울 강남의 위례성에서 직선거리로 157km 정도 된다. 7일을 걸어서 간다면 하루에 22.4km를 가는 셈이다. 지금 사람들과는 달리 옛사람들은 더 빨리 걸을 수 있을 것이라고 짐작되므로 위례성이 아닐 것으로 판단된다. 그렇다면 이잔(利殘)의 수도라고 추정되는 지금의 공주에서 재령까지 직선거리는 271km가 된다. 7일을 나누면 하루에 38.7km를 가는 셈이다. 물론 꾸불꾸불한 길이니까 실제 길은 이보다 훨씬 길겠지만 '7일 거리로 빠듯하다'는 표현을 쓸 만하다. 공주에 수도를 둔 이잔의 입장에서 그렇게 말한 것이다.

그리고 공주가 이잔(利殘)의 수도로 비정되는 기록이 하나 더 있다. 『삼국사기』<백제본기>에 백제 제21대 개로왕(蓋鹵王: 455~475) 재위 21년(475) 가을 9월에 고구려 장수왕이 병사 3만 명을 거느리고 와서 한성을 포위하였으며 결국 개로왕은 탈출하다가 잡혀서 죽었다. 아들이 뒤를 이어 왕위에 올랐다. 그가 제22대 문주왕(文

周王: 475~477)이다. 원년(475)에 '겨울 10월에 웅진(熊津)으로 도읍을 옮겼다(冬十月 移都於熊津)'고 하였으며, 3년(477)조에 '봄 2월 궁궐을 수리하였다(春二月 重修宮室)'는 기록이 있다. 고구려가 수도 한성을 침입하여 왕이 전사하고 뒤를 이은 새로운 왕은 한 달 후에, 그것도 겨울이 다가오는 음력 10월에 황망히 수도를 웅진으로 옮겼다. 궁궐을 짓고 준비를 할 겨를이 전혀 없었으며 지었다는 기록도 없다. 나라의 궁궐을 신축한다는 것은 대단히 큰 역사(役事)이다. 단순히 궁궐만 지으면 되는 것이 아니고 관청이나 대신 이하의 관리와 백성들의 집도 지어야 하고, 외적의 방어를 위한 성곽은 물론 적이 침략해올 가능성이 있는 가까운 지역에 산성도 구축해야 하는 것이다. 최소한 3년은 준비를 해야 가능할 것이다. 그런데 2년도 못되는 17개월 후에 궁궐을 수리하였다고 하고 있다. 바로 이잔(利殘)이 396년에 광개토태왕의 침입에 쫓겨 삼도로 망명가기 전까지 수도였으므로 모든 시설이 갖춰져 있었던 것을 알 수가 있다. 비어 있는 궁궐을 79년 동안 계속하여 관리해왔던 것이다.

6) 백제의 남부지방 정벌의 주체는 누구일까?

그러면 왜(倭)에서 신공(神功)이 살았을 당시에 한반도 서남부에서는 무슨 일이 일어났던 것일까? 우리의 『삼국사기』<백제본기>에는 남부지역을 경영하였다는 기록이 전혀 없다. 그러나 <신라본기>와 일본의 정사인 『일본서기』에는 있다. 우선 <신라본기>에 있는 기사이다. 제10대 나해 이사금(奈解尼師今: 196~229) 14년(209)에 진해와 마산지역에 있던 골포(骨浦: 창원), 칠포(柒浦: 함안 칠원), 고사포(古史浦: 진해) 등 포상(浦上) 8국이 연합하여 가라(加羅)를 침공하자 가라의 왕자가 구원요청을 하였다. 임금은 태자 우로(于老)와 이벌찬 이음(利音)에게 명하여 6부의 병사를 이끌고 가서 구원하게 하였다. 여덟 나라의 장군을 공격하여 죽이고 포로가 되었던 6천 명을 빼앗아 돌려주었다(十四年 秋七月 浦上八國謀侵加羅 加羅王子來請救 王命太子于老與伊伐飡利音 將六部兵往救之 擊殺八國將軍 奪所虜六千人 還之).' 그리고 그 뒤 3년이 지난 212년에 '골포(骨浦), 칠포(柒浦), 고사포(古史浦) 등 세 나라 사람들이 갈화성(竭火城)을 공격하자, 왕이 병사를 거느리고 나가 구원하여 세 나라의 군대를 대파하였다. 물계자가 수십여 명을 잡아 목 베었다(後三年 骨浦柒浦古史浦三國人 來攻竭火城 王率兵出救 大敗三國之師 勿稽子斬獲數十餘級『삼국사기』<물계자전>. 다음은 『일본서기』에 있는 내용이다.

<당시의 백제(百濟)왕과 재위기간>

대수	왕	재위 기간	연수
5	초고	166~213	48
6	구수	214~233	20
7	사반	234~234	0
8	고이	234~285	52

신공(神功) 46년(224) 3월에 사마숙미(斯麻宿彌)를 탁순국(卓淳國: 남해)에 보내었다. 도착하자 탁순왕 말금한기(末錦旱岐)가 사마숙미(斯麻宿彌)에게 말하기를 "갑자년 7월에 백제 사람 구저(久氐), 미주류(彌洲流), 막고(莫古) 3인이 와서 왜까지의 해로를 조사하면서 '백

제왕이 동방에 일본 귀국(日本貴國)이 있다는 것을 듣고 우리들을 보내 귀국을 예방하라고 하셨습니다. 따라서 우사토(于斯土)로 가는 길을 찾고 있습니다. 만약 저희들에게 길을 가르쳐준다면 우리 왕께서 군왕에게 후한 덕을 베풀 것입니다'라고 하고, '귀국에 가는 길을 몰라 가지를 못하는데 비록 바닷길이 멀고 풍랑이 험하더라도 큰 배를 타면 될 것입니다. 만약 길이 있고 나루가 있으면 바로 가려고 합니다만 지금 갈 수가 없으면 다시 돌아가서 선박을 준비하여 가겠습니다, 만약 귀국에서 사신이 오면 꼭 우리나라에 알려주십시오'라고 했다." 그러고는 돌아갔다.

이에 사마숙미(斯摩宿禰)는 같이 간 이파이(爾波移)와 탁순인 과(過)·길(古) 2명을 백제국으로 보내 왕을 위로하게 하였다. 그때 백제 초고왕(肖古王)은 크게 기뻐하여 후하게 대접을 하고 5색의 비단 1필, 각궁절, 철정 4매를 이파이(爾波移)에게 바치면서 말하기를 '우리나라는 이런 진귀한 보물이 많습니다. 귀국에 공물로 바치고 싶지만 가는 길을 몰라 마음은 있지만 그렇게 할 수가 없습니다. 그렇다면 이번에 사자 편에 바치겠습니다' 하였다. 이에 이파이(爾波移)는 보물을 받들고 돌아와 사마숙미에게 보고하였으며, 일행은 귀국하였다.

이를 부연하여 설명한다면, 209년 포상팔국(浦上八國)의 가라(加羅) 침략과 신라의 구원전에 이어 212년 골포(骨浦), 칠포(柒浦), 고사포(古史浦) 등 세 나라 사람들의 갈화성(竭火城) 침공과 신라의 반격으로 백제에서 남해안을 돌아 왜(倭)로 가는 길이 단절되었다가, 11년이 지나서 백제와 왜의 노력으로 다시 길을 트는 과정을 말하고 있다고 본다.

그리고 다시 3년 후인 신공 49년(227년) 춘삼월에는 백제와 왜가 연합하여 신라를 정벌하게 된다. 왜의 장군 아라타와케(荒田別: 황전

별)와 가가와케(鹿我別: 녹아별)는 백제의 구저(久氐) 등과 함께 탁순국에 도착하였다. 그런데 혹시 병력이 신라를 이기지 못할까 우려되어 군사를 증원(增軍士)해 줄 것을 요청하여 왜의 사백(沙白), 개로(蓋盧)가 합류하였다. 한편 백제에서는 장군 목라근자(木羅斤資)와 사사노궤(沙沙奴跪)에게 정예병력을 출동하도록 명령했으며 왜의 증원군으로 온 사백과 개로를 대동하였다.

제·왜연합군은 신라의 비자발(比自炑: 창녕), 남가라(南加羅: 김해), 달국(喙國: 창원 덕산리), 안라(安羅: 함안), 다라(多羅: 합천), 탁순(卓淳: 남해 덕신리), 가라(加羅: 광양?)의 7국을 공격하여 평정하였다. 그리고 백제군은 서쪽으로 돌아서 이동하여 고원진(古爰津)에 도착하여 남만(南蠻) 침미다례(忱彌多禮: 제주)를 평정하였다. 이렇게 빼앗은 영토는 백제에 하사하였다(以賜百濟).

이때 초고(肖古)왕과 귀수(貴須)왕자 역시 군사를 거느리고 와서 만났다. 이때 내륙에 있던 비리(比利: 전주), 벽중(辟中: 임실), 포미지(布彌支: 순창), 반고(半古: 구례)의 4읍이 자진하여 항복하였다. 이때 백제왕 부자는 목라근자 등과 의류촌(意流村, 또는 州流須祇주류수기)에서 서로 만나 사기를 돋우고 출정을 위로하였다. 그러나 왜의 사신인 치구마나히코(千熊長彦)와 백제왕은 같이 백제국 벽지산(辟支山)과 고사산(古沙山)에 올라 반석위에서 백제왕이 맹세하기를 '불에 휩싸인 건초더미 위에 앉아 있는 공포 속에서도, 물에 떠내려가는 통나무 위에 앉아 있는 공포 속에서도 반석 위에서 맹세하는 자가 멀리 늙거나 죽지 않는 성인을 보는 것과 같이 편안하게 살 것입니다. 따라서 지금부터 천추만세, 무절무궁토록 항상 서쪽의 오랑캐를 자칭하고 봄가을마다 조공을 바치겠나이다'라고 하였다. 이에

치구마나히코(千熊長彦)는 수도로 내려와 후한 예우를 받고 구저(久氐) 등과 이별하였다.

이를 부연하여 설명한다면, 당시의 백제왕은 5대 초고왕(肖古王: 166~213)이며 왕자는 6대 구수왕(仇首王: 214~233)이라고 하고 있다. 그러나 일본의 기록대로라면 신공(201~269) 49년은 249년이다. 이때의 백제왕은 8대 고이왕(234~285)이다. 따라서 식민사학에 물든 많은 국내 역사학자들은 식민사학에서 벗어난다는 것이 기껏해야 고이왕 때에 백제가 한반도의 남서부 지역을 정복하였다고 믿고 있다. 그러나 『삼국사기』<백제본기>에서는 당사자인 이들 4명(초고·구수·사반·고이왕)의 재위기간에 이러한 정복전쟁을 한 기록이 단 한 줄도 없는데 무슨 근거로 그런 주장을 하는지? 이런 헛소리를 하는 사람들을 우리는 명색이 역사학자라고 대우를 하고 존경하고 있다. 여하튼 이러한 제왜연합작전으로 백제는 현재의 충청·전라도와 경남의 남해안과 남강ー낙동강 유역을 모두 장악하였으며, 이러한 전쟁의 주역은 왜(倭)로서 확보한 땅을 모두 백제에 하사하였다. 그리고 백제왕은 감격하여 이루 말할 수 없이 낮은 자세로 충성맹세를 하였다. 그리고 '남쪽의 오랑캐 침미다례(南蠻忱彌多禮)'라는 표현을 쓰고 있는데 이는 왜(倭)가 사용할 수 없는 표현이다. 삼도에서 볼 때에 침미다례(제주도)는 서쪽방향이기 때문이다. 웅진(熊津)에 있는 이잔(利殘)이 볼 때에 침미다례는 남쪽에 있으므로 '남만'이라고 할 수가 있는 것이다.

위의 내용은 일본의 사료에서 허위와 날조사실 그대로를 기술하고 기존의 사학자들의 비판을 수용하여 필자가 몇 가지 의문을 제기하고 평가하였다. 이번에는 위의 설명에 더하여 칠지도(七支刀)를 제

작하여 왜(倭)의 신공(神功)에게
하사한 이잔(利殘)의 기생(奇生)
왕세자 부자인 왜(倭)의 제2대
스이제이(綏靖: 수정: B.C. 581
~B.C. 549)와 제3대 안네이(安
寧: 안녕: B.C. 549~B.C. 510)
를 대입하여 풀어보자. 227년에

<다라국(多羅國)의 잔영인 다라리(多羅里)>

이잔의 스이제이(綏靖: 200~232)왕과 왕세자 기생(奇生)이 주도하
여 왜의 신공(神功: 179~247)의 지원을 받아 제왜연합작전을 전개
하여 한반도 서남부와 남해안과 낙동강 지류인 남강상류와 중부 일
대를 평정한 것이다. 가장 북쪽지역은 지금의 경남 합천이다. 다라
국(多羅國)이라는 나라가 지금은 합천군 쌍책면 다라리(多羅里)가 되
어 그 잔영이 남아 있다. 신라는 제24대 진흥왕(眞興王: 540~576)
때인 562년에야 이 지역을 차지하였다. 따라서 이 전투가 이잔백제
에게 얼마나 중요한 전투인지를 우리는 알 수가 있다. 그런데도 백
제의 역사에 기록을 하지 않았다는 것은 이 전투의 주체가 백제가
아니라는 결론을 우리는 얻을 수가 있다. 이잔(利殘)백제의 전투인
것이다. 따라서 이러한 기록이 이잔의 후신인 왜(倭)의 역사에 기록하
는 것은 당연한 것이다. 이러한 역사날조로 인하여 틀려진 양국의 왕
과 그들의 등극과 사건연도를 바로잡은 것을 표로 정리하였다.

<당시의 백제왕>

구분	왕	재위 기간	연수
일본역사 (조작)	백제 5대 초고(肖古)	166~213	48
	백제 6대 구수(仇首)	214~233	20
실재 (바른 역사)	이잔 스이제이(綏靖)	200~232	33
	이잔 안네이(安寧)	233~270	38

<『일본서기<신공황후>조』에서의 백제사 날조>

일본사료 『일본서기』		한국사료 『삼국사기』	
내용	연도	연도	내용
	201(신공 1)	179	⑤초고왕(肖古王) 14년
		214	⑤초고왕(肖古王) 사망, ⑥구수왕(仇首王) 등극
⑤초고왕(肖古王) 사망	255(신공 55)	233	⑥구수왕(仇首王) 20년
⑥귀수왕(貴須王) 등극	256(신공 56)	234	⑥구수왕(仇首王) 사망 ⑦사반왕(沙伴王) 등극－사망, ⑧고이왕(古爾王) 등극
⑥귀수왕(貴須王) 사망 ⑮침류왕(枕流王) 등극	264(신공 64)	242	⑧고이왕(古爾王) 8년
⑮침류왕(枕流王) 사망 ⑯진사왕(辰斯王) 등극 [조카 아화(阿花)가 어려 삼촌이 즉위]	265(신공 65)	243	⑧고이왕(古爾王) 9년
	269(신공 69)	247	⑧고이왕(古爾王) 17년
		286	⑧고이왕(古爾王) 사망 (9)책계왕(責稽王) 등극
		298	(9)책계왕(責稽王) 사망 ⑩분서왕(汾西王) 등극
		304	⑩분서왕(汾西王) 사망 ⑪비류왕(比流王) 등극
		344	⑪비류왕(比流王) 사망 ⑫계왕(契王) 등극
		346	⑬근초고왕(近肖古王) 등극
		375	⑬근초고왕(近肖古王) 사망, ⑭근구수왕(近仇首王) 등극
		384	⑭근구수왕(近仇首王) 사망, ⑮침류왕(枕流王) 등극
		385	⑮침류왕(枕流王) 사망, ⑯진사왕(辰斯王) 등극 [조카 아화(阿花)가 어려 삼촌이 즉위]

그리고 정복한 땅을 바로 백제에게 하사하였다고 하였다. 아마도 앞에서 필자가 의문을 제기한 대로 제18대 아신왕(阿莘王: 392～404) 때인 402년 5월에 '왜국(倭國)에 사신을 보내 큰 구슬을 요구하였다(五月 遣使倭國求大珠)', 그리고 이듬해 2월에는 '왜국에서 사신이 왔다. 임금이 이들을 환영하고 위로하였으며 특별히 후하게 대우하였다(十二年 春二月 倭國使者至 王迎勞之 特厚)'고 하는 기사가 바로 이를 의미한다고 본다. '우리가 이미 당신(應神: 응신대군)의 구토를 차지하였으니 속은 쓰리겠지만 할 수 없지 않느냐? 이제 우리가 다스릴 테니 미련일랑 끊으십시오. 그리고 우리가 남이냐? 다 같이 시조 우태(優台)(혹은 동명왕)와 소서노 할머니의 후손이 아니냐?'라고 하고 이잔왜(利殘倭)는 이를 받아주는 사신을 보냈을 것으로 본다. 그리고 연합군이 만난 지역은 이잔과 왜의 중간지점인 탁순(남해)이지만 비류백제의 왕이 수도에서 멀지 않은 지역에 있는 항구인 의류촌(意流村, 또는 州流須祇주류수기)까지 나와서 출정군의 사기를 돋우고 위로하였다. 그리고 수도인 고사부리성(古沙夫里城, 居拔城거발성, 웅진: 지금의 공주)으로 돌아와서 왜의 사신 치구마나히코(千熊長彦)와 함께 신전인 벽지슨(辟支山)과 고사슨(古沙山)에서 승전을 기원하는 고유제를 지냈다. 이제 독자들도 잘 알 것이다. 보통의 산이 아니고 '슨'을 모신 우리의 전통신앙의 성전이다. 벽지산은 일본말로 읽으면 へきしさん(헤끼시산)이다. 유추하건데 백산(밝슨)의 변음이라고 본다.

밝슨→백산(白山)→해낏산→해끼시산(へきしさん: 辟支山)

　여기서 사이 'ㅅ'을 가정하고 일본에서 가나문자가 만들어지면서 받침을 만들지 못해서 모든 받침은 아래로 내려가서 연음으로 발음하는 것을 가정하였다. 연음현상은 우리나라에서도 1933년 한글맞춤법통일안이 만들어지기 전까지 보편적으로 사용하던 쓰임새였다.

고사산(古沙山)은 수도인 고사부리성(古沙夫里城: 웅진의 전신)에 있었던 성전으로 여겨진다. 고사부리나 거발은 지금의 말로는 꽃벌(꽃이 많은 들판)이 변한 같은 말이다.

ᄭᅩᆺ불→곳불→곳부리→고사부리(古沙夫里城)('사'는 사이ㅅ)
　→것발→거발(居拔城)(ㅅ 탈락)

진해의 옛 지명인 고사포(古史浦)의 '고사(古史)'도 같은 말이며 후대의 이름인 웅천(熊川)과 함께 백제계의 지표지명이다.

수도인 고사부리성에는 전국에서 제일 큰 성전이 있었을 것이고 국가의 중대사가 있을 때에는 여기에서 의식을 거행하였다고 본다.

그리고 이잔의 왕세자 기생(奇生)이 왜왕 신공(비미호)대군에게 무슨 사유로 칠지도를 보냈을까? 3년 전(227년)의 이잔과 왜의 연합작전으로 신라와 가야연방의 세력권인 지금의 경남 남부지역 7국을 획득하는 큰 전과를 올렸으므로 다음에는 고구려와 대치하고 있는 황해도 철산지인 곡나(谷那)지방을 정벌하기 위하여 왜의 지원을 받을 필요가 있어서 칠지도(七支刀)외교를 한 것이다.

7) 일본 역사의 복원

이제 우리는 지금까지 알아본 증거들을 바탕으로 일본의 진짜 역사를 정리할 수가 있다.

일본의 뿌리는 비류(沸流)이고 그가 세운 백제의 이잔(利殘)이라는 국가이며, 396년에 광개토태왕의 삼한정벌에 의해 반도에서는 멸망

당하여 역사에서 사라졌다. 그러나 삼도(三島)로 건너가서 왜(倭)로 탈바꿈하였다.[87]

일본의 참역사를 아래 표에 정리하였다.

<날조된 일본역사의 복원>

역사 기록(조작)			바른 역사(실제)		
연도		이름	구분	연도	내용
신대		삼신(三神) 8신(八神) -이자나기((伊耶那岐)-이자나미 ①아마테라스오오까미((天照大神)) ②츠꾸요미(月讀) ③스사노오(素盞鳴) -아마쓰히코호니니기(天津彦火瓊瓊杵) -히코호호데미(彦火火出見) -히코나기사타케우가야후키아에즈(彦波瀲武鸕鷀草葺不合) -간야마토이와레히코(神倭伊波礼琵古)			
1	BC660.2.11	진무(神武)=간야마토이와레히코			
2	BC 581	스이제이(綏靖)(궐사 8대의 하나)			
3	BC 549	안네이(安寧)(궐사 8대의 하나)			
4	BC 510	이토꾸(懿德)(궐사 8대의 하나)			
5	BC 475	고쇼(孝昭)(궐사 8대의 하나)			
6	BC 392	고안(孝安)(궐사 8대의 하나)			
7	BC 290	고레이(孝靈)(궐사 8대의 하나)			
8	BC 214	고겐(孝元)(궐사 8대의 하나)			
9	BC 158	카이가(開化)(궐사 8대의 하나)			
10	BC 97	스진(崇神)	이잔(백제)	BC18	비류(沸流:이자나기)가 건국
11	BC 29	스이닌(垂仁)			
12	BC 13	게이코(景行)	왜(倭)	100경	야마토 담로 설치
13	131	세이무(成務)		170	주아이 즉위
				173~178	(6년간 왕통단절)
				179~247	진구(개위 69년)
14	192	주아이(仲哀)(9년 재위)			
	201	진구(神功)			
15	270	오진(應神)		248~269	이요(壹與) 왜 멸망
				(270~396)	(일본열도 : 120여년간 무정부상태의 공백기)
16	313	닌토꾸(仁德)			
				390	(이잔) 오진 즉위
			(왜가 됨)	397	오진 왜로 망명, 기내조 왜 건국
17	400	리쥬(履中)			
18	406	한제이(反正)			
19	412	인교(允恭)			
20	454	안코(安康)		454	(이후 연대가 일치)

---

87) 이러한 과정에 대해서는 김성호 박사의 『비류백제와 일본의 국가기원』에 상세하게 나와 있다.

신대의 신들 중에서 '이자나기'가 비류(沸流)이며 한반도에서 B.C. 18년에 '이잔백제'를 건국하였다. 그의 후손들이 396년까지 한반도의 서남지방을 통치하였다. 수도는 웅진(熊津)이다. 이자나기 이후의 신들과 궐사 8대로 분류되는 2대부터 9대까지의 대군들이 이에 해당될 것으로 추정된다. '궐사 8대'라고 이름을 붙인 이유는 일본의 학자들이 연구한 결과 일본 역사에서는 가공의 인물들이라고 결론을 내린 대군들이다. 그러니까 일본 역사에는 없어져야 하는 인물들이라는 뜻이니까 당연히 한반도의 이잔의 왕으로서 실재하였다고 보는 것이 타당하다.

그리고 10대 스진(崇神: 숭신) 대군부터 진구(神功: 신공)까지 6명은 식민지 야마도(耶麻騰)의 지배자들이다. 구주지방의 동부지역인 구마모토(熊本) 일대에 있었다. 신공의 조카 일여(壹與)를 포함하여 7명이 170여 년 동안 다스렸다. 따라서 이 170여 년은 반도에는 본국이 있었고 일본 구주에는 식민지 야마도가 있었다. 야마도는 신라나 중국에는 왜(倭)로도 불렸다. 야마도는 일여(壹與)를 끝으로 나라가 망하여 일본열도에는 120여 년간 역사의 공백기가 있었다.

한편 반도의 이잔백제에서는 390년에 오진(應神: 응신)이 즉위하였다. 그러나 6년 후인 396년에 광개토태왕이 침략하여 왔다. 갑작스러운 기습전에 손쓸 겨를도 없이 당하게 되자 일본으로 망명하여 나라지방에 도착하여 이듬해인 397년에 나라를 재건하였다. 왜(倭)로 완전히 탈바꿈을 한 것이다.

이렇게 정리를 하고 나서 얼마나 현실성이 있는지를 검토할 수단이 없다. 궁여지책으로 실재의 바른 역사에서 시대별 기간에서 대군(왕, 천황)들의 인원수를 나누어 평균 통치기간을 비교해보았다. 이잔의 식민지 국가인 야마도 왜는 10대 스진부터 신공一일여까지를 배치하면 7명이 되며 통치기간은 170년이 되어 한 명이 평균하여 24.3년을 통치하였다. 그리고 이자나기부터 궐사의 마지막인 9대 카이가까지 16명이 한반도에서 이잔을 다스린 기간은 B.C. 18년부터 389년까지 407년이 되며, 평균 재위기간이 25.4년으로서 야마도 왜의 24.3년과 거의 같다. 여기서 1대 진무(神武)대군은 실제로는 오진(應神)대군이며, 한반도에서 지낸 7년간을 가공한 인물이라고 한다. 따라서 여기에서는 제외하였다. 객관성을 높이기 위하여 백잔(온조백제)과 비교해보자. 백제는 16명의 왕이 410년(B.C. 18~392)간 다스려 평균 재위기간이 25.6년이다. 그리고 고구려는 18명의 왕이 428년(B.C. 37~391)간 다스려 평균 재위기간이 23.8년이다. 이와 비교하여도 상당히 근접하는 기간이 된다. 그러나 삼도로 건너가서 야마도(고분시대)정권을 연 15대의 오진대군(390~)부터 아스카 시대(539~714), 나라시대(715~780), 헤이안시대(781~1197)의 마지막 천황인 82대의 고토바(~1197) 천황까지 68명이 다스린 808년(390~1197)간을 평균하면 11.9년밖에 되지 않는다.

<평균 재위기간 비교>

구분		왕	기간	햇수	평균
이잔(백제)	이자나기(비류)~궐사 8대	16명	B.C. 18~389	407년	25.4년
야마도 왜	10대 스진~신공一일여	7명	100~269	170년	24.3년
기내조 왜	15대 오진~82대 고토바	68	390~1197	808년	11.9년
백잔(백제)	1대 온조~16대 진사	16명	B.C. 18~392	410년	25.6년
고구려	1대 추모~18대 고국양	18명	B.C. 37~391	428년	23.8년

표에서 보면 이잔이나 야마도 식민국가나 백제(백잔)는 왕들의 평

균 재위기간이 24~25년으로서 큰 차이가 나지 않는다. 그러나 이잔이 일본으로 건너가서 왕이 직접 통치를 한 기간의 평균 재위기간이 절반인 12년밖에 되지 않는다는 것은 정권이 안정되지 못한 상태가 지속되었음을 의미한다.

도대체 무슨 일이 일어났을까?

먼저 건너가서 자리를 잡고 있던 군소집단의 신라계나 가야계, 고구려계까지 가세하여 치열한 왕권다툼이 일어나고 수없이 왕권이 교체되었을 것을 미루어 짐작할 수가 있다. 그러나 이후에 무인들이 실권을 잡고 통치하는 막부시대(1198~1866: 가마쿠라-무로마치-에도)의 669년간 39명의 천황이 있었으며 평균재위기간이 17.2년으로 오히려 늘어났다. 실권이 없으니 허수아비의 자리를 오래 앉아 있을 수가 있었기 때문이다. 이러한 사실들을 볼 때 천황가의 만세일계(萬世一系)라는 것이 완전히 허구라는 것을 알 수가 있다.

그리고 김성호 박사는 일본의 대군들 중에서 4명은 그 이름에 '神' 자를 가지고 있는데, 이는 한반도에서 정복자(征服者)로 건너간 천황이라고 추론을 했다. 필자도 동의하는 바이며 표와 같이 정리하였다. 다만 유의할 것은 삼도(三島)에서의 실질적인 왜의 건국자는 어디까지나 응신(應神)이므로 당연히 왜의 건국자가 되어야 마땅하므로 그가 한반도에서 이잔왕으로서 통치한 기간(390~396)을 제1대 신무대군으로 쪼개어서 가공의 인물을 만들고, 한반도 이잔과 삼도의 야마도 담로를 통치한 실제의 인물들을 통합하여 한 계보로 만들고, 유구한 역사를 가진 국가도 만들어야 하고, 또한 신화도 만들어야 하자니 전체의 편년이 뒤죽박죽이 되어 제20대 안코대군 때인 454년이 되어야 실질적인 연대와 일치하게 된다. 일본의 학자들이 연구한 결과가 그렇다고 한다.

<이름에 '神' 자가 들어가는 4명의 왕>

대수	왕명	비고
제1대	신무(神武)	응신대군의 이잔(웅진) 시기(390~396)
제10대	숭신(崇神)	야마도 담로 초대 왕(100년경)
(14~15대 사이)	신공(神功)	부산 기장에서 삼도로 건너감.
제15대	응신(應神)	광개토태왕 침략으로 삼도로 망명

이러한 결과는 1대 신무(神武)대군에서 19대의 인교천황까지 1112
년(B.C. 660~452) 동안에 통치한 20명의 평균 통치기간이 55.6세라
는 웃기지도 않는 역사를 만들어놓았다. 앞에서 말한 '궐사8대'에
더하여 이러한 모순을 해소하기 위하여 일본 학자들이 연구하여 '2
주갑(周甲) 인상설'을 내어놓았다. 즉, 120여 년을 뒤로 물려야 실제
연도와 일치한다는 말이다. 그러나 그들은 왜 그러한 현상이 생겼는
지는 아직도 꿈에도 모르고 있다.

8) 백제의 멸망이 일본에 미친 영향

(1) 백제의 멸망

백제가 멸망할 당시인 6~7세기 한중일 삼국의 시대상황은 세력의
재편이 이루어지는 소용돌이의 시대였다. 한반도에는 고구려, 백제,
신라 삼국이 각축을 벌이고 있었으며, 중원에는 5호16국과 뒤이어

등장한 남북조의 9개국이 흥망을 반복하는 일대 혼란기였다.

581년에 선비족(鮮卑族) 출신인 양견(楊堅)에 의하여 건국된 수(隋)가 이러한 혼란을 극복하고 중국을 통일하자 동북지방에 있는 강대국 고구려를 정복하기 위하여 문제(文帝)와 양제(煬帝)는 4회에 걸친 대규모 원정을 감행하였지만 오히려 그 여파로 세력이 약화되어 건국한 지 40년도 지나지 않아 마침내 618년에 멸망했다. 수의 뒤를 이은 당(唐)나라는 선비족 출신의 무장인 이연(李淵)이 세운 나라로서 628년에 중원을 완전히 장악하였다. 이연의 어머니의 동생, 즉, 이연의 이모가 바로 수문제 양견의 아내인 독고황후이다. 그러므로 이연은 수양제 양광과는 이종사촌 간이 되는 셈이며 부계가 소위 말하는 한족(漢族)일지는 모르지만 선비족 사회에서 수 세대를 살았을 것으로 추정되므로 실질적으로는 선비족이라고 분류하는 것이 타당하다. 태종 이연과 고종 이세민은 수나라와 마찬가지로 644~648년간에 3회에 걸쳐 고구려를 공격했지만 역시 성공하지 못하고 실패로 끝났다. 한중일 간에 일어난 일련의 전쟁은 모두 조선(朝鮮)의 후예인 한족(韓族)과 선비족(鮮卑族), 그리고 일본의 뿌리로 추정되는 오환족(烏桓族) 간의 싸움인 것이다.

이보다 앞서 한반도에서는 신라(新羅)가 627년에 백제에 의해 공격받자 당(唐)나라에 원조를 요청했다. 그러나 당(唐)은 중원장악을 위한 내전을 치르고 있던 중이어서 이러한 신라의 지원요청에 응

<3~10세기 중원의 나라들>

삼국	위	220~265
	촉	221~263
	오	229~280
진	서진	265~317
	동진 317~420	오호십육국 304~439
남북조 420~589		
수		581~618
당		618~907

할 수가 없었지만 고구려 원정이 실패로 돌아가자 고구려·백제의 협력과 동맹관계에 대응할 수단으로 신라와의 관계를 긴밀히 할 필요가 있었다. 당시 신라의 실권자였던 김춘추(金春秋)는 백제와 긴밀한 관계에 있는 왜(倭)나 고구려(高句麗)를 떼어놓고, 당(唐)의 지원을 받기 위해 직접 고구려와 왜, 당나라로 가서 적극적인 외교활동을 전개하였다. 결국에는 이러한 신라의 노력으로 당과 동맹관계가 형성되고 당의 연호를 사용하고 복식을 당풍(唐風)으로 바꾸는 등의 친당정책을 추진하였다. 654년에 그가 무열왕(武烈王)으로 즉위하자 양국 관계는 보다 더 가까워졌지만 백제와 왜를 갈라놓으려는 신라의 의도는 실패하고 고구려와의 외교도 성과가 없었다.

드디어 때가 되어 신라는 백제를 공격하기 위하여 당에 지원병을 요청하였다. 당이 이에 응하여 소정방(蘇定方)이 이끄는 13만의 대군이 660년 6월에 산동반도 봉래에서 황해를 건너와서 신라의 5만 군사와 합동작전을 펼쳤다. 신라군은 탄현(炭峴)[88]을 넘어 황산벌(黃山伐)[89]에서 계백 장군의 결사대를 격파하고, 당의 군대는 금강 입구의 기벌포(伎伐浦)[90]에서 백제군 1만 명을 돌파하고 상륙하여 곧바로 백제의 도성인 사비성(부여)으로 진격하였다. 7월 12일에 사정없이 성을 공격하자 의자왕(義慈王)은 다음 날 성을 버리고 웅진성(공주)으로 후퇴하였다. 하지만 의자왕은 웅진성에서 닷새도 버티지 못하고 항복하였다. 항복이 아니라 웅진성의 방령 예식(禰寔)[91]이 배반을 하여

---

88) 대전광역시 동구와 충청북도 옥천군 군서면의 경계에 위치한 식장산(食藏山)에 있는 고개이다.

89) 충남 논산시 연산면이다.

90) 충남 서천군 장항읍이다.

91) 웅진방령(熊津方領)이었다. 당(唐)에 가서는 '좌위위대장군(左威衛大將軍)'에 올랐다. 당에서의 이름은 예식진(禰寔進: 615~672)이다. 2006년에 그의 묘지명이 낙양(洛陽)에서 발견되었다.

항복을 한 것이다. 예식(禰寔)과 그의 형 예군(禰軍)의 선조는 백제 최고의 관등인 좌평을 역임하는 등 귀족가문이었다고 한다. 의자왕(義慈王)을 비롯한 태자 융(隆), 왕자 태, 연(泰, 演), 대신과 장군 88명, 백성 12,807명이 포로가 되어 9월 3일에 배를 타고 당으로 끌려갔으며, 남은 유민은 당병에 의하여 약탈과 살육을 당하였다.

(2) 백제 부흥운동과 백촌강 전투

700여 년을 이어온 국가가 어떻게 허무하게 망할 수가 있겠는가. 백제 의자왕의 사촌동생 귀실복신(鬼室福信), 장수였던 흑치상지(黑齒常之)와 승려 도침(道琛) 등을 중심으로 임존성(任存城)[92]과 주류성(周留城: 州柔城)을 거점으로 하여 백제 부흥 운동이 일어났다. 이들은 당시 왜(倭)의 조정에 머물고 있던 백제 왕자 부여풍(夫餘豊)을 보내 주고 백제를 구원해줄 것을 요청하였다.

그러나 왜(倭)의 입장에서는 이러한 백제부흥군의 지원에 응한다면 당시 동아시아에서 거대한 힘을 가진 당(唐)과 등을 지게 되므로 쉽게 결단하기 어려운 일이었다. 그러나 고민 끝에 형제나라인 백제의 부흥을 위해 지원하기로 결심을 하게 된다.

한 번 결정을 하게 되자 왜(倭)는 파격적인 지원을 하였다. 당시의 사이메이(齊明: 제명) 대군은 후쿠오카에 '대재부(大宰府)'라는 임시 궁궐을 지어서 상주하며 전투지원을 하였다. 사이메이 대군이 661년에 급서하였지만 태자였던 나카노오에(中大兄: 중대형)가 즉위식도

---

92) 충청남도 예산군 대흥면에 있다.

<후쿠오카에 있는 대제부(大帝府) 터>

미뤄가면서 부흥운동 지원에 전력을 쏟았다. 662년 1월에는 화살 10
만 척과 곡식 3천 석을 보내기도 하고, 두 달 뒤인 3월에는 추가로
피륙 300단을 보냈다.

『일본서기』의 기록에 따르면 661년 3월에 왕자 부여풍을 호위하
는 선발대가 출발하고 이어 2회에 걸쳐 본대가 출발하는 대규모의
원정군을 아래 표와 같이 보냈다.

<왜의 지원군>

출발 시기	구분	규모	지휘관
661.5월	선발 부대	1만여 명, 선박 170여 척	아즈미노 히라후, 사이노 아치마사, 에치노
662.3월	주력 부대	2만 7천 명	다쿠쓰(朴市田來津), 카미츠케누노
663.8월	주력 부대	1만여 명	기미노와카코, 아베노 히라후,
		계 4만 7천여 명	이오하라기미(廬原君)

한편 나당연합군은 백제를 멸망시키고 곧바로 1여 년 후인 661년 12월에 고구려를 침략하였으나 성공하지 못하였으며, 662년 1월에 다시 군대가 평양(平壤) 부근까지 진격하였으나 연개소문(淵蓋蘇文)에 의해 당병 10만 명이 괴멸되고, 2월에는 군량이 떨어져 고립되었으며 당의 장수 소정방(蘇定方)은 신라의 군량지원을 받아 간신히 퇴각하였다. 이러한 고구려의 선전에 고무되어 왜(倭)는 백제부흥군을 적극 지원하게 된 것이다.

이러한 유리한 국제정세에도 불구하고 백제부흥운동이 결국 실패로 돌아가게 된 이유는 내분 때문이다. 663년 8월, 먼저 복신(福信)이 도침(道琛)을 살해하고, 뒤이어 복신(福信)과 부여풍(夫餘豊)의 대립이 격화되어 결국 부여풍이 복신을 살해하였다. 복신의 죽음과 백제 부흥군 지도부의 분열이라는 호재를 만난 나당연합군은 전열을 가다듬어 부흥군을 진압할 준비를 착착 진행하였다. 당은 웅진도독부의 유인원(劉仁願)이 본국에 증원을 요청하자 유인궤(劉仁軌)의 인솔하에 수군 7천 명을 증파했다. 뭍에서는 당의 유인원·손인사(孫仁師) 그리고 신라의 문무왕이 이끄는 군사들이, 바다에서는 당의 두상(杜爽)과 백제의 태자였던 부여융(扶餘隆)이 이끄는 170여 척의 수군이 수륙협공으로 백제 부흥정부의 거점인 주류성(州柔城)으로 진격했다.

드디어 결전의 시간이 다가왔다. 백강전투가 그것이다.

백강전투(白江戰鬪)는 일본에서는 백촌강전투(白村江戰鬪)라고 하고 중국은 백강구전투(白江口戰鬪)라고 한다. 663년 8월 27~28일에 백촌강(白村江)에서 백제·왜연합군과 신라·당연합군 사이에 벌어진 전투이다.

이때 육지에서는 백제의 기병이 진을 치고 신라군과 맞섰고, 바다에서는 왜에서 지원을 온 함선들이 강변의 모래밭에 정박해 있었다. 수적으로 월등히 우세한 왜의 선단은 셋으로 나누어 선제공격을 하였다. 그러나 특별한 전술이 있는 것도 아니고 무조건 공격하면 열세인 당의 수군이 물러날 것으로 판단한 것이다. 결과는 간조의 시간차에 맞추지 못해 네 번에 걸친 전투에서 모두 대패했다. 결국에는 제·왜연합군이 수적으로 월등히 우세한 상황임에도 불구하고 당·신라 연합군의 일방적인 승리로 끝났다.

<백촌강전투의 규모와 결과>

	나당연합군		제왜연합군	
	신라	당	백제 유민	왜
지휘관	문무왕	유인궤	부여풍	아베노 히라후
참가 병력	5천 명	7천 명	5천 명	4만 2천 명
참가 함선	170여 척			1천여 척
결과	나당연합군의 승리			
피해규모	알 수 없음.		함선 400척, 병사 1만 명, 말 1천 필	

백촌강 입구에 집결해 있던 1천 척의 함선 가운데 4백 척이 불탔으며, '연기와 불꽃이 하늘을 붉게 물들이고, 바닷물마저 핏빛이 되었다'고 당시의 처절했던 상황을 『신·구당서』와 『자치통감』, 그리고 우리의 『삼국사기』에서 묘사하고 있다.

왜의 선발부대를 이끌고 왔던 장수 에치노 다쿠쓰(朴市田來津)는 수십 명을 죽이며 결사적으로 싸웠으나 끝내 죽음의 길을 택하였고, 규슈 지방의 치쿠시왕 사쓰야마(筑紫君 薩夜麻)는 포로로 잡혀 당에 억류되어 있다가 8년이 지나서야 겨우 풀려나 귀국하였다. 부흥군을 이끌던 백제의 부여풍은 측근 몇 명만을 대동한 채 배를 타고 고구려로 망명하였으며, 왜의 패잔병은 각지에 흩어져 있던 왜병을 모으고, 망명을 원하는 백제 유민들과 함께 배를 타고 당의 수군에 쫓기며 간신히 귀국했다.

곧바로 육지전에서도 나·당연합군은 백제의 기병을 물리치고 주류성을 함락시킴으로써 3년간 저항하던 백제 부흥세력은 궤멸되었다.

마지막 항거지인 주류성(州柔城)마저 함락되자 형제나라 백제는 완전히 끝이 났다. 이 소식을 전해들은 국인(國人: 왜인)들은 서로들 말하기를 '주유(성)이 함락되었구나, 이 일을 어찌해야 좋단 말인가. 백제의 이름이 오늘로 끊겼으니 조상의 묘소를 어찌 다시 갈 수 있단 말인가. 다만 호례성에 가서 일본군 장수들을 만나 필요한 대책을 상의할 수 있을 뿐이구나' 하고 한탄하였다.

"九月辛亥朔丁巳 百濟州柔城 始降於唐. 是時 國人相謂之曰 '州柔降矣、事无奈何' 百濟之名絶于今日 丘墓之所 豈能復往. 但可往於弖禮城 會日本軍將等 相謀事機所要"『일본서기』<천지 3년조>

그런데 위의 기록에서 한 가지 이상한 점을 발견할 수가 있다.『일본서기』는 일본의 역사서이다. '국인(國人)'이라고 하면 당연히 왜인들이다. 그런데 그들 국인(國人)들이 서로 말하는데 '호례성에 가서 일본군 장수들을 만나 필요한 대책을 상의할 수 있을 뿐이구나'라고 하여 마치 백제인들이 말하고 있는 것처럼 기록하고 있다. 역사의 기록자가 가공의 역사를 완벽하게 하기 위해서는 '국인(國人)'이 아니라 '백제인(百濟人)'이라고 하여야 하는데 용의주도하지 못하였다. 따라서 역사의 진실은 일본인들끼리 하는 말이다. 백제는 일본인들의 옛 선조들의 땅이었으며 거기에 선조들이 묻혀 있는 것이다.

(3) 백촌강(白村江)은 지금의 충남 보령군 청광천(靑光川) 하구이다

660년에 백제가 멸망하자 왜의 조정에 머물던 왕자 부여풍장(夫 餘豊璋)이 귀국하여 복신, 도침과 함께 주류성(周留城, 州柔城주류성, 豆良伊城두량이성)을 거점으로 왜의 지원을 받아 백제부흥운동을 전 개하였다는 것을 우리는 익히 알고 있다. 그렇다면 주류성은 어디일 까? 주류성의 위치에 관해서는 지금까지 학계에서나 일반적으로 충 청남도 서천군 한산의 건지산성(乾至山城)과 전라북도 부안군 위금 암산성(位金巖山城)으로 비정하는 견해가 양립되어 있다.

그러나 필자의 견해로는 주류성은 현재의 보령시 천북면 학성리 (鶴城里)라고 본다. 그리고 백촌강(白村江)은 이 지역에 있는 청광천 (靑光川)과 그 하구를 말한다.

왜 그런지를 한 번 알아보자.

그 전에 이와 관련하여 우리는 『일본서기』<신공 49년조>에서 제외연합군이 신라 7국을 정벌하는 기사를 알아보았다. 백제왕 부자 가 의류촌[意流村, 지금은 州流須祇(주류수기)라 한다]에서 만나 사 기를 돋우고 출정을 위로하였다. 출정군이 백제와 왜(倭)의 연합군이 므로 왜(倭)의 군사는 타고 온 배가 있다. 따라서 연합군의 출발지는 항구가 되어야 한다. 그리고 지금도 마찬가지이지만 전쟁을 하려면 병사가 편하게 이동하여야 하고 식량을 비롯한 많은 군수물자를 수 송하여야 하는데 이를 위해서는 강이나 바다를 이용하는 것이 유리 하다. 그렇다면 백제땅에서 정복지인 경남 함안·합천까지 이동하려 면 당연히 배를 타고 서해안을 따라 진해나 마산까지 가는 것이 맞다. 이러한 상식적인 이유로 의류촌[意流村, 州流須祇(주류수기)]은 항구이어야 한다. 그리고 방어를 하는 전쟁이 아니라 먼 지역을 치기 위하여 출정을 하므로 굳이 높은 산성에서 출정식을 할 하등의 이유가 없다. 따라서 건지산성(乾至山城)과 위금암산성(位金嚴山城)은 검토대상에서 제외된다. 그리고 사정에 따라 하는수 없이 육로로 해서 출정을 한다면 백제땅에서 함안·합천으로 쉽게 갈 수가 있는 충남 금산이나 영동에서 출발하는 것이 맞다고 본다.

그렇다면, 백제부흥운동의 거점인 주류성(周留城, 州柔城주류성, 豆良伊城두량이성)과는 어떤 관계일까? 같은 말이다. 그리고 더 나아가 백촌강(白村江)도 같은 말이다. 왜 그런지를 검토해보자.

意流村(おるすき: 오루스기: 의류촌)이나 州流須祇(つるすき: 쯔루스기: 주류수기)는 다음 표에서 보는 바와 같이 고대의 이잔의 말이며 '意流(おる: 오루)는 오리'를 '州流(つる: 쯔루: 주류)는 우리말 두루(미)와 어원이 같은 현대 일본말 つる(쯔루)이며 한자로는 鶴(학)이다. 須祇(すき: 스기)는 일본사전에서는 '村(촌)을 의미하는 조선의 고어'라고 하였으나 과문한 필자가 알기로는 우리말에 그런 옛말이 있다는 것을 들어보지 못하였다. 왜, 즉 이잔말인 것이다. 옛날에는 마을(村)이 점점 커져서 방어시설을 갖추면 자연히 城(성)이 된다. 사람이 밀집하여 사는 지역은 모두 성을 쌓았다. 따라서 주류수기(州流須祇)는 주류성(州柔城: 周留城)이며 또한 '학성(鶴城)'임이 분명하다. 광개토태왕이 396년에 정벌한 58성 중에 亏婁城(울루성)이 있는데 '亏(울)' 자는 본래 '汚(오)' 자였으나 비문이 풍화되어 앞의 삼수변(氵)을 판독하지 못한 결과로 보인다. 바로 오루성(汚婁城)이다. 그리고 아마도 신라가 3국을 통일한 후에는 주류성(周留城: 州柔城: 두루미성)을 한자 지명 학성(鶴城)으로 고쳐 불렀던 것 같다. 참고로 경덕왕이 757년에 전국의 모든 지명을 한자식으로 고쳤다. 따라서 일본에서는 당초에는 意流村(おるすき: 오루스기: 의류촌)라고 부르 다가 『일본서기』를 편찬할 당시에는 州流須祇(つるすき: 쯔루스기: 주류수기)나 주류성(州柔城)으로 불렀던 것이다.

<사전의 풀이와 해석>

<일본어 사전 『廣辭苑(광사원)』>	〈해석〉
① 意流村(おるすき: 오루스기: 의류촌): すき(村)는 朝鮮(조선)의 고어	① すき(村: 스기)는 한국어의 고어가 아니고 비류백제인 이잔(倭)의 말임.
② 州流須祇(つるすき: 쯔루스기: 주류수기)	−스기(須祇)=村
③ 白村江(はくそんこう: 하꾸손고우: 백촌강): 조선 남서부를 흐르는 금강하구의 옛 명칭, 지금의 군산 부근. はくすきのえ(하꾸스기노에)-白江. [백촌강 전투]663년, 백촌강에서 일본·백제연합군과 당·신라연합군 간에 일어난 해전. 일본은 백제 왕자 풍장을 구원하기 위해 군을 보냈지만 당의 수군에 패하고 백제가 멸망했다.	② おる(오루)는 '오리'로 추정, つる(쯔루)는 두루미(鶴)임. 따라서 州流須祇(つるすき: 쯔루스기)는 학촌(鶴村) ③ はくすきのえ(하꾸스기노에)는 백촌강(白村江)이 아니라 鶴村江(학촌강)임.

그리고 白村江(백촌강)이라는 강 이름이다. 일본어로 음독으로는 はくそんこう(하쿠손고우)라고 읽지만 음독과 훈독을 혼합하여 읽으 면 はくすきのえ(하쿠스키노에)라고 읽는다. 사전에 그렇게 되어 있 다. 무슨 의미인가? 다름 아닌 鶴城(학성)의 江(강), 즉 鶴城江(학성 강)이다. 학성의 남쪽 만이며 지금의 홍성군 광천읍을 흐르는 청광 천(靑光川)과 아주 넓은 하구를 포함한다. 따라서 중국 역사에서 白 江口(백강구)전투라고도 하는 말은 강의 하구(河口)를 말하므로 이 지역의 지형과 일치한다.

이를 정리하면 아래와 같다.

意流村(おるすき: 오루스기: 의류촌)=おる(오루)+すき(스기)=오리
마을

→이잔(利殘), 즉 백제에서는 오리를 '오루'라고 하였을 것으로 보임.

※ 광개토태왕이 정복한 丂婁城(울루성)=汚婁(오루)+城성=오리
   성(오리城)

州流須祇(つるすき: 쯔루스기: 주류수기)=つる(쯔루)+すき(스기)=
두루미 마을(鶴村: 학촌)

白村江(はくそんこう: 하꾸손고우: 백촌강)=はく(하꾸: 鶴)+そん
(손: 村)+こう(고우: 江)

→한국말 鶴村江(학촌강) 또는 鶴城江(학성강)을 발음이 같은 한자
   발음을 빌려 기록

=はくすきのえ(하쿠스기노에: 鶴城의 江)=はく(하꾸: 鶴)+すき
(스기: 城)+(の)え(에: 江)

→일본식 이두로 표현한 말=음독+훈독(村=城)+훈독

<학성과 학성강>

결론적으로 의류촌이나 주류수기나 주류성은 동일한 지명이며 그 위치는 지금의 보령시 천북면 학성리(鶴城里)이다. 그리고 백촌강이라는 지명의 강은 없었으며, '학성강(鶴城江)'이 있었을 뿐이다. 고대에는 한국어, 특히 백제어와 일본어는 아주 가까운 4촌쯤 되는 언어였다. 이처럼 한국어와 일본

어를 알아야 우리의 옛 역사가 풀린다.

역사적으로 그렇게 중요한 성이 지금은 마을단위의 이름으로 명맥을 유지하면서 누군가가 찾아주기를 기다리고 있었던 것이다. 우선 학성이 있는 천북면의 지리적인 위치를 보자. 첨부한 지도를 보면 학성리는 남쪽에서 북쪽으로 천수만을 조금 들어간 지역에 위치하고 있으며, 남쪽과 북쪽은 또다시 작은 만이 있어서 육로로는 동쪽으로만 연결되어 있는 호리병과 같은 형태를 하고 있다. 그러나 지금은 북쪽의 좁은 만(灣)은 방조제를 막아 간척을 하여 옛날의 지형과는 다르게 되어 있다. 그리고 남쪽의 만(灣)은 아주 넓고 깊어서 만의 입구에서 15km 정도 들어간 지역에 있는 홍성군 광천읍까지 강으로 연결되어 뱃길이 닫는다. 새우젓으로 유명한 광천읍은 조선시대까지도 중요한 내포(內浦: 강에 있는 항구)였다.

광천읍에서 수도인 고사부리(공주)까지는 직선거리가 45km가량으로 근거리이다. 따라서 이 지역은 경제적으로는 물론 군사전략적으로도 대단히 중요한 지역이다. 조선시대에는 충청도 수군절도사영이

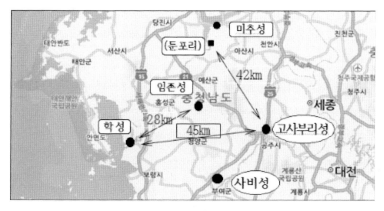

<백제부흥운동근거지>

남쪽 하구 건너편에 있는 오천군(현재: 오천면)에 있었다. 이는 이 지역이 충청도 서해안 방어의 요충지라는 것을 증명하고 있다. 지금의 오천항이다.

그리고 공주를 수도로 하였던 시기에 국가방어를 위한 전략적인 측면에서 한 번 풀어보자. 외적이 바다를 통하여 이잔(利殘)의 수도인 고사부리(공주)로 침략해올 수 있는 길은 세 갈레 길로 압축할 수가 있다. 우선 북쪽으로는 아산만의 안쪽에 있는 미추홀[彌鄒忽: 미추성(彌鄒城)][93]이다. 여기서 배에서 하선하지 않고 삽교천을 거슬러 올라가서 아산군 신창면 돈포리에서 내려 육로로 웅진까지는 42km의 거리이다. 그리고 두 번째로는 금강하구를 통하여 웅진까지 배를 타고 강을 거슬러 올라가는 경우이며, 마지막으로는 학성(보령시)에서 강을 거슬러 올라가 지금의 광천읍에서 상륙하여 동쪽으로 45km를 육로로 가는 경우이다. 이만 한 거리는 강행군을 하면 하루에 충분히 도달할 수가 있는 거리이다. 따라서 요충지로서 성을 쌓고 방비를 하여야만 하는 곳이다. 이 지역은 앞이 안면도와 작은 섬들이 있어서 파도를 막아주고 또한 청광천라는 내가 흐르고 그 하류는 크게 넓어져 배가 깊숙이 들어갈 수가 있는 천혜의 항구조건도 갖추어져 있다.

이러한 여러 가지를 종합해서 볼 때 학성은 227년 봄에 이잔(비류백제)의 왕이 신라 원정에 나가는 제 · 왜연합군을 환송한 장소라고 여겨짐과 동시에 663년에 백제부흥을 위한 제 · 왜연합군과 나 · 당연합군 간에 일어난 백촌강 해전지역임이 분명하다.

---

93) 충남 아산군 인주면 밀두리이다.

이 세 지역은 군사전략적으로도 중요하지만 일상생활에서도 중요한 위치를 차지한다. 사람은 물론이고 물자를 대량으로 수송하기 위하여서는 강을 이용한 내륙수운을 이용해야 하기 때문이다. 금강을 통하여서는 고사부리성(웅진)이나 사비성(부여)에 직접 배를 타고 갈 수가 있으나 가을, 겨울, 봄의 갈수기에는 수량이 줄어들어 강바닥이 얕아지고 여울이 생겨 큰 배는 운항할 수가 없다. A.D. 227년(신공 49)에 있은 이잔·왜연합군의 신라 침공 시기가 음력 춘삼월의 갈수기이므로 학성을 이용하는 것은 당연하다고 본다.

그리고 백제부흥운동에서 주류성과 함께 중요한 거점이었던 임존성(任存城)이다. 임존성은 예산군과 홍성군의 경계에 있는 봉수산(484m)에 있는 산성이며 주류성과는 직선거리로 28km 떨어져 있다. 이 정도로 근거리에 있어야 상호 간에 유기적인 협조와 연락을 원활하게 할 수가 있으며 통합작전을 수행할 수가 있고, 나당연합군에 뺏긴 수도 사비성(부여)을 북쪽과 서쪽에서 협공할 수가 있다. 만약에 주류성이 금강하구에 있다면 임존성과 주류성(학성)간의 거리가 60km로 멀어 힘이 분산되고, 나당연합군의 수중에 있는 사비성(부여)이 중간에 있어 연락이나 작전을 수행하는 데도 불리하므로 전략적으로 타당하지가 않다. 그리고 전쟁 초기에 당의 수군이 사비성(부여)을 치기 위해 금강의 물길을 이용하기 위해서는 하구에서부터 주위에 있는 성들을 제압하고 강을 올라가야 하기 때문에 모든 성은 이미 함락된 후이므로 부흥운동을 할 정도의 거점을 금강 유역에 구축할 수가 없었다고 본다. 더욱이 부흥운동의 거점은 배후가 안전하여야 한다. 나당연합군의 적이자 백제의 우군인 고구려가 북쪽에 있으므로 지원받기도 용이하므로 주류성은 당연히 부여에서 북쪽에 있는 것이 맞는다고 본다. 주류성(周留城: 州柔城)은 학성(鶴城)이다.

또한 가공된 일본의 역사서인『일본서기』<신공 49년(249년)>조에 나오는 백제가 지금 우리가 알고 있는 한성에 수도를 두고 있는 온조 백제라고 가정해보자. 실제 227년(신공 49)에 백제와 왜의 연합군을 전송하기 위해서 왕이 지금의 서울 강남에 있는 위례성에서 학성, 즉 의류성(意流村, 州流須祇주류수기)까지 당시의 길로는 230km(직선거리 130km)나 되는 먼 길을 온다는 것은 사리에 맞지 않는다. 그리고 주류성(학성)이 금강하구의 서천군 한산면 건지산성(乾至山城)이나 부안군 상서면의 위금암산성(位金巖山城)이라면 거리가 286~375km(직선거리 160~210km)나 된다. 가까운 한강을 이용하지 않고 이렇게 먼 지역에 있는 항구를 이용한다는 것은 누가 보아도 웃을 일이다.

주류성(州流城)이 학성(鶴城)이라는 사례가 있다. 지금 울산시 중구 학성동(鶴城洞)에는 학성공원(鶴城公園)이 있고, 경내에는 울산 문화재자료 제7호로 지정되어 있는 왜성(倭城)이 있다. 이 성은 신라시대에 계변성이라고 불리던 성이었으며 천신이 학을 타고 내려왔다고 하여 별칭으로 학성(鶴城)이라고 불렀다고 하고, 또한 시루를 엎은 것 같다고 하여 시루성(甑城증성)이라고도 한다고 한다. 또한 고려 6대 성종(재위: 981~997)

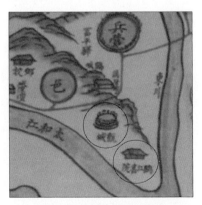

<울산왜성(학성)인 증성(시루성)과 학강서원>

<울산 왜성(학성)>

때에 울산의 별칭을 학성이라고 하였다 한다. 학성(鶴城)은 정유재란 때 왜군이 주둔하여 조선과 명나라의 연합군과 치열하게 싸우다가 도요토미 히데요시(풍신수길)가 죽은 후 철수령이 내려져 1598년 11월 18일 밤에 성을 불태우고 후퇴하였다.

그리고 울산의 옛 지도에는 이 성을 증성(甑城)이라고 표기하고 있으며, 동쪽으로 700m의 거리에 학강서원(鶴江書院)이 표시되어 있다. 그러면 이러한 사실들을 한 번 정리해보자. 첫째, 울산의 왜성의 이름이 학성이라는 것은 임진왜란 당시 일본군이 성을 쌓아서 학성이라고 한 것이 아니고 이미 신라시대부터 학성이었으며 고려시대에도 울산의 별칭으로 학성이라고 하였다는 것이다. 둘째로는 지금은 없어진 학강서원은 바로 옆에 흐르는 태화강이나 오른쪽의 동천을 학강으로 불렀을 것으로 짐작이 된다. 그런데 증성(甑城)이라는 말은 무슨 의미일까? 일본말로 성을 しろ(시로)라고 하는데 이를 잘못 알고 시루(甑: 증)로 사용하였거나 일본어의 쯔루(つる학)이나 우리말 두루(미)의 변음 '시루'를 한자로 옮긴 것으로 보인다. 결론적으로 신라시대부터 여기에는 지금의 일본어를 쓰는 집단이 살았었다는 증거이다. 쯔루성(つる성)은 학성이다. 이는 지금의 일본어가 아니고서는 그 연관성을 전혀 이해할 수가 없는 수수께끼이다.

⑷ 일본에 불어 닥친 대규모의 인구 쓰나미

당시에는 이미 왜인들이 되어 있는 이잔인들의 입장에서는 옛 조국의 강토를 형제국인 백제가 다스릴 때는 남의 나라라고 생각하지 않았다고 추측된다. 수시로 오가면서 조상의 무덤도 찾고 먼 친척들과도 계속 교류를 할 수가 있었다. 그러나 이제 백제가 멸망하였다. 선조들의 성묘도 더 이상 할 수가 없게 되었다. 이러한 처지를 한탄하며 외치는 말이 'くだらない(구다라나이)'이다. '百濟는 더 이상 없다'고 말한 것이다. 부여에는 굿드래나루가 있었다. 한참 백제가 융성했을 때에는 대륙이나 왜에서 온 배들이 굿드래나루에 들락거리며 진귀한 수입품을 부리고 백제의 물품을 싣곤 했다. 왜인들은 부여의 '굿드레'나루를 백제의 별칭으로 사용하였으며, 그 음이 변하여 '구다라'가 되었다. '이제는 가보지 못할 백제를 말해보았자 무슨 소용이 있겠느냐'는 표현이다. 지금에 와서 일본인들은 '시시하다. 하찮다. 쓸모없다'는 뜻으로 바꾸어 쓰고 있다. 백제가 없어졌다는 말이 이런 뜻으로 변했다. 후세 일본인들은 선조들의 흔적을 지우기 위하여 언어를 바꿈질하는 장난을 한다. くだらない(구다라나이)를 '下(하)らない(구다라나이)'로 바꾸어 쓰고 있는 것이다. くだる(下る: 구다루)는 '내려가다'는 뜻으로 くだらない(구다라나이)와는 아무런 연관이 없는 단어이다.

백제 부흥군 지휘부는 물론 백제(백잔)의 유민이 대규모로 형제의 나라 왜(이잔)로 빠져나갔다. 살던 땅에 남아서 패전국의 유민이라는 수치스러운 삶보다는 왜 땅에 앞서 떠나서 정착하고 있는 동족과 함께하는 길을 택하였다. 또 한 차례의 대규모 인구 쓰나미가 일어났다. 역사상 3번째로 인구쓰나미가 발생하였다. 혹자는 전체 인구의 30% 정도인 30여만 명이나 될 것이라고 한다.

일본 학자가 고대로부터 7세기까지 왜 땅에서의 인구증가를 연구하고 그 결과를 보고는 자신도 깜짝 놀랐다고 한다. A.D. 100여 년경에 구주 구마모토(熊本)지방에 식민국가 야마도(邪馬騰)를 세울 당시에 첫째 인구 쓰나미가 있었고, 396년에 있은 광개토태왕의 이잔·백잔 정벌로 한반도에서의 이잔이 삼도로 건너간 시기에 두 번째 인구 쓰나미가 있었다. 그리고 백제(백잔)가 멸망한 후에 세 번째 인구 쓰나미에 의해 인구폭발이 일어난 것이다. 삼도에는 도래인(渡來人)으로 넘쳐나게 된 것이다. 왜는 모든 사회 분야에서 우수한 기술과 능력을 갖춘 난민들이 대량으로 유입되어 국토를 개간하여 경작지를 넓히고 구주에 있던 왜까지 복속시켜 전 일본열도를 장악할 수가 있었다. 이러한 바탕을 토대로 국가발전을 한 단계 높이게 되고, 한반도와는 또 다른 훌륭한 문화를 이루어나갔던 것이다. MBC의 <역사스페셜>에서 방영한 대로 다음 도표가 이를 증명해준다. 결론적으로 한반도에서 일본열도로의 대량이민은 이잔의 응신(應神: 오진) 대군이 망명한 397년 이후 30여 년 동안과 백제가 멸망한 660년 이후에 이루어졌으며 이들의 후손이 현재의 일본인의 주류이며 반도에서 흘러간 피가 지금 일본 인구 1억 2천8백만 명의 85%를 차지한다고 추정하고 있다.

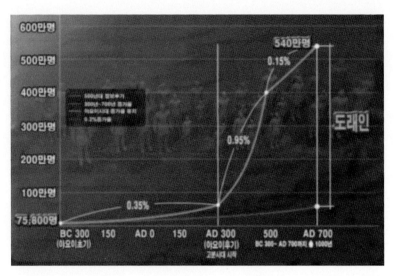

<일본의 인구증가비율과 도래인의 관계(MBC 역사스페셜): 396년의 광개토태왕의 이잔(비류백제) 토멸과 660년 나당연합군에 의한 백제멸망에 따른 대규모 인구이동의 결과이다.>

(5) 왜(倭)라는 나라 이름을 버리다

이제껏 국호로 사용하던 '왜(倭)'가 '난쟁이', '단구(短軀)'를 뜻하는 좋지 않은 이름이므로 이를 버리고 국호를 日本(일본)으로 개명하는 데 성공하였다. 정확한 시기는 알려진 바가 없으며 일반적으로 701년 다이호(大寶)율령 제정시기에는 일본이라는 국호가 제정되어 있었다고 추정하고 있다. 그런데 日本(일본)이라는 명칭은 그 당시에 살았던 왜인들이 창작한 것일까? 요시다 도고(吉田東伍)가 편찬한『대일본지명사서(大日本地名辭書)』의 <국호론(國號論)>과 명치(明治) 33년 1월에 발간된『역사잡지(歷史雜誌)』에 있는 내용이라고 한다. "'日本(일본)'이라는 국호는 원래 한국인들이 일찍부터 써온 것인데, 우리나

라가 그 이름이 아름답기 때문에 국호로 정했다(伴信友)." "'日本'이 라는 문자(文字)는 상고(上古)로부터 사용해온 'ひのもと(히노모도: 日の本: 해의 근본)'라는 말에 한자를 충당해서 쓴 것이며 '日本'이라 는 이름 그 자체는 삼한(三韓) 사람들이 쓰기 시작한 것이다(星野恒)." "'日本'이라는 국호는 원래 한국인들이 쓰던 것이다. 그것이 우리나 라 국호로 만세불변(萬世不變)의 호칭이 됐다(木村正辭)."

어떤가? 일본인들이 한 말들이다. 우리나라가 원래는 일본(日本) 인 것이다. 밝음을 지향하고 태양을 숭배하는 천손족인 우리의 선조 가 살았던 곳이 대륙의 동쪽인 중원평야였으며, 더 동쪽에는 한반도 이었으니까 당연히 해가 뜨는 지역에 해당된다. 따라서 살던 지역을 '해가 뜨는 지역'이라고 인식하고 또한 그렇게 불렀던 것 같다. 다른 증거를 보자. 백제가 나당연합군에 의해 멸망할 당시에 웅진성(공주) 의 성주였던 예식진(禰寔進)은 수도인 부여에서 피신 온 의자왕을 당나라에 넘기고 항복하였으며 후에 그의 형인 예군(禰軍)과 함께 당나라에 가서 무인으로 출세하였다. 예군의 묘비명에 백제가 멸망 할 당시의 상황과 자신의 행적이 기록되어 있는데 그 당시에 사용하 던 국명은 전혀 기록되어 있지 않고 다른 말을 사용하여 표현하고 있다. '때마침 일본(日本)의 잔당은 부상(扶桑)에 의거하여 주벌(誅 罰)을 피하고 있었다. 풍곡(風谷)의 잔당은 반도(盤桃)를 거점으로 하 여 견고하였다'는 구절이 나오는데 풀어쓰면 '때마침 백제(百濟)의 잔당은 왜(倭)로 도망하여 전멸을 피하고 있었다. 고구려의 잔당은 신라를 거점으로 하여 전멸시킬 수가 없었다'가 된다. '일본(日本)' 이라는 말이 기록으로는 처음 나오는데 여기서 일본은 '동쪽의 해 뜨는 나라'로서 백제의 별칭(Nick Name)으로 사용된 것임을 알 수

가 있다. 부상이 왜라는 것은 역사에 나오는 말이므로 당연히 여기
서 일본은 왜를 의미하지 않는다는 것은 자명한 것이다.[94] 백제인들
중에서 일부가 바다를 건너 삼도로 이주해가서 말 그대로 'ひのもと
(日の本: 히노모도: 해의 근원)'의 뜻으로 日本(일본)이라고 한 것이
다. 왜인들의 선조가 한반도에 살면서 스스로를 일본이라 하였는데
그들의 후손인 지금의 일본인들은 이제는 남남인 것처럼 알고 그렇
게 행세하고 있다. 국호를 '일본'으로 바꾸는 데 성공하였다고 한 것
은 자기 마음대로 고친 것이 아니라는 것을 강조하기 위하여 필자가
사용한 표현이다. 10세기에 편찬된 「구당서」[95]<동이열전/일본>조
에 '왜국(倭國)이라는 이름이 아름답지 못하여 스스로 추하다고 여
겨 일본(日本)으로 고쳤다(倭國自惡其名不雅, 改爲日本)'는 기록이
있고, 또 다른 역사서인 장수절의 『사기정의(史記正義)』<오지본기>
에는 "무후가 '왜국'을 '일본'으로 개명했다(武后改倭國爲日本國)"고
기록했다. 무후는 여황제 측천무후(624~705)를 이른다. 아마도 주
도면밀하고 집요하게 추진하여 중국 황제까지 설득시켜 국명을 원
하는 대로 바꾸지 않았나 하는 것이 작금의 일본인들의 행태를 보아
짐작할 수가 있다.

---

94) 문화일보 2013년 4월 23일자 "예군 묘지명에 적힌 '일본'은 '백재' 지칭-일본 와세다대 교수
   이성시 주장.
95) 당(唐)나라의 정사(正史)로 945년에 후진(後晉)의 유후(劉昫: 887~946)가 편판하였다.

9) 일본의 전통신앙은 우리의 고대신앙이다

(1) 일본 황실에서는 아지매에게 제사 지낸다

일본 황실에서는 매년 11월 23일 궁중에서 천황이 제주가 되어 '신상제(新嘗祭: 니이나메사이)'라는 제사의식을 거행한다. 그해 가을의 수확을 감사하기 위해, 햇곡식을 가지고 음식을 만들어 신(神)에게 제사 지내는 의식이다. 천황이 등극하는 해에는 '대상제(大嘗祭)'라 하여 이세신궁(伊勢神宮)에서 지낸다.

그러면 신상제가 어떻게 치러지는지 알아보자. 삼종의 신기 중의 하나인 '팔지(八咫)의 경(鏡)'을 모신 현소(賢所) 안의 신가전(神嘉殿)에서 천황과 황태자가 들어서면 의식이 시작된다. 악인들은 밖에서 음악을 연주하므로 안을 볼 수가 없다. 제사의식은 저녁 6시에 시작하여 약 2시간 계속되는 저녁 제사와 저녁 11시 반부터 약 2시간 진행되는 새벽 제사가 있다.

음악, 즉 신악(神樂-里神樂, 御神樂)을 연주하며, 제사를 지낼 때 축문에 해당하는 노래를 음악에 맞춰서 부르는데 그 노래의 가사가 아래와 같다.

'아지매 오오오오(阿知女 於 於 於 於: あじめ おおおお)
오게 아지매 오오오오(於介 阿知女 於 於 於 於: おけ あじめ おお
おお)
오게(於介: おけ)'

이 축문에 대하여 일본 궁내청 식부직악부 악장으로 있는 아베 스에마사(阿倍 秀昌) 씨의 설명이다.

'아지매(阿知女)라는 세 글자는 천·지·인(天·地·人) 셋을 표현하고 있으며, 아(阿)는 입을 벌리는 소리로 하늘에 속하고, 지(知)는 입을 다무는 소리로 땅에 속하며, 매(女)는 혓소리(舌音)로서 하늘과 땅의 가운데에 속하므로 사람(人)을 나타낸다고 한다. 이것은 신(神)에 대한 제사에 의하여 하늘은 길고, 땅은 오래가며, 그 가운데로 사람이 편히 살 것을 멀리서 고개 숙여 절하면서 간절히 기원한다.'

우리는 이러한 설명이 얼토당토않은 엉터리라는 것을 알 수 있다. 아지매는 아주머니의 경상도 사투리라는 것을 알기 때문이다. '아지시(아저씨)-아지매(아주머니)'는 인류의 조상 나반(那般)과 아만(阿曼)의 또 다른 호칭이자 불함산(不咸之山)이며 '아담-이브'의 원형이다. 그리고 천·지·인(天·地·人)을 이야기하고 있는데 바로 삼신신앙(三神信仰)을 말하고 있다.

그리고 본 제사의 마지막에 한신(韓神)에게 제사를 드리는데 그 기원은 간무(桓武)천황이 나라(奈良)에서 교토(京都)로 천도할 당시(794년)에 신라 귀화인 하타 씨(秦氏: 진씨) 가문에서 토지와 왕실농토를 제공하여 주었기 때문에 한국신 제사의 신악기를 왕실에서 받아들인 데 기인한다고 한다. 노래의 가사는 아래와 같다.

(본 노래)
三島木棉 肩に取り掛け 我れ韓神の 韓招ぎせむや
(이즈의) 미시마(섬에서 짠) 무명 어깨에 걸치고 우리 한신의 한(韓)을 모셔오라.

(끝 노래)

八葉盤を 手に取り持ちて 我れ韓神の 韓招せんや 韓神ぎ

(신에게 바치는 그릇인) 팔엽반을 손에 쥐어 잡고 우리 한신의 한
(韓)을 모셔오노라 한(韓)을 모시노라.

해설을 덧붙이면, 전통음악은 신들이 하늘에서 내려오시도록 모
시는 제사 춤이 시작되는 장중한 곡이라고 한다.[96]

한신(韓神)이 무엇인가? 바로 우리말 그대로 '한신'이다. 한신(桓
神)은 일신(一神)이다. 그리고 일신(一神)은 바로 삼신(三神)이며 천
신·지신·인신을 말한다. 일본이 아무리 아니라고 역사를 날조하고
숨기고 쉬쉬하며 감추어도 근본은 우리의 삼신(三神)신앙과 아지매-
아지시, 즉 나반(那般)과 아만(阿曼)을 조상으로 신앙하였다는 것을
알 수가 있다. 이러한 사실은 무엇을 의미하는가? 일본은 우리의 곁
가지라는 것을 말해주고 있다.

(2) 일본에 남아 있는 우리의 고대 전통신앙의 흔적

일본에서는 전통신앙이 우리와는 사뭇 다른 방향으로 흘러갔다.
우리의 서낭당이나 당산이 외래종교에 밀려 일반 대중의 믿음에서
밀려나고, 심지어 규모가 큰 '밝산'이나 '당산'은 사찰에 송두리째
자리를 내어주고 뒤편 한구석에 '산신각'이라는 이름을 달고 곁방살

---

96) 2011년 8월 18일(목), 서울역사박물관에서 (사)국학원 주최로 『동북아시아 한중일의 평화증진
을 위한 천손문화 국제학술회의』에서 일본 궁내청(천황궁) 식부직악부 악장으로 있는 아베 스
에마사(阿倍 秀昌) 씨의 발표 자료를 정리하였다.

이하는 초라한 신세로 전락하였으며, 일연을 비롯한 많은 역사학자
들까지도 그 의미를 모를 정도로 망각의 늪으로 빠져 들어갔다. 그
나마 기층민들의 신앙의 대상이 되었던 규모가 작은 서낭당이나 당
산은 60년대의 새마을 운동과 계속되는 도시화와 경지정리, 마을길
확장, 그리고 외래종교의 미신타파 등으로 거의 모두 멸실되어 지금
은 그 흔적을 찾을 수 있는 곳이 드물다.

그러나 일본에서는 다른 외래종교가 들어와도 본래의 자리를 지
키고 서로 공존하고 나름대로의 역할분담을 하면서 민중의 삶과 함
께해왔다. 나라시(奈良市)에 있는 유명한 동대사(東大寺) 경내에는
신국신사(辛國神社)가 있다. 우리나라에서는 상상도 할 수 없는 현상
이다. 이처럼 한국과 일본은 한 뿌리에 근원을 두고 있으면서도 다
른 토양과 그 위에서 사는 사람들에 따라서 생각과 태도가 달라지는
것 같다. 믿음이나 종교가 달라도 공생하면서 상대를 핍박하지 않는
일본의 전통이 있어서 조상들이 고뇌하고 인고의 노력으로 만든 유
물과 문화재를 그토록 오랜 기간 동안 많이 보존하여 간직하고 있는
것이다. 상대를 인정하고 나와 다른 것을 용인하는 태도야말로 오늘
의 일본을 있게 한 원동력이라고 본다.

누구는 일본은 신들의 땅이라
고 하였다. 『고사기』에서는 카
미(神)는 조상신(祖上神)을 이른
다고 한다. 우리의 전통신앙과
일치한다는 증거이다. 그러나
과거의 역사와 현재의 일본의
상황을 보면 시대에 따라서 현

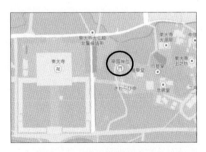

<나라시 동대사(東大寺) 경내에 있는
신국신사(辛國神社)>

실의 필요에 의해서 신(神)이란 개념이 바뀌어왔다. 신사(神社)는 그 지역의 신이나, 옛날의 훌륭한 인물이나 조상신을 모시고 제사를 지내는 곳이다. 규모가 크고 중요한 신을 모시는 곳은 신궁(神宮)이라고 한다. 신사의 입구에는 とりい(鳥居: 도리이)라고 하는 돌로 세운 기둥문이 있다. 신역(神域)을 표시하는 일종의 상징이다. 이러한 의미의 상징물인데 '새가 거주한다'는 뜻의 말을 사용하는 것은 이상하지 아니한가? 일본인들은 하도 말바꿈질을 많이 해서 자기네들도 그 의미를 모르는 말들이 너무나도 많다. 원래는 '조이(鳥夷: 도리이)'라고 생각한다. 지금의 북경지방은 조이가 터잡아 살던 지역이다. 조이(鳥夷)부족의 조산신이나 수호신이 거주하는 신성한 지역을 표시하는 상징물이다. 따라서 우리는 '흉노가 동호(東胡)를 깨자 동호의 여러 무리가 흩어져 오환산(烏桓山)과 선비산(鮮卑山)의 두 산에 의지하여 종족을 보전하였다'는 『자치통감』의 기록을 이해할 수가 있다. 바로 조이가 오환, 즉 대한이다. 오환산(烏桓山)이 '오한슨, 즉 대한슨'이며 지금의 신사이다. 그리고 단군왕검시기에 번한(番韓) 치두남이 B.C. 2301년에 요중(遼中)에 쌓은 12성 중에 백제성(百濟城)이 있었으며, 근거리에 위치해 있던 대방(帶方)의 옛터에서 백제가 건국되었다는 이설과, 후에 대륙백제가 이 지역과 양자강 일대에 있었다는 사실이 상호 연관된다는 것을 알 수가 있다.

일본의 건국신이라고 믿고 있는 아마테라스 오오카미(天照大神: 천조대신)를 모시는 이세(伊勢)신궁이 그 대표적인 예이다. 일본열도의 섬마다 고을마다 신사가 있어서 2002년 말 종교법인으로 등록한 숫자는 자그마치 81,304개라고 하며, 등록이 안 된 것까지 합치면 20만 개가 넘을 것이라고 한다. 신사는 저마다 모시는 신이 다르며,

신을 상징하는 신체(神體)는 돌멩이나 토기, 칼, 구슬, 신사의 뒷산 등 아주 다양하다.

신사에서는 특정한 날을 정하여 신사에 모신 신에게 제사를 지내며 이를 마쯔리(祭: 제)라고 한다. 일반적으로는 대중적인 종교의식을 통틀어 말하지만 원래는 고대로부터 내려오는 전통에 따라 치러지는 신사의 축제를 말한다. 마쯔리 고토(祭り事)라는 말은 '종교축제에 관한 일'을 뜻하지만 '정치(政治)나 국가의 사무(事務)'라는 뜻으로 지금도 사용하는 살아 있는 말이다. 이는 옛날의 제정일치시대에는 지금의 신도(神道)의 의식이 곧 국가 고유의 일이었던 전통이 아직도 일상의 언어에 영향을 미치고 있음을 알 수가 있다. 우리나라의 구실(굿일: 租)에 대응되는 말이다. 고대에는 개인의 일은 물론 국가의 공적인 중요한 일은 신에게 기도하고 보고하는 제례(祭禮)의식을 통해서 이루어졌다.

우리말의 '(신) 맞이', 즉 마쯔리는 보통 두 부분으로 나누어지는데, 첫 번째는 우선 신관(神官)이나 제사를 받드는 사람은 3개월 전부터 부정을 타지 않게 냇물에 목욕을 하고 근신한다. 그리고 제사일에는 신사에 모셔진 신에게 경건한 숭배의식을 올린다. 강신(降神)의식과 제물(神饌: 신찬)을 바치거나 폐백(幣帛: 옷)을 바치는데 지금은 종이, 보석, 무기, 돈, 가구 등을 뜻한다. 마지막으로 축문을 암송하고 숭배자들은 신성한 나뭇가지(다마구시, 玉串: 옥관)를 바치고 음악(雅樂: 아악)을 연주한다. 이로써 의식은 끝나며 신은 물러간다.

두 번째 부분은 사제와 신자들이 제물로 바쳐진 음식을 먹고 마시는 잔치(나오라이: 直會), 가무, 극 공연, 점, 스모, 궁술대회, 보트경주 등을 한다. 신을 신사의 가마(神輿)로 이동시키는 과정에서 수시로 강신(降神)하여 그 지역에 축복을 내리게 된다. 행렬의 순서는 신사의 사제, 전통복장을 한 신도들, 음악 연주자들, 춤꾼들, 그리고 마지막으로 신물을 모신 다시(山車: 산거)가 뒤따른다. 수레는 산이나 절, 또는 배 모양을 본떠서 아름답게 꾸미고 사람이나 황소가 끌거나 가마 형태로 만들어서 사람들이 어깨로 짊어지고 행진한다.

그러면 일본의 신도(神道)는 어디서 왔을까? 당연히 한반도에서 건너갔다. 결정적인 증거가 마쯔리에서 신물(神物)을 모신 수레를 산거(山車)라고 적고 だし(다시)라고 부르고 있다는 것이다. '산'은 한자의 山(산)이 아니고 순수한 우리말 슨(사내: 丁)이며, 더 나아가 사내의 심벌, 즉 남근(男根)을 의미한다. 남근을 태운 수레나 가마를 '산거(山車)'라고 하는 것이다. だし(다시)는 내어놓는다는 뜻이므로 산거와는 전혀 다른 말이다. 일식집에서 본 음식이 나오기 전에 맛보기로 나오는 간단한 음식을 쯔끼다시(突き出し)라고 하는데서 그 뜻을 명확히 알 수가 있다. 그리고 사전을 찾아보면 산거(山車)는 단지리(檀尻, だんじり: 단고)와 같은 말이라고 한다. '尻(고)'라는 한자는 '꼬리 고, 꽁무니 고, 뿌리 고'이다. 그렇다면 보다 더 분명해지고 확실한 증거가 된다. 단지리(檀尻)는 바로 단군의 남근을 의미하기 때문이다.

이와 관련하여 한 가지 증거를 추가한다면, 단가(檀家: たんか)라는 말이 있는데 그 뜻은 '일정한 절(寺)에 소속되어 보시(시주)를 하는 속가(俗家)'라고 한다. 풀이하자면 원래 단군을 모시는 사당이 세월이 지남에 따라 신사(神祀)로 변하고 불교가 들어오자 한 경내에서 서로 공존하거나 혼합되고, 결국에는 불교가 주도권을 장악하여 신도의 신자들을 뺏어갔다. 그 결과 사찰에 시주하는 재가신도를 단가(檀家: たんか)라고 부르게 된 것이다. 결론적으로 원래 단가는 바로 '단군, 단

군의 남근을 믿는 신도'를 이르는 말이다. 따라서 일본의 모든 신사와 마쯔리는 우리 고유의 손, 즉 남근, 그것도 단군의 남근을 믿는 신앙, 우리의 당산신앙에서 점차 변형되어갔음을 알 수가 있다.

<일본에서의 '단군(당산)신앙'과 관련된 용어>

山車(だし: 다시=산거): 축제(祝祭) 때 끌고 다니는 장식을 한 수레
→손(남근)을 모신 수레
檀尻(だんじり): 단지리=단고)→단군의 꼬리(성기)
檀家(たんか: 단가): 일정한 사원에 소속되어 보시(시주)를 하는 속가
→단군의 손(당산)을 숭배하고 시주를 하는 집

아직도 수긍할 수가 없다면 구체적인 사례를 보도록 하자. 이영희 씨의[97] 『노래하는 역사』에 있는 내용을 인용한다. '7세기의 고대 도읍지 아스카에도 많은 신사들이 있는데, 그중에서 가장 오래된 신사가 아스카니마스(飛鳥坐)신사다. 남녀의 성행위를 묘사해 보이는 음력 정월 열하룻날의 제사 온다마쯔리(御田祭)로 유명하다. 관중이 보는 앞에서 가면을 쓴 남녀가 섹스행위를 소상히 연기하는 일종의 풍년기원제다. 이 신사의 뜨락에는 수백 개의 남근석(男根石)이 서 있다. 남성 생식기와 똑같이 생긴 크고 작은 자연석이다. 깎아 만든 것이 아니라 자연 그대로의 돌인데도 어쩌면 그리도 구체적으로 닮았는지, 보는 이를 오히려 무안하게 한다. 돌에는 금줄을 메어놓았다. '신성한 돌'이라는 표시다. 돌은 이곳에서는 '신(神)'인 것이다.

일본에는 아직도 이렇게 남근을 숭배하고 실제로 남녀가 성행위까지 하는 신사의 마쯔리가 많이 남아 있다. 일본인들은 이를 점잖

---

97) 이영희(李寧熙: 1931~): 이화여자대학교 영문과 졸업, 한국일보 문화부장, 논설위원, 제11대 국회의원을 지냈다. 일본 관련 저서로 『노래하는 역사』, 『또 하나의 만엽집』이 있다.

게 표현해서 '진뽀(珍寶: 진보)마쯔리'라고 한다. 한자의 뜻대로 보배로운 마쯔리가 아니고 일본말의 'ちんぼ(진뽀)마쯔리'인 것이다. ちんぼ(진뽀)는 바로 우리말의 '자지'를 이르는 말이다. 그러나 요즈음은 언어를 보다 더 순화하여 '가나(金)마라 마쯔리'라고 고쳐서 부르고 있다. 무슨 뜻일까? 일본인들의 설명은 '마라'는 절에서 스님들이 쓰는 은어로 남근(男根)을 뜻한다고 한다. 수행승이 극복하기가 가장 어려운 것이 바로 본능적인 욕정이며, 수행에 장애가 되는 것이 남근인 것이다. 그렇다면 '마라 마쯔리'라고 하면 될 것을 왜 '金' 자가 앞에 붙을까? 직역하자면 '금자지'가 된다. 제가 뛰어야 벼룩이지 그렇게 부른다고 해서 그 의미를 모를까 보냐? 일본어에서 金(금)을 かね(가네)라고 한다. 금만이 아니고 종(鐘)이나 무엇을 쪼는 데 쓰는 정(鉦) 등의 쇠붙이나 돈(화폐)도 '가네'이다. 몇십 년 전만 하더라도 우리나라에서 담배는 대표적인 전매특허품이었다. 바로 국가가 소유하고 직접 상품을 만들어 파는 장사를 하였다. 옛날로 거슬러 올라가면 소금이 대표적인 전매특허품이었으며, 지금도 화폐는 국가만이 발행권을 독점하는 일종의 전매특허품이다. 고대에 한국이나 조선시대에는 쇠붙이는 모두가 국가, 즉 단군의 소유였다. 따라서 일본말에서 かね(가네)는 '칸(Khan, 韓: 한)에 속한 것', 우리말로 치면 '나라님의 것'이 된다. 다른 해석으로는 金(금)을 우리말로 읽으면 '검(儉)이나 금(禁)'이 되며 바로 신(神)이라는 말이다. 따라서 かなまら(가나마라)는 단군이나 신(神)의 남근임이 분명하다. ちんぼ(진뽀)마쯔리보다 더욱 명확하게 우리의 고대신앙임을 말해주고 있다.

일본은 이러한 진뽀마쯔리(가나마라마쯔리)를 세계에 유례가 없는 독특한 축제로 부각시키고 상업화하여 갈수록 외국 관광객의 발길도 잦아지고 있다고 한다.

かなまら(가나마라)
 かな=かね [金: 가네]
  1. 금속. 특히, 금·은·철·구리 등 2. 돈. 금전. 화폐. 재산
   まら(魔羅·摩羅: 마라)
  1. 수행에 장애가 되는 것
   [참고] 범어 『mara(장애)』의 음역
  2. 음경(陰莖).
   →かなまら(가나마라)는 최고 통치자의 남근, 즉 단군의 남근을 뜻함.

<야외에 설치한 남근석>

<신사에 모셔져 있는 남근목과 남근석>

<진뽀마쯔리의 거리행진. 좌측은 수직으로 세운 남근. 우측은 눕힌 남근. 산거(山車)이다.>

사진에서 보이는 바와 같이 거리행진에서 커다랗고 시꺼먼 남근을 세우거나 눕혀서 안치한 가마를 수십 명이 메고 거리를 행진한다. 이 사진에서는 수레가 아니지만 순전히 말 그대로 '손거'인 것이다. '손'에 금줄(儉줄, 神줄)을 두르고 흰 종이를 끼워서 드리웠다. 종이를 일본말로 카미(かみ: 紙)라고 하는데 발음이 신(神: かみ)과 같다. 신을 상징하는 것이다. 바로 '남근신(男根神)'이다. 그리고 그 외에 니이가타현(新潟懸) 나가오까시(長岡市) 호다레 마쯔리(ほだれ: 祭), 쫀보 지장 마쯔리(ちょんぼ: 地藏祭)가 대표적인 진뽀미쯔리이다. 남녀노소를 불문하고 축제에 참석한 사람들은 모두가 함께 즐기는 축제이며, 성기모양의 사탕을 빨고, 거대한 성기모형에 올라가 사진도 찍는다.

고대 한국과 조선시대에 우리들의 조상, 즉 한국과 일본은 물론 중국을 포함한 동북아의 광대한 지역에서 한 국가를 이루고 살았던 사람들이 보편적으로 믿고 신앙하였던 종교의 전통이 일본에 고스란히 간직되어 내려오고 있는 것이다.

과거에는 신사(神社) 주변에는 남녀의 성기가 돌로 장식되어 있거나 신사 안에 모셔져 있기도 하였고, 지금도 일본 곳곳에 그 상징물들이 남아 있다. 현재 나가노(中野)지방에는 남자 성기를 모방한 돌기둥을 큰 고목 뿌리 구멍 앞에 놓아두어 신성시하고, 관동지방과 중부지방에는 마을 어귀에 우리나라의 성황당이 있는 자리에 '도조진(道祖神)'이라는 돌로 만든 성기나 남녀의 교합을 상징하는 장식물을 수호신으로 세워놓아 마을로 들어오는 악귀를 막고 자손의 번영을 기원한다. 이와 같이 일본의 농민들에게 도조진은 풍작의 신으로 숭배되었다. 그리고 근세까지 혼례식 때 남근 조각에 공물을 바치며 폐백을 드렸다. 남근에 기원하면 아들을 낳는 것은 물론 재물이 쌓여 부자가 된다고 믿었는데, 사찰이나 상점에는 반드시 남근 조각을 매달아 놓았다. 개업식 때 제상에 올린 마른 북어를 출입구에 매달아 사업번창을 염원하는 우리네 풍속과 유사한 것이다.

심지어 창녀촌에서도 손님이 많이 찾아들기를 기원하는 의미에서 신들을 모셔놓은 감실(龕室: 가미타나)이나, 궤짝에 심벌 조각을 곱게 모셔두었는데, 당국에서 음란한 풍속이라고 금했지만 사라지지 않았다고 한다.[98]

이러한 일본의 남근(男根) 숭배신앙과 특히 그중에서도 단군의 남근숭배신앙은 한중일 삼국에 남아 있는 우리의 고대 '순 신앙'의 유산 중에서 원형에 가장 가까운 모습이다.

---

98) 한일문화어울림연구원장 이윤옥 씨의 설명이다(rhsls645@hanmail.net).

CHAPTER

10

홍산문화(紅山文化)와 우리의 고대 역사와의 관계

1) 중국 언론의 발표와 홍산문화의 위치

아래 박스의 글은 중국 신화통신의 2001년 9월 7일자 기사를 요약한 것이다. 홍산문화(紅山文化)의 개략적인 특성을 담고 있다. 5~6천 년 전의 신석기 유적이며, 벼농사를 하고, 뼈 피리로 음악을 생활화하였다. 그리고 옥제 장신구를 사용하고, 남근상과 여신을 숭배하였다는 것이 그 내용이다.

『5천 년 된 피라미드가 내몽골지역에서 발견』(Xinhua News Agency 7/9/2001)
오한기(烏漢旗) 시쟈지 마을 1km 북쪽 산언저리에서 5~6천 년 전의 3단 피라미드 (길이 30m×폭 15m)를 발견했으며, 홍산문화에 속하는 유물이다.
① 피라미드 위의 제단 터에서 '米(미)' 자가 새겨진 깨진 항아리 조각
② 무덤에서 뼈 피리, 옥가락지, 실물 크기의 석제 여신상
③ 무덤의 벽면 돌에 새겨진 남근상(男根像)과 그 밑에 조그만 여신석상을 발견
④ 랴오닝성 고고학연구소 Guo Dashun은 매장풍습, 종교적 희생의식은 사회구조를 연구하는 데 중요한 의미가 있고, 또한 피라미드의 발견은 중국 문명의 기원을 밝히는 데 대단히 중요한 의미가 있다.
⑤ 신석기 문화에 속하는 홍산문화는 내몽골, 요녕성, 하북성의 경계에 주로 분포되어 있다.

중국 대륙에서 정치적으로나 문화적으로 볼 때에 중국의 중심은 낙양 일대와 서안 일대이다. 역사시대 이전의 신화시대와 고대에 속

하는 하(夏)나라, 상(商)나라의 중심지는 바로 황하문명의 발상지라고 하는 낙양(洛陽) 일대이다. 그리고 역사시대로 접어들어 최초의 국가인 주(周)나라는 관중평원의 위하(渭河) 유역에서 세력을 키워 B.C. 1122년에 종주국인 상(商)나라를 멸망시켰다. 그 수도가 지금의 서안(西安)이다. 그리고 중국을 최초로 통일한 진(秦)나라와 그 뒤를 이은 한(漢)나라, 그리고 당(唐)나라도 수도를 서안에 두었다. 이는 중국 역사의1/4에 해당하는 800여 년 동안 서안이 중국의 중심지였다는 사실을 말해주고 있다.

홍산산문화는 어디에 있었던 문화인가?

중국의 북경에서 동북방향으로 330km 지점에 적봉시(赤峰市)가 있으며 여기에 홍산(紅山)이라는 붉은 산이 있다. 내몽골자치구에 속한다. 낙양(洛陽)과는 980km 거리이고, 천 년 고도 서안에서는 1,280km 거리에 있다. 그리고 북경에서도 330km나 떨어져 있다.

더군다나 한무제가 B.C. 108년에 위만조선을 멸망시키고 경계로 삼은 만리장성 바깥지역이다. 이 적봉시와 요녕성 조양시(朝陽市)를 중심으로 하여 요하 유역(遼河流域) 일대에 분포하고 있는 옛 문명을 이 산의 이름을 따서 홍산문화(紅山文化)라고 한다. 다른 이름으로는 요하문명(遼河文明)이라고도 부르고 있다.

홍산문화는 중국이 일찍이 북방의 유목민족의 남침을 방어하기 위해 쌓은 영구적인 방어선인 만리장성에서 적어도 200km 이상 바깥에서 발생한 문화이다.

<홍산(紅山) 전경>

그리고 지금까지 중국에서는 장구한 세월 동안 축적한 역사에서 단한 구절도 언급이 없는 문화이다. 이러한 사실이 말해주는 것은 홍산문화는 중원의 황화문명과는 전혀 다른 문화라는 것이다.

그리고 우리의 역사에서는 '삼국유사'를 비롯한 다수의 사서에 홍산문화에 대하여 흐릿하게나마 기록되어 있다.

2) 홍산문화 발굴의 시작

홍산문화를 처음 발굴한 사람들은 일본인이다.

일본은 1894년 조선에서 발생한 갑오농민전쟁(甲午農民戰爭)으로 조선정부가 청국의 개입을 요청하자 청일전쟁을 일으켜 승리하고 승전의 대가로 대만과 그 부속도서를 할양받고, 전쟁 배상금을 2억 3천만 냥이나 받아냈다. 당시 청나라의 연간 국가재정규모가 1억 5천만 냥 정도였다고 하니까 어마어마한 돈을 우려낸 것이다. 그리고 일본은 1931년 9월 18일 만주의 철도를 폭파하여 유조구사건(柳條溝事件)을 조작해 이를 중국 측 소행으로 몰아 만주침략전쟁을 감행하여 11월에는 소·만 국경을 이루는 동북3성 전역을 장악했고, 1932년 1월 만주 군벌 장학량의 항일거점인 금주(錦州)를 점령하고 3월 1일 만주국(滿洲國)을 세웠다.

일본은 이렇게 만주를 침략하기 이전에 만주 일대에 대한 비밀 조사사업을 벌였다. 1906년에 일본 고고학자 도리이 류조(鳥居龍藏)가 홍산지역 일대의 지표조사를 하다가 신석기 유적과 적석묘 등을 발견하면서부터 홍산문화의 유물이 속속 발견되기 시작하였으며, 만주국이라는 위성국을 세운 후에는 공공연히 발굴사업을 하게 되었다. 1935년에는 하마다 코사쿠(濱田耕作)나 미즈노 세이치(水野淸一) 등에 의해서 대규모로 조사가 이루어졌다.

그러나 계속되는 중일전쟁과 제2차 세계대전으로 발굴이 중단되었다가, 전후에 중국 정부에 의하여 여러 지역에서 많은 발굴이 있었으며 한때는 북한도 공동조사단을 만들어 참여하기도 하였다. 1987년부터는 중국사회과학원 고고학 연구소 내몽고 공작대가 본격적으로 유물을 발굴하였다.

3) 홍산문화의 실체와 문명사적인 의미

내몽골 자치구 적봉시(赤峰市)에 있는 홍산(紅山)을 몽골 사람들이 '우란하따(烏蘭哈達)'라고 불렀다. 그리고 하급 지방단위인 오한기(敖漢旗)가 있다. 지역명에 '맹(盟)이나 기(旗)'가 붙는 것은 옛날 몽골의 전통에 따른 것으로 맹(盟)은 시(市), 기(旗)는 현(縣)과 동격이다. 오한기(敖漢旗)지역에 시대를 달리하여 흥륭와문화, 홍산문화, 소하연문화, 하가점하층문화, 하가점 상층문화 유물을 다량으로 발굴하였다. 그리고 적봉시(赤峰市) 이외 지역인 조양(朝陽), 능원(陵源), 객나(喀喇), 건평(建坪) 등에도 유물이 분포하고 있다. 이 일대의 유적은 후기 신석기 문화에 속하지만 유물의 특수성은 물론이려니와 시기적으로 볼 때에 중원의 황하문명보다도 더 이른 시기의 문명임이 밝혀져 전 세계 고고학계의 주목을 받게 된다.

특히 신비의 왕국, 또는 여왕국이라 불리는 우하량(牛河樑) 유적은 B.C. 3000~3500년경의 것으로, 거대한 제단(壇)과 신전(廟), 적석총(塚) 등과 함께, 청동제조 도기와 청동슬래그가 발견되어 이 문명이 이미 청동기시대에 돌입했다고 일부 학자는 주장하고 있다. 하나의 국가체제를 완벽하게 갖춘 흔적임을 알고서는 세계의 고고학계가 깜짝 놀라게 되었다. 지금까지의 상식을 일시에 깨어버리는 엄청난 사실을 말해주기 때문이다. 그리하여 1954년에 학계는 이를 '홍산문화'로 이름 붙였다.

그러면 구체적으로 어느 시기의 어떤 유적에서 무슨 유물이 발견되고 그 의미는 무엇인지 알아보자.

<홍산문화의 세부 구분과 특징>

문화 구분	시기	특징
신락(新樂)	B.C. 8000~ B.C. 7000	위치: 요령성 심양시 북부 지역
소하서(小河西)	B.C. 7000~ B.C. 6500	위치: 내몽골 적봉시 오한기 지역
흥륭와(興隆洼)	B.C. 6200~ B.C. 5200	위치: 내몽골 적봉시 오한기 지역 · 최초 옥기: 압록강 유역 수암산 옥광산을 이용 · 150개 주거유적 · 사람과 돼지를 동시에 매장(동물순장)
사해(査海)	B.C. 6000~ B.C. 5200	위치: 내몽골 접경 사해 유역 · 최초의 용: 굵은 돌을 깔아 용형상을 만듦(19.7m). · 빗살무늬 토기
부하(富河)	B.C. 5200~ B.C. 5000	위치: 내몽골 적봉시 오한기 부하 유역 · 갑골 유적(B.C. 5300~B.C. 5145)
조보구(趙宝溝)	B.C. 5000~ B.C. 4400	위치: 내몽골 난하 계곡과 하북성성 북부 · 채도: 그릇형태가 특이, 정교한 그림이 그려져 있음. · 녹수룡(사슴), 조수룡(새), 저수룡(돼지)
홍산(紅山)	B.C. 4500~ B.C. 3000	위치: 내몽골 요동 하북 지방 · 신전과 가부좌를 한 여신상 · 도소남신상(陶塑男神像: 흙으로 구운 남신상)을 발굴 · 원형, 사각제단(동시에 대량의 토기 발견)

		· 적석총(3단, 기단 한 변 60m): 피라미드
		· 다량의 옥기출토
소하연(小河沿)	B.C. 3000~ B.C. 2000	위치: 내몽골 적봉시 오한기 소하연 유역 →동석(銅石) 병용시대
하가점(夏家店) 하층	B.C. 2200~ B.C. 1500	위치: 내몽골 적봉시 오한기 맹극하(孟克河) 유역 · 성곽: 외성, 내성(고구려성의 특지인 치가 있음) · 신전(내성안) · 곰을 숭배, 곰에게도 제사, 곰을 형상화한 옥(웅룡) · 70개 이상의 성이 있음. · 갑골유적 →청동기시대

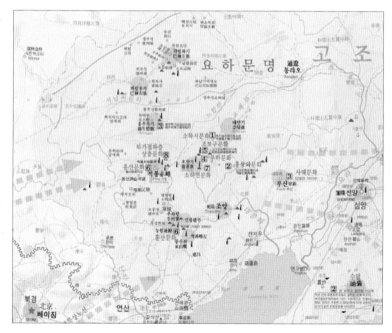

<홍산문화(요하문명)의 분포지역: 만리장성에서 지금의 요하 서쪽(내몽골자치구·요녕성)에 집중되어 있고 일부는 요하 동쪽에도 분포하고 있다(한국항공대교 우실하 교수 제공).>

(1) 문화사에 비추어볼 때 홍산문화의 시기적인 중요성

홍산문화(紅山文化)는 B.C. 4500년~B.C. 3000년경에 동북아시아 지역에 발생한 문명 가운데서 가장 발달한 문화이다. 이 시기에 이미 초기 국가단계에 도달하였다는 것이다. 부족사회에서 국가단계로 발전하는 과정에서 나타나는 지표유적인 신전, 제사, 도시유적 등이 모두 발굴되었다. 중국에서 만든 우하량 제2지점 제단 유적지 안내문에는 '약 5500년 전에 이미 국가가 되기 위한 모든 조건을 구비하고 있는 홍산문화유적지'라고 쓰여 있다. 황하문명의 대표라고 할 수 있는 앙소문화에서는 이러한 지표유적이 발굴되지 않았다.

역사학계에서는 지금까지 국가단계에 진입하였다는 것을 증명하는 유력한 유물은 문자와 청동기라고 보아왔다. 그러나 남미의 잉카 문명은 청동기도 없었으며 대량의 물자를 육로로 실어 나를 수 있는 바퀴도 발명하지 못한 문화이지만 대 제국을 건설하였다. 역시 홍산 문화에서는 문자와 청동기가 나오지 않지만 옥기가 다량으로 출토되어 초기 국가단계에 도달하였다고 보는 것이다. 먼 거리에 있는 광산에서 옥을 채취하여 운반하고 고도의 기술로 가공하고 또 이를 사용하는 목적과 계층이 있다는 것은 그만큼 계급이 분화되고 종교가 발달하였다는 것을 말하기 때문이다. 문화나 사회발전단계에서 청동기시대라는 말 대신에 '옥기시대'라는 새로운 개념이 생긴 것이다.

그리고 B.C. 3000~B.C. 2000년 시기에 해당하는 소하연문화(小河沿文化)에서는 청동기가 등장하는 동석(銅石) 병용시대 문화이다. 따라서 홍산문화는 신석기시대에 속하며, 청동기시대의 초기형태까지 포함되는 문명이라고 말할 수가 있다.

참고로 중원대륙에서 일어난 문명을 표로 정리하였다. 여기서 특이한 것은 산동성에서 일어난 대문구(大汶口)문화는 동이계 문화라고 말하고 있으며, 용산(龍山)문화는 대문구문화를 계승한 문화라는 것이다.

『한단고기』에 의하면 중원에 진출한 치우천왕이 B.C. 2700∼B.C. 2600여 년경에 활동하였으니까 용산(龍山)문화 시기와 일치한다. 그리고 이리두(二里頭)문화는 지역이 황하 중류의 낙양 부근이지만 용산(龍山)문화의 특징을 이어받았다고 한다. 하(夏)나라 문화로 추정되는 문화이다. 필자가 이리두(二里頭: 얼리터우)를 '얼터'라고 한 이유이다.

<대표적인 황하 문명>

문화	시기(B.C.)	장소	
裵李崗 (페이리강)	7000∼5000	하남성 정주시 신정(新鄭)시	신석기 초기, 최초 토기, 뼈 피리, 조·벼농사
仰韶 (양샤오)	5000∼3000	하남성 삼문협시 멘츠(澠池)현	간석기, 뗀석기, 적색채도문화, 모계사회
大汶口 (다원커우)	4300∼2500	산동성 태산 일대가 중심	신석기 후기, 회도·흑도, 사유재산, 후기에 부계씨족사회로 전환(동이계 문화로 추정)
龍山(룽산)	3000∼2000	산동성 장추(章丘)시	신석기 후기 농경문화, 흑도·회도토기
二里頭 (얼리터우)	2000∼1500 (夏나라)	하남성 언사(偃師)시	석기, 청동기 병용기(신석기시대 후기 용산문화의 특징을 계승)

(2) 홍산문화의 특징

① 인류의 시원문명이다. 1만여 년 전까지 거슬러 올라가는 신석

<집단 주거지 유적>

기문명이 여기서 탄생하였으며, 동북아시아에서 최초의 취락형태의 집단 주거지가 나왔다. 방어를 위한 시설도 갖춘 형태의 취락구조이다. 한 곳에 정주하여 집단생활을 한다는 것은 정착 농경사회를 의미하고 집단의 우두머리가 있고 기능이 분화된 보다 발달된 사회구조를 가졌다는 것을 말한다.

② 옥(玉)을 최초로 가공하여 사용하였다. 그 형태나 다양성이 놀라울 정도로 많으며, 현재도 그 예가 없을 정도로 예술성과 창의성이 뛰어난 것들이다. 흥륭와 옥의 성분을 분석한 결과 옥의 원산지는 직선거리로 400km 떨어진 요녕성의 수암에서 생산된 옥으로 밝혀졌다. 우리나라에서는 2002년 강원도 고성군 죽왕면 문암리에서 8천 년 전 옥결 1쌍을 발견하였으며, 함께 발견된 옥 귀걸이(사적 426호)도 8천 년 전 이상으로 연대를 추정하고 있다. 2007년에는 전라남도 여수시에서도 비슷한 옥결이 인골과 함께 발굴되었다. 모두 모양이 흥륭와문화 옥결과 똑같다. 흥륭와 일대에서 발견되는 빗살무늬토기도 문암리 유적에서 똑같이 나온다. B.C. 6천

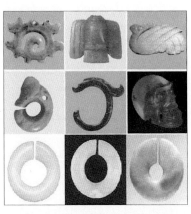

<우하량 유적의 다양한 모양의 옥기와 문암리 옥결(우측 하단)>

년에 흥륭와문화 단계에서는 한반도 북부지역과 요서, 요동지역이 하나의 단일 문화권이었다는 이야기다. 옥기전문가로서 세계적인 권위를 인정받는 홍콩 중문대학교 등총 교수 연구논문에 따르면 옥은 흥륭와문화에서 시작하여 전 세계로 퍼져나갔다고 한다.

<옥의 전파 경로>
① B.C. 6000년경 요서지역 흥륭와문화에서 시작→② B.C. 5000~4000경 장강유역에 전파→③ B.C. 2000년경 중국 광동성 근처 주강까지→④ B.C. 2000년경 베트남 북부까지 전파→⑤ B.C. 1000년경 운남성 일대와 베트남 남부까지 확산

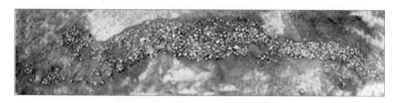
<호박만 한 돌을 깔아 만든 용의 형상>

③ 용(龍) 숭배사상이 처음으로 시작되었다. 호박만 한 큰 돌로 길이 19.7m, 폭 2~1m로 지상에 용의 형상을 한 조형물을 만들어놓았으며, 옥으로 만든 여러 가지 용형태의 조각장식품이 대량으로 발견되었다. 중국에서 발견된 기존의 용보다 무려 2천 년 앞선 유물이다. 따라서 중원에서 시작된 용숭배의 근원은 홍산문화이다. 중국인들은 '중화제일용(中華第一龍)'으로 이름 붙였다.

④ 빗살무늬토기와 채색토기가 나왔다. 빗살무늬토기는 한민족계통의 토기이다. 만주와 한반도에서 두루 분포하는 토기제작형태이며

중원대륙에는 없는 토기이다.
그리고 채색된 토기도 나왔다.
그릇형태가 특이하고 매우 정
교한 그림이 그려져 있다. 중원
의 앙소문화에서 출토된 토기
는 단순한 기하문이나 고기나
사람 얼굴을 그린 데 불과하다.
그리고 시기를 보더라도 B.C.
4500년으로서 앙소문화의 채색
토기보다 최소한 500년 이전에
만든 것이다.

⑤ 최초의 갑골이 발견되었
다. 그 시기가 B.C. 5300년에서
B.C. 5145년 사이이다. 중원에
서 갑골문이 상(商)나라 말기인
B.C. 1200년에서 B.C. 1050년경
에 만들었다고 하니까 이보다

<빗살무늬토기(상)와 채색토기(하)>

4100여 년 전에 이미 갑골을 가지고 점을 치는 데 사용하였다.

⑥ 여신의 신상을 만들어 숭배하였다. 얼굴에 비취로 만든 눈알을
만들어 박은 여성의 두상도기가 발견되어 여신묘라고 불리게 되었
다. 여신묘 안에는 사람의 세 배 크기의 여신상이 줄지어 있었다. 중
국에서는 물론 동양에서 최초의 여신상이다. 가부좌 자세를 하고 명

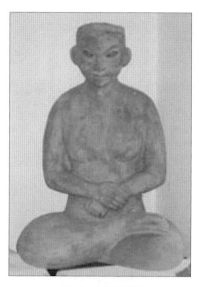
<가부좌 여신상(복원)>

상을 하는 모습은 유불선(儒佛仙)이나 여타 종교의 수도자세의 원형이다. 또한 흙으로 빚어서 구운 곰의 발부분이 발견되어 곰을 숭배한 토템신앙도 있었을 것으로 추정된다.

⑦ 성(姓), 특히 남근(男根)을 숭배하는 유물이 발견되었다. 적봉시 오한기의 흥륭구(興隆溝)유적 제2지점에서 5300년 전의 것으로 추정되는 '도소남신상(陶塑男神像: 흙으로 구운 남신상)'을 발굴하였다. 이때까지 발견된 것은 중국 내에서도 처음이다. 중국의 주요 언론들은 '5300년 전의 조상 발견', '중화조신(中華祖神) 찾았다'는 내용으로 발굴성과를 대대적으로 보도하였다고 한다.

⑧ 하늘에 제사 지내는 원형제단(圓形祭壇)과 땅에 제사 지내는 방형(方形: 네모)제단이라는 것이 최초로 판명되었다. 당시에 이미 우주관과 함께 종교관이 확립되었다는 것을 알 수가 있으며, 하늘과 땅에 제사를 지내는 것은 동양사상의 핵심요소이다.

<우하량유적의 원형 제천단>

<피라미드>

⑨ 세계 최초의 피라미드가 발견되었다. 5~6천 년 전에 바닥의 한 변이 60m이고 7층으로 계단을 쌓은 피라미드식 적석총이 발견되었다. 피라미드는 메소포타미아 우르지방에 B.C. 2600~B.C. 2500년 이집트에는 B.C. 2500년 전에 나타나므로 이들보다 최소한 400년이나 앞선다. 그리고 적석총은 훈(흉노)제국, 만주, 한반도의 신라까지 연결되는 무덤형태이며 중화문명권에는 없다.

<옥으로 만든 봉황>

⑩ 봉황새 형상의 그릇이 B.C. 5000년경에 만들어졌다. 이를 중국인들은 '중화제일봉(中華第一鳳)'으로 이름 붙였다. 그리고 옥으로 만든 봉황도 있다.

⑪ 5~6천 년 전 제단 터에서 '米(미)' 자가 새겨진 깨진 항아리조 각이 발견되어 벼농사가 보편화되었음을 알 수 있고 그 당시에 이미 한자가 발명되었다고 한다.[99] 그러나 이미 밝혔듯이 고대에는 조(粟) 나 기장(黍)이 주식일 때에는 '쌀(米)'이라고 하였다. 하지만 이미 앞 에서 알아보았듯이 유적에서 발굴된 탄화된 쌀은 1만7천년 전의 것 으로 확인되었으므로 여기서 말하는 쌀(米)은 벼를 말한다.

<뼈로 만든 피리>

⑫ 5~6천 년 전 무덤에서 뼈 피리가 나왔다. 그때에 이미 음 악을 하였다.

⑬ B.C. 6000년 전에 인공적 인 치아수술흔적을 발견하였다. 홍륭와문화 시대에 치아수술을 했다는데 믿을 수 없어 일본 학자들 은 집중적인 연구를 해서 2008년 2월에 정식으로 기자회견을 해서 발표하였다. 두개골이 그대로 나왔고, 치아에 뚫린 구멍이 직경이 모 두 같고, 현미경사진을 통해 도구를 이용한 나선형 연마흔적을 확인 하였고 한다.

⑭ 동양문명권에서 최초로 청동기시대를 열었다. B.C. 3500에서 B.C. 3000년 것으로 추정되는 비파형 청동검, 청동기제조 도기, 청 동슬래그, 청동거울(다뉴세문경) 등이 대량 발굴되었다. 당시에는 중

---

99) 원문: At the site of the altar there are many fragments of broken pottery carved with the Chinese character "mi" (rice) (Xinhua News Agency 07/09/2001) (http://www.china.org.cn/english/15802.htm).

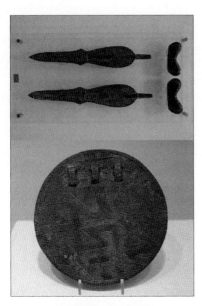

<비파형동검과 청동거울>

<치(雉): 고구려 석성의 특징이다.>

원이 신석기시대를 벗지 못했던 시기이다. 황하 중류의 낙양 부근의 이리두 문화가 B.C. 1800년경으로 추정되는데 이때가 되어서야 동석병용기시대로 접어들었다. 특히 비파형동검은 동이문화권에서만 나오는 유물이다.

⑮ 적봉시 삼좌절산성에서 치(雉)가 어림잡아 13개를 갖춘 석성이 발견되었다. 이는 동이 문명의 특징이며, 주로 고구려에서 계승하여 발전시킨 성곽 형태이다. 중국에서 서안의 장안성(長安城)과 여러 곳에 치가 있는데 이는 동이가 지배한 유산이거나 단순한 문화의 전파로 볼 수도 있다. 그러나 문화의 전파는 하나의 유행처럼 광범위하게 일반화되는 경향이 있는데 그렇지 못한 것은 전자일 가능성이 많다.

이를 종합하면 홍산문화는 신석기시대를 대표하는 빗살무늬토기문화, 채도문화, 고인돌의 거석문화, 세석기문화를 모두 수용하고 융합했다. 그리고 청동기문화에 진입한 문화로서 전 세계적으로 유일한 종합

문명이며, 시기적으로 볼 때 우리가 지금까지 알고 있는 인류 4대문명 보다 훨씬 앞선 '인류 시원문명(始原文明)'이다. 그리고 우리가 지금까지 중국의 전유물로만 알고 있던 옥(玉)문화, 용(龍)문화, 봉황(鳳凰)문화, 하늘과 땅에 제사를 지내는 문화, 여신숭배, 성(姓)의 숭배와 남신숭배, 나아가 토기나 갑골문, 피라미드, 청동기 문화, 벼의 재배와 '米(미)'라는 한자의 발명 등이 만주지장에서 먼저 시작되었다는 것을 알 수가 있다. 그러나 이 홍산문화는 B.C. 5~B.C. 3세기인 전국시대의 유물을 끝으로 이후의 유물은 나오지 않는데 이는 이곳에 살던 사람들이 다른 지역으로 떠났음을 의미한다. 오랫동안 살아오던 터전을 떠난 이유는 전쟁이나 자연재해, 질병일 수도 있지만 건조해지는 기후변화 때문일 수도 있다.

4) 우리의 고대역사와의 관계

(1) 그렇다면 홍산문화란 대체 무엇인가?

홍산문화는 인류문화의 발전단계에서 모계사회에서 부계사회로 넘어가서 국가가 탄생하는 청동기 시기까지 망라하는 문명이다. 곰의 소조상, 여신상은 우리가 토템(Totem)이라고 하는 동물숭배와 함께 모계사회에서 여자가 집단사회의 중심적인 위치에 있다. 그리고 제사와 권력을 동시에 가지는 제사장의 제정일치의 시대에서 후손을 번성케 하는 다산과 풍요를 기원하는 신앙이 모습을 갖추는 시기를 말하고 있다. 질병에 의해서나 사냥을 하면서, 부족내외의 싸움 등으로 인구가 정체되거나 오히려 감소할 수 있는 시대에 집단의 절체절명의 과제는 다산(多産)이었다. 실제로 이집트나 로마시대에 평균수명이 24~25세 내외에 불과하였다고 역사는 말하고 있다. 따라서 난혼시대에는 여자가 우위에 있었고, 다산을 기원하고 아이를 생산하는 여자의 상징인 여신을 숭배하고, 나아가 농경사회에서 풍작을 위해 가뭄과 홍수 등의 자연재해를 없게 해달라고 하늘과 땅에 제사 지내는 제사의식이 자리 잡아가는 사회였다고 본다.

그리고 무리가 커지고 질서와 계급이 분화되는 시기가 됨에 따라 남성 우위의 시대가 도래하면서 남성이 제사와 정치를 총괄하는 힘을 가진 지배자로 등장하여 초기 국가형태의 사회가 나타난다. 이때에는 남성(남근)을 신으로 숭배하는 신앙이 정착되어 갔다. 남성 위주의 종교가 탄생한 것이다. 이러한 종교개혁이 홍산문화에서 일어났음을 유물들이 말해주고 있다. 바로 이것이 홍산문화의 핵심내용이다.

(2) 우리의 역사와는 어떤 관계인가?

우리의 정사서인 『삼국유사』나 『제왕운기』 등의 사서에 기록된 단군신화는 신화로 한정되는 간단한 내용이지만, 『한단고기』에 기록된 한국이나 배달국, 그리고 조선의 건국연대와 시기를 홍산문화와 비교하면 거의 일치한다. 문화의 특성 가운데서도 유사하다는 말을 넘어서 완전히 일치하는 점들이 수없이 발견되고 있어 우리의 신화시대가 역사세계로 탈바꿈하는 현실이 눈앞에서 전개되고 있다. 정말로 도저히 믿기지가 않는, 있을 수 없는 상황이 벌어지고 있는 것이다.

<표 표제>

<홍산문화와 『한단고기』의 역사시기 비교>

홍산문화			역사
시기(B.C.)	명칭	특징	나라
7000~6500	소하서	신석기	한국 건국 (B.C. 7179)
6200~5200	흥륭와		
5600~	사해		
5200~5000	부하		
5000~4400	보조구		배달국 건국 (B.C. 3898)
4500~3500	홍산(전기)		
3500~3000	홍산(후기)	석기-청동기	조선 건국 (B.C. 2333)
3000~2000	소하연		
2000~	하가점하층	청동기	(조선멸망) (B.C. 238)

우리는 앞에서 홍산문화는 B.C. 5~B.C. 3세기인 전국시대의 유물을 끝으로 이후의 유물은 나오지 않는다고 하였는데 『한단고기』 <단군세기>를 보면, 사냥꾼 우화충(于和冲)이 B.C. 426년에 난을 일으키자 백민성(白民城)욕살 구물(丘勿)이 난을 진압하고 장당경(藏唐京)에서 44세 단군으로 즉위하였다고 한다. 수도를 홍산문화 지역에서 멀리 북쪽으로 400여km나 떨어져 있는 지금의 장춘으로 옮겨감에 따라 옛터에는 더 이상 유물이 나오지 않는 것이 당연하다.

1931년 단재 신채호 선생은 『조선상고사』에서 조선족과 흉노족은 우랄어족에 속하는데, 조선족이 분화하여 조선, 여진, 몽고, 퉁구스족이 되고, 흉노족이 돌궐, 헝가리, 터키, 핀란드 등으로 분화하였다고 하였다. 이는 『성호사설』을 쓴 이익과 북학파의 주장과 통한다.

유라시아 대초원의 여러 민족 모두를 포괄하는 모태언어가 우랄어이며, 그 문화적 뿌리는 바로 홍산문화이다.

홍산문화를 일군 사람들은 곰을 신(神)으로 받드는 곰 토템신앙을 가졌다. 곰 토템에서 신(神)의 순수한 우리말 '검·감·금(儉·監·禁)'이 나오고 일본의 '가미(かみ)'가 나왔다. 이 한 가지만 보더라도 홍산문화의 주인은 한일의 공동조상이라는 것을 알 수가 있다.

그리고 발굴을 계속한 결과를 중국학자가 정리하였다. 고고학자 겸 역사학자인 인다(尹達)는 1955년에 펴낸 그의 저서『중국신석기시대』에서 '홍산문화는 남북문화가 접촉하여 생겨난 일종의 새로운 문화'라고 규정하면서 '제단, 신전, 무덤은 문명탄생의 세 조건이 갖춰지고 특히 옥기로만 도배되다시피 한 무덤은 사회분화 계급탄생의 신호이며, 조상숭배, 하늘숭배, 적석총, 석관묘 등 동이문화의 특징으로 볼 때 홍산문화를 중화문화의 기원으로 인정하지 않을 수 없다'라고 말하였다고 한다.

5) 중국의 대응과 역사재편에 대한 비판

중국은 지금까지 자기들은 황제를 조상으로 하는 화하족(華夏族)이라고 생각하였다. 화하족이 아니면 만이(蠻夷)라고 하는 이분법적인 화이관(華夷觀)이 수천 년 동안이나 중국인들의 정신을 지배하여 왔다. 따라서 화하족이 세계 4대문명의 하나인 황하문명을 일구었다고 알고 있었고, 전 세계가 인정하고 있었다. 그리고 화하족은 지역적으로는 낙양일대의 중국에 거주하는 사람들이다.

그러나 지금까지 알아보았듯이 중원은 처음부터 주인이라고 할 만

한 종족은 없었다. 군이 찾는다면 수십 종족이 될지도 모르는 종족이 살고 있던 중원을 동이족이 다스리던 때부터 혼혈이 시작되었다. 그리고 이러한 혼혈은 이후 4~5천 년간 계속되어 왔으며, 지금도 진행 중에 있다. 피의 순수성을 상당히 간직하고 있는 55개 소수민족과도 혼혈이 진행 중이라는 말이다. 사정이 이러한데도 불구하고 단지 한문(漢文)을 공동으로 사용한다고 해서 한족(漢族)이라 하고 있다. 절대로 붙일 수 없는 용어이다.

그리고 중국의 역사는 신화시대부터 피지배의 역사이다. 시조라고 하는 황제(黃帝)로부터 치면 4700여 년이다. 그러나 하(夏)나라가 B.C. 2070년에 건국하였다고 하니까 중국의 역사는 4000년이 넘는다. 그런데 그나마 혼혈 본토인이 세웠다고 추정되는 왕조는 진·한·삼국시대(秦·漢·三國時代), 송(宋)나라, 명(明)나라 정도이며 합하면 1098년이 되어 1/4에 지니지 않는다. 1912년에 대청제국(大淸帝國)이 망함에 따라 이민족의 지배에 종지부를 찍었지 않은가? 1644년 명(明)나라가 멸망한 이후 305년 만에 이민족의 지배를 청산한 것이다.

대만의 중흥대 부교수였던 심근덕(沈建德) 박사가 쓴 『중화민족은 모두 허구의 족명이다(中華民族都是虛構的族名)』[100]라는 제목의 글 중에서 다음과 같은 내용이 있다.

"'중국(中國)'은 그 고도(古都) 하남의 낙양(洛陽)지구를 가리킨다. 전설 속의 황제가 낙양분지에서 건국했다. 황제로부터 그의 후손인 요(堯)임금까지 455년 동안 다스렸다. 낙양분지가 중국 고유영토의

---

100) 출처: www.taiwannation.com.tw/inside/inside030.htm.

전부다. 그 면적은 대만(臺灣)에 비해 오히려 작다.[101] 대만국의 고유영토는 중국의 고유영토에 비해 오히려 큰 것이다. '중국인(中國人)'이란 낙양지구의 주민을 가리킨다. 한인(漢人)이나 한족이라면 황제(皇帝)의 자손이다. 그 선조가 황제(皇帝)가 아니라면 모두 한족이나 중국인이 아니다. 한족의 원래 이름은 화하(華夏) 혹은 줄여서 하족(夏族)이라 부른다.

옛날에 화하인종은 낙양분지 사방의 외국인을 동이(東夷), 서융(西戎), 남만(南蠻), 북적(北狄)이라 불렀다. 외국인이 땅은 크고 인구가 많아 후대에 흘러 들어와 중국을 4천 년이 넘게 통치했다. 인구가 적었던 소수의 한족은 혈통상(血統上)으로는 일찍이 다수의 이족(異族)에 녹아들어 망한 나라의 망한 인종이 된 것이다. 한족은 소수민족을 가리키는 것인데 일찍이 번(蕃)에 포위되어 소멸되었다. 어떻게 여전히 한족이 있다고 하겠는가? 오늘날 중국 역사는 한족을 중심으로 하기 때문에 거짓역사다. 4,600년 역사에서 한족이 번족(蕃族)의 통치를 받은 것이 4,200년이다.

사실상 12~13억 인구가 모두 한족이 아니다. 현재 중국인의 혈통은 중화민국에 있으면 중화민족(中華民族)이라 부르며, 중화인민공화국에 있으면 중국민족(中國民族)이라 부른다. 두 가지 명칭은 단지 정치적인 의미일 뿐, 혈통상의 의미가 아니다. 근거에 의해 분석해본 결과로는 한족이란 이름은 있으나 실제로는 없다. 중국인의 혈통은 만, 몽, 장, 회, 묘 등 5개 주요 족군(族群)과 그 밖의 48개 소수민족에 속하지 않는다. 실제로 중국 대륙의 30여 성(省)의 땅은 예로

---

101) 대만(臺灣) 면적은 35,195㎢이다. 부산, 울산, 대구를 포함하는 경상남북도(32,267㎢)보다 조금 더 크다.

부터 53족의 고유영토였다. 한족의 고유영토는 낙양분지 뿐이다. 중
국민족이라든가 중화민족은 모두 허구의 족명이다."

우리가 피상적으로 알고 있는 것보다도 더 심하게 말하고 있다.
그리고 중국이 자칭하는 5천 년 역사에 있어 각각의 한 시기의 통치
자의 혈통을 설명하였는데 이를 표로 정리하였다. 특히 우리가 한인
(漢人)으로 알고 있는 한(漢)나라를 세운 유방(劉邦)에 대해서는 '족
보가 없었기 때문에 중원이 외족의 통치를 받은 것이 2천 년이나 되
는데 어떻게 한인임을 확정할 수 있겠는가?' 송(宋)나라를 세운 조광
윤(趙匡胤)에 대해서는 '자칭 한족이라고 하나 유방(劉邦)에 비해 더
의심스럽다. 중원이 이에 이르기까지 외족통치 3천 년인데 한족(漢
族)이라고?(自稱為漢族. 比劉邦更可疑, 因中原至此已被外族統治三千
年, 那來漢族?)' 그리고 명(明)나라의 주원장(朱元璋)에 대해서는 "자
칭 한족이라고 하나 유방(劉邦)과 조광윤(趙匡胤)의 '한(漢)'의 혈통보
다 더 의심스럽다(自稱漢族. 但是, 比劉邦、趙匡胤的『漢』血統更可
疑)"라고 말하고 있다.

<중국 역대 왕조의 혈통(심근덕 박사)>

왕조		출신
	황제	성은 공손(公孫), 희수(姬水: 일설 산동 곡부)에 살았다.
	요(堯)	황제의 후손
	순(舜)	동이(東夷)
	우(禹)	서융(西戎)혹은 동이(東夷)
	상(商)	동이(東夷)
	주(周)	강인(羌人)과 혼혈
	진(秦)	서융(西戎)
	한(漢)	자칭 한인(漢人)
삼국	위(魏)	미상

	촉한(蜀漢)	자칭 한인(漢人)
	오(吳)	남만(南蠻)
남북조	남조(南朝)	한인(漢人)
	北朝 (19국)	한인(3), 자칭 한인(1), 선비(7), 흉노(4), 저족(3), 강족(1)
수(隨)		선비(卑混)와 혼혈
당(唐)		선비(鮮卑)와 혼혈
5대 10국	5대	한족(漢族) 2, 돌궐(突厥) 3
	10국	한족(漢族)근거지 중원과 무관(북한(北漢)을 제외하고는 산서밖이나 강남)
송(宋)		자칭 한족(漢族)
금(金)		여진인(女眞人)
원(元)		몽골인(蒙古人)
명(明)		자칭 한족(漢族)
청(淸)		여진인(女眞人)

하나 더 다른 자료를 알아보자. 중국 생물기술 정보넷/기술지지: 중국 과학원 미생물 연구소 정보 센터(中国生物技术信息网/技术支持: 中国科学院微生物研究所信息中心)라는 기관에서 밝힌 내용이다. '원대(元代) 초기 중국 경내 각지에서는 대량의 한족이 도살을 당하고, 인구가 급감한다. 한족 여성의 초야권은 몽골 병사에게 속했다. 그래서 현재의 중국인에게는 몽골인의 DNA가 대량으로 들어가 있다(在中国境內, 元代初期蒙古兵在各地大量屠杀民众, 许多地区人口锐减. 汉族地区新婚女子的初夜权属于蒙古兵. 因此, 蒙古族的基因可能也已经大量注入汉民族的基因库中).'[102]

그런데도 중국은 최근까지도 여전히 자신들을 황제를 조상으로 하는 화하족(華夏族)이라고 하고 '한족(漢族)'이라는 족명을 사용하였다.

---

102) 출처: http://www.biotech.org.cn/news/news/show.php?id=20767.

그러나 최근에는 이러한 맹목적인 사고에 변화가 생겼다. 그것은 20세기에 들어와서 고고학적 유물의 발견으로 이제는 중원에서 지금까지 중국 문명의 모체가 되었다고 하는 앙소문화 이외에 다양한 문화가 있었다는 것을 알게 되었다. 그리고 DNA 분석을 통해서 소수민족을 제외하더라도 한문(漢文)을 쓰지만 발음이 다른 언어를 쓰는 한족도 화북지방에서 양자강 유역, 그리고 남부지역으로 갈수록 유전적인 친근성이 희박한 것도 알았다.

이러한 과학적이고 객관적인 증거들에 의해 지금까지 황제의 후손이라는 단일론에서 황제를 조상으로 하는 황제족과 염제(신농)를 시조로 하는 염제족이 합하여 염황족이 되어 하나라를 세워 화하족이 되었다는 것이다.

그런데 다시 문제가 불거졌다.

만리장성(萬里長城)은 중원과 북방을 가르는 경계이다. 세계 역사에서 그 유례를 찾아볼 수가 없는 닫힌 사회의 대표적인 상징물이다. 그런데 뜻밖에도 이 만리장성 밖에서 중국의 황하문명보다 적어도 1천 년이나 앞선 문화가 출현하자 중국인들은 당황하는 정도가 아니라 아연실색하지 않을 수가 없었다. 60여 년간 발굴한 결과는 지금까지 중화문명이라고 하는 것은 거의 모두가 홍산문화에 그 뿌리를 두고 있다는 것이다. 시간적으로도 1만 년이나 거슬러 올라가는 문명이다. 세계 4대문명의 위에 있는 시원문명이다.

중국은 홍산문화를 발굴한 후에 이를 중국의 문화로 흡수하는 역사재편작업을 수십 년간 진행하여 왔다.

지금까지 동북지방은 중국의 역사에 포함하지 않고 변방 오랑캐, 이민족의 역사로 기술해왔는데 이 지역에서 명멸한 민족과 국가는 물론 그 문화까지도 중국의 역사에 편입하는 것이 동북공정(東北工程)이다. 그리고 하나라와 상나라까지의 동이(東夷)의 역사와 주(周)나라로 대표되는 서이(西夷)의 단절된 역사를 연결하는 하상주단대공정(夏商周斷代工程)이다. 그리고 3황 5제도 역사에 편입시키는 중화문명탐원공정(中華文明探源工程)이다. 아마 지금쯤은 거의 마무리 단계에 와 있을 것으로 짐작된다. 이제는 지금까지의 연구결과들을 토대로 역사 관련 국가 공정의 완결판인 '국사수정공정(國史修正工程)'이 남아 있다.

이러한 역사 공정을 현실에 적용하여 알기 쉽게 설명하면, 중국은 한족(漢族)과 55개 소수민족으로 구성된 다민족국가, 즉 단일국가라는 것이다. 그리고 현재의 중국 영토 안의 모든 민족은 상고시대부터 중화민족의 일원이었으며, 모든 민족의 역사도 중국 역사의 일부라는 '통일적 다민족국가론(統一的 多民族國家論)'이다. 이러한 논리에 입각하여 지금까지의 일원론이나 이원론을 버리고 중국 문명은 3대 집단이 건설하였다는 3원론을 들고 나온 것이다. 바로 중원의 화하족을 분리해서 앙소문화 지역만을 염제신농씨의 화족으로, 산동반도 인근의 전통적인 동이지역과 그 남부의 묘만족 지역을 하족으로, 장성 이북의 내몽골과 만주 지역을 황제족으로 하는 것이다.

이러한 중국의 역사날조는 우리에게는 어떤 영향을 미칠까?

황하문명(黃河文明)보다 빠른 홍산문화(紅山文化)를 중화문명의 뿌리로 규정하였다는 것은 역사를 제대로 인식하였다고 본다.

그리고 야만인인 동이족의 땅으로 인식하던 지역에서 있었던 홍산문화를 중국 문명의 시발점으로 보기 시작했다는 것도 맞는 것이다. 그러나 여기까지는 옳으나 그 이상 나가고 있는 행위는 누구를 위해서도 바람직하지 않은 행위이다.

우리가 앞에서 알아보았듯이 중국이 조상이라고 생각하는 황제를 포함하여 신농과 복희는 물론 수많은 전설 속의 인물과 신들이 모두 배달국의 후손이다. 또한 이들이 세운 나라는 배달국이나 조선의 2차 지방정부였다. 비유하자면 배꼽이 배가 되려고 하는 것과 같으며, 문간방에 빌붙어 사는 하인이 안방을 차지하고서는 아예 주인으로 신분세탁을 하려고 하는 것과 같다. 중국은 이미 옛날부터 역사의 쿠데타를 진행해왔으며 이제 홍산문화를 계기로 완결 지으려고 하는 것이다.

우리가 지금까지 줄곧 알아보았듯이 중국의 역사는 수많은 인종의 혼혈의 역사 그 자체이다. 세계에는 다민족이나 다종족국가가 수없이 많으며 대표적인 국가가 인도이다. 인도처럼 중국은 애당초부터 다민족이 뒤엉겨서 역사를 만들어왔다. 우리는 중국을 중국민족(中國民族)이나 한족(漢族)으로 부를 수 없는 것이다. 어떻게 이러한 진실을 은폐하려고 하는가?

일본에서 만든 유전자 지도를 한 번 보자. 유전자 중에서 아랫부분에 빨간색이 많은 afb^1b^3 유전자는 한국과 일본은 아주 적고 만주지역은 약간 증가한다. 그러나 중국의 화북지방은 더 증가하다가 양자강 아래로 갈수록 급격히 증가한다. 화북지방은 완전히 혼혈이라는 것을 나타내고 있다. 이를 두고 인터넷 정보에서는 '현재 중국인들은 정체성의 혼란을 겪고 있다', '중국 사람들은 Hybrid이다'는 말들을 하고 있다.

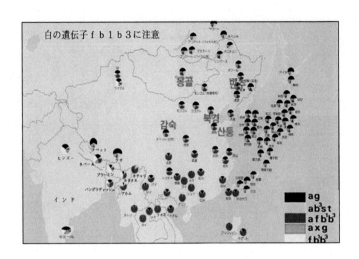

진실은 이렇다. '붉은 부분이 많은 중원의 원주민(afb¹b³)을 검은 부분이 많은 동이족(ag)이 이주해가서 한데 어울려 황하문명을 일구었다'이다.

따라서 이러한 사실에 맞게 역사를 정리하는 것이 정도이다. 바로 표와 같이 동북아시에 전체를 아우르는 역사의 테두리 내에서 중국의 역사를 재편하는 것이다. 여기서는 지금 중국이 만든 자기의 역사와 한국-배달국-조선의 주체세력인 지금의 대한민국-일본의 직계만 표시하

<동아시아 역사>

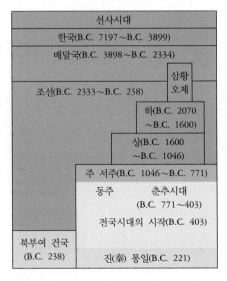

였다. 단순명쾌하게 표시하기 위하여 북방과 남방, 서방의 여러 민족은 생략하였다. 중국의 역사는 한국-배달국-조선의 자양분을 먹고 탄생하였다. 이는 곧 홍산문화를 공유하는 것이고 또한 우리의 역사서인 『한단고기』를 공유하는 것이 된다.

새로운 역사 패러다임의 정립

1) 『한단고기(桓檀古記)』는 진서인가, 위서인가?

인류의 문화유산이라고 할 수 있는 역사서들 중에서 동북아의 과거를 기록한 역사서로 범위를 좁혀서 이야기한다면 정사라고 알려진 역사서들은 과연 얼마만큼 진실을 담고 있을까? 과거로 올라갈수록 진실은 간데없고 가공의 역사로 가득 차 있는 것을 독자 여러분도 이제 알았을 것이다. 그렇다면 모두가 위서가 아닌가? 지금의 지적 수준이나 과학적 지식을 가지고 검증을 한다면 모두가 위서이다. 이제 이러한 위서의 내용을 하나하나 밝혀서 진실 된 새로운 역사를 복원할 때가 되었다고 본다. 역사서의 내용 중에서 어느 것이 사실인지, 아니면 사실에 가까운지를 간추려내는 것은 현재를 살아가는 우리에게 주어진 몫이며, 지리학, 고고학, 비교언어학, 생물학, 물리학, 천문학 등등의 과학적 지식과 상상력을 동원하여 완벽하게는 불가능하지만 어느 정도 보다 더 진실에 가까운 내용을 복원해낼 수밖에 없다고 본다. 이러한 작업에서 역사학자가 할 일은 별로 없다.

『한단고기』는 진서인가, 아니면 위서인가?

국내 역사학계에서는 『한단고기』를 위서라고 한다. 첫째 증거는 인쇄를 하였다는데 그 증거가 없다는 것이다. <범례>에 '또 홍범도

(洪範圖) 오동진(吳東振)의 두 벗이 돈을 내어 여러분에게 부탁하여 인쇄해내는 바(又因 洪範圖吳東振兩友之出金 付諸 剞劂)'라는 문장에서 임승국 씨는 '기궐(剞劂)'을 인쇄하였다고 번역하였다. 당시에 인쇄를 하였다고 하였는데 출간 사실과 판본이 확인되지 않는다는 것이 위서의 증거라고 한다. 그러나 기궐(剞劂)이라는 글자는 '끝이 굽은 조각칼(剞)' '끝이 굽은 조각끌(劂)'이라는 뜻을 가지고 있어 '조각칼과 조각끌로 나무판에 글자를 또박또박 새긴다'는 뜻이다. 인쇄를 한 적이 없다는 말이다. 둘째는, '광무(光武) 15년(1911)에 선천의 계연수인경(桂延壽仁卿)이 묘향산 단굴암에서 쓰다(光武十五年宣川桂延壽仁卿書于妙香山之檀窟庵)'라는 구절에서 실제 광무(光武) 연호는 10년까지만 사용하였으므로 계연수(桂延壽)가 쓴 것이 아니고 후대에 누군가가 조작하였다는 것이다. 세 번째는 계연수라는 사람의 실존 여부가 불투명하며, 안함로나 원동중의 실재도 의심스럽다는 것이다. 결국 이유립이 지어놓고 계연수의 이름을 도용한 것이라는 주장이다. 내용에 대해서는 ① 하늘나라인 '환국'이나 환웅씨 나라인 '배달국'이 수천 년에 걸쳐 존재하였다는 것과, 환국의 영역이 동서 2만여 리, 남북 5만 리라고 하는 것, 그리고 국제적으로 통용되는 국가 형성은 씨족사회 > 부족사회 > 연맹부족사회 > 초기국가단계인데 느닷없이 '조선'이라는 초강대국이 등장한다는 것이다. ② 그리고 중원대륙 전체를 무대로 한 기록이며, 구려(九黎)와 우리 민족을 연결시키는 것, ③ 삼조선설, 연개소문 죽음 연대 실수, 발해는 자기네 왕에게 묘호를 올린 적이 없는데 대조영의 태조 묘호 등을 오류로 지적하고 있다. ④ 또한 문화, 철학, 남녀평등, 부권 이란 후대의 용어를 쓰고 있다. 결국은 이 글을 쓴 신라, 고려, 조선의 시

대적 배경이 민족의 수난기이며 구한말에 이 책이 집대성되었다는 것도 이러한 연장선상이라는 것이다. 이른바 국수주의자들의 창작품이라는 것이다.

모두가 맞는 말이다. 그러나 사소한 형식에 오류가 많은 것은 인정을 할 수가 있다지만 그 내용에 있어서는 필자는 동의할 수가 없다. 내용이 위서라는 판단은 우리가 가지고 있는 기존의 지식과 고정관념에 입각한 판단이다. 바꾸어 말한다면 일정한 틀에『한단고기』를 집어넣으려 하니까 들어가지 않는다는 말이다. 어떤 분의 블로그에 있는 말이다.[103] '『한단고기』는 역사학이라는 현대 인문학의 한 분과 학문연구자들이 다룰 수 있는 문헌이 아니다. 역사, 철학, 종교가 함께 어우러져 있다.' 전적으로 동의하며 그도 말하였지만 더 세속적으로 표현한다면 인류의 역사가 그러하듯이『한단고기』는 정치와 종교서이다. 바로 이러한 이유 때문에『한단고기』를 읽으려고 하지도 않을뿐더러 읽어도 글자만 읽고 그 내용이 머리와 마음과 가슴에 들어오지 않는 사람들이 많다. 우리가 알고 있는 2천 년의 역사에서 거대한 중국에 짓눌려서 생겨난 사대주의, 국권을 상실하고 식민지를 경험하고 그 여파로 동족이 피비린내 나는 전쟁을 치르고 아직도 분단되어 살고 있는 현실에서 주어진 일제 식민사관, 그리고 종교라는 미명 아래 이민족의 조상을 나의 조상으로 믿고 있는 사람들은『한단고기』를 보면 마음이 불편해진다. 왜냐하면 자기의 신념에 반하기 때문이다. 이들은『한단고기』가 위서이기를 바라는 사람들이다. 그래야만 현재 그가 처한 정신상태가 편안하기 때문이다.

---

103) http://songkye.blog.me/220014267416.

중국의 서화인들은 어떠한가? 자기들 이외에는 모두가 오랑캐이다. 문자가 발명되고 기록을 할 때부터 3천 년이 넘도록 줄곧 그렇게 해 왔다. 그들이 오랑캐라고 비하하여 부르는 동이(東夷), 구이(九夷), 숙신(肅愼), 동호(東胡) 등은 사실은 조선(朝鮮)이었다. 필자가 과문한 탓도 있지만 기록물 어디에도 정식으로 조선(朝鮮)이라 부르고 정확하게 묘사한 사례가 단 한 건도 없다. 선진문명을 향유하는 문명인이자 스승이었으며, 또한 조상이었다. 일본과 마찬가지로 중국 또한 '아버지를 바꾸고 조상을 바꾼'[104] 패륜아다. 우리 한국인도 마찬가지이다. 모화사상(慕華思想)이 골수까지 박히고 찌들려 얼이 빠지고 자기를 부인하고 비하한다. 오랜 외출에서 돌아오라. 집 나간 탕자에 비유되는 이러한 사람들이 『한단고기』를 받아들일 때에 『한단고기』는 진서가 되는 것이다. 『한단고기』의 내용이 위서라고 주장하려면 적어도 각 분야의 세계적인 전문가 수천 명이 몇십 년 동안에 걸쳐서 인류문명 전체를 가지고 연구를 한 후에야 결론을 내릴 수가 있다고 본다. 쥐뿔도 알지 못하면서 가짜니 위서니 한다. 지금으로서는 사람의 마음이 진서와 위서로 구분 짓는 것이다.

2) 우리의 자아를 먼저 찾자

인류역사에서 과거 2천 년은 제국을 건설하여 세계를 통합하는 것이 인류의 꿈이자 목표였다. 따라서 다른 민족이나 국가를 침략하

---

104) 한자말로 '환부역조(換父易祖)'라고 한다.

고 복속시켜서 지배하려는 자와 이에 저항하는 자의 역사가 계속되었으며, 민족과 국가의 흥망성쇠가 반복되어 왔다. 과거 2천 년은 폭력이 난무하는 어둠의 시대였다. 더욱이 이런 가혹한 시대에 가엾은 개인의 영혼을 위로하고 치유하기 위해 만든 종교도 여기에 가세하였다.

지금을 살아가는 한국 사람에게는 치유되지 않은 두 가지 상처가 남아 있다. 하나는 분단된 조국이고 하나는 잃어버린 우리 역사와 문화정신이다. 조국이 분단된 것은 강대국의 제국주의 침략에 희생된 것이라고 책임을 전가할 수가 있다. 그러나 사실은 나라가 힘이 약하여 변화하는 시대에 적극적으로 대처할 능력이 없었기 때문이다. 변화하는 능력, 즉 진화하는 종(種)만이 살아남는다는 냉엄한 자연세계의 법칙이 하나의 국가와 민족에게도 적용되는 것이 아닐까? 그렇다면 왜 능력이 없었을까? 지배세력이 무능하였기 때문이다. 결국은 인재(人災)이다. 민족정신이 시퍼렇게 살아 있고 세상을 보는 안목을 가지고 백성을 신바람 나게 지도하여 잘사는 강대국을 만드는 능력이 없어서 나라가 망하였고 지금도 그것이 없어서 통일을 하지 못하고 있다.

대륙에서 쫓기고, 옮겨 다니면서 쪼그라들고 망해가는 나라의 백성들은 주눅이 들어 패배주의에 물들고 나의 것은 보잘것없거나 창피하고 남의 것을 부러워하고 존경하고 신봉하는 것은 당연하다. 자신감과 자아를 상실한 것이다. 애석하고 통탄할 일은 지배자들이 역사를 제대로 보존하지 못했다는 것이다. '혼이 나갔다'는 표현은 순수한 우리말로는 '얼이 나간 사람', 바로 '얼간이'라고 한다. 그러면 그 빈자리에 무엇이 들어오는지는 쉽게 알 수 있다. 남의 조상, 남의 사상이 들어와서 주인행세를 하는 것이다. 이러한 사람들이 이 땅에 넘쳐나고 있다.

조세린(趙世隣), 미국 알래스카가 고향이며 본명은 Jocelyn Clark, 스물두 살 때인 1992년에 한국에 와서 가야금을 배웠다. 그 전에 일본의 고토(琴), 중국의 쟁(箏) 같은 현악기를 이미 배웠지만 결국 한국의 가야금을 선택해서 배우고 하버드대에 진학해서 가야금 병창과 관련한 논문으로 박사학위를 받았다. 그러면서도 국내외에서 많은 연주를 하였으며 2008년에 배제대 교수가 되었다. 왜 가야금에 빠지게 되었는지를 묻는 물음에 '한국인들이 한국을 좋아하게 만드는 것이 내 역할'이라는 대답을 하였다. 한국인들은 한국을 싫어한단다. '잘 모르겠어요. 창피할 게 하나도 없는데, 한국 사람들 머릿속에 계급의식이 너무 많아요. 그거 때문에 전통이 다 없어졌어요. 전통은 고급스러운 것만 남아 있을 수는 없잖아요.'[105]

지금 21세기에서는 환한 빛의 세상이 열리고 있다. 이에 편성하여 이제 우리는 과거의 고난과 질곡을 벗어나고 있다. 이 분단된 조그만 땅덩어리와 사람으로 세계에서 10위에 오르내리는 경제대국을 만들었다는 것은 20세기 인류역사의 기적이다. 그리고 한류(寒流)라는 문화의 거센 바람에 전 세계 사람들이 열광하고 있다. 이를 보고 우리 자신도 놀라고 있지 않은가? 그리고 이 책을 읽는 한(韓)의 후예는 평소에 내가 똑똑하고 잘났다고 스스로 느끼고 있을 것이다. 무엇 때문일까? 곰곰이 생각해보면 반만년이 아니라 1만여 년의 문화가 우리의 DNA까지 침투하여 오랜 기간 시대가 맞지 않아 잠재

---

105) 중앙일보 2010.8.13(토). 기사 참조.

해 오다 이제 때를 만나 발현하는 것이라고 본다. 한류라는 것은 이러한 우리 민족의 뿌리 깊은 영혼의 심연에서 우러나는 자연스러운 문화의 발현이며 앞으로 사회의 모든 분야로 확산될 것이다.

앞으로 이 세계는 어떻게 될까? 정의로운 사회가 전개될 것이다. 지금 하고 있는 행위가 공평하다고 느끼고 인류가 앞으로 나아갈 방향과 합치된다고 판단할 때 우리는 정의롭다고 한다. 이제 인류의 영혼이 성숙하여 무력과 이와 유사한 힘의 논리는 종말을 고하고 문화와 예술, 엔터테인먼트, 감성, 봉사와 배려 등이 풍미하는 새로운 시대가 도래하고 있다. 인간은 호모 루덴스(homo ludens), 놀이하는 인간이다. 우리의 두뇌에는 문화적인 DNA가 내재되어 있다. 조지프 나이는 Soft Power란 강압이나 대가를 지불하지 않고 매력을 통하여 원하는 바를 이룰 수 있는 능력이라고 정의하였다. 우리가 문화와 인권이라는 인류의 보편적인 이념적 가치를 실현해갈 때에 동북아시아는 물론 세계인을 매혹시킬 수 있다. 남의 정신을 버리고 자아를 찾고 제정신을 차리자. 그리하여 우리 조상이 내걸었던 홍익인간 재세이화(弘益人間 制世理化)의 이념을 실현하는 데 앞장서야 할 때가 되었다고 본다.

3)『한단고기(桓檀古記)』는 전 인류의 보물이다

『한단고기』의 가장 핵심 되는 내용은 첫째, 일신(一神)이 스스로 변하는 신(獨化之神)이 되어 밝은 빛을 온 우주에 비추고 권능으로 형체를 변하여(權化) 만물을 생기게 하였으며, 천신(天神)-지신(地神)-

인신(人神)의 삼신(三神)이 되는데 주체는 곧 일신(一神)이니 각 신이 따로 있는 것이 아니라 작용에 따라 삼신(三神)이 된다는 것이다. 우주의 기원을 현대 물리학과 천문학에서 말하는 내용을 그대로 담고 있다. 『한단고기』가 위서라면 Bigbang이론이 나온 후에 쓰였다는 말인가? 그리고 둘째는 인류의 조상을 납(申)이라고 하였다. 인류 최초의 남녀를 나반(那般)과 아만(阿曼)이라고 하였다. 다른 말로 불함산(不咸山), 즉 붉암순이라고도 하였다. 이에 더하여 알(卵)신앙과 '순과 수'를 신앙하였다. 이러한 몇 가지 개념이 전 세계로 퍼져서 우리 인류의 철학과 종교가 되었다. 이러한 사상이 언제부터 형성되었는지는 도저히 짐작을 할 수가 없다. 수만 년 아니면 수십만 년 전일지도 모른다. 따라서 이러한 우리말로 된 사상을 가졌던 초고대의 사람들을 우리의 직계조상이라고 하지 않을 수가 없는 것이다. 그리고 정치적으로는 현재 우리가 가지는 통치구조나 지배원리의 원형을 보여주고 있으며, 지역적으로는 정말로 동북아시아 전체를 아우르는 다민족 혼합 대제국을 형성하였다.

『한단고기』에 담겨 있는 이러한 내용이 사실이라는 것을 필자는 한중일의 역사서에서 많이 찾아내어 이야기하였다.

앞으로 홍산문화와 함께 『한단고기』는 인류시원문명의 증거로서 인류의 위대한 문화유산으로 그 진가가 나타나리라고 필자는 확신한다.

4) 한중일 모두가 역사를 날조하였다

누군가가 말하기를 역사는 '지배자의 종교'라고 하였다. 맞는 말이다. 지배자 한 사람만이 역사가 통치수단으로 필요하다. 이를 일러 왕조나 정권이라고 하며 나라나 정부라고 한다. 왕조나 정부라고 하면 통치자의 통치행위, 즉 지배를 도우는 보조자이자 수단이 되는 것이다. 이해가 같을 수밖에 없으므로 역사는 지배집단의 종교라고 확대하여 말할 수가 있다. 그러나 일반 백성들은 땅에 의지하여 사는 붙박이이다. 지배자가 바뀌든 왕조나 나라가 바뀌든 크게 영향을 받지 않는다. 여기서 말하는 지배자와 백성 간의 관계는 부족이나 민족이나 언어 등은 전혀 관련이 없다. 지배자는 동족은 물론이려니와 이민족도 많으면 많을수록 좋다. 나폴레옹은 프랑스가 지배하는 코르시카 섬 출신이다. 그의 아버지 카를로 보나파르테는 지도자 파올리를 따라 프랑스에 대한 코르시카 독립운동에 가담한 독립투사였다. 그러나 싸움에 진 뒤에는 도리어 프랑스 총독에게 접근하여 귀족의 대우를 받았다고 한다. 후에 나폴레옹이 힘이 생겼을 때 코르시카를 프랑스로부터 독립시켜 왕 노릇이나 하지 왜 프랑스의 황제가 되었겠는가. 동서고금을 막론하고 권력욕이란 그런 것이다. 과거로 거슬러 올라갈수록 지금 우리가 생각하는 부족이나 민족개념은 희박하였을 것이다. 백성은 동족이 지배하거나 이민족이 지배하더라도 잃을 것도 별로 없고 얻을 것도 별로 없다. 언어가 서로 달라서 문제가 될까? 아니라고 본다. 옛날에는 지금처럼 문화수준이 높지 않아서 언어가 단순하였을 것이다. 아마도 4~5천 년 전에는 일상생활에 필요한 단어가 2~3천 단어로도 충분하였을 것이다. 한가롭고 단순하고 변화가 없는 사회에서 그만한 단어는 반년이면 충분히 체득할 수가 있다. 풍습이 달라서 문제가 될까? 단순한 사회에서 적용을 못 할 만큼 크게 다를 것이 없었다고 본다. 민족이 문제가 될까? 그러한 대규모 집단개념은 근세에나 생긴 개념이다. 시대를 거슬러 올라갈수록 나와 내 가족이 죽임을 당하느냐 마느냐, 오늘 하루를 굶지 않고 추위에 떨지 않고 편안히 잘 수만 있다면, 그리고 지배자가 누구든 이런 문제를 해결해 주면 족하지 않았을까? 그리고 새로운 지배자의 입장에서도 사람은 재산이니까 이유 없이 죽이지 않는다. 고상하게 말해서 백성이 나라의 근본이기 때문이다. 물 없이 어떻게 고기가 살 수가 있겠는가? 백성은 물이고 지배자는 고기이다. 따라서 백성에게는 역사 따위가 필요 없는 것이다.

이러한 지배자와 피지배자의 관계와 이해 때문에 지배자는 시대와 상황이 변하면 역사를 변조하고 가공하며 날조하고 없앤다. 한국과 일본, 그리고 중국의 역사는 같은 이유도 있지만 각각의 처한 상황에 따라 각각 다른 방식으로 역사의 날조와 폐기를 자행하였다.

안타까운 것은 우리의 선조들은 역사를 축소 조작하여 왔다는 것이다. 그것도 필요에 의해서이기도 하지만 필자가 보기에는 남의 사상에 세뇌되어 주체의식, 즉 자아를 상실한 결과로 보인다. 지금의 사태를 보아도 충분히 짐작이 간다.

그리고 일본은 백제 멸망 후에 삼도에서 자생한 국가로 역사를 정리하였다. 그러나 깨끗이 정리하지 못하고 미련을 가지고 어설프게 정리를 하였다. 마치 손바닥을 펴서 눈앞에 대고 하늘을 가리는 것과 같이 신화와 역사에서 무수히 많은 곳에 한반도에서 건너갔다는 증거를 남겨두었다. 또한 쫓기면서 빼앗긴 땅을 오히려 백제에게 할양한 것으로 정리하는 등 끝까지 연고권을 주장하는 역사로 만들어놓았다.

중국은 중원 전체의 문명과 역사의 시작은 동이족이 열었다. 그들

의 선조가 동이족이라는 말이
다. 당초에는 일반 백성은 수십
종족의 원주민이었지만 시대를
달리하며 북쪽에서 계속하여
내려온 지배집단들과 현지인들
이 누가 주체이냐를 가릴 것 없
이 다른 종족과 다른 풍습이 서

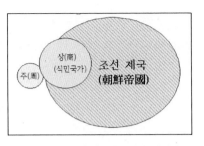

<주(周)가 상(商)을 멸망시킬 당시의
정세도>

로 합쳐져 동화되고 혼합되어 갔다. 그러나 정치, 종교, 철학 등등의
모든 분야의 문명은 한국(桓國)과 배달국-조선의 문화유산이다. 이러
한 사실을 은폐한 역사가 중국의 역사이다.

간단하게 도표로 정리하였다. 일본의 역사가 백제의 식민지로 시
작하였듯이 중국의 역사는 조선의 식민지 역사로 시작되었다. 서쪽
의 오랑캐들의 혼혈집단인 서화족(西和族) 주(周)나라가 종주국이자
화하족(華夏族)인 상(商)나라를 멸망시키고 그 이전의 역사를 폐기처
분하였다. 화하족은 동이족의 이민집단의 지도자인 3황5제와 그의
후손들이 현지인들을 지배하면서 점차 피를 섞어 형성된 혼혈족이
다. 서화족은 족보를 황제(黃帝)의 후손으로 만들고 자기들이 화하족
의 후손이라고 신분세탁을 하였다. 그리고 그 후에도 중국의 대부분
의 역사기간은 이민족의 식민지의 역사로 점철되었다. 그러나 나름
대로의 자존심을 억지로 세우기 위하여 날조와 증거인멸로 점철된
역사기록을 가지고 있다. 바로 '춘추필법(春秋筆法)'106)이라는 허울

---

106) 『춘추(春秋)』는 공자(孔子)가 노나라 역사서에 자신의 글을 적어서 다시 편찬한 노나라의 역
사서이다. 엄중한 역사의 평가가 담겨 있으며, 대의명분을 강조한 역사서이다. 춘추필법이라
하면 엄중한 역사적 평가를 내리는 글쓰기 법이라는 뜻이다. 『사기(史記)』를 지은 사마천(司
馬遷)도 이러한 사상을 가지고 있었다고 한다.

을 쓰고는 가공(假功)의 역사를 만들어왔으며 대표적인 주범은 공자
(孔子)와 사마천(司馬遷)이다.

5) 미래를 위한 공동의 역사를 만들자

지금은 과거의 왕조시대처럼 지배자는 없다. 대신에 국민이 주인
이다. 이제 역사는 국민의 종교이다. 일본이나 중국이 부끄러운 역
사를 날조하고 국민에게 영광된 역사라고 교육하는 이유가 무엇이
겠는가? 민족이라는 우상을 만들어 국민을 결속시켜 차별화하자는
것이며 이를 통치에 이용하려는 것이다. 지금 유럽이 경제공동체를
넘어 정치공동체로 발전시켜 나가는 것은 역사에 대한 인식을 같이
함으로써 가능해진 것이라고 본다. 역사를 국민의 종교가 아닌 지역
인류의 종교로 승화시킨 결과라고 본다. 한중일 삼국도 같은 문화를
공유하고 있으며 과거로 거슬러 올라가면 서로가 공유할 수 있는 역
사가 있을 것으로 본다.

따라서 왜곡된 한중일의 역사를 바로잡고 동북아시아 전체를 아
우르는 공동의 역사를 만들어 모두에게 가르치면 머지않아 적대감
이 줄어들고 하나의 공동체로 발전할 것으로 본다.

참고자료

1. 역대 연표

(가) 한국(桓國)의 역대

왕대	한인 이름	재위(연)	서기	왕대	한인 이름	재위(연)	서기
1	한인 (桓因: 안파견)			5	석제임(釋堤壬)		
2	혁서(赫胥)		B.C. 7197(한기 원년)	6	구을리(邱乙利)		
3	고시리(古是利)			7	지위리(智爲利)		
4	주우양(朱于襄)					3,301년 혹은 63,182년	

(나) 배달국(倍達國)의 역대

왕대	한웅 이름	재위(년)	재위기간(B.C.)	왕대	한웅 이름	재위(년)	재위기간(B.C.)
1	한웅(桓雄 :居發桓거발한)	94	3898~3805	10	갈고(葛古 :瀆盧韓독로한)	100	3071~2972
2	거불리(居佛理)	86	3804~3719	11	거야발(居耶發)	92	2971~2880
3	우야고(右耶古)	99	3718~3620	12	주무신(州武愼)	105	2879~2775
4	모사라(慕士羅)	107	3619~3513	13	사와라(斯瓦羅)	67	2774~2708
5	태우의(太虞儀)	93	3512~3420	14	자오지(慈烏支 :蚩尤치우)	109	2707~2599
6	다의발(多儀發)	98	3419~3322	15	치액특(蚩額特)	89	2598~2510
7	거련(居連)	81	3321~3241	16	축다리(祝多利)	56	2509~2454
8	안부련(安夫連)	73	3240~3168	17	혁다세(赫多世)	72	2453~2382
9	양운(養雲)	96	3167~3072	18	거불단(居弗檀 :檀雄단웅)	48	2381~2334
					1,565년((B.C.3898~B.C.2334)		

(다) 조선(朝鮮)의 역대

왕대	단군 이름	재위(년)	재위기간(B.C.)	왕대	단군 이름	재위(년)	재위기간(B.C.)
1	단군왕검(檀君王儉)	93	2333~2241	25	솔나(率那)	88	1150~1063
2	부루(扶婁)	58	2240~2183	26	추로(鄒魯)	65	1062~998
3	가륵(嘉勒)	45	2182~2138	27	두밀(豆密)	26	997~972
4	오사구(烏斯丘)	38	2137~2100	28	해모(奚牟)	28	971~944
5	구을(丘乙)	16	2099~2084	29	마휴(麻休)	34	943~910
6	달문(達門)	36	2083~2048	30	내휴(奈休)	35	909~875
7	한율(翰栗)	54	2047~1994	31	등올(登卼)	25	874~850
8	우서한(于西翰)	8	1993~1986	32	추밀(鄒密)	30	849~820
9	아술(阿述)	35	1985~1951	33	감물(甘勿)	24	819~796
10	노을(魯乙)	59	1950~1892	34	오루문(奧婁門)	23	795~773
11	도해(道奚)	57	1891~1835	35	사벌(沙伐)	68	772~705
12	아한(阿漢)	52	1834~1783	36	매륵(買勒)	58	704~647
13	흘달(屹達)	61	1782~1722	37	마물(麻勿)	56	646~591
14	고불(古弗)	60	1721~1662	38	다물(多勿)	45	590~546
15	대음(代音)	51	1661~1611	39	두홀(豆忽)	36	545~510
16	위나(尉那)	58	1610~1553	40	달음(達音)	18	509~492
17	여을(余乙)	68	1552~1485	41	음차(音次)	20	491~472
18	동엄(冬奄)	49	1484~1436	42	을우지(乙于支)	10	471~462
19	구모소(緱牟蘇)	55	1435~1381	43	물리(勿理)	36	461~426
20	고홀(固忽)	43	1380~1338	44	구물(丘勿)	29	425~397
21	소태(蘇台)	52	1337~1286	45	여루(余婁)	55	396~342
22	색불루(索弗婁)	48	1285~1238	46	보을(普乙)	46	341~296
23	아홀(阿忽)	76	1237~1162	47	고열가(古列加)	58	295~238
24	연나(延那)	11	1161~1151	2,096년(B.C.2333~B.C.238)			

(라) 막조선(莫朝鮮) 마한(馬韓) 세가

왕대	한(韓)의 이름	재위(년)	재위기간(B.C.)	왕대	한(韓)의 이름	재위(년)	재위기간(B.C.)
1	웅백다(熊伯多)	55		19	여원흥(黎元興)	53	1285~1233
2	노덕리(盧德利)			20	아실(阿實)		1232~
3	불여래(弗如來)	49	2229~2181	21	아도(阿閣)		1092
4	두라문(杜羅門)		2180~	22	아화지(阿火只)	36	1091~1056
5	을불리(乙弗利)			23	아사지(阿斯智)	120	1054~935
6	근우지(近于支)	29	2136~2108	24	아리손(阿里遜)		934~
7	을우지(乙于支)		2107~	25	소이(所伊)		
8	궁호(弓戶)			26	사우(斯虞)	76	~755
9	막연(莫延)		~1940	27	궁홀(弓忽)		754~678
10	아화(阿火)	15	1939~1925	28	동기(東杞)		677~
11	사리(沙里)	118	1924~1807	29	다도(多都)		~589
12	아리(阿里)	90	1806~1717	30	사라(斯羅)	79	588~510
13	갈지(葛智)	83	1716~1634	31	가섭라(迦葉羅)		509~
14	을아(乙阿)	83	1633~1551	32	가리(加利)		
15	두막해(豆莫奚)	54	1550~1497	33	전나(典那)		
16	독로(瀆盧)	125	1496~1372	34	진을례(進乙禮)		~307
17	아루(阿婁)	84	1371~1288	35	맹남(孟男)	69	306~238
18	아라사(阿羅斯)	2	1287~1286				

(마) 번조선(番朝鮮) 번한(番韓) 세가

왕대	한(韓)의 이름	재위(년)	재위기간(B.C.)	왕대	한(韓)의 이름	재위(년)	재위기간(B.C.)
1	치두남(蚩頭男)			38	마휴(麻庥)	2	1014~1013
2	낭야(琅邪)		~2239	39	등나(登那)	29	1012~984
3	물길(勿吉)	51	2238~2188	40	해수(奚壽)	17	983~967
4	애친(愛親)		2187~	41	오문루(奧門婁)	12	966~955
5	도무(道茂)			42	루사(婁斯)	28	954~927
6	호갑(虎甲)	26	2098~2073	43	이벌(伊伐)	26	926~901
7	오라(烏羅)	57	2072~2016	44	아륵(阿勒)	64	900~837
8	이조(伊朝)	40	2015~1976	45	마휴(麻休)(마목)	51	836~786
9	거세(居世)	15	1975~1961	46	다두(多斗)	33	785~753

10	자오사(慈烏斯)	14	1960~1947	47	내이(奈伊)	6	752~747
11	산신(散新)	53	1946~1894	48	차음(次音)	10	746~737
12	계전(季佺)	49	1893~1845	49	불리(不理)		736~736
13	백전(伯佺)	18	1844~1827	50	여을(餘乙)	29	736~708
14	중전(仲佺)	56	1826~1771	51	엄루(奄婁)	4	707~703
15	소전(少佺)	43	1770~1728	52	감위(甘尉)	30	703~674
16	사엄(沙奄)		1727~	53	술리(述理)	10	673~664
17	서한(棲韓)			54	아갑(阿甲)	15	663~648
18	물가(勿駕)	64	1664~1601	55	고태(高台)	14	648~635
19	막진(莫眞)	46	1600~1555	56	소태이(蘇台爾)	18	634~617
20	진단(震丹)	36	1554~1519	57	마건(馬乾)	11	616~607
21	감정(甘丁)		1518~	58	천한(天韓)	10	605~596
22	소밀(蘇密)			59	노물(老勿)	75	595~521
23	사두막(沙豆莫)			60	도을(道乙)	15	520~506
24	갑비(甲飛)			61	술휴(述休)	34	505~472
25	오립루(烏立婁)		~1411	62	사량(沙良)	18	471~454
26	서시(徐市)			63	지한(地韓)	15	453~439
27	안시(安市)	41	1393~1353	64	인한(人韓)	38	438~401
28	해모라(奚牟羅)	19	1352~1334	65	서울(西蔚)	25	400~376
29	소정(小丁)	48	1333~1286	66	가색(哥索)	34	375~342
30	서우여(徐于餘)	61	1285~1225	67	해인(解仁)	1	341~341
31	아락(阿洛)	40	1224~1185	68	수한(水韓)	17	340~324
32	솔귀(率歸)	47	1184~1138	69	기후(箕詡)	8	323~316
33	임나(任那)	32	1137~1106	70	기욱(箕煜)	25	315~291
34	노단(魯丹)	13	1105~1093	71	기석(箕釋)	39	290~252
35	마밀(馬密)	18	1092~1075	72	기윤(箕潤)	19	251~233
36	모불(牟弗)	20	1074~1055	73	기비(箕不)	11	232~222
37	을나(乙那)	40	1054~1015	74	기준(箕準)	28	221~194

(바) 위만조선(衛滿朝鮮) 만번한(滿番韓) 세가

왕대	한(韓)의 이름	재위연수	재위기간
1	위만(衛滿)		B.C. 193~
2	우거(右渠)		~B.C. 107

2. 번한(番韓) 요중 12성 위치 추정(『한서』<지리지>, 『후한서』<군국지>)

번한 12성	『한서』<지리지> 지명	군명	『후한서』<군국지> 지명	군명	현재 추정지명
거용(渠廓)	沮陽(저양)(造陽: 조양)		沮陽(저양)(造陽: 조양)		
	泉上(천상)				
	潘(번)		潘(번)		
	軍都(군도)				北京 昌平 军都度假村
	居庸(거용)		居庸(거용)		北京 昌平 居庸關
	雛瞀(구무)		雛瞀(구무)		
	夷輿(이여)				
	寧(녕)	상곡 (15)		상곡 (8)	
	昌平(창평)				北京 昌平
	廣寧(광녕)		廣甯(광녕)		北京 石景山 广宁村
	涿鹿(탁록)		涿鹿(탁록)		河北省 张家口 涿鹿县
	且居(차거)				
	茹(여)				
	女祁(여기)				
	下落(하락)		下落(하락)		
			甯(녕)		
	漁陽(어양)(得漁: 득어)		漁陽(어양)		天津 蓟県 漁陽鎮
	狐奴(고노)(舉符: 거부)		狐奴(고노)		
	路(로)(通路亭: 통로정)		潞(로)		
	雍奴(옹노)		雍奴(옹노)		天津 武清
	泉州(천주)(泉調: 천조)	어양 (12)	泉州(천주)	어양 (9)	天津 武清 泉州路
	平谷(평곡)		平谷(평곡)		北京 平谷
	安樂(안락)		安樂(안락)		北京 顺又 安乐庄
	俿奚(치해)(敦德: 돈덕)		奚(해)		
	獷平(광평)(平獷: 평광)		獷平(광평)		

	要陽(요양)				
	白檀(백단)				北京 密云 白檀村
	滑鹽(활염: 匡德: 광덕)				
	平剛(평강)				
	無終(무종)		無終(무종)		
	石成(석성)				
	延陵(연릉: 鋪武: 포무)				
	俊靡(준미)(俊麻: 준마)		俊靡(준미)		
	賨(양)(裒眯: 부목)				
	徐無(서무)(北順亭: 북순정)		徐無(서무)		
	字(자)				
	土根(토근)	우북평 (16)	土垠(토근)	우북평 (4)	
	白狼(백랑)(伏狄: 복적)				
	夕陽(석양)(夕陰: 다음)				
	昌城(창성)(淑武: 숙무)				
갈산 (碣山) 여성 (黎城)	驪成(여성)				(갈석지산:碣石之山) 秦皇島 撫寧 驪城大街
	廣成(광성)(平虜: 평로)				
	聚陽(취양)(篤眯: 독목)				
	平明(평명)(平陽: 평양)				
	且慮(차려)(鉏慮: 서려))				
	海陽(해양)		海陽(해양)		
	新安平(신안평)				
	柳城(유성)				
영지 (令支)	令支(영지)(有孤竹城)	요서 (15)	令支(영지)(有孤竹城)(伯夷, 叔齊本國)	요서 (5)	秦皇島 昌黎 荅芝頂村
	肥如(비여)(肥而)		肥如(비여)		
	賓從(빈종)(勉武: 면무)				
	交黎(교려)(禽虜: 금로)				
	陽樂(양락)		陽樂(양락)		
	狐蘇(호소)				
	徒河(도하)(河福: 하복)				

	文成(문성)(言房: 언로)			
	臨渝(임유)(馮德: 마덕)		臨渝(임유)	
	渠(류)			
	朝鮮(조선)		朝鮮(조선)	
	論邯(논감) (樂鮮亭: 악선정)			
	含資(함자)		含資(함자)	
	黏蟬(점제)		黏蟬(점제)	
	遂成(수성)		遂城(수성)	
	增地(증지)(增土: 증토)		增地(증지)	
대방 (帶方)	帶方(대방)		帶方(대방)	秦皇島 撫寧 大傍水崖村
	駟望(사망)		駟望(사망)	
	海冥(해명)(海桓: 해환)		海冥(해명)	
	列口(열구)		列口(열구)	
장령 (長嶺)	長岑(장잠)(長嶺의 오기?)		長岑(장잠)	唐山 遷西 長嶺峰村
	屯有(둔유)	낙랑 (24) (有雲 郡)	屯有(둔유)	낙랑 (18)
	昭明(소명)		昭明(소명)	
	鏤方(누방)		鏤方(누방)	
	提奚(제해)		提奚(제해)	
	渾彌(혼미)		渾彌(혼미)	
	呑列(탄열)			
	東暆(동이)			
	不而(불이)			
	蠶台(잠대)			
	華麗(화려)			
	邪頭昧(사두미)			
	前莫(전막)			
	夫租(부조)			
			冉邯(염감)	
			浿水(패수)	
			樂都(락도)	
	襄平(양평)(昌平: 창평)	요동 (18)	襄平(양평)	요동 (11)
	新昌(신창)		新昌(신창)	
	無慮(무려)		無慮(무려)	

	望平(망평)(長說: 장설)		望平(망평)		
	房(방)				
	候城(후성)		候城(후성)		
	遼隊(요대)(順睦: 순목)				
	遼陽(요양)(遼陰: 요음)				
험독 (險瀆)	險瀆(험독)				미상
	居就(거취)				
	高顯(고현)				
	安市(안시)		安市(안시)		
	武次(桓次)				
	平郭(평곽)		平郭(평곽)		
	西安平(서안평)(北安平)		西安平(서안평)		
	文(문)(文亭: 문정)		汶(문)		
한성 (汗城)	番汗(번한)		番汗(번한)		唐山 丰潤區 韓城鎭
	沓氏(답지)		沓氏(답지)		
개평 (蓋平)					唐山 開平區 開平鎭
탕지 (湯池)					秦皇島 盧竜県 湯池王荘村
	高句麗(고구려)		高句驪(고구려)		
	上殷台(상은대)(下殷)		上殷台(상은대)		
	西盖馬(서개마)		西盖馬(서개마)		
		현토(3)	高顯(고현) (고속요동)	현토(6)	
			候城(후성) (고속요동)		
			遼陽(요양) (고속요동)		
			(요동속국:고 감향邯乡) :昌遼(故天遼:属遼西), 宾徒(故属遼西), 無慮(有醫無慮山), 徒河(故属遼西), 險瀆, 房		
용도 (桶道)					미상

627

백제 (百濟)					미상

3. 『한서』<지리지>에 나오는 요수(遼水) 관련 기사

군	현	하 천	비 고
요동	望平(망평)	大遼水 出塞外 南至安市入海 行千二百五十里	대요수(大遼水)가 요새 밖에서 나와 남으로 흘러 안시에서 바다로 들어간다. 길이가 1,250리이다
	遼陽(요양)	大梁水西南至遼陽入遼	대량수(大梁水)가 서남으로 흘러 요양(遼陽)에 도달하여 요수(遼水)로 들어간다
	居就(거취)	室僞山, 室僞水所出, 北至襄平入梁也	실위수(室僞水)가 실위산(室僞山)에서 나와 북으로 양평(襄平)에 다달아 양수(梁水)로 들어간다
현토	高句驪 (고구려)	遼山遼水所出, 西南至遼陽入大遼水	요수(遼水)가 요산(遼山)에서 나와서 서남쪽의 요양에 도달하여 대요수에 들어간다

4. 중국의 역사 시대구분

신화와 고대

선사시대

신화·삼황오제(황하·장강 문명)

하 B.C. E 2000?~B.C. E 1600?

상 B.C. E 1600?~B.C. E 1046

주 서주 B.C. E 1046~B.C. E 771

동주 B.C. E 771~B.C. E 256	춘추시대 B.C. E 770~403 전국시대 B.C. E 403~221

제국의 시대

진 B.C. E 221~B.C. E 206

한	전한 B.C.E 206~서기 8 신 8~23 후한 25~220
삼국시대	위 220~265 촉 221~263 오 229~280
진	서진 265~317

동진 317~420	오호십육국시대 304~439

남북조시대 420~589

수 581~618

당 618~907(무주 690~705)

오대십국시대 907~960	요 916~1125	서하 1038~1227
송 북송 960~1127		서하 1038~1227
남송 1127~1279	금 1115~1234	

원 1271~1368

명 1368~1644

청 1616~1912

현대의 중국

중화민국(본토) 1911~1949

중화인민공화국 1949~현재	중화민국(타이완) 1945~현재

참고문헌

고동영, 『환단고기』, 한뿌리(고양), 2006.
권상로, 『삼국유사』, 동서문화사(서울), 1977.
金冠植譯解: 『書經』, 玄岩社(서울), 1975.
김성호, 『비류백제와 일본의 국가기원』, 지문사(서울), 1982.
김원일 옮김, 『장자』, 북마당(서울), 2012.
김태곤, 『한국의 무속』, ㈜대원사, 2006.
김호동, 『김호동 교수의 중앙유라시아 역사기행』, 주간조선, 2007.6~12월호.
남인희, 『남인희의 길 이야기』, ㈜도서출판 삶과꿈, 2001.
박일봉, 『老子 道德經』, 육문사(서울), 2011.
박선희, 『한국 고대복식 그 원형과 정체』, 지식산업사, 2002.
배성우 편역, 『우리가 꼭 읽어야 할 삼국유사』, 신라출판사(서울), 2012.
스벤헤딘(SvenHedin), 『실크로드』, 손길영 옮김. ㈜한국뉴턴(서울), 1999.
오정윤, 『단숨에 읽는 한국사』, 베이직 북스(서울), 2010.
윤명철, 『말 타고 고구려를 가다』, 도서출판 청노루, 1997.
이덕일·김병기, 『고조선은 대륙의 지배자였다』, ㈜위즈덤하우스(고양), 2009.
이영희, 『노래하는 역사』, 조선일보사(서울), 1994.
이일봉, 『실증 한단고기』, 정신세계사(서울), 2011.
임승국, 『한단고기』, 정신세계사(서울), 1996.
임재해 외, 『고대에도 한류가 있었다』, ㈜지식산업사(서울), 2007.
펄 S. 벅(Pearl S. Buck), 『대지』, 박석기 옮김. 학원사(서울), 1994.
許愼注·段玉裁撰, 『設文解字 注』, 대성문화사(서울), 1990.
홍윤기, 『일본 속의 백제 구다라』, 한누리 미디어, 2008.

동아출판사편집국, 『동아 프라임 日韓辭典』, 동아출판사(서울), 1989.
장삼식 편, 『省文 漢韓辭典』, 성문사(서울).
左藤定義編, 『新訂 詳解古語』, (株)明治書院(東京), 平成 元年.
小林信明, 『新選漢和辭典』, (株)小學館(東京), 昭和 60年.

辛容泰編著, 『日本語 漢字읽기辭典』, 해문출판사(서울), 1990.
新村出編, 『廣辭苑』, 岩波書店(東京), 昭和 60年.

고구려역사저널(http://www.greatcorea.kr)
구글 지도(https://www.google.co.kr/maps/)
네이버(http://www.naver.com/)
다물역사관(한민족역사탐방)(http://cafe.daum.net/damooltour)
무리세상(네이버 블로그)(http://dseco.blog.me/140017821218)
산해경(http://guoxue.baidu.com/page/c9bdbaa3bead/0.html
서안지역의 피라미드(http://www.earthquest.co.uk/articales/theory2.html)
維基文庫(25사사)(http://zh.wikisource.org/wiki)
위키백과(http://ko.wikipedia.org/wiki/)
원문과 함께 읽는 삼국사기(http://terms.naver.com/entry.nhn?docId
＝1642657&cid＝3894&categoryId＝3894)
『일본서기』원문(http://www.seisaku.bz/nihonshoki/shoki_04.html)
천부인과 천부경의 비밀(http://cafe.daum.net/chunbuinnet)
한국고대사(http://cafe.daum.net/121315)
한민족사연구회(http://cafe.daum.net)
행촌서당(http://songkye.blog.me/220014267416)
5,000-year-old"Pyramid"FoundinInnerMongolia(CuktureandScience)(http://
www.china.org.cn/english/15802.htm)
內幕新聞第30號中國人都不是漢人了台灣人那裏是漢人
(https://tw.search.yahoo.com/search?p＝www.taiwannation.com.tw%2Finside%2Fins
ide030.html&fr＝yfp&ei＝utf-8&v＝0(www.taiwannation.com.tw/inside/inside030.h
tml)(taiwannation.com.tw/inside030.htm)
http://www.biotech.org.cn/news/news/show.php?id＝20767
Search for data in Chinese characters
(http://starling.rinet.ru/cgi-bin/query.cgi?basename＝\data\china\bigchina&ro
ot＝config&morpho＝0)

심상인(沈相寅)

1951년 경남 합천군 출생
1969년 진주고등학교 졸업
1974년 육군사관학교 졸업
　　　육군 소위 임관
1980년 육군 대위 예편
　　　농림부(현 농림축산식품부) 근무(행정사무관)
1991년 미국 콜로라도주립대학 농업경제학 석사
1996년 농림부(현 농림축산식품부) 시장과장, 축산물유통과장, 식품산업과장,
　　　소비안전과장 등 역임
2009년 2월 명예퇴직(28년 5개월 근무)
현재 대전충남양돈농협 근무

2006년 녹조근정훈장 수상
2009년 홍조근조훈장 수상

不
咸
山

불
함
산

초판인쇄 2015년 2월 13일
초판발행 2015년 2월 13일

지은이 심상인
펴낸이 채종준
펴낸곳 한국학술정보㈜
주소 경기도 파주시 회동길 230(문발동)
전화 031) 908-3181(대표)
팩스 031) 908-3189
홈페이지 http://ebook.kstudy.com
전자우편 출판사업부 publish@kstudy.com
등록 제일산-115호(2000. 6. 19)

ISBN 978-89-268-6811-9 93910